Sernetz/Kruis

Kapitalaufbringung und -erhaltung in der GmbH

RWS-Skript 329

Kapitalaufbringung und -erhaltung in der GmbH

2., neu bearbeitete Auflage

2013

von

Rechtsanwalt Dr. Herbert Sernetz

Rechtsanwalt Dr. Ferdinand Kruis

RWS Verlag Kommunikationsforum GmbH · Köln

Die Deutsche Bibliothek verzeichnet diese Publikation in der Deutschen Nationalbibliografie; detaillierte bibliografische Daten sind im Internet über http://dnb.d-nb.de abrufbar.

© 2013 RWS Verlag Kommunikationsforum GmbH
Postfach 27 01 25, 50508 Köln
E-Mail: info@rws-verlag.de, Internet: http://www.rws-verlag.de

Alle Rechte vorbehalten. Ohne ausdrückliche Genehmigung des Verlages ist es auch nicht gestattet, das Werk oder Teile daraus in irgendeiner Form (durch Fotokopie, Mikrofilm oder ein anderes Verfahren) zu vervielfältigen.

Satz und Datenverarbeitung: SEUME Publishing Services GmbH, Erfurt
Druck und Verarbeitung: rewi Druckhaus Winters GmbH, Wissen

Vorwort

Das hiermit vorgelegte RWS-Skript ist die Neuauflage eines erstmals im Jahre 2003 gemeinsam mit Herrn Professor Dr. Ulrich Haas, Zürich, unter dem gleichen Titel verfassten Textes. Den Part von Herrn Professor Dr. Haas (Kapitalerhaltung) hat in dieser Auflage Herr Rechtsanwalt Dr. Ferdinand Kruis übernommen.

Angesichts der Fülle der durch das MoMiG geänderten bzw. ergänzten Bestimmungen und Regelungen wird allgemein von der größten Reform des GmbHG seit 1892 gesprochen. Ein bedeutender Teil des durch das MoMiG geschaffenen Regelwerks besteht jedoch nicht in einer Veränderung des GmbHG, sondern in dem Versuch, die allgemein als unerträglich empfundenen Folgen eines von der Rechtsprechung praeter legem entwickelten und als erforderlich angesehenen, präventiven Kapitalschutzrechts zu entschärfen. Ausgehend von der fragwürdigen These, dass die Haftungsbeschränkung der Gesellschafter im GmbH-Recht nur über eine strikt formgerechte Kapitalaufbringung zu rechtfertigen sei, hat die Rechtsprechung den Grundsatz der sog. realen Kapitalaufbringung aufgestellt. Gegen diesen werde insbesondere dann verstoßen, wenn nicht erkennbar sei, dass statt einer erklärten Bareinlage in Wirklichkeit ein Gegenstand eingebracht werden soll (verdeckte Sacheinlage). Der präventive Kapitalschutz soll daneben sicherstellen, dass offene oder verdeckte Ausschüttungen des einmal geschaffenen Risikofonds an Gesellschafter bzw. diesen zuzurechnenden Personen unterbleiben.

Die Gesetzesinitiative für den Erlass des MoMiG war im Bereich der Kapitalaufbringung in erster Linie begründet durch die allgemein als verheerend betrachteten Rechtsfolgen eines Regelverstoßes, insbesondere die Doppelzahlungspflicht ohne Aufrechnungsmöglichkeit. Hinzu kam die Unsicherheit bei der Feststellung von Umgehungsgeschäften, die nach der Rechtsprechung aus einem nicht näher definierten, sachlichen und zeitlichen Zusammenhang abzulesen seien. Auf dem Gebiet der Kapitalerhaltung wurde es als besonders problematisch angesehen, dass Kreditgewährungen an Gesellschafter auch dann als verbotene Auszahlungen gewertet werden sollten, wenn diese durch einen vollwertigen, jederzeit realisierbaren Gegenanspruch gedeckt waren.

Für die Beurteilung des Resultats der Reform ist der Verlauf des Gesetzgebungsverfahrens nicht ohne Bedeutung. Während der Regierungsentwurf die bisher geltenden üblen Folgen einer verdeckten Sacheinlage durch Umwandlung des präventiven Kapitalschutzes in ein nachgelagertes Kapitalschutzsystem mit einer Differenzhaftung zu eliminieren versucht hat, folgte der Gesetzgeber am Ende einem Vorschlag des Rechtsausschusses, der unter Aufrechterhaltung der bisherigen Rechtssystematik die Lösung in einer Anrechnungsmöglichkeit suchte. Dies hat zur Folge, dass – soweit eine Anrechnung nicht reicht (Grenze: Wert des verdeckenden Vermögensgegenstands) – alles beim Alten bleibt. Die wirtschaftlich schlimmsten Folgen wurden zwar teilweise entschärft; die juristischen Schwierigkeiten haben sich jedoch eher vermehrt. Dies wird nicht zuletzt durch die Tatsache bestätigt, dass in vielen Punkten eine teleologische Reduktion der geltenden Gesetzesbestimmungen für erforderlich gehalten wird.

Was die Kapitalerhaltung anbelangt, hat die Rechtsprechung relativ spät entdeckt, dass ihre Bedenken gegen das Hin- und Herzahlen (Nebenform der verdeckten Sacheinlage) in der gängigen Praxis der Cash-Pools allgemein vernachlässigt worden waren. Hier hat die Neuregelung des § 30 Abs. 1 Satz 2 GmbHG eine verbreitete, bisher wenig beanstandete Praxis legitimiert.

Zwar nicht dem Recht der Kapitalerhaltung angehörend, aber diesem zum Teil unterworfen, hat der Gesetzgeber die bisher unter dem Eigenkapitalersatzrecht (§§ 32a und 32b GmbHG) behandelte Finanzierungsfolgenverantwortung aufgehoben und sie der insolvenzrechtlichen, zeitlich begrenzten Anfechtung zugeordnet.

Die besonders im Bereich der verdeckten Sacheinlage nunmehr entstandenen Schwierigkeiten wären leicht vermeidbar gewesen, wenn der Bundesgerichtshof seine diesbezügliche Rechtsfortbildung – wie schon länger vorgeschlagen; siehe Vorauflage Rn. 334 – selbst zurückgeführt hätte. Der Ruf nach dem Gesetzgeber wäre entbehrlich gewesen.

Wir danken Frau Rechtsanwältin Theves-Telyakar für ihre Bereitschaft das Stichwortverzeichnis zu erstellen.

München, im März 2013 *Dr. Herbert Sernetz*
Dr. Ferdinand Kruis

Inhaltsverzeichnis

	Rn.	Seite
Vorwort		V
Literaturverzeichnis		XXI

A. Das Kapital der GmbH 1 1
   I. Die Fragestellung 1 1
   II. Vermögen als notwendige Qualität juristischer Personen 2 1
   III. Die „Unternehmergesellschaft (haftungsbeschränkt)" – eine vermögenslose juristische Person 6 2
   IV. Das Vermögen der GmbH 10 4
   V. Definition des Kapitals im GmbH-Recht 12 5
      1. Kapital als betragsmäßiges oder wertmäßiges Korrelat des Vermögens 13 5
      2. Kapital – Stammkapital 15 6
      3. Stammkapital – Eigenkapital 16 6
      4. Eigenkapital der Kreditinstitute, Versicherungen, Kapitalanlagegesellschaften 18 7
      5. Auswirkung von Basel II und III auf das Eigenkapital 21 7

B. Grundsatz der realen Kapitalaufbringung und Lehre von der verdeckten Sacheinlage 22 9
   I. Die Entwicklung bis zum Erlass des MoMiG 22 9
      1. Allgemeines 22 9
      2. Die Definition des Grundsatzes 26 10
      3. Die Tatbestandsmerkmale des Grundsatzes und seiner Verletzung 28 11
      4. Der Schutzzweck von Grundsatz und Lehre 33 14
      5. Die Rechtsfolgen einer Verletzung des Grundsatzes 38 16
      6. Die Kritik an Grundsatz und Lehre 42 18
      7. Die Erwartungen an den Gesetzgeber des MoMiG 55 24
   II. Die Einwirkung des MoMiG auf den Grundsatz der realen Kapitalaufbringung und auf die Lehre von der verdeckten Sacheinlage 59 25
      1. Allgemeines 59 25
      2. Die Entwicklung des Grundsatzes während des Gesetzgebungsverfahrens 63 26
      3. Die Ursachen und Beweggründe der Entwicklung 69 28

		Rn.	Seite
4. Die Gesetz gewordene Änderung des Grundsatzes		72	29
5. Die Anrechnung des „Werts des Vermögensgegenstands" auf die unerfüllte Einlageverpflichtung		73	30
	a) Die Lösungsvorschläge des Schrifttums	77	31
	b) Die Verrechnung der Einlageforderung mit dem Bereicherungsanspruch	84	35
6. Die Behandlung des „Hin- und Herzahlens" vor und nach Erlass des MoMiG		90	37
	a) „Zur freien Verfügung der Gesellschaft"	91	37
	b) Fälle des sog. „Hin- und Herzahlens"	97	38
	c) Sog. „Her- und Hinzahlen"	101	40
	d) Finanzierung einer KG durch die Komplementär-GmbH	105	40
	e) Verdeckte Sacheinlage als Fall des Hin- und Herzahlens	107	41
7. Ausschluss von Beeinträchtigungen der Leistungspflicht		108	41
8. Die Beweislast		109	42

III. Die Kritik am Grundsatz der realen Kapitalaufbringung in seiner heutigen Ausprägung 111 42
    1. Die Wirkungen des MoMiG auf das System der Kapitalaufbringung 114 43
    2. Die Bedenken gegen das fortbestehende System der Kapitalaufbringung 117 44
    3. Die zukünftig maßgeblichen Rechtstatsachen 119 44

C. **Der Grundsatz der Unversehrtheit des Stammkapitals im Eintragungszeitpunkt** 123 49

I. Ziel des Grundsatzes 123 49

II. Ursache von Wertveränderungen bzw. Belastungen 124 49

III. Die ursprüngliche Bedeutung des Grundsatzes 126 50

IV. Vorbelastungsverbot/Vorbelastungssperre 128 50

V. Die Änderung der Rechtsprechung 129 51

VI. Unterbilanzhaftung/Vorbelastungshaftung 130 51

VII. Kritische Würdigung des Grundsatzes 132 52

D. **Die Aufbringung des Stammkapitals bei Gründung der GmbH** 137 55

I. Stammeinlagen/Bareinlagen/Sacheinlagen 137 55
    1. Kapitalaufbringung als Teil des Errichtungsvorgangs 137 55
    2. Die Bestimmung des Stammkapitalbetrags 141 56

		Rn.	Seite
3.	Die Bestimmung des Stammeinlagebetrags	150	58
a)	Allgemeines	150	58
b)	Die Übereinstimmung der Stammkapitalziffer mit der Summe der Nennbeträge	159	60
4.	Die Bestimmung des auf die Stammeinlage zu erbringenden Vermögensgegenstandes	168	62
a)	Einlagefähigkeit	174	64
b)	Sacheinlage	177	66
c)	Sachübernahme	184	67
d)	Gemischte Sacheinlage/Mischeinlage	186	68
5.	Die Einlageleistung	187	68
a)	Allgemeines	188	68
b)	Leistung von Geldeinlagen	189	69
c)	Leistung von Sacheinlagen	191	70
d)	Leistung zur freien Verfügung	194	70
6.	Die Registeranmeldung	199	73
a)	Erklärungen, Versicherungen, Unterlagen	199	73
b)	Haftung für falsche Angaben	205	76
7.	Prüfung der Anmeldung	208	76
a)	Allgemeines	208	76
b)	Prüfungsgegenstand	213	77
c)	Prüfungszeitpunkt bei der Gründung	217	78
d)	Der Bewertungszeitpunkt bei der Gründung	219	79
aa)	Der Bewertungszeitpunkt bei Sacheinlagen	220	79
bb)	Die denkbaren Bewertungszeitpunkte bei dem übrigen Vermögen	229	82
cc)	Der Wert bei Anmeldung oder Prüfung	236	85
e)	Prüfung und Bewertung in der Insolvenz	243	88
f)	Bewertungsmaß	248	89
8.	Eintragung	253	91
II. Die Aufbringung des Stammkapitals bei der Unternehmergesellschaft		258	93
1.	Die Unternehmergesellschaft – Sonderform der GmbH	261	94
2.	Die für die Unternehmergesellschaft geltenden Sonderregeln	265	94
a)	Das Mindestkapital	266	94
b)	Das Verbot von Sacheinlagen	268	95
c)	Die Pflicht zur Rücklagenbildung	271	96
d)	Die Firma der Unternehmergesellschaft	276	97
e)	Die materielle Unterkapitalisierung der Unternehmergesellschaft	279	97
f)	Der Wegfall der Sonderregeln für die Unternehmergesellschaft	281	98

	Rn.	Seite
III. Vorratsgründung/Mantelverwendung	283	99
1. Allgemeines	283	99
2. Änderung des Unternehmensgegenstands	286	100
3. Wirtschaftliche Neugründung der GmbH?	287	100

E. Die GmbH während ihrer Entstehung – Haftung für Verbindlichkeiten, Wertveränderungen und Verluste ... 293 ... 103

	Rn.	Seite
I. Die Haftung für im Namen der Vor-GmbH begründete Verbindlichkeiten	294	103
1. Die Haftung der Vorgesellschaft	295	103
a) Vorgesellschaft – Vorgründungsgesellschaft	295	103
b) Die Rechtsnatur der Vorgesellschaft	299	104
c) Die Kapital- und Haftungsverfassung	304	106
2. Die Haftung der Gesellschafter	312	107
II. Die Wahrung des Unversehrtheitsgrundsatzes während der Entstehung	318	108
1. Die Wirkung des Unversehrtheitsgrundsatzes	319	109
2. Die Haftung für Wertdifferenzen	324	110
a) Die Wertdifferenz bei Sacheinlagen	327	110
b) Die Wertdifferenz bei sonstigem Vermögen	329	111
c) Der Bewertungszeitpunkt	333	111
3. Die Haftung für Wertverluste bis zur Eintragung	336	113
a) Der maßgebliche Zeitpunkt	339	113
b) Der Umfang der Haftung	341	114
4. Der Anwendungsbereich der Haftungen	342	115

F. Die Aufbringung des Stammkapitals bei der Kapitalerhöhung ... 346 ... 117

	Rn.	Seite
I. Allgemeines	346	117
II. Die effektive Kapitalerhöhung	348	117
1. Der Kapitalerhöhungsbeschluss	349	118
2. Zustimmungspflicht der Gesellschafter	354	119
3. Der Zulassungsbeschluss	357	119
4. Das Bezugsrecht	361	121
5. Ausschluss des Bezugsrechts	365	122
6. Übernahmeverträge	369	123
7. Leistung zur freien Verfügung	371	123
8. Registeranmeldung	376	126
9. Prüfung durch das Registergericht	381	127
10. Kapitalerhöhung mit Sacheinlagen	383	127
11. Ausschüttungs-Rückhol-Verfahren	389	128
III. Genehmigtes Kapital	393	130
1. Genehmigtes Kapital/Stammkapital	396	130

		Rn.	Seite

    2. Grenzen der Ermächtigung ... 405 132
    3. Genehmigtes Kapital bei der Unternehmergesellschaft 409 132

IV. Die nominelle Kapitalerhöhung ... 410 133
    1. Allgemeines ... 410 133
    2. Kapitalerhöhungsbeschluss ... 412 133
    3. Anmeldung, Prüfung und Eintragung ... 414 134

G. Die Aufbringung der Resteinlage ... 417 137

I. Zahlungszeitpunkt/Verzinsung ... 418 137
    1. Rechtzeitigkeit der Zahlung ... 418 137
    2. Bestimmung des Zahlungszeitpunkts ... 419 137
    3. Fälligkeit in der Insolvenz ... 422 138
    4. Verzugszinsen/Fälligkeitszinsen ... 423 138

II. Die Anforderungen für die Resteinlage nach dem „Grundsatz der realen Kapitalaufbringung" ... 424 138
    1. Allgemeines ... 424 138
    2. Befreiungen, Erfüllungsalternativen, Zurückbehaltungsrechte ... 426 139

III. Durchsetzung der Einlageforderung, Sicherung der Kapitalaufbringung ... 435 141
    1. Allgemeines ... 435 141
    2. Das Kaduzierungsverfahren ... 440 142
    3. Ersatzhaftung ... 443 143
    4. Ausfallhaftung ... 448 144

IV. Verjährung ... 451 145
    1. Die Rechtsentwicklung ... 451 145
    2. Die Verjährung nach altem Recht ... 452 145
    3. Die Unverjährbarkeit der Einlageforderungen ... 453 145
    4. Rechtspolitische Überlegungen ... 460 147

H. Über das Stammkapital hinausgehende Leistungen ... 469 149

I. Freiwillige Zahlungen über die Mindeststammeinlage hinaus ... 469 149
    1. Anlass freiwilliger Leistungen ... 469 149
    2. Haftung der Gesellschafter ... 472 150

II. Nebenleistungen ... 475 150
    1. Anlass und Art von Nebenleistungen ... 475 150
    2. Aufgeld für Neuaufnahme von Gesellschaftern ... 477 151
    3. Schuldrechtliche Verpflichtungen ... 479 151

III. Nachschussleistungen ... 482 152
    1. Variables Zusatzkapital ... 482 152

	Rn.	Seite

2. Nachschuss-/Nebenleistungen 483 152
3. Beschränkte/unbeschränkte Nachschusspflicht 485 152

IV. Gesellschafterdarlehen/vorzeitige und unbenannte
   Kapitalzuwendungen (stille Einlagen) 486 153
   1. Gesellschafterdarlehen 486 153
   2. Vorzeitige Leistungen auf eine zukünftige
      Kapitalerhöhung 491 154
   3. Unbenannte Liquiditätszuwendungen/stille Einlagen 496 155

I. **Missglückte Geldeinlagen/verdeckte Sacheinlagen/
   Zahlungen an Dritte** 500 157

I. Die Geldleistung auf Bankkonten 503 157
   1. Allgemeines 503 157
   2. Mängel der Leistungshandlung 512 159
   3. Fehlen der Erfüllungswirkung 516 160
      a) Verwendungsabsprachen 516 160
      b) Zahlung auf debitorisches Bankkonto 522 162

II. Die verdeckte Sacheinlage 526 163
    1. Allgemeines 526 163
       a) Anlass und Folgen 526 163
       b) Die Korrekturen durch das MoMiG 529 163
       c) Der verbliebene Anwendungsbereich 532 164
    2. Der Umgehungsvorwurf 535 165
    3. Der Umgehungstatbestand 539 166
       a) Erwerbsgeschäfte und Darlehensgewährungen 539 166
       b) Die Tatbestandsmerkmale 543 167
          aa) Der sachliche und zeitliche Zusammenhang ... 544 167
          bb) Das Bestehen einer Abrede 547 168
          cc) Die Umgehungsabsicht 549 168
          dd) Verkehrsgeschäfte/Umsatzgeschäfte 550 168
    4. Die Folgen der Umgehung 553 169
       a) Rechtslage für vor Inkrafttreten des MoMiG
          bewirkte Einlageleistungen 553 169
       b) Rechtslage nach Inkrafttreten des MoMiG 557 170
          aa) Die Folgen für einfache verdeckte
              Sacheinlagen 558 170
          bb) Die Folgen für verdeckte Mischeinlagen,
              für verdeckte gemischte Sacheinlagen und
              für Resteinlagen 563 171
          cc) Die vom MoMiG nicht gelösten Fragen 569 174
          dd) Die Folgen für das „Hin- und Herzahlen" 571 175
       c) Die Probleme des Cash-Poolings 580 177
    5. Übergangsrecht 587 178
    6. Die Heilung verdeckter Sacheinlagen 591 178

		Rn.	Seite
a)	Allgemeines	591	178
b)	Die Rechtsprechung des Bundesgerichtshofes	593	179
c)	Die Schwächen der Rechtsprechung	596	180
d)	Der Berichtigungsbeschluss/Feststellungsbeschluss	597	181
e)	Das bleibende Bedürfnis nach Heilungsmöglichkeiten	602	182
f)	Die Zulässigkeit eines feststellenden Heilungsbeschlusses	610	184

III. Missglückte Einlageleistungen ... 615 185
    1. Abtretung, Verpfändung, Pfändung der Einlageforderung ... 616 185
    2. Anweisung zur Zahlung an Dritte ... 625 187
    3. Rechtsfolgen ... 626 187

J. Nominelle und materielle Unterkapitalisierung ... 628 189

I. Allgemeines ... 628 189

II. Nominelle Unterkapitalisierung ... 631 189

III. Materielle Unterkapitalisierung ... 633 190
    1. Der Tatbestand ... 633 190
    2. Durchbrechung des Trennungsprinzips ... 637 191
    3. Fälle der Parallelhaftung von GmbH und ihren Gesellschaftern ... 639 191
        a) Die Meinungen im Schrifttum ... 640 192
        b) Die Auffassung des Bundesgerichtshofs ... 645 193

K. Die Grenze zwischen Kapitalaufbringung und Kapitalerhaltung ... 649 195

I. Rückgabe von Gesellschaftsleistungen ... 650 195

II. Andere Fälle der Anspruchskonkurrenz ... 653 196

III. Ende der Kapitalaufbringung/Beginn der Kapitalerhaltung ... 654 196

L. Kapitalerhaltung: Grundlagen und Überblick ... 680 199

I. Problembeschreibung ... 680 199

II. Höhe der Kapitalbindung – „Bilanzielle Betrachtungsweise" ... 689 202

III. Art und Weise der Erhaltung ... 694 203
    1. Schutzgut: Stammkapitalziffer, nicht Zusammensetzung des Stammkapitals ... 694 203
    2. Schutz des Stammkapitals nur gegen Abzug durch Gesellschafter ... 695 204

			Rn.	Seite

    3. Zusammenführung von Haftung und Verantwortung – Adressaten des Kapitalerhaltungsrechts 698 205

    4. Exkurs: Unterschiede zum System der Kapitalerhaltung in der Aktiengesellschaft 700 205

IV. Rechtsquellen 702 206

V. Kritik am bestehenden System der Kapitalerhaltung 706 207

M. Der Grundfall: Auszahlungssperre nach § 30 Abs. 1 Satz 1 GmbHG 711 211

I. Überblick 711 211

II. Die Tatbestandsvoraussetzungen 715 212
    1. Überblick 715 212
    2. Empfängereigenschaft 718 212
        a) Leistung an den Gesellschafter 718 212
        b) Leistung an den Gesellschafter durch Leistung an einen Dritten 720 213
    3. Gesellschaftereigenschaft des Empfängers 729 217
        a) „Formaler" Gesellschafter 730 217
        b) Geltung von § 30 Abs. 1 Satz 1 GmbHG bei unrichtiger Gesellschafterliste 731 217
        c) Gesellschaftern gleichgestellte Dritte 734 219
        d) Maßgebender Zeitpunkt für die Prüfung der Gesellschaftereigenschaft des Empfängers 744 225
    4. Auszahlung aus dem Gesellschaftsvermögen 753 228
        a) Mögliche Formen einer „Auszahlung" 753 228
        b) Annahme einer Auszahlung bei bilanzneutralen Leistungen – „wirtschaftliche Betrachtungsweise" ... 757 230
        c) Drittvergleich – „Auszahlung" nur bei Leistung mit Rücksicht auf das Gesellschaftsverhältnis 766 233
        d) Beispiele 770 234

N. Aufhebung des „Auszahlungsverbots" 777 239

I. Überblick 777 239

II. Grundfall: Vollwertiger und deckender Gegenleistungs- oder Rückgewähranspruch (§ 30 Abs. 1 Satz 2 Alt. 2 GmbHG) ... 779 239
    1. Allgemeines 779 239
    2. Deckungsgebot 785 241
    3. Vollwertigkeitsgebot 795 245
    4. Insbesondere: Darlehensgewährung an Gesellschafter, Cash-Pooling-Systeme 803 247
        a) Überblick 803 247
        b) Bestehen eines vollwertigen Rückgewähranspruchs ... 807 248

	Rn.	Seite
aa) Anfängliche Solvenz des Gesellschafters oder Besicherung	807	248
bb) Nachträgliche Änderungen	816	251
cc) Erforderlichkeit angemessener Verzinsung	819	251
c) Konsequenzen fehlender Vollwertigkeit des Rückgewähranspruches	828	255
d) Exkurs: Sonstige Anforderungen bei der Gewährung von Darlehen	830	255
e) Insbesondere: Cash-Pooling-Systeme außerhalb eines Vertragskonzerns	833	256
5. Stellung von Sicherheiten durch die Gesellschaft	837	258
a) Übersicht	837	258
b) Besicherung von Forderungen eines Dritten gegen einen Gesellschafter (*upstream securities*)	839	259
aa) Maßgeblicher Zeitpunkt	839	259
bb) Fall 1: Zum Zeitpunkt der Verpflichtung bzw. Bestellung ist keine spätere Inanspruchnahme zu erwarten	841	259
cc) Fall 2: Bereits bei Bestellung ist eine spätere Inanspruchnahme zu erwarten	845	261
dd) Weitergehende Beschränkungen für die Sicherheitenbestellung?	848	262
ee) Exkurs: *Limitation Language*	855	264
c) Besicherung von Forderungen eines Gesellschafters gegen einen Dritten	858	265
d) Notwendigkeit eines Avalzinses?	862	267
6. Vollwertigkeit und Deckung des Rückgewähranspruchs bei Überlassung von Gegenständen	863	267
III. Auszahlungen bei Bestehen eines Gewinnabführungs- oder Beherrschungsvertrages (§ 30 Abs. 1 Satz 2 Alt. 1 GmbHG)	864	267
1. Überblick	864	267
2. Bestehen eines Beherrschungs- oder Gewinnabführungsvertrages	865	268
3. Rechtmäßigkeit etwaiger Weisungen?	868	269
4. Vollwertigkeit des Anspruchs auf Verlustausgleich	870	270
IV. Rückzahlung von Gesellschafterdarlehen und gleichgestellten Gesellschafterfinanzierungen (§ 30 Abs. 1 Satz 3 GmbHG)	876	271
O. Herbeiführung, Vertiefung oder Verfestigung einer Unterbilanz	**883**	**275**
I. Einführung	883	275
II. Ermittlung der Unterbilanz: Vergleich von Gesellschaftsvermögen und Stammkapital	888	276

			Rn.	Seite
1.	Die Ermittlung des Gesellschaftsvermögens		889	276
2.	Berechnung und Bewertung		890	277
3.	Einzelne Aspekte		893	278
	a)	Aktivseite	893	278
	b)	Passivseite	900	280
4.	Das Stammkapital		906	281
5.	Das Stammkapital bei der Unternehmergesellschaft		908	282
6.	Vergleich des Nettovermögens mit der Stammkapitalziffer		913	283
	a)	Unterdeckung	913	283
	b)	Doppelter Bewertungsmaßstab	917	284
7.	Zusammenfassung		920	285

P. Rechtsfolgen eines Verstoßes gegen § 30 Abs. 1 Satz 1 GmbHG ... 929 287

- I. Auswirkungen eines Verstoßes gegen das Auszahlungsverbot auf das schuldrechtliche bzw. dingliche Rechtsgeschäft 929 287
- II. Auswirkungen eines Verstoßes gegen das Auszahlungsverbot auf Gesellschafterbeschlüsse 932 288
- III. Folgen für den/die Gesellschafter 934 289
  1. Erstattungsanspruch (§ 31 Abs. 1 GmbHG) 935 289
     - a) Überblick 935 289
     - b) Einzelheiten 940 291
       - aa) Schuldner des Anspruchs 940 291
       - bb) Gläubiger des Anspruchs 944 293
       - cc) Inhalt des Anspruchs 948 294
       - dd) Aufrechnung und Vergleich 953 296
       - ee) Höhe des Anspruchs 955 298
       - ff) Einreden und Einwendungen 958 298
       - gg) Prozessuale Aspekte 977 304
  2. Schicksal des Auszahlungsanspruchs (Gegenanspruchs) des Gesellschafters 988 307
  3. Ausfallhaftung der anderen Gesellschafter (§ 31 Abs. 3 GmbHG) 996 309
     - a) Die von der Ausfallhaftung Betroffenen 997 309
     - b) Haftungsvoraussetzungen 1002 311
     - c) Art und Umfang der Haftung 1003 311
     - d) Verjährung 1007 312
  4. Schadensersatzhaftung der Gesellschafter 1008 312
- IV. Folgen für den Geschäftsführer 1015 314
  1. Überblick 1015 314
  2. Prüfungspflicht 1017 315
  3. Abwendungspflicht/Leistungsverweigerungsrecht 1018 315

	Rn.	Seite
a) Rechtsnatur und Inhalt des Leistungsverweigerungsrechts	1021	316
b) Gegner des Leistungsverweigerungsrechts	1022	316
c) Dauer des Leistungsverweigerungsrechts	1024	316
4. Pflicht zur Rückgängigmachung oder zum Ausgleich	1025	317
5. Haftung gegenüber der Gesellschaft (§ 43 Abs. 3 GmbHG)	1026	317
a) Tatbestandsvoraussetzungen	1027	317
b) Einreden/Einwendungen	1035	323
c) Abtretung/Pfändbarkeit	1038	324
d) Prozessuale Aspekte	1040	324
e) Darlegungs- und Beweislast	1043	326
6. Haftung gegenüber den Gesellschaftern (§ 31 Abs. 6 GmbHG)	1049	328
7. Haftung gegenüber den Gesellschaftsgläubigern	1052	329
V. Sonderfall: Haftung des geschäftsführenden Alleingesellschafters	1055	330
VI. Folgen für (leitende) Angestellte der Gesellschaft	1059	332
VII. Folgen für Dritte	1065	333
1. Der Grundsatz	1065	333
2. Ausnahmen	1067	334
Q. Kapitalerhaltung bei „Typenvermischung" (GmbH & Co. KG)	1077	337
I. Der Grundsatz	1078	337
II. Die Ausnahme	1079	337
III. Beispiele	1080	338
R. Besondere Formen der gesetzlichen Kapitalerhaltung	1087	341
I. Auszahlungssperre für einbezahlte Nachschüsse (§ 30 Abs. 2 GmbHG)	1087	341
1. Überblick	1087	341
2. Die Tatbestandsvoraussetzungen	1089	341
a) Eingezahlte Nachschüsse	1089	341
b) Art und Weise der Kapitalbindung	1091	342
c) Zeitlicher Anwendungsbereich	1095	343
d) Folgen des § 30 Abs. 2 GmbHG	1097	343
II. Änderung der Gesellschafterstruktur und Kapitalerhaltung	1099	344
1. Kapitalerhaltung und Erwerb eigener Anteile (§ 33 Abs. 2 GmbHG)	1100	344

		Rn.	Seite
a)	Überblick	1100	344
b)	Verhältnis des § 33 Abs. 2 GmbHG zu § 30 Abs. 1 Satz 1 GmbHG	1102	345
c)	Eröffnet § 33 Abs. 2 GmbHG die Möglichkeit einer vereinfachten Kapitalherabsetzung?	1107	346
d)	Tatbestandsmerkmale des § 33 Abs. 2 GmbHG	1110	348
	aa) Anteilserwerb	1110	348
	bb) Erwerb eigener Anteile durch Gesellschaft	1112	349
	cc) Voll einbezahlte Anteile	1115	350
e)	Freies, jenseits der Stammkapitalziffer vorhandenes Vermögen	1116	350
	aa) Ermittlung des freien Vermögens	1117	350
	bb) Maßgebender Zeitpunkt	1121	351
	cc) Mehrere Gesellschaftsanteile	1125	352
f)	Anlass des Erwerbes	1127	352
	aa) Grundsatz	1127	352
	bb) Ausnahme für Umwandlungsvorgänge	1128	353
g)	Höhe des Entgeltes	1129	353
h)	Entsprechende Anwendung auf Inpfandnahme voll eingezahlter Gesellschaftsanteile	1130	353
i)	Rechtsfolgen bei Verstoß gegen § 33 Abs. 2 GmbHG	1131	353
	aa) Auswirkungen auf das Rechtsgeschäft	1131	353
	bb) Folgen für den Geschäftsführer	1136	354
	cc) Folgen für den Gesellschafter	1137	354
	dd) Ausfallhaftung	1139	355
2.	Kapitalerhaltung bei Einziehung des Gesellschaftsanteils durch Gesellschafterbeschluss	1140	355
a)	Überblick	1140	355
b)	Tatbestandsvoraussetzungen	1142	356
c)	Rechtsfolgen in Bezug auf die Auszahlung	1143	356
d)	Rechtsfolgen in Bezug auf den Gesellschafterbeschluss	1146	357
e)	Kapitalerhaltung bei klageweiser Ausschließung eines Gesellschafters	1149	360
III.	Kredite an der Gesellschaft nahestehende Nichtgesellschafter (§ 43a GmbHG)	1151	361
1.	Normzweck	1151	361
2.	Verhältnis zu anderen Vorschriften	1154	361
3.	Tatbestandsvoraussetzungen	1157	363
a)	Der persönliche Anwendungsbereich	1157	363
	aa) Der Adressatenkreis	1158	363
	bb) Empfängereigenschaft	1161	365
b)	Der sachliche Anwendungsbereich	1162	365
c)	Der zeitliche Anwendungsbereich/Unterbilanz	1170	367

	Rn.	Seite
4. Rechtsfolgen	1175	369
a) Folgen für das Rechtsgeschäft	1175	369
b) Folgen für den Geschäftsführer	1177	369
c) Folgen für den Kreditnehmer	1179	370
d) Analoge Anwendung auf die GmbH & Co. KG	1186	372

S. „Kapitalerhaltungsregeln" außerhalb der §§ 30, 31, 33 und 34 GmbHG 1187 373

I. Überblick 1187 373

II. Fortbestehende Anwendung des „Eigenkapitalersatzrechts" auf kapitalersetzende Gesellschafterleistungen – Übergangsrecht 1189 374

III. Exkurs: „Eigenkapitalschutz" kraft Parteivereinbarung – Sanierungsdarlehen, Rangrücktritt und Finanzplankredite 1195 376
   1. Übersicht 1195 376
   2. Einlageähnlicher Charakter der Darlehen – Finanzplankredit 1200 377
   3. Rechtsfolgen 1202 378
   4. Die Ermittlung des Parteiwillens im konkreten Fall 1211 380

IV. Rückführung und Besicherung von Gesellschafterdarlehen und gleichgestellten Forderungen in der Insolvenz 1217 383
   1. Überblick 1217 383
   2. Gesellschafter als Begünstigter 1225 385
   3. Gegenstand: Gesellschafterdarlehen oder gleichgestellte Forderung 1231 387
   4. Rückführung des Darlehens 1236 388
   5. Besicherung 1241 389
   6. Zwerganteilsprivileg 1242 390
   7. Sanierungsprivileg 1245 390
   8. Sonderfall: Befriedigung eines Drittdarlehensgebers 1250 391
   9. Örtliche und internationale Zuständigkeit 1252 391

V. Existenzvernichtungshaftung 1254 392
   1. Überblick 1254 392
   2. Notwendigkeit und Adressaten der Haftung 1258 393
   3. Voraussetzungen der Haftung 1265 395
   4. Existenzvernichtung der Liquidationsgesellschaft 1275 398
   5. Rechtsfolgen 1276 398
   6. Haftung der Geschäftsführer 1280 399

VI. Haftung der Geschäftsführer nach § 64 Satz 3 GmbHG bei Herbeiführung der Zahlungsunfähigkeit 1282 399
   1. Überblick 1282 399

	Rn.	Seite
2. Generelle Anwendungsvoraussetzungen	1286	400
3. Tatbestandsvoraussetzungen	1291	401
a) Zahlungen	1291	401
b) Gesellschaftereigenschaft des Empfängers	1293	402
c) Herbeiführung der Zahlungsunfähigkeit	1295	403
d) Anwendungsbereich	1296	403
4. Rechtsfolgen	1307	406

Stichwortverzeichnis 409

Literaturverzeichnis

Altmeppen
Wie lange noch gilt das alte Kapitalersatzrecht? – Untragbare Verwirrung um das Übergangsrecht, ZIP 2011, 641

Altmeppen
Cash Pooling & Kapitalerhaltung im faktischen Konzern, NZG 2010, 401

Altmeppen
Cash Pooling und Kapitalerhaltung bei bestehendem Beherrschungs- oder Gewinnabführungsvertrag, NZG 2010, 361

Altmeppen
Cash-Pool, Kapitalaufbringungshaftung und Strafbarkeit der Geschäftsleiter wegen falscher Versicherung, ZIP 2009, 1545

Altmeppen
„Upstream-loans", Cash Pooling und Kapitalerhaltung nach neuem Recht, ZIP 2009, 49

Altmeppen
Das neue Recht der Gesellschafterdarlehen in der Praxis, NJW 2008, 3601

Altmeppen
Zur vorsätzlichen Gläubigerschädigung, Existenzvernichtung und materiellen Unterkapitalisierung in der GmbH, ZIP 2008, 1201

Altmeppen
„Fortschritte" im modernen Verjährungsrecht, DB 2002, 514

Altmeppen
Der „atypische Pfandgläubiger" – ein neuer Fall des kapitalersetzenden Darlehens?, ZIP 1993, 1677

Ballerstedt
Gesellschaftsrechtliche Probleme der Reform des GmbH-Rechts, ZHR 135 (1971), 383

Bauer
Gesellschafterhaftung in Krise und Insolvenz der GmbH, Teil I–III, ZInsO 2011, 1273, ZInsO 2011, 1335, ZInsO 2011, 1379

Baumbach/Hueck
GmbHG, Kommentar, 19. Aufl., 2010 (zit.: Baumbach/Hueck-*Bearbeiter*)

Baums
Eigenkapital: Begriff, Aufgaben, Sicherung, ZHR 175 (2011), 160

Bayer
Empfehlen sich besondere Regelungen für börsennotierte und für geschlossene Gesellschaften?, in: Verhandlungen des 67. Deutschen Juristentages, 2008, Bd. I: Gutachten/Teil E

Bayer
Neue und neueste Entwicklungen zur verdeckten GmbH-Sacheinlage, ZIP 1998, 1985

Bayer/Hoffmann
Die Unternehmergesellschaft (haftungsbeschränkt) des MoMiG zum 1.1.2009 – eine erste Bilanz, GmbHR 2009, 124

Bayer/Hoffmann
Genehmigtes Kapital für GmbH als Ladenhüter, GmbHR 2009, R 161

Bayer/Illhardt
Darlegungs- und Beweislast im Recht der GmbH anhand praktischer Fallkonstellationen, Teil 2: Geschäftsanteil und Kapitalerhaltung, GmbHR 2011, 638; Teil 4: Insolvenz, Existenzvernichtung, Liquidation, GmbHR 2011, 856

Beck'scher Bilanzkommentar
hrsg. v. Ellrott/Fröschle/Grottel/Kozikowski/Schmidt/Winkeljohann, Handels- und Steuerbilanz, 8. Aufl., 2012
(zit.: *Bearbeiter* in: Beck'scher Bilanzkommentar)

Benecke
Der Erstattungsanspruch nach § 31 Abs. 1 GmbHG bei anderweitig aufgefülltem Stammkapital, ZIP 2000, 1969

Benecke
Die Prinzipien der Kapitalaufbringung und ihre Umgehung – Rechtsentwicklung und Perspektiven, ZIP 2010, 105

Benecke/Geldsetzer
Wann verjähren Einlageforderungen von Kapitalgesellschaften? – Zur Anwendung der neuen Zehnjahresfrist auf Altfälle, NZG 2006, 7

Benz
Verdeckte Sacheinlage und Einlagenrückgewähr im reformierten GmbH-Recht (MoMiG), 2010

Biletzki
Das Prinzip der gesellschaftspolaren Haftungsorientierung – ein die Außenhaftung des GmbH-GF beschränkender Grundsatz?, NZG 1999, 286

Bitter
Haftung von Gesellschaftern und Geschäftsführern in der Insolvenz ihrer GmbH, Teil 1, ZInsO 2010, 1505

Blasche/König
Upstream-Darlehen vor dem Hintergrund des neuen § 30 Abs. 1 GmbHG, GmbHR 2009, 897

Blöse
Aufsteigendes Darlehen einer Aktiengesellschaft – Eine Erwiderung, DB 2010, 1053

Bork
Abschaffung des Eigenkapitalersatzrechts zugunsten des Insolvenzrechts?, ZGR 2007, 250

Bormann
Geschäftsführerhaftung wegen Einlagenrückgewähr – Antworten und neue Fragen, ZInsO 2009, 127

Bormann
Die Kapitalaufbringung nach dem Regierungsentwurf des MoMiG, GmbHR 2007, 897

Bormann/Urlichs
Kapitalaufbringung und Kapitalerhaltung nach dem MoMiG, in: Römermann/Wachter (Hrsg.), GmbH-Beratung nach dem MoMiG, GmbHR-Sonderheft 2008, S. 37

Büchel
Kapitalaufbringung, insbesondere Regelung der verdeckten Sacheinlage nach dem Regierungsentwurf des MoMiG, GmbHR 2007, 1065

Buschmann
Finanzplankredit und MoMiG, NZG 2009, 91

Canaris
Die Rückgewähr von Gesellschaftereinlagen durch Zuwendungen an Dritte, in: Festschrift für Robert Fischer, 1979, S. 31

Canaris/Schilling/Ulmer (Hrsg.)
Handelsgesetzbuch, Großkommentar, Bd. 5: Bankvertragsrecht, Teil 1, 2005

Carlé/Bauschatz
Verzinsung des Erstattungsanspruchs nach § 31 GmbHG im Zivil- und Steuerrecht, ZIP 2001, 1351

Cramer
Das genehmigte Kapital der GmbH nach dem MoMiG, GmbHR 2009, 406

Dauner-Lieb
Die Existenzvernichtungshaftung als deliktische Innenhaftung gemäß § 826 BGB, ZGR 2008, 34

DAV-Handelsrechtsausschuss
Stellungnahme zum MoMiG-RefE, NZG 2007, 211

DAV-Handelsrechtsausschuss
Vorschlag zum Problem der „verdeckten Sacheinlage", WiB 1996, 707

Davies
Legal Capital in Private Companies in Great Britain, AG 1998, 346

Demisch/Reichart
Gesellschafterdarlehen und Auszahlungssperre – Handhabung des § 64 Satz 3 GmbHG in der Konzernpraxis, InsVZ 2010, 236

Desch
Haftung des Geschäftsführers einer GmbH nach § 64 S. 3 GmbHG bei Rückzahlung von Gesellschafterdarlehen, BB 2010, 2586

Döllerer
Einlagen bei Kapitalgesellschaften nach Handelsrecht und Steuerrecht, BB 1986, 1857

Drukarczyk
Unternehmen und Insolvenz, 1983

Drygala
Gibt es die eigenkapitalersetzende Finanzplan-Nutzungsüberlassung?, GmbHR 1996, 481

Drygala/Kremer
Alles neu macht der Mai – Zur Neuregelung der Kapitalerhaltungsvorschriften im Regierungsentwurf zum MoMiG, ZIP 2007, 1289

Eckhold
Materielle Unterkapitalisierung, 2002

Ehricke
Das abhängige Konzernunternehmen in der Insolvenz, 2000

Eidenmüller
Die GmbH im Wettbewerb der Rechtsformen, ZGR 2007, 168

Einsele
Verdeckte Sacheinlage, Grundsatz der Kapitalaufbringung und Kapitalerhaltung, NJW 1996, 2681

Ekkenga
Kapitalaufbringung im konzernweiten Cash-Pool: ungelöste Probleme und verbleibende Gestaltungsspielräume, ZIP 2010, 2469

Ekkenga
Einzelabschlüsse nach IFRS – Ende der aktien- und GmbH-rechtlichen Kapitalerhaltung?, AG 2006, 389

Emmerich
Wechselseitige Beteiligungen bei AG und GmbH, NZG 1998, 622

Engert
Solvenzanforderungen als gesetzliche Ausschüttungssperre bei Kapitalgesellschaften, ZHR 170 (2006), 296

Eusani
Darlehensverzinsung und Kapitalerhaltung beim Cash Pooling, GmbHR 2009, 795

Eusani
Das neue Deckungsgebot und Leistungen causa societatis nach § 30 Abs. 1 GmbHG, GmbHR 2009, 512

Fett/Spiering
Typische Probleme bei der Kapitalerhöhung aus Gesellschaftsmitteln, NZG 2002, 358

Fleck
Der Grundsatz der Kapitalerhaltung – seine Ausweitung und seine Grenzen, in: Festschrift 100 Jahre GmbH-Gesetz, 1992, S. 391

Fleischer
Der Finanzplankredite im Gesamtgefüge der einlagegleichen Gesellschafterleistung, DStR 1999, 1774

Fleischer
Unterbilanzhaftung und Unternehmensbewertung, GmbHR 1999, 752

Fleischer/Thaten
Einlagenrückgewähr und Übernahme des Prospekthaftungsrisikos durch die Gesellschaft bei der Platzierung von Altaktien, NZG 2011, 1081

Flume
Die juristische Person, 1983

Flume
Der Gesellschafter und das Vermögen der Kapitalgesellschaft und die Problematik der verdeckten Gewinnausschüttung, ZHR 144 (1980), 18

Frank/Wachter
Kapitalaufbringung bei der Bargründung einer GmbH in Europa, GmbHR 2002, 17

Freitag/Riemenschneider
Die Unternehmergesellschaft – „GmbH light" als Konkurrenz für die Limited?, ZIP 2007, 1485

Fricke
Der Nießbrauch an einem GmbH-Geschäftsanteil – Zivil- und Steuerrecht, GmbHR 2008, 739

Fromm
Rückforderung von Krediten an GmbH-Leitungspersonen wegen Verstoßes gegen den Kapitalerhaltungsgrundsatz, GmbHR 2008, 537

Gehrlein
Die Behandlung von Gesellschafterdarlehen durch das MoMiG, BB 2008, 846

Gehrlein
Der aktuelle Stand des neuen GmbH-Rechts, Der Konzern, 2007, 771

Geimer/Schütze
Europäisches Zivilverfahrensrecht, 3. Aufl., 2010

v. Gerkan
Die Beweislastverteilung beim Schadensersatzanspruch der GmbH gegen ihren Gesellschafter, ZHR 154 (1990), 39

Goette
Einführung in das neue GmbH-Recht, 2008

Goette
Zur Voreinzahlung auf künftige Kapitalerhöhung bei der GmbH, in: Festschrift für Hans-Joachim Priester, 2007, S. 95

Goette
Die Rechtsprechung des BGH zum Gesellschaftsrecht im Jahr 1998, ZNotP 1999, 50

Goette
Die Haftung des GmbH-Geschäftsführers in der Rechtsprechung des BGH, DStR 1998, 1308

Goette
Der Stand der höchstrichterlichen Rechtsprechung zur Kapitalerhaltung und zum Rückgewährverbot im GmbH-Recht, DStR 1997, 1495

Gunßer
Finanzierungsbindungen in der GmbH nach Abschaffung des Eigenkapitalrechts, GmbHR 2010, 1250

Haas
Kein Leistungsverweigerungsrecht in § 64 Satz 3 GmbHG, DStR 2010, 1991

Haas
Aktuelle Fragen zur Krisenhaftung des GmbH-Geschäftsführers nach § 64 GmbHG, GmbHR 2010, 1

Haas
Ist das Trihotel-Haftungsmodell Vorbild auch für andere dem Schutz der Gläubigergesamtheit dienende Haftungsansprüche?, ZIP 2009, 1257

Haas
Eigenkapitalersatzrecht und Übergangsrecht, DStR 2009, 976

Haas
Reform des gesellschaftsrechtlichen Gläubigerschutzes, Verhandlungen des 66. DJT, Bd. I Gutachten/Teil E, 2006

Haas
Aktuelle Rechtsprechung zum Kapitalersatzrecht, NZI 2002, 457

Haas/Wünsch
Die Haftung der Gesellschafter und Geschäftsführer nach § 9a Abs. 1 GmbHG, NotBZ 1999, 109

Habersack
Aufsteigende Kredite im Lichte des MoMiG und des „Dezember"-Urteils des BGH, ZGR 2009, 347

Habersack
Die Erstreckung des Rechts der Gesellschafterdarlehen auf Dritte, insbesondere im Unternehmensverbund, ZIP 2008, 2385

Habersack
Trihotel – Das Ende der Debatte? – Überlegungen zur Haftung für schädigende Einflussnahme im Aktien- und GmbH-Recht, ZGR 2008, 533

Habersack
Grundfragen der freiwilligen oder erzwungenen Subordination von Gesellschafterkrediten, ZGR 2000, 384

Habersack
Der Finanzplankredit und das Recht der eigenkapitalersetzenden Gesellschafterhilfen, ZHR 161 (1997) 457

Habersack/Lüssow
Vorbelastungshaftung, Vorbelastungsbilanz und Unternehmensbewertung – Plädoyer für ein zweistufiges Vorbelastungskonzept –, NZG 1999, 629

Habersack/Schürnbrand
Cash-Management und Sicherheitenbestellung bei AG und GmbH im Lichte des richterrechtlichen Verbots der Kreditvergabe an Gesellschafter, NZG 2004, 689

Hachenburg (Hrsg.)
GmbHG, Großkommentar, 8. Aufl., 1990 ff (zit.: Hachenburg-*Bearbeiter*)

Hasselmann
Die Gesellschafterliste nach dem MoMiG – Überblick und Gesellschaftsgründung, NZG 2009, 409

Haubold
Europäisches Zivilverfahrensrecht und Ansprüche im Zusammenhang mit Insolvenzverfahren – Zur Abgrenzung zwischen Europäischer Insolvenzverordnung und EuGVO, EuGVÜ und LugÜ, IPRax 2000, 375

Heckschen/Heidinger
Die GmbH in der Gestaltungs- und Beratungspraxis, 2. Aufl., 2009 (zit.: Die GmbH)

Heinze
Verdeckte Sacheinlagen und verdeckte Finanzierungen nach dem MoMiG, GmbHR 2008, 1065

Hennrichs
Kapitalschutz bei GmbH, UG (haftungsbeschränkt) und SPE, NZG 2009, 921

Hennrichs
IFRS und Mittelstand – Auswirkungen der GmbH-Reform und Zukunft der Kapitalerhaltung, ZGR 2008, 361

Henze
Die Rechtsprechung des BGH zu den Kapitalaufbringungsgrundsätzen im GmbH- und Aktienrecht, DB 2001, 1469

Henze
Entwicklung der Rechtsprechung des BGH im GmbH-Recht – Freud und Leid der Kommentatoren, GmbHR 2000, 1069

Henze
Handbuch zum GmbH-Recht, Höchstrichterliche Rechtsprechung, 2. Aufl., 1997

Henze
Zur Problematik der „verdeckten" (verschleierten) Sacheinlage im Aktien- und GmbH-Recht, ZHR 154 (1990), 105

Henze/Timm/Westermann (Hrsg.)
Gesellschaftsrecht 1995, RWS-Forum 8, 1996

Herresthal/Servatius
Grund und Grenzen der Haftung bei der wirtschaftlichen Neugründung einer GmbH, ZIP 2012, 197

Hey
Die Bewertung der Vermögensgegenstände in der „Vorbelastungsbilanz" einer GmbH, GmbHR 2001, 905

Hirte
Kapitalgesellschaftsrecht, 7. Aufl., 2012

Hirte
Die Neuregelung des Rechts der (früher: kapitalersetzenden) Gesellschafterdarlehen durch das „Gesetz zur Modernisierung des GmbH-Rechts und zur Bekämpfung von Missbräuchen" (MoMiG), WM 2008, 1429

Hirte
Neuregelungen mit Bezug zum gesellschaftsrechtlichen Gläubigerschutz und im Insolvenzrecht durch das Gesetz zur Modernisierung des GmbH-Rechts und zur Bekämpfung von Missbräuchen (MoMiG), ZInsO 2008, 689

Hirte/Knof/Mock
Ein Abschied auf Raten? – Zum zeitlichen Anwendungsbereich des alten und neuen Rechts der Gesellschafterdarlehen, NZG 2009, 48

Hoffmann
Die unzulässige Einlage von Dienstleistungen im GmbH- und Aktienrecht, NZG 2001, 433

Hoffmann
Sind wertlose Forderungen gegen Kapitalgesellschaften zum Nennwert einlagefähig?, BB 1992, 575

Hoffmann-Becking
Der Einfluss schuldrechtlicher Gesellschaftervereinbarungen auf die Rechtsbeziehungen in der Kapitalgesellschaft, ZGR 1994, 442

Hölzle
Gesellschafterfremdfinanzierung und Kapitalerhaltung im Regierungsentwurf des MoMiG, GmbHR 2007, 729

Hommelhoff
Zum Wegfall des Erstattungsanpruchs aus § 31 GmbHG, in: Festschrift für Alfred Kellermann, 1991, S. 167

Hommelhoff/Kleindiek
Flexible Finanzierungsinstrumente im GmbH-Recht. Das eigenkapitalersetzende Gesellschafterdarlehen zwischen Nachschußkapital und Finanzplankredit, in: Festschrift 100 Jahre GmbH-Gesetz, 1992, S. 421

Hommelhoff/Kleindiek
Schuldrechtliche Verwendungspflichten und „freie Verfügung" bei der Barkapitalerhöhung, ZIP 1987, 477

Hopt
Die Haftung von Vorstand und Aufsichtsrat — Zugleich ein Beitrag zur Corporate Governance-Debatte, in: Festschrift für Ernst-Joachim Mestmäcker, 1996, S. 909

Horn
Die Haftung des Vorstands der AG nach § 93 AktG und die Pflichten des Aufsichtsrats, ZIP 1997, 1129

Hueck
Vorgesellschaft, in: Festschrift 100 Jahre GmbH-Gesetz, 1992, S. 127

Hüffer
AktG, Kommentar, 10. Aufl., 2012

Janssen
Überlegungen zum Going-Concern-Prinzip, WPg 1984, 341

Joost
Unternehmergesellschaft, Unterbilanz und Verlustanzeige, ZIP 2007, 2242

Joost
Grundlagen und Rechtsfolgen der Kapitalerhaltungsregeln in der GmbH, ZHR 148 (1984), 27

Joost
Kapitalbegriff und Reichweite der Bindung des aufgebrachten Vermögens in der GmbH, GmbHR 1983, 285

Jungmann
   Auswirkungen der neuen Basler Eigenkapitalvereinbarung (Basel II) auf die Vertragsgestaltung festverzinslicher Kredite, WM 2001, 1401

Kallmeyer
   Bereinigung der Finanzverfassung der GmbH: Vorschlag für eine GmbH-Reform, GmbHR 2004, 377

Käpplinger
   „Upstream"-Darlehen an Akquisitionsvehikel: Sind diese wirklich mit § 30 GmbHG unvereinbar?, NZG 2010, 1411

Kersting
   Verzicht auf den Unversehrtheitsgrundsatz im Recht der GmbH, ZHR 175 (2011), 644

Kersting
   Verdeckte Sacheinlage, CBC-RPS 0042 (12/2008)

Kiefner/Theusinger
   Aufsteigende Darlehen und Sicherheitenbegebung im Aktienrecht nach dem MoMiG, NZG 2008, 801

Kleffner
   Erhaltung des Stammkapitals und Haftung nach §§ 30, 31 GmbHG, 1995 (zit.: Erhaltung des Stammkapitals)

Kleindieck
   Die Geschäftsführerhaftung nach § 64 Satz 3 GmbHG – eine Zwischenbilanz, GWR 2010, 75

Kleindiek
   Materielle Unterkapitalisierung, Existenzvernichtung und Delikthaftung – GAMMA, NZG 2008, 686

Kleindiek
   Die Unternehmergesellschaft (haftungsbeschränkt) – Fortschritt oder Wagnis?, BB 2007, 1

Klose
   Die Stammkapitalerhöhung bei der Unternehmergesellschaft (haftungsbeschränkt), GmbHR, 2009, 294

Knobbe-Keuk
   Bilanz- und Unternehmenssteuerrecht, 9. Aufl., 1993

Knof
   Die neue Insolvenzverursachungshaftung nach § 64 Satz 3 RegE-GmbHG (Teil I), DStR 2007, 1536

Koch
   Die verdeckte gemischte Sacheinlage im Spannungsfeld zwischen Kapitalaufbringung und Kapitalerhaltung, ZHR 175 (2011), 55

Kock
Der Vergleich über Erstattungsansprüche nach § 31 I GmbHG,
NZG 2006, 733

Kögel
Die Not mit der Notgeschäftsführung bei der GmbH, NZG 2000, 20

Kollmorgen/Santelmann/Weiß
Upstream-Besicherung und Limitation Language nach Inkrafttreten des MoMiG, BB 2009, 1818

Kollrus
Cash Pooling – Strategien zur Vermeidung von Haftungsgefahren,
MDR 2011, 208

Konzen
Geschäftsführung, Weisungsrecht und Verantwortlichkeit in der GmbH und GmbH & Co. KG, NJW 1989, 2977

Kort
Das Verhältnis von Auszahlungsverbot (§ 30 Abs. 1 GmbHG) und Erstattungspflicht (§ 31 GmbHG), ZGR 2001, 615

Kraft
Die Abgrenzung von Eigen- und Fremdkapital nach IFRS, ZGR 2008, 324

Krieger
Fehlerhafte Satzungsänderungen: Fallgruppen und Bestandskraft,
ZHR 158 (1994), 35

Krolop
Zur Begrenzung der Unterbilanzhaftung bei der Vorrats- und Mantelgründung, ZIP 2011, 305

Krolop
Anwendung der MoMiG-Regelungen zu Gesellschafterdarlehen auf gesellschaftsfremde Dritte, GmbHR 2009, 397

Krolop
Die (verdeckte) gemischte Sacheinlage und die Mischeinlage,
NZG 2007, 577

Kropff
Nettoausweis des Gezeichneten Kapitals und Kapitalschutz,
ZIP 2009, 1137

Kübler
Kapitalmarktgerechte Aktien?, WM 1990, 1853

Kulms
Qualifizierte faktische GmbH-Konzerne und Außenhaftung: (k)ein Fall für Art. 5 Nr. 1 EuGVÜ?, IPRax 2000, 488

Küting/Lorson/Eichenlaub/Toebe
Die Ausschüttungssperre im neuen deutschen Bilanzrecht nach
§ 268 Abs. 8 HGB, GmbHR 2011, 1

Küting/Reuter
Abbildung von eigenen Anteilen nach dem Entwurf des BilMoG – Auswirkungen in der Bilanzierungs- und Bilanzanalysepraxis, BB 2008, 658

von der Laage
Die Ausschüttungssperre des § 268 Abs. 8 HGB nach dem Bilanzrechtsmodernisierungsgesetz – Systematik der Sperre, ihre Anwendung auf Personenhandelsgesellschaften i. S. d. § 264a HGB sowie Rechtsfolgen eines Verstoßes, WM 2012, 1322

Larenz
Methodenlehre der Rechtswissenschaft, 6. Aufl., 1991

Leuschner
Öffentliche Umplatzierung, Prospekthaftung und Innenregress, NJW 2011, 3275

Link
Droht dem Verkäufer von GmbH-Anteilen bei Leveraged-Buyout-Transaktionen eine Haftung für Verbindlichkeiten der Zielgesellschaft?, ZIP 2007, 1397

Löwe/Thoß
Austritt und Ausschluss eines Gesellschafters aus der GmbH sowie Einziehung seines Geschäftsanteils – Wirksamkeit und Wirkungen, NZG 2003, 1005

Lutter
Fehler schaffen neue Fehler – Gegen die Divergenztheorie bei §§ 5 Abs. 3, 34 GmbHG, in: Festschrift für Wienand Meilicke, 2010, S. 481

Lutter
Haftung und Haftungsfreiräume des GmbH-Geschäftsführers: 10 Gebote an den Geschäftsführer, GmbHR 2000, 301

Lutter
Gefahren persönlicher Haftung für Gesellschafter und Geschäftsführer einer GmbH, DB 1994, 129

Lutter
Das überholte Thesaurierungsgebot bei Eintragung einer Kapitalgesellschaft im Handelsregister, NJW 1989, 2649

Lutter
Verdeckte Leistungen und Kapitalschutz, in: Festschrift für Ernst C. Stiefel, 1987, S. 505

Lutter
Vom formellen Mindestkapital zu materiellen Finanzierungsregeln im Recht der Kapitalgesellschaften, in: Festschrift für Stefan Riesenfeld, 1983, S. 165

Lutter
Die GmbH-Novelle und ihre Bedeutung für die GmbH, GmbH & Co. KG und die Aktiengesellschaft, DB 1980, 1317

Lutter
Theorie der Mitgliedschaft, Prolegomena zu einem allgemeinen Teil des Korporationsrechts, AcP 180 (1980), 122

Lutter
Materielle und förmliche Erfordernisse eines Bezugsrechtsausschlusses – Besprechung der Entscheidung BGHZ 71, 40 (Kali + Salz), ZGR 1979, 401

Lutter/Gehling
„Verdeckte Sacheinlagen" – Zur Entwicklung der Lehre und zu den europäischen Aspekten, WM 1989, 1445

Lutter/Hommelhoff
GmbH-Gesetz, Kommentar, 18. Aufl., 2012
(zit.: Lutter/Hommelhoff-*Bearbeiter*)

Lutter/Hommelhoff/Timm
Finanzierungsmaßnahmen zur Krisenabwehr in der Aktiengesellschaft, BB 1980, 737

Luttermann
Unternehmensfinanzierung, Geschäftsleiterpflicht und Haftkapital bei Kapitalgesellschaften, BB 2001, 2433

Mahler
Verstoß gegen § 64 S. 3 GmbHG bei „Upstream-Securities", GmbHR 2012, 504

Maier-Reimer/Wenzel
Nochmals: Die Anrechnung der verdeckten Sacheinlage nach dem MoMiG, ZIP 2009, 1185

Maier-Reimer/Wenzel
Kapitalaufbringung in der GmbH nach dem MoMiG, ZIP 2008, 1449

Mankowski
EuGVÜ-Gerichtsstand für Gesellschafterhaftungsklage des Insolvenzverwalters, NZI 1999, 56

Medicus
Deliktische Außenhaftung der Vorstandsmitglieder und Geschäftsführer, ZGR 1998, 570

Meilicke
Die „verschleierte" Sacheinlage – eine deutsche Fehlentwicklung, 1989

Meilicke
Die Kapitalaufbringungsvorschriften als Sanierungsbremse – ist die deutsche Interpretation des § 27 Abs. 2 AktG richtlinienkonform?, (Teil I) DB 1989, 1067, (Teil II) DB 1989, 1119

Meister
Die Sicherheitsleistungen der GmbH für Gesellschaftsverbindlichkeiten, WM 1980, 390

Mertens
Die Geschäftsführungshaftung in der GmbH und das ITT-Urteil, in: Festschrift für Robert Fischer, 1979, S. 461,

Messer
Kreditsicherung im Konzern, ZHR 159 (1995), 375

Meyer-Arndt
Kredite an Geschäftsführer und Prokuristen einer GmbH, DB 1980, 2328

Meyer-Landrut/Miller/Niehues
Gesetz betreffend die Gesellschaft mit beschränkter Haftung (GmbH) einschließlich Rechnungslegung, Kommentar, 1987

Michalski (Hrsg.)
Kommentar zum Gesetz betreffend die Gesellschaft mit beschränkter Haftung (GmbH-Gesetz), 2. Aufl., 2010

Michalski/De Vries
Eigenkapitalersatz, Unterkapitalisierung und Finanzplankredite, NZG 1999, 181

Michelfeit
Kapitalaufbringung und -erhaltung nach dem MoMiG – Welche Grenzen zieht § 43a GmbHG?, MittBayNot 2009, 435

Miras
Die neue Unternehmergesellschaft, 2. Aufl., 2011

Mülbert
Abschied von der „TBB"-Haftungsregel für den qualifiziert faktischen GmbH-Konzern, DStR 2001, 1937

Mülbert
Sicherheiten einer Kapitalgesellschaft für Verbindlichkeiten ihres Gesellschafters, ZGR 1995, 578

Mülbert/Leuschner
Aufsteigende Darlehen im Kapitalerhaltungs- und Konzernrecht – Gesetzgeber und BGH haben gesprochen, NZG 2009, 281

Müller, G.
Fortbestand oder Untergang des Erstattungsanspruchs aus § 31 GmbHG bei Wegfall der Auszahlungssperre?, ZIP 1996, 941

Müller, H.-F.
Die gesetzliche Rücklage bei der Unternehmergesellschaft, ZGR 2012, 81

Müller, W.
Der Geschäftsführer der GmbH und das Gesellschafterdarlehen in der Krise, in: Gedächtnisschrift für Martin Winter, 2011, S. 487

Müller, W.
Der Verlust der Hälfte des Grund- oder Stammkapitals, Überlegungen zu den §§ 92 Abs. 1 AktG und 49 Abs. 3 GmbHG, ZGR 1985, 191

Müller-Freienfels
Zur Lehre vom sogenannten „Durchgriff" bei juristischen Personen im Privatrecht, AcP 156 (1957), 522

Münchener Handbuch des Gesellschaftsrechts
hrsg. v. Priester/Mayer, Bd. III, 3. Aufl., 2009
(zit.: *Bearbeiter*, in: Münch-Hdb. GesR, Bd. III)

Münchener Kommentar zum Bürgerlichen Gesetzbuch
hrsg. v. Säcker/Rixecker, Bd. VI, 5. Aufl., 2009
(zit.: *Bearbeiter*, in: MünchKomm-BGB)

Münchener Kommentar zum Gesetz betreffend
die Gesellschaft mit beschränkter Haftung
hrsg. v. Fleischer/Goette, Bd. I 2010, Bd. II 2012
(zit.: *Bearbeiter*, in: MünchKomm-GmbHG)

Münchener Kommentar zum Handelsgesetzbuch
hrsg. v. K. Schmidt, Bd. IV, 3. Aufl., 2013
(zit.: *Bearbeiter*, in: MünchKomm-HGB)

Munzig
Das gesetzliche Bezugsrecht bei der GmbH, 1996

Neideck
Rückforderungsansprüche der Unternehmergesellschaft bei Verstoß gegen die Rücklagenverpflichtung, GmbHR 2010, 624

Nerlich/Römermann
InsO, 24. Aufl., 2012, Stand: 22. Lfg. 11/2011

Niemeier
Die „Mini-GmbH" (UG) trotz Marktwende bei der Limited?, ZIP 2007, 1794

Niemeier
GmbH und Limited im Markt der Unternehmensrechtsträger, ZIP 2006, 2237

Niesert/Hohler
Die Haftung des Geschäftsführers für die Rückzahlung von Gesellschafterdarlehen und ähnliche Leistungen, NZI 2009, 345

Noack
 Der Regierungsentwurf des MoMiG – Die Reform des GmbH-Rechts geht in die Endrunde, DB 2007, 1395

Nodoushani
 Verbotene Einlagenrückgewähr und bilanzielle Betrachtungsweise, ZIP 2012, 97

Nolting-Hauff/Greulich
 Was von der Insolvenzverursachungshaftung des Geschäftsführers nach § 64 S. 3 GmbHG bleibt, GmbHR 2013, 169

Oetker
 Rückzahlungsverbot (§ 30 I GmbHG) und Sicherheitsleistungen konzernabhängiger GmbH's für Verbindlichkeiten anderer Konzerngesellschaften – am Beispiel der Bürgschaft, KTS 1991, 521

Peltzer
 Probleme bei der Kreditgewährung der Kapitalgesellschaft an ihre Leitungspersonen, in: Festschrift für Heinz Rowedder, 1994, S. 325

Peltzer/Bell
 Besicherung von Gesellschafterkrediten mit dem GmbH-Vermögen, ZIP 1993, 1757

Pentz
 Die Bedeutung der Sacheinlagefähigkeit für die verdeckte Sacheinlage und den Kapitalersatz sowie erste höchstrichterliche Aussagen zum Hin- und Herzahlen nach dem MoMiG – Das Qivive-Urteil des BGH vom 16.2.2009 – II ZR 120/07, GmbHR 2009, 505

Pentz
 Die verdeckte Sacheinlage im GmbH-Recht nach dem MoMiG, in: Festschrift für Karsten Schmidt, 2009, S. 1265

Pentz
 Verdeckte Sacheinlagen nach dem MoMiG und prozessuale Folgen des Übergangsrechts, GmbHR 2009, 126

Pentz
 Eingeschränkte Unverjährbarkeit von Einlageansprüchen und von Forderungen wegen Verstoßes gegen das Auszahlungsverbot als Folge der Schuldrechtsreform, GmbHR 2002, 225

Perwein
 Die Rechte der GmbH nach dem Kapitalerhaltungsgrundsatz – Verjährungsfalle für den Auszahlungsanspruch des Gesellschafters?, GmbHR 2006, 1149

Poertzgen/Meyer
 Aktuelle Probleme des § 64 Satz 3 GmbHG, ZInsO 2012, 249

Priester
Wann endet das Sonderrecht der UG (haftungsbeschränkt)?, ZIP 2010, 2182

Priester
Genehmigtes Kapital bei der GmbH. Das MoMiG beschert uns einen neuen § 55a GmbHG, GmbHR 2008, 1177

Priester
Kapitalaufbringung nach Gutdünken?, ZIP 2008, 55

Priester
Die deutsche GmbH nach „Inspire Art" – brauchen wir eine neue?, DB 2005, 1315

Priester
Unternehmenssteuer-Reform und Gesellschaftsvertrag – Kautelarpraktische Überlegungen, DStR 2001, 795

Priester
Heilung verdeckter Sacheinlagen bei der GmbH, ZIP 1996, 1025

Priester
Wertgleiche Deckung statt Bardepot?, ZIP 1994, 599

Priester
Kapitalaufbringung, in: Festschrift 100 Jahre GmbH-Gesetz, 1992, S. 159

Priester
Kapitalaufbringung bei korrespondierenden Zahlungsvorgängen, ZIP 1991, 345

Priester
Heilung verdeckter Sacheinlagen im Recht der GmbH, DB 1990, 1753

Priester
Die Unversehrtheit des Stammkapitals bei Eintragung der GmbH – ein notwendiger Grundsatz?, ZIP 1982, 1141

Priester
Das gesetzliche Bezugsrecht bei der GmbH, DB 1980, 1925

Priester
Die Festsetzungen im GmbH-Vertrag bei Einbringung von Unternehmen, BB 1980, 19

Rammert/Thies
Mit dem Bilanzrechtsmodernisierungsgesetz zurück in die Zukunft – was wird aus Kapitalerhaltung und Besteuerung?, WPg 2009, 34

Reemann
Sicherheitsleistungen der GmbH für Verbindlichkeiten ihrer Gesellschafter an andere GmbH, MittRhNotK 1996, 113

Reymann
  Zurechnungssystem und Regelungsebenen der GmbH-Gesellschafterliste, BB 2009, 506

Rodewald/Pohl
  Neuregelung des Erwerbs von eigenen Anteilen durch die GmbH im Bilanzrechtsmodernisierungsgesetz (BilMoG), GmbHR 2009, 32

Röhricht
  Die aktuelle höchstrichterliche Rechtsprechung zum Gesellschaftsrecht, in: Gesellschaftsrecht in der Diskussion 2000, Jahrestagung der Gesellschaftsrechtlichen Vereinigung, S. 3

Römermann
  Auflösung einer GmbH aufgrund der Einziehung eines GmbH-Geschäftsanteils?, DB 2010, 209

Römermann
  Ausschließung von GmbH-Gesellschaftern und Einziehung von Anteilen: Ein Minenfeld, NZG 2010, 96

Römermann/Passarge
  Die GmbH & Co. KG ist tot – es lebe die UG & Co. KG!, ZIP 2009, 1497

Rönnau/Kretzer
  Darlehensverrechnungen im Cash-Pool – nach Inkrafttreten des MoMiG auch ein Untreue-Risiko (§ 266 StGB)?, ZIP 2010, 2269

Roth, G. H.
  Unterkapitalisierung und persönliche Haftung, ZGR 1993, 170

Roth, J.
  Reform des Kapitalersatzrechts durch das MoMiG – Der Verzicht auf das Krisenkriterium und seine Folgen, GmbHR 2008, 1184

Roth/Altmeppen
  Gesetz betreffend die Gesellschaft mit beschränkter Haftung, Kommentar, 7. Aufl., 2012 (zit.: Roth/Altmeppen-*Bearbeiter*)

Rothley/Weinberger
  Die Anforderungen an Vollwertigkeit und Deckung nach § 30 I 2 GmbHG und § 57 I 3 AktG, NZG 2010, 1001

Rowedder/Schmidt-Leithoff (Hrsg.)
  GmbHG, Kommentar, 5. Aufl., 2013
  (zit.: Rowedder/Schmidt-Leithoff-*Bearbeiter*)

Schäfer
  Darlehensgewährung an Gesellschafter als verbotene Ausschüttung i. S. v. § 30 GmbHG – Todesstoß für das konzernweite Cash Pooling?, GmbHR 2005, 133

Schäfer, B.
Eigenkapitalersatz nach „MoMiG" – Was bleibt von der Finanzierungsfolgenverantwortung, ZInsO 2010, 1311

Schäfer, C.
Rechtsprobleme bei Gründung und Durchführung einer Unternehmergesellschaft, ZIP 2011, 53

Schäfer, F. A.
Eigenkapital im Bankaufsichtsrecht und Basel III, ZHR 175 (2011), 319

Schall
Die Kapitalaufbringung der GmbH nach dem MoMiG, ZGR 2009, 126

Schaub
Die Haftung des Geschäftsführers einer GmbH gegenüber der Gesellschaft und den Gesellschaftern (Teil I), DStR 1992, 985

Schimansky/Bunte/Lwowski
Bankrechts-Handbuch, 4. Aufl., 2011
(zit.: *Bearbeiter*, in: Schimansky/Bunte/Lwowski)

Schlosser
Europäisch-autonome Interpretation des Begriffs „Vertrag oder Ansprüche aus einem Vertrag" i. S. v. Art. 5 Nr. 1 EuGVÜ?, IPRax 1984, 65

Schmidt, K.
Die Verwendung von GmbH-Mänteln und ihre Haftungsfolgen: ein Thema von gestern?, ZIP 2010, 857

Schmidt, K.
Normzwecke und Zurechnungsfragen im Recht der Gesellschafter-Fremdfinanzierung, GmbHR 2009, 1009

Schmidt, K.
Reform der Kapitalsicherung und Haftung in der Krise nach dem Regierungsentwurf des MoMiG – Sechs Leitsätze zu § 30 GmbHG-E, § 64 GmbHG-E und § 15a InsO-E, GmbHR 2007, 1072

Schmidt, K.,
GmbH-Reform, Solvenzgewährleistung und Insolvenzpraxis – Gedanken zum MoMiG-Entwurf, GmbHR 2007, 1

Schmidt, K.
Eigenkapitalersatz, oder: Gesetzesrecht versus Rechtsprechungsrecht?, ZIP 2006, 1925

Schmidt, K.
Brüderchen und Schwesterchen für die GmbH? – Eine Kritik der Vorschläge zur Vermehrung der Rechtsformen –, DB 2006, 1096

Schmidt, K.
Gesellschaftsrecht, 4. Aufl., 2002

Schmidt, K.
Gesellschafterhaftung und „Konzernhaftung" bei der GmbH – Bemerkungen zum „Bremer Vulkan"-Urteil des BGH vom 19.9.2001 –,
NJW 2001, 3577

Schmidt, K.
Finanzplanfinanzierung, Rangrücktritt und Eigenkapitalersatz,
ZIP 1999, 1241

Schmidt, K.
Die Übertragung, Pfändung und Verwertung von Einlageforderungen,
ZHR 157 (1993), 291

Schmidt, K.
Unterbilanzhaftung – Vorbelastungshaftung – Gesellschafterhaftung,
ZHR 156 (1992), 93

Schmidt, K.
Kapitalsicherung in der GmbH & Co. KG: Schlussbilanz oder Zwischenbilanz einer Rechtsfortbildung?, GmbHR 1989, 141

Schmidt, K.
Quasi-Eigenkapital als haftungsrechtliches und handelsbilanzrechtliches Problem, in: Festschrift für Reinhard Goerdeler, 1987, S. 487

Schmidt, K.
Theorie und Praxis der Vorgesellschaft nach gegenwärtigem Stand,
GmbHR 1987, 77

Schmidt, K.
Barkapitalaufbringung und „freie Verfügung" bei der Aktiengesellschaft und der GmbH, AG 1986, 106

Schmidt, K.
Die sanierende Kapitalerhöhung im Recht der Aktiengesellschaft, GmbH und Personengesellschaft, ZGR 1982, 519

Schmidt, K.
Grundzüge der GmbH-Novelle, NJW 1980, 1769

Schmidt, K.
Zur Differenzhaftung des Sacheinlegers, GmbHR 1978, 5

Schmitt
Das Auszahlungsverbot des § 30 Abs. 1 GmbHG und der Sonderposten mit Rücklageanteil, GmbHR 2002, 349

Schneider, S. H./Hoger, A.
Einziehung von Geschäftsanteilen und Gesellschafterhaftung,
NJW 2013, 502

Schneider, S. H.
(Mit-)Haftung des Geschäftsführers eines wegen Existenzvernichtung haftenden Gesellschafters, GmbHR 2011, 685

Schneider, Uwe H.
„Kapitalmindernde Darlehen" der GmbH an ihre Geschäftsführer, in: Festschrift für Georg Döllerer, 1988, S. 537

Schneider, Uwe H.
Haftungsmilderung für Vorstandmitglieder und Geschäftsführer bei fehlerhafter Unternehmensleitung?, in: Festschrift für Winfried Werner, 1984, S. 795

Schneider, Uwe H.
Kredite der GmbH an ihre Geschäftsführer, GmbHR 1982, 197

Scholz (Hrsg.)
GmbHG, Kommentar, Bd. I 11. Aufl., 2012, Bd. II und III (Nachtrag MoMiG) 10. Aufl., 2010 (zit.: Scholz-*Bearbeiter*)

Schön
Wer schützt den Kapitalschutz?, ZHR 166 (2002), 1

Schön
Kreditbesicherung durch abhängige Kapitalgesellschaften, ZHR 159 (1995), 351

Schulze-Osterloh
Die Vorbelastungsbilanz der GmbH auf den Eintragungszeitpunkt und der Ausweis des Anspruchs aus der Vorbelastungshaftung im Jahresabschluß, in: Festschrift für Reinhard Goerdeler, 1987, S. 531

Schulze-Osterloh
Die verdeckte Gewinnausschüttung bei der GmbH als kompetenzrechtliches Problem, in: Festschrift für Walter Stimpel, 1985, S. 487

Schüppen
Verdeckte Gewinnausschüttung an eine vom begünstigten Gesellschafter beherrschte GmbH, WiB 1996, 114

Seibert
Der Regierungsentwurf des MoMiG und die haftungsbeschränkte Unternehmergesellschaft, GmbHR 2007, 673

Seibert/Decker
Die GmbH-Reform kommt!, ZIP 2008, 1208

Sernetz
Anrechnung und Bereicherung bei der verdeckten Sacheinlage, ZIP 2010, 2173

Sernetz
Die Folgen der neueren Zivilrechtsprechung zum „Ausschüttungs-Rückhol-Verfahren" für frühere Kapitalerhöhungen bei der GmbH, ZIP 1995, 173

Sernetz
Die Folgen der neueren Zivilrechtsprechung zum „Ausschüttungs-Rückhol-Verfahren" für zukünftige Kapitalerhöhungen bei der GmbH, ZIP 1993, 1685

Sernetz
Die Rechtsnachfolge in die Verbandsmitgliedschaft insbesondere beim Unternehmerwechsel, 1973 (zit.: Rechtsnachfolge)

Servatius
Über die Beständigkeit des Erstattungsanspruchs wegen Verletzung des Stammkapitals, GmbHR 2000, 1028

Servatius
Nutzungsweise Überlassung von Betriebsmitteln der GmbH an Gesellschafter als Auszahlung gemäß §§ 30, 31 GmbHG, GmbHR 1998, 723

Seulen/Osterloh
Die Haftung des Geschäftsführers für Zahlungen an den Gesellschafter – zur Reichweite von § 64 Satz 3 GmbHG, ZInsO 2010, 881

Sieger/Aleth
Finanzplankredite: Stand der Rechtsprechung und offene Fragen, GmbHR 2000, 462

Sieker
Die Verzinsung eigenkapitalersetzender Darlehen, ZGR 1995, 250

Söhner
Leveraged-Buy-outs und Kapitalschutz, ZIP 2011, 2085

Sonnenhol/Groß
Besicherung von Krediten Dritter an Konzernunternehmen, ZHR 159 (1995), 388

Sonnenhol/Stützle
Auswirkungen des Verbots der Einlagenrückgewähr auf Nichtgesellschafter, WM 1983, 2

Spliedt
MoMiG in der Insolvenz – ein Sanierungsversuch, ZIP 2009, 149

Stein
GmbH-Geschäftsführer – Goldesel für leere Sozialkassen?, DStR 1998, 1055

Steinbeck
Zur systematischen Einordnung des Finanzplankredits, ZGR 2000, 503

Stiller/Redeker
Aktuelle Rechtsfragen der verdeckten gemischten Sacheinlage, ZIP 2010, 865

Stimpel
   Zum Auszahlungsverbot des § 30 Abs. 1 GmbHG, in: Festschrift 100 Jahre GmbH-Gesetz, 1992, S. 340

Stimpel
   Unbeschränkte oder beschränkte Außen- oder Innenhaftung der Gesellschafter der Vor-GmbH?, in: Festschrift für Hans-Joachim Fleck, 1988, S. 345

Strohn
   Organhaftung im Vorfeld der Insolvenz, NZG 2011, 1161

Strohn
   Existenzvernichtungshaftung, §§ 30, 31 GmbHG und § 64 S. 3 GmbHG – Koordinierungsbedarf?, ZHR 173 (2009), 589

Sutter/Masseli
   Keine Änderungen der Vertragspraxis bei aufsteigenden Sicherheiten in Folge des MoMiG, WM 2010, 1064

Teichmann
   Reform des Gläubigerschutzes im Kapitalgesellschaftsrecht, NJW 2006, 2444

Thelen
   Der Gläubigerschutz bei Insolvenz der GmbH, ZIP 1987, 1027

Thiessen
   Zur Neuregelung der Verjährung im Handels- und Gesellschaftsrecht, ZHR 168 (2004), 503

Thole
   Konzernfinanzierung zwischen Gesellschafts- und Insolvenzrecht, ZInsO 2011, 1425

Thümmel
   Erstattungsanspruch entfällt nicht bei Wiederherstellung des Gesellschaftskapitals, Anmerkung zu BGH-Urteil v. 29.5.2000, BB 2000, 1485

Thümmel/Burkhardt
   Neue Haftungsrisiken für Vorstände und Aufsichtsräte aus § 57 Abs. 1 AktG und § 92 Abs. 2 Satz 3 AktG in der Neufassung des MoMiG, AG 2009, 885

Tillmann
   Upstream-Sicherheiten der GmbH im Licht der Kapitalerhaltung – Ausblick auf das MoMiG, NZG 2008, 401

Ulmer
   Entschärfte Gesellschafterhaftung bei wirtschaftlicher Neugründung einer zuvor unternehmenslosen Alt-GmbH, ZIP 2012, 1265

Ulmer
Die „Anrechnung" (MoMiG) des Wertes verdeckter Sacheinlagen auf die Bareinlageforderung der GmbH – ein neues Erfüllungssurrogat?, ZIP 2009, 293

Ulmer
Der „Federstrich des Gesetzgebers" und die Anforderungen der Rechtsdogmatik, ZIP 2008, 45

Ulmer
Zwangseinziehung von Geschäftsanteilen und Ausschließung von GmbH-Gesellschaftern aus wichtigem Grund – Wirksamkeit schon vor Abfindung des betroffenen Gesellschafters?, in: Festschrift für Fritz Rittner, 1991, S. 735

Ulmer
Verdeckte Sacheinlagen im Aktien- und GmbH-Recht, ZHR 154 (1990), 128

Ulmer
Schutz der GmbH gegen Schädigung zugunsten ihrer Gesellschafter?, in: Festschrift für Gerd Pfeiffer, 1988, S. 868

Ulmer
Die GmbH und der Gläubigerschutz, GmbHR 1984, 256

Ulmer
Abschied vom Vorbelastungsverbot im Gründungsstadium der GmbH, ZGR 1981, 593

Ulmer
Gesellschafterdarlehen und Unterkapitalisierung bei GmbH und GmbH & Co. KG., in: Festschrift für Konrad Duden, 1977, S. 661

Ulmer
Das Vorbelastungsverbot im Recht der GmbH-Vorgesellschaft – notwendiges oder überholtes Dogma?, in: Festschrift für Kurt Ballerstedt, 1975, S. 279

Ulmer/Habersack/Winter (Hrsg.)
Gesetz betreffend die Gesellschaft mit beschränkter Haftung: GmbHG, Großkommentar, Bd. I 2005, Bd. II 2006, Bd. III (Erg.-Bd. MoMiG) 2010 (zit.: Ulmer/Habersack/Winter-*Bearbeiter*)

Utsch, G./Utsch, N.
Die Haftung des Geschäftsführers nach § 64 GmbHG, ZInsO 2009, 2271

Veil
Gesellschafterhaftung wegen existenzvernichtenden Eingriffs und materieller Unterkapitalisierung, NJW 2008, 3264

Veil
Die Reform des Rechts der Kapitalaufbringung durch den RegE MoMiG, ZIP 2007, 1241

Veil/Werner
Die Regelung der verdeckten Sacheinlage – eine gelungene Rechtsfortbildung des GmbH-Rechts und bürgerlich-rechtlichen Erfüllungsregimes?, GmbHR 2009, 729

Vetter
Reform des gesellschaftsrechtlichen Gläubigerschutzes, Referat, in: Verhandlungen des 66. Deutschen Juristentages 2006, Bd. II/1, Sitzungsberichte (Referate und Beschlüsse), P 75-P 139, 2006

Volhard
Zur Heilung verdeckter Sacheinlagen, ZGR 1995, 286

Vonnemann
Die Haftung der GmbH-Gesellschafter wegen materieller Unterkapitalisierung, GmbHR 1992, 77

Waldenberger/Sieber
Die Unternehmergesellschaft (haftungsbeschränkt) jenseits der „Existenzgründer" – Rechtliche Besonderheiten und praktischer Nutzen, GmbHR 2009, 114

Wand/Tillmann/Heckenthaler
Aufsteigende Darlehen und Sicherheiten bei Aktiengesellschaften nach dem MoMiG und der MPS-Entscheidung des BGH, AG 2009, 148

Weber
Die Unternehmergesellschaft (haftungsbeschränkt), BB 2009, 842

Wedemann
Die Übergangsbestimmungen des MoMiG – was müssen bestehende GmbHs beachten?, GmbHR 2008, 1131

Weiß
Strafbarkeit der Geschäftsführer wegen Untreue bei Zahlungen „entgegen" § 64 GmbHG?, GmbHR 2011, 350

Weitzel/Socher
Cash-Pooling-Risiken für die GmbH-Geschäftsführung und ihre Vermeidung, ZIP 2010, 1069

Weller
Internationale Zuständigkeit für mitgliedschaftsbezogene Klagen nach der Brüssel I-VO, ZGR 2012, 606

Weller
Die Existenzvernichtungshaftung im modernisierten GmbH-Recht – Eine Außenhaftung für Forderungsvereitelung (§ 826 BGB), DStR 2007, 1166

Weller
Die Neuausrichtung der Existenzvernichtungshaftung durch den BGH und ihre Implikationen für die Praxis, ZIP 2007, 1681

Wenzel
Die Vereinbarkeit von Sicherheitenbestellungen mit gesellschaftsrechtlichen Kapitalerhaltungsvorschriften, WiB 1996, 10

Werner
Voreinzahlungen auf Stammeinlagen bei GmbH-Gründung und Kapitalerhöhung. Zulässigkeit – Zweifelsfragen – Konsequenzen, GmbHR 2002, 530

Wessels
Aufsteigende Finanzierungshilfen in GmbH und AG, ZIP 2004, 793

Wicke
Gesetz betreffend die Gesellschaft mit beschränkter Haftung (GmbHG), Kommentar, 2. Aufl., 2011

Wicke
Satzungsgestaltung und Anteilsabtretung nach der GmbH-Reform, NotBZ 2009, 1

Wicke
Risiko Mantelverwendung – Die wirtschaftliche Neugründung vor der Reform des GmbH-Rechts, NZG 2005, 409

Wiedemann
Die BGH-Rechtsprechung zur Präklusion verspäteten Vorbringens, in: 50 Jahre Bundesgerichtsbarkeit, Festgabe aus der Wissenschaft, Bd. III, 2000, S. 353

Wiedemann
Eigenkapital und Fremdkapital. Eine gesellschaftsrechtliche Zwischenbilanz, in: Festschrift für Karl Beusch, 1993, S. 895

Wiedemann
Entwicklungen im Kapitalgesellschaftsrecht, DB 1993, 141

Wiedemann
Gesellschaftsrecht I, 1980

Wiedemann
Das Rätsel Vorgesellschaft, JurA 1970, 439

Wilhelm
Rechtsform und Haftung bei der juristischen Person, 1981

Wilhelm
Die Vermögensbindung bei der Aktiengesellschaft und der GmbH und das Problem der Unterkapitalisierung, in: Festschrift für Werner Flume, Bd. II 1978, S. 337

Willemsen/Rechel
Cash-Pooling und die insolvenzrechtliche Anfechtung absteigender Darlehen – Unterschätzte Risiken für Gesellschafter, BB 2009, 2215

Winkler/Becker
Die Limitation Language bei Akquisitions- und Konzernfinanzierungen unter Berücksichtigung des MoMiG, ZIP 2009, 2361

Winter, Martin
Die Rechtsfolgen der „verdeckten" Sacheinlage – Versuch einer Neubestimmung, in: Festschrift für Hans-Joachim Priester, 2007, S. 867

Winter, Michael
Upstream-Finanzierung nach dem MoMiG-Regierungsentwurf – Rückkehr zum bilanziellen Denken, DStR 2007, 1484

Wirsch
Die Legalisierung verdeckter Sacheinlagen – Das Ende der präventiven Wertkontrolle?, GmbHR 2007, 736

Witt
Verdeckte Sacheinlage, Unternehmergesellschaft und Musterprotokoll, ZIP 2009, 1102

Zahrte
Die insolvenzrechtliche Anfechtung im Cash-Pool – Untersuchung zur Behandlung revolvierender Kredite, NZI 2010, 596

Zöller
ZPO, Kommentar, 29. Aufl., 2011

A. Das Kapital der GmbH

I. Die Fragestellung

Nach einer viel zitierten Entscheidung des Bundesgerichtshofs vom 30.6.1958,

> BGHZ 28, 77, 78,

sind die Regeln über die Kapitalaufbringung (§ 19 GmbHG) und über die Kapitalerhaltung (§ 30 GmbHG) **„das Kernstück des GmbH-Rechts"**. *Karsten Schmidt* bezeichnet diese Formulierung zwar als Übertreibung, weil zum Kern, nämlich zur Verfassung der GmbH, zwangsläufig auch Organisationsregeln gehörten; er nennt die §§ 19 und 30 GmbHG aber immerhin **„das Kernstück der Finanzverfassung"** im GmbH-Recht.

> *K. Schmidt*, Gesellschaftsrecht, § 37 I. 2.

Bevor man zu erkunden sucht, was unter Aufbringung bzw. der Erhaltung des Kapitals zu verstehen ist, muss man klären, was der Gesetzgeber meint, wenn er von **„Kapital"** spricht.

II. Vermögen als notwendige Qualität juristischer Personen

Zunächst ist zu beachten, dass es sich bei der GmbH um eine juristische Person des Privatrechts handelt, die – anders als etwa der Idealverein – auf eine Teilnahme am Wirtschaftsleben angelegt ist. Als solche kann sie Rechte und Pflichten haben, Eigentum und andere dingliche Rechte erwerben, klagen und verklagt werden; sie haftet darüber hinaus für ihre Verbindlichkeiten allein, d. h. ohne Rückgriff auf Dritte (§ 13 Abs. 1 und Abs. 2 GmbHG). Wenn der Gesetzgeber ein solches künstliches Gebilde zulässt, das im Rechts- und Geschäftsverkehr weitestgehend auftreten kann und behandelt werden soll wie eine natürliche Person, dann genügt es nicht, ihm Qualitäten und zum Teil Privilegien zuzusprechen, wie sie auch natürliche Personen haben; der Gesetzgeber muss vielmehr, um die Funktionsfähigkeit dieses Gebildes derjenigen natürlicher Personen anzugleichen, dafür sorgen, dass es nicht nur **vermögensfähig**, sondern auch **mit Vermögen ausgestattet** ist, das bei ihm Verpflichtbarkeit und Haftung realistisch macht. Zwar setzt die Teilnahme der natürlichen Person am Rechts- und Geschäftsverkehr nicht auch die Innehabung eines Mindestvermögens voraus; dafür aber kann sich die natürliche Person ihren Verpflichtungen und ihrer Haftung außer durch Erfüllung ihr Leben lang – und prinzipiell sogar darüber hinaus – nicht entziehen. Die in ihrer Existenz der privatautonomen Entscheidung überlassene juristische Person könnte dies dagegen – wenn nicht auf andere Weise für Abhilfe gesorgt wäre – jederzeit und ohne Folgen.

> BGH ZIP 1996, 637 = DB 1996, 1028;
> *K. Schmidt*, Gesellschaftsrecht, § 37 III. 7.;
> *K. Schmidt*, NJW 2001, 3577, 3580, m. w. N. Fn. 42, 12, 33.

3 Vermögensfähigkeit, Ausstattung mit einem Mindestvermögen und Vermögensbindung sind darum unabdingbare Voraussetzungen der Eigenständigkeit juristischer Personen des Privatrechts, die am Wirtschaftsleben teilnehmen sollen, und also auch der Eigenständigkeit der Kapitalgesellschaften AG und GmbH.

> *Flume*, ZHR 144 (1980), 18;
> *Wilhelm*, in: FS Flume, Bd. II, S. 337, 368 ff, 373 ff;
> BGHZ 80, 129, 136 = ZIP 1981, 394;
> BGH ZIP 2001, 1874, m. Anm. *Altmeppen*
> = NJW 2001, 3622 f *(Bremer Vulkan)*;
> *Luttermann*, BB 2001, 2433, 2437;
> *Henze*, Hdb. GmbH-Recht, Rn. 258.

4 Eine so gestaltete Organisation der juristischen Person rechtfertigt andererseits, quasi als Reflex, die **Haftungsbeschränkung** ihrer Gründer und der sonst an ihr Beteiligten und sie dient zugleich dem **Gläubigerschutz**. Der Gläubigerschutz ist jedoch – das sollte man nicht verkennen – nicht die primäre Aufgabe dieser Organisation, schon weil das Mindestvermögen nur in den seltensten Fällen den Gesamtverpflichtungen der Gesellschaft gerecht wird; es ist vielmehr der Rechts- und Geschäftsverkehr allgemein – bestehend aus potentiellen Vertragspartnern und Gläubigern –, der eine Vermögensausstattung der juristischen Person verlangt.

> *Wiedemann*, in: FS 50 Jahre BGH, Bd. II, S. 353;
> *K. Schmidt*, NJW 2001, 3577, 3580.

5 Nachdem die Organisation nicht lediglich auf die Innehabung von Geldvermögen zugeschnitten ist, sondern auf Vermögen allgemein, sollte man sie statt „Finanzverfassung" wohl treffender „**Vermögensverfassung**" nennen. Auch *Karsten Schmidt* sieht etwa in § 30 Abs. 1 GmbHG einen Ausdruck des Prinzips des Vermögensschutzes.

> *K. Schmidt*, Gesellschaftsrecht, § 37 III. 1. b.

III. Die „Unternehmergesellschaft (haftungsbeschränkt)" – eine vermögenslose juristische Person

6 In einem zweifelhaften Reformeifer hat der Gesetzgeber durch Erlass des MoMiG gegen den überwiegenden Widerstand der Wissenschaft

> *K. Schmidt*, DB 2006, 1096;
> *Niemeier*, ZIP 2006, 2237 u. ZIP 2007, 1794;
> *Priester*, DB 2005, 1315 f;
> *Teichmann*, NJW 2006, 2444;
> *Bormann*, GmbHR 2007, 897 ff;
> *Kleindiek*, BB 2007, 1;

und der Praxis

> Verhandlungen DJT, 2006, Bd. II 1, P 45 ff,
> 69 ff, 75 ff, 134 ff;

III. Die Unternehmergesellschaft (haftungsbeschränkt)

durch die Einführung einer neuen **Sonderform der GmbH**, nämlich der „Unternehmergesellschaft (haftungsbeschränkt)" bzw. „UG (haftungsbeschränkt)" die hier dargelegten Grundsätze in zweifacher Hinsicht in Frage gestellt.

Mit der Aufnahme der „**Unternehmergesellschaft (haftungsbeschränkt)**" in das GmbHG (im Folgenden: „Unternehmergesellschaft") als eine Unterform der GmbH wird sie zwar als juristische Person fingiert und als vermögensfähig anerkannt; andererseits aber verlangt das Gesetz bei ihr nur ein Mindeststammkapital von 1 € (§ 5a Abs. 1 Satz 1, § 5 Abs. 2 Satz 1 GmbHG). Das bedeutet, dass diese Art der GmbH zwar Vermögen haben kann und muss, dieses sich aber auf einen symbolischen Betrag von 1 €, d. h. einen Betrag nahe Null beschränken kann. Die auf der Vermögensfähigkeit und dem Zwang zur Vermögensausstattung der juristischen Person fußende Haftungsbeschränkung der Gesellschafter und der durch die Statuierung eines Mindestvermögens angestrebte Gläubigerschutz können danach nicht mehr überzeugend gerechtfertigt werden. 7

Die überraschende Aufnahme der Unternehmergesellschaft in das mit dem MoMiG verwirklichte Reformvorhaben des Gesetzgebers war ersichtlich von der Befürchtung bestimmt, die ähnlich ausgestaltete englische Ltd. Partnership könnte der deutschen GmbH den Rang ablaufen. Daran bestanden zunächst jedoch nicht unerhebliche Zweifel. 8

Vgl. *Niemeier*, ZIP 2007, 1794;
Heckschen/Heidinger, Die GmbH, § 5 Rn. 8.

Zur Probe aufs Exempel kam es am Ende nicht, weil mit der Zulassung der Unternehmergesellschaft die englische Ltd. Partnership nicht mehr mit der GmbH konkurrierte, sondern mit der Unternehmergesellschaft. Insofern kann man tatsächlich einen nicht unerheblichen Erfolg der Unternehmergesellschaft gegenüber der Ltd. Partnership konstatieren.

Vgl. die Gewerbeanzeigestatistik März 2011 des Statistischen
Bundesamts, Fachserie 2, R 5, 03/2011;
Mitteilung des Bayrischen Notarvereins e. V.,
Juli 2011 (www.Notare.Bayern.de);
Schäfer, ZIP 2011, 53.

Das weitere Ziel des Gesetzgebers, für junge Existenzgründer eine „billigere" Alternative zur GmbH zuzulassen, 9

Heckschen/Heidinger, Die GmbH, § 5 Rn. 1 ff, 5,

musste durch die Praxis von vornherein konterkariert werden. Mit einem Stammkapital von einem Euro sind nicht einmal die notwendigen Gründungskosten, geschweige denn ist damit die erforderliche Anfangsliquidität zu bewältigen. Unter einem Mindeststammkapital von 1.000 € erscheint darum die Gründung einer Unternehmergesellschaft, wenn Überschuldung und damit die Insolvenzantragspflicht vermieden werden soll, wenig realistisch.

Heckschen/Heidinger, Die GmbH, § 5 Rn. 4;
Römermann/Passarge, ZIP 2009, 1497 ff, 1501.

Die denkbar geringe Kapitalausstattung der Unternehmergesellschaft prädestiniert sie in erster Linie für Unternehmen ohne Kapitalbedarf, z. B. für rein vermögensverwaltende Gesellschaften und für Gesellschaften in der Rolle einer Komplementärin

Heckschen/Heidinger, Die GmbH, § 5 Rn. 21;
Schäfer, ZIP 2011, 53.

Zur Frage, welche Anforderungen an die Kapitalaufbringung bei der Unternehmergesellschaft zu stellen sind, vgl. unten Rn. 266 ff.

Trotz ihrer zwischenzeitlich festen Etablierung im Geschäftsverkehr sind die von Anfang an bestehenden Bedenken gegen die Einführung einer quasi kapitallosen GmbH bisher nicht ausgeräumt.

Heckschen/Heidinger, Die GmbH, § 5 Rn. 9 („... nicht nur nicht notwendig, sondern volkswirtschaftlich schädlich.").

IV. Das Vermögen der GmbH

10 Das GmbH-Gesetz verwendet in seinen Bestimmungen über die Kapitalaufbringung und die Kapitalerhaltung allerdings den Begriff des **Vermögens** allgemein nur dort, wo es die Auszahlung von Vermögen der Gesellschaft an die Gesellschafter unter bestimmten Umständen verbietet und sanktioniert (§ 30 Abs. 1, § 31 Abs. 1 GmbHG). Von einzelnen **Vermögensgegenständen** ist lediglich bei der Kapitalaufbringung die Rede und dies auch nur bis zu dem Zeitpunkt, in dem die Kapitalaufbringung bewirkt ist. Das Gesetz sagt dagegen nicht, dass die Gesellschaft ein bestimmtes Vermögen haben müsse und worin es bestehen solle. Es verlangt vielmehr nur, dass sich die Gesellschafter einer GmbH bei ihrer Gründung und bei etwaigen Kapitalerhöhungen, hinsichtlich der Einlage in die Gesellschaft, auf bestimmte Vermögensgegenstände festlegen (§ 5 Abs. 4, § 19 Abs. 2 Satz 2, § 56 GmbHG). Sie müssen in der Satzung bestimmen, ob sie Geld einlegen wollen oder andere Vermögensgegenstände, und ggf. welche das sein sollen. Der nicht in Geld bestehende Vermögensgegenstand (§ 19 Abs. 5 GmbHG a. F.) muss dabei im Gesellschaftsvertrag so genau bezeichnet werden, dass seine Identität zweifelsfrei feststeht.

11 Sind die von den Gesellschaftern übernommenen Einlagen dem Gesetz entsprechend erbracht, unterliegen die eingebrachten Vermögensgegenstände in jeder Hinsicht der **Dispositionsbefugnis der Gesellschaft.** Sie können danach ohne gesetzliche Beschränkungen verbraucht und – sogar an Gesellschafter – veräußert werden. Dort, wo das Gesetz den Begriff des Vermögens im Ganzen gebraucht, so in dem eingeschränkten Feld der „Auszahlungen" an Gesellschafter (§ 30 Abs. 1 GmbHG), schützt es das Gesellschaftsvermögen nicht vor Verfügungen über bestimmte Vermögensgegenstände, auch nicht vor

Verfügungen über Barmittel, sondern nur vor Verfügungen, die zu einer Minderung des Gesellschaftsvermögens unter einen bestimmten Wert führen.

Joost, ZHR 148 (1984), 27, 54;
K. Schmidt, Gesellschaftsrecht, § 37 III. 1. b und 2. a;
Baumbach/Hueck-*Hueck/Fastrich*, GmbHG, § 30 Rn. 9, m. w. N.
Michalski-*Heidinger*, GmbHG, § 30 Rn. 34;
Heckschen/Heidinger, Die GmbH, § 16 Rn. 4.

V. Definition des Kapitals im GmbH-Recht

Wenn das Gesetz in den Bestimmungen, die das Kernstück der Finanz- oder 12
Vermögensverfassung der GmbH darstellen sollen, nur sehr begrenzt, nämlich bei Einlage- und bei Auszahlungsvorgängen von Vermögen bzw. Vermögensgegenständen spricht, ansonsten aber den Begriff des „**Kapitals**" bzw. des „**Stammkapitals**" verwendet, dann liegt es nahe anzunehmen, dass damit etwas anderes gemeint ist als Vermögen oder Vermögensgegenstand. Was der Begriff „Kapital" meint, ist allerdings außerordentlich umstritten.

Vgl. *Lutter*, Kapital, Sicherung der Kapitalaufbringung und Kapitalerhaltung in den Aktien- und GmbH-Rechten der EWG, 1964;
Scholz-*Veil*, GmbHG, § 5 Rn. 7.

1. Kapital als betragsmäßiges oder wertmäßiges Korrelat des Vermögens

Ohne allzu tief in die theoretische Diskussion eintreten zu müssen, kann 13
man jedoch von Folgendem ausgehen. Was die Kapitalaufbringung anbelangt, ist das Kapital bzw. Stammkapital ein im Gesellschaftsvertrag ziffernmäßig festgelegter Geldbetrag, der die **Mindesthöhe einer Geldeinlage** darstellt und zugleich den Mindestwert einer nicht in Geld zu erbringenden Vermögenseinlage (**Sacheinlage**). Im Bereich der Kapitalerhaltung dagegen bedeutet Kapital oder Stammkapital einen betragsmäßig festgelegten Posten auf der Passivseite der Bilanz, der den **Wert des Aktivvermögens** der Gesellschaft angibt, der durch Auszahlungen an die Gesellschafter nicht vermindert werden darf. Kapital und Stammkapital meinen also in den Vorschriften über die Kapitalaufbringung und die Kapitalerhaltung nicht ein Vermögen oder einen Vermögensgegenstand, sondern dessen betragsmäßiges oder wertmäßiges Korrelat. Diese gesetzestechnische Konstruktion ist Ausdruck der Tatsache, dass die GmbH nach der Entscheidung des Gesetzgebers weder über ein konserviertes Geldvermögen noch über ein konkret thesauriertes sonstiges Vermögen verfügt. Es ist darum missverständlich, wenn davon gesprochen wird, die Gesellschaft sei mit einem **Haftungsfonds** oder mit einem **Garantiekapital** ausgestattet.

So z. B. Ulmer/Habersack/Winter-*Ulmer*, GmbHG, § 5 Rn. 7;
Ulmer/Habersack/Winter-*Casper*, GmbHG, Erg.-Band 2010,
§ 5 Rn. 4;
dagegen *Joost*, GmbHR 1983, 285 ff;
Joost, ZHR 148 (1984), 27 ff;
Scholz-*Veil*, GmbHG, § 5 Rn. 8.

14 Die für ihre Zulassung allgemein geforderte (siehe oben Rn. 3) Ausstattung der juristischen Person mit einem Mindestvermögen versucht das Gesetz also durch die Bestimmungen über die Kapitalausstattung indirekt zu sichern, nämlich durch die Festlegung eines bestimmten Werts des nur abstrakt, nicht konkret definierten Vermögens. Bei mancher Äußerung in Rechtsprechung und Schrifttum konnte man sich in der Vergangenheit jedoch des Eindrucks nicht erwehren, als herrsche die Vorstellung, das Stammkapital der Gesellschaften sei in der Art einer **Mindestreserve** konserviertes Geld.

> Vgl. *Sernetz*, ZIP 1995, 173, 179, Fn. 62.

2. Kapital – Stammkapital

15 Die Begriffe „Kapital" und „Stammkapital" unterscheiden sich in ihrer rechtstechnischen Verwendung im GmbH-Gesetz nicht inhaltlich, sondern nur in dem Maß, für das sie stehen. Das Stammkapital ist der im Gesellschaftsvertrag festgelegte Betrag, dem die einzubringenden Einlagen wertmäßig entsprechen müssen und unter den der Wert des Gesellschaftsvermögens bei Auszahlungen an die Gesellschafter nicht sinken darf. Der Begriff „Kapital" kommt demgegenüber im Gesetz nicht allein, sondern nur in Wortverbindungen wie z. B. „Kapitalerhöhung" und „Kapitalherabsetzung" vor. In diesen Erscheinungsformen verwendet ihn das Gesetz zwar materiell gleich mit dem, wofür der Begriff des Stammkapitals steht, aber nicht festgelegt auf eine bestimmte Kapitalziffer. Zu dieser kommt es erst, wenn i. R. einer Kapitalerhöhung oder einer Kapitalherabsetzung die Bestimmung eines neuen Stammkapitalbetrages erfolgt.

3. Stammkapital – Eigenkapital

16 Nicht verwechselt werden darf schließlich das Stammkapital der Gesellschaft mit ihrem **Eigenkapital**. Auch das Eigenkapital ist eine Bilanzgröße. Es kommt zwar als Bilanzposition nicht namentlich vor; es ist aber unschwer zu ermitteln als die Summe derjenigen Positionen auf der Passivseite der Bilanz, die nicht Fremdkapital darstellen. Insofern zeigt das Eigenkapital den anteiligen Wert des Gesellschaftsvermögens auf, der nicht fremdfinanziert ist.

> Vgl. *K. Schmidt*, Gesellschaftsrecht, § 18 II. 2.;
> theoretisch umfassend *Baums*, ZHR 175 (2011), 160 ff.

17 Es kann der Höhe des Stammkapitals entsprechen, es kann diese aber auch über- oder unterschreiten. Das Vermögen, das wertmäßig der Eigenkapitalsumme entspricht, stellt ebenfalls eine Haftungsmasse für die Gesellschaftsgläubiger dar. Die gesetzlichen Bestimmungen über die Kapitalaufbringung und Kapitalerhaltung beziehen sich jedoch unmittelbar nur auf das im Gesellschaftsvertrag betragsmäßig festgelegte Stammkapital und auch nicht einmal mehr ausnahmsweise auf ein davon abweichendes, für notwendig angesehenes Eigenkapital (so der frühere § 32a GmbHG; jetzt verlagert in § 39 Abs. 1 Nr. 5 InsO mit der generellen Nachrangigkeit von Gesellschafterdarlehen in der Insolvenz).

Vgl. Heckschen/Heidinger, Die GmbH, § 18 Rn. 144;
und zum alten Recht:
Goette, ZNotP 1999, 50, 58 ff;
Haas, NZI 2002, 457 ff.

4. Eigenkapital der Kreditinstitute, Versicherungen, Kapitalanlagegesellschaften

Die Tatsache, dass das Gesetz nicht ein bestimmtes Eigenkapital in Relation zum Ausmaß der Geschäftstätigkeit, z. B. dem Umsatz der Gesellschaft, verlangt, wird oft bedauert, 18

vgl. z. B. Ulmer/Habersack/Winter-*Habersack*, GmbHG, § 30 Rn. 2;
K. Schmidt, Gesellschaftsrecht, § 18 II. 4.,

muss aber de lege lata hingenommen werden (vgl. i. Ü. die Ausführungen zur nominellen und materiellen Unterkapitalisierung unten Rn. 628 ff). Nur in Ausnahmefällen, für **Banken, Versicherungen und Kapitalanlagegesellschaften**, hat sich der Gesetzgeber bisher entschlossen, Regeln aufzustellen, nach denen wegen des Sicherungsinteresses einer großen Zahl von Gläubigern und wegen des öffentlichen Interesses an der Funktionsfähigkeit derartiger Institute ein angemessenes Eigenkapital geschaffen werden muss (§§ 10 f, 33 Abs. 1 Nr. 1 KWG, § 115 VAG, § 2 KAGG).

Diese Regeln gelten auch für Institute in der Rechtsform einer GmbH. 19

Baumbach/Hueck-*Hueck/Fastrich*, GmbHG, § 5 Rn. 5;
Roth/Altmeppen-*Roth*, GmbHG, § 5 Rn. 14;
Scholz-*Veil*, GmbHG, § 5 Rn. 17.

Ein Reformvorschlag aus der Zeit vor Inkrafttreten des MoMiG wollte das gesetzliche Stammkapital ersetzen durch ein „Solleigenkapital" mit Pflicht zur Rücklagenbildung und Einstandspflicht der Gesellschafter in der Insolvenz. Er wurde nicht Gesetz, hat aber auch nicht auf einen Mindestbetrag des Solleigenkapitals verzichtet. 20

Kallmeyer, GmbHR 2004, 377, 379.

5. Auswirkung von Basel II und III auf das Eigenkapital

Einen indirekten Einfluss auf die Eigenkapitalausstattung von Unternehmen übt die Neue **Basler Eigenkapitalvereinbarung** des Basler Ausschusses für Bankenaufsicht aus (Basel II, veröffentlicht Juni 2004; in Kraft getreten Ende 2006). Sie wurde in Deutschland durch Änderung des KWG und Erlass der Solvabilitätsverordnung mit Wirkung ab 1.1.2007 in Kraft gesetzt. Am 12.9.2010 hat die Gruppe der Zentralbankgouverneure und Chefs der Bankaufsichtsbehörden als übergeordnete Instanz des Baseler Ausschusses für Bankenaufsicht neue Kapital- und Liquiditätsvorschriften für Bankinstitute bekannt gegeben (Basel III). Die akute Finanzkrise war Anlass, von den Banken zukünftig mehr Eigenkapital und einen zusätzlichen Kapitalpuffer zu 21 verlangen. Die EU will diese neuen Kapitalregeln mit Wirkung ab 1.1.2013 in EU-Recht umsetzen.

Vgl. *F. A Schäfer*, ZHR 175 (2011), 319 ff, 335.

Die an sich für die Eigenkapitalausstattung von Kreditinstituten maßgeblichen Regeln werden, weil der Umfang der Eigenkapitalausstattung auch an dem jeweiligen Kreditrisiko der Banken ausgerichtet wird, zur Überprüfung der Eigenkapitalausstattung auch der Bankkunden (Bonität) führen, und bei diesen u. U. die Forderung nach Verstärkung der Eigenkapitalausstattung auslösen.

Jungmann, WM 2001, 1401 ff;
Fischer, in: Schimansky/Bunte/Lwowski, § 133 Rn. 6;
Haug, in: Schimansky/Bunte/Lwowski, § 133a Rn. 59 ff.

B. Grundsatz der realen Kapitalaufbringung und Lehre von der verdeckten Sacheinlage

I. Die Entwicklung bis zum Erlass des MoMiG

1. Allgemeines

Das GmbHG enthält keine Bestimmung, die die Kapitalaufbringung ausdrücklich nennt und sie als Vorgang mit allen etwaigen Voraussetzungen näher beschreibt. Es sagt auch nichts über die mit ihr verbundene Zielsetzung und über die dieser zugrunde liegenden Motive. Erst die **Summe einiger Einzelregelungen** lässt ein – wenn auch nicht vollständiges – Bild davon entstehen, was Kapitalaufbringung sein soll und was man mit ihr erreichen will.

22

Dazu gehören in erster Linie:

23

- Die Festlegung eines Stammkapitals in gesetzlicher Mindesthöhe und die hierauf von den Gründern zu übernehmenden Stammeinlagen/Geschäftsanteile (§ 3 Abs. 1 Nr. 4, § 5 GmbHG);
- die genaue Bezeichnung von Sacheinlagen (§ 5 Abs. 4 GmbHG) und die Differenzhaftung bei ihrer Überbewertung (§ 9 GmbHG);
- die Mindesteinlagepflicht vor Anmeldung zum Handelsregister (§ 7 Abs. 2 und 3 GmbHG);
- die Vorbelastungs- und Verlustdeckungshaftung (§ 11 Abs. 2 GmbHG);
- der Ausschluss einer Befreiung von der Einlagepflicht, das Verbot der Aufrechnung durch den Gesellschafter und des Zurückbehaltungsrechts bei Sacheinlagen (§ 19 Abs. 2 GmbHG);
- die Ausfallhaftung aller Gesellschafter (§§ 20 ff GmbHG).

Diese Regeln wurden zunächst als „**Grundsatz der Aufbringung des Stammkapitals**" zusammengefasst,

> BGHZ 15, 52, 57;
> Baumbach/Hueck-Hueck/Fastrich, GmbHG, 18. Aufl., 2006, Einl. Rn. 27 und 19. Aufl., 2010, Einl. Rn. 7;
> Priester, in: FS 100 Jahre GmbHG, S. 159;
> Fleck, in: FS 100 Jahre GmbHG, S. 391.

Die Verpflichtung an sich, eine GmbH mit einem Kapital auszustatten, wirft allerdings weniger Fragen auf, als das „wie", das „warum" und das „wozu" der Kapitalaufbringung. Dessen hat sich die Rechtsprechung – angestoßen durch Fälle von Gesetzesumgehungen – mit der Entwicklung und Formulierung des **Grundsatzes der realen Kapitalaufbringung** angenommen,

24

> BGHZ 113, 335, 340 = ZIP 1991, 511,
> dazu EWiR 1991, 1213 *(Frey)*.

Die Verwendung des Attributs „real" sagt dabei nicht nur etwas über die Form und die Art der Aufbringung aus, sondern auch etwas über den mit ihr angestrebten Erfolg. Welchem Zweck der Grundsatz allerdings dienen soll und aus welchem Motiv heraus, kann man jedoch nur aus dem erschließen, was darüber ergänzend gesagt wird.

25 Die allgemeine Kritik an gewissen Folgen dieser Rechtsprechung war ein entscheidender **Grund für den Erlass des MoMiG** im Jahre 2008. Der in der endgültigen Fassung dieses Gesetzes liegende Kompromiss hat aber bedauerlicherweise nicht den Grundsatz an sich in Frage gestellt, sondern lediglich einige unerwünschte Konsequenzen der Rechtsprechung abgemildert. Die Kapitalaufbringung in der GmbH kommt darum auch nach Erlass des MoMiG an der Beachtung des Grundsatzes der realen Kapitalaufbringung in der Ausgestaltung, die er inzwischen erreicht hat, nicht vorbei.

2. Die Definition des Grundsatzes

26 Nach der Entscheidung des Bundesgerichtshofs vom 18.2.1991,

> BGHZ 113, 335, 340 = ZIP 1991, 511,
> dazu EWiR 1991, 1213 *(Frey)*,

sind **Einlageverpflichtungen**, die von Gründern einer GmbH oder von Zeichnern einer Kapitalerhöhung übernommen worden sind, **unverkürzt und in der Form zu erfüllen**, wie sie der Gesellschaft zugesagt und in der Satzung oder im Kapitalerhöhungsbeschluss verlautbart worden sind. Das sei Inhalt des das Kapitalaufbringungsrecht der Körperschaften mit beschränktem Haftungsfonds beherrschenden **Grundsatzes der realen Kapitalaufbringung** und des aus ihm folgenden **Verbots der verdeckten Sacheinlagen**. Der Grundsatz habe in § 19 Abs. 5 GmbHG (a. F.) über dessen Wortlaut hinaus einen – wenn auch in Tatbestand und Rechtsfolge unvollkommenen – Ausdruck erlangt.

27 Mit der Entwicklung, Formulierung und Anwendung dieses Grundsatzes wollte die Rechtsprechung eine umfassende Rechtsgrundlage schaffen für die Erkennbarkeit und Feststellung von Gesetzesumgehungen im Bereich der Kapitalaufbringung und für deren Sanktionierung. Die in § 5 Abs. 4 GmbHG aufgestellten Regeln, wie man das Stammkapital einer GmbH durch Sacheinlagen anstelle von Geldeinlagen aufbringen kann, wurden und werden manchmal missachtet oder übersehen. Das wirtschaftliche Ergebnis, das man mit einer Sacheinlage unter Beachtung der gesetzlichen Voraussetzungen erreichen könnte, wird gelegentlich dadurch zu erzielen versucht, dass die Gesellschafter eine Bargründung oder Barkapitalerhöhung beschließen und dass die Gesellschaft dann mit den darauf eingelegten Mitteln den Gegenstand erwirbt, der an sich als Einlage gedacht war. Ein derartiges Vorgehen wurde von der Rechtsprechung schon immer als Gesetzesumgehung missbilligt. Sie hat zu dessen Eindämmung ein für alle Kapitalgesellschaften geltendes

Schutzkonzept entwickelt, das als **Lehre von der verdeckten Sacheinlage** bezeichnet wird,

> vgl. *Lutter/Gehling*, WM 1989, 1445 f, m. w. N.;
> BGHZ 110, 47, 69 = ZIP 1990, 156 (für die AG),
> dazu EWiR 1990, 223 *(Lutter)*.

Wenn die Rechtsprechung über diese Lehre hinaus den in seinem Anwendungsbereich offenbar weiter gedachten Grundsatz der realen Kapitalaufbringung entwickelt hat, dann geschah das wohl, um damit auch Tatbestände zu erfassen, die nicht ohne weiteres dem Begriff der Sacheinlage zugeordnet werden können,

> BGHZ 110, 47, 69 = ZIP 1990, 156 (für die AG),
> dazu EWiR 1990, 223 *(Lutter)*.

3. Die Tatbestandsmerkmale des Grundsatzes und seiner Verletzung

Während es über die Anforderungen, die der Gesetzestext (§ 5 Abs. 4 GmbHG) an die Aufbringung des Stammkapitals mittels Sacheinlagen stellt, weder Streit noch Zweifel gegeben hat und gibt, hat sich die Meinung darüber, welche Sachverhalte davon erfasst werden, warum dies so sein müsse und welche Folgen sich aus einer Verletzung, Vernachlässigung oder Umgehung der Vorschrift ergeben könnten, in der mehr als hundertjährigen Geschichte des Gesetzes erst nach und nach entwickelt: 28

- Einig ist man sich heute, dass unter den **Sachbegriff** der verdeckten Sacheinlage alle **Gegenstände** fallen, die **einlagefähig** sind; das sind in erster Linie Sachen, Rechte, Forderungen, Beteiligungen, nicht aber Ansprüche aus Dienst- oder Beratungsleistungen, 29

> BGH ZIP 2009, 713 *(Qivive)*,
> dazu EWiR 2009, 443 *(Schodder)*;
> BGH ZIP 2010, 423 *(Eurobike)*,
> dazu EWiR 2010, 169 *(Lieder)*.

Gleiches gilt für bloß obligatorische Ansprüche, h. M.,

> BGHZ 165, 113, 116 = ZIP 2005, 2203,
> dazu EWiR 2006, 33 *(Tillmann)*;
> Lutter/Hommelhoff/*Bayer*, GmbHG, § 5 Rn. 15.

Offen ist die Anwendung der Lehre von der verdeckten Sacheinlage auf Sachen und Forderungen innerhalb gewöhnlicher **Umsatzgeschäfte** zu marktüblichen Preisen i. R. eines laufenden Geschäftsverkehrs;

> **dagegen:** Baumbach/Hueck-*Hueck/Fastrich*, GmbHG,
> § 19 Rn. 29;
> *T. Bezzenberger*, JZ 2007, 948 f;
> *Hoffmann*, NZG 2001, 433, 436 f;
> *Henze*, ZHR 154 (1990), 105, 112 f;
> **erwägend:** BGH ZIP 2009, 713, 715 *(Qivive)*,
> dazu EWiR 2009, 443 *(Schodder)*;
> **dafür:** im Bereich der Gründung einer AG
> BGHZ 170, 47 = ZIP 2007, 178, Rn. 22.

30 • Erst relativ spät kam die Rechtsprechung auf den Gedanken, dass eine bestimmte **Art der Leistungserbringung** den für erwünscht gehaltenen Leistungserfolg in Frage stellen könnte. In seiner Entscheidung vom 18.2.1991,

> BGHZ 113, 335, 347 = ZIP 1991, 511,
> dazu EWiR 1991, 1213 *(Frey)*,

hat der Bundesgerichtshof festgestellt, dass es – wenn eine Bareinlage versprochen ist – an der vom Gesetz (§§ 7 Abs. 3, 8 Abs. 2 GmbHG) verlangten **Leistung zur freien Verfügung** der Geschäftsführer fehle, wenn die Barleistung der Gesellschaft nur vorübergehend mit der Maßgabe zur Verfügung gestellt wird, dass sie umgehend zur Bezahlung einer Forderung des Gesellschafters an diesen zurückfließt. Bei dieser Art des Vorgehens mangele es nicht nur an einer Leistung der zugesagten Bareinlage, sondern auch an dem Merkmal der freien Verfügung der Geschäftsführung über die einbezahlten aber umgehend zurückzuzahlenden Mittel. Die geleistete Zahlung könne deshalb nicht als ordnungsgemäße Erfüllung der Barleistungspflicht gelten. Dabei mache es keinen Unterschied, ob erst die Einlage geleistet und diese dann zur Tilgung einer Gesellschafterforderung zurückgezahlt werde oder ob die Gesellschaft erst die Forderung tilge und sie die so gezahlten Mittel danach als Einlageleistung zurückerhalte. Denn im wirtschaftlichen Ergebnis erhalte die Gesellschaft durch ein solches **Hin- und Herzahlen** anstelle der zugesagten Bareinlage lediglich ein Surrogat in Form der Befreiung von einer Verbindlichkeit.

> BGHZ 28, 314, 319 f;
> BGHZ 110, 47, 67 = ZIP 1990, 156,
> dazu EWiR 1990, 223 *(Lutter)*;
> BGHZ 113, 335, 343 = ZIP 1991, 511,
> dazu EWiR 1991, 1213 *(Frey)*.

31 • Die Anforderungen der Rechtsprechung an die **subjektive Seite des Vorwurf**s, gegen den Grundsatz der realen Kapitalaufbringung verstoßen zu haben, wurden erst spät geklärt.

Das Reichsgericht verlangte für die Feststellung einer verdeckten Sacheinlage eine feste **Absicht** und – unabhängig von ihrer Rechtsverbindlichkeit – Abmachungen darüber, eingelegte Mittel für den Erwerb von Gegenständen bzw. zur Tilgung von Forderungen des Gesellschafters zu verwenden. Für die Annahme, dass diese Voraussetzungen gegeben sind, genügten ihm im Einzelfall aber schon gewisse objektive Umstände als Indiz einer Umgehungsabsicht.

> RGZ 121, 99, 102;
> RGZ 157, 213, 224;
> *Lutter/Gehling*, WM 1989, 1445 f, m. w. N.

Der Bundesgerichtshof hat es demgegenüber dahingestellt sein lassen, ob der Vorwurf einer Gesetzesumgehung eine den wirtschaftlichen Erfolg der umgangenen Norm umfassende **Abrede** verlangt; ihm genügte im Einzelfall vielmehr die objektiv zeitliche und sachliche Nähe einer Leistung der Gesellschaft an den Gesellschafter zu einer Leistung des Gesellschafters auf das Gesellschaftskapital.

> BGHZ 28, 314, 319 f;
> BGHZ 110, 47, 65 = ZIP 1990, 156,
> dazu EWiR 1990, 223 *(Lutter)*;
> BGHZ 113, 335, 343 = ZIP 1991, 511,
> dazu EWiR 1991, 1213 *(Frey)*.

Die Anknüpfung des Umgehungsvorwurfs lediglich an das **Bestehen eines zeitlichen und sachlichen Zusammenhangs** lässt allerdings nicht nur die Suche nach einer zu beanstandenden Abrede müßig erscheinen; sie schließt vielmehr auch jede Art der Exkulpation mit dem Argument, eine Abrede habe nicht bestanden, von vornherein aus. Eine Beweisführung gegen die Unterstellung einer Abrede ist nicht möglich. Dennoch verzichtet der Bundesgerichtshof auch jetzt noch nicht auf das Argument, ein sachlicher und zeitlicher Zusammenhang begründe die Vermutung, dass eine Umgehung vorher abgesprochen worden sei,

> BGHZ 152, 37 = ZIP 2002, 2045, 2048,
> dazu EWiR 2003, 63 *(Saenger/Scharf)*;
> BGHZ 153, 107, 109 = ZIP 2003, 211,
> dazu EWiR 2003, 223 *(Blöse)*.

- Erst nach und nach hat die Rechtsprechung **die Rechtsnormen** fixiert, 32 aus deren Verletzung man eine Sanktionierung von Verstößen gegen den Grundsatz der realen Kapitalaufbringung bzw. gegen die Lehre von der verdeckten Sacheinlage begründen zu können glaubt. Es seien dies die **§§ 19 Abs. 3 und 56 GmbHG (a. F.)**, die sowohl dem Gesellschafter als auch der Gesellschaft die Aufrechnung der Vergütungsforderung für einen übernommenen Gegenstand mit der Einlageforderung verböten und wie § 5 Abs. 4 GmbHG der Sicherung des Aufkommens des Stammkapitals dienten.

> BGHZ 28, 314, 319.

Auf die gleichen Bestimmungen sei das **Verbot des Hin- und Herzahlens** zu stützen. Dabei mache es keinen Unterschied, ob man die Unzulässigkeit eines solchen Vorgehens auf die **Umgehung eines Aufrechnungsverbots**, gründen wolle oder auf die **Umgehung eines Umgehungsverbots** oder unmittelbar auf das in § 19 Abs. 5 GmbHG (a. F.) – wenn auch in unvollkommener Form – zum Ausdruck kommende **Verbot verdeckter Sacheinlagen**.

> BGHZ 113, 335, 343 = ZIP 1991, 511,
> dazu EWiR 1991, 1213 *(Frey)*.

Für die Aktiengesellschaft hatte der Bundesgerichtshof in einem Fall, in dem ein Umgehungstatbestand von den Nachgründungsbestimmungen des Aktiengesetzes nicht erfasst wurde, von einer **Gesetzeslücke** gesprochen, die **durch die Lehre von der verdeckten Sacheinlage geschlossen** werde,

> BGHZ 110, 47, 56 = ZIP 1990, 156,
> dazu EWiR 1990, 223 *(Lutter)*.

Diese Lehre stelle nicht nur einen zweckmäßigen, sondern auch einen notwendigen Bestandteil des Aktienrechts dar, mit dem die Umgehung der Vorschriften über den präventiven Kapitalaufbringungsschutz verhindert werden könne.

4. Der Schutzzweck von Grundsatz und Lehre

33 Es wird gesagt, dass die Regelungen in § 5 Abs. 4 GmbHG und in § 56 GmbHG über die Erfordernisse einer Gesellschaftsgründung und einer Kapitalerhöhung mit Sacheinlagen – nicht anders als die entsprechenden Bestimmungen des Aktienrechts – dem **vorbeugenden Kapitalaufbringungsschutz** dienen. Ihre Befolgung soll das leisten, was sonst durch eine Bargründung bzw. eine Barkapitalerhöhung erreicht wird. Sie sollen nämlich durch die Anordnung von Offenlegungs- und Kontrollmechanismen die Aufbringung des Grundkapitals sicherstellen. Mit dieser Zweckrichtung werden sie als Ausfluss des Grundsatzes der realen Kapitalaufbringung angesehen.

> BGHZ 110, 47, 64 = ZIP 1990, 156,
> dazu EWiR 1990, 223 *(Lutter)*;
> *Wiedemann*, Gesellschaftsrecht I, 1980, § 10 IV. 2.

Der so verstandene präventive Kapitalaufbringungsschutz stellt nach Auffassung des Bundesgerichtshofs,

> BGHZ 110, 47, 57 = ZIP 1990, 156, im Anschluss an
> *Wiedemann*, Gesellschaftsrecht I, 1980, § 1 V. 2., S. 86 f;
> und *Lutter/Hommelhoff/Timm*, BB 1980, 737,

– jedenfalls im Aktienrecht – ein Institut dar, das nicht nur dem Schutz der Anteilseigner, sondern auch dem Schutz gegenwärtiger und künftiger Gläubiger und den schützenswerten Belangen des allgemeinen Wirtschaftslebens und der Arbeitnehmer diene. Die Lehre von der verdeckten Sacheinlage sei angesichts dieser Zielsetzung ein notwendiger Bestandteil des Aktienrechts, mit dem die Umgehung der Vorschriften über den präventiven Kapitalaufbringungsschutz verhindert werden könne.

34 In seiner Entscheidung vom 18.2.1991 hat der Bundesgerichtshof diese Betrachtung auch für das Recht der GmbH uneingeschränkt übernommen,

> BGHZ 113, 335, 341 = ZIP 1991, 511,
> dazu EWiR 1991, 1213 *(Frey)*.

Er hätte als **Schutzobjekt** seiner Grundsätze allerdings leicht auch noch **die Gesellschaft** selbst anführen können.

I. Die Entwicklung bis zum Erlass des MoMiG

Dagegen erscheint es verfehlt, wenn der Bundesgerichtshof neuerdings die reale Kapitalaufbringung als zentrales, die **Haftungsbegrenzung** auf das Gesellschaftsvermögen rechtfertigendes Element bezeichnet, 35

> BGH ZIP 2011, 1761 f,
> dazu EWiR 2011, 639 *(Nolting)*;
> ebenso: *Goette*, Einführung in das neue GmbH-Recht, Einf. Rn. 13.

Die **Haftungsbeschränkung der Gesellschafter** ist vielmehr – wie oben gesehen, vgl. Rn. 2 ff, – nur ein Reflex der vom Gesetz verlangten Ausstattung der Kapitalgesellschaften mit einem Mindestvermögen und der Bindung dieses Vermögens durch die Regeln des Gesetzes über die Kapitalerhaltung, die in erster Linie die Eigenständigkeit der Gesellschaften als selbständige juristische Personen des Privatrechts rechtfertigen. Es mag sein, dass der Gesetzgeber in den §§ 5, 7 und 8 GmbHG gewisse Förmlichkeiten für die **Mindesteinzahlung** auf das von den Gesellschaftern bestimmte Stammkapital festgelegt hat; um die Aufbringung des Stammkapitals im Übrigen hat er sich dagegen nicht gekümmert. Für die Aufbringung dieses oft nicht unbeträchtlichen Teils des Stammkapitals haften die Gesellschafter zwar unbeschränkt, aber nur der Gesellschaft gegenüber; nicht aber fehlt es, weil die Leistung der Einlagen insoweit nicht eingefordert ist, den Gläubigern gegenüber an der Begrenzung der Haftung der GmbH auf das Gesellschaftsvermögen.

Auch wenn man im Übrigen die vom Bundesgerichtshof genannten **Interessen als vom präventiven Kapitalaufbringungsschutz erfasst** ansehen will, stellt sich doch die Frage, ob ihnen allen das gleiche Gewicht zukommt und ob ihre formelle Vernachlässigung – einzeln oder im Ganzen – die vielfach beanstandeten (darüber vgl. sogleich Rn. 38 ff) Rechtsfolgen rechtfertigen kann. So wird bei der GmbH, die im Allgemeinen nur eine überschaubare Zahl von Gesellschaftern hat, ein Vorgang, der als verdeckte Sacheinlage gewertet werden könnte, kaum verborgen bleiben können. Die Gesellschaft erfährt ihn in der Person ihrer Geschäftsführer. Die Mitgesellschafter erhalten Kenntnis über die notwendige Beschlussfassung in der Gesellschafterversammlung; sollten sie dort getäuscht werden, stehen ihnen die gesellschaftsrechtlichen Reaktionen, wie Anfechtungs- und Schadensersatzklage offen. Sie wissen darüber hinaus den Wert einer Sacheinlage für das Unternehmen richtig einzuschätzen. Das gilt regelmäßig auch für manche Gläubiger, z. B. für die kreditgebenden Banken, die nicht selten, wie im Fall der Entscheidung des Bundesgerichtshofs vom 18.2.1991, 36

> BGHZ 113, 335 = ZIP 1991, 511,
> dazu EWiR 1991, 1213 *(Frey)*,

die Umwandlung von Fremd- in Eigenkapital anregen und offenbar besser als die Rechtsprechung zu werten wissen. Hinzu kommt, dass in zahlreichen Fällen der Wert des Sacheinlagegegenstands den Betrag der beschlossenen Bareinlage weit übersteigt.

37 In jüngster Zeit beschränkt sich die Argumentation allerdings sowohl in der Rechtsprechung als auch in der Literatur in erster Linie auf das Gläubigerinteresse,

> BGHZ 28, 314, 316;
> Baumbach/Hueck-*Hueck/Fastrich*, GmbHG, Einl. Rn. 7;
> Lutter/Hommelhoff-*Bayer*, GmbHG, § 19 Rn. 54;
> Scholz-*Veil*, GmbHG, § 19 Rn. 1.

5. Die Rechtsfolgen einer Verletzung des Grundsatzes

38 In seiner Entscheidung vom 10.11.1958,

> BGHZ 28, 314, 316,

hat der Bundesgerichtshof das Ausmaß der denkbaren Rechtsfolgen für einen Fall erörtert, in dem bei Gründung einer GmbH eine Geldeinlagepflicht vereinbart worden, in Wirklichkeit aber eine Sacheinlage gewollt war. Er wertet bei dieser Gegebenheit die Abrede über die Geldeinlage als **Scheingeschäft** und demnach als nichtig gemäß § 117 Abs. 1 BGB und die dadurch verdeckte Abrede über die Sacheinlage als unwirksam gemäß § 117 Abs. 2 BGB, § 5 Abs. 4 GmbHG. Diese Betrachtung könnte, wie der Bundesgerichtshof ausführt, zu der Annahme führen, schon die **Beitrittserklärung**, ja sogar der ganze **Gesellschaftsvertrag**, seien nichtig. Soweit will der Bundesgerichtshof jedoch nicht gehen. Weil § 5 Abs. 4 GmbHG den **Schutz der Gläubiger** bezwecke und dieser Zweck zunichte gemacht würde, wenn man Gesellschaftsvertrag und Beitritt in Frage stellen wollte, könne an die Stelle des unwirksam Vereinbarten „von Gesetzes wegen" nur eine Geldeinlagepflicht in Höhe der eingegangenen Einlageverpflichtung treten.

39 Im Rahmen dieser Begrenzung der Rechtsfolgen geht es bei der Lehre von der verdeckten Sacheinlage um das rechtliche Schicksal zweier selbständiger Rechtsverhältnisse, nämlich einerseits um das **gesellschaftsrechtliche Einlageverhältnis**, dessen Geltung der Bundesgerichtshof nicht in Frage stellt, und andererseits um das **verdeckte Rechtsgeschäft**, dessen obligatorische und dingliche Wirksamkeit der Bundesgerichtshof nicht immer gleichbehandeln wollte, und schließlich um die rechtliche Abhängigkeit dieser beiden Verhältnisse voneinander.

40 Jeder Einlageleistung, die als verdeckte Sacheinlage charakterisiert wird, liegt die Zeichnung einer Geldeinlage durch einen Gesellschafter zugrunde. Erst der Abschluss eines weiteren Rechtsgeschäfts über einen einlagefähigen Gegenstand zwischen diesem Gesellschafter und der Gesellschaft wirft die Frage auf, ob die Zeichnung nicht in Wahrheit auf die Einlage einer Sache zielt. Die Frage wird bejaht, wenn eine entsprechende Abrede besteht, wenn eine Abrede vermutet wird oder wenn ein sachlicher und zeitlicher Zusammenhang zwischen der Zeichnung des Anteils und dem Erwerbsgeschäft bzw. der Forderungstilgung unterstellt wird. Folge einer derartigen Feststellung ist die Annahme, die vermeintlich gewollte Sacheinlage stelle eine **Gesetzes-**

umgehung dar; sie sei wegen der Umgehung der gesetzlichen Einlageregeln unwirksam. Was das bedeutet, erschließt sich nicht ohne weiteres.

- Entsprechend dem oben genannten, von der Rechtsprechung gesetzten Rahmen bleibt es bei dem Einlageverhältnis, wie es durch die Zeichnung eines Gründers/Gesellschafters begründet wurde; d. h. dieser bleibt, auch wenn er eine Geldeinlage geleistet hat, zur Leistung einer Geldeinlage weiterhin verpflichtet, exakt wie er dies einmal zugesagt hat.

- Ebenso wenig in Frage gestellt wird die dingliche Wirksamkeit der von ihm erbrachten Einlageleistung, also der Übereignung oder der Überweisung eines entsprechenden Geldbetrages; d. h. der Inferent verliert das Eigentum an dem von ihm hergegebenen Geld bzw. das Recht an einem entsprechenden Überweisungsbetrag. Nicht anerkannt wird vielmehr nur die **Erfüllungswirkung** seiner Zahlung. Er muss demnach seine Einlagezahlung ein zweites Mal erbringen und er ist hinsichtlich der ersten Zahlung auf einen Bereicherungsanspruch beschränkt. Mit diesem kann er jedoch – wegen eines von der Rechtsprechung aus dem Grundsatz der realen Kapitalaufbringung abgeleiteten Verbots – nicht aufrechnen.

- Was nun das Schicksal des verdeckten Rechtsgeschäfts – Erwerbsgeschäft/Forderungstilgung – anlangt, welches als Indiz für das Vorliegen einer verdeckten Sacheinlage verstanden wird, hat die Rechtsprechung in der Vergangenheit wechselnde Positionen vertreten. Zunächst hat sie wegen des Grundsatzverstoßes nur das **Verpflichtungsgeschäft** für unwirksam, das Verfügungsgeschäft aber für wirksam angesehen mit der Folge, dass die beiderseits erbrachten Leistungen als rechtsgrundlos zu betrachten waren, die Gesellschaft aber Eigentum an dem Erwerbsgegenstand erlangte. Seit der Entscheidung vom 7.7.2003 geht der Bundesgerichtshof jedoch von der **Unwirksamkeit auch des Verfügungsgeschäfts** aus,

    BGHZ 155, 329, 338 = ZIP 2003, 1540, m. Anm. *Pentz*,
    dazu EWiR 2003, 1243 *(Priester)*.

    Danach behält der Inferent das Eigentum an dem von ihm unwirksam verkauften Gegenstand.

- Die **wirtschaftlichen Folgen** einer verdeckten Sacheinlage stellen sich immer erst – die Hürde der Prüfung durch das Registergericht wurde ja genommen – in der **Insolvenz der Gesellschaft** heraus. Da der Zahlung des Inferenten auf die von ihm gezeichnete Geldeinlage die Erfüllungswirkung abgesprochen und ihm die Aufrechnung mit seinem Bereicherungsanspruch versagt wird, muss er den von ihm gezeichneten Geldbetrag noch einmal an die Gesellschaft leisten, zuzüglich Verzugszinsen seit Fälligkeit. Sein Bereicherungsanspruch aus der nicht anerkannten ersten Einlagezahlung ist in der Regel wertlos. Auch der Zugriff auf den nicht wirksam übereigneten Gegenstand aus dem Sachgeschäft geht u. U.

Sernetz

fehl, weil der Gegenstand nicht mehr existiert oder wirksam weiterverfügt wurde. Einem danach verbleibenden Bereicherungsanspruch des Gesellschafters steht die Zahlungsunfähigkeit der Gesellschaft und zugleich deren Bereicherungsanspruch aus dem unwirksamen Sachgeschäft entgegen.

Die finanziellen Verluste eines so an einer vermeintlich verdeckten Sacheinlage beteiligten Gesellschafters können immens sein. Man braucht sich beispielsweise nur an die Zahlungsverpflichtung von General Motors im IBH-Konkurs i. H. v. 70 Mio. DM zu erinnern,

> vgl. LG Mainz, WM 1986, 1315;
> *Lutter/Gehling*, WM 1989, 1445 f.

41 Ohne dass deswegen Grundsatz und Lehre in Frage gestellt wurden, haben die durch ihre Anwendung erzielten Folgen die nachstehenden Wertungen erfahren:

„ganz und gar katastrophal"

> *Lutter*, in: FS Stiefel, S. 505, 517,

„verheerend"

> *Lutter/Gehling*, WM 1989, 1445, 1453,

„von drakonischer Härte",

> *K. Schmidt*, Gesellschaftsrecht, § 29 II. 1. c, bb,

„drakonische Inferentenhaftung",

> *Schön*, ZHR 166 (2002), 1, 2,

„Überreaktion des Rechts auf einen formalen Fehler",

> *K. Schmidt*, Gesellschaftsrecht, § 37 II. 4. b.

6. Die Kritik an Grundsatz und Lehre

42 Die Hauptkritik an der Berufung der Rechtsprechung auf den Grundsatz der realen Kapitalaufbringung und auf die aus ihm abgeleiteten Verbote richtet sich gegen das scheinbar unabänderliche Ergebnis seiner Anwendung, nämlich die Verpflichtung, in tatsächlichen oder vermeintlichen Umgehungsfällen eine vereinbarte Einlage ohne irgendeine Kompensation zweimal zahlen zu müssen.

43 **Dabei geht es vor allem um die Frage**, wann von einer Gesetzesumgehung ausgegangen werden soll? Setzt diese eine subjektive Vorwerfbarkeit voraus oder genügt eine bestimmte Nähe des missbilligten Geschehens zu einem Einlagevorgang? Ab wann kann man eine solche Nähe unterstellen? Welches Gesetz ist als umgangen anzusehen? Genügt die Umgehung eines Prinzips oder von Regeln, denen Grundsatzcharakter zugeschrieben werden soll?

I. Die Entwicklung bis zum Erlass des MoMiG

Spielt es eine Rolle, wer oder was durch den Grundsatz geschützt werden soll? Welche rechtlichen Konsequenzen hat die Umgehung? Sind Erklärungen oder Verträge nichtig gemäß § 134 BGB oder § 138 BGB oder muss erst methodisch z. B. durch Analogie oder Reduktion in ein bestehendes oder vermeintliches Rechtssystem eingegriffen werden? Diese Überlegungen sind neuerdings mit Recht von *Benecke* einer scheinbar gefestigten und von der Wissenschaft weitgehend akzeptierten Rechtsprechung entgegengehalten worden.

> *Benecke*, ZIP 2010, 105 ff, m. w. N.;
> gegen u. a. *Lutter/Gehling*, WM 1989, 1445 ff.

- Das allein als Schutzobjekt in Betracht kommende Gläubigerinteresse rechtfertigt die beanstandeten Rechtsfolgen nicht. Der „verdeckt" eingebrachte Gegenstand ist niemals ohne Wert; nicht selten ist sein Wert wesentlich höher als der Betrag der Einlageverpflichtung. Schon deswegen ist die Bezeichnung des Grundsatzes als der einer „realen Kapitalaufbringung" irreführend; in Wirklichkeit wird nicht die fehlende Realität der Kapitalaufbringung beanstandet, sondern die mangelhafte (nicht „**ordnungsgemäße**") Einhaltung formeller Vorschriften, 44

> BGHZ 113, 335, 340 = ZIP 1991, 511,
> dazu EWiR 1991, 1213 *(Frey)*;
> vgl. *K. Schmidt*, Gesellschaftsrecht, § 37 II. 1.

Die Doppelzahlung bereichert also letztlich immer die Insolvenzmasse; sie ist wirtschaftlich ein Geschenk an Insolvenzverwalter und die Insolvenzgläubiger,

> *Sernetz*, ZIP 1995, 173, 177, Anm. 32, m. w. N.

Aus der Sicht des Einlageschuldners wird die **Doppelzahlungspflicht** in der Regel nicht als berechtigter – weil verschuldeter – Schadensausgleich verstanden, sondern als eine Art Zivilstrafe, deren Rechtsgrundlage nicht erkennbar ist.

- Die Berechtigung für eine derartige Sanktionierung vermeintlicher Gesetzesverstöße – in Form von tatsächlichen oder angeblichen Gesetzesumgehungen – leitete die Rechtsprechung bisher aus ihr vorgelegten „zahlreichen" Fällen ab, in denen „die Gesellschafter **zielgerichtet die ihnen lästig erscheinenden Sacheinlagevorschriften unterlaufen**" wollten, also aus einer gewissen Pathologie der Gestaltungen. Immerhin wird eingeräumt, dass es daneben Fälle gibt, die auf „**unwissentlich unterlaufenen Fehlern**" beruhen. 45

> *Goette*, Einführung in das neue GmbH-Recht, Einf. Rn. 19.

Eine **Bestandsaufnahme** dahingehend, wie viel Fälle wissentlich zu Stande gekommen sind und wie viele Fälle unwissentlich, gibt es nicht. Immerhin lässt sich feststellen, dass der Bundesgerichtshof in den 58 Jahren von 1950 bis 2008 laut Amtlicher Sammlung über insgesamt 53 Fälle zur

B. Grundsatz der realen Kapitalaufbringung/Lehre von der verdeckten Sacheinlage

Kapitalaufbringung und zur Kapitalerhaltung entschieden hat, davon nur 16 in den ersten 40 Jahren von 1950 bis 1990,

vgl. *Fleischer*, in: MünchKomm-GmbHG, Einl. Rn. 134.

Nimmt man an, dass sich diese Fälle schätzungsweise je zur Hälfte auf die Kapitalerhaltung und auf die Kapitalaufbringung verteilen, hält sich die Zahl der höchstrichterlich entschiedenen Fälle eher in Grenzen.

Ihre Schlussfolgerungen zieht die Rechtsprechung im Übrigen aus Fällen, in denen es schon kurz nach der Gründung einer GmbH oder nach einer erfolglosen Kapitalerhöhung zu einer Insolvenz kam. Man kann aber wohl davon ausgehen, dass es nicht wenige erfolgreiche Gesellschaften gibt, denen man einen – wissentlichen oder unwissentlichen – Verstoß gegen den Grundsatz der realen Kapitalaufbringung nachsagen könnte, ohne dass irgend ein Teilnehmer am Geschäftsverkehr je darunter zu leiden hätte. Dennoch müssten ihre Gesellschafter für den Fall, dass es einmal zu einer Insolvenz käme, mit der Doppelzahlungsverpflichtung rechnen.

46 • Der Grundsatz der realen Kapitalaufbringung und die ihm zugeordneten Verbote der verdeckten Sacheinlage und des sog. Hin- und Herzahlens haben **keine direkte und ausdrückliche Grundlage im Gesetz**. Die Rechtsprechung leitet sie vielmehr aus einer einzelnen gesetzlichen Bestimmung (§ 19 Abs. 5 GmbHG (a. F.)) speziellen Inhalts ab, von der sie sagt, sie sei „**über ihren Wortlaut hinaus**" ein „**in Tatbestand und Rechtsfolge unvollkommener Ausdruck**" dieses Grundsatzes und der aus ihm folgenden Verbote. Nach seinem Wortlaut besagt § 19 Abs. 5 GmbHG in der vor Erlass des MoMiG geltenden Fassung aber nichts anderes, als dass Sacheinlagen und Einlagen aufgrund von Sachübernahmen **keine Erfüllungswirkung** entfalten, wenn nicht ihr Gegenstand und der Betrag der Stammeinlage, auf die sie sich beziehen, gemäß § 5 Abs. 4 Satz 1 GmbHG im Gesellschaftsvertrag festgesetzt worden sind. Mehr sagt die Bestimmung aber nicht.

Sie enthält insbesondere keine Anhaltspunkte dafür, dass es der Gesellschaft untersagt sei, gegen einen Anspruch des Gesellschafters aus einer – i. S. v. § 19 Abs. 5 GmbHG – missglückten Einlageleistung nach Maßgabe des § 19 Abs. 2 Satz 2 GmbHG aufzurechnen. Zu diesem Ergebnis kommt die Rechtsprechung aber, weil sie in einem solchen Fall einer von ihr unterstellten **Gesetzesumgehung** eine solche Sanktion meint zuordnen zu müssen, ohne dass sie dafür ein überzeugendes methodisches Konzept nennen kann.

Andererseits glaubt die Rechtsprechung, die von ihr extra legem aufgestellten Regeln auch wieder ändern zu können, wenn sie etwa die **Aufrechnung** gegen einen – doch eigentlich unwirksamen – Vergütungsanspruch des Einlageschuldners für eine Sachleistung für zulässig erklärt, weil ein ihr als nicht erfüllt angesehener Einlageanspruch wegen der wirtschaftlichen Lage des Schuldners **gefährdet** erscheint,

vgl. BGHZ 15, 52 ff,

oder wenn sie die Wirksamkeit der Verfügung im Sachgeschäft entgegen ihrer bisherigen Ansicht auf einmal in Frage stellt,

BGHZ 155, 329, 338 = ZIP 2003, 1540, m. Anm. *Pentz,*
dazu EWiR 2003, 1243 *(Priester)*.

- Schließlich spricht gegen die Konsequenzen, die die Rechtsprechung aus einer Verletzung des Grundsatzes und der aus ihm abgeleiteten Verbote zieht, die niemals behobene Unklarheit, ob die Begehung einer **subjektiven Seite** bedarf oder nicht. Das Reichsgericht hatte für die Annahme einer Gesetzesumgehung noch die nachweisbare Absicht der Beteiligten oder zumindest erhebliche Indizien für deren Vorliegen verlangt und hatte bei deren Feststellung in erster Linie die Wirksamkeit der Sacheinbringung in Frage gestellt. Gläubigerinteressen hatten damals keine Rolle gespielt; vielmehr hatten Gesellschafter (Aktionäre) auf Rückgabe der von ihnen eingebrachten Grundstücke geklagt.

47

RGZ 121, 99;
RGZ 130, 248;
Priester, in: FS 100 Jahre GmbHG, S. 159, 180.

Es ging also bei der Rechtsprechung des RG im Wesentlichen um andere Interessen als die, auf die der Bundesgerichtshof abstellt.

Der Bundesgerichtshof hat bei der Entwicklung des Grundsatzes der realen Kapitalaufbringung und der daraus resultierenden Lehre von der verdeckten Sacheinlage vielerlei Interessen entdeckt, die von der Einhaltung der die Sacheinlage betreffenden Formvorschriften tangiert werden könnten (vgl. oben Rn. 33) und sich am Ende auf das Gläubigerinteresse konzentriert. Er hat sich jedoch bis heute nicht entscheiden können, ob die von ihm für zwangsläufig gehaltenen Sanktionen einer Verletzung von Grundsatz und Lehre einen subjektiven Vorwurf voraussetzen oder nur aus objektiven Gegebenheiten abzuleiten sind. Er schließt nämlich aus einer **sachlichen und zeitlichen Nähe** eines Sachgeschäfts zu einem Einbringungsvorgang, also aus einem rein objektiven Umstand auf das Vorliegen einer Abrede, also auf ein subjektives Geschehen. Eine Abrede zwischen zwei oder mehreren Beteiligten ist aber, wenn es dafür eine objektiv begründete Vermutung gibt, ebenso wenig widerlegbar wie ein innerer Tatbestand einer Person, also z. B. eine Absicht. Letztlich entscheidet demnach die sachliche und zeitliche Nähe allein darüber, ob von einer Gesetzesumgehung auszugehen ist. Es ist der Rechtsprechung aber bis heute nicht gelungen, diese Nähe so zu definieren, dass ihr Vorliegen zweifelsfrei feststellbar wäre.

Die Rechtsprechung hat dort, wo sie eine verdeckte Sacheinlage angenommen hat, die Kriterien der sachlichen und zeitlichen Nähe immer nur für den konkreten Fall festgestellt und die Aufstellung allgemeingültiger Kriterien der Wissenschaft überlassen. Diese kam, was den sachlichen Zusammenhang anbelangt, zu dem Ergebnis, dass jedes Geschäft mit einem sacheinlagefähigen Gegenstand eine sachliche Nähe indiziert. Betragsunterschiede konnten keine Rolle spielen.

Lutter/Gehling, WM 1989, 1445, 1447.

Lediglich die Frage, ob bei sog. gewöhnlichen Umsatzgeschäften ein Unterschied gemacht werden sollte, führte zu kontroversen Diskussionen.

Vgl. die Gegenüberstellung der Meinungen bei Roth/Altmeppen-*Roth*, GmbHG, § 19 Rn. 52 ff.

In Bezug auf die Feststellung eines zeitlichen Zusammenhangs kam es weder in der Rechtsprechung noch im Schrifttum zu absolut gültigen Grenzen. Am häufigsten wird ein Zeitraum von sechs bis zwölf Monaten für relevant angesehen. Bei entsprechenden planerischen Vorhaben lässt sich aber auch ein weit größerer zeitlicher Abstand als relevant denken,

Sernetz, ZIP 1993, 1685, 1693.

Auch wenn bei diesen Gegebenheiten das Vorliegen einer Abrede unterstellt wird, kommt es auf sie i. E. nicht an, denn eine derartige Vermutung ist nicht widerlegbar. Das heißt, es sind rein objektive Umstände, die eine Verletzung des Grundsatzes indizieren, und es fragt sich, was in einem solchen Fall die drastische Folge einer Doppelzahlungspflicht rechtfertigen soll. Weder kann man von einer vorwerfbaren deliktischen Handlung ausgehen noch von einem strafbaren Verhalten.

48 • Die Rechtsprechung hätte, wenn sie eine Gesetzeslücke beim Versuch einer Reaktion auf ein von ihr als Gesetzesumgehung beanstandetes Verhalten feststellte, statt eine **teleologische Reduktion** der scheinbar zu weit erlaubten Aufrechnung in § 19 Abs. 2 Satz 2 GmbHG (a. F.) vorzunehmen, auch über eine Lückenschließung durch eine naheliegende **Analogie** nachdenken können.

In Betracht kamen die gesetzlichen Bestimmungen über die **Nachzahlungspflicht bei der Überbewertung von Sacheinlagen**. Die durch die GmbH-Novelle 1980 neu gefassten §§ 9, 9a, 9b GmbHG (a. F.) normierten eine auch schon vorher geltende Differenzhaftung für den Fall, dass Sacheinlagen den Wert der dafür übernommenen Sacheinlage nicht erreichen,

BGHZ 68, 191, 195 f;
K. Schmidt, GmbHR 1978, 5 und NJW 1980, 1769, 1771, m. w. N.;
Baumbach/Hueck-*Hueck/Fastrich*, GmbHG, § 9 Rn. 1.

Warum sollte diese Art der Haftung nicht auch gelten, wenn Zweifel an der Ordnungsmäßigkeit der Kapitalaufbringung entstanden sind, weil die für eine zutreffende Bewertung von Sacheinlagen aufgestellten Formalitäten nicht eingehalten wurden?

I. Die Entwicklung bis zum Erlass des MoMiG

Es mag sein, dass die gesetzlichen Bestimmungen über die **Differenzhaftung** grundsätzlich von einer ordnungsgemäßen, also offenen Sacheinlage ausgehen. Zu der Zeit als diese Bestimmungen aufgestellt wurden, war aber der Grundsatz der realen Kapitalaufbringung in seiner heutigen Ausprägung noch nicht formuliert und das daraus resultierende Bedürfnis nach einer drastischen Sanktionierung von Gesetzesumgehungen noch nicht entstanden. Möglicherweise wäre damals bei der Regelung einer Differenzhaftung zwischen offenen und verdeckten Sacheinlagen nicht unterschieden worden. Im Hinblick darauf, dass es vermutlich um mehr unwissentliche Versäumnisse geht als um wissentliche, hätte eine Gleichbehandlung nahegelegen.

Es ist ja immer zu bedenken, dass die kritischen Rechtsfolgen von angeblichen Verstößen gegen den Grundsatz nicht nur in vielen Fällen Unschuldige treffen, sondern auch deswegen unangemessen sind, weil Gesellschaft und Gläubiger durch das beanstandete Geschehen keinen Nachteil erleiden, der nicht durch eine Differenzhaftung erledigt werden könnte. Insofern hätte die Rechtsprechung als angemessene Reaktion auf eine von ihr festgestellte Gesetzeslücke bei der Einbringung von Sacheinlagen zu deren Ausfüllung auch auf eine Analogie zu dem im Gesetz angelegten Prinzip der Differenzhaftung zurückgehen können,

vgl. *Larenz*, Methodenlehre der Rechtswissenschaft, S. 381 ff.

- Der stattdessen von der Rechtsprechung eingeschlagene Weg, in der weiten Fassung des § 19 Abs. 2 Satz 2 GmbHG (a. F.) zunächst eine **verdeckte Lücke** zu sehen, um diese dann durch eine vermeintlich **dem Gesetz immanente Teleologie** einzuschränken, 49

Larenz, Methodenlehre der Rechtswissenschaft, S. 391 ff,

leidet unter der Schwierigkeit, eine entsprechend überzeugende Teleologie zu ermitteln.

Der Bundesgerichtshof meint sie in einem **präventiv wirkenden Kapitalschutzsystem** sehen zu können. Dieses leitet er aus dem gesetzlichen Zugeständnis der Haftungsbeschränkung ab, welches die Einhaltung bestimmter Verhaltensstandards durch die Gesellschafter voraussetze, nämlich das gezeichnete Kapital wie versprochen zur freien Verfügung des Geschäftsführer zu leisten (ordnungsmäßige Kapitalaufbringung) und es der Gesellschaft auf deren Dauer zu belassen (Kapitalerhaltung),

Goette, Einführung in das neue GmbH-Recht, Einf. Rn. 12.

Diese Argumentation begegnet erheblichen Bedenken: 50

- So setzt die **Haftungsbeschränkung** bei der GmbH gemäß § 13 Abs. 2 GmbHG gerade nicht die Volleinzahlung des gezeichneten Kapitals voraus. Weder die Beschränkung der Einlageleistung auf die gesetzlichen Mindestbeträge noch deren Unterschreitung, aus welchen – zulässigen oder unzulässigen – Gründen auch immer, führt grundsätzlich zu einer Aufhebung der Haftungsbeschränkung; ein Haftungsdurchgriff kommt auch nach der Rechtsprechung nur in äußerst engen Grenzen in Betracht.

- Auch die Charakterisierung des Systems als „**präventiv**" wirft Fragen auf. Sollte sie entsprechend einer der beiden denkbaren Wortbedeutungen heißen, dass damit **vorbeugend**, also im Voraus eine bestimmte Qualität der Kapitalaufbringung erreicht werden soll, dann ist dem entgegenzuhalten, dass die Prüfung der Korrektheit des Vorgangs, wenn der Registerrichter nicht nach der Anmeldung eingeschritten ist, immer erst im Nachhinein stattfindet.

So *Goette*, Einführung in das neue GmbH-Recht, Einf. Rn. 14.

51 Sollte sie aber stattdessen eine **Abschreckungswirkung** entfalten, so ist dem entgegenzuhalten, dass Spezial- und Generalpräventionswirkungen Sache des Strafgesetzgebers sind, der auf die Einhaltung des Grundsatzes nulla poena sine lege zu achten hat. Das kann durch eine Zivilrechtsprechung nicht ersetzt werden. Davon abgesehen muss man wohl den Erfolg der Abschreckungsabsicht angesichts der durch die Unklarheit des Tatbestandsmerkmals „sachlicher und zeitlicher Zusammenhang" hervorgerufenen zahlreichen Fälle unwissentlicher Verstöße weitgehend in Frage stellen.

Rn. 52–54 unbesetzt

7. Die Erwartungen an den Gesetzgeber des MoMiG

55 Die Unzufriedenheit mit den Folgen, die von der Rechtsprechung mit dem Grundsatz der realen Kapitalaufbringung ausgelöst worden sind, hat lange bevor es zu einer Gesetzgebungsinitiative kam, allenthalben zu einer Suche nach Möglichkeiten geführt, wie Fälle, in denen man mit einer Beanstandung durch die Rechtsprechung rechnen musste, geheilt werden könnten, bevor dies durch eine Insolvenz unmöglich wurde,

vgl. *Sernetz*, ZIP 1995, 173, 177 ff.

Es wurde aber auch gesagt, ein Ruf nach dem Gesetzgeber sei verfehlt; die Rechtsprechung müsse die von ihr geschaffenen Probleme selbst lösen.

Vgl. *Sernetz*, Vorauflage, Rn. 334.

56 Dazu ist es partiell gekommen, z. B.

- die Heilung verdeckter Sacheinlagen,

   BGHZ 132, 141 = ZIP 1996, 668, 672;

- die Kapitalerhöhung aus stehengelassenen Gewinnen,

   BGHZ 135, 381 = ZIP 1997, 1337;
   dazu EWiR 1998, 127 *(Schultz)*.

II. Die Einwirkung des MoMiG

Zu einer Gesamtrückführung der von der Rechtsprechung initiierten Rechtsfortbildung kam es jedoch nicht. Deswegen sah sich der Gesetzgeber gezwungen, die Kapitalaufbringung durch Erlass des MoMiG auf eine neue Basis zu stellen. Bedauerlicherweise hat er sich am Ende des Gesetzgebungsverfahrens jedoch darauf beschränkt, nur die durch die Rechtsprechung ausgelösten unerwünschten Rechtsfolgen einzudämmen, und er hat nicht, wie man dies nach den ersten Gesetzesentwürfen hätte erwarten können, das System insgesamt reformiert. Der **Grundsatz der realen Kapitalaufbringung und die aus ihm abgeleiteten Verbote** mit den aus ihnen abgeleiteten rechtlichen und wirtschaftlichen Folgen **bleiben darum dort weiter in Geltung**, wo die Entlastung durch das MoMiG endet. Das ist bei der verdeckten Sacheinlage – grob gesprochen – jenseits der Grenze, die durch die Anrechnung in Höhe des Werts des Vermögensgegenstands im Sachgeschäft gezogen ist, und bei dem sog. „Hin- und Herzahlen" jenseits der durch die Vollwertigkeit eines Rückgewähranspruchs gezogenen Grenze. 57

Auf die viel kritisierte Unvollkommenheit der Neuregelung durch das MoMiG hat – das sei hier vorweggenommen – *Bayer* zu Recht mit den Worten reagiert: 58

> „Anstatt mit einer dogmatisch widersprüchlichen Lösung hätte der Gesetzgeber dem Anliegen der Praxis nach einer Vereinfachung für die GmbH besser durch eine klare **Aufgabe des Prinzips der realen Kapitalaufbringung** Rechnung getragen und die Gesellschafter allein dazu verpflichten sollen, die versprochene Einlage zu leisten; ob durch Bar- oder Sacheinlage, hätte der Entscheidung der Gesellschafter überlassen werden können",
>
> Lutter/Hommelhoff-*Bayer*, GmbHG, § 19 Rn. 56, m. w. N.

II. Die Einwirkung des MoMiG auf den Grundsatz der realen Kapitalaufbringung und auf die Lehre von der verdeckten Sacheinlage

1. Allgemeines

Nach einhelliger Rechtsprechung und h. M. im Schrifttum waren die § 7 Abs. 2 und 3, § 8 Abs. 2, §§ 9, 9a, 9b, § 19 Abs. 2–5, §§ 20–25, 55–57 GmbHG (a. F.) Manifestationen des **Grundsatzes der realen Kapitalaufbringung** im GmbH-Recht. 59

> BGHZ 113, 335, 340 = ZIP 1991, 511,
> dazu EWiR 1991, 1213 *(Frey)*;
> Lutter/Hommelhoff-*Bayer*, GmbHG, § 19 Rn. 1;
> Baumbach/Hueck-*Hueck*/*Fastrich*, GmbHG,
> § 5 Rn. 2, § 19 Rn. 16;
> Scholz-*Veil*, GmbHG, § 19 Rn. 2, 44 f;
> *Gummert*, in: Münch-Hdb. GesR, Bd. III, § 50 Rn. 51 ff;
> Roth/Altmeppen-*Roth*, GmbHG, § 19 Rn. 1;
> *Märtens* in: MünchKomm-GmbHG, § 19 Rn. 1.

Das **MoMiG** hat diese Bestimmungen, soweit es um die Erfordernisse der Aufbringung von Sacheinlagen geht, nicht wesentlich geändert. Vor allem haben die wenigen **partiellen Änderungen** die Fortgeltung des Grundsatzes nicht berührt. 60

Ulmer, ZIP 2008, 45, 50;
Priester, ZIP 2008, 55 f.

Der Grundsatz soll wie bisher der Sicherung, Beitreibung und Leistung der Einlageschulden der Gesellschafter, die vor und nach der Eintragung der Gesellschaft zu erbringen sind, dienen.

Lutter/Hommelhoff-*Bayer*, GmbHG, § 19 Rn. 1;
Scholz-*Veil*, GmbHG, § 19 Rn. 44 f;
Roth/Altmeppen-*Roth*, GmbHG, § 19 Rn. 1;
Wicke, GmbHG, § 19 Rn. 1.

61 Das MoMiG hat damit auch an dem **formalen Element** des Grundsatzes der realen Kapitalaufbringung **nichts geändert**. Im Gegenteil, die Neufassung der Absätze 4 und 5 des § 19 GmbHG versucht nicht nur die von der Rechtsprechung entwickelte Definition der Hauptverstöße gegen den Grundsatz der realen Kapitalaufbringung, nämlich der verdeckten Sacheinlage und des sog. „Hin- und Herzahlens" in eine gesetzliche Form zu bringen; sie bestätigt vielmehr sogar die von der Rechtsprechung postulierte primäre Folge eines Verstoßes gegen den Grundsatz, nämlich **die Verneinung der Erfüllungswirkung** der Einlageleistung bei einer etwaigen Zuwiderhandlung (§ 19 Abs. 4 Satz 1 und Abs. 5 Satz 1 GmbHG). Allerdings meinte der Gesetzgeber die Definition der Rechtsprechung durch die ausdrückliche Formulierung zweier Tatbestandsmerkmale klarstellen zu sollen. Er verlangt nämlich für die Unterstellung eines Grundsatzverstoßes definitiv eine Abrede, die er aber bei zeitlichem Zusammenhang als indiziert ansieht, und eine „wirtschaftliche Entsprechung", die wohl für das stehen soll, was bisher aus dem sog. sachlichen Zusammenhang abgeleitet werden sollte. Ob damit eine Verbesserung erreicht wurde, erscheint zweifelhaft.

62 Einen substantiellen Eingriff in das mit dem Grundsatz entwickelte Rechtssystem bewirkte das MoMiG erst bei den Folgen, die die Rechtsprechung meint über das Verneinen der Erfüllungswirkung hinaus ansetzen zu müssen. In Bezug auf sie sagte der Gesetzgeber, er wolle „einer zunehmenden Kritik in Praxis und Wissenschaft an den derzeit geltenden Rechtsfolgen verdeckter Sacheinlagen" Rechnung tragen,

RegE MoMiG, abgedr. in: ZIP, Beilage Heft 23/2007, S. 15.

2. Die Entwicklung des Grundsatzes während des Gesetzgebungsverfahrens

63 Der **Regierungsentwurf zum MoMiG** hatte demgegenüber noch einen wesentlich einschneidenderen Eingriff in das Rechtssystem des Grundsatzes vorgesehen. Er wollte die Konsequenzen einer verdeckten Sacheinlage auf eine **Differenzhaftung** des Gesellschafters beschränken. Um das zu erreichen, bestimmte er in Absatz 4 seiner Neufassung von § 19 GmbHG, dass das Vorliegen einer verdeckten Sacheinlage der Erfüllung der Einlagenschuld nicht entgegenstehe; es gelte in einem solchen Fall vielmehr die Differenzhaftung des § 9 GmbHG. Der Regierungsentwurf ging sogar so weit, auf eine

II. Die Einwirkung des MoMiG

Ausnahme von der grundsätzlichen Erfüllungswirkung einer verdeckten Sacheinlage selbst für den Fall vorsätzlicher Umgehung der gesetzlichen Formvorschriften zu verzichten. Mit dieser Lösung sollten „**Abgrenzungsschwierigkeiten vermieden und die Rechtssicherheit gesteigert**" werden. Damit wollte er u. a. auch der Tatsache Rechnung tragen, dass „im Rahmen der Kapitalaufbringung im ökonomisch sinnvollen Cash-Pool häufig verdeckte Sacheinlagen angenommen werden" müssen. Gläubigerschutzlücken konnte er bei dieser Lösung nicht erkennen. Bei Vollwertigkeit der Sacheinlage erschien dem Autor des Regierungsentwurfs die Doppelzahlungspflicht lediglich wegen der Nichteinhaltung der formalen Anforderungen an eine Sachgründung als eine **nicht gerechtfertigte Strafe**.

Eine bewusste Missachtung der Bestimmungen über die Offenlegung von Sacheinlagen erwartete der Regierungsentwurf wegen eines auch bei der Erfüllungswirkung fortbestehenden „Sanktionsgefälles" nicht.

> RegE MoMiG, abgedr. in: ZIP, Beilage Heft 23/2007, S. 15.

Damit hätte sich der Grundsatz der realen Kapitalaufbringung gewandelt in einen **Grundsatz der „vollwertigen" bzw. „effektiven" Kapitalaufbringung**. Dazu ist es leider nicht gekommen. 64

Der Rechtsausschuss des Bundestages ist nach einer Sachverständigenanhörung einem Vorschlag des Handelsrechtsausschusses des DAV aus dem Jahre 1996 – wiederholt im Jahre 2007 – gefolgt. 65

> DAV-Vorschlag zum Problem der „verdeckten Sacheinlage",
> WiB 1996, 707, 710 f;
> DAV, NZG 2007, 211.

Danach müsse es generell bei der Unterscheidung von Barkapitalerhöhungen und Sachkapitalerhöhungen auch in formeller Hinsicht bleiben. Weil es sich aber bei der Umgehung der Sacheinlage-Vorschriften durch verdeckte Sacheinlagen um eine Missachtung von – zwar wohlbegründeten –, aber nur „**formalen Regeln**" des Gesellschaftsrechts handle, müsse ein Weg gefunden werden, unangemessene Ergebnisse, wie etwa eine Doppelleistung des Inferenten zu vermeiden. Wieder wird hier auf das **formale Element des Grundsatzes** der realen Kapitalaufbringung abgestellt. Die endgültige Fassung des MoMiG ist diesem Vorschlag am Ende gefolgt.

Goette hat dieses Ergebnis des Reformvorhabens begrüßt: Er erkennt an, dass der im Regierungsentwurf zutage tretende Deregulierungsschritt den Betroffenen Erleichterung verschafft und generell für ein höheres Maß an Rechtssicherheit und Voraussehbarkeit gesorgt hätte. **Dogmatisch zweifelhaft** erscheint ihm aber der dem Entwurf zugrunde liegende Gedanke, dass der Inferent sein Barleistungsversprechen auch durch eine andere, nicht verabredete Leistung hätte erfüllen dürfen. **Nicht hinnehmbar** hält er dagegen den Umstand, dass die Sacheinlagevorschriften im Übrigen unverändert bleiben sollten. Vor allem kritisiert er, dass der Geschäftsführer ungeachtet der Austauschbarkeit der Einlageleistungen von Gesetzes wegen weiterhin hätte da- 66 für sorgen müssen, das Einlageversprechen „buchstabengetreu" zu erfüllen, er entsprechende Erklärungen dem Registergericht gegenüber abzugeben und für deren Richtigkeit zivilrechtlich und strafrechtlich einzustehen gehabt hätte.

> *Goette*, Einführung in das neue GmbH-Recht, Rn. 29 ff.

67 **Diese Kritik** an der Aufrechterhaltung der Geschäftsführerpflichten und der zivilrechtlichen und strafrechtlichen Sanktionierung von Pflichtverletzungen ist berechtigt. Ihr hätte man jedoch durch die Modifizierung der entsprechenden Bestimmungen Rechnung tragen können.

68 Erheblichen Bedenken begegnet dagegen die unbesehene Übernahme eines nicht näher begründeten Vorschlags des Handelsrechtsausschusses des DAV, es bei der Unterscheidung von Barkapitalerhöhung und Sachkapitalerhöhung „**in formeller Hinsicht**" zu belassen, und die Entscheidung, das Heil in einer dogmatisch weder diskutierten noch definierten „**Anrechnung**" zu suchen. Dem Vorschlag des Handelsrechtsausschusses hatten sich angeschlossen:

> *M. Winter*, in: FS Priester, S. 867, 876 ff;
> *Priester*, ZIP 2008, 55 f.

In den Materialien des Handelsrechtsausschusses findet sich lediglich das Argument, die Anrechnung entspreche einer **Leistung an Erfüllungs statt**. Dabei bleibt offen, wie ein vollzogener Vertrag (Sachgeschäft) die Erfüllung der Leistungspflicht aus einem anderen Rechtsverhältnis darstellen kann; allein eine Diskussion dieser Frage hätte – von allen anderen Bedenken abgesehen – zu weiteren Überlegungen führen müssen.

3. Die Ursachen und Beweggründe der Entwicklung

69 Man muss wohl davon ausgehen, dass das nachdrückliche Beharren auf den Formalunterschieden zwischen Bargründung und Sachgründung – ob in Rechtsprechung oder auch im Gesetzgebungsverfahren – einen entscheidenden Grund in der zu geringen **Beachtung der Rechtstatsachen** hat.

70 Die weitaus überwiegende Zahl der verdeckten Sacheinlagen ergab sich bis heute nicht aus bösen Umgehungsabsichten, sondern im Wesentlichen daraus, dass das Eintreten ihrer Entstehungsvoraussetzungen – nämlich die sachliche und zeitliche Nähe – nicht bemerkt wurde bzw. bemerkt wird.

> *Volhard*, ZGR 1995, 286 f;
> *Gummert*, in: Münch-Hdb. GesR, Bd. III, § 50 Rn. 128;
> *Maier-Reimer/Wenzel*, ZIP 2009, 1185 ff, 1195;
> *M. Winter*, in: FS Priester, S. 867, 874 f.

Der Regierungsentwurf weist dementsprechend mit Recht darauf hin, dass z. B. **im ökonomisch sinnvollen Cash-Pool häufig verdeckte Sacheinlagen** angenommen werden,

> RegE MoMiG, abgedr. in: ZIP, Beilage Heft 23/2007, S. 15,

eine Erkenntnis, die zuvor kaum Beachtung gefunden hatte.

Mit entsprechender Unkenntnis wird man möglicherweise auch in Zukunft rechnen müssen. Aus dieser Sicht würde die Verletzung von Offenbarungspflichten der Geschäftsführer, selbst wenn man das Gesetz – unbedacht – zu modifizieren unterlassen hätte, schon aus subjektiver Sicht folgenlos bleiben. Das darf nicht verwundern, wenn es der Rechtsprechung bisher nicht einmal gelungen ist, den für eine angebliche Umgehungsabrede sprechenden „zeitlichen und sachlichen Zusammenhang" näher abzugrenzen.

Ein weiterer Fehlschluss hat seinen Grund wohl darin, dass im Recht der 71 Kapitalaufbringung einer **Geldeinlage der Vorrang vor einer Sacheinlage** zugestanden wird. Dass das Gesetz bei einer Sacheinlage im Gegensatz zur Geldeinlage Offenlegungs- und Bewertungspflichten vorsieht, hat nichts damit zu tun, dass eine Geldeinlage wertvoller wäre als eine Sacheinlage und ihr deshalb der Vorrang gebühre. Der Unterschied liegt vielmehr allein darin, dass man den Wert einer Geldeinlage aus ihrer Bezifferung ablesen kann, während diese Feststellung bei der Sacheinlage in der Regel eine Bewertung voraussetzt. Die Sacheinlage (z. B. ein Unternehmen, ein Schutzrecht oder Ähnliches) kann in ihrer wirtschaftlichen Bedeutung die Geldeinlage auch für Geschäftspartner und Gläubiger weit übertreffen und diese als Surrogat der Sacheinlage völlig wertlos erscheinen lassen. Führt man sich das vor Augen, war der offenbar in der Anhörung des Rechtsausschusses unterbreitete Vorschlag, zukünftig auf die Unterscheidung zwischen Bar- und Sacheinlage im GmbH-Recht überhaupt zu verzichten, keineswegs abwegig,

a. A.: *Goette,* Einführung in das neue GmbH-Recht, Rn. 33.

4. Die Gesetz gewordene Änderung des Grundsatzes

Die vor allem durch den Handelsrechtsausschuss des DAV beeinflusste Ent- 72 scheidung des Gesetzgebers, es prinzipiell bei den formalen Anforderungen an die Kapitalaufbringung durch Geldeinlagen und Sacheinlagen und bei den primären Wirkungen einer Formwidrigkeit (Verneinung der Erfüllungswirkung) zu belassen, dafür aber unangemessene Konsequenzen, wie etwa die Doppelleistungspflicht des Inferenten zu eliminieren (sekundäre Folgen), führte zu einigen merkwürdigen Änderungen der bestehenden Rechtslage:

- Zum einen wurde das bisher geltende Verdikt der Rechtsprechung über das als Indiz einer Umgehung angesehene Sachgeschäft in sein Gegenteil gekehrt. Nach § 19 Abs. 4 Satz 2 GmbHG werden bei einer verdeckten Sacheinlage, die über sie vereinbarten Verträge und die zu ihrer Ausführung unternommenen Rechtshandlungen für „nicht unwirksam" erklärt.

- Zum anderen soll bei einem Hin- und Herzahlen, das nicht als verdeckte Sacheinlage zu werten ist, die Erfüllungswirkung nicht an dem Vorwurf scheitern, es fehle an einer Leistung zur endgültig freien Verfügung, wenn die Leistung durch einen vollwertigen, jederzeit fälligen bzw. jederzeit kündbaren Rückgewähranspruch gedeckt ist. Bemerkenswert an dieser Entwicklung ist nicht zuletzt der Umstand, dass sich der Gesetzgeber gezwungen sah, eine Rechtsfortbildung durch die Gerichte ausdrücklich als nicht geltend zu statuieren (§ 19 Abs. 5 Satz 1 GmbHG).

- Schließlich soll auf die – wegen der fehlenden Erfüllungswirkung bei einer verdeckten Sacheinlage – fortbestehende Geldeinlageverpflichtung „der Wert des Vermögensgegenstandes" aus dem Sachgeschäft angerechnet werden (§ 19 Abs. 4 Satz 3 GmbHG). Wie das rechtlich geschehen soll, ist schwer zu durchschauen, und hat tiefgründige Diskussionen ausgelöst. Über eines ist man sich allerdings einig: Der Inferent soll seine Geldeinlage in Höhe des Betrages, der dem Wert des Vermögensgegenstands entspricht, nicht zweimal zahlen müssen.

5. Die Anrechnung des „Werts des Vermögensgegenstands" auf die unerfüllte Einlageverpflichtung

73 Einfach ausgedrückt soll mit der Anrechnung die tatsächlich vollzogene, aber rechtlich missglückte Erfüllung eines Rechtsverhältnisses (Einlagegeschäft) durch den tatsächlich und rechtlich wirksamen Vollzug eines anderen Rechtsgeschäfts (z. B. Kaufvertrag) als erledigt betrachtet werden. Eine solche Konstruktion – wenn man sie wörtlich nehmen müsste – kennt das Zivilrecht nicht.

Maier-Reimer/Wenzel, ZIP 2008, 1449, 1451;
Ulmer, ZIP 2008, 45, 52.

74 Sie erscheint wesentlich beeinflusst von der Ausgangssituation, die vermeintlich die Notwendigkeit einer Anrechnung auslöst, nämlich von dem Umstand, dass die Anwesenheit eines Sachgeschäfts innerhalb gewisser Grenzen die Erfüllung eines Einlagegeschäfts fragwürdig macht. Dies lässt daran denken, dass der wirtschaftliche Erfolg oder Misserfolg des Einlagegeschäfts irgendwie aus dem Sachgeschäft oder seinen Elementen müsse abgeleitet werden können. Von solchen Gedanken dürfte die bisherige Diskussion über die Dogmatik der Anrechnung beeinflusst sein.

75 Einig ist man sich im Schrifttum immerhin darüber, dass die bekannten bürgerlich-rechtlichen Regelungen, die die Wörter „Anrechnung" bzw. „anrechnen" in ihrer Überschrift oder in ihrem Text verwenden (§§ 366, 367 bzw. § 326 Abs. 2 Satz 2, § 337 Abs. 1, § 615 Satz 2, § 616 Satz 2, § 649 Satz 2, § 1380 Abs. 1, § 2055 Abs. 1 Satz 1, § 2315 Abs. 1 BGB), keinen Aufschluss über die dogmatische Bedeutung der Anrechnung nach dem MoMiG geben,

Maier-Reimer/Wenzel, ZIP 2008, 1449, 1451;
Ulmer, ZIP 2009, 293 f;
Sernetz, ZIP 2010, 2173.

Es handelt sich bei diesen um Spezialregelungen, die jeweils auf eine Einzelproblematik zugeschnitten sind und darum nicht ausdehnungsfähig erscheinen.

76 Einig ist man sich des Weiteren darüber, dass ein bei einer missglückten Einlageleistung immer auch entstehender Bereicherungsanspruch des Inferenten mit der Anrechnung erledigt sein soll.

II. Die Einwirkung des MoMiG

a) Die Lösungsvorschläge des Schrifttums

Auch wenn über das rechtliche und wirtschaftliche Ergebnis, das mit der Anrechnung erreicht werden soll, weitgehend Einigkeit besteht, gehen die Meinungen darüber, wie der Vorgang der Anrechnung dogmatisch einzuordnen ist, weit auseinander. 77

- Nach *Maier-Reimer/Wenzel* ist bei dem zeitlichen Nebeneinander von Bareinlageverpflichtung und Verkehrsgeschäft das Verkehrsgeschäft als ein Kausalgeschäft auszublenden. Die von der Gesellschaft geleistete Zahlung tilge nicht eine Kaufpreisschuld, sondern die Bereicherungsschuld der Gesellschaft wegen der zunächst unwirksam erbrachten Bareinlagezahlung. Das Kaufobjekt sei – kraft Gesetzes – an Erfüllungs statt auf die Einlageschuld geleistet. Die Anrechnung führe demnach zu einer Umgestaltung der Rechtsverhältnisse. Sie behandle die beiderseitigen Barzahlungen insoweit als nicht geschehen, als sie sich betragsmäßig decken, oder verrechne sie insoweit miteinander. Die Übereignung des Vermögensgegenstands wird danach der Einlageschuld zugeordnet und auf diese mit dessen Wert angerechnet. Causa für die Übereignung des Vermögensgegenstands sei neben dem Verkehrsgeschäft die fortbestehende Einlageschuld. Der von der Gesellschaft gezahlte Kaufpreis sei nicht wirklich und nicht in voller Höhe Kaufpreis, sondern in erster Linie Erstattung der unwirksam geleisteten Bareinlage. 78

    Maier-Reimer/Wenzel, ZIP 2008, 1449, 1451 ff und ZIP 2009, 1185, 1191.

Mit Recht kritisiert *Heidinger*, dass bei diesem Vorschlag i. E. der Kaufvertrag entgegen § 19 Abs. 4 Satz 2 GmbHG rechtlich negiert wird und die Leistungsflüsse so beurteilt werden, als wäre die Sacheinlage offen erbracht worden,

   Heckschen/Heidinger, Die GmbH, § 11 Rn. 246.

Während das von *Maier-Reimer/Wenzel* angestrebte Ergebnis (die dogmatische Begründung der Anrechnung und des Wegfalls einer Bereicherung) weitgehend akzeptiert wird, stößt der zu seiner Erreichung beschrittene Weg auf erhebliche Kritik. *Maier-Reimer/Wenzel* greifen willkürlich in zwei nebeneinander bestehende Rechtsverhältnisse mit ihrem je eigenem Synallagma ein und versuchen, die aus ihnen resultierenden Ansprüche und Leistungen so zu verschränken, dass am Ende die beiden Barzahlungen „als nicht geschehen" angesehen werden sollen und der übrig bleibenden Sachleistung eine neue zusätzliche causa (Einlageschuld neben dem Verkehrsgeschäft) zugeordnet werden soll. Das wird mit Recht als ein bisher im Zivilrecht beispielloses Novum bezeichnet,

   Benz, Verdeckte Sacheinlage und Einlagenrückgewähr im reformierten GmbH-Recht (MoMiG), S. 135.

Auf eine solche Konstruktion wird man erst zurückgreifen, wenn es bessere Begründungen des Ergebnisses nicht gibt,

> *Sernetz*, ZIP 2010, 2173 f.

Ulmer meint dementsprechend, die Theorie von *Maier-Reimer/Wenzel* sei, wenn vom Gesetzgeber so gewollt, denkbar, entspreche aber aus mehreren Gründen nicht dem Regelungssystem der Neufassung des § 19 Abs. 4 GmbHG,

> *Ulmer*, ZIP 2009, 293, 295.

79 • In *Ulmers* eigenem Lösungsvorschlag haben die Anrechnung und die Erledigung eines Bereicherungsanspruchs zwei verschiedene Grundlagen. Mit der Zulassung der Anrechnungsmöglichkeit habe der Gesetzgeber den Zweck verfolgt, den der Gesellschaft aus den Wirkungen der verdeckten Sacheinlage zugeflossenen Vorteil zugunsten des Inferenten auszugleichen. Er habe dies nach dem Muster des § 326 Abs. 2 Satz 2 BGB getan und habe mit der Anrechnung des Werts des Gegenstands aus dem Sachgeschäft dem Gedanken der Vorteilsausgleichung Rechnung getragen. Die Gesellschaft solle zwar die volle Einlage wertmäßig erhalten, darüber hinaus aber keine weiteren Vorteile. Dementsprechend sei ein Bereicherungsanspruch des Inferenten durch § 19 Abs. 4 GmbHG als lex specialis für Transaktionen der verdeckten Sacheinlage ausgeschlossen,

> *Ulmer*, ZIP 2009, 293, 297 ff;
> ähnlich *Märtens* in: MünchKomm-GmbHG, § 19 Rn. 237.

Gegen diesen Vorschlag bestehen zwei Bedenken: Zum einen ist der Grundsatz des Vorteilsausgleichs eine Rechtsfigur des Schadensersatzrechts, die durch eine verdeckte Sacheinlage ausgelöste Problematik jedoch eine solche der Vertragserfüllung. Die Rechtsprechung hat frühzeitig klargestellt, dass sie den Grundsatz nur im Schadensrecht für relevant hält und nicht im Bereich der Erfüllung vertraglicher Ansprüche,

> RGZ 80, 153, 155;
> vgl. auch BGH BB 1992, 1162,
> dazu EWiR 1992, 797 *(v. Hoyningen-Huene)*.

Der trotz – wirksamer – Bareinlagezahlung fortbestehende Einlageerfüllungsanspruch ist kein Schadensersatzanspruch und er ist auch nicht durch irgendwelche Vorteile, die der Gesellschaft in seinem Zusammenhang entstehen können, zu relativieren.

Zum anderen begründet *Ulmer* das „Verschwinden" einer Bereicherung bei der Gesellschaft nur mit dem Argument, der Gesetzgeber habe eben so entschieden (lex specialis). Damit setzt er sich einer ähnlichen Kritik aus, wie er sie der Lösung von *Maier-Reimer/Wenzel* entgegenhält. Sein Vorschlag wäre – wenn vom Gesetzgeber so gewollt – denkbar; es gibt aber plausiblere Lösungen,

> *Sernetz*, ZIP 2010, 2173, 2175.

- *Roth*, der offenbar dem Vorschlag von *Maier-Reimer/Wenzel* folgen will, 80

    Roth/Altmeppen-*Roth*, GmbHG, § 19 Rn. 77 f,

    sieht einen Widerspruch in Satz 1 des § 19 Abs. 4 GmbHG. Letztlich werde das Synallagma des Sachübernahmegeschäfts ignoriert. Wenn der Wert angerechnet werden soll, sei dies nichts anderes als die Leistung der Sache auf die Einlageschuld („an Erfüllung statt"). Dann hänge aber die geleistete Kaufpreiszahlung „in der Luft"; sie müsse als Rückzahlung der Einlageleistung behandelt werden mit der Folge, dass sich „beide Zahlungsströme" gegenseitig aufheben.

    Dieser Lösungsvorschlag kann schon deswegen nicht überzeugen, weil bei ihm das vollzogene Sachgeschäft nachträglich umgedeutet wird in eine erlaubte (an Erfüllung statt erbrachte) Sachleistung auf die Einlageverpflichtung und weil die Kaufpreiszahlung als „Rückzahlung" der „als solcher unwirksamen" Einlagezahlung fingiert werden soll. Auch wirtschaftliche Gründe können derartige Abweichungen von der tatsächlichen Sach- und Rechtslage nicht rechtfertigen.

- *Pentz* nennt die Anrechnung ein „verrechnungsähnliches Erfüllungssurrogat eigner Art". Er räumt ein, dass es nicht leicht nachzuvollziehen sei, dass der Wert eines auf der Grundlage eines wirksamen Vertrages wirksam übertragenen Vermögensgegenstands losgelöst von diesem Austauschverhältnis Bedeutung für eine Einlageverpflichtung haben und diese sogar zum Erlöschen bringen können soll, 81

    Pentz, in: FS K. Schmidt, S. 1265, 1275 ff.

    Er findet sich aber damit ab, dass dies vom Gesetz so gewollt sei, und geht der Frage, inwiefern ein „Wert" als verfügbarer Gegenstand gelten könne, nicht weiter nach. Dafür widmet er sich der Frage, was es mit der Bereicherung der Gesellschaft auf sich habe, die durch die unwirksame Bareinlagezahlung des Inferenten entsteht, während die Einlageforderung erlischt. *Pentz* meint dies durch die Überlegung erklären zu können, dass die Gesellschaft bei der Anrechnung gleichsam eine doppelte Leistung erbringe, nämlich den Kaufpreis und das Erlöschen der Einlageforderung. Das rechtfertige es, hinsichtlich des Rückforderungsanspruchs des Gesellschafters von einem Wegfall der Bereicherung bei der Gesellschaft i. S. v. § 818 Abs. 3 BGB auszugehen.

    Diesem Ergebnis, dass es nämlich am Ende keinen Bereicherungsanspruch des Gesellschafters gibt, kann man zustimmen. Die von *Pentz* dafür genannten Gründe überzeugen jedoch nicht. Sein Verzicht auf eine Klärung, welcher verfügbare Gegenstand denn nun angerechnet werden soll, führt zu der Fehlvorstellung, die Gesellschaft erbringe neben dem Kaufpreis eine weitere – wohl rechtsgrundlose – Leistung, nämlich den Verzicht auf die Einlageforderung. Dem kann nicht gefolgt werden. Bei zutreffender Analyse dessen, was angerechnet werden soll, erübrigt sich, wie noch gezeigt werden wird, die Fiktion einer doppelten Bereicherung,

Sernetz, ZIP 2010, 2173, 2175.

Den Überlegungen von *Pentz* folgt mit einigen zusätzlichen Argumenten auch *Kersting*,

Kersting, CBC-RPS 0042 (12/2008), S. 6 f.

82 • **Auch die von *Benz* vorgeschlagene Lösung kann nicht überzeugen.** *Benz* meint eine Erklärung der Anrechnungslösung in einem Modell finden zu können, das auf einer Parallele zur Differenzhaftung bei einer offenen Sachübernahme beruht. Die Anrechnungslösung des § 19 Abs. 4 Satz 3 GmbHG fasse die beiden aus der offenen Sachübernahme geläufigen Schritte, nämlich die Nominalwertverrechnung von Einlage- und Vergütungsanspruch einerseits und die Differenzhaftung nach § 9 Abs. 1 GmbHG andererseits, lediglich mit einer zeitlichen Verzögerung bis zur Eintragung, zusammen. Das Modell bewähre sich auch in allen erdenklichen Sonderfällen der verdeckten Sacheinlage, wie z. B. bei der gemischten Sacheinlage, der Mischeinlage, der Teilzahlung und in Verrechnungsfällen. Aus ihm folge, dass ein Bereicherungsanspruch des Inferenten sachlogisch ausgeschlossen sei. In Höhe der Anrechnung sei der erstrebte Zweck erreicht und hinsichtlich einer Überzahlung fehle es an einer Bereicherung der Gesellschaft,

Benz, Verdeckte Sacheinlage und Einlagenrückgewähr im reformierten GmbH-Recht (MoMiG), S. 431;
ähnlich: *Heckschen/Heidinger*, Die GmbH, § 11 Rn. 247; Lutter/Hommelhoff-*Bayer*, GmbHG, § 19 Rn. 83;
ablehnend: *Ulmer*, ZIP 2009, 293, 296;
Märtens, in: MünchKomm-GmbHG, § 19 Rn. 235.

Gegen das Modell spricht zunächst, dass *Benz* zwei unterschiedliche rechtliche Tatbestände, nämlich die offene Sachübernahme und die verdeckte Sacheinlage, abgeleitet aus der vermeintlichen Übereinstimmung ihrer Rechtsfolgen, als ein einheitliches Phänomen darstellen will. Es mag sein, dass in beiden Fällen eine Differenzhaftung in Frage kommen kann. Das genügt aber nicht, um zwei verschiedene juristische Tatbestände zu einem einzigen zu fingieren. Darum begegnet seine Argumentation schon deshalb nicht unerheblichen Zweifeln.

Davon abgesehen lässt *Benz* bei seinem Vergleich ein gewichtiges Unterscheidungsmerkmal außer Betracht. Bei der verdeckten Sacheinlage folgt der Vereinbarung einer Bareinlage immer auch die tatsächliche Bareinlageleistung. Zu dieser kommt es bei der Sachübernahme grundsätzlich nicht. Das hat Folgen für die Frage, ob seitens des Gesellschafters eine rechtsgrundlose Leistung erbracht wird oder nicht.

Bei der offenen Sachübernahme wird unter Einhaltung der Bestimmungen des § 5 Abs. 4 GmbHG eine Forderung (z. B. Kaufpreisforderung aus dem Sachgeschäft) auf die Bareinlageverpflichtung eingebracht. Die Bareinlageverpflichtung und die Kaufpreisforderung werden offen gegeneinander verrechnet.

Bei der verdeckten Sacheinlage ist das Sachgeschäft (z. B. Kaufgeschäft), bevor es zu einer Anrechnung kommt, von beiden Partnern vollständig erfüllt. Es gibt keinen verfügbaren Gegenstand – und zwar weder einen Kaufpreis noch eine Kaufsache – über den ohne Begründung eines neuen Rechtsverhältnisses verfügt werden könnte. Weder die Kaufpreisforderung noch eine Forderung auf Übereignung der Kaufsache stehen darum für eine Anrechnung zur Verfügung.

Der in vielen Argumentationen immer wieder – und auch vom Gesetz – als Anrechnungsgegenstand genannte „Wert des Vermögensgegenstands" ist nicht verfügbar und kommt daher für eine Anrechnung nicht in Betracht. Das spricht auch gegen die Theorie von Benz.

Sernetz, ZIP 2010, 2173, 2176.

Der Gesetzgeber hat, als er aufgrund eines weder geprüften noch definierten Vorschlags mit der Verwendung des Begriffs „Anrechnung" die unerwünschten Rechtsfolgen der verdeckten Sacheinlage beseitigen wollte, keineswegs eine Bereicherungsforderung als unerledigt offenlassen wollen. Insofern besteht Einvernehmen mit allen oben aufgeführten Lösungsvorschlägen. Der Gesetzgeber hat offenbar – sollte er sich überhaupt etwas dabei gedacht haben – angenommen, wenn er einen solchen Begriff übernimmt, seien auch alle dogmatischen Fragen aus der Welt. Nun kann man natürlich meinen, wenn der Gesetzgeber ein bestimmtes Ziel erreichen will, dann gilt dieses unabhängig davon, was der von ihm gewählte Ausdruck dogmatisch hergibt. Man könnte dann also auch, wenn es gar keine bessere Konstruktion gibt, dem Wort „Anrechnung" entnehmen, dass ein Verkehrsgeschäft als Leistung an Erfüllung statt für eine Einlageverpflichtung gelten solle unter gleichzeitiger Erledigung eines gegenläufigen Bereicherungsanspruchs; man könnte ebenso meinen, dass die Formulierung völlig unabhängig von ihrem Wortsinn als lex specialis auch die Tilgung eines Bereicherungsanspruchs enthalte. Das mag alles gelten, wenn es keine bessere Erklärung der Anrechnung gibt; nach dieser gilt es zu suchen. 83

b) Die Verrechnung der Einlageforderung mit dem Bereicherungsanspruch

Es bleibt, wenn man die Anrechnungslösung plausibel darstellen will, nichts anderes übrig, als das Nebeneinander zweier verschiedener Rechtsverhältnisse, nämlich 84

- einerseits eines Mitgliedschaftsverhältnisses mit einer nicht erfüllten Einlageverpflichtung und mit einem Bereicherungsanspruch wegen wirksam geleisteter Geldeinlage und

- andererseits eines Verkehrsgeschäfts (z. B. eines Kaufs) mit übereignetem Vermögensgegenstand (z. B. Kaufsache) und gezahltem Entgelt (z. B. Kaufpreis),

zu beachten.

85 Sie haben je ihr eigenes **Synallagma**. Eine Verschränkung der Ansprüche aus den beiden Rechtsverhältnissen kann bei der Anrechnungslösung nicht erfolgen.

Sernetz, ZIP 2010, 2173 ff.

86 Die von Gesetzes wegen angeordnete und deswegen keine Erklärungen voraussetzende „Anrechnung" führt vielmehr dazu, dass in Höhe des Werts des Vermögensgegenstands eine – sonst nicht zulässige – **Verrechnung der Einlageverpflichtung mit dem Bereicherungsanspruch** des Gesellschafters stattfindet. Die Verrechnung unterscheidet sich in diesem Fall in ihrer Wirkung nicht von der Aufrechnung. Es stehen sich zwei gleichartige Forderungen zwischen zwei Personen im Gegenseitigkeitsverhältnis gegenüber, nämlich der Anspruch auf Leistung der Einlage aus der Mitgliedschaft und der Bereicherungsanspruch aus missglückter Einlage. Die Anrechnung führt dazu, dass beide Forderungen, soweit sie sich betragsmäßig decken, als erloschen gelten, und zwar nicht erst aufgrund einer Aufrechnungserklärung, sondern bereits in dem Zeitpunkt, in dem sie einander als verrechnungsgeeignet gegenübergetreten sind (§§ 387 bis 389 BGB).

87 **Von der Aufrechnung unterscheidet** sich die Anrechnung nur dadurch, dass eine Aufrechnungserklärung nicht gefordert wird, dass vielmehr die Wirkung ipso iure eintritt. Eine Kollision mit § 19 Abs. 2 Satz 2 GmbHG besteht nicht, und zwar nicht nur wegen der unterschiedlichen Wortwahl (Anrechnung/Aufrechnung), sondern vor allem wegen der ausdrücklichen Anordnung durch den Gesetzgeber.

88 Das **Verkehrsgeschäft**, der Kaufvertrag, ist und bleibt davon unberührt. Lediglich der Wert des Vermögensgegenstands aus dem Verkehrsgeschäft wird als Maß herangezogen für den Umfang der vom Gesetzgeber gewollten Verrechnung.

Unterschreitet der Wert des Vermögensgegenstands die Höhe der Einlageverpflichtung, bleibt der Gesellschafter weiterhin zur Zahlung der bisher nicht restlos erbrachten Einlageleistung verpflichtet. In gleicher Höhe bleibt aber auch sein Bereicherungsanspruch wegen einer bereits voll geleisteten Bareinlage bestehen. Insofern sind die Regeln des Grundsatzes der realen Kapitalaufbringung und der Lehre von der verdeckten Sacheinlage weiter zu beachten. Das wird so lange gelten, solange Rechtsprechung und Gesetzgeber nicht über den Schatten der verdeckten Sacheinlage springen wollen,

vgl. *Sernetz,* ZIP 2010, 2173, 2182.

89 Insofern kann es weiterhin zu der bisher allseits beanstandeten – wenn auch jetzt verringerten – **Doppelzahlungspflicht** kommen. Das ist der Unter-

schied sowohl zur offenen Sachübernahme als auch zur offenen Sacheinlage, bei denen es zwar zu einer Differenzhaftung kommen kann, nicht aber zu einer zweimaligen Barleistung.

6. Die Behandlung des „Hin- und Herzahlens" vor und nach Erlass des MoMiG

Die Erfüllung einer Einlageverpflichtung wird auch nach Inkrafttreten des MoMiG nur dann als **ordnungsgemäß** angesehen, wenn sie **endgültig, vorbehaltlos und ohne Beschränkung** erbracht ist. Dies ist nach der h. A. in Rechtsprechung und Schrifttum nicht allein schon dann der Fall, wenn nach allgemeinen zivilrechtlichen Kriterien (§ 362 Abs. 1 BGB) die geschuldete Leistung bewirkt ist. Es kommt vielmehr zusätzlich darauf an, dass die Leistung den Interessenbereich des Gesellschafters vollständig verlässt und nicht an ihn oder einen nahen Angehörigen zurückfällt. 90

> BGHZ 165, 113 = ZIP 2005, 2203,
> dazu EWiR 2006, 33 *(Tillmann)*;
> OLG Oldenburg BeckRS 2007, 13627;
> *Wicke*, GmbHG, § 7 Rn. 9.

a) „Zur freien Verfügung der Gesellschaft"

Die Endgültigkeit der Leistung in diesem Sinne wird nach h. A. erreicht, wenn sie „zur freien Verfügung der Gesellschaft" erfolgt ist (§ 7 Abs. 3, § 8 Abs. 2 Satz 1, § 57 Abs. 2 GmbHG). 91

> BGHZ 113, 335, 348 f = ZIP 1991, 511,
> dazu EWiR 1991, 1213 *(Frey)*;
> Baumbach/Hueck-*Hueck/Fastrich*, GmbHG,
> § 7 Rn. 8, § 19 Rn. 23 f;
> Ulmer/Habersack/Winter-*Ulmer*, GmbHG, § 7 Rn. 52 ff;
> Lutter/Hommelhoff-*Bayer*, GmbHG,
> § 8 Rn. 11 und § 7 Rn. 18 ff.

Das gilt über den Gesetzeswortlaut hinaus auch für **Geldeinlagen**. 92

> *Wicke*, GmbHG, § 7 Rn. 9.

Die Geschäftsführer müssen also tatsächlich und rechtlich in der Lage sein, die eingelegten Mittel uneingeschränkt für die Gesellschaft verwenden zu können. 93

> BGH GmbHR 1962, 233;
> *Wicke*, GmbHG, § 7 Rn. 9.

Eine Leistung zur freien Verfügung der Gesellschaft ist z. B. dann in Frage gestellt, wenn sie 94

- unter einem Vorbehalt oder unter einer Zusage alsbaldiger Rückzahlung,

> OLG Hamm GmbHR 1992, 749 f,

B. Grundsatz der realen Kapitalaufbringung/Lehre von der verdeckten Sacheinlage

- oder unter gleichzeitigem Erlass einer anderen Schuld erfolgt.

  OLG Hamburg ZIP 1985, 1488.

95 An einer Leistung zur freien Verfügung soll es auch dann fehlen,

- wenn die Gesellschaft die Mittel für das Aufbringen der Leistung sichert oder mitsichert,

  OLG Köln ZIP 1984, 176,

- wenn die Gesellschaft die empfangene Leistung dem Gesellschafter als Darlehen zurückgewährt,

  OLG Hamm GmbHR 1992, 749 f,

- oder wenn eine sog. verdeckte Sacheinlage erbracht wird.

  BGHZ 96, 231, 241 f = ZIP 1986, 14;
  BGHZ 113, 335, 347 ff = ZIP 1991, 511,
  dazu EWiR 1991, 1213 *(Frey)*;
  Baumbach/Hueck-*Hueck/Fastrich*, GmbHG, § 7 Rn. 10;
  Lutter/Hommelhoff-*Bayer*, GmbHG, § 19 Rn. 54 ff;
  Scholz-*Veil*, GmbHG, § 7 Rn. 38;
  Henze, ZHR 154 (1990), 105, 117;
  Wicke, GmbHG, § 8 Rn. 14.

96 Diese Folgerungen aus dem Grundsatz der realen Kapitalaufbringung zeigen, dass durch ihn nicht lediglich die Herstellung eines bestimmten, wertmäßig festgelegten Anfangsvermögens der Gesellschaft erreicht werden soll – also nicht nur eine bestimmte **Quantität des Vermögens** –, sondern dass auch eine bestimmte Art, d. h. **Qualität des Vermögens** bei Beginn der Gesellschaft gesichert werden soll.

b) Fälle des sog. „Hin- und Herzahlens"

97 Einen **Spezialfall** des Fehlens der freien Verfügbarkeit über die bare Einlagenleistung stellt die von der Rechtsprechung entwickelte Fallgruppe des sog. „Hin- und Herzahlens" dar. Von ihr ist auszugehen, wenn der Gesellschafter aufgrund einer Absprache mit der Gesellschaft seine Leistung auf die Bareinlageverpflichtung zwar tatsächlich erbringt, er aber den Betrag unmittelbar danach unter welchem Titel auch immer (z. B. als Darlehen) zurückerhält. In einem solchen Fall gilt nach der Rechtsprechung die Einlageschuld als nicht erbracht, weil man davon ausgehen muss, dass die Leistung nicht zur endgültig freien Verfügung der Geschäftsführung gestanden hat.

BGHZ 113, 335 = ZIP 1991, 511,
dazu EWiR 1991, 1213 *(Frey)*;
BGH ZIP 2001, 1997 = NJW 2001, 3781
= GmbHR 2001, 1114, m. Anm. *K. J. Müller*,
dazu EWiR 2011, 1149 *(Keil)*.

98 Nach der bisherigen Rechtsprechung **leistet der Gesellschafter** in einem solchen Fall **nichts**.

> BGHZ 165, 113, 116 = ZIP 2005, 2203,
> dazu EWiR 2006, 33 *(Tillmann)*;
> BGHZ 165, 352 = ZIP 2006, 331,
> dazu EWiR 2006, 307 *(Naraschewski)*.

Auch die Darlehensabrede zwischen der Gesellschaft und dem Gesellschafter wird wegen des Verstoßes gegen die Kapitalaufbringungsvorschriften als unwirksam angesehen.

> BGHZ 165, 113 = ZIP 2005, 2203,
> dazu EWiR 2006, 33 *(Tillmann)*;
> BGHZ 165, 352 = ZIP 2006, 331,
> dazu EWiR 2006, 307 *(Naraschewski)*.

Die **Fiktion**, dass bei einem Hin- und Herzahlen „nichts" geleistet wird, muss i. E. wohl dazu führen, dass auch keine bereicherungsrechtlichen Ansprüche entstehen; selbst wenn dies aber der Fall wäre, müssten sich die beiderseitigen Bereicherungen wohl auf Null saldieren. 99

Nach der jüngsten Rechtsprechung des Bundesgerichtshofs, 100

> BGH ZIP 2006, 1633 = DNotZ 2007, 781,

führt aber eine vermeintliche **Darlehensrückzahlung** des Gesellschafters, wenn sich diese seiner Einlageverbindlichkeit objektiv zuordnen lässt, zur **Tilgung der noch bestehenden Einlageschuld;**

> BGH ZIP 2006, 1633 = DNotZ 2007, 781.

Mit dieser Betrachtung hatte der Bundesgerichtshof für das Hin- und Herzahlen eine Doppelzahlungspflicht des Gesellschafters schon vor Inkrafttreten des MoMiG ausgeschlossen.

> Entgegen OLG Schleswig GmbHR 2000, 1045 = ZIP 2000, 1833;
> OLG Schleswig GmbHR 2003, 1058.

Die Charakterisierung eines realen, tatsächlich und rechtlich – zumindest durch zwei Banküberweisungen – in Erscheinung getretenen Vorgangs mit dem topos „kapitalaufbringungsrechtliches nullum",

> BGHZ 165, 113 = ZIP 2005, 2203,
> dazu EWiR 2006, 33 *(Tillmann)*;
> BGHZ 165, 352 = ZIP 2006, 331,
> dazu EWiR 2006, 307 *(Naraschewski)*;
> BGHZ 166, 8 = ZIP 2006, 665,
> dazu EWiR 2006, 523 *(Hoos/A. Kleinschmidt)*;
> *Goette*, Einführung in das neue GmbH-Recht, Einf. Rn. 16,

und die Umdeutung einer ausdrücklich als „Darlehnsrückzahlung" bezeichneten und gewollten Leistung in eine Zahlung auf eine offene Geldeinlageverpflichtung zeugt zwar von gutem Willen des II. Zivilsenats des Bundesgerichtshofs, zugleich aber auch von einer gewissen Hilflosigkeit gegenüber der an der Rechtsprechung geübten Kritik.

c) Sog. „Her- und Hinzahlen"

101 Der **umgekehrte Vorgang** des „Her- und Hinzahlens" ist nicht anders zu behandeln. Auch hier wird unterstellt, dass die Gesellschaft kein neues Kapital erhält. Die Einlagenschuld gilt als nicht getilgt.

> *Heckschen/Heidinger,* Die GmbH, § 11 Rn. 71.

102 Im Hinblick darauf, dass das Hin- und Herzahlen bei einer **Konzernfinanzierung im sog. Cash-Pool** ständig auf der Tagesordnung steht, sah sich der Gesetzgeber im MoMiG veranlasst, einen Weg zu schaffen, auf dem die schlimmen Folgen eines Verstoßes gegen den Grundsatz der realen Kapitalaufbringung vermieden werden können. Bei einem Cash-Pool wird die von einer Konzernobergesellschaft ihrer Tochtergesellschaft bei der Gründung oder bei einer Kapitalerhöhung geschuldete und gezahlte Bareinlage nicht selten unmittelbar nach Eingang an die Inferentin zurücküberwiesen. Das ist ein Vorgang, bei dem grundsätzlich die freie Verfügbarkeit der Geschäftsführung über den Einlagebetrag verneint wird.

103 Der neu geschaffene § 19 Abs. 5 Satz 1 GmbHG soll für einen solchen Fall Abhilfe schaffen. Danach wird der Gesellschafter dann von seiner Einlageverpflichtung befreit, wenn die Leistung an den Gesellschafter durch einen **vollwertigen Rückgewähranspruch** gedeckt ist, der jederzeit fällig ist oder durch eine fristlose Kündigung der Gesellschaft jederzeit fällig gestellt werden kann. Diese Wirkung tritt allerdings nur ein, wenn das Vorhaben einer solchen Leistung oder die Vereinbarung hierüber in der **Anmeldung nach § 8 GmbHG** angegeben wird (§ 19 Abs. 5 Satz 2 GmbHG). Dabei ist die Versicherung abzugeben, dass die Leistung insgesamt gedeckt ist.

104 Ist der Gegenanspruch nicht in vollem Umfang vollwertig, fehlt es an der endgültig freien Verfügung der Geschäftsführung und die Einlageleistung wird nicht als erbracht angesehen. Der Gesellschafter ist danach weiterhin zur Zahlung der Einlage verpflichtet, ohne etwa mit der Bereicherung der Tochtergesellschaft durch die erste Einlageleistung aufrechnen zu können. Die Praktibilität dieses Verfahrens wird mit Recht angezweifelt.

> *Heckschen/Heidinger,* Die GmbH, § 11 Rn. 112, 116;
> *Wicke,* GmbHG, § 19 Rn. 35;
> *Büchel,* GmbHR 2007, 1065, 1068;
> *Altmeppen,* ZIP 2009, 1545 ff.

d) Finanzierung einer KG durch die Komplementär-GmbH

105 Eine gewisse Nähe zu den Verhältnissen beim Hin- und Herzahlen innerhalb eines Cash-Pools besteht bei der Finanzierung einer KG durch die Komplementär-GmbH. Nicht selten stellt die Komplementär-GmbH ihr Barvermögen der KG zur Verfügung, da sie selbst keinen Geschäftsbetrieb unterhält. Nach unterschiedlichen Entscheidungen von Oberlandesgerichten,

> Thür. OLG ZIP 2006, 1534,
> dazu EWiR 2006, 497 *(Priester);*

OLG Hamm ZIP 2007, 226,
dazu EWiR 2007, 237 *(Ivo)*,

ist der Bundesgerichtshof unter Aufhebung des Urteils des Thüringer Oberlandesgerichts dem Oberlandesgericht Hamm gefolgt und hat wegen der Darlehensgewährung an die KG deren Einlage nicht als wirksame Tilgung der Einlageschuld anerkannt. Selbst wenn die GmbH keine weiteren Tätigkeiten ausübt, müsse sie im Hinblick darauf, dass sie eigene Gläubiger haben kann, wie auch dass Gläubiger der KG auf sie als unbeschränkt haftende Gesellschafterin zurückgreifen könnten, eine eigene Haftungsmasse haben.

BGHZ 174, 370 = ZIP 2008, 174 = NZG 2008, 143,
dazu EWiR 2008, 403 *(Henkel)*.

Unter Umständen hilft aber eine „**Darlehensrückzahlung**", wenn sie als Tilgung der noch immer bestehenden Einlageverpflichtung angesehen werden kann (dazu siehe oben Rn. 100). 106

BGH ZIP 2006, 1633 = DNotZ 2007, 781;
Heckschen/Heidinger, Die GmbH, § 11 Rn. 73.

e) Verdeckte Sacheinlage als Fall des Hin- und Herzahlens

Schließlich ist noch ein Fall des Hin- und Herzahlens zu nennen, den der Gesetzgeber in § 19 Abs. 5 Satz 1 GmbHG erwähnt, aber der Regelung des § 19 Abs. 4 GmbHG unterstellt. Es soll dies ein Hin- und Herzahlen sein, das als verdeckte Sacheinlage zu betrachten sei. 107

Ein solcher Fall liegt etwa vor, wenn ein Gesellschafter eine Forderung gegen die Gesellschaft hat, die völlig unabhängig von der Gründung der GmbH bzw. einer Kapitalerhöhung bei ihr entstanden ist. Beteiligt sich der Gesellschafter irgendwann an einer Kapitalerhöhung bei dieser Gesellschaft, um damit die Bezahlung seiner Forderung zu erreichen, und wird seine Forderung gegen die Gesellschaft danach absprachegemäß getilgt, handelt es sich nicht um das Hin- und Herzahlen i. S. v. § 19 Abs. 5 Satz 1 GmbHG, sondern um eine verdeckte Sacheinlage i. S. v. § 19 Abs. 4 Satz 1 GmbHG. Der Gesellschafter genießt das durch das MoMiG geschaffene Privileg, den Wert seiner Forderung auf die nicht erfüllte Bareinlageverpflichtung anrechnen zu können. Man geht in diesem Fall davon aus, dass der Gesellschafter eine Forderung als verdeckte Sacheinlage eingebracht hat.

Heckschen/Heidinger, Die GmbH, § 11 Rn. 259 ff;
Wicke, GmbHG, § 19 Rn. 33.

7. Ausschluss von Beeinträchtigungen der Leistungspflicht

Schließlich besagt der Grundsatz der realen Kapitalaufbringung – niedergelegt in § 19 Abs. 2 Satz 1 GmbHG –, dass jede rechtsgeschäftliche Beeinträchtigung der konkreten Pflicht zur Leistung der Stammeinlage, wie z. B. der **Erlass**, ein **negatives Schuldanerkenntnis**, der **Austausch der Einlage-** 108 forderung gegen eine andere Forderung, die Annahme einer anderen **Leistung an Erfüllung statt** und die Ermäßigung einer Einlageforderung durch **Vergleich**, unzulässig ist. Mit einer anderen Forderung kann der Gesellschafter gegen seine Einlageverpflichtung nur aufrechnen, wenn im Gründungsvertrag oder im Kapitalerhöhungsbeschluss eine entsprechende Anrechnungsverpflichtung gemäß § 5 Abs. 4 Satz 1 GmbHG getroffen worden ist (§ 19 Abs. 2 Satz 2 GmbHG). Ein **Zurückbehaltungsrecht** kann der Gesellschafter gegenüber der Einlageforderung nur geltend machen, wenn er an dem Gegenstand einer Sacheinlage einen Verwendungsanspruch nach den §§ 1000, 1001 BGB oder gegenüber einer Bareinlage einen Schadensersatzanspruch gemäß § 273 Abs. 2 BGB hat (§ 19 Abs. 2 Satz 3 GmbHG).

8. Die Beweislast

109 Verschlimmert wurden die unerwünschten Folgen des Grundsatzes der realen Kapitalaufbringung noch durch den Umstand, dass die Rechtsprechung dem Gesellschafter nicht nur die Last auferlegt, die Erbringung seiner Leistung und ihren Wert zu beweisen, was durchaus angemessen ist, sondern dass sie bei einem bestimmten **zeitlichen Zusammenhang** zwischen der Einlageleistung und der Erfüllung einer Forderung des Gesellschafters durch die Gesellschaft eine Umgehung der Sacheinlagevorschriften unterstellt und dem Gesellschafter die Last für den Beweis des Gegenteils auferlegt.

> Vgl. BGHZ 132, 133 = ZIP 1996, 595,
> dazu EWiR 1996, 457 *(Trölitsch)*;
> *K. Schmidt*, Gesellschaftsrecht, § 37 II. 4. a;
> siehe auch unten Rn. 548.

Erst allmählich hat die Rechtsprechung eine Beweiserleichterung bei längerem Zeitablauf seit der Fälligkeit der Einlageschuld zugestanden,

> BGHZ 152, 37 = ZIP 2002, 2045,
> dazu EWiR 2003, 63 *(Saenger/Scharf)*;
> BGH ZIP 2011, 1871.

110 Das **MoMiG** hat nach der Begründung des Regierungsentwurfs ausdrücklich darauf verzichtet, den **zeitlichen Zusammenhang** auf der Basis einer festen Frist zu definieren. Es überlässt es der Rechtsprechung, die Voraussetzungen der verdeckten Sacheinlage innerhalb der gegebenen Definition zu entwickeln und Beweisregeln mit Zeitfaktoren aufzustellen.

> RegE MoMiG, abgedr. in: ZIP, Beilage Heft 23/2007, S. 15.

III. Die Kritik am Grundsatz der realen Kapitalaufbringung in seiner heutigen Ausprägung

111 Im Rahmen des Spannungsfeldes, das während der gesetzgeberischen Arbeiten zur Neugestaltung des GmbHG durch zahlreiche schriftliche und mündliche Diskussionsbeiträge entstanden ist, sind in Bezug auf die verdeckte Sacheinlage **zwei Extrempositionen** zutage getreten, nämlich

III. Die Kritik am Grundsatz der realen Kapitalaufbringung

- der Vorschlag, auf die Unterscheidung zwischen Bar- und Sacheinlage künftig gänzlich zu verzichten;

    Beitrag eines unbenannten Teilnehmers bei der Anhörung im Rechtsausschuss, zit.: bei *Goette*, Einführung in das neue GmbH-Recht, Einf. Rn. 33;

- die Empfehlung, es bei der bisherigen Gesetzesfassung zu belassen und lediglich die von der Rechtsprechung entwickelte Heilungsmöglichkeit verdeckter Sacheinlagen gesetzgeberisch zu verbessern.

    Ulmer, ZIP 2008, 45, 52.

Der Gedanke *Ulmers* ist allerdings von dem erstgenannten Vorschlag insofern nicht so weit entfernt, als er einen „nachträglichen Übergang von der Bar- zur Sacheinlage" durch satzungsändernden Gesellschafterbeschluss zulassen wollte. *Ulmer* hielt diese Lösung für systemkonform mit den gesetzlichen Sacheinlagevorschriften, weil dabei die Publizität und Registerkontrolle der Sachgründung bzw. der Sachkapitalerhöhung sichergestellt sei.   112

Keine dieser beiden Anregungen ist Gesetz geworden. Das **MoMiG** hat vielmehr ausgehend von den allgemein erwünschten tatsächlichen Reformzielen eine **Mischkonstruktion** gewählt, die einige der ärgsten Folgen einer verfehlten Rechtsprechung behebt, andere Fragen offenlässt und schließlich die Systemgerechtigkeit vernachlässigt.   113

1. Die Wirkungen des MoMiG auf das System der Kapitalaufbringung

Als einen **Vorteil** für das Publikum kann man ansehen,   114

- dass das Risiko einer Doppelleistungspflicht bei verdeckten Sacheinlagen und bei einem als verdeckte Sacheinlage anzusehenden Hin- und Herzahlen weitgehend, d. h. bis zu der durch den Wert des Vermögensgegenstands gesetzten Grenze, ausgeschlossen ist,
- dass die Doppelleistungspflicht bei einem reinen Hin- und Herzahlen vermieden werden kann, wenn die Leistung durch einen vollwertigen, jederzeit fälligen bzw. kündbaren Rückgewähranspruch gedeckt ist.

Als unvollkommen ist die gesetzliche Lösung anzusehen, wenn   115

- bei einer verdeckten Sacheinlage – auch soweit sie auf einem Hin- und Herzahlen beruht – der Wert des Vermögensgegenstands im Sachgeschäft den Betrag der vereinbarten Bareinlage nicht erreicht. Dann kommt es für den überschießenden Teil der Einlage zu keiner Anrechnung und es bleibt ggf. bei einer Doppelzahlungsverpflichtung;
- bei dem reinen Hin- und Herzahlen die Leistung nicht gänzlich durch einen Rückgewähranspruch gedeckt ist. Dann nämlich bleibt es wie bisher grundsätzlich bei der Doppelleistungspflicht hinsichtlich der gesamten Einlagesumme (die Rechtsprechung lässt allerdings möglicherweise eine Tilgung der Einlageschuld durch Erfüllung des Rückgewähranspruchs zu);

- bei dem reinen Hin- und Herzahlen die Anmeldung nach § 8 GmbHG versäumt worden ist.

116 Eine **Systemproblematik** liegt darin, dass die in § 19 Abs. 4 Satz 3 GmbHG vorgesehene Anrechnung des Werts einer Sachleistung auf ihre Vereinbarkeit mit den Erfüllungsregeln des allgemeinen Zivilrechts nicht geprüft worden ist.

2. Die Bedenken gegen das fortbestehende System der Kapitalaufbringung

117 Die verbliebenen als nachteilig empfundenen Rechtsfolgen der etablierten Rechtsprechung beruhen wie bisher nicht auf unumstößlichen Rechtsnormen, insbesondere auf gesetzlichen Verboten, sondern vielmehr auf einer **für zwingend angesehenen Interpretation** eines von der Rechtsprechung aufgestellten allgemeinen Rechtsanwendungssatzes, nämlich des **Grundsatzes der** sog. **realen Kapitalaufbringung.** Die Rechtsprechung brachte mit der Forderung, die Kapitalaufbringung müsse eine ordnungsgemäße Kapitalaufbringung sein, ein **formales Element** in den Grundsatz. Das mochte angesichts der Gesetzesformulierung (§ 19 Abs. 5 GmbHG a. F.) verständlich sein, war aber nicht zwingend.

118 In seiner Entscheidung vom 9.3.1981 hatte der Bundesgerichtshof das von ihm bis dahin angewandte Vorbelastungstabu aufgegeben mit der Begründung, dass nach den Kapitalaufbringungsvorschriften die Unversehrtheit des Kapitals bei Eintragung der Gesellschaft nicht „**buchstäblich**", d. h. gegenständlich, zu verstehen sei, sondern **wertmäßig**.

> BGHZ 80, 129, 140 = ZIP 1981, 394.

Hier hatte der Bundesgerichtshof auf der Basis der geltenden Vorschriften einen formalen Gesichtspunkt zugunsten einer wertmäßigen Betrachtung aufgegeben. Das sollte Anlass sein, einem **Grundsatz der effektiven Kapitalaufbringung** den Vorrang einzuräumen, vor dem bisher als maßgeblich angesehenen Grundsatz der realen Kapitalaufbringung in der Interpretation, die er durch die Rechtsprechung erhalten hat.

3. Die zukünftig maßgeblichen Rechtstatsachen

119 Nachdem auch **in Zukunft Doppelleistungspflichten nicht völlig ausgeschlossen** sein werden, sollte man sich weiterhin klar machen, um welche **Rechtstatsachen** es im Zusammenhang mit dem Tatbestand der verdeckten Sacheinlage geht, welche Interessen nach der Gesetzeslage zu berücksichtigen sind, um welche Normen und Rechtsgrundsätze es geht und welche ordnungspolitischen Ziele damit verfolgt werden sollen.

> Vgl. dazu bezogen auf die alte Rechtsprechung zum Ausschüttung-Rückhol-Verfahren:
> *Sernetz*, ZIP 1995, 173, 179–185.

III. Die Kritik am Grundsatz der realen Kapitalaufbringung

Thesenartig sei festgehalten: 120

- Die **Publizitätswirkung des Handelsregisters** wird allgemein überschätzt. Die Daten des Handelsregisters über die Höhe des Stammkapitals vermitteln keinerlei Kenntnis über die Kreditwürdigkeit des Unternehmens.

- Auch die **Kenntnis der Art und Weise der Kapitalaufbringung** verschafft dem Gläubiger keinerlei Kreditsicherheit. Er kann sich weder darauf verlassen, dass dem Unternehmen bei einer Sachgründung oder im Wege einer Sachkapitalerhöhung zugeführte Vermögensgegenstände über den Tag hinaus zur Verfügung stehen, noch dass auf eine Barkapitalerhöhung eingelegte Geldmittel dem Unternehmen zusätzliche Liquidität verschaffen.

- Die Prüfung der Voraussetzungen für die Eintragung einer Sachgründung oder einer Sachkapitalerhöhung durch das Registergericht ist **Wertprüfung und nicht Sachprüfung**. Es kann eine Eintragung weder wegen Unzweckmäßigkeit des Erwerbs, noch wegen Unvollständigkeit oder Mangelhaftigkeit ablehnen; es kann diese Umstände nur i. R. der Wertfeststellung berücksichtigen. Auch der Verwendungszweck steht außerhalb des Prüfungsrahmens durch das Registergericht.

- Die Öffentlichkeit kann zwar erwarten, dass eine juristische Person vermögensfähig ist und ihr ein bestimmtes Vermögen zugeführt werden muss; sie kann sich jedoch nicht darauf verlassen, dass **bestimmte Vermögensgegenstände** permanent vorhanden sind.

- Den Widerstreit zwischen einerseits den Interessen von Geschäftspartnern und Gläubigern einer Gesellschaft an deren dauerhafter und unbegrenzter Zahlungsfähigkeit und andererseits dem Interesse von Gesellschaftsgründern an der Möglichkeit auch riskanten unternehmerischen Handelns, ohne zu einer unmäßigen Kapitalbildung gezwungen zu sein, hat der Gesetzgeber, durch die Verpflichtung, sich auf ein gesetzlich gefordertes Mindestkapital festzulegen, geregelt. Auf die Festlegung einer bestimmten Relation des Stammkapitals oder auch des Eigenkapitals zum Unternehmenszweck und zu Art und Umfang der Geschäftstätigkeit dagegen hat er ebenso verzichtet wie auf das Postulat einer bestimmten Art der Kapitalausstattung (Geldausstattung/Sachausstattung). Das gesetzliche Mindestkapital wie auch das privatautonom festgelegte höhere Stammkapital können darum nicht als „**Garantie hinreichenden Eigenkapitals**" verstanden werden.

    K. Schmidt, Gesellschaftsrecht, § 18 II. 4. a.

- Das Mindestkapital ist zwar – wie oben ausgeführt Rn. 3 – notwendige Voraussetzung für die Zulassung einer selbständig am Wirtschaftsleben teilnehmenden juristischen Person; die an seine Aufbringung gesetzlich statuierten Anforderungen sind jedoch nicht auf einen konkreten Gläubigerschutz zugeschnitten. Sie dienen vielmehr als „**Seriositätsschwelle**" für die Anerkennung der technischen Rechtsfähigkeit einer Kapitalgesellschaft (also als „**Eintrittsgeld**" für die Aufnahme der Gesellschaft in den Kreis der juristischen Personen).

> Ballerstedt, ZHR 135 (1971), 383, 384 ff (unter Berufung auf die Erläuterung zu § 6 des RefE eines GmbH-Gesetzes 1969/70);
> K. Schmidt, Gesellschaftsrecht, § 18 II. 4. a und IV. 1. b, bb;
> Frank/Wachter, GmbHR 2002, 17, 21 (rechtsvergleichend);
> Schön, ZHR 166 (2002), 1, 3 (Schutzgebühr);
> Roth/Altmeppen-Roth, GmbHG, Einl. Rn. 27 ff (kritisch).

- Das Interesse der Gesellschaft und der Gesellschafter an der Art des einzubringenden Vermögensgegenstands ist ungleich stärker als dasjenige von Öffentlichkeit und Gesellschaftsgläubigern. Für Gesellschaft und Gesellschafter kann ein **Sacheinlagegegenstand** weitaus **wichtiger** sein **als eine Geldleistung** (z. B. die Einbringung eines Unternehmens, eines Patents o. Ä.). Das wird in der Diskussion über die Sachgründung und die Sachkapitalerhöhung immer wieder verkannt. Deswegen ist es falsch, die Sacheinlage quasi als minderes Surrogat der Bareinlage anzusehen.

- Gesetzliche Bestimmungen, die die verdeckte Sacheinlage bzw. das Hin- und Herzahlen ausdrücklich verboten hätten, gab es bisher nicht. Die Rechtsprechung hat das gegen diese erhobene Verdikt und die daraus resultierenden Rechtsfolgen und Sanktionen vielmehr im Wege einer umstrittenen Rechtsfortbildung gewonnen. Dabei berief sie sich zu deren Charakterisierung u. a. auf eine bis dahin im Zivilrecht unbekannte „wirtschaftliche Sichtweise",

> BGHZ 113, 335, 339 = ZIP 1991, 511,
> dazu EWiR 1991, 1213 *(Frey)*.

Die Verwendung dieses aus dem Steuerrecht stammenden unbestimmten Rechtsbegriffs stieß auf methodische Bedenken,

> *Sernetz*, ZIP 1995, 173, 182;
> *Meilicke*, Die „verschleierte" Sacheinlage –
> eine deutsche Fehlentwicklung, S. 13 f.

Dennoch fand sie als notwendige „wirtschaftliche Betrachtung" Eingang in den Gesetzestext. *Goette* sieht die Übernahme von Betrachtungsweisen aus dem Steuerrecht in das Gesellschaftsrecht für bedenklich an,

> *Goette*, Einführung in das neue GmbHR, Rn. 31, Anm. 20.

121 Berücksichtigt man diese Umstände, sollte es möglich sein, auch dort, wo der Reformgesetzgeber nicht eingegriffen hat, Ergebnisse zu erzielen, die nicht wiederum als unerträglich qualifiziert werden müssten. Zivil- und Strafrechtliche Sanktionen müssten auch ohne Gesetzänderung nicht zum Tragen kommen;

> RegE, abgedr. in: ZIP, Beilage Heft 23/2007, S. 15;
> *Altmeppen*, ZIP 2009, 1545 ff, 1551,

im Zweifel wären die fraglichen gesetzlichen Bestimmungen aufzuheben.

III. Die Kritik am Grundsatz der realen Kapitalaufbringung

Die Neuregelung ist in der Literatur auf heftige Kritik namhafter Autoren 122 gestoßen. *Bayer* bezeichnet sie in rechtspolitischer Hinsicht als **fragwürdig**, zumal sie

> „zu einer signifikanten Abschwächung des präventiven Gläubigerschutzes führt, die Differenzierung zwischen Bar- und Sacheinlage verwischt und sich mit dem tradierten System der Kapitalaufbringung – an der auch das MoMiG formal ausdrücklich festhalten möchte – nicht in Einklang bringen lässt. Anstatt mit einer dogmatischen widersprüchlichen Lösung hätte der Gesetzgeber dem Anliegen der Praxis nach einer Vereinfachung für die GmbH besser durch eine klare **Aufgabe des Prinzips der realen Kapitalaufbringung** Rechnung getragen und die Gesellschafter allein dazu verpflichten sollen, die versprochene Einlage zu leisten; ob durch Bar- oder Sacheinlage, hätte der Entscheidung der Gesellschafter überlassen werden können."

> Lutter/Hommelhoff-*Bayer*, GmbHG, § 19 Rn. 56, m. w. N.;
> *Bayer*, Gutachten DJT 2008, Bd. I, E 118 ff;
> *Vetter*, Gutachten DJT 2006, P 75, 89 ff;
> *Büchel*, GmbHR 2007, 1065, 1070;
> *Veil*, ZIP 2007, 1241 ff;
> *Pentz*, GmbHR 2009, 126 ff.

C. Der Grundsatz der Unversehrtheit des Stammkapitals im Eintragungszeitpunkt

I. Ziel des Grundsatzes

Die Regeln der „realen Kapitalaufbringung" zielen auf die **einmalige Herstellung eines wertmäßig festgelegten, unbelasteten Kapitals** (siehe oben Rn. 60) durch die Einbringung in der Satzung vereinbarter und ausdrücklich bestimmter Vermögensgegenstände. Nach der Idee des Gesetzgebers soll der angestrebte Zustand in einem bestimmten Zeitpunkt vorliegen, nämlich in dem Augenblick, in dem die Vollexistenz der GmbH beginnt, d. h. bei ihrer Errichtung, und d. h. wiederum bei ihrer **Eintragung im Handelsregister** (§ 11 Abs. 1 GmbHG). Dieses gesetzgeberische Ziel wäre dann perfekt zu erreichen, wenn die Errichtung der GmbH so organisiert werden könnte, dass die Einbringung der auf das satzungsmäßige Kapital zu leistenden Vermögensgegenstände zeitlich exakt mit der Eintragung der Gesellschaft im Handelsregister zusammenfiele. Das ist jedoch wegen der vom Gesetz geregelten Abfolge des Errichtungsvorgangs – notarielle Gründung (§§ 2 ff GmbHG), Leistung der Einlagen (§ 7 Abs. 2 GmbHG), Anmeldung der Gesellschaft zum Handelsregister (§ 7 Abs. 1 GmbHG), Prüfung der Anmeldung (§ 9c Abs. 1 GmbHG), Eintragung der GmbH (§ 10 Abs. 1 GmbHG) – nicht möglich.

123

II. Ursache von Wertveränderungen bzw. Belastungen

Wegen des notwendigerweise längeren zeitlichen Abstands zwischen der Leistung der Einlage und der Eintragung der Gesellschaft können die eingebrachten Vermögensgegenstände Wertveränderungen unterliegen. Diese sind insoweit erheblich, wenn der Wert der eingebrachten Vermögensgegenstände die satzungsmäßige Stammkapitalziffer unterschreitet. Solche Wertveränderungen können eintreten,

124

- ohne Zutun der Gesellschafter allein durch Veränderung der Marktverhältnisse (z. B. Änderung des Kurswerts eines eingebrachten Wertpapierdepots);

- durch Verwendung der eingebrachten Mittel für Investitionen, deren Wert bei Eintragung der Gesellschaft nicht mehr dem Anschaffungswert entspricht;

- durch Betreiben operativer Geschäfte, die bis zum Zeitpunkt der Eintragung zu einem Verlust führen;

- durch Verwendung der Einlageleistung für Zwecke der Vor-GmbH mit der Aufnahme von Verbindlichkeiten.

Die Fragen, welche Wirkungen derartige Wertveränderungen für die Errichtung der GmbH haben und welche Haftungen damit verbunden sind, sind von der Rechtsprechung und dem Schrifttum in der Vergangenheit außerordentlich kontrovers diskutiert worden.

125

C. Der Grundsatz der Unversehrtheit des Stammkapitals im Eintragungszeitpunkt

III. Die ursprüngliche Bedeutung des Grundsatzes

126 Bis zur Reform des GmbH-Rechts durch Gesetz vom 4.7.1980 ging die ständige Rechtsprechung, basierend auf der Überlegung, dass die Einlageleistungen der Gesellschafter der Gesellschaft noch im Zeitpunkt der Eintragung unverbraucht zur Verfügung stehen müssten („**Unversehrtheitsgrundsatz**"), davon aus, dass es dem Zweck der Kapitalaufbringungsvorschriften widerspräche, das garantierte Anfangsvermögen der GmbH vorweg durch eine Belastung mit Verbindlichkeiten auszuhöhlen, die sich weder aus dem Gesetz noch aus der Satzung unmittelbar oder mittelbar ergäben.

BGHZ 17, 385, 391;
BGHZ 53, 210, 212;
BGHZ 65, 378, 383.

127 Aus diesem Gedanken wurde der Grundsatz abgeleitet, dass die GmbH nur in solche vor ihrer Eintragung eingegangene Verbindlichkeiten eintritt, die in Gesetz und Satzung eine klare Grundlage haben, also etwa in Verbindlichkeiten, die aus dem notwendigen Gründungsaufwand resultieren oder die – bei Sachgründungen – mit der Übernahme eines eingebrachten Gegenstands, z. B. eines Handelsgeschäfts, für Rechnung der Gesellschaft notwendig zusammenhängen.

BGHZ 65, 378, 383;
BGHZ 80, 129, 134 = ZIP 1981, 394.

IV. Vorbelastungsverbot/Vorbelastungssperre

128 Bei allen sonstigen Verbindlichkeiten, die von den Gründern oder den von ihnen Bevollmächtigten für die Gesellschaft eingegangen wurden, hat man – sofern nicht eine rechtsgeschäftliche Übernahme erfolgte – den Übergang auf die Gesellschaft verneint. Die Rechtsprechung hat diesen Grundsatz an Fällen entwickelt, bei denen es darum ging zu entscheiden, wer für Verbindlichkeiten, die für die GmbH vor ihrer Eintragung eingegangen worden sind, haftet. Sie hat eine Haftung der GmbH, soweit sich die Verbindlichkeiten nicht aus Gesetz oder Satzung ergaben, generell verneint. Schlagwortartig gekennzeichnet wurde das Postulat, die Gesellschaft von Verbindlichkeiten, die vor ihrer Eintragung entstanden sind, freizuhalten, und die Annahme, dass vor der Eintragung Verbindlichkeiten für die GmbH nicht wirksam begründet werden könnten, mit dem Begriff des „**Vorbelastungsverbots**". Diese Betrachtungsweise der Rechtsprechung ist im Schrifttum nachdrücklich und zunehmend kritisiert worden.

K. Schmidt, GmbHR 1987, 77;
K. Schmidt, Gesellschaftsrecht, § 11 IV. 2. b und § 34 III. 3. b, bb;
Ulmer, in: FS Ballerstedt, S. 279;
Ulmer, ZGR 1981, 593;
Wiedemann, JurA 1970, 439, 446;
Hueck, in: FS 100 Jahre GmbHG, S. 127, 153 ff.

V. Die Änderung der Rechtsprechung

Unter dem Eindruck der Kritik des Schrifttums und in der Erkenntnis, dass 129
der Ausschluss von Schulden, die zulasten der Vorgesellschaft begründet
worden sind, von einem Übergang auf die eingetragene GmbH kein geeignetes und angemessenes Mittel ist, die Unversehrtheit des Stammkapitals im
Augenblick der Eintragung zu gewährleisten, hat der Bundesgerichtshof in
seiner Entscheidung vom 9.3.1981,

> BGHZ 80, 129, 137, 141 = ZIP 1981, 394,

den Gedanken eines Vorbelastungsverbots bzw. einer Vorbelastungssperre
aufgegeben. Er hat sich dabei einerseits von der Überlegung leiten lassen,
dass es vernünftigerweise nicht begründet werden könne, dass nur die Aktiva
einer Vorgesellschaft auf die eingetragene GmbH übergingen und nicht auch
die Passiva, und andererseits davon, dass auch bei einer satzungsgemäß eingebrachten Sacheinlage der Wert des eingebrachten Gegenstands im Zeitpunkt
der Eintragung nicht oder nicht mehr den Betrag der übernommenen
Stammeinlage erreichen muss. Da in diesem Fall der Gesellschafter die Wertdifferenz in Geld auszugleichen habe (§ 9 Abs. 1, Satz 1 GmbHG; sog. **Differenzhaftung**), sei der Unversehrtheitsgrundsatz **nicht buchstäblich** sondern
wertmäßig zu verstehen. Dies müsse auch bei Bargründungen gelten. Auch
bei diesen habe eine Differenzhaftung einzugreifen, wenn eine Kapitallücke
zwischen der Stammkapitalziffer und dem Wert des Gesellschaftsvermögens
im Zeitpunkt der Eintragung auftritt.

> BGHZ 80, 129, 140 f = ZIP 1981, 394;
> BGHZ 105, 300, 304 f = ZIP 1989, 27,
> dazu EWiR 1989, 55 *(K. Schmidt)*.

VI. Unterbilanzhaftung/Vorbelastungshaftung

Damit war anstelle des Vorbelastungsverbots die **Unterbilanzhaftung** kreiert. 130
Nach ihr haften die Gesellschafter anteilig für die Differenz zwischen der
Stammkapitalziffer und dem Wert des Gesellschaftsvermögens, die sich am
Stichtag der Eintragung aus Vorbelastungen der GmbH ergibt. Wie *Karsten
Schmidt* zutreffend ausführt, wurde das Vorbelastungsverbot nicht ersatzlos
aufgegeben, sondern durch eine „**Vorbelastungshaftung**" ersetzt.

> *K. Schmidt*, Gesellschaftsrecht, § 34 III. 4. c.

In Höhe der Vorbelastung (Unterbilanz) haften die Gesellschafter der Ge- 131
sellschaft (also im Innenverhältnis) anteilig und gemäß § 24 GmbHG auch
für den Ausfall ihrer Mitgesellschafter. Die Haftung verjährt in zehn Jahren.

> BGHZ 105, 300 = ZIP 1989, 27,
> dazu EWiR 1989, 55 *(K. Schmidt)*.

VII. Kritische Würdigung des Grundsatzes

132 Der Grundsatz der Unversehrtheit des Stammkapitals hat durch die Entscheidung des Bundesgerichtshofs vom 9.3.1981,

> BGHZ 80, 129 = ZIP 1981, 394,

eine Inhaltsbestimmung erlangt, die angesichts des verfolgten Anliegens, nämlich der GmbH bei Erreichen ihrer Vollexistenz durch Eintragung im Handelsregister die vereinbarte Kapitalausstattung ungekürzt zu verschaffen, in sich stimmig, plausibel und praktikabel ist. Ausschlaggebend dafür war die Erkenntnis, dass schon bei einer satzungsgemäß eingebrachten Sacheinlage, weil diese notwendigerweise Verbindlichkeiten einschließen kann (z. B. Einbringung eines Handelsgeschäfts), der Unversehrtheitsgrundsatz über die sog. Differenzhaftung, § 9 GmbHG,

> ebenso zum früheren Recht BGHZ 68, 191,

„nicht buchstäblich, sondern wertmäßig" verwirklicht wird. Hiervon ausgehend hat der Bundesgerichtshof, weil bei Bargründungen die geschuldeten Einlagen nicht in voller Höhe eingebracht werden müssen (§ 7 Abs. 2 GmbHG), festgestellt, dass auch für diese der **„Grundsatz der wertmäßigen Aufbringung des Stammkapitals"** gelte. Die nicht sofort geleistete Einlage sei als Einlageforderung in der Eröffnungsbilanz der Gesellschaft zu verbuchen; die Einlage werde somit bei der Prüfung der Vollwertigkeit des aufgebrachten Kapitals im maßgeblichen Zeitpunkt nicht „buchstäblich", sondern „wertmäßig" erfasst. Festgestellte Wertveränderungen werden im maßgeblichen Zeitpunkt durch die Vorbelastungshaftung aufgewogen. In diesem Sinne hat die Entscheidung des Bundesgerichtshofs weitgehend Zustimmung gefunden.

> *K. Schmidt*, Gesellschaftsrecht, § 34 III. 4. d, m. w. N.

133 Eine Mindermeinung vertritt lediglich die Auffassung, dass es hinsichtlich des Zeitpunkts, zu dem der GmbH das Stammkapital unversehrt zur Verfügung stehen müsse, nicht auf die Eintragung ankomme, sondern auf die Anmeldung,

> *Priester*, ZIP 1982, 1141, 1149;
> *K. Schmidt*, ZHR 156 (1992), 93, 98 ff, 106 f.

134 Neuerdings meint *Kersting*, dass es den Unversehrtheitsgrundsatz an sich nicht gebe. Er könne dem Gesetz nicht entnommen werden; für ihn bestünde auch kein Bedarf. Es komme allein auf die volle und unbelastete Leistung der Einlage an. Die Kapitalaufbringung sei mit der vollständigen und regelkonformen Leistung der Einlage abgeschlossen. Mit dieser Betrachtung werde den Gesellschaftern ein erhöhtes Maß an Rechtssicherheit geboten. Für die Unversehrtheit der Einlage bis zur Eintragung müssten sie nicht mehr einstehen. Sie seien zwar einer Außenhaftung für die Verbindlichkeiten

VII. Kritische Würdigung des Grundsatzes

der Vorgesellschaft aus deren Geschäften unterworfen, nicht aber für Sach- und Wertverluste an Vermögensgegenständen der Gesellschaft,

Kersting, ZHR 175 (2011), 644 ff, 682 f.

Diese Überlegungen sind nachdenkenswert; ob sie allerdings den Gläubigerschutz ausreichend gewährleisten, dazu

Kersting, ZHR 175 (2011), 644, 668,

bedarf weiterer Prüfung.

Terminologisch hat die neue Rechtsprechung nichts geändert. Das Ziel im Zeitpunkt der Entstehung der Gesellschaft, d. h. bei Eintragung in das Handelsregister, das Stammkapital möglichst ungeschmälert zu sichern, wurde sowohl zu der Zeit, als der Bundesgerichtshof noch ein Vorbelastungsverbot für erforderlich hielt, als auch seitdem er dieses Verbot gegenüber einer Vorbelastungshaftung fallen ließ, unter den **Grundsatz der Unversehrtheit des Stammkapitals** subsumiert. Nachdem er den Übergang zu einer Vorbelastungshaftung durch Rechtsfortbildung aus § 9 Abs. 1 Satz 1 GmbHG – wohl im Wege der Analogie – abgeleitet hat, wird die Vorbelastungshaftung nunmehr auch als **allgemeine Differenzhaftung** bezeichnet, im Gegensatz zur **speziellen Differenzhaftung** des § 9 GmbHG. 135

Es ist bedauerlich, dass der Bundesgerichtshof den Schritt zu einer Rückführung der von ihm geschaffenen Rechtsfortbildung nicht auch bei den beschriebenen Problemen des Grundsatzes der realen Kapitalaufbringung gegangen ist. 136

D. Die Aufbringung des Stammkapitals bei Gründung der GmbH

I. Stammeinlagen/Bareinlagen/Sacheinlagen

1. Kapitalaufbringung als Teil des Errichtungsvorgangs

Die Kapitalaufbringung ist – soweit sie nicht der Kapitalerhöhung dient – **137**
Teil des Errichtungsvorgangs der GmbH. Die GmbH entsteht als juristische Person mit ihrer Eintragung im Handelsregister (§ 11 Abs. 1 GmbHG). Die Anmeldung der GmbH zur Eintragung in das Handelsregister darf erst erfolgen, wenn die Gesellschafter ihren im Gesellschaftsvertrag übernommenen Anteil an den dem Stammkapitalbetrag entsprechenden Mitteln in einem vom Gesetz festgelegten Umfang an die Gesellschaft geleistet haben (§ 7 Abs. 2 Satz 1 und Abs. 3 GmbHG). Demnach steht zeitlich vor der Kapitalaufbringung die Festlegung der Höhe des Stammkapitals und des Anteils des einzelnen Gesellschafters daran im **Gesellschaftsvertrag** (§ 3 Abs. 1 Nr. 3 und 4 GmbHG).

Der Gesetzgeber des **MoMiG** hatte sich u. a. das Ziel gesetzt, das Gründungsverfahren einer GmbH zu vereinfachen. In „unkomplizierten Standardfällen" sollte die Gründung ursprünglich dadurch erleichtert werden, dass bei Verwendung eines dem Gesetz als Anlage beigefügten Mustervertrags („**Mustersatzung**") auf eine notarielle Beurkundung hätte verzichtet werden können. Stattdessen wollte sich der Gesetzgeber mit einer öffentlichen Beglaubigung der Unterschriften der Gesellschafter begnügen. **138**

RegE MoMiG, abgedr. in: ZIP, Beilage Heft 23/2007, S. 3.

Gesetz geworden ist nach § 2 Abs. 1a GmbHG jedoch nur die Möglichkeit, eine GmbH bzw. eine Unternehmergesellschaft i. S. v. § 5a GmbHG unter Verwendung eines dem Gesetz beigefügten **Musterprotokolls** zu gründen. Auf die notarielle Beurkundung wurde dabei nicht verzichtet; sie wurde allerdings durch § 41d KostO kostenrechtlich privilegiert.

Das Musterprotokoll erlaubt die Gründung einer Unternehmergesellschaft **139**
(haftungsbeschränkt) oder einer GmbH durch maximal drei Gründer. Es gibt dafür vier Muster, und zwar je nachdem, ob die Gesellschaft durch eine Person gegründet werden soll oder durch zwei bzw. drei Gründer. Der Text der Musterprotokolle ist ansonsten identisch. Abweichungen von dem, was das Musterprotokoll zur Disposition stellt, sind nicht zulässig. **Zwingend sind im Musterprotokoll** zu erklären

- der Sitz und die Firma der Gesellschaft,
- der Unternehmensgegenstand,
- die Höhe und die Aufteilung des Stammkapitals,

D. Die Aufbringung des Stammkapitals bei Gründung der GmbH

- die Erbringung der Einlagen in bar, und zwar entweder zur Hälfte oder in voller Höhe,
- die Bestellung eines Geschäftsführers unter Befreiung von § 181 BGB und
- die Regelung der Gründungskosten.

140 **Der Unternehmensgegenstand** kann frei und individuell festgelegt werden. Gleiches gilt für die Bestimmung des Stammkapitals unter Beachtung der vom Gesetz ansonsten bestimmten Mindesthöhe (§ 5 Abs. 1 und 2, § 5a Abs. 1 GmbHG). **Sacheinlagen** sind, wie aus dem insofern nicht disponiblen Text des Musterprotokolls hervorgeht, nicht zulässig. Das wird die Gefahr verdeckter Sacheinlagen erhöhen.

> Näheres zum vereinfachten Gründungsverfahren nach
> § 2 Abs. 1a GmbHG:
> *Heckschen/Heidinger*, Die GmbH, § 2 Rn. 3 ff;
> *Roth/Altmeppen-Roth*, GmbHG, § 2 Rn. 51 ff.
>
> Zu den Folgen von nachträglichen Änderungen des Inhalts von Festsetzungen im Musterprotokoll vgl.
> OLG München, ZIP 2009, 2392,
> dazu EWiR 2010, 185 *(Wachter)*;
> OLG München, ZIP 2010, 1902.

2. Die Bestimmung des Stammkapitalbetrags

141 Das Gesetz stellt, was die Art und das Ausmaß des Stammkapitals anlangt, nur zwei Bedingungen. Die Festlegung des Stammkapitals muss in einer gesetzlich **bestimmten Währung** erfolgen und das Stammkapital darf grundsätzlich (Ausnahme die Unternehmergesellschaft siehe Rn. 6 ff) eine gesetzlich festgelegte **Mindesthöhe** nicht unterschreiten. Dabei muss man in Erinnerung behalten – siehe oben Rn. 15 –, dass die Festlegung des Stammkapitals im Gesellschaftsvertrag gemäß § 3 Abs. 1 Nr. 3 GmbHG nur die Bestimmung eines Geldbetrages darstellt, an dem der Wert der einzubringenden Vermögensgegenstände gemessen wird. Ist Geld einzubringen, dann ist der Wert der einzubringenden Mittel mit der Stammkapitalziffer identisch; sind andere Vermögensgegenstände einzubringen, muss deren Wert mit der Stammkapitalziffer übereinstimmen.

142 Nach § 5 Abs. 1 GmbHG muss das **Stammkapital** auf **Euro** lauten und es darf **25.000 €** nicht unterschreiten. Die Festlegung der Stammkapitalziffer in der Euro-Währung ist für alle Gesellschaften zwingend, die nach dem 31.12.2001 ins Handelsregister eingetragen werden (gilt auch für Kapitalerhöhungen). Wann die Anmeldung zur Eintragung erfolgt ist, spielt keine Rolle (§ 1 EGGmbHG).

143 Der **Übergang** von der bis zum 31.12.1998 als nationales gesetzliches Zahlungsmittel geltenden **DM-Währung** zu der ab 1.1.1999 gültigen **Euro-Währung** wurde in § 86 GmbHG a. F., jetzt § 1 EGGmbHG geregelt.

I. Stammeinlagen/Bareinlagen/Sacheinlagen

Vgl. zu den Details die Kommentierung bei
Lutter/Hommelhoff-*Lutter/Hommelhoff*, GmbHG,
16. Aufl., 2004, § 86;
Baumbach/Hueck-*Hueck/Fastrich*, GmbHG, § 5 Rn. 58 ff;
Roth/Altmeppen-*Altmeppen*, GmbHG,
§ 1 EGGmbHG Rn. 1, 17;
Heckschen/Heidinger, Die GmbH, § 12 Rn. 8 ff.

Das Stammkapital kann also nicht etwa auf Dollarbasis beziffert werden. Das schließt allerdings eine – eher theoretisch denkbare – Dollareinlage nicht aus; sie könnte jedoch nur als Sacheinlage erbracht werden.

Neben der Bestimmung der Währung für die Stammkapitalziffer verlangt das Gesetz lediglich, dass diese Ziffer einen bestimmten Betrag nicht unterschreitet. Überschritten werden darf die **Mindeststammkapitalziffer** und sollte dies auch in den meisten Fällen. 144

Das Stammkapital der GmbH muss nach § 5 Abs. 1 GmbHG mindestens 25.000 € betragen. Dieser Betrag darf bei der neuen **Unternehmergesellschaft (haftungsbeschränkt)** des § 5a GmbHG unterschritten werden (§ 5a Abs. 1 GmbHG). Eine Untergrenze dafür ergibt sich auch hier jedoch dadurch, dass der Nennbetrag jedes Geschäftsanteils „auf volle EUR lauten" muss (§ 5 Abs. 2 Satz 1 GmbHG). Da eine Gesellschaft nach dem GmbHG zumindest einen Gesellschafter haben muss und der Gesellschaftsvertrag (wie auch das Musterprotokoll) den Betrag des Stammkapitals sowie die Zahl und die Nennbeträge der Geschäftsanteile eines jeden Gesellschafters angeben muss, könnte es theoretisch Gesellschaften nach dem GmbHG geben (in Form der Unternehmergesellschaft), deren Stammkapital sich auf einen Euro beschränkt. 145

Bei der **Festlegung der Stammkapitalziffer** im Gründungsvertrag der GmbH sollten die Gesellschafter allerdings gut überlegen, ob eine Beschränkung auf den vom Gesetz verlangten Mindestbetrag ausreicht. Der Gedanke, den eigenen Einsatz und die Haftung gering zu halten, mag die Versuchung stärken, bei der Festlegung der Stammkapitalziffer nicht über die Mindestanforderung des Gesetzes hinauszugehen. Das kann jedoch u. U. unvernünftig und riskant sein. 146

Eine **zu geringe Ausstattung** der Gesellschaft mit Geld und Betriebsmitteln kann dazu führen, dass die Gesellschaft während der Anlaufphase innerhalb kurzer Zeit illiquide und insolvenzreif wird. Fremdmittel sind allenfalls in einer gewissen Relation zur Kapitalausstattung der Gesellschaft und in der Regel nur über Absicherungen im privaten Vermögensbereich der Gesellschafter zu haben. Dies alles spricht dafür, dass die Gründungsgesellschafter die Anlaufkosten bis zu dem Zeitpunkt, in dem sie ausschüttungsfähige Erträge erwarten können, exakt kalkulieren und den so ermittelten Aufwand bei der Festlegung der Stammkapitalziffer berücksichtigen. 147

Lutter/Hommelhoff-*Bayer*, GmbHG, § 5 Rn. 5.

148 Das alles gilt umso mehr für die **Unternehmergesellschaft (haftungsbeschränkt)**. Würde sie wirklich nur mit einem Stammkapital von 1 € gegründet – was man in der Praxis nicht erwarten kann –, dann ist sie schon in dem Augenblick überschuldet, in dem sie die darüber hinausgehenden Kosten der notariellen Beurkundung und einen etwaigen weiteren Gründungsaufwand nicht tragen kann. Auf der anderen Seite dürfte es zweifelhaft sein, dass Unternehmergesellschaften mit einem Stammkapital von mehr als 12.500 € gegründet werden. Nachdem die Stammeinlagen bei der Unternehmergesellschaft sofort eingezahlt werden müssen, verpflichtet sich der Gründungsgesellschafter bei einem Stammkapital von mehr als 12.500 € zu mehr, als er bei einer regulären GmbH mit einem Mindestkapital von 25.000 € leisten muss, weil er dort vor der Anmeldung nur die Hälfte des Mindeststammkapitals einzahlen muss (§ 7 Abs. 2 Satz 2 GmbHG), – ein Umstand, der das Stammkapitalkonzept der Unternehmergesellschaft höchst zweifelhaft erscheinen lässt.

Miras, Die neue Unternehmergesellschaft, Rn. 150.

149 Ein weiteres kommt hinzu: Wird die Gesellschaft von vornherein erkennbar mit Mitteln ausgestattet, die außer jedem Verhältnis zu der beabsichtigten und aufgenommenen Geschäftstätigkeit stehen, könnte jedenfalls nach erheblichen Stimmen im Schrifttum eine – u. U. sogar unbeschränkte – persönliche Haftung der Gesellschafter aus dem Gesichtspunkt der sog. „**materiellen Unterkapitalisierung**" eintreten (siehe dazu näher unten Rn. 628 ff).

3. Die Bestimmung des Stammeinlagebetrags

a) Allgemeines

150 Nicht nur das Stammkapital der Gesellschaft muss bei ihrer Errichtung im Gesellschaftsvertrag festgelegt werden, sondern auch der Anteil daran, der von den Gesellschaftern aufzubringen ist. Das Gesetz sprach bisher von dem Betrag der von jedem Gesellschafter auf das Stammkapital zu leistenden Einlage und nannte diese verkürzt „**Stammeinlage**" (§ 3 Abs. 1 Nr. 4 GmbHG a. F.).

151 Nachdem das **MoMiG** die bisher in § 5 Abs. 2 GmbHG niedergelegte Bestimmung, dass ein Gesellschafter bei Errichtung der GmbH nur eine Stammeinlage übernehmen dürfe, aufgehoben hat, war eine Neuformulierung von § 3 Abs. 1 Nr. 4 GmbHG erforderlich.

152 Nach der bisherigen Version des Gesetzes kam einem Gründungsgesellschafter jeweils nur ein einziger Anteil am Stammkapital zu. Nach der neuen Version des Gesetzes kann jeder Gründungsgesellschafter mehrere Anteile am Stammkapital übernehmen, auf die er eine Einlage zu erbringen hat. Jeder dieser Anteile soll auch weiterhin als „Stammeinlage" bezeichnet werden. Im Gesellschaftsvertrag ist demnach nicht nur die Zahl der Anteile am Stammkapital anzugeben, sondern auch die Stammeinlageziffer (Nennbetrag), die auf den jeweiligen Anteil entfallen soll.

I. Stammeinlagen/Bareinlagen/Sacheinlagen

Von diesen aus der Logik des Regelungsgegenstands hervorgehenden Gesetzesänderungen abgesehen, sah sich der Gesetzgeber gehalten, statt von einer auf das Stammkapital „zu leistenden Einlage" zu sprechen, den Anteil (= „**Geschäftsanteil**") herauszustellen, den jeder Gesellschafter gegen Einlage auf das Stammkapital übernehmen soll. Dahinter steht der Gedanke, dass die Einlageverpflichtung nicht mehr mit der Aufnahme der Stammeinlage in den Gesellschaftsvertrag entsteht, sondern mit der Aufnahme des Nennbetrags des jeweiligen Anteils am Stammkapital. 153

RegE MoMiG, abgedr. in: ZIP, Beilage Heft 23/2007, S. 4.

Der Text des Gesetzes (§ 3 Abs. 1 Nr. 4 GmbHG) lautet danach wie folgt: 154

„(1) Der Gesellschaftsvertrag muss enthalten:
1. ...
2. ...
3. ...
4. Die Zahl und die Nennbeträge der Geschäftsanteile, die jeder Gesellschafter gegen Einlage auf das Stammkapital (Stammeinlage) übernimmt."

Ob die im Zusammenhang mit der Gesetzesänderung vom **MoMiG**-Gesetzgeber vorgenommenen **terminologischen Änderungen** im Bereich Stammeinlage/Geschäftsanteil/Mitgliedschaft erforderlich oder zweckmäßig waren, erscheint eher fraglich. Die Unterscheidung von Geschäftsanteil und Stammeinlage war allgemein geläufig; i. Ü. wurde sie durch § 14 a. F. klargestellt. Die nunmehr in § 14 Satz 1 GmbHG ausdrücklich normierte Einlagepflicht wurde bisher unzweifelhaft aus § 3 Abs. 1 Nr. 4 GmbHG a. F. abgeleitet. 155

Baumbach/Hueck-*Hueck*/*Fastrich*, GmbHG, § 3 Rn. 16.

Mit der Verwendung des Begriffs „Geschäftsanteil" meint der MoMiG-Gesetzgeber, die logische Unterscheidung zwischen der Beteiligung des Gesellschafters bzw. seiner Mitgliedschaft einerseits und seiner Einlageverpflichtung bei Gründung der Gesellschaft andererseits besser zum Ausdruck zu bringen. Der Begriff „Stammeinlage" habe diese Differenzierung verwischt. Trotz dieser Überlegungen konnte der Gesetzgeber auf die Verwendung des Begriffs „Stammeinlage" – jedenfalls für eine Übergangsphase – nicht verzichten. Die Bedeutung des Begriffs unterscheidet sich von der Interpretation der bisherigen gesetzlichen Regelung nicht.

RegE MoMiG, abgedr. in: ZIP, Beilage Heft 23/2007, S. 5.

Die Erkenntnis, dass der Geschäftsanteil die Mitgliedschaft des Gesellschafters nicht vollständig verkörpert, geschweige denn mit dieser identisch ist,

Sernetz, Rechtsnachfolge, S. 98,

hätte derartige Überlegungen entbehrlich gemacht.

Die Stammeinlage ist demnach zunächst, wie schon für das Stammkapital festgestellt, ein im Gesellschaftsvertrag festzulegender ziffernmäßig bestimm- 156 ter Betrag. Er beschreibt einen Anteil des Gesellschafters am Stammkapital und den Wert der Leistung, die von ihm zu erbringen ist, um der Gesellschaft das Vermögen zu verschaffen, das sie gemessen an der Stammkapitalziffer haben soll.

157 Zweifelhaft ist, ob ein Gesellschafter auch bei Verwendung des **Musterprotokolls mehrere Geschäftsanteile** übernehmen kann. Das Musterprotokoll lässt zwar eine Gründung mit bis zu drei Gesellschaftern zu, seiner Formulierung nach gewinnt man aber eher den Eindruck, dass die Gründer einer Mehrpersonengesellschaft zwei oder drei verschiedene Personen sein sollten, die jeweils nur einen Geschäftsanteil übernehmen. Bei der Striktheit, mit der das Musterprotokoll angewandt werden soll, erscheint es fraglich, ob eine Abweichung davon zugelassen wird.

Roth/Altmeppen-*Roth*, GmbHG, § 2 Rn. 54.

158 **Die Stammeinlageziffer** ist in § 5 Abs. 2 Satz 1 GmbHG dahin eingegrenzt, dass der Nennbetrag jedes Geschäftsanteils auf volle Euro lauten muss. Das heißt, dass der Nennbetrag eines Geschäftsanteils nicht geringer sein darf als 1 €, dass er aber andererseits auch nicht über den Betrag von einem Euro hinausgehen muss.

b) Die Übereinstimmung der Stammkapitalziffer mit der Summe der Nennbeträge

159 Die **Summe der Nennbeträge** aller Geschäftsanteile muss mit der Stammkapitalziffer übereinstimmen; d. h. es darf keine Teile des Stammkapitals geben, für die nicht ein Gesellschafter die Einlagepflicht übernommen hat, und es darf keine Einlagepflicht geben, die nicht durch die Stammkapitalziffer gefordert wird (§ 5 Abs. 3 Satz 2 GmbHG; Grundsatz der Vollübernahme des Kapitals).

Lutter/Hommelhoff-*Bayer*, GmbHG, § 5 Rn. 6.

160 Mit der Neuformulierung von § 5 Abs. 3 Satz 2 GmbHG, dass nämlich „die Summe der Nennbeträge aller Geschäftsanteile" und nicht mehr „der Gesamtbetrag der Stammeinlagen" mit dem Stammkapital übereinstimmen müsse, wollte der **MoMiG**-Gesetzgeber ein altes Problem lösen, hat aber dabei Fragen offengelassen.

161 Nach dem bisherigen Recht galt die **Übereinstimmung des Gesamtbetrags** der Stammeinlagen mit dem Stammkapital nur für die Gründung der Gesellschaft sowie für die Schaffung neuer Anteile bei der Kapitalerhöhung, nicht aber für spätere Veränderungen.

Baumbach/Hueck-*Hueck*/*Fastrich*, GmbHG, § 5 Rn. 9 ff.

162 Nunmehr will das Gesetz klarstellen, dass das **Stammkapital immer gleich** bleibt und sich nicht aus der Summe der Nennbeträge ergibt. Vielmehr muss die Summe der Nennbeträge der Geschäftsanteile auch im Laufe ihrer weiteren

I. Stammeinlagen/Bareinlagen/Sacheinlagen

Existenz mit dem Stammkapital übereinstimmen. Eine Abweichung hiervon konnte bisher bei der Einziehung des Geschäftsanteils eines Gesellschafters gemäß § 34 GmbHG eintreten. Das nahm man aufgrund der bisherigen Gesetzesfassung hin. Man konnte zwar die Übereinstimmung von Stammkapital und Summe der Nennbeträge der Geschäftsanteile etwa durch Kapitalherabsetzung, durch nominelle Aufstockung der Nennbeträge bzw. durch Neubildung eines Geschäftsanteils herstellen, musste dies aber nach altem Recht nicht.

Baumbauch/Hueck-Hueck/Fastrich, GmbHG, § 34 Rn. 20.

Zum Teil wird angenommen, dass sich die Nennwerte der Geschäftsanteile aller übrigen Gesellschafter automatisch dem Stammkapital anpassen, ohne dass es dafür eines **Aufstockungsbeschlusses** bedarf, **163**

str. Lutter/Hommelhoff-*Lutter*, GmbHG, § 34 Rn. 3 ff, m. w. N.

Nach der Neufassung von § 5 Abs. 3 Satz 2 GmbHG soll demgegenüber das Auseinanderfallen der Summe der Nennbeträge der Geschäftsanteile und der Kapitalziffer im Gegensatz zum bisherigen Recht **unzulässig** sein. Das bedeutet, dass die Gesellschafter in Zukunft einen **Einziehungsbeschluss** verbinden müssen mit einer Kapitalherabsetzung, mit einer Anpassung der Nennbeträge an das Stammkapital durch eine nominelle Aufstockung oder durch Bildung eines neuen Geschäftsanteils. **164**

RegE MoMiG, abgedr. in: ZIP, Beilage Heft 23/2007, S. 6 f.

Die Frage, was geschehen soll, wenn etwa der Gesamtbetrag aller Geschäftsanteile und das Stammkapital nicht übereinstimmen, d. h. wenn es z. B. an einer Beteiligungserklärung fehlt oder diese unwirksam sein sollte, überlässt der Gesetzgeber ebenso den zum bisherigen Recht bestehenden Lösungsansätzen wie auch den Fall, dass bei einer Einziehung die für eine Anpassung an das bestehende Stammkapital erforderlichen Beschlüsse unterbleiben. **165**

RegE MoMiG, ZIP, Beilage Heft 23/2007 S. 6 f;
Roth/Altmeppen-*Altmeppen*, GmbHG, § 34 Rn. 80 ff;
Wicke, GmbHG, § 34 Rn. 3;
Heckschen/Heidinger, Die GmbH, § 4 Rn. 228 ff.

Die dadurch eingetretene neue Rechtslage wird mit Recht als „von untragbarer Rechtsunsicherheit gekennzeichnet" beschrieben,

Roth/Altmeppen-*Altmeppen*, GmbHG, § 34 Rn. 81.

Zu ihrer **Bewältigung** haben sich zwei Theorien entwickelt: **166**

- Nach einem Teil der Äußerungen soll das Auseinanderfallen der Summe der Nennbeträge und des Betrags des Stammkapitals, wenn die erforderlichen Maßnahmen zu deren Angleichung unterbleiben, zur Nichtigkeit des Einziehungsbeschlusses führen,

LG Essen, NZG 2010, 867, 868 f = ZIP 2010, 2052,
dazu EWiR 2010, 711 *(Giedinghagen)*;
LG Neubrandenburg, ZIP 2011, 1214;
Römermann, DB 2010, 209 f;
Römermann, NZG 2010, 96, 99, m. w. N.

- Nach der Gegenansicht muss die „undurchdachte Bemerkung in der Regierungsbegründung" über die Wirkung eines Auseinanderfallens als materiellrechtlich bedeutungslos angesehen werden,

Lutter, in: FS Meilicke, S. 481 ff;
Roth/Altmeppen-*Altmeppen*, GmbHG, § 34 Rn. 83, m. w. N.

167 Die Lösung kann mit Recht nur darin gefunden werden, dass mit Wegfall eines eingezogenen Anteils – entsprechend den Verhältnissen bei der Personengesellschaft – eine Anwachsung der offenen Beteiligung bei den übrigen Gesellschaftern eintritt. So, wenn die Auslegung die Aufstockung des einzig verbliebenen Geschäftsanteils unterstellt,

OLG Saarbrücken ZIP 2012, 729,
dazu EWiR 2012, 205 *(Niemeyer)*.

Eine nachträgliche „nominelle Anpassung" der Stammeinlagen ist danach nichts weiter als eine Berichtigung der Gesellschafterliste,

Roth/Altmeppen-*Altmeppen*, GmbHG, § 34 Rn. 84 ff.

4. Die Bestimmung des auf die Stammeinlage zu erbringenden Vermögensgegenstandes

168 Das Gesetz verlangt über die Festlegung des Betrags der Stammeinlage (Stammeinlageziffer) hinaus auch Bestimmungen über ihre Substanz. Die Leistung auf eine Stammeinlage kann nämlich in Geld bestehen oder in anderen – nicht in Geld bestehenden – Vermögensgegenständen (so die bisherige Formulierung in § 19 Abs. 5 GmbH a. F.). Der nicht in Geld bestehende Vermögensgegenstand wurde und wird üblicherweise als Sacheinlage bezeichnet. Die Umgestaltung des § 19 GmbHG durch das MoMiG hat die zitierte Formulierung entfallen lassen. Die Neufassung verwendet aber als selbstverständlich den Begriff der „Sacheinlage" und den Begriff des „Gegenstands einer Sacheinlage" (§ 19 Abs. 2 Satz 3 GmbHG). Sie beschäftigt sich darüber hinaus eingehend mit der Frage, wann eine vereinbarte Geldeinlage als Sacheinlage zu bewerten und damit als „verdeckte Sacheinlage" zu bezeichnen ist (§ 19 Abs. 4 Satz 1 GmbHG). An der Tatsache also, dass die Leistung auf die Stammeinlage in Geld bestehen kann oder in anderen Vermögensgegenständen, hat sich durch das MoMiG nichts geändert. Man könnte allenfalls vermuten, dass auch die Neuformulierung die Auffassung bestätigt, dass eine Geldeinlage einer Sacheinlage vorgeht.

169 Die in diesem Zusammenhang üblicherweise verwendeten Ausdrücke „**Bareinlage**"/„**Sacheinlage**" (ebenso „Bargründung"/„Sachgründung", „Barkapitalerhöhung"/„Sachkapitalerhöhung") sind irreführend. Zwar könnte eine **Geld-**

einlage durch Übergabe von Bargeld bewirkt werden, das ist aber im heutigen Geschäftsverkehr absolut unüblich; sie wird vielmehr allgemein durch Banküberweisung, Scheckübergabe oder ähnliche Zahlungsweisen bewirkt. Streng genommen müsste man die Einbringung von Bargeld zutreffend sogar als Sacheinlage bezeichnen. Umgekehrt soll unter dem Begriff der „Sacheinlage" auch die Einbringung von Rechten, Forderungen, Vermögens- und Sachgesamtheiten verstanden werden. Dem wird der zu enge Sachbegriff nicht gerecht. Wenn man ungeachtet dieser Bedenken, wie auch im Folgenden wegen des allgemeinen Gebrauchs einfachheitshalber bei der Formulierung Bareinlage und Sacheinlage bleibt, muss man sich der Ungenauigkeit bewusst sein. Dafür, dass Barzahlung ausnahmsweise auch heute vorkommt,

vgl. OLG Hamburg GmbHR 2001, 973 = BB 2001, 2182.

Auch wenn in der Praxis die Bargründung mit **Geldeinlagen** überwiegt, stehen   170
Bargründung und Sachgründung gleichbedeutend nebeneinander. Die **Sacheinlage** (z. B. die Einbringung eines Unternehmens, eines Patents, eines Grundstücks) kann für die Verfolgung des Gesellschaftszwecks wesentlich wichtiger als die Einlage von Geld und durch dieses nicht ersetzbar sein. Dennoch lässt das Gesetz eine Rangfolge zwischen Bareinlage und Sacheinlage erkennen. Im Zweifel wird Geld geschuldet. Das hat Auswirkungen immer dann, wenn unklar ist, ob eine Bareinlage oder eine Sacheinlage geschuldet wird, wenn eine Sachleistung unmöglich ist, wenn eine Sachleistung „verdeckt" werden soll.

H. M. vgl. BGHZ 28, 314, 316;
BGHZ 45, 338, 345;
BGH DStR 1997, 588 f;
Scholz-*Veil*, GmbHG, § 5 Rn. 63, 77;
Ulmer/Habersack/Winter-*Ulmer*, GmbHG, § 5 Rn. 96;
Rowedder/Schmidt-Leithoff-*Schmidt-Leithoff*, GmbHG, § 5 Rn. 37 f, 40;
Lutter/Hommelhoff-*Bayer*, GmbHG, § 5 Rn. 30;
Baumbach/Hueck-*Hueck/Fastrich*, GmbHG, § 5 Rn. 38.

Trotzdem sollte man die Vereinbarung der Sacheinlage nicht als Erfüllungs-   171
vereinbarung einer primär bestehenden Geldleistungspflicht ansehen, so aber

Lutter/Hommelhoff-*Bayer*, GmbHG, § 5 Rn. 13.

Nachdem das Gesetz den Gesellschaftern die Wahl überlässt, welche Vermö-   172
gensgegenstände sie als Stammeinlage erbringen wollen, müssen sie darüber entscheiden – und dies auch **im Gesellschaftsvertrag** festhalten –, ob die Einlageleistung in Geld bestehen soll oder in anderen Vermögensgegenständen. Tun sie dies nicht, ist die übernommene Stammeinlage in Geld zu erbringen.

Roth/Altmeppen-*Roth*, GmbHG, § 5 Rn. 55.

Andere Vermögensgegenstände erfüllen die Verpflichtung zur Leistung der   173
Stammeinlage jedoch nur, wenn sie ausreichend **definiert** und dadurch **identifizierbar** sind (§ 5 Abs. 4 GmbHG).

D. Die Aufbringung des Stammkapitals bei Gründung der GmbH

> Roth/Altmeppen-*Roth*, GmbHG, § 5 Rn. 37;
> *Wicke*, GmbHG, § 5 Rn. 10;
> Heckschen/Heidinger, Die GmbH, § 11 Rn. 119.

a) Einlagefähigkeit

174 Einlagefähig sind **außer Geld** in Euro-Währung alle übertragbaren vermögenswerten Gegenstände.

> BGH NZG 2004, 910 = ZIP 2004, 1642;
> *Wicke*, GmbHG, § 5 Rn. 11;
> Roth/Altmeppen-*Roth*, GmbHG, § 5 Rn. 38;
> Scholz-*Veil*, GmbHG, § 5 Rn. 37, 40 ff.

175 Dazu gehören insbesondere,

> vgl. Roth/Altmeppen-*Roth*, GmbHG, § 5 Rn. 38 ff;
> Baumbach/Hueck-*Hueck/Fastrich*, GmbHG, § 5 Rn. 23 ff,
> m. w. N.;

- alle beweglichen und unbeweglichen **Sachen**, die vor Anmeldung eingebracht werden können (also nicht erst künftig entstehende Sachen, § 7 Abs. 3 GmbHG) und dingliche Rechte an diesen Sachen;

> *Wicke*, GmbHG, § 5 Rn. 11;

- **Forderungen und Ansprüche des Gesellschafters gegen die Gesellschaft und gegen Dritte**, soweit sie übertragbar sind; ausgenommen sind künftige und bedingte Forderungen und Ansprüche;

> BGHZ 15, 52, 60;
> Roth/Altmeppen-*Roth*, GmbHG, § 5 Rn. 42 f;
> Scholz-*Veil*, GmbHG, § 5 Rn. 46, m. w. N.;
> h. M., *Wicke*, GmbHG, § 5 Rn. 11;

- zweifelhaft ist, ob nach neuem Recht (§ 19 Abs. 5 GmbHG) Forderungen der GmbH **gegen ihren Gesellschafter** einlagefähig sind. Das wurde bisher verneint,

> BGH ZIP 2006, 1633 = DNotZ 2007, 781;
> KG Berlin ZIP 2005, 1639 = NZG 2005, 718,
> dazu EWiR 2005, 673 *(Priester)*;
> Scholz-*Veil*, GmbHG, § 5 Rn. 48;
> Roth/Altmeppen-*Roth*, GmbHG, § 5 Rn. 44;
> *Wicke*, GmbHG, § 19 Rn. 33;
> a. A. *Seibert/Decker*, ZIP 2008, 1208, 1210;

- ein **Anspruch gegen die Vor-GmbH** ist u. U. einbringungsfähig, wenn er werthaltig ist (z. B. weil das Unternehmen, das die Forderung zu erfüllen hat, ebenfalls eingebracht wird),

> BGHZ 15, 52, 60;
> BGHZ 132, 141 = ZIP 1996, 668;
> Lutter/Hommelhoff-*Bayer*, GmbHG, § 5 Rn. 17;

I. Stammeinlagen/Bareinlagen/Sacheinlagen

- auch **Auslagen der Gründer**, die im Zusammenhang mit der Gründung entstehen, können eingebracht werden;

    Scholz-*Veil*, GmbHG, § 5 Rn. 46;
    Lutter/Hommelhoff-*Bayer*, GmbHG, § 5 Rn. 17;

- **alle übertragbaren Rechte**, die einen Vermögenswert haben, z. B. Immaterialgüterrechte, wie Patente und sonstige gewerbliche Schutzrechte, Urheberrechte, beschränkte dingliche Rechte, Betriebsgeheimnisse, soweit diese gewerblich nutzbar sind;

    Wicke, GmbHG, § 5 Rn. 11;
    Roth/Altmeppen-*Roth*, GmbHG, § 5 Rn. 47;
    Lutter/Hommelhoff-*Bayer*, GmbHG, § 5 Rn. 19;
    Scholz-*Veil*, GmbHG, § 5 Rn. 49;

- **Beteiligungsrechte**, nämlich alle Mitgliedschaftsrechte an Kapitalgesellschaften, Personengesellschaften, Genossenschaften und Vereinen;

    Wicke, GmbHG, § 5 Rn. 11;
    Roth/Altmeppen-*Roth*, GmbHG, § 5 Rn. 49;
    Für die AG hat der Bundesgerichtshof allerdings die Einbringung eigener Aktien der Gesellschaft ausdrücklich ausgeschlossen,
    BGH ZIP 2011, 2097,
    dazu EWiR 2011, 793 *(E. Vetter)*;

- **Erbschaften** und Anteile an Erbengemeinschaften;

    Wicke, GmbHG, § 5 Rn. 11;
    Lutter/Hommelhoff-*Bayer*, GmbHG, § 5 Rn. 20;

- **Sachgesamtheiten**, wie Unternehmen und Handelsgeschäfte, aber auch Betriebe und Betriebsteile;

    BGHZ 45, 338;
    Priester, BB 1980, 19;
    Wicke, GmbHG, § 5 Rn. 11;
    Roth/Altmeppen-*Roth*, GmbHG, § 5 Rn. 48;
    Lutter/Hommelhoff-*Bayer*, GmbHG, § 5 Rn. 20;
    Scholz-*Veil*, GmbHG, § 5 Rn. 52;

- **obligatorische Nutzungsrechte**, wie das Recht zum Gebrauch von Grundstücken, Gebäuden, Geschäften und Erfindungen, soweit diese von dem Belieben des Inhabers unabhängig existieren,

    str. Lutter/Hommelhoff-*Bayer*, GmbHG, § 5 Rn. 22, m. w. N.;
    K. Schmidt, Gesellschaftsrecht, § 20 II. 3. a, cc;
    LG Dresden GmbHR 2001, 29 f;
    Wicke, GmbHG, § 5 Rn. 11;
    Roth/Altmeppen-*Roth*, GmbHG, § 5 Rn. 39;

- auch **die (zinslose) Nutzung von Geldvermögen** kann einlagefähig sein.

    Lutter/Hommelhoff-*Bayer*, GmbHG, § 5 Rn. 23.

D. Die Aufbringung des Stammkapitals bei Gründung der GmbH

176 **Nichteinlagefähig** sind Ansprüche aus Dienstleistungen, und zwar sowohl gegen Gesellschafter, weil sie nicht gemäß § 7 Abs. 3 GmbHG vor der Anmeldung bewirkt werden können, als auch gegen Dritte (analoge Anwendung von § 27 Abs. 2 AktG),

> BGH ZIP 2009, 713 *(Qivive)*,
> dazu EWiR 2009, 443 *(Schodder)*;
> BGH ZIP 2010, 423 *(Eurobike)*,
> dazu EWiR 2010, 169 *(Lieder)*;
> *Henze*, DB, 2001, 1469, 1471;
> Roth/Altmeppen-*Roth*, GmbHG, § 5 Rn. 43;
> *Wicke*, GmbHG, § 5 Rn. 11;
> Lutter/Hommelhoff-*Bayer*, GmbHG, § 5 Rn. 18;
> Scholz-*Veil*, GmbHG, § 5 Rn. 51.

b) Sacheinlage

177 Wenn anstelle einer Geldeinlage eine Sacheinlage geleistet werden soll, dann muss im Gesellschaftsvertrag ausdrücklich festgehalten werden, welcher Gründungsgesellschafter sie erbringen soll, durch welche Merkmale sie identifiziert wird und mit welchem Wert sie auf die Einlageverpflichtung angerechnet werden soll.

> Baumbach/Hueck-*Hueck/Fastrich*, GmbHG, § 5 Rn. 43 ff;
> vgl. Lutter/Hommelhoff-*Bayer*, GmbHG, § 5 Rn. 31.

178 **Anrechnungswert** kann nur der Zeitwert des Vermögensgegenstandes sein. Die Anrechnung kann demnach nicht zu einem vereinbarten höheren Wert, als dem Zeitwert erfolgen (Verbot der Unterpariemission). Dagegen ist die Anrechnung zu einem niedrigeren als dem Zeitwert möglich.

> Vgl. Baumbach/Hueck-*Hueck/Fastrich*, GmbHG,
> § 5 Rn. 33, m. w. N.;
> *Wicke*, GmbHG § 5 Rn. 12;
> Roth/Altmeppen-*Roth*, GmbHG, § 9 Rn. 3.

179 In diesem Fall kann es je nach Vereinbarung unter den Gründern zu einem Ausgleichsanspruch des Inferenten in Bezug auf den Mehrwert kommen oder der Mehrwert ist als vereinbartes Agio einer Kapitalrücklage zuzuführen (§ 272 Abs. 2 Nr. 1 HGB). Maßgeblicher Zeitpunkt für die Bewertung müsste an sich der Tag der Entstehung der GmbH, d. h. der Tag der Eintragung im Handelsregister sein; da aber die Einlage vorher bewirkt sein muss, stellt das Gesetz auf den Zeitpunkt der Anmeldung ab (§ 9 Abs. 1 GmbHG). Bei längerer zeitlicher Differenz zwischen Anmeldung und Eintragung und einer dadurch entstehenden Wertveränderung ist u. U. eine nachträgliche Rückbewertung erforderlich mit entsprechender Geldleistungspflicht nach § 9 Abs. 1 GmbHG (vgl. Rn. 227 ff).

> Roth/Altmeppen-*Roth*, GmbHG, § 9 Rn. 5.

180 Die **Identifizierung** des Einlagegegenstandes sollte so genau wie möglich erfolgen. Das ist bei registrierten Gegenständen, wie z. B. bei Grundstücken

I. Stammeinlagen/Bareinlagen/Sacheinlagen

und Patenten relativ einfach, weil man dafür die Registerbeschreibung verwenden kann. Bei Mobiliar, Forderungen und Ansprüchen sollte man sich um eine möglichst exakte Beschreibung bemühen (z. B. Art, Aussehen, Lage der Sache; Art, Rechtsgrund, Höhe, Gläubiger, Schuldner der Forderung bzw. des Anspruchs). Schwieriger ist die Identifizierung bei Sachgesamtheiten, insbesondere bei Unternehmen, Betrieben und Betriebsteilen. Die h. M. und die Rechtsprechung verhalten sich hier erstaunlich großzügig. Für die Einbringung von **Unternehmen** bzw. **Handelsgeschäften** soll es genügen, diese mit ihrer Firma oder mit der von ihnen im Geschäftsverkehr verwendeten Bezeichnung zu benennen.

> BGHZ 45, 342;
> Lutter/Hommelhoff-*Bayer*, GmbHG, § 5 Rn. 20;
> *Priester*, BB 1980, 19, 20;
> *Wicke*, GmbHG, § 5 Rn. 12.

Lediglich, wenn einzelne Gegenstände des Unternehmens bzw. des Handelsgeschäfts nicht eingebracht werden sollen (das gilt auch für Schulden), sind diese besonders festzulegen. 181

> OLG Düsseldorf DB 1996, 368 = NJW-RR 1996, 605.

Diese Auffassung muss deswegen kritisch gesehen werden, weil die restlose Erfassung der Einzelteile einer Sachgesamtheit strittig sein kann und für die Gesamtbewertung Bedeutung hat. Meinungsverschiedenheiten über den Umfang der einzubringenden Sachgesamtheit können die Differenzhaftung nach § 9 Abs. 1 GmbHG auslösen und u. U. das Einbringungsgeschäft anfechtbar machen. Wer ganz sicher gehen will, wird die Einbringung einer Sachgesamtheit insbesondere eines Unternehmens oder Handelsgeschäfts in gleicher Weise detailliert beschreiben, wie dies bei Unternehmenskäufen üblich ist. 182

Der Gesellschaftsvertrag muss schriftlich die Verpflichtung zur Einbringung der Einlage (**Geld- bzw. Sacheinlagevereinbarung**) enthalten (§ 5 Abs. 4 Satz 1 GmbHG), 183

> BGHZ 45, 338, 342 f;
> Scholz-*Veil*, GmbHG, § 5 Rn. 35;
> Roth/Altmeppen-*Roth*, GmbHG, § 5 Rn. 33,

und die **Person des Gesellschafters** nennen, der diese übernimmt.

c) Sachübernahme

Den Regelungen, die für Sacheinlagen gelten (§§ 5 Abs. 4 und 19 Abs. 5 GmbHG), unterliegt auch das Vorhaben, dass unter dem Stichwort „Sachübernahme" erörtert wird. Es handelt sich dabei um den Fall, dass die Gesellschaft Gegenstände entgeltlich erwerben soll unter Verrechnung des Erwerbspreises mit der Einlageforderung. Hierauf sind nahezu alle Regeln über Sacheinlagen anzuwenden, 184

> Baumbach/Hueck-*Hueck*/*Fastrich*, GmbHG, § 5 Rn. 16;
> Lutter/Hommelhoff-*Bayer*, GmbHG, § 5 Rn. 38;

Wicke, GmbHG, § 5 Rn. 17;
Roth/Altmeppen-*Roth*, GmbHG, § 5 Rn. 29 ff.

185 Die Nichtbeachtung dieser Vorschriften beschwört die Bewertung als verdeckte Sachgründung herauf, mit allen daraus resultierenden Folgen, vgl. Rn. 553, 558 ff.

d) Gemischte Sacheinlage/Mischeinlage

186 Den gleichen Regeln ist auch die „gemischte Sacheinlage", bei der der Gesellschafter für den seine Einlageverpflichtungen übersteigenden Wert seiner Sacheinlage eine Gegenleistung von der Gesellschaft erhalten soll, und die **„Mischeinlage"** – bestehend aus Sach- und Geldeinlage – unterworfen. Diese Vorgänge werden als einheitliches Rechtsgeschäft verstanden, auf das § 5 Abs. 4 GmbHG anzuwenden ist.

Baumbach/Hueck-*Hueck/Fastrich*, GmbHG, § 5 Rn. 20, m. w. N.;
Wicke, GmbHG, § 5 Rn. 12;
Roth/Altmeppen-*Roth*, GmbHG, § 5 Rn. 25;
Scholz-*Veil*, GmbHG, § 5 Rn. 81 ff.

5. Die Einlageleistung

187 Das Gesetz verlangt, dass die Einlage des Gesellschafters in einem nach Art und Ausmaß festgelegten Umfang (Mindestleistung) vor der Anmeldung der Gesellschaft zur Eintragung im Handelsregister bewirkt ist (§ 7 Abs. 2 und 3 GmbHG). Die Resteinlage kann dann im Ganzen oder in weiteren Teilen nach der Eintragung erfolgen. Im Einzelnen:

a) Allgemeines

188 Nach § 7 Abs. 2 und 3 GmbHG müssen **vor der Anmeldung** der Gesellschaft zur Eintragung im Handelsregister folgende Leistungen erbracht sein:

- auf jede Geldeinlage 25 % der Stammeinlagenziffer (ein Viertel des Nennbetrages jedes Geschäftsanteils; § 7 Abs. 2 Satz 1 GmbHG); anders bei der Unternehmergesellschaft: bei ihr muss nach § 5a Abs. 2 Satz 1 GmbHG das Stammkapital in voller Höhe eingezahlt sein.

- alle vereinbarten Sacheinlagen insgesamt (§ 7 Abs. 3 GmbHG);

- der nach dem Gesellschaftsvertrag auf die Einlageverpflichtung anzurechnende Gesamtnennbetrag der Geschäftsanteile, für die Sacheinlagen zu leisten sind, und die Mindesteinlage auf die Geldeinlageverpflichtung, zusammen mindestens in Höhe der Hälfte der Stammkapitalziffer (§ 7 Abs. 2 Satz 2 GmbHG). Erreicht die Summe des anzurechnenden Werts der Sacheinlagen vermehrt um 25 % der Geldeinlagen nicht die Hälfte der Stammkapitalziffer (bei Vereinbarung der Mindestkapitalziffer von 25.000 €, also 12.500 €), dann sind die Geldeinlagen so zu erhöhen, dass insgesamt die Hälfte der Stammkapitalziffer erreicht wird. Dieser „Aufpreis" ist von demjenigen zu tragen, der ihn nach dem Gesellschaftsvertrag übernommen hat; fehlt eine Bestimmung hierüber, ist die Zusatzleistung im Zweifel (§ 19 Abs. 1 GmbHG) von allen Gesellschaftern im Verhältnis ihrer Stammkapitalziffern zueinander zu erbringen.

> Vgl. Lutter/Hommelhoff-*Bayer*, GmbHG, § 7 Rn. 5 a. E.;
> Baumbach/Hueck-*Hueck/Fastrich*, GmbHG, § 7 Rn. 5 ff;
> Ulmer/Habersack/Winter-*Ulmer*, GmbHG, § 7 Rn. 29;
> Roth/Altmeppen-*Roth*, GmbHG, § 7 Rn. 19 f;
> Scholz-*Veil*, GmbHG, § 7 Rn. 23.

- Überschreitet die Summe des anzurechnenden Werts der Sacheinlagen vermehrt um 25 % der verbleibenden Geldeinlagen die Hälfte der Stammkapitalziffer, dann werden die Geldeinlagen nicht deswegen verringert.

  > Vgl. die Rechenbeispiele bei:
  > *Wicke*, GmbHG, § 7 Rn. 5;
  > Roth/Altmeppen-*Roth*, GmbHG, § 7 Rn. 17.

- Wird die Gesellschaft nur von einer Person errichtet, gelten für sie die gleichen Mindestleistungspflichten wie beschrieben. Die bisher in § 7 Abs. 2 Satz 3 GmbHG verlangte Absicherung der Resteinlage bei der Ein-Mann-Gesellschaft wurde nach kontroverser Diskussion während des Gesetzgebungsverfahrens im MoMiG am Ende fallen gelassen.

b) Leistung von Geldeinlagen

Während das Aktiengesetz in § 54 Abs. 3 detailliert beschreibt, wann und auf welche Weise Zahlungen auf die Geldeinlageverpflichtung zu leisten sind, macht das GmbHG seit seinem Erlass hierzu keine Angaben; daran hat auch das **MoMiG** nichts geändert. Nach einhelliger Auffassung kann jedoch die aktienrechtliche Regelung zur Interpretation des Begriffs „Einzahlung" in § 7 Abs. 2 GmbHG sinngemäß herangezogen werden, wobei die Frage strittig bleibt, ob dies im Wege der Analogie geschehen kann oder auf methodisch anderem Wege. **189**

> Scholz-*Veil*, GmbHG, § 7 Rn. 26, m. w. N.;
> Roth/Altmeppen-*Roth*, GmbHG, § 7 Rn. 25 ff.

In der Praxis werden Geldeinlageverpflichtungen vor Anmeldung der Gesellschaft wie folgt erfüllt (an den Nachweis der Erfüllung stellen die Registergerichte regional unterschiedliche Anforderungen): **190**

- Nach Gründung der Gesellschaft und Beurkundung ihres Gesellschaftsvertrages/ihrer Satzung beantragen die in der Gründungsurkunde benannten Geschäftsführer unter Vorlage einer beglaubigten Abschrift des Gründungsdokuments mit Gesellschaftsvertrag bei einem Kreditinstitut die Eröffnung eines Kontos lautend auf die GmbH in Gründung (i. G.).

  > Roth/Altmeppen-*Roth*, GmbHG, § 7 Rn. 26, m. w. N.

- Auf dieses Konto leisten die Gesellschafter die ausbedungene Mindestgeldeinlage.

- Mit dem Einzahlungsbeleg (Überweisungsträger) bzw. mit einem Kontoauszug belegen die Geschäftsführer dem Notar gegenüber, dass die bedungene Mindesteinlage erbracht ist.

- Alternativ ist die Einrichtung eines Kontos auf den Namen der Geschäftsführer zulässig oder auch ein Treuhandkonto, z. B. ein Notaranderkonto mit einer unwiderruflichen Anweisung hinsichtlich der Verwendung des Geldes.

    OLG Frankfurt/M. ZIP 1992, 765;
    Wicke, GmbHG, § 7 Rn. 7;
    Roth/Altmeppen-*Roth*, GmbHG, § 7 Rn. 26, m. w. N.

c) Leistung von Sacheinlagen

191 Die Sacheinlageverpflichtungen sind der Art des einzubringenden Vermögensgegenstandes entsprechend zu leisten. Grundstücke müssen aufgelassen und zugunsten der GmbH i. G. im Grundbuch eingetragen werden. Insoweit ist die Vorgesellschaft grundbuchfähig,

    BGHZ 45, 348.

192 Da dieses Verfahren länger dauern kann, wird auch anstelle der Grundbucheintragung die Eintragungsbewilligung mit Eintragungsantrag bzw. die Eintragung einer Vormerkung für die GmbH i. G. als ausreichend angesehen.

    Str. vgl. Lutter/Hommelhoff-*Bayer*, GmbHG, § 7 Rn. 17;
    Ulmer/Habersack/Winter-*Ulmer*, GmbHG, § 7 Rn. 50 f;
    Baumbach/Hueck-*Hueck/Fastrich*, GmbHG, § 7 Rn. 12 ff;
    Wicke, GmbHG, § 7 Rn. 8;
    Roth/Altmeppen-*Roth*, GmbHG, § 7 Rn. 34;
    Scholz-*Veil*, GmbHG, § 7 Rn. 43.

193 Forderungen müssen gemäß § 398 BGB abgetreten werden; bewegliche Sachen sind zu übereignen (§§ 929 ff BGB); Rechte sind zu übertragen (z. B. gemäß § 15 PatG). Beschränkt dingliche Rechte sind im Grundbuch einzutragen. Soweit notarielle Beurkundung erforderlich ist (z. B. bei der Auflassung), kann diese schon i. R. der Gesellschaftsgründung vorgenommen werden.

d) Leistung zur freien Verfügung

194 Die Leistungen der Gesellschafter auf die übernommene Stammeinlageverpflichtung sind, unabhängig von ihrer zivilrechtlich wirksamen Erbringung (Erfüllung durch Verfügung), so zu bewirken, dass sich der Gegenstand der Leistung endgültig in der **freien Verfügung** der Geschäftsführer befindet. Das wird in § 7 Abs. 3 GmbHG für Sacheinlagen ausdrücklich gesagt, ergibt sich aber indirekt auch für Geldeinlagen aus dem Erfordernis einer entsprechen-

den Versicherung gemäß § 8 Abs. 2 Satz 1 GmbHG. Auch wenn das Gesetz durch die ausdrückliche Bestimmung in § 7 Abs. 3 GmbHG die freie Verfügbarkeit bei Sacheinlagen gewichtiger erscheinen lässt als bei Geldeinlagen, darf man nicht verkennen, dass das Postulat der freien Verfügbarkeit bei Geldeinlagen mehr Fragen aufwirft als bei Sacheinlagen.

Die freie Verfügbarkeit der Leistungen der Gesellschafter in der Hand der Geschäftsführer wird als Ausfluss des Grundsatzes der realen Kapitalaufbringung verstanden. Sie soll gewährleisten, dass die eingezahlten Mittel der Gesellschaft endgültig so zufließen, dass die Geschäftsführer sie tatsächlich und rechtlich uneingeschränkt für die Gesellschaft verwenden können, oder anders ausgedrückt: Die Einleger müssen ihre Verfügungsmacht endgültig und ohne Beschränkung oder Vorbehalte zugunsten der Gesellschaft aufgeben. 195

BGH GmbHR 1962, 233;
BGHZ 96, 241 f = ZIP 1986, 368;
BGHZ 113, 335, 348 f = ZIP 1991, 511,
dazu EWiR 1991, 1213 *(Frey)*;
Baumbach/Hueck-*Hueck/Fastrich*, GmbHG, § 7 Rn. 10;
Ulmer/Habersack/Winter-*Ulmer*, GmbHG, § 7 Rn. 53 f;
Lutter/Hommelhoff-*Bayer*, GmbHG, § 7 Rn. 18 ff;
Roth/Altmeppen-*Roth,* GmbHG, § 7 Rn. 30;
Scholz-*Veil*, GmbHG, § 7 Rn. 34, m. w. N.

Dieses Ziel ist bei **Sacheinlagen** dann erreicht, wenn der nicht in Geld bestehende Vermögensgegenstand zivilrechtlich wirksam in die Gesellschaft eingebracht ist und keine Absprachen bestehen, ihn ganz oder teilweise (z. B. als Sicherheit für einen vom Gesellschafter aufgenommenen Kredit) an den Inferenten zurückzugewähren. 196

Baumbach/Hueck-*Hueck/Fastrich*, GmbHG, § 8 Rn. 13;
Roth/Altmeppen-*Roth*, GmbHG, § 7 Rn. 30;
Scholz-*Veil*, GmbHG, § 7 Rn. 42, 45, 34.

Bei **Geldeinlagen** werden, was die freie Verfügbarkeit über die geleisteten Mittel anlangt, vor allem folgende Fragenkomplexe diskutiert: 197

- Das Postulat der freien Verfügbarkeit soll **Scheinzahlungen** verhindern. In diesem Zusammenhang wird auf Entscheidungen des Reichsgerichts verwiesen, denen der Fall zugrunde lag, dass ein Inferent geliehenes Geld vor dem Notar dem Vorstand einer AG überließ, der es dann absprachegemäß dem Verleiher zurückgab,

    RGSt 24, 287;
    RGSt 30, 300, 314 ff.

    Bei diesem Fall kann man zwar sagen, dass die freie Verfügbarkeit beim Vorstand/Geschäftsführer fehlt, in Wirklichkeit liegt aber nicht einmal eine ordnungsmäßige – weil nicht ernstlich gewollte – Zahlung vor.

    Scholz-*Veil*, GmbHG, § 7 Rn. 37.

Auch bei dem sehr viel komplizierter bewerkstelligten Beispiel des Hin- und Herzahlens der Einlagen im „co op"-Fall, ist weniger ein Mangel der freien Verfügbarkeit festzustellen, als vielmehr das Fehlen einer endgültigen, d. h. effektiven, Einlageleistung,

> vgl. BGHZ 122, 180 = ZIP 1993, 667;
> *K. Schmidt*, Gesellschaftsrecht, § 29 II. 1. a.

- **Schuldrechtliche Abreden**, wie die eingelegten Geldmittel verwendet werden sollen, stellen die freie Verfügbarkeit dann nicht in Frage, wenn sichergestellt ist, dass die eingezahlten Mittel nicht direkt oder indirekt an den Inferenten zurückfließen.

> BGH ZIP 1990, 1400 = WM 1990, 1820,
> dazu EWiR 1990, 1207 *(Crezelius)*;
> BGHZ 113, 335, 347 = ZIP 1991, 511,
> dazu EWiR 1991, 1213 *(Frey)*;
> *K. Schmidt*, Gesellschaftsrecht, § 37 II. 2. c;
> Lutter/Hommelhoff-*Bayer*, GmbHG, § 7 Rn. 23;
> Scholz-*Veil*, GmbHG, § 7 Rn. 39;
> *Wicke*, GmbHG, § 7 Rn. 9;
> Roth/Altmeppen-*Roth*, GmbHG § 7 Rn. 31.

- Auch die **Einzahlung auf ein debitorisches Bankkonto** der Gesellschaft lässt die freie Verfügbarkeit unberührt, da die Zahlung, wenn keine anderen Abreden bestehen, der Gesellschaft eine erneute Kreditaufnahme eröffnet.

> BayObLG GmbHR 1998, 736;
> BGH GmbHR 2002, 545, m. Anm. *Brauer/Manger*
> = NZG 2002, 524;
> BGH NZG 2005, 180, 181 = ZIP 2003, 121;
> *Wicke*, GmbHG, § 7 Rn. 9;
> Roth/Altmeppen-*Roth*, GmbHG, § 7 Rn. 27b;
> Scholz-*Veil*, GmbHG, § 7 Rn. 31, 40;
> Lutter/Hommelhoff-*Bayer*, GmbHG, § 7 Rn. 21 f.

Ist jedoch der Kredit gekündigt und die Bank deswegen berechtigt, die eingezahlten Mittel sofort mit dem Schuldsaldo zu verrechnen, ist die freie Verfügbarkeit in Frage gestellt.

> BGH ZIP 1990, 1400 = WM 1990, 1820, 1822,
> dazu EWiR 1990, 1207 *(Crezelius)*;
> BGH ZIP 1991, 445 = GmbHR 1991, 152,
> dazu EWiR 1991, 377 *(Roth)*;
> BGH ZIP 1992, 1387;
> BGHZ 150, 197 = ZIP 2002, 799;
> OLG Stuttgart ZIP 1995, 1595;
> dazu EWiR 1995, 789 *(v. Gerkan)*;
> *Wicke*, GmbHG, § 7 Rn. 9;
> Roth/Altmeppen-*Roth*, GmbHG, § 7 Rn. 27b;
> Scholz-*Veil*, GmbHG, § 7 Rn. 40;
> Lutter/Hommelhoff-*Bayer*, GmbHG, § 7 Rn. 21 f.

- Geldleistungen, hinter denen in Wirklichkeit eine Sacheinlage steht (**verdeckte Sacheinlage**; vgl. dazu unten Rn. 519 ff), stellen nicht nur die freie

Verfügbarkeit in Frage; es fehlt ihnen vielmehr in vielen Fällen schon an der ordnungsmäßigen Zahlung.

Der Grundsatz der freien Verfügbarkeit bedeutet jedoch nicht, dass der eingelegte Gegenstand bis zur Eintragung der Gesellschaft **unversehrt**, d. h. quasi thesauriert, vorhanden bleiben muss. Die Geschäftsführer können mit den eingelegten Mitteln auch schon **vor der Eintragung** arbeiten. Zur Frage, inwieweit Vermögens- bzw. Wertveränderungen nach der Einbringung eine Rolle spielen, 198

> vgl. BGHZ 80, 129, 140 = ZIP 1981, 394;
> BGHZ 119, 177, 186 ff = ZIP 1992, 1387;
> und unten Rn. 225 ff;
> *Wicke*, GmbHG § 9 Rn. 6;
> Roth/Altmeppen-*Roth*, GmbHG, § 8 Rn. 25 ff, 28.

6. Die Registeranmeldung

a) Erklärungen, Versicherungen, Unterlagen

Damit die GmbH nach ordnungsgemäßer Kapitalaufbringung durch ihre Eintragung im Handelsregister entstehen kann, ist ihre Anmeldung zum Handelsregister gemäß § 7 Abs. 1 GmbHG erforderlich. Diese Anmeldung muss bestimmte Erklärungen, Versicherungen und Unterlagen zum Beweis der effektiven Aufbringung des vom Gesetz verlangten Mindestkapitals durch die Gesellschafter umfassen. Dazu gehören: 199

- Die Vorlage des **Gesellschaftsvertrages**, aus dem die Stammkapitalziffer, die Stammeinlageziffer, die Anteile der Gesellschafter an der Stammeinlageziffer, eine Bestimmung, welche Vermögensgegenstände auf die übernommene Einlage zu leisten sind, mit welchem Wert sie angerechnet werden sollen und welcher Gesellschafter sie zu erbringen hat, hervorgehen muss (§ 8 Abs. 1 Nr. 1 GmbHG).

- Die **Versicherung**, dass die gemäß § 7 Abs. 2 und 3 GmbHG zu leistenden Mindesteinlagen tatsächlich bewirkt sind und dass sich der Gegenstand der Leistungen endgültig in der freien Verfügung der Geschäftsführer befindet (§ 8 Abs. 2 Satz 1 GmbHG).

- Soweit Sacheinlagen geleistet wurden, sind alle **Ausführungsverträge** und Ausführungserklärungen (z. B. die Auflassung, die Eintragungsbewilligung) vorzulegen (§ 8 Abs. 1 Nr. 4 GmbHG). Das gilt auch für solche tatsächlich vorhandenen Schriftstücke, die nicht aufgrund bestimmter Formerfordernisse erstellt worden sind. Soweit Verfügungen formlos möglich sind (Übereignung von beweglichen Sachen; Abtretung von Forderungen; Übertragung von Rechten), ist von den Gesellschaftern zu versichern, dass insoweit die notwendigen Erklärungen abgegeben worden sind. Sinnvoll ist es jedoch auch dort, wo keine Form verlangt wird, die Verfügungsgeschäfte zu Papier zu bringen.

Sernetz

- Darüber hinaus ist der von allen Gesellschaftern unterzeichnete **Sachgründungsbericht** nach § 5 Abs. 4 Satz 2 GmbHG beizufügen (§ 8 Abs. 1 Nr. 4 GmbHG). Der Bericht hat alle Umstände darzulegen, die für die Angemessenheit der auf die übernommenen Sacheinlagen zu erbringenden Leistungen maßgeblich sind. Ist ein Unternehmen einzubringen, dann sind die Jahresergebnisse der beiden letzten Geschäftsjahre zu nennen (§ 5 Abs. 4 Satz 2 GmbHG).

- Schließlich sind Unterlagen darüber beizufügen, dass der **Wert** eingebrachter Sacheinlagen den Betrag, der dafür vereinbarten Stammeinlagenziffer erreicht (§ 8 Abs. 1 Nr. 5 GmbHG).

  Hier ist in erster Linie zu denken an die Nennung von Markt- und Börsenpreisen, an die Vorlage von Rechnungen über Anschaffungs- und Herstellungskosten, die Vorlage von Kaufverträgen. Können derartige Unterlagen nicht beschafft werden, wird in der Regel ein Sachverständigengutachten erforderlich. Bei Unternehmen, Handelsgeschäften und Betrieben (auch Teilbetrieben) wird, zumindest über die Jahresergebnisse der beiden letzten Geschäftsjahre hinaus, eine zeitnahe, testierte Bilanz verlangt.

- Ohne dass dies im Gesetz ausdrücklich verlangt wird, ist schließlich von den Geschäftsführern eine Erklärung dahingehend abzugeben, dass der Wert des Nettovermögens der Gesellschaft im Zeitpunkt der Anmeldung – von den Gründungskosten abgesehen – die Stammkapitalziffer nicht unterschreitet (**keine Unterbilanz**). Dieses Erfordernis ergibt sich aus der Tatsache, dass das Registergericht nach § 9c Abs. 1 GmbHG prüfen muss, ob die Gesellschaft ordnungsgemäß errichtet und angemeldet ist.

  BGHZ 80, 129, 143 = ZIP 1981, 394;
  BayObLG BB 1991, 2391;
  dazu EWiR 1992, 57 *(Bokelmann)*;
  BayObLG DB 1998, 2359 = BB 1998, 2439;
  Lutter, NJW 1989, 2649, 2653;
  K. Schmidt, AG 1986, 106, 115;
  Lutter/Hommelhoff-*Bayer*, GmbHG, § 8 Rn. 12, m. w. N.
  Scholz-*Veil*, GmbHG, § 8 Rn. 27.

  Vereinzelt wird die Auffassung vertreten, dass diese Erklärung nicht eigens verlangt werden kann, weil sie der Sache nach schon in der Versicherung gemäß § 8 Abs. 2 Satz 1 GmbHG enthalten ist.

  Ulmer/Habersack/Winter-*Ulmer*, GmbHG, § 7 Rn. 62 f.

200 **Nicht mehr** regelmäßig verlangt werden sollte die bis zur Entscheidung des Bundesgerichtshofs vom 18.2.1991,

  BGHZ 113, 335 = ZIP 1991, 511,
  dazu EWiR 1991, 1213 *(Frey)*,

I. Stammeinlagen/Bareinlagen/Sacheinlagen

von manchen Registergerichten (z. B. Registergericht München) geforderte **Erklärung einer Bank**, dass die Gesellschafter ihre Einlagen auf das Stammkapital geleistet hätten und diese zur freien Verfügung der Gesellschaft stünden. Diese den Anforderungen an die Anmeldung einer AG (§ 37 Abs. 1 Satz 3 AktG) nachgebildete Praxis war und ist – hier wie dort – fragwürdig, weil die Bank die freie Verfügbarkeit nur aufgrund ihr selbst bekannter Vorgänge beurteilen kann; im Zweifel besagt ihre Erklärung nur, dass ihr Verfügungen über das Gesellschaftskonto nicht bekannt sind und sie von ihrem AGB-Pfandrecht derzeit keinen Gebrauch macht. Ob sie „auffällige Vorgänge" (z. B. die zeitliche Nähe von Ein- und Auszahlungen: „Hin- und Herzahlen") melden muss oder darf, erscheint angesichts des Bankgeheimnisses äußerst fraglich.

Vgl. *Sernetz*, ZIP 1993, 1685, 1695, Fn. 79.

Eine dennoch abgegebene Erklärung kann eine eigene Haftung der Bank – ohne Verschulden – auslösen. 201

BGHZ 113, 335 = ZIP 1991, 511,
dazu EWiR 1991, 1213 *(Frey)*;
K. Schmidt, Gesellschaftsrecht, § 37 II. 4. b;
Scholz-Veil, GmbHG, § 9a Rn. 43 ff;
Lutter/Hommelhoff-*Bayer*, GmbHG, § 8 Rn. 9;
Baumbach/Hueck-*Hueck/Fastrich*, GmbHG, § 8 Rn. 15.

Trotzdem werden derartige Bankbestätigungen im Einzelfall immer noch herangezogen. 202

OLG Köln ZIP 2001, 1243 = BB 2001, 1423,
dazu EWiR 2001, 1093 *(v. Gerkan)*.

Offensichtlich ausgelöst durch die Kritik an dieser Praxis hat durch Intervention des Rechtsausschusses Satz 2 von § 8 Abs. 2 GmbHG eine **Neufassung** erhalten, nach der das Gericht nur bei erheblichen Zweifeln an der Richtigkeit der Versicherung der Geschäftsführung Nachweise, vor allem „Einzahlungsbelege" verlangen kann. Das steht der bisherigen registergerichtlichen Praxis, ergänzende Belege ohne konkrete Verdachtsmomente routinemäßig anzufordern, entgegen. Wird dennoch eine Bankbestätigung abgegeben, kommt eine verschuldensunabhängige Haftung der Bank für die Richtigkeit der Erklärung nur dann in Betracht, wenn darin auf Anforderung des Gerichts auch die freie Verfügbarkeit bestätigt wird. 203

Baumbach/Hueck-*Hueck/Fastrich*, GmbHG, § 8 Rn. 15;
Wicke, GmbHG, § 8 Rn. 12;
Roth/Altmeppen-*Roth*, GmbHG, § 8 Rn. 13.

Viele Notare verfassen und beglaubigen die Anmeldungserklärung schon bei der Beurkundung des Gründungsvertrages. Sie behalten aber die Anmeldungserklärung und reichen sie erst beim Registergericht ein, wenn ihnen die vorstehend aufgeführten Anlagen vollständig zur Verfügung stehen. 204

b) Haftung für falsche Angaben

205 Wenn bei der Anmeldung falsche Angaben gemacht wurden, haben die Gesellschafter und die Geschäftsführer mangelhafte Einzahlungen auszugleichen, Vergütungen, die nicht ausdrücklich im Gesellschaftsvertrag und bei der Anmeldung genannt werden, zu ersetzen und für jeden sonstigen daraus entstehenden Schaden Ersatz zu leisten (§ 9a Abs. 1 GmbHG). Ein Verschulden der Geschäftsführer und Gesellschafter wird nach § 9a Abs. 2 GmbHG vermutet. Der Umfang der Einstandspflicht ist nach dem Grad des Verschuldens gestaffelt (§ 9a Abs. 3 GmbHG). Zwischen den Ansprüchen der Gesellschaft gegen die Geschäftsführer und gegen die Gesellschafter gemäß § 9 GmbHG besteht Gesamtschuldnerschaft,

> OLG Celle GmbHR 2001, 243.

206 Nach § 9a Abs. 4 GmbHG haften Hintermänner der Gründung (Treuhänder, Strohmänner) wie Gesellschafter.

207 Falsche Angaben i. R. der Anmeldung unterliegen einer Strafdrohung nach § 82 GmbHG.

7. Prüfung der Anmeldung

a) Allgemeines

208 Das Prüfungsverfahren nach § 9c GmbHG ist Teil eines vom Gesetz unvollkommen geregelten, durch Rechtsfortbildung erweiterten Systems, durch welches einerseits die Legalität der GmbH-Gründung kontrolliert, andererseits die Teilnahme der Vorgesellschaft am Geschäftsverkehr gewährleistet und schließlich die volle Kapitalausstattung der GmbH bei ihrer Entstehung sichergestellt werden soll.

> Baumbach/Hueck-*Hueck/Fastrich*, GmbHG, § 9c Rn. 4 ff
> und § 11 Rn. 4;
> Lutter/Hommelhoff-*Bayer*, GmbHG, § 9c Rn. 3;
> *Wicke*, GmbHG, § 9c Rn. 3 ff.

Hier interessiert nur das letztgenannte Ziel.

209 Nach der Idee dieses Systems sollen Unvollkommenheiten der Kapitalaufbringung, soweit sie vom Registergericht bei Prüfung der Anmeldung erkannt und von den Gesellschaftern nicht behoben werden, die Eintragung der Gesellschaft hindern, und soweit sie nicht erkannt werden, durch eine unbeschränkte Haftung der Gesellschafter aufgewogen werden.

210 Die Unvollkommenheit der Kapitalaufbringung kann einerseits darauf beruhen, dass der Wert eingebrachter Sacheinlagen nicht die vom Einleger übernommene Stammeinlagenziffer erreicht (§ 9 Abs. 1 GmbHG), und andererseits darauf, dass der Wert des von den Gesellschaftern eingebrachten Vermögens in dem nach dem Gesetz maßgeblichen Zeitpunkt nicht mehr der im Gründungsvertrag vereinbarten Mindestgesamtleistung entspricht (Vorbelastung).

In der Erkenntnis, dass eine umfassende Prüfung der Frage, ob die Gesell- 211
schaft ordnungsgemäß errichtet und angemeldet ist (§ 9c Abs. 1 Satz 1
GmbHG), lange Eintragungszeiten auslösen kann, dass die Prüfung durch
das Registergericht dennoch in der Regel nur kursorisch erfolgt und dass
demnach bisher nicht gewährleistet war, dass der Wert von Vermögensgegenständen durch das Registergericht tatsächlich genau ermittelt wird, hat der
MoMiG-Gesetzgeber eine **Relativierung des Prüfungsumfangs** in das Gesetz
aufgenommen. Nach § 9c Abs. 1 Satz 2 GmbHG soll die Eintragung der Gesellschaft nicht daran scheitern, dass Sacheinlagen nur unwesentlich überbewertet worden sind.

> RegE MoMiG, abgedr. in: ZIP, Beilage Heft 23/2007, S. 11.

Um jedoch zu dem Urteil zu gelangen, ob eine Sacheinlage wesentlich oder 212
unwesentlich überbewertet worden ist, muss das Gericht Wertfeststellungen
treffen.

Diese werfen Fragen auf nach dem richtigen Bewertungssystem und nach dem
maßgeblichen Zeitpunkt für die Bewertung.

b) Prüfungsgegenstand

Das Gesetz unterscheidet bei der Prüfung der Kapitalaufbringung zweierlei 213
Leistungen auf die Stammeinlage, nämlich die Geldeinlage und eine Leistung,
die nicht in Geld besteht (so die Formulierung in § 19 Abs. 5 GmbHG a. F.).
Die zweite dieser Leistungen nennt das Gesetz Sacheinlage. Die Tatsache,
dass das **MoMiG** die hier zitierte Beschreibung der Sacheinlage aus dem bisherigen Recht nicht mehr wiederholt, hat an dieser Definition nichts geändert.

Die **Prüfung der Geldeinlage** beschränkt sich darauf festzustellen, dass die 214
Geldleistungen gemäß § 7 Abs. 2 GmbHG bewirkt sind und dass sie sich in
der endgültigen freien Verfügung der Geschäftsführung befinden. Das kann
seitens des Gerichts nur daran ermessen werden, ob die Leistungen nicht
unmittelbar nach ihrem Eingang entweder für ein Geschäft mit dem Inferenten
verwendet wurden oder sie überhaupt an ihn selbst oder ihm nahestehenden
Personen zurücküberwiesen wurden. Sind die Leistungen nach § 7 Abs. 2
nicht vollständig erbracht oder stellt das Gericht fest, dass sich die Geldmittel
nicht in der freien Verfügung der Geschäftsführung befinden, muss es die
Eintragung ablehnen. Bewertungsprobleme gibt es bei Geldeinlagen prinzipiell
nicht; sie können erst auftreten, wenn Geldeinlagen in der Zeit zwischen
Anmeldung und Eintragung für Anschaffungen genutzt werden und diese
einer Wertentwicklung unterlagen (siehe dazu Rn. 198 ff).

Die Prüfung der nicht in Geld bestehenden Einlagen, d. h. der **Sacheinlagen** 215
ist ungleich schwieriger, und zwar vor allem deswegen, weil sich hinter dem
Begriff der Sacheinlage sehr heterogene Gegenstände verbergen können.

- Handelt es sich um einen einzelnen Gegenstand, der nicht schon vor der
  Eintragung der Gesellschaft Teil eines von der Vorgesellschaft betriebenen

D. Die Aufbringung des Stammkapitals bei Gründung der GmbH

Unternehmens werden soll, dann beschränkt sich die Prüfung des Gerichts darauf festzustellen, dass der Wert der Sacheinlage den Nennbetrag des dafür übernommenen Geschäftsanteils erreicht (§ 8 Abs. 1 Nr. 5 GmbHG). Erreicht der Wert der Sacheinlage im maßgebenden Zeitpunkt den Nennbetrag des dafür übernommenen Geschäftsanteils nicht, hat der Gesellschafter in Höhe des Fehlbetrags eine Einlage in Geld zu leisten. Die Eintragung der Gesellschaft kann nach der Neuformulierung von § 9c Abs. 1 GmbHG nur dann abgelehnt werden, wenn die Sacheinlage nicht unwesentlich überbewertet worden ist und kein Geldausgleich erbracht wurde.

- Wird ein Unternehmen als Sacheinlage eingebracht, dann ist zu prüfen, ob der Gesamtwert des Unternehmens und nicht der seiner einzelnen Vermögensgegenstände dem Nennbetrag des übernommenen Geschäftsanteils entspricht. Ist dies nicht der Fall, gilt das Gleiche wie bei der Einbringung einer einfachen Sacheinlage.

- Ein Vermögensgegenstand, der eingebracht wird, um als Teil einer Sachgesamtheit – wie einem Unternehmen – zu dienen, ist möglicherweise auf zwei Termine hin zwei Mal zu prüfen: Einmal als die Sacheinlage eines der sich an der Gründung beteiligenden Gesellschafters, und zum anderen innerhalb der Bewertung einer Sachgesamtheit, z. B. eines Unternehmens.

- Unabhängig davon, welche Art Einlage ein Gründungsgesellschafter zu erbringen hat, und welches sein Anteil an der Gesellschaft ist (es können z. B. alle Gründungsgesellschafter reine Geldeinlagen leisten), wird eine Sachbewertung dann erforderlich, wenn die Gründungsgesellschafter die eingebrachten Mittel für ein von ihnen schon in der Vorgesellschaft ins Leben gerufenes Unternehmen einsetzen. In einem solchen Fall muss sich eine Prüfung im Hinblick auf die dynamische Entwicklung von Unternehmen damit befassen, ob das eingebrachte Vermögen im maßgeblichen Zeitpunkt noch vorhanden ist.

216 Der Prüfungsgegenstand erleidet je nachdem, wie lange die Zeit zwischen der Einbringung eines Vermögensgegenstands und der Eintragung der Gesellschaft dauert, Veränderungen. Die Frage, welches Maß an den Wert eines Einbringungsgegenstands anzulegen ist und wann dies zu geschehen hat, wird uneinheitlich beantwortet. Am ehesten findet man Stellungnahmen dort, wo über die **Haftung** der Gesellschafter für anfängliche oder später entstandene Wertdifferenzen gesprochen wird (siehe unten Rn. 225 ff).

c) Prüfungszeitpunkt bei der Gründung

217 Wenn es nach dem Grundsatz der realen Kapitalaufbringung darauf ankommen soll, die volle Kapitalausstattung der GmbH bei ihrer Entstehung sicherzustellen,

>Baumbach/Hueck-*Hueck*/*Fastrich*, GmbHG, § 11 Rn. 4,

müsste man erwarten, dass eine Prüfung der umfang- und wertmäßigen Vollständigkeit der Kapitalaufbringung gerade auf den Entstehungszeitpunkt erfolgt. Den Entstehungszeitpunkt markiert das Gesetz in § 11 Abs. 1 GmbHG durch die Formulierung, vor der Eintragung in das Handelsregister bestehe „die GmbH als solche nicht", auf den Moment der Eintragung. Deswegen erscheint es *Roth* richtig, im Hinblick auf den Schutzzweck des Eintragungsverfahrens die gerichtliche Prüfung der Eintragungsfähigkeit auf den aktuellen Sachstand und damit auf den letztmöglichen Zeitpunkt – „idealiter: die Eintragung" – zu beziehen.

Roth/Altmeppen-*Roth*, GmbHG, § 9c Rn. 12.

218 Das Gesetz nennt jedoch einen generell gültigen Prüfungszeitpunkt nicht. Es sagt lediglich in § 9c Abs. 1 GmbHG, dass das Gericht die Eintragung abzulehnen habe, wenn die Gesellschaft nicht ordnungsgemäß errichtet und angemeldet ist und wenn Sacheinlagen überbewertet wurden. Daraus kann man schließen, dass das Gesetz von einer **Prüfung vor der Eintragung und nach der Anmeldung** ausgeht. Es sieht nicht mehrere Prüfungszeitpunkte vor und es lässt die Eintragung nicht obligatorisch mit dem Ende der Prüfung zusammenfallen. Damit nimmt das Gesetz in Kauf, dass die Wertverhältnisse in den einzelnen Phasen des Kapitalaufbringungsvorgangs (Einlageleistung/Anmeldung/Prüfung/Eintragung) nicht jeweils akut festgestellt werden, sondern entweder retrospektiv oder prospektiv ermittelt werden müssen. Dies kann bei Verzögerungen des Kapitalaufbringungsvorganges zu Wertdifferenzen führen, auf die das Recht reagieren muss, will es das gesetzgeberische Ideal einer vollen Kapitalausstattung der GmbH in ihrem Entstehungszeitpunkt sicherstellen. Mit Wertdifferenzen muss man selbst dann rechnen, wenn die Eintragung zeitlich unmittelbar auf die Prüfung folgt; man denke nur an den Kursverlust einer börsennotierten Beteiligung, der innerhalb von Minuten eintreten kann.

d) Der Bewertungszeitpunkt bei der Gründung

219 Die zutreffende Feststellung des Wertes der geleisteten Einlage durch das Gericht ist Voraussetzung für die Eintragung der Gesellschaft. Wertdifferenzen können die Differenz- bzw. die Vorbelastungshaftung auslösen. Nicht weniger als bei der Prüfung erwartet man, dass die Wertermittlung eingebrachter Einlageleistungen exakt auf den Entstehungszeitpunkt der GmbH, d. h. auf den Augenblick der Eintragung erfolgt. Auch insoweit gibt es jedoch keine allgemein gültige gesetzliche Festlegung.

aa) Der Bewertungszeitpunkt bei Sacheinlagen

220 Lediglich in Bezug auf **Sacheinlagen** sagt § 9 Abs. 1 GmbHG, dass eine Differenz zwischen dem Wert der eingebrachten Sacheinlage und dem Nennbetrag des dafür übernommenen Geschäftsanteils im **Zeitpunkt der Anmeldung** in Geld ausgeglichen werden muss. Das Gesetz geht in diesem Fall also davon

D. Die Aufbringung des Stammkapitals bei Gründung der GmbH

aus, dass der Wert der Sacheinlage auf den Zeitpunkt der Anmeldung festzustellen ist. Dieser gesetzlichen Regelung liegt wohl der Gedanke zugrunde, dass die Eintragung der Anmeldung zügig folgt und dass deswegen erhebliche Wertveränderungen und nicht ausgeglichene Belastungen nicht auftreten werden. Die Bestimmung in § 9 Abs. 1 GmbHG betrifft darum in erster Linie Sacheinlagegegenstände, wie sie oben unter Rn. 174 ff beschrieben worden sind.

221 Das Gesetz unterstellt allerdings in § 9 Abs. 2 GmbHG, dass eine Wertdifferenz bei der Prüfung möglicherweise nicht entdeckt wird und dass deswegen ein Anspruch der Gesellschaft gegen den Gesellschafter über die Eintragung hinaus bestehen bleibt. Würde die Differenz dagegen im Prüfungsverfahren – bezogen auf die Wertverhältnisse bei der Anmeldung – entdeckt, müsste die Eintragung, wenn die Sacheinlage nicht unwesentlich überbewertet worden ist und nicht sofort ein Geldausgleich erfolgt, gemäß § 9c Abs. 1 GmbHG abgelehnt werden (**Differenzhaftung i. e. S.**). Der Geldausgleich muss in einer effektiven Zahlung bestehen (Geldleistung, § 9 Abs. 1 Satz 1 GmbHG). Die Anerkennung einer Einlageverpflichtung genügt nicht. Eine Wertsteigerung der Sache nach der Anmeldung beseitigt das Eintragungshindernis nicht.

>Roth/Altmeppen-*Roth*, GmbHG, § 9c Rn. 10 f;
>*Wicke*, GmbHG, § 9 Rn. 4.

222 Auch wenn eine **unwesentliche Überbewertung** der Sacheinlage die Eintragung nicht hindert, heißt dies nicht, dass die unwesentliche Differenz nicht auszugleichen wäre. Es ist nur so, dass der Registerrichter sich darum nicht zu kümmern hat, er eine Leistung auf die Differenz also nicht anfordert. Die Gesellschaftsforderung unterliegt vielmehr den gleichen Regeln wie die unentdeckte Differenzforderung gemäß § 9 Abs. 1 Satz 1 GmbHG, die regelmäßig erst nach der Eintragung aufgedeckt wird. Das heißt, sie wird mit der Eintragung fällig und verjährt nach Maßgabe des § 9 Abs. 2 GmbHG.

>Roth/Altmeppen-*Roth*, GmbHG, § 9 Rn. 7.

Als unwesentlich dürften solche Überbewertungen eingeschätzt werden, die innerhalb der Bandbreite der üblichen Bewertungsabweichungen liegen. So *Bayer* unter Bezugnahme auf die entsprechenden Kommentierungen zu § 38 AktG,

>Lutter/Hommelhoff-*Bayer*, GmbHG, § 9c Rn. 17;
>*Hüffer*, AktG, § 38 Rn. 9, m. w. N.

223 **Bewertungsgegenstand** ist in erster Linie die Einzelsache, von der der Gesetzgeber annimmt, dass sie bei einer zügigen Prüfung ihren Wert zwischen Anmeldung und Eintragung nicht wesentlich verändert. Das gilt etwa für ein Grundstück, das vor der Eintragung nicht unternehmerisch verwertet werden soll. Das gilt aber auch für eine eingebrachte Sachgesamtheit wie ein Unternehmen, das seinen Betrieb erst nach der Eintragung der Gesellschaft aufnehmen soll.

Eine weitere Prüfung des Sachgegenstands ist selbst dann nicht vorgesehen, 224
wenn sich das Eintragungsverfahren **über längere Zeit hinzieht.** Das gilt
auch, wenn die Gesellschafter bzw. die Vorgesellschaft über die Einlage bereits
verfügen jedenfalls so lange, als für eine solche Verfügung oder Belastung ein
vollwertiger Gegenwert im Gesellschaftsvermögen geschaffen wird.

    Roth/Altmeppen-*Roth*, GmbHG, § 9 Rn. 9.

Strittig ist aber die Frage, wie Wertminderungen eines Sacheinlagegegenstands, 225
die zwischen der Anmeldung und der Prüfung eingetreten sind, behandelt
werden sollen. Hat es das prüfende Gericht bei der Bewertung auf den Zeitpunkt der Anmeldung zu belassen oder hat es eine Neubewertung, nunmehr
bezogen auf das Prüfungsdatum, vorzunehmen.

- Die Antwort hierauf ist uneinheitlich. Nach der – wohl noch – h. A. in
  Rechtsprechung und Literatur kommt es auf den „Eintragungszeitpunkt"
  an. Wertveränderungen nach der Anmeldung sollen darum ohne Rücksicht
  auf ihre Ursache zu berücksichtigen sein. Abgeleitet wird diese dem
  Wortlaut von § 9 Abs. 1 GmbHG widersprechende Auffassung aus dem
  Verbot der Unterpari-Ausgabe der Geschäftsanteile

      BGHZ 80, 129, 136 f;
      BayObLG GmbHR 1992, 109, 110.

- *Roth* weist darauf hin, dass dann, wenn ein nicht unwesentlicher Minderwert der Sacheinlage vom Gericht bis zum Abschluss seiner Prüfung zu
  berücksichtigen sei und ein Hindernis für die Eintragung darstelle, sich
  eine praktische Notwendigkeit ergäbe, die Wertdifferenz effektiv auszugleichen, damit das Hindernis ausgeräumt ist. Das gesetzliche Ziel, die
  Kapitalaufbringung optimal zu gewährleisten, werde nur erreicht, wenn
  das Entstehen einer GmbH mit bereits erkennbar wertgemindertem Einlagevermögen verhindert werde. Dieses Risiko habe der Gründer zu tragen
  als Preis für das Abgehen von dem risikolosen Normalfall der Geldeinlage.

      Roth/Altmeppen-*Roth*, GmbHG, § 9c Rn. 10, 11.

- Die Gegenmeinung weist darauf hin, dass das Verbot der Unterpari-
  Emission das Fortbestehen eines Wertrisikos nach der Erfüllung – entgegen
  § 9 Abs. 1 GmbHG – nicht rechtfertige.

      Scholz-*Veil*, GmbHG, § 9c Rn. 33;
      Lutter/Hommelhoff-*Bayer*, GmbHG, § 9c Rn. 19;
      Freitag/Riemenschneider, in: Münch-Hdb. GesR,
      Bd. III, § 9 Rn. 46;
      K. Schmidt, Gesellschaftsrecht, § 23 III. 4. c;
      Scholz-*K. Schmidt*, GmbHG, § 11 Rn. 135.

Diese Meinung hat den Vorzug, dass das Eintragungsverfahren nicht von
dem Aufspüren und Verfolgen von Wertdifferenzen im Prüfungszeitpunkt
verzögert wird. Das MoMiG hat die Beschleunigungsabsicht des Gesetzgebers nicht zuletzt dadurch manifestiert, dass es auf die Beachtung

unwesentlicher Überbewertungen verzichten will (§ 9c Abs. 1 Satz 2 GmbHG). Das gibt einen Hinweis darauf, dass das Gericht im Prüfungsverfahren nicht in Prüfungen einsteigen soll, deren Exaktheit der Gesetzgeber von vornherein relativiert hat.

226 Dieser Auffassung ist zu folgen; auch hierbei ist zwischen wesentlichen und unwesentlichen Wertminderungen zu unterscheiden. Die unwesentliche Wertminderung hindert die Eintragung nicht, löst aber eine Differenzhaftung aus (siehe oben Rn. 221 f). Die wesentliche Wertminderung hindert die Eintragung, und nur ein effektiver Geldausgleich des Wertdefizits durch Zuzahlungen beseitigt das Eintragungshindernis.

227 Die Beachtung von Wertminderungen im Prüfungszeitpunkt setzt voraus, dass das Gericht die Wertminderung erkennt. Das ist nicht selbstverständlich. Ob eine erneute Meldepflicht besteht, ist außerordentlich strittig. Die wohl h. M. in der Literatur verneint eine solche Pflicht, weil sie nach dem Gesetz nicht vorgesehen ist.

> Lutter/Hommelhoff-*Bayer*, GmbHG, § 8 Rn. 12;
> Baumbach/Hueck-*Hueck/Fastrich*, GmbHG, § 8 Rn. 14;
> Ulmer/Habersack/Winter-*Ulmer*, GmbHG, § 8 Rn. 32;
> Scholz-*Veil*, GmbHG, § 8 Rn. 27.

Zum Teil wird aber eine erneute Versicherung gemäß § 8 Abs. 2 GmbHG verlangt, wenn das Eintragungsverfahren länger dauert. Es wird sogar bei einer Verfahrensdauer von mehr als drei Monaten eine Pflicht des Registergerichts bejaht, eine aktualisierte Nachmeldung anzufordern.

> Roth/Altmeppen-*Roth*, GmbHG,
> § 8 Rn. 21 und § 9c Rn. 12, m. w. N.;
> *Gummert*, in: Münch-Hdb. GesR, Bd. III, § 16 Rn. 107;
> OLG Düsseldorf NJW-RR 1998, 898 f.

228 Davon zu unterscheiden ist der Fall, dass der eingelegte Sachgegenstand in eine von der Vorgesellschaft ausgeübte Geschäftstätigkeit einbezogen oder Teil eines von dieser betriebenen Unternehmens wird. Dann wird er Gegenstand einer Vorbelastungs- und Unterbilanzprüfung (dazu siehe unten Rn. 238 ff). Es kommt dann nicht auf die Einzelwertentwicklung des Gegenstands an, sondern auf die Wertentwicklung des Gesamtvermögens.

bb) Die denkbaren Bewertungszeitpunkte bei dem übrigen Vermögen

229 Was die Bewertung des eingebrachten **Vermögens i. Ü.** anlangt, also insbesondere die Bewertung eines von den Gesellschaftern nach der Gründung aufgenommenen oder fortgesetzten Geschäftsbetriebes, waren und sind Rechtsprechung und Schrifttum mangels einer gesetzlichen Bestimmung gehalten, den Bewertungszeitpunkt entsprechend der Idee des Kapitalaufbringungsgrundsatzes zu entwickeln.

I. Stammeinlagen/Bareinlagen/Sacheinlagen

Fünf Zeitpunkte bieten sich an: 230

- der Zeitpunkt der Erfüllung der übernommenen Einlageverpflichtung, d. h. der Einbringung des Einlagegegenstands, weil die Gründer davon ausgehen, dass sie damit alles getan haben, was nach ihrer Vorstellung aufgrund des Gründungsvertrages und des Gesetzes für die Kapitalaufbringung erforderlich ist;

- die Registeranmeldung, weil die Gründer hinsichtlich der sachlichen und finanziellen Mittel, die die Gesellschaft für die Aufnahme und Fortführung einer Geschäftstätigkeit braucht und einsetzt, ohnehin Wertangaben machen müssen (§ 8 Abs. 1 Nr. 5 GmbHG);

- die Prüfung durch das Gericht, weil dabei aktuelle Zahlen ermittelt und die Wertentwicklung eingebrachten Vermögens akut berücksichtigt werden könnten;

- die Eintragung der Gesellschaft in das Handelsregister, weil für diesen Zeitpunkt, nämlich dem der Entstehung der Gesellschaft, nach dem Unversehrtheitsgrundsatz die volle Kapitalausstattung der Gesellschaft gesichert werden soll;

- irgendein Tag nach Eintragung der Gesellschaft, weil dann retrospektiv festgestellt werden könnte, welchen Wert das eingebrachte Vermögen im Entstehungszeitpunkt der GmbH hatte.

Der vierte dieser alternativ in Betracht kommenden Zeitpunkte (**die Eintragung**) hätte, wenn man auf ihn abstellen könnte, den Vorteil, dass Wertdifferenzen exakt für den Augenblick festgestellt würden, auf den es nach dem Unversehrtheitsgrundsatz ankommt, nämlich die Entstehung der GmbH. Der Wahl dieses Zeitpunktes steht jedoch der allgemeine Satz der Logik entgegen, dass man nur Zustände und Ereignisse der Vergangenheit und Gegenwart exakt prüfen und bewerten kann, nicht aber Zustände und Ereignisse, die erst in der Zukunft eintreten; hinsichtlich dieser ist allenfalls eine – mehr oder weniger zuverlässige – Schätzung möglich. Nachdem die Prüfung, die mit der Wertfeststellung betraut ist, der Eintragung – nicht selten lange – vorausgeht, könnte die Wertfeststellung auf den Eintragungszeitpunkt nur auf Schätzungen beruhen. Die daraus folgende Ungenauigkeit wäre aber mit dem Grundsatz der Unversehrtheit des Stammkapitals bei Entstehung der Gesellschaft nicht vereinbar. 231

Ein Zeitpunkt **nach der Eintragung** der Gesellschaft hätte den Vorteil, rückblickend einen exakten Wert des eingebrachten Vermögens – soweit das überhaupt möglich ist – festzustellen. Eine solche Nachprüfung ist im Gesetz jedoch nicht vorgesehen. Sie ist aber nicht ausgeschlossen und kommt im Einzelfall vor, wenn Gläubiger sich z. B. auf eine materielle Unterkapitalisierung berufen oder wenn der Insolvenzverwalter nachträglich ermitteln muss, ob die Einlagepflicht der Gesellschafter vollständig erfüllt ist. In beiden Fällen geht es zwar um die vollständige Kapitalaufbringung, nicht aber ist 232 davon die Entstehung der GmbH abhängig und deswegen gehört diese Art der Prüfung und Bewertung nicht zu dem nach dem Gesetz vorgesehenen Verfahren der §§ 7 bis 12 GmbHG. Sie kann deswegen hier außer Betracht bleiben.

233 Für den **Zeitpunkt der Erfüllung** der Einlageverpflichtung als Bewertungsstichtag sprechen der Umstand, dass nach § 8 Abs. 2 Satz 1 GmbHG die Leistungen auf die Geschäftsanteile vor der Anmeldung bewirkt sein müssen, und die Tatsache, dass das Registergericht die übrigen Eintragungsvoraussetzungen nach § 8 Abs. 1 GmbHG – unabhängig von Bewertungen – ohnehin prüfen muss. Folgt man zudem der neuerdings von *Kersting* mit beachtlichen Gründen vertretenen Auffassung, dass für den Unversehrtheitsgrundsatz kein Bedarf bestünde, dass nämlich die Gründer, wenn sie ihre Einlage vollständig und regelkonform eingebracht haben, davon ausgehen könnten, ihrer Einlageverpflichtung in jeder Hinsicht genüge getan zu haben, dann spricht alles für diesen Zeitpunkt,

Kersting, ZHR 175 (2011), 644, 682.

Es bleibt abzuwarten, wie Rechtsprechung und Schrifttum auf diesen – überraschenden – Vorschlag reagieren werden.

234 Folgte man schließlich der verbreiteten Auffassung,

Ulmer/Habersack/Winter-*Ulmer*, GmbHG, § 9c Rn. 31,
Baumbach/Hueck-*Hueck/Fastrich*, GmbHG, § 9c Rn. 2, m. w. N.,

dass der Registerrichter auch dann, wenn das übernommene Kapital voll aufgebracht ist, Anlass für eine Amtsermittlung haben kann, wenn eindeutige Verdachtsgründe für eine materielle Unterkapitalisierung vorliegen, dann mutet man dem Gericht eine Wertprüfung schon auf den Einbringungsstichtag zu. Insofern wäre eine Bewertung auf den Einbringungszeitpunkt nicht von vornherein systemwidrig.

Dennoch kommt dieser Zeitpunkt – jedenfalls nach h. M. – nicht in Betracht, und zwar nicht nur deswegen, weil der Einbringungsstichtag von allen in Betracht kommenden Zeitpunkten am weitesten von dem Entstehungszeitpunkt entfernt ist, sondern vor allem, weil die Gründer aufgrund ihres Eintragungsanspruchs auch einen Anspruch auf die Prüfung der von ihnen vorgetragenen Umstände und der abgegebenen Erklärungen auf der Basis der eingereichten Anmeldungsunterlagen haben.

Baumbach/Hueck-*Hueck/Fastrich*, GmbHG, § 9c Rn. 2.

235 Erst die Anmeldung gibt die **Veranlassung für eine Prüfung** durch das Registergericht. Das Gericht ist nach § 9c Abs. 1 GmbHG verpflichtet, die Anmeldung zu prüfen. Dies beinhaltet zugleich die Aufgabe, die Vollwertigkeit der geleisteten Einlage anhand der Anmeldeunterlagen festzustellen. Das bedeutet, dass für die Entscheidung über die Frage der Eintragung der Gesellschaft nicht der Einbringungswert maßgeblich ist.

Roth/Altmeppen-*Roth*, GmbHG § 9c Rn. 12.

cc) Der Wert bei Anmeldung oder Prüfung

Hinsichtlich der Relevanz der beiden übrigen in Betracht kommenden Bewertungszeitpunkte – Anmeldung/Prüfung – bestehen **unterschiedliche Auffassungen in Rechtsprechung und Schrifttum**, wobei die Entscheidung für die eine oder die andere Alternative wesentlich davon bestimmt ist, ob ein Wertdefizit die Eintragung hindern soll, oder nur eine bleibende Haftung auslöst. 236

> Vgl. dazu Scholz-*K. Schmidt*, GmbHG, § 11 Rn. 135, 137, m. w. N.

- Die **Rechtsprechung** geht bisher einhellig davon aus, dass die Wertminderung von Sacheinlagen im weitesten Sinn und die Belastung von Einlagen durch Aufnahme von Verbindlichkeiten (Vorbelastung), die zwischen der Anmeldung und der Prüfung durch das Registergericht erfolgt sind, wenn dadurch das Vermögen der Gesellschaft unter den Betrag des Stammkapitals geschmälert ist (Unterbilanz), vom Gericht beachtet werden müssen und die Eintragung hindern. 237

> BGHZ 80, 129, 143 = ZIP 1981, 394
> (jedenfalls für Bargründungen);
> BGHZ 80, 182, 184 f = ZIP 1981, 516 (obiter dictum);
> BayObLG DB 1991, 2536 = BB 1991, 2391;
> OLG Hamm DB 1993, 86;
> BayObLG DB 1998, 2359;
> ebenso Roth/Altmeppen-*Roth*, GmbHG, § 9c Rn. 10;
> ausführlich *Gummert*, in: Münch-Hdb. GesR,
> Bd. III, § 16 Rn. 106 ff.

Die zitierte Rechtsprechung beruft sich dabei auf das Argument, Ziel der gesetzlichen Kapitalaufbringungsgarantien sei es zu gewährleisten, dass die GmbH im Zeitpunkt ihrer Entstehung über den gesetzlich vorgeschriebenen Haftungsfonds tatsächlich verfüge. Deswegen müsse das Registergericht die Eintragung ablehnen, wenn seit der Anmeldung Wertminderungen bzw. Vorbelastungen eingetreten seien.

Erstaunlicherweise vernachlässigt die Rechtsprechung den Umstand, dass die Prüfung des Gerichts und die Eintragung zeitlich nicht aufeinander fallen. So sagt etwa das Bayerische Oberlandesgericht, bei der registerlichen Prüfung sei auf den „**Zeitpunkt der Eintragung**" abzustellen, so als erfolgten Prüfung und Eintragung zur gleichen Zeit.

> BayObLG DB 1998, 2359.

Das trifft jedoch selbst dort nicht zu, wo die Gerichte um eine möglichst rasche Eintragung nach ihrer Prüfung bemüht sind. In der Praxis liegen, insbesondere bei größeren Gerichten manchmal mehrere Wochen zwischen der Prüfung durch den Registerrichter, seiner Verfügung und der Eintragung der GmbH.

> *Freitag/Riemenschneider*, in: Münch-Hdb. GesR, Bd. III,
> § 9 Rn. 46.

D. Die Aufbringung des Stammkapitals bei Gründung der GmbH

Veränderungen des Vermögens einer angemeldeten aber noch nicht eingetragenen Gesellschaft können demgegenüber, wie bekannt, in wenigen Augenblicken eintreten; man denke nur an die Pleite eines Großkunden, den Kursverfall einer börsennotierten Beteiligung, die Änderung der Nutzungsmöglichkeit eines Grundstücks durch Verwaltungsakt. Es ist deshalb illusorisch anzunehmen, dass die Verhältnisse bei der Prüfung durch das Gericht denjenigen bei der Eintragung entsprechen. Die von der Rechtsprechung verlangte Feststellung der Wertverhältnisse im Prüfungszeitpunkt bringt darum keine zuverlässigen Erkenntnisse über die Wertverhältnisse im Augenblick der Eintragung, sondern allein für den Zeitpunkt der Prüfung.

238 • **Das Schrifttum** macht bei Wertveränderungen Unterschiede, je nachdem, ob es sich um reine Sacheinlagen oder um Einlagen handelt, die durch ihre Verwendung, insbesondere i. R. der Geschäftstätigkeit der Vorgesellschaft zu Vorbelastungen geführt haben.

Einig ist man sich, dass eine nicht unwesentliche **Überbewertung der Sacheinlage im Anmeldungszeitpunkt** die Eintragung hindert (§ 9c Abs. 1 GmbHG). Unmaßgeblich ist der Wert im Zeitpunkt der Gründung und im Zeitpunkt der Einbringung. Der Wertmangel kann nur durch Leistung einer Geldeinlage in Höhe des Fehlbetrages ausgeglichen werden. Erfolgt der Ausgleich nicht, hat das Registergericht die Eintragung abzulehnen. Wird der Wertmangel nicht entdeckt, verjährt der Geldanspruch in zehn Jahren seit der Eintragung (§ 9 Abs. 2 GmbHG).

> Ulmer/Habersack/Winter-*Ulmer*, GmbHG, § 9c Rn. 33;
> Baumbach/Hueck-*Hueck/Fastrich*, GmbHG, § 9 Rn. 4;
> Lutter/Hommelhoff-*Bayer*, GmbHG, § 9c Rn. 21;
> Scholz-*Veil*, GmbHG, § 9c Rn. 33;
> *Freitag/Riemenschneider*, in: Münch-Hdb. GesR, Bd. III, § 9 Rn. 46;
> a. A. Roth/Altmeppen-*Roth*, GmbHG, § 9c Rn. 12
> (entscheidend: Zeitpunkt der Eintragung);

Zu prüfen ist auch, ob im Zeitpunkt der Anmeldung eine Unterbilanz vorliegt. Das heißt, ob der Wert des Nettovermögens der Stammkapitalziffer entspricht und diese nicht unterschreitet. Dazu haben die Geschäftsführer bei der Anmeldung eine entsprechende Versicherung abzugeben (vgl. Rn. 199). Eine Unterbilanz hat die gleichen Folgen, wie die Überbewertung einer einfachen Sacheinlage.

> Lutter/Hommelhoff-*Bayer*, GmbHG, § 9c Rn. 19.

Anders ist dies jedoch, soweit es um **Wertveränderungen nach der Anmeldung** geht. Hier glaubt die bisher h. M. im Schrifttum unterscheiden zu müssen, je nachdem, ob es sich um Sacheinlagen oder Bareinlagen handelt. Bei **Sacheinlagen** will sie – der Rechtsprechung folgend – auf den Zeitpunkt der Prüfung durch das Registergericht abstellen (fälschlich als Zeitpunkt der „Eintragung" bezeichnet).

I. Stammeinlagen/Bareinlagen/Sacheinlagen

> Ulmer/Habersack/Winter-*Ulmer*, GmbHG, § 9c Rn. 21;
> Roth/Altmeppen-*Roth*, GmbHG, § 9c Rn. 10 ff;
> auch noch Baumbach/Hueck-*Hueck*, GmbHG, 16. Aufl., 1996,
> § 9c Rn. 6.

Dem steht eine wohl im Zunehmen begriffene Auffassung entgegen, die die Anmeldung generell als Bewertungsstichtag und danach eintretende Wertveränderungen nicht als Eintragungshindernis ansieht. Ein Wertverfall nach Anmeldung soll stattdessen allein die Vorbelastungshaftung auslösen. Der Registerrichter habe sich, was die Eintragungsvoraussetzung anlangt, ausschließlich an den Wert der Sacheinlage bei Anmeldung zu halten.

> Baumbach/Hueck-*Hueck/Fastrich*, GmbHG, § 9c Rn. 10;
> Scholz-*Veil*, GmbHG, § 9c Rn. 33;
> Meyer-Landrut/Miller/Niehues-*Meyer-Landrut*, GmbHG,
> § 9c Rn. 5;
> *Freitag/Riemenschneider*, in: Münch-Hdb. GesR, Bd. III,
> § 9 Rn. 46;
> Lutter/Hommelhoff-*Bayer*, GmbHG, § 9 Rn. 19.

Was die **Vorbelastung von verwendeten Bareinlagen** anlangt, vertritt das Schrifttum demgegenüber überwiegend die Auffassung, dass diese, soweit sie nach der Handelsregisteranmeldung entstanden sind, kein Eintragungshindernis darstellen, sondern nur zur Vorbelastungshaftung führen.

> Baumbach/Hueck-*Hueck/Fastrich*, GmbHG, § 9c Rn. 12;
> Ulmer/Habersack/Winter-*Ulmer*, GmbHG, § 9c Rn. 34;
> Lutter/Hommelhoff-*Bayer*, GmbHG, § 9c Rn. 19;
> Scholz-*Veil*, GmbHG, § 9c Rn. 33;
> Rowedder/Schmidt-Leithoff-*Schmidt-Leithoff*, GmbHG,
> § 9c Rn. 30;
> *Freitag/Riemenschneider*, in: Münch-Hdb. GesR, Bd. III,
> § 8 Rn. 34;
> a. A. insbesondere Roth/Altmeppen-*Roth*, GmbHG, § 9c Rn. 13.

239 Der Auffassung, dass es für die Bewertung, soweit von ihr die Eintragung abhängig ist, allein auf die **Anmeldung** ankommt und **nicht auf den Zeitpunkt der Prüfung** durch das Registergericht, ist zu folgen. Mit Recht wird darauf hingewiesen, dass das Gesetz eine eigenständige Prüfung dieser Wertverhältnisse durch das Registergericht nicht vorsieht; das Gericht hat vielmehr die Anmeldeunterlagen und ihren Inhalt auf deren Richtigkeit zu prüfen. Käme es demgegenüber auf den Prüfungszeitpunkt an (der Eintragungszeitpunkt kommt, wie gesehen, realiter nicht in Betracht), würde die richtige Bewertung wegen sich u. U. laufend ändernder Wertverhältnisse zu einem – wie zutreffend bemerkt wird – „Lotteriespiel".

> Scholz-*Veil*, GmbHG, § 9c Rn. 29;
> *Freitag/Riemenschneider*, in: Münch-Hdb. GesR, Bd. III,
> § 8 Rn. 34.

240 Eine andere Frage ist es, ob das Registergericht unter besonderen Umständen, insbesondere wenn gravierende Verdachtsmomente vorliegen, in eine eigenständige Prüfung außerhalb der Prüfung der Anmeldeunterlagen eintreten muss. Dies wird etwa bejaht für den Fall, dass erhebliche Zweifel an der Leistungsfähigkeit der Gesellschafter im Hinblick auf die Vorbelastungshaftung bestehen. Können diese Zweifel nicht ausgeräumt werden, ist die Eintragung abzulehnen.

> BayObLG DB 1991, 2536;
> Baumbach/Hueck-*Hueck/Fastrich*, GmbHG, § 9c Rn. 12;
> Ulmer/Habersack/Winter-*Ulmer*, GmbHG, § 9c Rn. 33;
> Scholz-*Veil*, GmbHG, § 9c Rn. 28.

241 *Roth* bejaht überdies eine Berichtigungs- und Nachmeldepflicht der Anmeldepflichtigen und bei längerer Verfahrensdauer (drei Monate) die Pflicht des Gerichts, eine aktualisierte Nachmeldung zu fordern.

> Roth/Altmeppen-*Roth*, GmbHG, § 9c Rn. 13.

242 Ein Eintragungshindernis stellt aber in jedem Fall die **Überschuldung** oder **Zahlungsunfähigkeit** der Vorgesellschaft dar; so unter Bezugnahme auf die gesetzliche Wertung in den §§ 17, 19 InsO, § 64 Abs. 1 GmbHG:

> Scholz-*Veil*, GmbHG, § 9c Rn. 29.

e) **Prüfung und Bewertung in der Insolvenz**

243 Wie oben ausgeführt, ist die nach dem Gesetz der Eintragung vorausgehende Prüfung nicht geeignet, die Unversehrtheit des eingebrachten Kapitals im Entstehungszeitpunkt der GmbH, nämlich bei der Eintragung präzise festzustellen. Dies war u. a. der Grund, warum die Rechtsprechung vor der Gesetzesreform des Jahres 1980 davon ausging, dass die GmbH bei ihrer Entstehung nur in solche Verbindlichkeiten einträte, die in Gesetz und Satzung eine klare Grundlage hätten („Vorbelastungsverbot").

> BGHZ 65, 378, 383.

244 Mit seiner Entscheidung vom 9.3.1981,

> BGHZ 80, 129, 137, 141 = ZIP 1981, 394,

hat der Bundesgerichtshof den Grundsatz des Vorbelastungsverbotes aufgegeben und sich stattdessen für eine Vorbelastungshaftung ausgesprochen, nach der die Gesellschafter anteilig für die Differenz zwischen der Stammkapitalziffer und dem Wert des Gesellschaftsvermögens, die sich am Stichtag der Eintragung aus Vorbelastungen der GmbH ergibt, einzustehen haben.

245 Damit ergibt sich die Notwendigkeit in Fällen, in denen die Gesellschaft in Schwierigkeiten kommt, ihre Verpflichtungen zu erfüllen, zu prüfen, ob die Gesellschaft bei ihrer Entstehung überhaupt mit dem notwendigen Kapital ausgestattet war, und ob nicht die Gesellschafter für Mängel der Kapitalausstattung einzustehen haben. Diese Prüfung wäre dann am zuverlässigsten, wenn sie unmittelbar nach Eintragung der Gesellschaft erfolgen würde. Das sieht das Gesetz jedoch nicht vor.

Folge hiervon ist es, dass Wertdifferenzen auf den Eintragungszeitpunkt erst 246
in der Insolvenz oder der Liquidation der Gesellschaft oder bei der Zwangsvollstreckung in ihr Vermögen festgestellt werden. Diese Prüfung und Bewertung, die nicht vom Registergericht, sondern vom Insolvenzverwalter/Gläubiger/Liquidator vorzunehmen ist, kann zeitlich lange nach der Eintragung liegen. Sie ist schon deswegen schwierig, weil die Bewertung rückwirkend erfolgen muss.

K. Schmidt, Gesellschaftsrecht, § 34 II. 3. a, aa.

Ihr ist allerdings eine Grenze insoweit gesetzt, als alle Ansprüche der Gesellschaft gegen ihre Gesellschafter aus Wertdifferenzen (nicht jedoch aus Einlagemängeln) in zehn Jahren seit der Eintragung der Gesellschaft verjähren (§ 9 Abs. 2 GmbHG). 247

Lutter/Hommelhoff-*Bayer*, GmbHG, § 11 Rn. 38.

f) Bewertungsmaß

Gleichgültig, ob die Bewertung des eingebrachten Kapitals der GmbH vor 248
oder nach der Eintragung erfolgt, gelten **folgende Bewertungsregeln**.

Gesellschaften mit beschränkter Haftung sind prinzipiell darauf angelegt, ein 249
Unternehmen zu betreiben. Deshalb stellt sich bei allen eingebrachten Vermögensgegenständen die Frage, ob sie mit ihrem Einzelwert anzusetzen sind oder ob ihr Wert innerhalb des Gesamtwertes einer Sachgesamtheit, insbesondere eines Unternehmens erfasst werden soll. Die Antwort auf diese Frage ist von folgenden Umständen abhängig:

- Soll der eingebrachte Gegenstand einem von der GmbH betriebenen Geschäft dienen oder nicht (z. B. gemeinnützige GmbH)?
- Ist der eingebrachte Vermögensgegenstand Teil eines eingebrachten Unternehmens?
- Ist der eingebrachte Vermögensgegenstand Teil einer Sachgesamtheit (z. B. eines Warenlagers, einer Produktionsanlage)?
- Soll der einzelne Vermögensgegenstand oder die Sachgesamtheit, der er angehört, i. R. eines von der Gesellschaft anderweitig erworbenen oder betriebenen Unternehmens genutzt werden?
- Ist der Vermögensgegenstand bzw. ist die Sachgesamtheit für ein Unternehmen bestimmt, dessen Geschäftsbetrieb erst nach der Eintragung aufgenommen werden soll?
- Ist der Vermögensgegenstand bzw. ist die Sachgesamtheit für das von der Gesellschaft betriebene Unternehmen betriebsnotwendig oder nicht?
- Besteht für das eingebrachte Unternehmen eine positive Fortbestehensprognose oder eine negative?

250 Je nachdem, welches der vorgenannten Kriterien zutrifft, sind **verschiedene Bewertungsmaßstäbe** anzulegen:

> vgl. Lutter/Hommelhoff-*Bayer*, GmbHG, § 5 Rn. 24 ff;
> Roth/Altmeppen-*Roth*, GmbHG, § 9 Rn. 3 f;
> Scholz-*Veil*, GmbHG, § 5 Rn. 56 ff.

- Einzelgegenstände, die nicht dem Geschäftsbetrieb der Gesellschaft zu dienen bestimmt sind, sind mit ihrem wahren Wert, d. h. dem Zeitwert anzusetzen. Das gilt auch für Gegenstände, die für einen Geschäftsbetrieb bestimmt sind, wenn dieser erst nach der Eintragung aufgenommen werden soll. Ein Liebhaberwert kommt nicht in Betracht. Anschaffungskosten der Gesellschaft sind nur dann maßgebend, wenn sie mit dem Zeitwert übereinstimmen.

- Einzelgegenstände, die Teil einer Sachgesamtheit sind, die von der Gesellschaft genutzt werden soll, werden mit dem Wert der Sachgesamtheit angesetzt, der in der Regel niedriger sein wird, als die Summe der Teilwerte der Einzelgegenstände (bei einer Produktionsanlage, die aus gebrauchten und neuwertigen Teilen besteht, ist der Gesamtwert der Anlage ohne Rücksicht auf den Veräußerungswert einzelner neuwertiger Teile zu ermitteln).

- Ein von der Gesellschaft erworbenes und fortgeführtes Unternehmen ist mit seinem Ertragswert anzusetzen. Dieser beinhaltet auch einen etwaigen Firmenwert und den Wert eventuell vorhandener immaterieller Güter.

- Nicht betriebsnotwendige Teile eines von der Gesellschaft erworbenen Unternehmens sind mit dem Substanzwert zu erfassen; dieser ist dem ermittelten Ertragswert hinzuzurechnen.

- Besteht für das Unternehmen keine positive Fortführungsprognose, ist der Liquidationswert als Mindestwert anzusetzen.

- Werden Einzelgegenstände oder Sachgesamtheiten für ein bereits vorhandenes Unternehmen erworben, kommt es auf den Verwendungszweck an. Sollen die Gegenstände dem Anlagevermögen zugeführt werden, ist der Nutzungswert maßgeblich; werden die Gegenstände zur Weiterveräußerung angeschafft und sind sie darum dem Umlaufvermögen zuzuordnen, ist der Veräußerungswert maßgeblich:

    > OLG Düsseldorf WM 1991, 1669;
    > dazu EWiR 1991, 677 *(Siemon)*;
    > Baumbach/Hueck-*Hueck/Fastrich*, GmbHG, § 5 Rn. 33 ff;
    > Ulmer/Habersack/Winter-*Ulmer*, GmbHG, § 5 Rn. 87;
    > Scholz-*Veil*, GmbHG, § 5 Rn. 57;
    > *Henze*, DB 2001, 1469, 1475.

- Hat die Ingangsetzung der Vor-GmbH in der Zeit zwischen ihrer Errichtung und der Eintragung durch Aufnahme der Geschäftstätigkeit zu einer Organisationseinheit geführt, die als Unternehmen anzusehen ist, muss für Zwecke der Unterbilanzhaftung das Unternehmen im Ganzen bewertet werden.

BGH GmbHR 2002, 545 f, m. Anm. *Brauer/Manger*
= NZG 2002, 524.

Die Feststellung des Wertes eines von der Gesellschaft im Eintragungszeitpunkt 251
bereits betriebenen Unternehmens erfolgt durch Aufstellung einer **Vorbelastungsbilanz**, in der bei einer positiven Fortführungsprognose die Bewertung nach der Ertragswertmethode zu erfolgen hat und bei einer negativen Fortbestehensprognose zu Veräußerungswerten.

BGHZ 80, 129, 141 = ZIP 1981, 394;
BGH ZIP 1997, 2008 = GmbHR 1997, 1145;
dazu EWiR 1998, 33 *(Wilken)*;
BGH ZIP 1999, 190 = GmbHR 1999, 30, 31;
Schulze-Osterloh, in: FS Goerdeler, S. 531 ff;
Fleischer, GmbHR 1999, 752 ff;
Hey, GmbHR 2001, 905 ff.

Da die Vorbelastungsbilanz ausschließlich Kontrollzwecken dient, schlagen 252
Habersack/Lüssow ein zweistufiges Prüfungskonzept vor, bei dem zunächst eine Einzelbewertung der Vermögensgegenstände und Schulden erfolgt, um einen etwaigen Höchstbetrag der Vorbelastungshaftung zu ermitteln. Ein Geschäfts- oder Firmenwert wird dabei noch nicht berücksichtigt. Ergibt diese Prüfung, dass das Stammkapital durch das Nettovermögen vollständig gedeckt ist, erübrigt sich eine weitere Prüfung. Ist dies jedoch nicht der Fall, hat in einer zweiten Stufe eine Unternehmensbewertung zu erfolgen, deren Ziel die Berücksichtigung eines etwaigen Geschäfts- oder Firmenwerts darstellt. In dieser zweiten Stufe wollen *Habersack/Lüssow* neben dem Ertragswertverfahren auch die Varianten des DCF-Verfahrens gelten lassen. Der Vorschlag hat aus Gründen der Praktikabilität sehr viel für sich.

Habersack/Lüssow, NZG 1999, 629.

8. Eintragung

Die Gründungsgesellschafter haben, wenn die Gesellschaft ordnungsgemäß 253
errichtet worden ist, Anspruch auf Eintragung der Gesellschaft im Handelsregister, d. h. sie haben Anspruch darauf, dass die von Ihnen errichtete GmbH durch die Eintragung als juristische Person zur Entstehung gelangt.

Lutter/Hommelhoff-*Bayer*, GmbHG, § 9c Rn. 3.

Diesem Anspruch hat das Registergericht nachzukommen, wenn es, was die 254
Ordnungsmäßigkeit der Kapitalaufbringung anlangt, folgendes festgestellt hat,

- dass die Werte der von den Gründern einzubringenden Sacheinlagen die auf sie entfallenden Stammeinlagenziffern erreichen (**Verbot der Unterpari-Emission**),

  Lutter/Hommelhoff-*Bayer*, GmbHG, § 9c Rn. 15;

- dass ein Minderwert der eingebrachten Sacheinlagen im Zeitpunkt der Anmeldung gegenüber der übernommenen Stammeinlagenziffer durch

Geldleistung ausgeglichen ist. Die Geldleistung muss tatsächlich erbracht sein; eine Restforderung gegen den Gesellschafter ersetzt diese Bedingung nicht. Die Leistung des Differenzbetrages zur freien Verfügung der Geschäftsführer haben die Gesellschafter in entsprechender Anwendung von § 8 Abs. 2 GmbHG in notariell beglaubigter Form gegenüber dem Registergericht zu versichern,

> Lutter/Hommelhoff-*Bayer*, GmbHG, § 9c Rn. 21;

- dass das Vermögen der Gesellschaft – gleichgültig, ob es auf Bareinlagen oder Sacheinlagen beruht – im maßgeblichen Bewertungszeitpunkt der im Gründungsvertrag vereinbarten Mindestgesamtleistung entspricht. Auch insoweit kann eine Wertdifferenz durch Geldzahlung ausgeglichen werden.

255 Maßgeblicher Bewertungsstichtag ist nach der hier vertretenen Auffassung der **Zeitpunkt der Anmeldung** (vgl. Rn. 239). Nach Auffassung der einhelligen Rechtsprechung ist maßgeblicher Bewertungsstichtag der Zeitpunkt der Prüfung durch das Gericht (allgemein fälschlich als Zeitpunkt der Eintragung bezeichnet). Eine noch immer starke Meinung im Schrifttum nimmt für die Frage des Wertverfalls von Sacheinlagen ebenfalls den Prüfungszeitpunkt als maßgeblichen Bewertungsstichtag an; was den Wertverfall bzw. die Vorbelastung des übrigen Vermögens anlangt, hält jedoch die h. M. im Schrifttum den Anmeldezeitpunkt für maßgeblich (vgl. Rn. 238).

256 Mit der Eintragung ins Handelsregister **entsteht die GmbH** als juristische Person. Das Gesellschaftsvermögen der Vorgesellschaft mit allen Rechten und Verbindlichkeiten ist nach Eintragung Vermögen der GmbH.

> BGHZ 80, 137 ff;
> BGHZ 80, 182, 183 = ZIP 1981, 516;
> BGHZ 91, 148, 151 = ZIP 1984, 950;
> BGHZ 134, 333, 338 f = ZIP 1997, 679;
> dazu EWiR 1997, 463 *(Fleischer)*;
> Ulmer/Habersack/Winter-*Ulmer*, GmbHG, § 11 Rn. 86 ff;
> Lutter/Hommelhoff-*Bayer*, GmbHG, § 11 Rn. 1;
> Baumbach/Hueck-*Hueck/Fastrich*, GmbHG, § 11 Rn. 55 f.

257 Es handelt sich hierbei jedoch nicht um Gesamtrechtsnachfolge, da die Gesellschaft auch schon vor Eintragung besteht und mit der Eintragung nur die Qualität einer juristischen Person erlangt. In Wirklichkeit liegt also Identität zwischen der Vorgesellschaft und der GmbH vor, so dass sich durch die Eintragung an der Vermögenszurechnung nichts ändert.

> *Hueck*, in: FS 100 Jahre GmbHG, S. 127, 147 ff, m. w. N.;
> Roth/Altmeppen-*Roth*, GmbHG, § 11 Rn. 19;
> Scholz-*K. Schmidt*, GmbHG, § 11 Rn. 44;
> *K. Schmidt*, Gesellschaftsrecht, § 11 IV. 2. c, § 34 III. 4. a.

II. Die Aufbringung des Stammkapitals bei der Unternehmergesellschaft

Das MoMiG hat die **Unternehmergesellschaft (haftungsbeschränkt)** er- 258
klärtermaßen als einen echten Überraschungscoup in das Gesetzgebungsverfahren übernommen.

Seibert, GmbHR 2007, 673, 674.

Angestoßen wurde diese Initiative einerseits durch die Sorge, ausländische Rechtsformen könnten der GmbH in Deutschland – insbesondere was die Gründungsvoraussetzungen anlangt – den Rang ablaufen, andererseits durch den Gedanken, das Mindeststammkapital sei „kein zwingender Bestandteil des Haftkapitals der GmbH". Nur das Argument in der Diskussion der Gesetzesreform, dass das Mindeststammkapital – als „Seriositätsschwelle" – „auch eine gewisse Seriosität auf die Rechtsform der GmbH insgesamt" ausstrahle, hat den Gesetzgeber davon abgehalten, bei der GmbH ganz auf das Mindeststammkapital zu verzichten; man sah deswegen dann sogar davon ab, den bisherigen Mindeststammkapitalbetrag herabzusetzen.

RegE MoMiG, abgedr. in: ZIP, Beilage Heft 23/2007, S. 7.

Weil man dies tat, meinte man eine **kapitallose Alternative** zur überkommenen – durch ein Mindestkapital ausgestatteten – GmbH in Form der Unternehmergesellschaft aufbieten zu müssen. Aufschlussreich ist dabei der Gedanke des Gesetzgebers, es würde einen „unverhältnismäßigen Aufwand an Regulierung erfordern", wenn man für das von ihm angestrebte Ziel eine eigene Rechtsform unterhalb oder neben der GmbH für Unternehmensgründer schaffen wollte.

RegE MoMiG, abgedr. in: ZIP, Beilage Heft 23/2007, S. 7.

Die systematischen Bedenken gegen die Zulassung einer am Wirtschaftsleben 259
beteiligten juristischen Person ohne gesetzliches Mindestkapital haben wir oben Rn. 6 ff dargetan. Die neue Rechtsform ist daher auch auf erhebliche Kritik gestoßen.

Goette, Einführung in das neue GmbH-Recht, Einf. Rn. 35 ff;
Wicke, GmbHG, § 5a Rn. 1;
Roth/Altmeppen-*Roth*, GmbHG, § 5a Rn. 2;
Heckschen/Heidinger, Die GmbH, § 5 Rn. 8, 9;
zurückhaltend: Lutter/Hommelhoff-*Lutter*, GmbHG,
§ 5a Rn. 3 ff.

Die Praxis scheint jedoch von der Neuregelung mehr Gebrauch zu machen 260
als zunächst erwartet.

Roth/Altmeppen-*Roth*, GmbHG, § 5 Rn. 4;
Lutter/Hommelhoff-*Lutter*, GmbHG, § 5a Rn. 6, m. w. N.

Dabei spielt die Verwendung der Unternehmergesellschaft als Komplementärin einer KG offenbar eine besondere Rolle.

Bayer/Hoffmann, GmbHR 2009, 124 f.

Wie auch immer, Praxis und Rechtsprechung werden sich in Zukunft mit der Unternehmergesellschaft zu beschäftigen haben.

Römermann/Passarge, ZIP 2009, 1497.

Was die Kapitalaufbringung bei der Unternehmergesellschaft anlangt, sind die folgenden Regelungen von Bedeutung:

1. Die Unternehmergesellschaft – Sonderform der GmbH

261   Die Unternehmergesellschaft ist eine im GmbHG geregelte **Sonderform der GmbH**. Es gelten daher für sie, soweit der neu in das Gesetz eingefügte § 5a keine Sonderregeln enthält, alle Vorschriften des GmbHG. Das heißt:

262   Die Unternehmergesellschaft kann durch notariell beurkundeten Gesellschaftsvertrag (§ 2 Abs. 1 Satz 1 GmbHG) oder durch notariell beurkundetes Musterprotokoll (§ 2 Abs. 1a GmbHG) errichtet werden.

263   Der Gesellschaftsvertrag bzw. das Musterprotokoll muss Bestimmungen treffen über

- den Stammkapitalbetrag,
- die Stammeinlageziffer (Nennbetrag der Geschäftsanteile),
- den auf die Stammeinlage zu erbringenden Vermögensgegenstand Geld (keine Sacheinlage).

264   Im Gegensatz zur Normal-GmbH muss die bei der Unternehmergesellschaft gebotene Geldeinlage vor der Anmeldung der Gesellschaft voll erbracht sein (§ 5a Abs. 2 Satz 1 GmbHG). Ansonsten aber gelten für die Registeranmeldung, die Prüfung der Anmeldung, die Eintragung und Bekanntmachung die allgemeinen Vorschriften des GmbHG (§§ 7, 8, 9c, 10 und 12 GmbHG).

2. Die für die Unternehmergesellschaft geltenden Sonderregeln

265   In Abweichung von den Regeln der Normal-GmbH sind nach § 5a GmbHG die folgenden Sonderregeln zu beachten:

a) Das Mindestkapital

266   Das Stammkapital der Unternehmergesellschaft muss mindestens 1 € und darf nicht mehr als max. 24.999 € betragen. Das Mindeststammkapital von 1 € ergibt sich aus § 5a Abs. 1 GmbHG, nach welcher Bestimmung das Mindeststammkapital von 25.000 € des § 5 Abs. 1 GmbHG unter bestimmten Voraussetzungen unterschritten werden kann. Und zum anderen daraus, dass der Nennbetrag jedes Geschäftsanteils nach § 5 Abs. 2 Satz 1 GmbHG auf volle Euro lauten muss; d. h. eine Unterschreitung des Nennbetrags von 1 € ist nicht möglich. Die komplizierte Formulierung dieser Regelung im Gesetz zeigt den exzeptionellen Charakter der Unternehmergesellschaft. Die Gesellschaft muss danach zumindest einen Gesellschafter haben, der einen Geschäftsanteil zu 1 € übernimmt.

II. Die Aufbringung des Stammkapitals bei der Unternehmergesellschaft

Dass es in der Praxis tatsächlich Unternehmergesellschaften geben sollte, die sich auf ein Stammkapital von 1 € beschränken, ist äußerst unwahrscheinlich. Eine solche Gesellschaft wäre weder in der Lage, den Gründungsaufwand zu tragen, noch die für ein Auftreten im Wirtschaftsleben erforderliche Liquidität und Bonität darzustellen. Andererseits erscheint es zweifelhaft, dass Unternehmergesellschaften mit einem Stammkapital von mehr als 12.500 € gegründet werden. Nachdem das Stammkapital der Unternehmergesellschaft vor der Anmeldung in voller Höhe eingezahlt werden muss (§ 5a Abs. 2 Satz 1 GmbHG), ist der Gesellschafter bzw. sind die Gesellschafter einer Unternehmergesellschaft bei einer solchen Festlegung gezwungen, mehr einzuzahlen als bei einer Normal-GmbH gemäß § 7 Abs. 2 GmbHG. 267

b) Das Verbot von Sacheinlagen

Sacheinlagen sind nach § 5a Satz 2 GmbHG ausgeschlossen. Das wird möglicherweise ähnlich wie bei der Gründung der GmbH durch Musterprotokoll, bei der ebenfalls Sacheinlagen nicht zugelassen sind, zu einem vermehrten Auftreten verdeckter Sacheinlagen führen. Für diese wird die Privilegierung des § 19 Abs. 4 Satz 3 GmbHG nicht in Betracht kommen. **Verstöße gegen das Sacheinlageverbot** werden darum entgegen der Intention des MoMiG-Gesetzgebers die verheerenden Folgen der verdeckten Sacheinlage, wie sie von der Rechtsprechung bisher für richtig gehalten worden sind (Doppelzahlungspflicht), weiterhin auslösen. Dieses Ergebnis ist allerdings höchst umstritten, 268

> Lutter/Hommelhoff-*Lutter/Kleindiek*, GmbHG, § 5a Rn. 27 ff;
> *Bormann*, GmbHR 2007, 897, 901;
> *Freitag/Riemenschneider*, ZIP 2007, 1485 f;
> *Joost*, ZIP 2007, 2242, 2244;
> *Schall*, ZGR 2009, 126, 152;
> *Miras*, Die neue Unternehmergesellschaft, Rn. 349 ff;
> *Witt*, ZIP 2009, 1102;
> *Wicke*, GmbHG, § 5a Rn. 8;
> Roth/Altmeppen-*Roth*, GmbHG, § 5a Rn. 21.

Man muss sich bei dieser Diskussion im Klaren sein, dass die Anwendung des § 19 Abs. 4 Satz 3 GmbHG auf die verdeckte Sacheinlage bei der Unternehmergesellschaft das Verbot der Sacheinlage gemäß § 5a Abs. 2 Satz 2 GmbHG seines Sinnes beraubt. Dennoch steht zu erwarten, dass die Rechtsprechung die vom Gesetzgeber offengelassene Lücke trotz des Unterschieds der Sachverhalte (bei der Normal-GmbH: Umgehung; bei der Unternehmergesellschaft: Verbotsverletzung) methodisch entweder durch nachträgliche Ermittlung des Gesetzgeberwillens oder durch Analogie ausfüllt. 269

> Vgl. *Witt*, ZIP 2009, 1102 ff, 1105.

Zur Frage, ob die Volleinzahlungspflicht und das Sacheinlageverbot auch bei **Kapitalerhöhungen** gilt, 270

> vgl. *Klose*, GmbHR, 2009, 294 ff
> und unten Rn. 281.

D. Die Aufbringung des Stammkapitals bei Gründung der GmbH

c) Die Pflicht zur Rücklagenbildung

271 Der Verzicht des MoMiG auf ein Mindeststammkapital (größer als 1 €) soll nach den Intentionen des Gesetzgebers die Gründung der Unternehmergesellschaft erleichtern, aber nicht einen Dauerzustand begründen.

272 Nach § 5a Abs. 3 Satz 1 GmbHG hat die Unternehmergesellschaft in ihrem Jahresabschluss eine **gesetzliche Rücklage** zu bilden, in die ein Viertel des um einen Verlustvortrag aus dem Vorjahr geminderten Jahresüberschusses einzustellen ist. Diese Rücklage ist in dieser Art zu dotieren und aufrechtzuerhalten, solange die Unternehmergesellschaft als solche besteht. Eine Obergrenze ist für sie nicht vorgesehen. Die Verpflichtung endet erst, wenn die Gesellschaft ihr Stammkapital auf den Mindestbetrag von 25.000 € gemäß § 5 Abs. 1 GmbHG erhöht hat.

273 Die Rücklage darf nach § 5a Abs. 3 Satz 2 GmbHG nur verwandt werden für

- eine Kapitalerhöhung aus Gesellschaftsmitteln gemäß § 57c GmbHG;
- zum Ausgleich eines Jahresfehlbetrags, soweit dieser nicht durch einen Gewinnvortrag aus dem Vorjahr gedeckt ist;
- zum Ausgleich eines Verlustvortrags aus dem Vorjahr, soweit dieser nicht durch einen Jahresüberschuss gedeckt ist.

274 Der Gesetzgeber nimmt mit dieser Regelung das **Risiko in Kauf**, dass es trotz der Pflicht zur Rücklagenbildung nicht zu einem Übergang in die Normal-GmbH kommt, weil

- die Unternehmergesellschaft auf Dauer keine zur Rücklagenbildung geeignete Gewinne macht, etwa weil Gewinne durch einen entsprechenden Aufwand (z. B. durch das Geschäftsführergehalt eines Gesellschafter-Geschäftsführers) aufgezehrt werden;
- die Unternehmergesellschaft die Funktion der Komplementärin einer KG ohne Gewinnanspruch übernimmt;
- die Gesellschaft von einer Erhöhung des Stammkapitals auf einen Betrag von 25.000 € oder mehr auf Dauer absieht. Nur die förmliche Neufestlegung des Stammkapitals auf einen Betrag von mindestens 25.000 € macht eine Unternehmergesellschaft zur Normal-GmbH, nicht aber das Anwachsen der Rücklage über die Grenze von 24.999 € hinaus. Solange das Stammkapital nicht den Betrag von 25.000 € erreicht hat, kann eine Kapitalerhöhung durch Sacheinlagen nicht bewirkt werden.

Lutter/Hommelhoff-*Lutter/Kleindiek*, GmbHG, § 5a Rn. 52 f.

275 Ein **Verstoß gegen das Gebot der Rücklagenbildung** gemäß § 5a Abs. 3 GmbHG führt zur Nichtigkeit der Feststellung des Jahresabschlusses (analog § 256 AktG) und zur Nichtigkeit des Gewinnverwendungsbeschlusses (analog § 253 AktG). Die Nichtigkeit dieser Beschlüsse führt zu Rückzahlungsan-

sprüchen der Gesellschaft gegen ihre Gesellschafter und zur Schadensersatzhaftung der Geschäftsführer (§ 43 GmbHG).

> RegE MoMiG, abgedr. in: ZIP, Beilage Heft 23/2007, S. 7;
> Roth/Altmeppen-*Roth*, GmbHG, § 5a Rn. 30.

d) Die Firma der Unternehmergesellschaft

Nach dem Übergang der Unternehmergesellschaft in die Rechtsform der Normal-GmbH darf sie nach dem missverständlichen § 5a Abs. 5 GmbHG ihre bisherige **Firma** beibehalten. Das sieht so aus, als ob dies auch für den **Rechtsformzusatz** „Unternehmergesellschaft (haftungsbeschränkt)" bzw. „UG (haftungsbeschränkt)" gelten soll. Ein Teil des Schrifttums bejaht dies, meldet aber Zweifel an der Zweckmäßigkeit einer solchen Regelung an.

276

> Lutter/Hommelhoff-*Lutter/Kleindiek*, GmbHG, § 5a Rn. 62.

In Wirklichkeit wäre ein solches Ergebnis zwar gesetzeskonform, aber schlichtweg absurd. Nachdem der Gesetzgeber den zweiten Halbsatz von Absatz 5 des § 5a GmbHG nun einmal in seiner missverständlichen Form in das Gesetz aufgenommen hat, wird seine Aufhebung durch den Gesetzgeber allein nicht reichen; es wird vielmehr eine Richtigstellung erforderlich sein.

277

Die Bezeichnung einer Personenhandelsgesellschaft als „GmbH & Co." ist unzulässig, wenn allein Unternehmergesellschaften persönlich haften.

278

> KG Berlin, ZIP 2009, 2293.

e) Die materielle Unterkapitalisierung der Unternehmergesellschaft

Die nach dem Gesetz mögliche minimale Kapitalausstattung der Unternehmergesellschaft wirft die Frage auf, ob die Verselbständigung der Gesellschaft gegenüber ihren Gesellschaftern mit der daraus folgenden Haftungsbeschränkung gemäß § 13 Abs. 1 und 2 GmbHG auch dann noch gilt, wenn ihr Kapital von vornherein oder im Laufe der Zeit für die Art und das Maß der ausgeübten Geschäftstätigkeit nicht ausreicht. Es geht um einen Komplex, der schon bisher bei der Normal-GmbH unter dem Titel **„materielle Unterkapitalisierung"** behandelt wird.

279

> Vgl. *Eckhold*, Materielle Unterkapitalisierung, 2002.

- Der MoMiG-Gesetzgeber hat sich zu diesem Thema im Zusammenhang mit der Unternehmergesellschaft nicht geäußert; er hat aber bei der zunächst beabsichtigten Herabsetzung des Mindestkapitals der GmbH darauf hingewiesen, dass eine Unterkapitalisierungshaftung nach dem System des MoMiG „bewusst nicht vorgesehen" sei, womit wohl gesagt werden soll, dass an eine gesellschaftsrechtliche Haftung wegen unzureichender Kapitalausstattung der Gesellschaft nicht gedacht werde.

> So wohl auch *Goette*, Einführung in das neue GmbH-Recht, Einf. Rn. 48.

D. Die Aufbringung des Stammkapitals bei Gründung der GmbH

- Die von der Lehre entwickelte Direkthaftung der Gesellschafter (**Durchgriffshaftung**) wegen materieller Unterkapitalisierung wurde auf die Fallkonstellation gestützt, dass eine Gesellschaft eindeutig und für Insider klar erkennbar mit einem Kapital ausgestattet ist, das bei normalem Geschäftsverlauf mit hoher, das gewöhnliche Geschäftsrisiko deutlich übersteigender Wahrscheinlichkeit, einen Misserfolg zulasten der Gläubiger erwarten lässt.

    Roth/Altmeppen-*Altmeppen*, GmbHG, § 13 Rn. 139, m. w. N.;
    Lutter/Hommelhoff-*Lutter/Bayer*, GmbHG, § 13 Rn. 11 ff.

- Diese Lehre hat sich in der Rechtsprechung nicht durchgesetzt. Nach der Entscheidung des Bundesgerichtshofs vom 28.4.2008,

    BGHZ 176, 204 = ZIP 2008, 1232 *(Gamma)*,
    dazu EWiR 2008, 493 *(Bruns)*,

    hat der Bundesgerichtshof die materielle Unterkapitalisierung als eigenständigen Haftungstatbestand wohl endgültig abgelehnt.

    Es gebe **keine Finanzausstattungspflicht des Gesellschafters** einer GmbH. Dem Gesellschafter könne nicht vorgeworfen werden, die Gesellschaft nicht ausreichend mit Kapital ausgestattet zu haben. Reiche die Kapitalausstattung der Gesellschaft als Haftungsfonds für die Gläubiger nicht aus, sei dies kein Eingriff in das zweckgebundene Vermögen der Gesellschaft. Zu einer Haftung der Gesellschafter gegenüber den Gläubigern könne es allenfalls dann kommen, wenn angesichts der unzureichenden Kapitalausstattung die Gesellschafter einseitig ihre Interessen in sittenwidriger Weise zum Nachteil der Gesellschaftsgläubiger verfolgen.

    Roth/Altmeppen-*Altmeppen*, GmbHG, § 13 Rn. 139 ff.

    Die Haftung der Gesellschafter ist in diesem Fall gestützt auf § 826 BGB. Der Schädigungsvorsatz des Gesellschafters ist dann indiziert, wenn sich ihm nach den äußeren Umständen die Möglichkeit einer Schädigung der Gläubiger geradezu aufdrängen musste.

    Roth/Altmeppen-*Altmeppen*, GmbHG, § 13 Rn. 142.

280 Die sog. **Existenzvernichtungshaftung** gemäß § 826 BGB, in deren Zusammenhang im Allgemeinen die materielle Unterkapitalisierung diskutiert wird,

Roth/Altmeppen-*Altmeppen*, GmbHG, § 13 Rn. 75 ff,

ist ein Thema der Kapitalerhaltung und wird dort behandelt werden,

vgl. auch: *Haas*, ZIP 2009, 1257 ff.

f) Der Wegfall der Sonderregeln für die Unternehmergesellschaft

281 Mit einer Kapitalerhöhung auf das Mindeststammkapital einer GmbH entfallen die Sonderregeln des Gesetzes für die Unternehmergesellschaft. Dabei kommt es nicht darauf an, ob das Stammkapital i. S. des § 5 Abs. 1 GmbHG voll eingezahlt ist,

BGH ZIP 2011, 955,
dazu EWiR 2011, 349 *(Berninger)*;
OLG München, ZIP 2011, 2198;
OLG Hamm, ZIP 2011, 2151 (LS);
OLG Stuttgart, ZIP 2011, 2151 (LS);
Priester, ZIP 2010, 2182;
Schäfer, ZIP 2011, 53.

Erfährt das bei Gründung einer Unternehmergesellschaft verwendete Muster- **282** protokoll nicht lediglich unbedeutende Abänderungen oder Ergänzungen, die sich auf den Inhalt nicht substanziell auswirken, ist von einer normalen GmbH-Gründung auszugehen, für die die Erleichterungen des § 2 Abs. 1a GmbHG nicht gelten,

OLG Düsseldorf, ZIP 2011, 2468.

III. Vorratsgründung/Mantelverwendung

1. Allgemeines

Die oftmals tatsächliche oder vermeintliche Dringlichkeit einer GmbH-Grün- **283** dung veranlasst zahlreiche Gründungsberater (insbesondere Steuerberater), ihren Mandanten bereits bestehende GmbHs als eine Art Serviceleistung anzubieten. Solche GmbHs werden entweder von den Gründungsberatern selbst auf Vorrat gegründet, um bei Bedarf für ein neu ins Leben zu rufendes Unternehmen zur Verfügung zu stehen (**Vorratsgesellschaft**), oder sie existieren, weil eine vor längerer Zeit gegründete Gesellschaft ihren Geschäftsbetrieb zwar aufgegeben, sich selbst aber nicht aufgelöst hat (**GmbH-Mantel**). Die Zulässigkeit von Vorratsgründungen war zunächst umstritten, wurde aber durch den Bundesgerichtshof im Jahre 1992 bejaht,

BGHZ 117, 323 = ZIP 1992, 689.

Da die Verwendung einer Vorratsgesellschaft – durch die beabsichtigte Veräußerung ihrer Anteile – manchmal auf sich warten lässt, wurde und wird nicht selten das eingezahlte Stammkapital als Darlehen an die Gründer zurückgezahlt. Das kann den Vorwurf des verbotenen Hin- und Herzahlens auslösen. Gegen die Zulässigkeit dieser Praxis:

BGH GmbHR 2008, 256.

Möglicherweise hilft dabei aber neuerdings § 19 Abs. 5 GmbHG.

Der Erwerb eines GmbH-Mantels wurde andererseits oft mit der Begründung **284** empfohlen, der Erwerber könne damit einen etwaigen Verlustvortrag steuerlich ausnutzen. Diese Möglichkeit ist jedoch durch eine Verschärfung der steuerlichen Bestimmungen (jetzt § 8c KStG) erheblich eingeschränkt worden.

Der Erwerber hat aber bei dem Kauf einer Vorratsgesellschaft oder eines **285** GmbH-Mantels jedenfalls den Vorteil, dass ihm sofort eine existente juristische Person zur Verfügung steht und dass er etwaige Risiken einer sonst notwendigen Vorgesellschaft weitgehend vermeiden kann. Er geht allerdings ein gewisses Risiko insofern ein, als er sich wegen der Vorgeschichte der Vorratsgesellschaft bzw. des GmbH-Mantels und etwaiger daraus herrührender Verpflichtungen und Haftungen auf den Veräußerer verlassen muss.

> Vgl. hierzu näher *Wicke*, NZG 2005, 409, 410, m. w. N.;
> *Wicke*, GmbHG, § 3 Rn. 8 ff;
> Scholz-*Emmerich*, GmbHG, § 3 Rn. 21 ff, 37 ff;
> *Wicke*, in: MünchKomm-GmbHG, § 3 Rn. 24 ff.

2. Änderung des Unternehmensgegenstands

286 Die Verwendung bzw. Wiederverwendung solcher GmbHs macht in der Regel eine Änderung des Gesellschaftsvertrags notwendig. Zumindest ist der **Unternehmensgegenstand** anzupassen; zugleich ist zu klären, welches Kapital für die Geschäftstätigkeit der GmbH erforderlich ist. Eine Vorratsgesellschaft kann nach h. M. mit dem Unternehmensgegenstand „Verwaltung eigenen Vermögens" gegründet werden. Der GmbH-Mantel kann noch mit einem zwischenzeitlich überholten Unternehmensgegenstand existieren. In beiden Fällen muss bei einer neuen Geschäftsaufnahme der Unternehmensgegenstand neu definiert werden. Das Gründungskapital der Vorratsgesellschaft bzw. des GmbH-Mantels ist im Zeitpunkt der neuen Geschäftsaufnahme möglicherweise nicht ausreichend. Es ist darum evtl. eine Kapitalzuführung erforderlich, insbesondere im Wege der Kapitalerhöhung.

> Scholz-*Emmerich*, GmbHG, § 3 Rn. 26, 38.

3. Wirtschaftliche Neugründung der GmbH?

287 Der Bundesgerichtshof betrachtet eine Mantelverwendung als **„wirtschaftliche Neugründung"** der GmbH. Er will darauf die Gründungsvorschriften des GmbHG mit den entsprechenden registerlichen Kontrollbestimmungen entsprechend anwenden,

> BGHZ 153, 158 = ZIP 2003, 251,
> dazu EWiR 2003, 327 *(Keil)*;
> BGHZ 155, 318 = ZIP 2003, 1698,
> dazu EWiR 2003, 967 *(Keil)*;
> einschränkend: BGH, GmbHR 2010, 474;
> BGH, ZIP 2011, 1761, dazu EWiR 2011, 639 *(Nolting)*
> = GmbHR 2011, 1032, m. Anm. *Bayer*;
> *Wicke*, NZG 2005, 409;
> *Wicke*, GmbHG, § 3 Rn. 10;
> kritisch: Scholz-*K. Schmidt*, GmbHG, § 11 Rn. 29, m. w. N.

288 Die Geschäftsführung hat demnach die Tatsache der wirtschaftlichen Neugründung dem Registergericht gegenüber offenzulegen und die Versicherungen gemäß § 8 Abs. 2, § 7 Abs. 2, 3 GmbHG abzugeben. Das Registergericht muss danach die Neugründung gemäß § 9c GmbHG prüfen. Es hat dabei die reale Kapitalaufbringung zu kontrollieren. Diesbezügliche Versäumnisse können die Handelndenhaftung gemäß § 11 Abs. 2 GmbHG analog auslösen.

> *Wicke*, NZG 2005, 409;
> differenzierend: *Herresthal/Servatius*, ZIP 2012, 197, 203 f.

III. Vorratsgründung/Mantelverwendung

Der Gesichtspunkt der wirtschaftlichen Neugründung kann nach überwiegender Meinung auch eine etwaige Unterbilanzhaftung auslösen, wobei diese an der vertraglichen Stammkapitalziffer auf den Stichtag der Offenlegung der wirtschaftlichen Neugründung gegenüber dem Registergericht ermessen wird, 289

BGHZ 155, 318, 327 = ZIP 2003, 1698,
dazu EWiR 2003, 967 *(Keil)*;
BGH ZIP 2011, 1761 f,
dazu EWiR 2011, 639 *(Nolting)*;
Scholz-*Emmerich*, GmbHG, § 3 Rn. 33 ff;
K. *Schmidt*, ZIP 2010, 857;
Krolop, ZIP 2011, 305 ff, 312.

In seinem Urteil vom 6.3.2012 hat der Bundesgerichtshof aber nunmehr entschieden, dass die Gesellschafter, wenn es an der gebotenen Offenlegung der wirtschaftlichen Neugründung gegenüber dem Registergericht fehlt, im Umfang einer Unterbilanz haften, „die in dem Zeitpunkt besteht, zu dem die wirtschaftliche Neugründung entweder durch die Anmeldung der Satzungsänderungen oder durch die Aufnahme der wirtschaftlichen Tätigkeit erstmals nach außen in Erscheinung tritt". 290

BGH ZIP 2012, 817.

Damit hat der Bundesgerichtshof einen weiteren Stichtag anerkannt, nach dem sich die Feststellung der haftungsbegründenden Unterbilanz richten kann, und er hat gleichzeitig das Risiko der Gesellschafter auf eine zeitlich und höhenmäßig unbegrenzte Haftung erheblich eingeschränkt,

Ulmer, ZIP 2012, 1265.

Für den Zeitpunkt der Neuaufnahme der wirtschaftlichen Tätigkeit als Stichtag auch: 291

Herresthal/Servatius, ZIP 2012, 197, 202.

Ulmer möchte allerdings unterscheiden zwischen der wirtschaftlichen Neugründung mittels eines unternehmenslosen Altmantels und dem Einsatz einer offenen Vorratsgründung für Zwecke des Neubeginns einer Geschäftstätigkeit, da es bei dieser typischerweise keine über die Gründungskosten hinausgehende Unterbilanz im Zeitpunkt des Neubeginns gebe, 292

Ulmer, ZIP 2012, 1265, 1272.

Die Abgrenzung einer Mantelverwendung von der an sich unproblematischen *Umstrukturierung einer bestehenden Gesellschaft hat sich bisher als schwierig erwiesen und wird dies wohl auch in Zukunft tun,*

Scholz-*Emmerich*, GmbHG, § 3 Rn. 29.

E. Die GmbH während ihrer Entstehung – Haftung für Verbindlichkeiten, Wertveränderungen und Verluste

Die Kapitalaufbringung bei der im Entstehen begriffenen GmbH wird nicht allein bestimmt durch die konkrete, dem Gesetz und der Satzung entsprechende Leistung der Gesellschafter (Einzahlung/Einbringung), sondern auch durch Veränderung des eingebrachten Vermögens während des Entstehens, und zwar sowohl dem Umfang als auch dem Wert nach. Veränderungen können dadurch eintreten, dass eingebrachte Gegenstände einen Wertzuwachs gewinnen bzw. einen Wertverlust erleiden, oder dadurch, dass für die gegründete aber noch nicht eingetragene GmbH Verbindlichkeiten eingegangen werden, insbesondere, dass im Namen der Gesellschaft ein Geschäftsbetrieb aufgenommen wird. Die Gründer können darum nicht davon ausgehen, sie hätten, wenn sie die übernommene Einlage vor Anmeldung geleistet haben, alles getan, was i. R. einer GmbH-Gründung von ihnen verlangt werden kann. Sie sind vielmehr einer darüber hinausgehenden Einstandspflicht ausgesetzt. 293

I. Die Haftung für im Namen der Vor-GmbH begründete Verbindlichkeiten

Nur wenige GmbHs nehmen ihre Geschäftstätigkeit erst nach der Eintragung im Handelsregister auf. Die meisten beginnen, wenn sie nicht ohnehin errichtet werden, um ein bestehendes Unternehmen fortzuführen, zumindest teilweise mit ihrer Geschäftstätigkeit unmittelbar nach der Gründung. Auch wenn nur Geschäftsräume angemietet oder Personal angestellt wird, liegt eine Geschäftstätigkeit vor, die Verpflichtungen auslöst und damit die Frage aufwirft, wer für deren Erfüllung haftet. 294

1. Die Haftung der Vorgesellschaft

a) Vorgesellschaft – Vorgründungsgesellschaft

Von einer Vorgesellschaft („**Vor-GmbH**") spricht man, wenn sich Personen durch die notarielle Beurkundung des Gründungsvertrags einer GmbH mit der Absicht zusammengeschlossen haben, diese Gesellschaft durch ihre Eintragung im Handelsregister zur Entstehung gelangen zu lassen. Die Vorgesellschaft ist streng zu unterscheiden von dem Zusammenschluss, der möglicherweise einem notariellen Gründungsakt vorausgeht und u. U. nicht nur auf die Errichtung der GmbH zielt, sondern bereits eine Geschäftstätigkeit entfaltet. Dieser Zusammenschluss wird im Allgemeinen als „**Vorgründungsgesellschaft**" bezeichnet. 295

> Lutter/Hommelhoff-*Bayer*, GmbHG, § 11 Rn. 2;
> *Priester*, in: Münch-Hdb. GesR, Bd. III, § 15 Rn. 24;
> Baumbach/Hueck-*Hueck*/*Fastrich*, GmbHG, § 11 Rn. 35;
> *Wicke*, GmbHG, § 11 Rn. 2.

296 *Karsten Schmidt* stellt die Korrektheit dieser Bezeichnung in Frage, weil das Rechtsverhältnis der Beteiligten im Vorgründungsstadium in der Regel eine Doppelnatur aufweise, nämlich einerseits ein Schuldverhältnis, das die Verpflichtung zur Gründung einer GmbH beinhalte (Gründungsvorvertrag) und ein Gesellschaftsverhältnis, das den gemeinsamen Betrieb des Unternehmens der zukünftigen GmbH zum Gegenstand habe. Je nachdem, ob diese Gesellschaft ein kaufmännisches Unternehmen betreibt oder nicht, ist sie als OHG oder als BGB-Gesellschaft anzusehen.

>Scholz-*K. Schmidt*, GmbHG, § 11 Rn. 9 ff, m. w. N.

297 Eine so entstandene Gesellschaft ist weder mit der durch die notarielle Gründung entstehenden Vor-GmbH noch mit der ab Eintragung existierenden GmbH identisch. Ein bei ihr gesammeltes Kapital und etwaige durch eine Geschäftstätigkeit ausgelöste Haftungen gehen nicht automatisch auf die Vor-GmbH über.

>Baumbach/Hueck-*Hueck/Fastrich*, GmbHG, § 11 Rn. 38;
>Lutter/Hommelhoff-*Bayer*, GmbHG, § 11 Rn. 2;
>Roth/Altmeppen-*Roth*, GmbHG, § 11 Rn. 71 ff;
>*Wicke*, GmbHG, § 11 Rn. 2
>Scholz-*K. Schmidt*, GmbHG, § 11 Rn. 26.

298 Nachdem feststeht, dass Leistungen der Gesellschafter einer Vorgründungsgesellschaft die Gründer einer Vor-GmbH nicht von ihren Einlagepflichten, also von den Pflichten zur Kapitalaufbringung befreien,

>OLG Köln ZIP 1989, 238;
>Scholz-*K. Schmidt*, GmbHG, § 11 Rn. 26,

kann die Vorgründungsgesellschaft hier außer Betracht bleiben.

b) Die Rechtsnatur der Vorgesellschaft

299 Die **Vorgesellschaft**, die mit dem notariellen Gründungsakt entsteht, ist demgegenüber der Zusammenschluss, bei dem das Vermögen gesammelt wird, das nach dem Gesellschaftsvertrag der GmbH für deren Entstehung erforderlich ist und bei der bis zur Eintragung der GmbH – z. B. durch eine Geschäftstätigkeit – Verpflichtungen und Wertveränderungen des Vermögens eintreten können, deren Ausgleich eine effektive Kapitalaufbringung bei der von der Vorgesellschaft angestrebten GmbH verlangt.

300 Nach heute h. A. gilt die Vorgesellschaft als **Personenvereinigung eigener Art** (Gesellschaft/Rechtsform/Rechtsträger sui generis).

>Lutter/Hommelhoff-*Bayer*, GmbHG, § 11 Rn. 5;
>Baumbach/Hueck-*Hueck/Fastrich*, GmbHG, § 11 Rn. 6;
>*Gummert*, in: Münch-Hdb. GesR, Bd. III, § 16 Rn. 6;
>Roth/Altmeppen-*Roth*, GmbHG, § 11 Rn. 39;
>*Wicke*, GmbHG, § 11 Rn. 3;
>Scholz-*K. Schmidt*, GmbHG, § 11 Rn. 27 ff.

Der Bundesgerichtshof hat die Vorgesellschaft als **„notwendige Vorstufe** 301
zur juristischen Person" bezeichnet.

> BGHZ 117, 323, 326 = ZIP 1992, 689;
> BGH ZIP 1983, 933 = NJW 1983, 2822.

Trotz dieser Einhelligkeit bei der Definition des Charakters der Vorgesell- 302
schaft sind, was die **innere Rechtsstruktur** der Vor-GmbH anlangt, immer
noch viele Fragen offen. Das hat einerseits damit zu tun, dass der Gesetzgeber eine Einordnung dieses Zusammenschlusses in die bestehenden Gesellschaftsmodelle unterlassen hat, und andererseits damit, dass es nicht einfach
ist, alle Ausprägungen der Vorgesellschaft unter einem Dach zu vereinigen.
Dazu gehört etwa

- die Frage, inwieweit man bei einer Ein-Personen-Gründung, die das Gesetz zulässt, von der Vorstellung einer Vorgesellschaft ausgehen kann, oder

- die Frage, was zu gelten hat, wenn die Gesellschafter einer Vorgesellschaft die Absicht, eine GmbH entstehen zu lassen, endgültig aufgeben, oder

- die Frage, welcher Status dem in der Gesellschaft gesammelten Vermögen zukommt, Gesamthandsvermögen der Gesellschafter oder Vermögen der Gesellschaft.

Je nachdem, wie die Antwort auf diese Fragen ausfällt, ist die Charakteristik 303
der Rechtsform der Vorgesellschaft entsprechend anzupassen.

- Will man die Ein-Mann-Gründung und auch die durch Vereinigung aller Anteile entstehende Ein-Personen-Gesellschaft zwanglos in das Bild einer Gesellschaft einbringen, wird man dazu neigen, die Vorgesellschaft als „Körperschaft" bzw. als eine „werdende juristische Person" zu betrachten. Als Begründung mag dabei der Gedanke dienen, dass der Wille der Gründer einer Vorgesellschaft darauf zielt, letztlich eine Körperschaft i. S. einer juristischen Person zu errichten.

  > Scholz-K. *Schmidt*, GmbHG, § 11 Rn. 30 ff, m. w. N.

- Wer bei der Vorgesellschaft das eingebrachte Kapital als ein **Vermögen der Gesellschafter zur gesamten Hand** ansieht, hat Schwierigkeiten zu erklären, wie bei Eintragung der GmbH aus dem Gesamthandsvermögen der Gesellschafter das Vermögen einer juristischen Person wird. Zugleich stellt sich ihm die Schwierigkeit, die Rechtsnachfolge in die Beteiligung an der Vorgesellschaft zu erklären. Wer von einer Gesamthandsgesellschaft ausgeht, muss für die Rechtsnachfolge unter Lebenden eine Satzungsänderung verlangen.

  > BGHZ 134, 333 = ZIP 1997, 679, dazu EWiR 1997, 463 *(Fleischer);*
  > Scholz-K. *Schmidt*, GmbHG, § 11 Rn. 35.

- Löst sich eine Vorgesellschaft obligatorisch, z. B. weil sie nicht eingetragen werden kann, oder privatautonom, z. B. weil die Eintragungsabsicht aufgegeben wird, auf, dann stellt sich die Frage, nach welchen Vorschriften das etwaige **Fortbestehen oder die Abwicklung** der Gesellschaft zu erfolgen hat. Zur Debatte stehen eine Abwicklung nach den §§ 65 ff GmbHG oder nach den §§ 730 ff BGB. Unterschiede ergeben sich dabei für die Person und die Zahl der Liquidatoren und für die Art und den Umfang der Haftung der beteiligten Personen.

> Scholz-K. *Schmidt*, GmbHG, § 11 Rn. 65, m. w. N.

c) Die Kapital- und Haftungsverfassung

304 Wie auch immer man sich zu den Detailfragen stellt, die Vor-GmbH als allgemein anerkannte **Rechtsform eigener Art** hat alle rechtlichen Fähigkeiten, wie sie auch der eingetragenen GmbH zukommen. Sie ist mit der durch die Eintragung im Handelsregister entstehenden GmbH identisch.

> BGHZ 80, 129, 137 ff.

305 Die durch die Vor-GmbH begründeten Rechte und Pflichten gehen mit der Eintragung automatisch auf die GmbH über. Auf die Vorgesellschaft ist das GmbH-Recht, soweit es nicht die Eintragung voraussetzt und soweit es nicht auf die Eigenheiten des Gründungsstadiums beschränkt ist, anzuwenden.

> BGH NJW 2000, 1193 f = ZIP 2000, 411,
> dazu EWiR 2000, 339 (*R. Freitag*).

306 Die Vorgesellschaft kann als solche anerkanntermaßen **Träger von Rechten und Pflichten** und insbesondere Inhaber eines Unternehmens sein.

> Scholz-K. *Schmidt*, GmbHG, § 11 Rn. 34;
> *Wicke*, GmbHG, § 11 Rn. 3;
> Roth/Altmeppen-*Roth*, GmbHG, § 11 Rn. 39;
> Baumbach/Hueck-*Hueck*/Fastrich, GmbHG, § 11 Rn. 7.

307 Die Vorgesellschaft ist dennoch, und zwar, weil sie vom Gesetzgeber nicht ausdrücklich als solche anerkannt worden ist, **keine juristische Person**; sie ist aber rechtsfähig; wobei man sie, weil ihr noch nicht alle Rechte und Befugnisse einer GmbH, die die Eintragung voraussetzen, zukommen, eher als teilrechtsfähig bezeichnen sollte.

> A. A. Scholz-K. *Schmidt*, GmbHG, § 11 Rn. 28 ff.

308 Für die hier vorgenommene Darstellung ist – unabhängig von allen Meinungsverschiedenheiten im Detail – allein entscheidend, dass **die Kapitalverfassung** der Vorgesellschaft entgegen einer wohl noch h. M.,

> BGHZ 80, 129, 133;
> BGH WM 1980, 955, 956;
> Ulmer/Habersack/Winter-*Ulmer*, GmbHG, § 11 Rn. 12,

mit derjenigen der eingetragenen GmbH übereinstimmt. Die materiellen Kapitalaufbringungsgrundsätze und Kapitalerhaltungsgrundsätze des GmbHG gelten auch für die Vorgesellschaft; dazu gehören z. B. § 19 Abs. 2, nämlich das Erlassverbot, das Aufrechnungsverbot, die Unzulässigkeit der Geltendmachung eines Zurückbehaltungsrechts, und § 30 GmbHG, nämlich das Ausschüttungsverbot.

> Scholz-*K. Schmidt*, GmbHG, § 11 Rn. 62;
> *Gummert*, in: Münch-Hdb. GesR, Bd. III, § 16 Rn. 42.

Ob darüber hinaus auch die gesetzlichen Sanktionen bei Verstößen gegen die Kapitalaufbringungs- und die Kapitalerhaltungsgrundsätze anzuwenden sind, bleibt dagegen strittig. 309

> *Gummert*, in: Münch-Hdb. GesR, Bd. III, § 16 Rn. 42.

Schließlich ist bedeutsam, dass die Vorgesellschaft aus von ihr abgeschlossenen Rechtsgeschäften ebenso selbst haftet wie aus gesetzlichen Schuldverhältnissen. Die Haftung kann sich auch auf Verbindlichkeiten beziehen, die aus der Vorgründungsgesellschaft herrühren, wenn etwa ein Unternehmen von dieser übernommen wurde. 310

> Scholz-*K. Schmidt*, GmbHG, § 11 Rn. 79 ff;
> *Gummert*, in: Münch-Hdb. GesR, Bd. III, § 16 Rn. 54 f;
> Lutter/Hommelhoff-*Bayer*, GmbHG, § 11 Rn. 15;
> Baumbach/Hueck-*Hueck/Fastrich*, GmbHG, § 11 Rn. 21;
> *Wicke*, GmbHG, § 11 Rn. 6 ff.

Die Außenhaftung der Vorgesellschaft beeinflusst die Kapitalaufbringung bei der vor der Eintragung stehenden GmbH. Belastungen können, wenn sie nicht ausgeglichen werden, zumindest eine Unterbilanzhaftung auslösen. 311

> BGHZ 80, 129;
> Scholz-*K. Schmidt*, GmbHG, § 11 Rn. 83, 150.

2. Die Haftung der Gesellschafter

Neben der Vor-GmbH haften deren Gesellschafter für alle Verbindlichkeiten der Gesellschaft den Gesellschaftsgläubigern gegenüber **unmittelbar und unbeschränkt**. 312

> Scholz-*K. Schmidt*, GmbHG, § 11 Rn. 87;
> *K. Schmidt*, Gesellschaftsrecht, § 34 III. 3. c.

Die Rechtsprechung hat sich nach einigen Zwischenstufen der Auffassung angeschlossen, dass die Gesellschafter unbeschränkt haften. 313

> BGHZ 134, 333 = ZIP 1997, 679, dazu EWiR 1997, 463 *(Fleischer)*.

Sie konnte sich aber nicht zur Anerkennung einer **Außenhaftung** (unmittelbaren Haftung gegenüber den Gläubigern der Gesellschaft) durchringen. Der Bundesgerichtshof folgt vielmehr einem im Schrifttum entwickelten „**Binnenhaftungsmodell**", 314

> BGHZ 134, 333 = ZIP 1997, 679, dazu EWiR 1997, 463 *(Fleischer)*;
> *Stimpel*, in: FS Fleck, S. 345, 358 ff;
> Ulmer/Habersack/Winter-*Ulmer*, GmbHG, § 11 Rn. 77 ff;
> Scholz-*K. Schmidt*, GmbHG, § 11 Rn. 88.

d. h. die unbeschränkte Haftung der Gesellschafter ist nach dieser Auffassung eine solche gegenüber der Gesellschaft; so auch noch

>Baumbach/Hueck-*Hueck/Fastrich*, GmbHG, § 11 Rn. 29, m. w. N.

315 Inzwischen schließt sich eine im Zunehmen begriffene Meinung im Schrifttum, einem vor allem von *Karsten Schmidt* entwickelten **Außenhaftungsmodell** an. Neben vielen anderen Gesichtspunkten spricht dafür nicht zuletzt die unbestrittene Notwendigkeit, bei der Innenhaftung zahlreiche Ausnahmen zuzulassen.

> Scholz-*K. Schmidt*, GmbHG, § 11 Rn. 88, 91, m. w. N.;
> Lutter/Hommelhoff-*Bayer*, GmbHG, § 11 Rn. 19;
> *Gummert*, in: Münch-Hdb. GesR, Bd. III, § 16 Rn. 65 ff, 81;
> wohl auch: Roth/Altmeppen-*Roth*, GmbHG, § 11 Rn. 55 ff;
> *Wicke*, GmbHG, § 11 Rn. 7 ff.

316 Der insbesondere von *Karsten Schmidt* vertretenen Auffassung ist zu folgen. Weder besteht vor Eintragung der Gesellschaft ein Grund, die Gesellschafter vor einer Außenhaftung zu schützen, noch ist einzusehen, warum der Zugriff der Gläubiger, denen gegenüber eine Einstandspflicht der Gründer unstreitig besteht, durch das Binnenhaftungsmodell erschwert werden soll. Es kommt hinzu, dass bei dem Binnenhaftungsmodell – wie gesagt – derartig viele Ausnahmen zugelassen werden müssen, dass dessen Konsistenz in Frage gestellt werden muss.

> Scholz-*K. Schmidt*, GmbHG, § 11 Rn. 88 ff, m. w. N.;
> Lutter/Hommelhoff-*Bayer*, GmbHG, § 11 Rn. 18;
> Roth/Altmeppen-*Roth*, GmbHG, § 11 Rn. 55;
> *Wicke*, GmbHG, § 11 Rn. 10.

317 Für die hier vorgenommene Betrachtung kann es jedoch dahinstehen, ob man der einen oder der anderen Meinung folgen will. Fest steht jedenfalls, dass die Gründer über ihre originäre Kapitalaufbringungspflicht hinaus vor Eintragung der GmbH eine zusätzliche Haftung für alle Verpflichtungen der Vor-GmbH trifft. Dies gilt unabhängig davon, ob die Vor-GmbH eine unternehmerische Tätigkeit aufgenommen hat oder nicht.

> Scholz-*K. Schmidt*, GmbHG, § 11 Rn. 93;
> Baumbach/Hueck-*Hueck/Fastrich*, GmbHG, § 11 Rn. 61 ff;
> Lutter/Hommelhoff-*Bayer*, GmbHG, § 11 Rn. 19;
> *Wicke*, GmbHG, § 11 Rn. 11.

II. Die Wahrung des Unversehrtheitsgrundsatzes während der Entstehung

318 Die Sicherung der vollständigen Kapitalaufbringung in der Zeit zwischen der Gründung und der Eintragung der GmbH verknüpft mit mehreren **verschiedenen Zeitpunkten** unterschiedliche Folgen und ist dabei nicht unerheblich beeinflusst von Meinungsdifferenzen in Rechtsprechung und Literatur. Eine unklare Verwendung der Terminologie kommt hinzu.

II. Die Wahrung des Unversehrtheitsgrundsatzes während der Entstehung

1. Die Wirkung des Unversehrtheitsgrundsatzes

Auch wenn dies im Gesetz nicht ausdrücklich so gesagt wird, ist es unbestritten Ziel aller die Entstehung der GmbH betreffenden Bestimmungen – von der Anmeldung über die Prüfung, die Bewertung und die Eintragung – zu erreichen, dass die Gesellschaft im Zeitpunkt ihrer Entstehung mit dem nach Gesetz und Satzung vorgesehenen Kapital ohne jede Einschränkung ausgestattet ist. Dieser allgemein anerkannte Gedanke wird heute unter dem Begriff „**Unversehrtheitsgrundsatz**" zusammengefasst, 319

vgl. Scholz-*K. Schmidt*, GmbHG, § 11 Rn. 134 f.

Zu seiner Entstehung und Entwicklung vgl. oben Rn. 123 ff.

Die Haftung der Gesellschafter aufgrund des Unversehrtheitsgrundsatzes wird entweder als **Differenzhaftung** bezeichnet oder als **Unterbilanz- bzw. Vorbelastungshaftung**, 320

Baumbach/Hueck-*Hueck/Fastrich*, GmbHG, § 11 Rn. 61 ff;
Scholz-*K. Schmidt*, GmbHG, § 11 Rn. 139 ff.

Ob die beiden zuletzt genannten Haftungsgrundsätze einen identischen oder einen verschiedenen Inhalt haben, ist ungeklärt. Vom Wortlaut her sollte man meinen, dass ein Unterschied besteht: Der Begriff der „Unterbilanzhaftung" deutet auf eine Haftung für einen bilanziellen Status hin, der Begriff der „Vorbelastungshaftung" auf eine Haftung als Sanktion eines bestimmten Handelns. Dieser Unterschied in der Wortbedeutung hat Anlass gegeben, den beiden Begriffen, die nach der herrschenden Praxis weitgehend synonym verwendet werden, eine unterschiedliche Bedeutung beizumessen. Danach soll die Unterbilanzhaftung rein bilanziell und unabhängig von ihren Ursachen ermittelt werden. Demgegenüber soll die Vorbelastungshaftung eine Innenhaftung der Gründer für Verbindlichkeiten der Gesellschaft, die während ihrer Entstehung begründet worden sind, bezeichnen. 321

Scholz-*K. Schmidt*, GmbHG, § 11 Rn. 157, 98, 130, m. w. N.

Der Unversehrtheitsgrundsatz beinhaltet somit zum einen die im Gesetz ausdrücklich normierte Differenzhaftung für Sacheinlagen (**Differenzhaftung i. e. S.**) und zum anderen die Unterbilanzhaftung wegen des Vorliegens einer unausgeglichenen Bilanz bzw. die Vorbelastungshaftung wegen operativer Verluste der Gesellschaft, die durch das Eingehen von Verbindlichkeiten vor ihrer Eintragung entstanden sind. 322

Diese Abgrenzungen sind sinnvoll und plausibel. Völlig offen ist jedoch, zu welchem Zeitpunkt die Haftungsgrundsätze im Einzelnen zum Tragen kommen, welche Folgen sie haben (Eintragungshindernis, Ausgleichspflicht) und wer Verpflichtungen wem gegenüber zu tragen hat. 323

2. Die Haftung für Wertdifferenzen

324 Die Eintragung der GmbH setzt, wie gesehen, voraus, dass bei der Prüfung der Anmeldung (Bewertungszeitpunkt) durch das Registergericht keine Wertdifferenz zwischen dem angemeldeten Gesellschaftsvermögen und der satzungsmäßigen bzw. gesetzlichen Mindestkapitalziffer (§ 7 Abs. 2 GmbHG) besteht.

325 Wird eine solche Differenz festgestellt, dann muss diese – wenn die Gesellschafter die Eintragung weiter verfolgen wollen – durch Geldzahlung in das Gesellschaftsvermögen ausgeglichen werden. Geschieht dies nicht, muss das Registergericht die Eintragung ablehnen; die Gesellschafter haften dann für Altschulden wie auch für Neuverbindlichkeiten der Gesellschaft nach außen unbeschränkt, und zwar auch nach der von den Anhängern des Binnenhaftungsmodells vertretenen Auffassung (**Verlustdeckungshaftung**).

Scholz-*K. Schmidt*, GmbHG, § 11 Rn. 99;
Baumbach/Hueck-*Hueck/Fastrich*, GmbHG, § 11 Rn. 66;
Lutter/Hommelhoff-*Bayer*, GmbHG, § 11 Rn. 17;
Wicke, GmbHG, § 11 Rn. 11.

326 Die **Wertdifferenz bei Prüfung der Anmeldung** der Gesellschaft ist Anlass für eine Zusatzleistung der Gründer über die von ihnen i. R. der Kapitalaufbringung vermeintlich bereits erbrachte Einlage hinaus. Hinsichtlich des Grundes der Differenz und der Art des Ausgleichs ist zu unterscheiden:

a) Die Wertdifferenz bei Sacheinlagen

327 Resultiert die Wertdifferenz daraus, dass der Wert einer **Sacheinlage** schon bei der Anmeldung nicht den Betrag der dafür **übernommenen Stammeinlage** erreicht, hat der Gesellschafter, der die Sacheinlageverpflichtung übernommen hat, den Fehlbetrag durch eine Geldeinlage auszugleichen (§ 9 Abs. 1 GmbHG). Die Geldeinlage ist in diesem Fall aufgrund der ausdrücklichen gesetzlichen Statuierung zwingend. Der Gesellschafter kann nicht darauf verweisen, dass eine Bilanz auf den Anmeldungsstichtag durch eine Resteinlageforderung gegen ihn ausgeglichen ist. Auch Gewährleistungsansprüche, insbesondere Schadensersatzansprüche, deren tatsächlicher bzw. rechtlicher Grund zum Minderwert der Sacheinlage beigetragen haben mag, sind nicht geeignet, an die Stelle der Bareinlagepflicht zu treten.

328 Diese **Differenzhaftung i. e. S.** trifft jedenfalls dann, wenn der Minderwert schon **bei der Einbringung** der Sacheinlage bestand, primär den Sacheinleger mit einer subsidiären Ausfallhaftung nach § 24 GmbHG. Ist dagegen ein Wertverfall erst **nach Einbringung** eingetreten, haften dafür von vornherein alle Gesellschafter anteilig nach dem Verhältnis der von ihnen übernommenen Stammeinlagen.

Scholz-*Veil*, GmbHG, § 9 Rn. 30;
Baumbach/Hueck-*Hueck/Fastrich*, GmbHG, § 11 Rn. 61;
Ulmer/Habersack/Winter-*Ulmer*, GmbHG, § 11 Rn. 112.

II. Die Wahrung des Unversehrtheitsgrundsatzes während der Entstehung

b) Die Wertdifferenz bei sonstigem Vermögen

Liegt die Wertdifferenz zwischen dem angemeldeten Gesellschaftsvermögen und der maßgeblichen Mindestkapitalziffer bei der Prüfung durch das Registergericht nicht oder nicht nur in einem Minderwert einer Sacheinlage, sondern darin, dass sich bei dem Gesellschaftsvermögen insgesamt **Wertverluste** ergeben haben – gleichgültig, ob diese aus einer Geschäftstätigkeit herrühren oder aus Wertminderungen angeschaffter Gegenstände –, dann ist auch eine daraus resultierende Unterbilanz durch zusätzliche Geldeinlagen auszugleichen. Hierfür haften die Gesellschafter der Gesellschaft gegenüber nicht als Gesamtschuldner, sondern anteilig im Verhältnis der übernommenen Stammeinlagen zueinander. 329

Diese **Unterbilanzhaftung** basiert auf richterlicher Rechtsfortbildung, durch die nach Aufgabe des Vorbelastungsverbotes dem fortgeltenden Unversehrtheitsgrundsatz Rechnung getragen werden sollte. 330

BGHZ 80, 129 = ZIP 1981, 394;
Baumbach/Hueck-*Hueck/Fastrich*, GmbHG, § 11 Rn. 61 ff;
Ulmer/Habersack/Winter-*Ulmer*, GmbHG, § 11 Rn. 82 f;
Lutter/Hommelhoff-*Bayer*, GmbHG, § 11 Rn. 17;
Scholz-*K. Schmidt*, GmbHG, § 11 Rn. 139 ff, 142.

Diese oft undifferenziert als „**Vorbelastungshaftung**", „**Differenzhaftung**" und „**Unterbilanzhaftung**" bezeichnete Einstandspflicht der Gesellschafter ist heute ständige Rechtsprechung, 331

BGHZ 105, 300, 303 = ZIP 1989, 27,
dazu EWiR 1989, 55 *(K. Schmidt)*;
BGHZ 134, 333, 335 = ZIP 1997, 679,
dazu EWiR 1997, 463 *(Fleischer)*.

Sie hat sich auch im Schrifttum durchgesetzt und kann derzeit als h. L. angesehen werden. 332

Baumbach/Hueck-*Hueck/Fastrich*, GmbHG, § 11 Rn. 61 ff;
Ulmer/Habersack/Winter-*Ulmer*, GmbHG, § 11 Rn. 99;
Lutter/Hommelhoff-*Bayer*, GmbHG, § 11 Rn. 32 ff.;
Scholz-*K. Schmidt*, GmbHG, § 11 Rn. 139 ff.

c) Der Bewertungszeitpunkt

So sehr sich die Rechtsprechung und die h. L. heute darin einig sind, dass die Eintragung einer GmbH, bei der die Prüfung zur Feststellung der Überbewertung von Sacheinlagen bzw. zur Feststellung einer Unterbilanz geführt hat, nur erfolgen kann, wenn die Wertdifferenz durch Geldzahlungen in das Gesellschaftsvermögen ausgeglichen wird, so sehr gehen die Meinungen darüber auseinander, welcher **Bewertungsstichtag** für die Feststellung von Wertdifferenzen maßgeblich ist (vgl. dazu Rn. 219 ff, 239). 333

- Während die Rechtsprechung davon ausgeht, dass es für die Bewertung generell auf den **Zeitpunkt der „Eintragung"** ankommt,

BGHZ 80, 129, 137, 143,

wurde dies von der früher h. M. im Schrifttum nur in Bezug auf Sacheinlagen angenommen. Bei der Prüfung des Vorliegens einer Unterbilanz i. Ü. sollte es dagegen nach dieser Meinung auf den Zeitpunkt der Anmeldung ankommen.

> Roth/Altmeppen-Roth, GmbHG, § 9c Rn. 9 ff, m. w. N.
> a. A. Ulmer/Habersack/Winter-Ulmer, GmbHG, § 11 Rn. 104, 9c Rn. 17 ff.

- Eine im Zunehmen begriffene Auffassung im Schrifttum stellt dagegen generell auf den Anmeldungszeitpunkt ab,

> Lutter/Hommelhoff-Bayer, GmbHG, § 9c Rn. 16, m. w. N.
> und die Nachweise bei Rn. 238.

- Wenn in diesem Zusammenhang in Rechtsprechung und Schrifttum vom Zeitpunkt der „Eintragung" gesprochen wird, muss man sich im klaren sein, dass in Wirklichkeit der **Zeitpunkt der Prüfung** gemeint ist. Die Wertverhältnisse im Zeitpunkt der Eintragung kann das Registergericht, wie oben dargetan, wegen des mehr oder weniger großen zeitlichen Abstands zwischen Prüfung und Eintragung gar nicht erfassen. Aus diesem Grund kann es nicht auf den Zeitpunkt der Eintragung ankommen; es ist allenfalls zu überlegen, ob der Zeitpunkt der Prüfung anstelle des **Zeitpunkts der Anmeldung** maßgeblich ist. Auch das ist jedoch zu verneinen, weil das Registergericht nach dem gesetzlichen Auftrag die Anmeldeunterlagen zu prüfen und nicht eigene Wertermittlungen anzustellen hat. Wäre das seine Aufgabe, könnten sich die Gesellschafter Wertangaben bei der Anmeldung sparen.

> Scholz-K. Schmidt, GmbHG, § 11 Rn. 137 f.

334 Es ist demnach der Auffassung zu folgen, nach der es **allein auf den Anmeldezeitpunkt** ankommt. Eine auf diesen Zeitpunkt festgestellte Überbewertung von Sacheinlagen bzw. ermittelte Unterbilanz ist von den Gründern durch Geldzahlung an die Gesellschaft auszugleichen, andernfalls kann die Eintragung nicht erfolgen. Wertveränderungen, die dagegen nach der Anmeldung eintreten, sind bei der Entscheidung über die Eintragung nicht zu beachten.

> Scholz-K. Schmidt, GmbHG, § 11 Rn. 138.

Die eventuelle Notwendigkeit, bei gravierenden Verdachtsmomenten eine eigenständige Prüfung vor der Eintragung durchzuführen, bleibt davon unberührt (vgl. Rn. 240).

335 Soweit die Wertminderung der eingelegten Sache dagegen **nach der Einbringung** und **vor der Anmeldung** eintritt, schulden die Mitgesellschafter dem Sacheinleger im Innenverhältnis Ausgleich.

> Scholz-K. Schmidt, GmbHG, § 11 Rn. 142.

II. Die Wahrung des Unversehrtheitsgrundsatzes während der Entstehung

3. Die Haftung für Wertverluste bis zur Eintragung

Mit der Eintragung der GmbH endet die Außenhaftung ihrer Gründer für Verbindlichkeiten der Vorgesellschaft. Nachdem die GmbH nunmehr als juristische Person existiert (§§ 11 Abs. 1, 13 Abs. 1 GmbHG), haftet für ihre Verbindlichkeiten nur noch das Gesellschaftsvermögen (§ 13 Abs. 2 GmbHG). Dies ändert jedoch nichts daran, dass Wertdifferenzen, die bei der Prüfung der Anmeldung auszugleichen waren und nicht ausgeglichen worden sind, und Belastungen des Gesellschaftsvermögens, die aus der Zeit zwischen der Anmeldung und der Eintragung herrühren, von den Gesellschaftern zu tragen sind (**Vorbelastungshaftung**). Dass eine solche Haftung nach Wegfall des Vorbelastungsverbots aufgrund des fortgeltenden Unversehrtheitsgrundsatzes besteht, ist heute einhellige Auffassung in Rechtsprechung und Schrifttum, 336

> Scholz-K. Schmidt, GmbHG, § 11 Rn. 139 ff.

Die Haftung beschränkt sich auf die Ersteintragung der GmbH; sie greift nicht bei der Kapitalerhöhung. Ob sie bei der Mantelverwendung gilt, ist außerordentlich umstritten; 337

> dagegen Scholz-K. Schmidt, GmbHG, § 11 Rn. 139 ff, m. w. N.

Der Bundesgerichtshof hat seine befürwortende Auffassung inzwischen relativiert,

> BGH ZIP 2012, 817,
> dazu EWiR 2012, 347 *(Bayer)*
> gegen
> BGHZ 153, 158 = ZIP 2003, 251,
> dazu EWiR 2003, 327 *(Keil)* und
> BGHZ 155, 318 = ZIP 2003, 1698,
> dazu EWiR 2003, 967 *(Keil)*.

Meinungsverschiedenheiten bestehen jedoch weiterhin, auf welchen Stichtag die Vorbelastungshaftung festzustellen ist und welchen Umfang sie hat. 338

a) Der maßgebliche Zeitpunkt

Die h. M. und der Bundesgerichtshof stellen sowohl, was die Unterbilanzhaftung, als auch, was die Vorbelastungshaftung anlangt, auf die Eintragung als den maßgeblichen Zeitpunkt ab. (In diesem Fall geht es tatsächlich, weil die Feststellungen erst nachträglich, d. h. nach der Eintragung getroffen werden, um den Zeitpunkt des Vollzugs im Register und nicht um die Zeit der Prüfung durch den Richter.) Nach a. A. soll es auf den Tag ankommen, an dem eine eintragungsreife Anmeldung vorgelegen hat. Für alle nach diesem Stichtag anfallenden Vorbelastungen hat nur noch die GmbH an Stelle der Gründer geradezustehen, 339

> Scholz-K. Schmidt, GmbHG, § 11 Rn. 141, m. w. N.

Karsten Schmidt differenziert jedoch mit guten Gründen weiter. Danach soll man bei der Innenhaftung der Gesellschafter nach der Eintragung unterscheiden zwischen einer strengen Unterbilanzhaftung auf den Anmeldungs- 340 stichtag und einer Vorbelastungshaftung für den Fall der Geschäftstätigkeit der Gesellschaft zwischen Anmeldung und Eintragung,

> Scholz-K. Schmidt, GmbHG, § 11 Rn. 141.

b) Der Umfang der Haftung

341 Was den **Umfang der Vorbelastungshaftung** anlangt, werden zwei verschiedene Meinungen vertreten.

- Die Rechtsprechung und die h. M. im Schrifttum gehen davon aus, dass im **Zeitpunkt der Eintragung** und damit der Entstehung der GmbH als juristische Person das Vermögen der Gesellschaft unversehrt sein muss. Aus diesem Grund unterwerfen sie der Vorbelastungshaftung jede auf den Eintragungszeitpunkt festgestellte negative Abweichung des Werts des Gesellschaftsvermögens gegenüber der Mindestkapitalziffer.

  > BGHZ 105, 300, 303 = ZIP 1989, 27,
  > dazu EWiR 1989, 55 *(K. Schmidt)*;
  > Lutter/Hommelhoff-*Bayer*, GmbHG, § 11 Rn. 33;
  > Baumbach/Hueck-*Hueck/Fastrich*, GmbHG, § 11 Rn. 64;
  > Roth/Altmeppen-*Roth*, GmbHG, § 11 Rn. 10–17.

- Im Gegensatz dazu beschränkt eine insbesondere von *Karsten Schmidt* vertretene Mindermeinung die Vorbelastungshaftung für Wertveränderungen zwischen der Anmeldung und der Eintragung allein auf operative Verluste der Gesellschaft, während Wertverluste des Anlagevermögens aus der Zeit nach der Anmeldung nicht auszugleichen seien.

  > Scholz-K. Schmidt, GmbHG, § 11 Rn. 146;
  > K. Schmidt, Gesellschaftsrecht, § 34 III. 4. c;
  > Ulmer/Habersack/Winter-*Ulmer*, GmbHG, § 11 Rn. 98 ff.

Nach dieser Auffassung setzt sich die Innenhaftung der Gesellschafter nach der Eintragung aus zwei Elementen zusammen, nämlich aus einer strengen Unterbilanzhaftung auf den Anmeldungsstichtag und aus einer zeitlich darüber hinausgehenden, abgemilderten Vorbelastungshaftung im Fall der Geschäftstätigkeit zwischen der Anmeldung und der Eintragung.

> *K. Schmidt*, ZHR 156 (1992), 93, 125 f.

Karsten Schmidt begründet die eingeschränkte Vorbelastungshaftung damit, dass eine Wertdeckungsgarantie auf den Zeitpunkt der Eintragung von Gesetzes wegen nicht belegbar sei. Die Vorbelastungshaftung auf den Eintragungsstichtag sei vielmehr nichts anderes als die Wandlung der unbeschränkten Außenhaftung der Gesellschafter einer Vor-GmbH in eine Innenhaftung der Gesellschaft gegenüber vom Zeitpunkt der Eintragung der Gesellschaft an. Diese Vorbelastungsinnenhaftung beschränke sich auf operative Verluste der Vor-GmbH und trete neben die strenge Unterbilanzhaftung, die auf den Anmeldungsstichtag bezogen ist.

> *K. Schmidt*, ZHR 156 (1992), 93, 133;
> Scholz-*K. Schmidt*, GmbHG, § 11 Rn. 146.

II. Die Wahrung des Unversehrtheitsgrundsatzes während der Entstehung

- Den Widerstreit der aufgezeigten Interessen verneint *Kersting* neuerdings mit der Begründung, dass es des Unversehrtheitsgrundsatzes nicht bedürfe, dass nämlich die Gründer mit einer vollständigen und regelkonformen Erbringung ihrer Einlage alles Gebotene leisten würden. Sie hafteten danach nur für Handlungen, die die Vorgesellschaft verpflichten, nicht aber für Verluste an Vermögensgegenständen der Gesellschaft,

    Kersting, ZHR 175 (2011), 644, 682 f.

    Dieser Gedanke erleichtert sicher die Bewertung der Kapitalaufbringungsvorgänge, lässt aber das Gläubigerinteresse außer Betracht.

4. Der Anwendungsbereich der Haftungen

Die Differenzhaftung, die Unterbilanzhaftung zum Anmeldestichtag und die Vorbelastungshaftung auf den Zeitpunkt der Eintragung sind Risiken, die regelmäßig nur die Gesellschafter junger Gesellschaften treffen. Nach übereinstimmender Meinung in Rechtsprechung und Schrifttum unterliegen die Ansprüche aus diesem Haftungsbereich – direkt oder analog – der (nunmehr zehnjährigen) Verjährung ab Eintragung des § 9 Abs. 2 GmbHG. 342

BGHZ 105, 300, 304 ff = ZIP 1989, 27,
dazu EWiR 1989, 55 *(K. Schmidt)*.

Karsten Schmidt sieht dagegen die Grundlage für die Verjährung der Vorbelastungshaftung nicht mehr in einer Analogie zu § 9 Abs. 2 GmbHG, sondern in den Nachhaftungsregeln der §§ 26, 159, 160 HGB, § 736 Abs. 2 BGB und §§ 45, 131 Abs. 3, 224 UmwG. Daraus leitet er eine nur fünfjährige Verjährungsfrist ab Eintragung ab. 343

Scholz-*K. Schmidt*, GmbHG, § 11 Rn. 149.

In der Regel kommt diese Haftung darum (seit Inkrafttreten des **MoMiG**) nur zum Tragen, wenn die Gesellschaft innerhalb ihrer ersten zehn bzw. fünf Lebensjahre insolvent wird. 344

Auch wenn die **Darlegungs- und Beweislast** für das Bestehen eines Anspruchs die **Gesellschaft als Gläubigerin** bzw. den **Insolvenzverwalter** trifft, liegt es im Interesse aller Gesellschafter, insbesondere dann, wenn ihre Einlagen in sehr unterschiedlicher Beitragshöhe festgelegt sind, eine etwaige Vorbelastung unmittelbar nach der Eintragung festzustellen und den Ausgleich von den Mitgesellschaftern zu verlangen. Sie setzen sich andernfalls dem Risiko aus, bei Zahlungsunfähigkeit der Gesellschaft und einzelner Gesellschafter den Ausfall nach § 24 GmbHG mittragen zu müssen. 345

F. Die Aufbringung des Stammkapitals bei der Kapitalerhöhung

I. Allgemeines

Bei einer bestehenden GmbH kann aus verschiedenen Gründen eine Situation eintreten, die es notwendig macht, oder zweckmäßig erscheinen lässt, das im Gesellschaftsvertrag festgelegte und im Handelsregister ausgewiesene Stammkapital der Gesellschaft zu erhöhen.   346

- So kann sich ergeben, dass die der ursprünglich festgelegten Stammkapitalziffer entsprechenden Mittel nicht ausreichen, um die Gesellschaft nach ihrer Gründung in eine Ertragsphase zu bringen.
- Die der Gesellschaft Kredit gebenden Banken können die Neugewährung von Kreditmitteln oder die Weitergewährung davon abhängig machen, dass die Gesellschafter einen weiteren eigenen Beitrag zur Finanzierung der Gesellschaft leisten.
- Die Zuführung neuer Mittel kann sich als notwendig erweisen, um die Gesellschaft aus einer Überschuldung herauszuführen.
- Es kann zweckmäßig sein, dass sich ein Dritter mit Geldmitteln und/oder einer bestimmten Sacheinlage an der Gesellschaft beteiligt. Dies kann auch eine Art der Fusion von zwei Gesellschaften darstellen.

Eine Kapitalerhöhung kann in zwei Formen durchgeführt werden, einerseits als **effektive Kapitalerhöhung** durch Zuführung neuer Mittel und andererseits als **nominelle Kapitalerhöhung** durch Umwandlung von Rücklagen der Gesellschaft in Stammkapital (Kapitalerhöhung aus Gesellschaftsmitteln). Die nominelle Kapitalerhöhung (§§ 57c ff GmbHG) führt der Gesellschaft keine neuen Mittel zu; sie erhöht vielmehr nur das satzungsmäßig gebundene Kapital der Gesellschaft.   347

Vgl. *K. Schmidt*, Gesellschaftsrecht, § 29 III. 1. und § 37 V. 2.

II. Die effektive Kapitalerhöhung

Die **effektive Kapitalerhöhung,** die in ihren gesetzlichen Voraussetzungen den Anforderungen, wie sie das Gesetz bei der Errichtung der GmbH stellt, nachgebildet ist, ist von gewissen Gesichtspunkten geprägt, die bei der Errichtung der GmbH keine Rolle spielen. Während man davon ausgehen kann, dass sich an der Errichtung einer GmbH nur Personen beteiligen, die die Gesellschaft wollen und die die für die Errichtung der GmbH notwendigen Mittel haben, werden die Gesellschafter bei einer Kapitalerhöhung dem Konflikt ausgesetzt, entweder weitere Mittel, mit denen sie bisher nicht gerechnet hatten, zuführen zu müssen oder eine Verringerung ihrer Quote (Verwässerung ihrer Beteiligung) hinnehmen zu müssen. Das ist u. a. der Grund, warum immer wieder großer Wert auf die Erhaltung einer Sperrminorität gegen Satzungsänderungen (mehr als 25 %) gelegt wird.   348

Bei **Durchführung** einer effektiven Kapitalerhöhung sind folgende Umstände zu beachten.

> Vgl. K. Schmidt, Gesellschaftsrecht, § 37 V. 1.

1. Der Kapitalerhöhungsbeschluss

349 Durch Gesellschafterbeschluss müssen die Höhe der Kapitaländerung und die neue Stammkapitalziffer festgelegt werden (Kapitalerhöhungsbeschluss). Die Bestimmung des Gesellschaftsvertrages über die Höhe des Stammkapitals erhält demnach eine neue Fassung. Der Beschluss bedarf einer satzungsändernden Mehrheit (im Zweifel 75 %) und der notariellen Beurkundung (§ 55 Abs. 1 GmbHG).

> Lutter/Hommelhoff-*Lutter/Bayer*, GmbHG, § 55 Rn. 4;
> Baumbach/Hueck-*Zöllner*, GmbHG, § 55 Rn. 17;
> Scholz-*Priester*, GmbHG, § 55 Rn. 14;
> *Wicke*, GmbHG, § 55 Rn. 10.

350 Das Kapital kann um einen festen Betrag erhöht werden; es ist aber auch möglich, einen bestimmten Höchstbetrag zu beschließen mit der Bestimmung, dass der Betrag der endgültigen Kapitalerhöhung davon abhängt, in welcher Höhe neue Stammeinlagen übernommen werden.

> RGZ 85, 305, 307;
> Baumbach/Hueck-*Zöllner*, GmbHG, § 55 Rn. 11;
> Ulmer/Habersack/Winter-*Ulmer*, GmbHG, § 55 Rn. 17 ff;
> Lutter/Hommelhoff-*Lutter/Bayer*, GmbHG, § 55 Rn. 9;
> Scholz-*Priester*, GmbHG, § 55 Rn. 19;
> Rowedder/Schmidt-Leithoff-*Schnorbus*, GmbHG, § 55 Rn. 11;
> *Wegmann*, in: Münch-Hdb. GesR, Bd. III, § 53 Rn. 5;
> Roth/Altmeppen-*Roth*, GmbHG, § 55 Rn. 5;
> *Wicke*, GmbHG, § 55 Rn. 5.

351 Wählen die Gesellschafter das letztgenannte Verfahren, also die Kapitalerhöhung bis zu einer bestimmten Höchstziffer, dann müssen sie nach h. M. eine Frist bestimmen, nach deren Ablauf die Summe der bis dahin erfolgten Zeichnungen als Erhöhungsbetrag anzumelden ist. Diese Frist wurde bisher (vgl. aber jetzt § 55a GmbHG und unten Rn. 406 ff) für notwendig gehalten, weil anderenfalls ein nach dem GmbH-Gesetz nicht vorgesehenes genehmigtes bzw. bedingtes Kapital geschaffen würde.

> Scholz-*Priester*, GmbHG, § 55 Rn. 19, m. w. N.;
> *Wegmann*, in: Münch-Hdb. GesR, Bd. III, § 53 Rn. 5, m. w. N.;
> Lutter/Hommelhoff-*Lutter/Bayer*, GmbHG, § 55 Rn. 9;
> Roth/Altmeppen-*Roth*, GmbHG, § 55 Rn. 5
> (zweifelnd im Hinblick auf § 55a GmbHG);
> a. A. Baumbach/Hueck-*Zöllner*, GmbHG, § 55 Rn. 11, m. w. N.;
> *Wicke*, GmbHG, § 55 Rn. 5.

352 Ob dieses Argument noch gilt, nachdem das **MoMiG** in § 55a GmbHG die Möglichkeit eines genehmigten Kapitals für die GmbH eingeführt hat, erscheint zweifelhaft.

II. Die effektive Kapitalerhöhung

Ebenso Roth/Altmeppen-*Roth*, GmbHG, § 55 Rn. 5.

Nach der Neufassung des GmbHG durch das MoMiG können sich Kapitalerhöhungen auf 1 € beschränken bzw. können jeden höheren auf volle Euro lautenden Betrag ausmachen. 353

2. Zustimmungspflicht der Gesellschafter

Die Entscheidung darüber, ob überhaupt eine Kapitalerhöhung beschlossen werden soll, steht im freien Ermessen aller Gesellschafter. 354

Lutter/Hommelhoff-*Lutter/Bayer*, GmbHG, GmbHG, § 55 Rn. 4;
Scholz-*Priester*, GmbHG, § 55 Rn. 14;
Roth/Altmeppen-*Roth*, GmbHG, § 55 Rn. 7;
Wicke, GmbHG, § 55 Rn. 10.

Eine Zustimmungspflicht der Gesellschafter kann sich jedoch aus der Satzung, aus Stimmbindungsverträgen oder aus der allgemeinen Treupflicht der Gesellschafter ergeben. Eine positive Stimmpflicht des Gesellschafters aufgrund seiner Treupflicht wird im Einzelfall angenommen, wenn ohne die Kapitalerhöhung der Fortbestand der Gesellschaft gefährdet wäre. Die Kapitalerhöhung muss objektiv erforderlich und für den Gesellschafter zumutbar sein. Dies ist unter folgenden Umständen zu unterstellen: 355

- Die Gesellschaft muss die Kapitalerhöhung für ihren Fortbestand – eventuell auf längere Sicht – benötigen.

- Die Gesellschaft muss mit der Kapitalerhöhung als dauerhaft lebensfähig angesehen werden können.

- Jeder Gesellschafter muss, wenn der Fortbestand der Gesellschaft nicht nur durch Eintritt eines neuen Gesellschafters gewährleistet werden kann, die Möglichkeit haben, sich mit seiner Kapitalquote an der Erhöhung zu beteiligen. Darauf, ob er die Mittel dazu hat, kann es im Notfall der Gesellschaft nicht ankommen.

- Den Gesellschaftern darf grundsätzlich kein neues Ausfallrisiko gemäß § 24 GmbHG auferlegt werden, d. h. die anderen Zeichner müssen die volle Aufbringung der erhöhten Stammeinlage vor der Eintragung zusagen.

K. Schmidt, ZGR 1982, 519, 525;
K. Schmidt, Gesellschaftsrecht, § 37 V. 1. bb;
Wegmann, in: Münch-Hdb. GesR, Bd. III, § 53 Rn. 12.

Die Pflicht, unter bestimmten Umständen einer Kapitalerhöhung zuzustimmen, begründet jedoch keine Verpflichtung, eine neue Stammeinlage auch tatsächlich zu übernehmen (**keine Bezugspflicht**). 356

3. Der Zulassungsbeschluss

Eine beschlossene Erhöhung des Stammkapitals kann erst dann zur Eintragung in das Handelsregister angemeldet werden, wenn das erhöhte Kapital 357

F. Die Aufbringung des Stammkapitals bei der Kapitalerhöhung

durch Übernahme von Stammeinlagen gedeckt ist (§ 57 Abs. 1 GmbHG). Diese Formulierung der gesetzlichen Regelung besagt, dass neben dem Beschluss, das Kapital zu erhöhen, eine Willensbildung dahingehend erfolgen muss, welche Stammeinlagen/Geschäftsanteile mit welcher Stammeinlageziffer/ welchen Nennbeträgen gebildet werden sollen und wer zu ihrer Übernahme zugelassen wird (§ 55 Abs. 2 Satz 1 GmbHG; Zulassungsbeschluss).

358 In der Praxis erfolgt die Beschlussfassung über die Kapitalerhöhung, über die Festlegung der Stammeinlagen und über die Zulassung zur Übernahme neuer Stammeinlagen regelmäßig in einem einzigen Akt. In der juristischen Theorie wird jedoch unterschieden:

- Weil der **Zulassungsbeschluss** auf den Satzungsinhalt, insbesondere auf die Höhe des Stammkapitals keinen Einfluss hat, unterliegt er nicht den Vorschriften über Satzungsänderungen. Es handelt sich bei ihm um einen innergesellschaftlichen Akt der Willensbildung, für den die Gesellschafterversammlung zuständig ist. Grundsätzlich genügt für einen derartigen Gesellschafterbeschluss die einfache Mehrheit. Soll allerdings das Zeichnungsrecht der Altgesellschafter ganz oder teilweise ausgeschlossen werden, wird eine satzungsändernde Mehrheit verlangt.

    Ulmer/Habersack/Winter-*Ulmer*, GmbHG, § 55 Rn. 39, 41.

- Von einem Teil des Schrifttums wird der Zulassungsbeschluss in jedem Fall für notwendig gehalten, und zwar unabhängig davon, ob nur die bisherigen Gesellschafter mit ihrer Quote zur Zeichnung zugelassen werden oder ob auch Dritten eine Zeichnungsmöglichkeit eingeräumt werden soll.

    Ulmer/Habersack/Winter-*Ulmer*, GmbHG, § 55 Rn. 38.

- Nach anderer Ansicht ist eine ausdrückliche Beschlussfassung jedoch nur dann notwendig, wenn das Bezugsrecht der Altgesellschafter ausgeschlossen werden soll.

    Baumbach/Hueck-*Zöllner*, GmbHG, § 55 Rn. 21;
    Lutter/Hommelhoff-*Lutter/Bayer*, GmbHG, § 55 Rn. 21;
    Scholz-*Priester*, GmbHG, § 55 Rn. 41;
    K. Schmidt, Gesellschaftsrecht, § 37 V. 1. a cc;
    Wicke, GmbHG, § 55 Rn. 11;
    Roth/Altmeppen-*Roth*, GmbHG, § 55 Rn. 26 ff.

359 Für die letztgenannte Auffassung spricht die Tatsache, dass die Gesellschafter der GmbH dann, wenn ihnen die Beteiligung an der Kapitalerhöhung entsprechend ihrem Kapitalanteil zugestanden werden soll, eines eigenen darauf zielenden Beschlusses nicht bedürfen. Ihr Zeichnungsrecht ergibt sich dann schon aus dem Gleichbehandlungsgrundsatz, wie er allen Personenzusammenschlüssen eigen ist und in Einzelbestimmungen zum Ausdruck kommt (vgl. § 53a AktG).

Lutter/Hommelhoff-*Lutter/Bayer*, GmbHG, § 55 Rn. 17.

Die Summe der – ggf. im Zulassungsbeschluss festzulegenden – Stammein- 360
lageziffern/Nennbeträge der Geschäftsanteile muss dem Betrag der Kapitalerhöhung entsprechen.

4. Das Bezugsrecht

Den Gesellschaftern der GmbH steht grundsätzlich, ohne dass sich dafür eine 361
Bestimmung im Gesetz findet, ähnlich wie dem Aktionär gemäß § 186 AktG,
ein Bezugsrecht zu.

>BGH GmbHR 2005, 925 f;
>*Priester*, DB 1980, 1925;
>Scholz-*Priester*, GmbHG, § 55 Rn. 42;
>Baumbach/Hueck-*Zöllner*, GmbHG, § 55 Rn. 20;
>Lutter/Hommelhoff-*Lutter/Bayer*, GmbHG, § 55 Rn. 17;
>*Lutter*, AcP 180 (1980), 122, 123;
>*Munzig*, Das gesetzliche Bezugsrecht bei der GmbH, 1996;
>*K. Schmidt*, Gesellschaftsrecht, § 37 V. 1. a ee.

- Ein Teil des Schrifttums verneint die Existenz eines Bezugsrechts gerade im Hinblick darauf, dass es im Gesetz nicht ausdrücklich erwähnt wird.

    >Meyer-Landrut/Miller/Niehues-*Meyer-Landrut*, GmbHG,
    >§ 55 Rn. 19;
    >Rowedder/Schmidt-Leithoff-*Schnorbus*, GmbHG, § 55 Rn. 34;
    >Roth/Altmeppen-*Roth*, GmbHG, § 55 Rn. 20.

- *Ulmer* erkennt einerseits das hinter der Zubilligung eines Bezugsrechts stehende Gesellschafterinteresse an, er meint aber die Möglichkeit einer Analogie zu § 186 Abs. 1 AktG verneinen zu müssen, weil das GmbH-Gesetz in § 55 Abs. 2 Satz 1 im Gegensatz zum Aktienrecht einen besonderen Zulassungsbeschluss vorsieht, den er zugleich prinzipiell für notwendig hält.

    >Ulmer/Habersack/Winter-*Ulmer*, GmbHG, § 55 Rn. 44 ff.

Das Bezugsrecht der GmbH-Gesellschafter ist aber auch ohne Analogie zu 362
§ 186 AktG als ungeschriebenes gesetzliches Kernrecht anzuerkennen, das
grundsätzlich nicht ohne Zustimmung des Gesellschafters genommen oder
beeinträchtigt werden darf. Mit Recht betont *Karsten Schmidt*, dass wegen
der typischerweise personalistischen Gesellschaftsstruktur der GmbH für den
GmbH-Gesellschafter sogar mehr Grund besteht, auf der Erhaltung seiner Beteiligungsquote zu bestehen, als für den Aktionär.

>*K. Schmidt*, Gesellschaftsrecht, § 37 V. 1. a ee.

Im Ergebnis unterscheiden sich die zitierten Ansichten jedoch nur unwesent- 363
lich. Das Interesse des Gesellschafters an der Erhaltung seiner bisherigen
Quote wird allseits anerkannt. Unterschiedliche Auffassungen bestehen lediglich darin, gegen wen sich eine Klage auf Zuteilung eines Geschäftsanteils
auf der Basis des Bezugsrechts zu richten habe, gegen die Gesellschaft oder
die Gesellschafter, vgl. dazu einerseits

> K. Schmidt, Gesellschaftsrecht, § 37 V. 1. a ee,
> andererseits Ulmer/Habersack/Winter-*Ulmer*, GmbHG,
> § 55 Rn. 49.

364 In der Praxis wird eine Beeinträchtigung des Bezugsrechts jedoch nicht über eine Zuteilungsklage – diese wäre jedenfalls dann verspätet, wenn der Zulassungsbeschluss unangreifbar geworden ist –, sondern über eine Anfechtungsklage gegen den Kapitalerhöhungs- bzw. Zulassungsbeschluss geklärt.

5. Ausschluss des Bezugsrechts

365 Nachdem es sich bei dem Bezugsrecht um einen wesentlichen Bestandteil der Mitgliedschaft des GmbH-Gesellschafters handelt, ist ein Ausschluss bzw. eine Beeinträchtigung des Bezugsrechts – gleichgültig ob für alle Gesellschafter, eine Minderheit oder einzelne Gesellschafter – nur in besonderen Ausnahmefällen gegen den Willen der Betroffenen zulässig. Zu berücksichtigen ist der im Aktienrecht entwickelte Grundsatz, dass der Ausschluss im überwiegenden Interesse der Gesellschaft erforderlich sein muss, dass er für die Wahrung des besonderen Interesses der Gesellschaft geeignet erscheint und dass er durch kein weniger einschneidendes Mittel ersetzt werden kann. d. h. dass er angemessen ist.

> BGHZ 71, 40 *(Kali und Salz)*;
> BGHZ 83, 319, 321 = ZIP 1982, 689 *(Philipp Holzmann)*;
> Lutter, ZGR 1979, 401 (für die AG);
> Scholz-*Priester*, GmbHG, § 55 Rn. 54 ff;
> Lutter/Hommelhoff-*Lutter/Bayer*, GmbHG, § 55 Rn. 22 f;
> Baumbach/Hueck-*Zöllner*, GmbHG, § 55 Rn. 25 ff.

366 Ein **Anlass für den notwendigen Ausschluss** des Bezugsrechts kann sich etwa ergeben, wenn die Insolvenz der Gesellschaft nur durch die Aufnahme eines weiteren Gesellschafters vermieden werden kann, wenn nur auf diesem Wege eine von der GmbH dringend benötigte Sacheinlage erworben werden kann, wenn die Gesellschaft auf den Zusammenschluss mit einem anderen Unternehmen angewiesen ist. Vergleiche dazu die Fallgruppen bei

> Scholz-*Priester*, GmbHG, § 55 Rn. 55 ff;
> Baumbach/Hueck-*Zöllner*, GmbHG, § 55 Rn. 27.

367 Für den Ausschluss lediglich **eines einzelnen Gesellschafters** von dem Bezugsrecht sollen besonders strenge Maßstäbe zur Anwendung kommen; es ist aber schwer vorstellbar, unter welchen Umständen diese greifen sollen.

> Scholz-*Priester*, GmbHG, § 55 Rn. 60;
> Lutter/Hommelhoff-*Lutter/Bayer*, GmbHG, § 55 Rn. 23.

368 Wird das Bezugsrecht ausgeschlossen, muss die dem neuen Gesellschafter zugestandene Quote dem Verhältnis seiner Leistung zum Gesamtwert des Unternehmens entsprechen („Übernahmepreis").

> Scholz-*Priester*, GmbHG, § 55 Rn. 53;
> Lutter/Hommelhoff-*Lutter/Bayer*, GmbHG, § 55 Rn. 24.

6. Übernahmeverträge

Es müssen Übernahmeverträge zwischen den Personen, die zur Übernahme einer Stammeinlage zugelassen worden sind, und der Gesellschaft abgeschlossen werden. Es handelt sich dabei um **Verträge mit körperschaftlichem Charakter**. 369

BGHZ 49, 117, 119;
K. Schmidt, Gesellschaftsrecht, § 37 V. 1. b;
Lutter/Hommelhoff-*Lutter/Bayer*, GmbHG, § 55 Rn. 32;
Wegmann, in: Münch-Hdb. GesR, Bd. III, § 53 Rn. 24;
Wicke, GmbHG, § 55 Rn. 12.

Die **Übernahmeerklärung** bedarf zumindest der notariellen Beglaubigung (§ 55 Abs. 1 GmbHG). Der Übernahmevertrag löst die Einlagepflicht aus. Partner des Übernahmevertrages sind der Übernehmer einerseits und die Gesellschaft, vertreten durch die Mitgesellschafter andererseits. Die Geschäftsführer können zur Vertretung der Gesellschaft ermächtigt werden. Der Vertrag wird wirksam mit der Eintragung der Kapitalerhöhung im Handelsregister; zugleich entstehen die neuen Geschäftsanteile. 370

Lutter/Hommelhoff-*Lutter/Bayer*, GmbHG, § 55 Rn. 37 ff.

7. Leistung zur freien Verfügung

Die auf die übernommene Stammeinlage zu erbringenden Leistungen müssen gemäß den §§ 56a–57a GmbHG nach den gleichen Kapitalaufbringungsregeln zur freien Verfügung der Geschäftsführer geleistet werden wie bei der Errichtung der Gesellschaft. Unter welchen Voraussetzungen dem Erfordernis der freien Verfügbarkeit der erbrachten Leistung Rechnung getragen wird, ist umstritten und höchstrichterlich nicht restlos geklärt. Die Abgrenzung zum Verbot der verdeckten Sacheinlage wurde als schwierig angesehen. Das MoMiG hat neue ungeklärte Fragen aufgeworfen, 371

Baumbach/Hueck-*Zöllner*, GmbHG, § 57 Rn. 11 ff.

Eine Besonderheit gegenüber den Verhältnissen bei der Gründung einer GmbH ergibt sich schon daraus, dass die Leistung in das Vermögen einer bereits existierenden und geschäftlich tätigen GmbH erfolgen muss. Das bedeutet, dass in vielen Fällen die geleistete Einlage schon vor Anmeldung der Kapitalerhöhung verwendet worden oder sogar verbraucht sein kann. Da es eine Vorgesellschaft nicht gibt, kommt es auch nicht zu der aus dem Unversehrtheitsgrundsatz abgeleiteten **Unterbilanz- bzw. Vorbelastungshaftung**. 372

Roth/Altmeppen-*Roth*, GmbHG, § 56a Rn. 6;
Scholz-*Priester*, GmbHG, § 56 Rn. 43;
K. Schmidt, AG 1986, 106, 115;
BGHZ 150, 197 = ZIP 2002, 799, 801;
BGHZ 119, 177, 187 = ZIP 1992, 1387.

Die durch § 56 Abs. 2 GmbHG auch für die Kapitalerhöhung ausdrücklich für anwendbar erklärte **Differenzhaftung** i. e. S. des § 9 GmbHG ist demgegenüber beachtlich. Der zur Leistung verpflichtete Gesellschafter trägt das 373

Bewertungs- und Werterhaltungsrisiko bis zur Anmeldung der Kapitalerhöhung. Eine etwaige Wertdifferenz hat er in Geld auszugleichen. Wenn allerdings die Gesellschaft über den Einlagegegenstand schon vor Anmeldung verfügt, wozu sie berechtigt ist, dann soll eine Differenzhaftung entfallen. Das wird damit begründet, dass eine Trennung der geleisteten Einlagen vom sonstigen Vermögen der GmbH bis zur Eintragung der Kapitalerhöhung mit der Handlungsfreiheit der GmbH im Allgemeinen nicht vereinbar und damit wohl eine Wertdifferenz auf die Dauer nicht feststellbar wäre.

> Scholz-*Priester*, GmbHG, § 56 Rn. 42 ff.

374 Das früher vom Bundesgerichtshof aufgestellte Erfordernis, dass bei einer Verwendung der eingezahlten Mittel zurzeit der Anmeldung noch eine **wertgleiche Deckung** durch angeschaffte aktivierungsfähige Güter bestehen müsse,

> BGHZ 119, 177 = ZIP 1992, 1387,

wurde unter dem Eindruck der im Schrifttum dagegen vorgebrachten Argumente,

> *Priester*, ZIP 1994, 599, 602;
> *K. Schmidt*, AG 1986, 106 ff;
> *Hommelhoff/Kleindiek*, ZIP 1987, 477, 482 ff,

inzwischen aufgegeben.

> BGHZ 150, 197 = ZIP 2002, 799;
> BGH GmbHR 2002, 545, 547, m. Anm. *Brauer/Manger*
> = NZG 2002, 524.

375 Die Besonderheiten der Vermögenssituation zwischen einer Vorgesellschaft und einer werbenden GmbH führen dazu, dass an die freie Verfügbarkeit eines eingebrachten Gegenstands bei der Kapitalerhöhung andere Anforderungen gestellt werden als bei der Gründung der Gesellschaft:

- Die Zahlung auf ein debitorisches Bankkonto beeinträchtigt die freie Verfügbarkeit jedenfalls dann nicht, wenn aufgrund einer eingeräumten Kreditlinie – ggf. auch auf einem anderen Konto – die Verfügung über die Mittel nicht beschränkt ist.

> BGH ZIP 1990, 1400 = WM 1990, 1820,
> dazu EWiR 1990, 1207 *(Crezelius)*;
> BGH ZIP 1991, 445 = GmbHR 1991, 152,
> dazu EWiR 1991, 377 *(Roth)*;
> BayObLG GmbHR 1998, 736;
> BGH GmbHR 2002, 545, m. Anm. *Brauer/Manger*
> = NZG 2002, 524;
> BGH ZIP 2005, 121 = NZG 2005, 180;
> Lutter/Hommelhoff-*Lutter/Bayer*, GmbHG, § 56a Rn. 4.

- Gesellschaftsrechtliche oder schuldrechtliche Bestimmungen über die Verwendung der eingelegten Mittel schaden ebenfalls nicht, wenn sie

II. Die effektive Kapitalerhöhung

weder mittelbar noch unmittelbar dazu bestimmt sind, an den Einleger zurückzufließen.

> BGH ZIP 1990, 1400 = WM 1990, 1820,
> dazu EWiR 1990, 1207 *(Crezelius)*;
> BGHZ 150, 197 = ZIP 2002, 799;
> BGH ZIP 2005, 121 = NZG 2005, 180;
> BGH ZIP 2006, 2214 = NJW 2007, 515
> *K. Schmidt*, GmbHR 1986, 106 ff;
> *Hommelhoff/Kleindiek*, ZIP 1987, 477 ff.

- Floss die Einlage jedoch an den Inferenten – z. B. als Darlehen – zurück, betrachtete die alte Rechtsprechung die Einlage als nicht erfüllt (klassisches „Hin- und Herzahlen"). Entgegen den Entscheidungen einiger Instanzgerichte betrachtete der Bundesgerichtshof den Darlehensvertrag sogar als „kapitalaufbringungsrechtliches nullum",

> BGHZ 165, 113, 116 = ZIP 2005, 2203,
> dazu EWiR 2006, 33 *(Tillmann)*;
> *Goette*, Einführung in das neue GmbH-Recht, Einf. Rn. 16.

Dennoch wollte er eine erneute Zahlung des Gesellschafters, auch wenn sie auf das vermeintliche Darlehen geleistet wird, als Tilgung der Einlageschuld ansehen, eine schwer nachvollziehbare Gefühlsjurisprudenz. Ein solches Hin- und Herzahlen hat der Bundesgerichtshof irgendwann – relativ spät – auch bei der üblichen Praxis in sog. Cash Pools entdeckt und dementsprechend die Einlageleistung einer Muttergesellschaft an ihre Tochter, wenn sie als Darlehen zurückfloss, nicht als einlagetilgend angesehen,

> BGH ZIP 2004, 1616,
> dazu EWiR 2005, 239 *(Kuhne)*;
> BGHZ 166, 8 = ZIP 2006, 665,
> dazu EWiR 2006, 523 *(Hoos/A. Kleinschmidt)*.

Die dadurch entstandene Problematik hat dann der Gesetzgeber des MoMiG durch die Neufassung des § 19 Abs. 5 GmbHG für den Fall der Vollwertigkeit des Darlehens zu lösen versucht.

> Scholz-*Priester*, GmbHG, § 56a Rn. 12, 23 ff;
> Scholz-*Veil*, GmbHG, § 19 Rn. 171 ff;
> Baumbach/Hueck-*Zöllner*, GmbHG, § 56a Rn. 5;
> Lutter/Hommelhoff-*Lutter/Bayer*, GmbHG, § 56a Rn. 5;
> Roth/Altmeppen-*Roth*, GmbHG, § 56a Rn. 11;
> *Wicke*, GmbHG, § 56a Rn. 2.

- Das Gebot der freien Verfügbarkeit bedeutet nicht, dass die eingezahlten Mittel im Zeitpunkt der Anmeldung oder gar der Eintragung noch vorhanden sein müssten. Es genügt, dass die freie Verfügbarkeit im Zeitpunkt der Erfüllung der Einlageverpflichtung bestand.

> Baumbach/Hueck-*Zöllner*, GmbHG, § 57 Rn. 12 f;
> *K. Schmidt*, Gesellschaftsrecht, § 37 V. 1. t;
> Scholz-*Priester*, GmbHG, § 57 Rn. 10;
> *Lutter*, NJW 1989, 2649, 2689 ff;

Lutter/Hommelhoff-*Lutter/Bayer*, GmbHG, § 56a Rn. 4;
Roth/Altmeppen-*Roth*, GmbHG, § 56a Rn. 9 ff;
Wicke, GmbHG, § 56a Rn. 4.

8. Registeranmeldung

376 Die beschlossene Erhöhung des Stammkapitals ist zur Eintragung in das Handelsregister anzumelden. Die Anmeldung ist mit den gleichen Erklärungen, Versicherungen und Unterlagen zu versehen, wie sie auch bei der Anmeldung der Gesellschaftsgründung verlangt werden (§ 57 Abs. 2, § 8 Abs. 2 Satz 2 GmbHG). Ob ein **Sacherhöhungsbericht** entsprechend § 5 Abs. 4 Satz 2 GmbHG vorgelegt werden muss, ist strittig.

Dafür: OLG Stuttgart BB 1982, 398;
Scholz-*Priester*, GmbHG, § 56 Rn. 38, § 57 Rn. 21, m. w. N.
Dagegen: OLG Köln GmbHR 1996, 684;
Lutter/Hommelhoff-*Lutter/Bayer*, GmbHG, § 56 Rn. 7, § 57 Rn. 15;
Roth/Altmeppen-*Roth*, GmbHG, § 57 Rn. 8.
Offengelassen: BayObLG NJW 1995, 1971;
dazu EWiR 1995, 481 *(Meyding)*.

377 Im Hinblick auf den Verzicht auf eine wertgleiche Deckung zum Zeitpunkt der Anmeldung verlangt der Bundesgerichtshof nunmehr eine Versicherung der Geschäftsführung, dass der Einlagebetrag für die Zwecke der Gesellschaft zur endgültig freien Verfügung der Geschäftsführer eingezahlt und in der Folge nicht an den Einleger zurückgezahlt worden ist.

BGHZ, 150, 197 = ZIP 2002, 799, 801;
BGH GmbHR 2002, 545, 547, m. Anm. *Brauer/Manger*
= NZG 2002, 524;
Roth/Altmeppen-*Roth*, GmbHG, § 57 Rn. 7.

378 Sollen eingebrachte Leistungen an den Inferenten, insbesondere an die Muttergesellschaft eines Cash-Pools, zurückgezahlt werden, tritt eine Befreiung von der Einlageschuld nur ein, wenn gegenüber dem Inferenten ein vollwertiger Rückgewähranspruch besteht, dieser jederzeit fällig ist oder durch fristlose Kündigung jederzeit fällig gestellt werden kann (§ 19 Abs. 5 Satz 1 GmbHG). Dies ist vom Geschäftsführer gemäß § 57 Abs. 2 Satz 2 und § 19 Abs. 5 Satz 2 GmbHG zu versichern.

Lutter/Hommelhoff-*Lutter/Bayer*, GmbHG, § 57 Rn. 6.

379 Die Versicherung könnte nach *Lutter* wie folgt lauten:

„Die Leistungen der Gesellschafter a) und b) sind in einen Cash-Pool bei der Muttergesellschaft X-AG einbezogen. Insofern versichern wir, dass der Rückgewähranspruch unserer Gesellschaft vollwertig ist und jederzeit fristlos gekündigt werden kann."

Lutter/Hommelhoff-*Lutter/Bayer*, GmbHG, § 57 Rn. 7.

380 *Lutter* macht darauf aufmerksam, dass der Bundesgerichtshof in seiner Entscheidung vom 18.3.2002

II. Die effektive Kapitalerhöhung

BGHZ 150, 197, LS b = ZIP 2002, 799,

für die Anmeldung eine Versicherung der Geschäftsführer verlangt, die über den Wortlaut von § 8 Abs. 2 Satz 1 GmbHG hinausgeht, nämlich dahingehend, „dass der Einlagebetrag für die Zwecke der Gesellschaft zur (endgültigen) freien Verfügung der Geschäftsführung eingezahlt und auch in der Folge nicht an den Einleger zurückgezahlt worden ist". Müsste es bei dieser Art der Versicherung bleiben, würde sich ein Widerspruch zu der Neuformulierung von § 19 Abs. 5 GmbHG ergeben. Es ist darum mit einer Änderung der Rechtsprechung zu rechnen.

Lutter/Hommelhoff-*Lutter/Bayer*, GmbHG, § 57 Rn. 7.

9. Prüfung durch das Registergericht

Das Registergericht hat die Erfüllung der Eintragungsvoraussetzungen gemäß §§ 57a, 9c Abs. 1 GmbHG zu prüfen und je nach Prüfungsergebnis die Eintragung vorzunehmen, zusätzliche Anforderungen durch eine Zwischenverfügung zu verlangen oder die Eintragung abzulehnen. Mit der Eintragung wird die Kapitalerhöhung wirksam. Der Übernehmer, der bisher nicht Gesellschafter war, hat von diesem Zeitpunkt an alle mitgliedschaftlichen Rechte eines Gesellschafters. 381

K. Schmidt, Gesellschaftsrecht, § 37 V. 1. b.

Nachdem § 57a GmbHG nur auf Absatz 1 und nicht auf Absatz 2 von § 9c verweist, unterliegt der Prüfungsumfang für das Registergericht keinerlei Einschränkungen. Das gilt nicht zuletzt im Hinblick darauf, dass das Gesetz einen Sacherhöhungsbericht nicht verlangt (Rn. 376). Genügen dem Registerrichter die Anmeldeunterlagen nicht, kann er weitere Nachweise verlangen – darunter auch ein Sachverständigengutachten – bzw. er kann eigene Ermittlungen anstellen. 382

Lutter/Hommelhoff-*Lutter/Bayer*, GmbHG, § 57a Rn. 2.

10. Kapitalerhöhung mit Sacheinlagen

Sollen i. R. der Kapitalerhöhung Sacheinlagen geleistet werden, gelten die gleichen Anforderungen wie für Sacheinlagen bei der Errichtung der Gesellschaft (§ 56, § 9, § 19 Abs. 2 Satz 2 und 4 GmbHG). Im Gegensatz zur reinen Barkapitalerhöhung, bei der die Festlegung der Stammeinlagen und ihrer Höhe dem Zulassungsbeschluss überlassen werden kann, muss bei Sacheinlagen eine **Bestimmung ihres Gegenstandes und des Nennbetrags des Geschäftsanteils, auf den sie sich bezieht, im Kapitalerhöhungsbeschluss** erfolgen (§ 56 Abs. 1 GmbHG). 383

Forderungen gegen die Gesellschaft sind einlagefähig; strittig ist aber, mit welchem Wert sie anzusetzen sind. Die Rechtsprechung und wohl auch die h. M. stellen auf den wirklichen Wert ab. 384

BGHZ 90, 370 = ZIP 1984, 698;
BGHZ 110, 47 = ZIP 1990, 156,
dazu EWiR 1990, 223 *(Lutter)*;
BGHZ 125, 141, 143 = ZIP 1994, 701,
dazu EWiR 1994, 467 *(v. Gerkan)*;
Scholz-*Priester*, GmbHG, § 56 Rn. 44;
Lutter/Hommelhoff-*Lutter/Bayer*, GmbHG, § 56 Rn. 9, m. w. N.

385 Eine Mindermeinung geht vom Nennwert der Forderung aus.

Meilicke, DB 1989, 1067;
Meilicke, DB 1989, 1119;
Hoffmann, BB 1992, 575.

386 Der **Wert von Sacheinlagen** muss im Zeitpunkt der Anmeldung der Kapitalerhöhung zum Handelsregister dem Betrag der dafür übernommenen Stammeinlage entsprechen (§ 56 Abs. 2, § 9 Abs. 1 GmbHG). Ein höherer Wert der Sacheinlage (Unterbewertung) schadet selbstverständlich nicht. Der Registerrichter hat, wenn er einen Minderwert der Sacheinlage bei Prüfung der Anmeldung feststellt, den Übernehmer der Sacheinlage zum Ausgleich des Fehlbetrages in Geld aufzufordern. Kommt der Übernehmer dieser Aufforderung nicht nach, ist die Eintragung der Kapitalerhöhung abzulehnen.

Scholz-*Priester*, GmbHG, § 57a Rn. 5 ff;
Scholz-*Priester/Veil*, GmbHG, § 54 Rn. 20 ff;
Baumbach/Hueck-*Zöllner*, GmbHG, § 56a Rn. 16;
Lutter/Hommelhoff-*Lutter/Bayer*, GmbHG, § 57 Rn. 6.

387 **Stichtag für die Bewertung** der Sacheinlagen ist der Tag der Anmeldung.

OLG Düsseldorf DB 1996, 368 = NJW-RR 1996, 605;
Baumbach/Hueck-*Zöllner*, GmbHG, § 57a Rn. 11;
Scholz-*Priester*, GmbHG, § 57a Rn. 15;
a. A. Ulmer/Habersack/Winter-*Ulmer*, GmbHG, § 57a Rn. 18
(Zeitpunkt der Einbringung).

388 Der Tag der Anmeldung als Bewertungsstichtag ergibt sich aus dem Gesetz (§ 57a, § 9c Abs. 1 Satz 2 GmbHG). Die Differenzhaftung für unentdeckte Überbewertungen verjährt auch hier gemäß § 9 Abs. 2 GmbHG in zehn Jahren seit Eintragung der Kapitalerhöhung.

11. Ausschüttungs-Rückhol-Verfahren

389 Solange die Körperschaftsteuersätze für thesaurierte Erträge der GmbH höher waren als die Steuersätze für ausgeschüttete Erträge (letztmals für die Veranlagungszeiträume 1999/2000: 40 %/30 %), sahen es die Gesellschafter oft für vorteilhaft an, die der Gesellschaft an sich auf Dauer zugedachten Gewinne durch Ausschüttung und Wiedereinlage steuerlich zu entlasten (Ausschüttungs-Rückhol-Verfahren). Das Verfahren hatte über die genannten Veranlagungszeiträume hinaus noch insofern Bedeutung, als Unternehmen nicht selten Gewinne aus alter Zeit thesauriert hatten (z. B. EK 56), deren spätere Ausschüttung besonders hohe Vorteile brachte. Es verursachte sogar nicht unerhebliche Minderungen des Steueraufkommens im Bundeshaushalt. Ein zeit-

II. Die effektive Kapitalerhöhung

licher Finanzierungseffekt des Verfahrens ist jedoch auch nach Aufhebung der vorteilhaften Steuersätze geblieben.

> Lutter/Hommelhoff-*Lutter/Bayer*, GmbHG, § 56 Rn. 14, m. w. N.

Nachdem die h. M. in Rechtsprechung und Schrifttum ausgeschüttete aber noch nicht ausgezahlte Gewinne als Gesellschafterforderungen ansah und ansieht, stand für ein solches Vorhaben nur die Sachkapitalerhöhung zur Verfügung. Als Alternative kam die Einstellung des Gewinns in eine gebundene Rücklage in Betracht mit späterer nomineller Kapitalerhöhung nach den §§ 57c ff GmbHG. 390

> BGHZ 113, 135, 142 = ZIP 1991, 511;
> BGHZ 135, 381 = ZIP 1997, 1337;
> dazu EWiR 1998, 127 *(Schultz)*;
> Ulmer/Habersack/Winter-*Ulmer*, GmbHG, § 55 Rn. 96;
> Lutter/Hommelhoff-*Lutter/Bayer*, GmbHG, § 56 Rn. 15;
> Scholz-*Priester*, GmbHG, § 55 Rn. 11.

In der Praxis ist die Einhaltung der Sacheinlagevorschriften allerdings oft vernachlässigt worden; die Gesellschafter meinten, sich mit einer Barkapitalerhöhung und Hin- und Herzahlen des Gewinns begnügen zu können. Dem wurde durch die Entscheidung des Bundesgerichtshofs vom 18.2.1991, 391

> BGHZ 113, 335, 342 = ZIP 1991, 511,
> dazu EWiR 1991, 1213 *(Frey)*,

ein Riegel vorgeschoben. Wegen der zum Teil heftigen Kritik an dieser Entscheidung, weil dadurch das Ausschüttungs-Rückhol-Verfahren erheblich erschwert würde,

> vgl. u. a. *Sernetz*, ZIP 1993, 1685, m. w. N.,

hat sich der Bundesgerichtshof dazu entschlossen, eine weitere Verfahrensalternative zuzulassen. In Anlehnung an die Regelung der Kapitalerhöhung aus Gesellschaftsmitteln erlaubte es der Bundesgerichtshof, von der Beachtung der Sacheinlagegrundsätze abzusehen, wenn die Gesellschafter dem Registergericht offenlegen, dass die Kapitalerhöhung im Ausschüttungs-Rückhol-Verfahren durchgeführt werden soll.

> BGHZ 135, 381, 385 f = ZIP 1997, 1337,
> dazu EWiR 1998, 127 *(Schulz)*.

Nachdem der Bundesgerichtshof allerdings von der Vermutung, bei einem zeitlichen Zusammenhang, 392

> Zeitrahmen in der Literatur: sechs Monate bis zwei Jahre,
> vgl. *Sernetz*, ZIP 1993, 1685, 1693,

zwischen Kapitalerhöhung und Gewinnauszahlung müsse eine Umgehung unterstellt werden, nicht Abstand genommen hat, wird es eine große Zahl von Kapitalerhöhungen in der Vergangenheit geben, denen der Makel der verdeckten Sacheinlage – unwiderlegbar – anhaftet. Das MoMiG hat entgegen mehreren Forderungen auf die Festlegung einer bestimmten Frist für die Unterstellung eines zeitlichen Zusammenhangs ausdrücklich verzichtet.

> RegE MoMiG, abgedr. in: ZIP, Beilage Heft 23/2007, S. 15.

Zur Frage, ob die neuen Verjährungsvorschriften helfen, vgl. Rn. 460 ff.

III. Genehmigtes Kapital

393 Der neue § 55a GmbHG, durch den die Möglichkeit eingeräumt wird, bei der GmbH ein genehmigtes Kapital zu schaffen, ist durch das MoMiG erst auf Anregung des Bundesrats und auf Vorschlag des Bundestags-Rechtsausschusses in das Gesetz aufgenommen worden. Der Text stimmt weitgehend mit § 202 Abs. 1–3 und § 205 Abs. 1 AktG überein. Die Notwendigkeit und Zweckmäßigkeit der neuen Vorschrift wird kontrovers diskutiert.

> Vgl. *Priester*, GmbHR 2008, 1177;
> *Bayer/Hoffmann*, GmbHR 2009, R 161 f;
> *Cramer*, GmbHR 2009, 406 ff.

394 Die Gründe, die im Aktienrecht für die Zulassung eines genehmigten Kapitals sprechen, nämlich die Schwierigkeiten, in großen Publikumsgesellschaften rasche Entscheidungen der Aktionäre herbeizuführen, und andererseits die Möglichkeit, Investitionen durch Einsatz eigener Aktien zu finanzieren, liegen bei der GmbH gewöhnlich nicht vor. Der unternehmerische Vorteil des genehmigten Kapitals bei der Aktiengesellschaft ist von der Rechtsprechung erst nach langem Widerstand durch die Entscheidung *Siemens/Nold* anerkannt worden.

> BGHZ 136, 133, 138 ff = ZIP 1997, 1499.

395 Der regelmäßig sehr viel kleinere Gesellschafterkreis bei der GmbH erlaubt im Gegensatz zu den Verhältnissen bei großen Aktiengesellschaften eine rasche wenig kostenauslösende Willensbildung unter den Gesellschaftern und macht deswegen eine Vorratsermächtigung der Geschäftsführung im Allgemeinen nicht erforderlich. Beispiele, die die Zweckmäßigkeit der neuen Regelung begründen können, finden sich bei

> *Priester*, GmbHR 2008, 1177.

1. Genehmigtes Kapital/Stammkapital

396 Das genehmigte Kapital ist noch kein Stammkapital. Hinter dem Begriff steht vielmehr die Ermächtigung der Geschäftsführer, anstelle der Gesellschafterversammlung eine Kapitalerhöhung zu beschließen. Stammkapital entsteht durch die Ausübung der Ermächtigung in folgenden Schritten:

397 In die Gründungssatzung der Gesellschaft wird eine Bestimmung aufgenommen, durch die die Geschäftsführer ermächtigt werden, das Stammkapital der Gesellschaft innerhalb einer bestimmten Frist bis zu einem bestimmten

III. Genehmigtes Kapital

Nennbetrag durch Ausgabe neuer Geschäftsanteile gegen Einlagen zu erhöhen (§ 55a Abs. 1 Satz 1 GmbHG).

Eine **gleichartige Ermächtigung** kann darüber hinaus durch nachträgliche Aufnahme einer entsprechenden Bestimmung in den Gesellschaftsvertrag geschaffen werden (§ 55a Abs. 2 GmbHG). Es handelt sich dabei um eine Satzungsänderung, für die die §§ 53, 54 GmbHG gelten. 398

Enthält die Satzung – entweder von vornherein oder aufgrund späterer Änderung – eine entsprechende Ermächtigung der Geschäftsführer, dann können diese nach eigenem pflichtgemäßem Ermessen die Kapitalerhöhung und die Ausgabe der neuen Geschäftsanteile durchführen. Der Beschluss ist schriftlich niederzulegen. Gibt es nur einen Geschäftsführer, geschieht dies durch einen entsprechenden Entschluss. 399

Der Mitwirkung eines obligatorischen oder fakultativen Aufsichtsrats bedarf es entgegen § 202 Abs. 3 Satz 2 AktG, wenn die Satzung dies nicht anordnet, nicht. Er ist daher lediglich zu unterrichten. 400

Priester, GmbHR 2008, 1177, 1180;
Lutter/Hommelhoff-*Lutter/Bayer*, GmbHG, § 55a Rn. 18.

Die Übernahme der neuen Geschäftsanteile erfolgt durch Übernahmevertrag zwischen der Gesellschaft, diese vertreten durch die Geschäftsführer, und dem Übernahmeberechtigten (§ 55 Abs. 1 GmbHG). 401

Nach Leistung der aufgrund der Übernahmeverträge zu erbringenden Einlagen haben die Geschäftsführer die Kapitalerhöhung gemäß § 57 GmbHG **zum Handelsregister anzumelden**. Sie müssen dort ihre Ermächtigung glaubhaft machen; das allein ist Grund für eine schriftliche Niederlegung des Geschäftsführer-Entschlusses/-Beschlusses. 402

Lutter/Hommelhoff-*Lutter/Bayer*, GmbHG, § 55a Rn. 26.

Mit der Eintragung im Handelsregister wird die Kapitalerhöhung wirksam. Zu diesem Zeitpunkt entstehen die neuen Geschäftsanteile. 403

Der Text der Satzung ist hierauf anzupassen. Eine Ermächtigung der Geschäftsführung bzw. des Aufsichtsrats, die GmbH-Satzung entsprechend zu ändern, wie sie § 179 Abs. 1 Satz 2 AktG vorsieht, enthält § 55a GmbHG nicht. Es ist jedoch anzunehmen, dass der Gesetzgeber eine entsprechende Regelung an sich wollte. 404

Priester, GmbHR 2008, 1177;
Lutter/Hommelhoff-*Lutter/Bayer*, GmbHG, § 55a Rn. 33, m. w. N.

Folgt man dieser Meinung nicht, bedarf es der baldigen Einberufung einer Gesellschafterversammlung, die den entsprechenden Beschluss zu fassen hat.

2. Grenzen der Ermächtigung

405 Die Ermächtigung der Geschäftsführung ist nur innerhalb der folgenden Grenzen möglich.

406 Die **Dauer** und der **Umfang** der Ermächtigung unterliegen gesetzlichen Schranken:

- Die Ermächtigung kann längstens für die Dauer von fünf Jahren nach ihrer Eintragung im Handelsregister erteilt werden. Der Ermächtigungsbeschluss ist demnach, wenn er nicht schon Teil der Gründungssatzung ist, im Handelsregister einzutragen (§ 55a Abs. 2 GmbHG).

- Der Nennbetrag des genehmigten Kapitals darf die Hälfte des Stammkapitals, das zur Zeit der Ermächtigung besteht, nicht übersteigen (§ 55a Abs. 1 Satz 2 GmbHG).

- Gegen Sacheinlagen dürfen Geschäftsanteile nur ausgegeben werden, wenn die Ermächtigung es vorsieht (§ 55a Abs. 3 GmbHG).

407 Die Ermächtigung der Geschäftsführung durch die Gesellschafterversammlung kann fakultativ sowohl mit Weisungen als auch mit **bestimmten Modalitäten** verbunden werden. So kann etwa der Geschäftsführung aufgegeben werden,

- bestimmte Bedingungen bei der Ausübung der Ermächtigung einzuhalten,
- nur bestimmte Sacheinlagen zuzulassen,
- einen bestimmten Ausgabekurs vorzusehen,
- das allgemeine Bezugsrecht der Gesellschafter einzuschränken.

OLG München ZIP 2012, 330,
dazu EWiR 2012, 113 *(Lieder)*.

408 Ein Ermächtigungsbeschluss, der die gesetzlichen Schranken nicht einhält, ist nichtig. Er kann jedoch entsprechend § 242 Abs. 2 AktG geheilt werden mit der Wirkung, dass dann die gesetzlichen Schranken gelten.

Lutter/Hommelhoff-*Lutter/Bayer*, GmbHG, § 55a Rn. 11.

3. Genehmigtes Kapital bei der Unternehmergesellschaft

409 § 55a GmbHG ist auch auf die Unternehmergesellschaft anzuwenden. Es gelten jedoch folgende Besonderheiten:

- Das erhöhte Kapital kann nicht gegen Sacheinlage ausgegeben werden.
- Der Erhöhungsbetrag muss vor der Anmeldung der Kapitalerhöhung voll einbezahlt sein.
- Die Kapitalerhöhung über einen Stammkapitalbetrag von 24.999 € hinaus macht die Unternehmergesellschaft zu einer Normal-GmbH.

IV. Die nominelle Kapitalerhöhung

1. Allgemeines

Die im Jahre 1959 geschaffene Möglichkeit, das Kapital einer GmbH aus Gesellschaftsmitteln zu erhöhen (§ 1 KapErhG), wurde mit Wirkung ab 1.1.1995 durch Art. 4 des Gesetzes zur Bereinigung des Umwandlungsrechts vom 28.10.1994 (BGBl. I, 3257) in das GmbH-Gesetz eingefügt (§§ 57c–57o). 410

> Vgl. Lutter/Hommelhoff-*Lutter*, GmbHG, § 57c Rn. 1 ff.

Die Kapitalerhöhung aus Gesellschaftsmitteln ist insofern keine echte Kapitalerhöhung, als sie der Gesellschaft keine neuen Mittel zuführt. Die für die Kapitalerhöhung verwendeten Rücklagen stellen vielmehr schon vorher haftendes Eigenkapital der Gesellschaft dar. Durch die Kapitalerhöhung aus Gesellschaftsmitteln wird vielmehr nur das satzungsmäßig gebundene Kapital der Gesellschaft erhöht; insofern spricht man zutreffend von „nomineller Kapitalerhöhung". 411

> Zu den Problemen, die bei einer Kapitalerhöhung aus Gesellschaftsmitteln auftreten können, vgl.
> *Fett/Spiering*, NZG 2002, 358 ff.

2. Kapitalerhöhungsbeschluss

Der Kapitalerhöhungsbeschluss ist eine **Satzungsänderung**, die mit mindestens 75 % der abgegebenen Stimmen gefasst werden muss (§ 53 GmbHG) und die der Beurkundung bedarf. Der Beschluss kann nur unter folgenden Voraussetzungen gefasst werden: 412

- es ist ein testierter Jahresabschluss für das letzte vorausgehende und abgeschlossene Geschäftsjahr festzustellen (§§ 57e und 57f GmbHG);
- es muss die Gewinnverteilung nach den satzungsmäßigen Vorgaben beschlossen worden sein (§ 29 GmbHG);
- die Gesellschaftsmittel, die in Stammkapital umgewandelt werden sollen, müssen in der letzten Jahresbilanz bzw. in einer etwaigen Zwischenbilanz (§§ 57e und 57f GmbHG) als Kapitalrücklage oder als Gewinnrücklage bzw. im letzten Gewinnverwendungsbeschluss als Zuführung zu diesen Rücklagen ausgewiesen sein (§ 57d Abs. 1 GmbHG). Rücklagen sind dann nicht für die Umwandlung in Stammkapital geeignet, wenn in der zugrunde gelegten Bilanz ein Verlust bzw. ein Verlustvortrag ausgewiesen ist (§ 57d Abs. 2 GmbHG).

Der Kapitalerhöhungsbeschluss muss folgende Regelungen enthalten: 413

- Es ist ein exakter Erhöhungsbetrag zu beschließen.
- Die neue Ziffer des Stammkapitals ist anzugeben.

- Es ist festzuhalten, dass die Kapitalerhöhung aus Gesellschaftsmitteln erfolgen soll.
- Es ist anzugeben, welche Bilanz dem Beschluss zugrunde gelegt wird.
- Es ist festzustellen, welche Rücklagenposition oder welcher Teil einer Rücklage in Kapital umgewandelt werden soll.
- Es ist zu beschließen, ob die Kapitalerhöhung zu einer Erhöhung der Nominalbeträge der bisherigen Gesellschaftsanteile oder zu einer Schaffung neuer Anteile oder zu einer Mischung aus beiden Möglichkeiten führen soll (§ 57h Abs. 2 GmbHG). Da dies bei den einzelnen Gesellschaftern verschieden sein kann, müssen genaue Angaben für jeden einzelnen Gesellschafter gemacht werden.
- Soll von dem Grundsatz abgewichen werden, dass die neu gebildeten Geschäftsanteile am Gewinn des ganzen Geschäftsjahres teilnehmen, in dem der Beschluss erfolgt (§ 57n GmbHG), ist auch hierüber Beschluss zu fassen.

Vgl. Lutter/Hommelhoff-*Lutter*, GmbHG, § 57c Rn. 10.

3. Anmeldung, Prüfung und Eintragung

414 Es gelten grundsätzlich die gleichen Regelungen wie in § 57 GmbHG. Der Beschluss ist durch alle Geschäftsführer in öffentlich beglaubigter Form beim Registergericht anzumelden (§ 57i Abs. 1 GmbHG). Beizufügen sind folgende Unterlagen:

- Das notarielle Protokoll über die Gesellschafterversammlung, in der der Erhöhungsbeschluss gefasst worden ist, in Ausfertigung oder beglaubigter Abschrift.
- Die der Erhöhung zugrunde gelegte testierte Bilanz; sie darf nicht älter sein als acht Monate (§ 57e Abs. 1 und § 57f Abs. 1 GmbHG).
- Der Wortlaut des Gesellschaftsvertrages in der nunmehr geltenden Fassung (§ 54 Abs. 1 Satz 2 GmbHG).
- Eine Erklärung der Anmeldenden, dass nach ihrer Kenntnis seit dem Stichtag der zugrunde gelegten Bilanz bis zum Tag der Anmeldung keine Vermögensminderung eingetreten ist, die der Kapitalerhöhung entgegen stünde, wenn sie am Tag der Anmeldung beschlossen worden wäre (§ 57i Abs. 1 Satz 2 GmbHG).

Vgl. Lutter/Hommelhoff-*Lutter*, GmbHG, § 57i Rn. 6.

415 Das Gericht prüft die Ordnungsmäßigkeit der Anmeldung nach den allgemeinen Gesichtspunkten (§§ 57a und 9c GmbHG). Prüfungsgegenstand ist, weil sie testiert sein muss, nicht die Bilanz als solche, sondern in erster Linie

IV. Die nominelle Kapitalerhöhung

der ordnungsgemäße Ausweis der Rücklagen, deren Verwendbarkeit für eine Kapitalerhöhung (§ 57d GmbHG) und die Einhaltung der Achtmonatsfrist der §§ 57e und 57f GmbHG.

Lutter/Hommelhoff-*Lutter*, GmbHG, § 57i Rn. 8.

Für die Eintragung und Bekanntmachung gelten die allgemeinen Regeln. Mit der Eintragung tritt ipso iure die Erhöhung des Stammkapitals und der Mitgliedschaften ein; bei den Mitgliedschaften erfolgt die Erhöhung entweder durch Anpassung des Nennbetrages oder durch Zuteilung neuer Geschäftsanteile. **416**

G. Die Aufbringung der Resteinlage

Ist bei der Errichtung der GmbH von der Möglichkeit Gebrauch gemacht worden, lediglich die Mindestgesamtleistung (§ 7 Abs. 2 GmbHG) zu erbringen, bleibt eine nicht unerhebliche Einlageverpflichtung (Resteinlage) offen. 417

I. Zahlungszeitpunkt/Verzinsung

1. Rechtzeitigkeit der Zahlung

Im Gesetz finden sich keine ausdrücklichen Bestimmungen darüber, unter welchen Umständen und zu welchem Zeitpunkt die Resteinlage, also der über die bei der Errichtung erbrachten Mindestleistung hinausgehende Betrag, gezahlt werden muss (es geht bei der **Resteinlage** nur um Geldeinlagen, weil eine Sacheinlage vor Anmeldung der Gesellschaft zur Eintragung in das Handelsregister bewirkt sein muss; § 7 Abs. 3 GmbHG). Das Gesetz befasst sich vielmehr (in den §§ 20–25 GmbHG) nur mit den Folgen einer nicht rechtzeitigen Zahlung. So sagt § 20 GmbHG, dass ein Gesellschafter, der den auf seine Stammeinlage eingeforderten Betrag nicht rechtzeitig zahlt, Verzugszinsen schuldet. Den rechten Zeitpunkt für die Zahlung des auf die Stammeinlage geschuldeten Geldbetrages überlässt das Gesetz der Bestimmung durch die Gesellschafter. 418

2. Bestimmung des Zahlungszeitpunkts

Diese Bestimmung kann in zweierlei Weise getroffen werden: 419

- Der **Zahlungszeitpunkt** für die Resteinlage kann schon im Gesellschaftsvertrag bzw. im Kapitalerhöhungsbeschluss **kalendermäßig** festgelegt werden. Das kann derart geschehen, dass die Zeit der Leistung wie in § 284 Abs. 2 BGB nach dem Kalender bestimmt wird. In diesem Fall kommt der Gesellschafter, wenn er nicht spätestens an dem ausbedungenen Tag zahlt, in Verzug, ohne dass es einer Einforderung oder Mahnung bedarf.
- Macht der Gesellschaftsvertrag dagegen den Zahlungszeitpunkt von anderen Kriterien abhängig als der Berechnung nach dem Kalender (z. B. von einem bestimmten Kapitalbedarf der Gesellschaft), dann tritt ein Verzug erst ein, wenn der Gesellschafter einer berechtigten Zahlungsanforderung nicht nachgekommen ist.

Sagt der Gesellschaftsvertrag über den Zahlungstermin nichts, dann unterliegt ein Zahlungsverzug des Gesellschafters zwei Voraussetzungen: 420

- zum einen müssen die Gesellschafter gemäß § 46 Nr. 2 GmbHG die Einforderung von Einzahlungen auf die Stammeinlagen beschließen (**Einforderungsbeschluss**). Der Beschluss kann mit einfacher Mehrheit gefasst werden. Alle Gesellschafter sind stimmberechtigt;

- zum anderen muss auf der Basis des Gesellschafterbeschlusses die Zahlung durch die Geschäftsführer angefordert werden. Die **Anforderung** muss, um den Gesellschaftern die Erfüllung der organisatorisch-technischen Voraussetzungen der Zahlung zu ermöglichen, eine gewisse Frist einräumen. Bei Ablauf der Frist tritt dann allerdings der Verzug automatisch ein, ohne dass es einer weiteren Mahnung bedarf.

> Vgl. *Henze,* DB 2001, 1469;
> Scholz-*H. P. Westermann,* GmbHG, § 20 Rn. 6–14;
> Ulmer/Habersack/Winter-*W. Müller,* GmbHG, § 20 Rn. 22;
> Rowedder//Schmidt-Leithoff-*Pentz,* GmbHG, § 20 Rn. 4 ff;
> Roth/Altmeppen-*Altmeppen,* GmbHG, § 20 Rn. 3–5;
> Lutter/Hommelhoff-*Bayer,* GmbHG, § 19 Rn. 8 ff.

421 Einer ausdrücklichen Anforderung der Resteinlage bedarf es nicht, wenn der Einlageschuldner an der Gesellschafterversammlung, die über die Fälligkeit beschlossen hat, selbst teilgenommen hat bzw. wenn er insoweit sein Einverständnis mit dem Zahlungstermin erklärt hat.

> Lutter/Hommelhoff-*Bayer,* GmbHG, § 19 Rn. 9, m. w. N.

3. Fälligkeit in der Insolvenz

422 Eines Gesellschafterbeschlusses bedarf es entgegen der allgemeinen Regel nicht, wenn in die Forderung die Zwangsvollstreckung betrieben wird oder die Gesellschaft insolvent wird.

> Lutter/Hommelhoff-*Bayer,* GmbHG, § 19 Rn. 9.

4. Verzugszinsen/Fälligkeitszinsen

423 Neben der Zahlung des Einlagebetrages kann die Gesellschaft ab Fälligkeit Zinsen auf die Resteinlage verlangen. Es handelt sich demnach trotz des Wortlauts von § 20 GmbHG nicht um „**Verzugszinsen**", sondern um **Fälligkeitszinsen**. Auf Verschulden des Gesellschafters kommt es demnach nicht an.

> OLG Brandenburg NZG 2001, 366 f;
> Baumbach/Hueck-*Hueck*/*Fastrich,* GmbHG, § 20 Rn. 6;
> Lutter/Hommelhoff-*Bayer,* GmbHG, § 20 Rn. 5;
> Scholz-*H. P. Westermann,* GmbHG, § 20 Rn. 17;
> Rowedder/Schmidt-Leithoff-*Pentz,* GmbHG, § 20 Rn. 19.

II. Die Anforderungen für die Resteinlage nach dem „Grundsatz der realen Kapitalaufbringung"

1. Allgemeines

424 Der Grundsatz der realen Kapitalaufbringung wurde, wie gesehen (Rn. 33), von der Rechtsprechung als eine Rechtsgrundlage für die Feststellung der Ordnungsmäßigkeit von Einlageleistungen bei der Gründung der GmbH (§§ 5 und 7 GmbHG) und bei Kapitalerhöhungen (§ 55 Abs. 4, § 56 Abs. 2, 56a GmbHG) entwickelt. Die Bezugnahme der Rechtsprechung auf § 19

II. Die Anforderungen für die Resteinlage

GmbHG und speziell auf dessen Absatz 5 (a. F.) diente lediglich dem Versuch, eine gesetzliche Basis für Sanktionen auf Verstöße gegen die Anforderungen einer ordnungsgemäßen Einlageerbringung zu finden. In Wirklichkeit waren aber die Regelungen des § 19 GmbHG (a. F.) – abgesehen von Absatz 1 –, wie sich aus verschiedenen Gründen ergibt, für Einlageschulden gedacht, die nach Eintragung der GmbH bzw. einer Kapitalerhöhung noch offenstehen, also für die Resteinlage,

Roth/Altmeppen-*Roth*, GmbHG, § 19 Rn. 1;
a. A. Baumbach/Hueck-*Hueck/Fastrich*, GmbHG, § 19 Rn. 4.

Das MoMiG hat § 19 GmbHG wesentlich geändert. Vor allem hat es durch die Neueinführung der Absätze 4 und 5 die verdeckte Sacheinlage und das Hin- und Herzahlen bei Gründung und Kapitalerhöhung erstmals gesetzlich definiert und damit aus einer Idee der Kapitalaufbringungslehre einen gesetzlichen Tatbestand geschaffen. Das wirkt sich aber nun zugleich für die Resteinlage aus, und zwar in zweifacher Hinsicht: 425

- Zum einen kann eine verdeckte Sacheinlage oder ein Hin- und Herzahlen auch erst bei Leistung einer Resteinlage verabredet oder unterstellt werden (prinzipiell wird eine Resteinlage nur als Geldeinlage geschuldet). Da hinsichtlich der Leistung auf die Resteinlage eine Anmeldung zum Register nicht erfolgen muss, wird ein derartiger Vorgang erst in der Insolvenz oder der Liquidation bekannt. Auch wenn das Gesetz den Fall nicht erwähnt, ist davon auszugehen, dass die durch das MoMiG geschaffenen Erleichterungen auch hier gelten sollen. Demnach sind die Verträge über das Sachgeschäft gemäß § 19 Abs. 4 Satz 2 GmbHG nicht unwirksam, und auf die zunächst nicht erfüllte Resteinlageschuld ist der Bereicherungsanspruch des Gesellschafters aus der missglückten Einlageleistung bis zur Höhe des Werts des Vermögensgegenstands anzurechnen (§ 19 Abs. 4 Satz 3 GmbHG in entsprechender Anwendung). Das reine Hin- und Herzahlen i. S. v. § 19 Abs. 5 Satz 1 GmbHG ist auch bei der Resteinlage entsprechend den dortigen Voraussetzungen begünstigt.

- Zum anderen kann die Zahlung auf die Resteinlageschuld durch eine verdeckte Sacheinlage oder ein unzulässiges Hin- und Herzahlen vor Eintragung der Gründung oder der Kapitalerhöhung infiziert sein. Erreicht der Wert des Vernögensgegenstands aus dem Sachgeschäft nicht die Höhe der Einlageverpflichtung oder ist der Rückgewähranspruch nicht vollwertig, haben spätere Zahlungen auf eine Resteinlageschuld keine Erfüllungswirkung. Es bleibt wie nach altem Recht bei dem Risiko der Doppelzahlungspflicht.

2. Befreiungen, Erfüllungsalternativen, Zurückbehaltungsrechte

Der Grundsatz der realen Kapitalaufbringung und das aus ihm abgeleitete Gebot der ordnungsmäßigen Leistung schließen die in Schuldverhältnissen möglichen Befreiungen, Erfüllungsalternativen und Leistungsverweigerungsrechte grundsätzlich aus; h. M., 426

vgl. Scholz-*Veil*, GmbHG, § 19 Rn. 46 ff;
Baumbach/Hueck-*Hueck/Fastrich*, GmbHG, § 19 Rn. 16–41;
Lutter/Hommelhoff-*Bayer*, GmbHG, § 19 Rn. 18 ff;
Ulmer/Habersack/Winter-*Ulmer*, GmbHG, § 19 Rn. 39 ff, 66, 83.

Im Einzelnen:

427 Die Einlageverpflichtung darf nicht **erlassen** werden (§ 19 Abs. 2 GmbHG); daraus folgt, dass sie auch nicht in eine andere Schuldform umgewandelt werden darf (z. B. in eine Darlehensforderung); die Gesellschaft darf sich nicht an der Finanzierung der Einlageleistung beteiligen.

Lutter/Hommelhoff-*Bayer*, GmbHG, § 19 Rn. 18.

428 Die Gesellschaft darf die Stammeinlage nicht stunden. In der **Stundung** ist eine Teilbefreiung von der Verpflichtung zur Leistung zu sehen, mit dem Recht, die Leistung auf Zeit zu verweigern. Dies unterfällt dem Erlassverbot des § 19 Abs. 2 GmbHG.

Lutter/Hommelhoff-*Bayer*, GmbHG, § 19 Rn. 19.

429 Ein **Vergleich** über die Entstehung des Leistungsanspruchs ist, soweit darin ein Nachgeben hinsichtlich der Art und des Umfangs der Leistung gesehen werden muss, wie ein Erlass zu behandeln. Nur wenn über die ordnungsgemäße Erfüllung eines unbestrittenen Leistungsanspruchs ernsthaft Streit besteht, kann ein Vergleich zulässig sein.

Lutter/Hommelhoff-*Bayer*, GmbHG, § 19 Rn. 20.

430 Die **Aufrechnung gegen den Anspruch der Gesellschaft** auf Leistung der Einlage ist nach § 19 Abs. 2 Satz 2 GmbHG dem Gesellschafter untersagt. Dies gilt ausnahmslos, d. h. auch im Stadium der Liquidation und der Insolvenz der GmbH.

Lutter/Hommelhoff-*Bayer*, GmbHG, § 19 Rn. 24.

431 Die **Aufrechnung durch die Gesellschaft** und ein Aufrechnungsvertrag zwischen Gesellschaft und Gesellschafter sind in engen Grenzen zulässig. Hinsichtlich der Mindestleistung nach § 7 Abs. 2 GmbHG sind Aufrechnung und Aufrechnungsvertrag ausgeschlossen. Diese kommen darum allenfalls bei der Resteinlageverpflichtung und bei einer Leistung auf die Kapitalerhöhung in Betracht. Die Forderung darf aber nicht dem in § 19 Abs. 2 Satz 2 GmbHG ausdrücklich genannten Aufrechnungsverbot für bestimmte Forderungen (Gegenleistung aus Sachübernahme) unterliegen. Darüber hinaus muss die Forderung des Gesellschafters fällig, unbestritten (liquide) und vollwertig sein.

Lutter/Hommelhoff-*Bayer*, GmbHG, § 19 Rn. 27 ff.

Das in § 19 Abs. 2 Satz 2 GmbHG sehr eng formulierte Aufrechnungsverbot wird von der Rechtsprechung und dem Schrifttum ausgedehnt auf Umgehungen des Grundsatzes der realen Kapitalaufbringung. Hiervon geht man aus, wenn die Forderung des Gesellschafters als Sacheinlage hätte eingebracht werden können. Dazu rechnet man nicht nur den Kaufpreisanspruch für Sachleistungen, sondern auch Forderungen des Gesellschafters (z. B. auf Darlehensrückzahlung, auf Gewinnauszahlung), die vor der Begründung seiner Einlageschuld entstanden sind (**Altforderungen**).

> Lutter/Hommelhoff-*Bayer*, GmbHG, § 19 Rn. 26.

Darüber hinaus hält der Bundesgerichtshof auch die Verrechnung der Einlageforderung mit künftigen Gewinnen (**Neuforderungen**) für unzulässig, wenn darüber eine Vorabsprache getroffen ist. 432

> BGHZ 132, 141, 145 f = ZIP 1996, 668.

Das ist insofern begründet, als über künftige Gewinne, weil sie nicht vorab bestimmt werden können, eine Regelung i. S. v. § 5 Abs. 4 Satz 1 GmbHG nicht möglich ist, und weil die vom Bundesgerichtshof angenommene Vermutung des Vorliegens einer Vorabsprache nicht widerlegt werden kann.

> *Sernetz*, ZIP 1993, 1685, 1689.

Fehlt bei Neuforderungen eine Vorabsprache – was schwer zu beweisen ist –, soll die Verrechnung durch die Gesellschaft unbeschränkt zulässig sein.

> *Henze*, DB 2001, 1469, 1472.

Eine **einseitige Aufrechnung** durch die Gesellschaft soll nach h. M. ausnahmsweise zulässig sein, wenn die Forderung gegen den Gesellschafter uneinbringlich oder gefährdet erscheint. Diese Ausnahme weckt Bedenken an der Plausibilität des Grundsatzes. Man denke nur an den Fall einer wechselseitigen Beteiligung zweier GmbHs mit entsprechenden Forderungen. 433

> Lutter/Hommelhoff-*Bayer*, GmbHG, § 19 Rn. 38, m. w. N.

Der Gesellschafter hat nach § 19 Abs. 2 Satz 3 GmbHG grundsätzlich kein **Zurückbehaltungsrecht** an dem Gegenstand seiner Einlageverpflichtung. Das gilt hinsichtlich Bareinlagen ohne ausdrückliche Regelung im Gesetz schon wegen des Aufrechnungsverbots. Für die Sacheinlage ist dies in § 19 Abs. 2 Satz 3 GmbHG ausdrücklich statuiert. Ausgenommen sind lediglich Forderungen des Gesellschafters, die sich auf den Gegenstand der Sacheinlage beziehen (das trifft etwa auf einen fälligen Anspruch wegen Verwendungen auf den Gegenstand der Sacheinlage zu), und Forderungen des Gesellschafters wegen Nichterfüllung gesellschaftsrechtlicher Pflichten durch die Gesellschaft (z. B. Verstoß gegen den Gleichbehandlungsgrundsatz § 19 Abs. 1 GmbHG). 434

> Lutter/Hommelhoff-*Bayer*, GmbHG, § 19 Rn. 41.

III. Durchsetzung der Einlageforderung, Sicherung der Kapitalaufbringung

1. Allgemeines

Kommt der Gesellschafter seinen Zahlungspflichten trotz Fälligkeit nicht nach, dann ist die Kapitalaufbringung bei der GmbH wie folgt gesichert: 435

Die Gesellschaft kann den säumigen Gesellschafter verklagen und wegen der offenen Forderungen in das Vermögen des Gesellschafters vollstrecken. Neben 436 dem (gemäß § 16 Abs. 1 GmbHG legitimierten) Gesellschafter haftet sein Rechtsvorgänger gemäß § 16 Abs. 2 GmbHG gesamtschuldnerisch für alle zurzeit der Anmeldung des Rechtsübergangs bei der Gesellschaft rückständigen Einlageverpflichtungen, also insbesondere für Stammeinlagepflichten. Rückständig ist eine Leistung dann, wenn sie vor dem Rechtsübergang fällig geworden und nicht bewirkt worden ist.

> BGH GmbHR 1961, 144;
> BGHZ 132, 133 = ZIP 1996, 595 = GmbHR 1996, 283, 284;
> dazu EWiR 1996, 457 *(Trölitsch)*;
> Lutter/Hommelhoff-*Bayer*, GmbHG, § 16 Rn. 41 ff.

437 Auf Verzug kommt es nicht an.

> RGZ 84, 77.

438 Die Gesellschaft kann daneben den säumigen Gesellschafter gemäß § 21 Abs. 1 und 2 GmbHG „seines Geschäftsanteils und der geleisteten Teilzahlungen zugunsten der Gesellschaft verlustig erklären", d. h. ihn ohne Abfindung ausschließen („**Kaduzierung**"). Der Ausschluss des Gesellschafters im Kaduzierungsverfahren verschafft der Gesellschaft den Geschäftsanteil des ausgeschlossenen Gesellschafters mit allen darauf erbrachten Teilleistungen zur weiteren Verwertung; er löst daneben, wenn die gesetzlichen Voraussetzungen der §§ 21–24 GmbHG erfüllt sind, eine umfassende Haftung Dritter aus.

> Lutter/Hommelhoff-*Bayer*, GmbHG, § 21 Rn. 1 ff.

439 Das ebenfalls zu einem **Ausschluss** führende Verfahren nach § 34 GmbHG (**Einziehung, Amortisation**) und die von der Rechtsprechung in Anlehnung an die Möglichkeiten bei Personengesellschaften zugelassene Ausschließung des Gesellschafters aus wichtigem Grund sind demgegenüber nicht unmittelbar geeignet, die Kapitalaufbringung zu sichern.

> Lutter/Hommelhoff-*Lutter*, GmbHG, § 34 Rn. 2, 52.

Bemerkenswert ist aber die Tatsache, dass der Bundesgerichtshof die Wirksamkeit eines Einziehungsbeschlusses entgegen einer verbreiteten Meinung nicht mehr von der vorausgehenden Leistung der Abfindung abhängig macht,

> BGH ZIP 2012, 422,
> dazu EWiR 2012, 177 *(Lutter)*.

2. Das Kaduzierungsverfahren

440 Das **Kaduzierungsverfahren** nach den §§ 21 ff GmbHG kommt nur bei Geldeinlageverpflichtungen („Einzahlung") in Betracht; es gilt aber auch für Sacheinlagepflichten, wenn diese sich wegen Leistungsstörungen oder aus anderen Gründen in eine Geldeinlagepflicht verwandelt haben. Schließlich ist es bei sog. gemischten Einlagen (Geld- und Sacheinlage) für den Barantteil anwendbar.

III. Durchsetzung der Einlageforderung, Sicherung der Kapitalaufbringung

> Scholz-*Emmerich*, GmbHG, § 21 Rn. 5a;
> Lutter/Hommelhoff-*Bayer*, GmbHG, § 21 Rn. 3.

441 Obwohl die Durchführung des Kaduzierungsverfahrens aufgrund der subtilen Regelung im Gesetz keine besonderen Schwierigkeiten macht, wird davon in der Praxis außerordentlich selten Gebrauch gemacht.

> Lutter/Hommelhoff-*Bayer*, GmbHG, § 21 Rn. 1.

Das ist an sich verwunderlich, weil es für die Gesellschaft und deren Gläubiger große Vorteile bietet. Der säumige Gesellschafter verliert seinen Geschäftsanteil und seinen Anteil an erbrachten Teilleistungen. Er hat keinen Abfindungsanspruch. Die Rechtswirkungen der Kaduzierung treten ohne gerichtliches Verfahren mit der „Verlustigerklärung" ein.

> Roth/Altmeppen-*Altmeppen*, GmbHG, § 21 Rn. 17.

442 Der entschädigungslose Erwerb des Geschäftsanteils des ausgeschlossenen Gesellschafters durch die Gesellschaft ist für die Sicherung der Kapitalaufbringung, selbst wenn die Leistung auf die Stammeinlage weitestgehend erbracht sein sollte, nicht ausreichend. Zwar wird die Gesellschaft durch diesen – sonst nicht zulässigen (§ 33 Abs. 1 GmbHG) – Erwerb nicht voll einbezahlter eigener Anteile theoretisch reicher (Verkehrswert des kaduzierten Anteils); ein effektiver Ausgleich der offenen Geldeinlageschuld tritt dadurch jedoch nicht ein. Für die Sicherung einer effektiven Kapitalaufbringung ist das zu wenig.

3. Ersatzhaftung

443 Deswegen statuiert das Gesetz in den §§ 21–24 GmbHG ein System gestaffelter **Ersatzhaftungen**, nämlich:

444 Obwohl der ausgeschlossene Gesellschafter im Kaduzierungsverfahren seinen Geschäftsanteil verliert, haftet er der Gesellschaft wegen des Ausfalls, den sie aufgrund der Nichterfüllung des rückständigen Betrages bereits erlitten hat und den sie hinsichtlich später eingeforderter Beträge erleidet, weiter (§ 21 Abs. 3 GmbHG).

> Vgl. Lutter/Hommelhoff-*Bayer*, GmbHG, § 21 Rn. 17.

445 Soweit der ausgeschlossene Gesellschafter seine Leistung nicht erbringt, kann die Gesellschaft seinen **Rechtsvorgänger** in Anspruch nehmen (§ 22 Abs. 1 GmbHG). Ist die Zahlung vom unmittelbaren Rechtsvorgänger nicht zu erreichen, geht die Haftung auf den nächsten früheren und danach sukzessive auf die weiteren Rechtsvorgänger über (§ 22 Abs. 2 GmbHG).

> Vgl. Lutter/Hommelhoff-*Bayer*, GmbHG, § 22 Rn. 4 f.

446 Ist die Zahlung des rückständigen Betrages auch von den Rechtsvorgängern insgesamt nicht zu erlangen, so kann die Gesellschaft den Geschäftsanteil im Wege **öffentlicher Versteigerung** verkaufen lassen (§ 23 GmbHG, §§ 156,

383 Abs. 3 BGB). Eine andere Art des Verkaufs ist nur mit Zustimmung des ausgeschlossenen Gesellschafters zulässig.

> Vgl. Lutter/Hommelhoff-*Bayer*, GmbHG, § 23 Rn. 5.

447 Wenn weder die Inanspruchnahme des ausgeschlossenen Gesellschafters nach § 21 Abs. 3 GmbHG, noch die Inanspruchnahme seiner Rechtsvorgänger nach § 22 GmbHG, noch der Verkauf des Geschäftsanteils die offene Einlageforderung ausgleicht, haben die übrigen Gesellschafter den Fehlbetrag nach dem Verhältnis ihrer Geschäftsanteile zueinander aufzubringen (**Ausfallhaftung**). Beiträge, die von einzelnen Gesellschaftern nicht zu erlangen sind, werden quotal auf die übrigen Gesellschafter verteilt (§ 24 GmbHG).

4. Ausfallhaftung

448 Die sog. Ausfallhaftung der Gesellschafter nach § 24 GmbHG erklärt, warum von dem Kaduzierungsverfahren in der Praxis so selten Gebrauch gemacht wird. Leiten die Geschäftsführer das Verfahren ein, kann es i. E. zur Haftung aller bisherigen Mitgesellschafter des ausgeschlossenen Gesellschafters führen. Nachdem die Geschäftsführer in der GmbH den Gesellschaftern gegenüber weisungsgebunden sind und es für sie keine Pflicht zur Einleitung des Kaduzierungsverfahrens gibt, unterbleibt die Inanspruchnahme des Kaduzierungsverfahrens schon allein aufgrund der Interessenlage der Mitgesellschafter des Säumigen.

> Str. vgl. Lutter/Hommelhoff-*Bayer*, GmbHG,
> § 24 Rn. 1, m. w. N.

449 Allerdings sollte man erwarten können, dass zumindest die **Insolvenzverwalter** von dem Verfahren Gebrauch machen. In der Insolvenz ist es Pflicht des Insolvenzverwalters, alle Haftungsmöglichkeiten auszuschöpfen. Er kann deswegen die Kaduzierung wählen und er muss dies tun, wenn über die Ausfallhaftung der Mitgesellschafter ein für die Gesellschaftsgläubiger günstigeres Ergebnis erreicht werden kann;

> Beispiel: OLG Düsseldorf ZIP 2012, 2011,
> dazu EWiR 2013, 11 *(Bode)*.

Einzahlungen auf die Einlage kann der Insolvenzverwalter allerdings nur zum Zweck der Abwicklung der Gesellschaft geltend machen, aber nicht mehr zu produktiven Zwecken.

> RGZ 86, 419, 422;
> RGZ 79, 174, 175;
> Scholz-*Emmerich*, GmbHG, § 21 Rn. 11, m. w. N.

450 Dass es ungeachtet dessen nur wenige Gerichtsentscheidungen auch in Konkurs-/Insolvenzverfahren gibt, dürfte daran liegen, dass die Gesellschafter in diesem Fall freiwillig zahlen oder sich mit dem Verwalter einigen.

IV. Verjährung

Überlegungen, Gesellschafter könnten ihre offenen Einlageverpflichtungen 459
vergessen bzw. ihre Rechtsnachfolger könnten davon nichts erfahren, fallen
demgegenüber nicht ins Gewicht.

4. Rechtspolitische Überlegungen

Der Verfasser hält aus den genannten Gründen die neue Verjährungsregelung 460
in § 19 Abs. 6 GmbHG für unglücklich. Sie sollte bei der nächsten Gesetzesreform überprüft werden.

Für die Zeit vor dem Inkrafttreten der neuen Vorschrift am 15.12.2004 geht 461
er entgegen der herrschenden Rechtsprechung und Lehre von der Unverjährbarkeit der Einlageforderungen aus.

Die Diskussion über die Verjährung der Einlageforderung wurde schon vor 462
der Schaffung des § 19 Abs. 6 GmbHG irritiert durch das Inkrafttreten des
Schuldrechtsmodernisierungsgesetzes, das mit Wirkung ab 1.1.2002 die bis
dahin geltende 30-jährige Verjährungsfrist nach § 195 BGB a. F. auf drei Jahre
verkürzte (§§ 195, 199 BGB n. F.). Obwohl die neue Regelung der Verjährungsvorschriften im BGB selbst keinen Hinweis enthielt, dass sie auch außerhalb
seines Geltungsbereichs anzuwenden seien, nahm man die Neuregelung weitgehend ernst.

> Lutter/Hommelhoff-*Bayer*, GmbHG, § 19 Rn. 17, m. w. N.;
> kritisch: Roth/Altmeppen-*Roth*, GmbHG, § 19 Rn. 118;
> Scholz-*Veil*, GmbHG, § 19 Rn. 194 ff.

Zum Teil wurde sie für unanwendbar erklärt.

> *Pentz*, GmbHR 2002, 225, 230.

Selbst wenn man den **Überleitungsvorschriften** des EGBGB entnehmen 463
wollte, dass die neuen Verjährungsvorschriften auch für Ansprüche außerhalb des BGB gelten sollten, wäre die Anwendung der dreijährigen neuen
Regelverjährung für die Dauer vom 1.1.2002 bis zum 15.12.2004 – nach einer
allgemein unterstellten 30-jährigen Verjährungsfrist und vor einer gesetzlich
statuierten Zehn-Jahres-Frist widersinnig. Man sollte deshalb für die Zeit bis
zum 14.12.2004 vom alten Recht ausgehen und ab 15.12.2004 von der Maßgeblichkeit des § 19 Abs. 6 GmbHG. Dafür spricht auch die Tatsache, dass
der Gesetzgeber selbst erklärtermaßen eine Anpassung der für Kapitalgesellschaften gedachten Regeln erst mit dem Anpassungsgesetz vom 9.12.2004
vornehmen wollte.

> Roth/Altmeppen-*Roth*, GmbHG, § 19 Rn. 123;
> *Pentz*, GmbHR 2002, 225, 230.

Die Übergangsregelung zwischen dem alten und dem neuen Recht ist davon 464
abhängig, ob man die Einlageforderungen ursprünglich für unverjährbar hielt
oder sie entsprechend der h. M. einer 30-jährigen Verjährung unterwarf bzw.
ob man das Schuldrechtsmodernisierungsgesetz für relevant hält. Nach der
hier vertretenen Auffassung, dass die Einlageforderungen früher unverjähr-

bar waren, kommt man zu dem Ergebnis, dass nur auf Einlageforderungen, die nach dem 14.12.2004 fällig gestellt wurden bzw. fällig gestellt werden, der neue Absatz 6 des § 19 GmbHG anzuwenden ist.

> Vgl. i. Ü.: Lutter/Hommelhoff-*Bayer*, GmbHG, § 19 Rn. 16 ff;
> Roth/Altmeppen-*Roth*, GmbHG, § 19 Rn. 118 ff;
> Scholz-*Veil*, GmbHG, § 19 Rn. 194 ff.

465 Für sie gilt dann die Zehn-Jahres-Frist gemäß § 19 Abs. 6 GmbHG. Dabei ist das Wort „**Entstehung**" in dieser Vorschrift als **Fälligkeit** zu interpretieren.

466 Wird ein **Insolvenzverfahren** über das Vermögen der Gesellschaft eröffnet, bevor die neue Verjährungsfrist abgelaufen ist, so verlängert sich die Frist ab dem Zeitpunkt der Eröffnung des Verfahrens um sechs Monate. Damit soll dem Insolvenzverwalter Gelegenheit gegeben werden, die Durchsetzbarkeit der Forderung zu prüfen und sie ggf. geltend zu machen.

> *Märtens*, in: MünchKomm-GmbHG, § 19 Rn. 336 ff.

467 Die **besondere Verjährungsfrist** des § 9 Abs. 2 GmbHG von zehn Jahren (vor dem 15.12.2004 fünf Jahre) gilt und galt immer nur für Ansprüche aus der Differenzhaftung, der Unterbilanzhaftung bzw. der Vorbelastungshaftung.

> BGHZ 118, 83, 101 f = ZIP 1992, 995.

468 Eine Ausdehnung auf den Einlagenanspruch der GmbH wurde bis zum 15.12.2004 als nicht zulässig angesehen.

> Ulmer/Habersack/Winter-*Ulmer*, GmbHG, § 19 Rn. 13.

Diese Bestimmung konnte daher die für die Zeit vor dem 15.12.2004 hier vertretene Unverjährbarkeit der Einlagenforderung nicht beseitigen. Die besondere Verjährungsfrist des § 9 Abs. 2 GmbHG war daraus begründet, dass es sich bei nicht entdeckten Wertdifferenzen im Allgemeinen nur um geringe Wertunterschiede handeln kann, die in der Regel schon nach kurzer Zeit nicht mehr zuverlässig feststellbar sind, und von denen angenommen werden kann, dass sie sich nicht zum Nachteil der Gläubiger ausgewirkt haben, wenn die Gesellschaft innerhalb dieser Frist nach ihrer Eintragung in der Lage ist, ihre Verbindlichkeiten zu erfüllen.

> Begr. RegE, BT-Drucks. 8/1347, S. 35;
> BGHZ 118, 83, 103 = ZIP 1992, 995;
> BGHZ 105, 300, 304 f = ZIP 1989, 27,
> dazu EWiR 1989, 55 *(K. Schmidt)*;
> *Pentz*, GmbHR 2002, 225, 227.

H. Über das Stammkapital hinausgehende Leistungen

I. Freiwillige Zahlungen über die Mindeststammeinlage hinaus

1. Anlass freiwilliger Leistungen

Nicht selten leisten die Gesellschafter oder einzelne von ihnen schon vor der Errichtung der Gesellschaft die volle übernommene Einlage, obwohl sie sich im Gesellschaftsvertrag nur zur Leistung der Mindeststammeinlage verpflichtet haben. Ein solches Verhalten war früher außerordentlich riskant, weil die Rechtsprechung eine „freiwillige" Leistung nur dann als ordnungsgemäße Erfüllung der Einlagepflicht angesehen hat, wenn die Zahlung der Gesellschaft im Zeitpunkt der Eintragung noch „unverbraucht zur Verfügung" stand. **469**

> BGHZ 37, 75, 77;
> BGHZ 51, 157, 159;
> BGHZ 80, 129, 137 = ZIP 1981, 394;
> Lutter/Hommelhoff-*Bayer*, GmbHG, § 7 Rn. 9;
> Scholz-*Veil*, GmbHG, § 7 Rn. 46 f.

War dies nicht der Fall, konnte von den Erbringern solcher Leistungen in der Insolvenz der Gesellschaft die Zahlung der Differenz zwischen der übernommenen Mindeststammeinlage und der vollen Stammeinlage noch einmal verlangt werden. Dies hat sich durch die Entscheidung des Bundesgerichtshofs vom 24.10.1988, **470**

> BGHZ 105, 300, 302 ff = ZIP 1989, 27,
> dazu EWiR 1989, 55 *(K. Schmidt)*.

geändert. Seitdem ist auch die freiwillige Leistung als ordnungsgemäß erbracht anzusehen. Es bleibt nur die Frage, ob die eingebrachten Mittel insgesamt im Zeitpunkt der Eintragung noch vorhanden waren oder nicht (z. B. weil die Gesellschaft schon vor ihrer Eintragung die Geschäftstätigkeit aufgenommen hatte). Wenn in diesen Fällen im Zeitpunkt der Eintragung ein Wertverlust an dem eingebrachten Gesamtvermögen (**Unterbilanz**) eingetreten ist, ist dieser Verlust durch bare Zuzahlung auszugleichen.

> BGHZ 105, 300, 304 = ZIP 1989, 27
> dazu EWiR 1989, 55 *(K. Schmidt)*;
> Baumbach/Hueck-*Hueck/Fastrich*, GmbHG, § 7 Rn. 5a;
> Lutter/Hommelhoff-*Bayer*, GmbHG, § 7 Rn. 9, m. w. N.

Die Mehrleistung muss in der Satzung festgelegt sein bzw. alle Gesellschafter müssen ihr zugestimmt haben, wenn die Vorbelastungshaftung alle Gesellschafter gleichermaßen treffen soll. **471**

> Lutter/Hommelhoff-*Bayer*, GmbHG, § 7 Rn. 9;
> a. A. Scholz-*Veil*, GmbHG, § 7 Rn. 47, m. w. N.

2. Haftung der Gesellschafter

472 Die Gesellschafter haften anteilig im Verhältnis der übernommenen Stammeinlage aber nicht als Gesamtschuldner.

> Baumbach/Hueck-*Hueck/Fastrich*, GmbHG, § 11 Rn. 64.

473 Das bedeutet, dass auch der Gesellschafter, dessen Einlage – weil es sich um eine Sacheinlage handelt – im Zeitpunkt der Eintragung noch in vollem Umfang vorhanden ist, die Auffüllung des Fehlbetrages mitzutragen hat.

> *K. Schmidt*, Gesellschaftsrecht, § 37 II. 2. b.

474 Für diese Nachforderung der Gesellschaft gilt die Verjährungsfrist des § 9 Abs. 2 GmbHG (zehn Jahre seit Eintragung).

> BGHZ 105, 300, 304 = ZIP 1989, 27,
> dazu EWiR 1989, 55 *(K. Schmidt)*.

II. Nebenleistungen

1. Anlass und Art von Nebenleistungen

475 Die Gesellschafter können im Gesellschaftsvertrag vereinbaren, dass sie alle oder einzelne von ihnen bestimmte Leistungen über ihre Stammeinlageverpflichtung hinaus erbringen sollen (§ 3 Abs. 2 GmbHG). Solche Nebenleistungspflichten können die unterschiedlichsten Inhalte haben, von einmaligen Geld- oder Sachleistungen bis zu dauernden Unterlassungs- oder Dienstleistungen oder Gebrauchsüberlassungen bzw. Verpflichtungen in Austauschverhältnissen. Der Kapitalaufbringung am nächsten steht die Verpflichtung zur einmaligen oder wiederkehrenden Zahlung, insbesondere die Verpflichtung zur Leistung eines **Aufgeldes** (**Agio**) bzw. die Überpari-Emission bei Sacheinbringungen.

> Baumbach/Hueck-*Hueck/Fastrich*, GmbHG, § 3 Rn. 39 ff;
> Lutter/Hommelhoff-*Bayer*, GmbHG, § 3 Rn. 50 ff;
> Ulmer/Habersack/Winter-*Ulmer*, GmbHG, § 3 Rn. 67;
> Scholz-*Emmerich*, GmbHG, § 3 Rn. 74 ff.

Sie werden dies tun, wenn sie erkannt haben, dass das von ihnen bezifferte Stammkapital auf Dauer für die Führung der Geschäfte nicht ausreicht, sie es sich aber andererseits offenhalten wollen, nicht benötigtes Kapital wieder abziehen zu können.

476 Nebenleistungspflichten müssen zwar gemäß § 3 Abs. 2 GmbHG in den Gesellschaftsvertrag aufgenommen werden, unterliegen aber nicht den strengen Grundsätzen und Regeln, die für die Aufbringung des Stammkapitals bestehen. Ein Aufgeld kann z. B. bedingt oder befristet vereinbart werden.

> Scholz-*Emmerich*, GmbHG, § 3 Rn. 68 ff, 72;
> Roth/Altmeppen-*Roth*, GmbHG, § 3 Rn. 32.

2. Aufgeld für Neuaufnahme von Gesellschaftern

Eine **Überpari-Emission** kommt nicht selten bei der Neuaufnahme eines 477
Gesellschafters i. R. einer Kapitalerhöhung vor. Weil die Veräußerung von
Geschäftsanteilen an den neu aufzunehmenden Gesellschafter Ertragsteuern
auslösen kann, ziehen es die Gesellschafter vor, die Aufnahme durch Kapitalerhöhung mit einem alleinigen Bezugsrecht des neuen Gesellschafters durchzuführen. Da die Stammkapitalziffer auch nach einer Kapitalerhöhung den
inneren Wert des Unternehmens in der Regel nicht repräsentieren wird, genügt
es nicht, den neuen Gesellschafter lediglich an der erhöhten Stammkapitalziffer zu beteiligen; von ihm wird vielmehr verlangt, dass er eine Einlage dem
wahren Wert des Unternehmens entsprechend leistet. Soweit der Wert der
Einlage die Stammkapitalziffer überschreitet, ist sie als Aufgeld zu betrachten,
das bilanzrechtlich als **Kapitalrücklage** zu verbuchen ist.

Scholz-*Emmerich*, GmbHG, § 3 Rn. 74.

Bei der Festlegung des Aufgelds ist zu beachten, dass es mit der Verbuchung 478
als Rücklage quotal allen Gesellschaftern zugutekommt; es muss demnach auch
der zukünftige Anteil des Inferenten bei der Berechnung berücksichtigt werden.

3. Schuldrechtliche Verpflichtungen

Ähnliche Ergebnisse sind auch zu erzielen, wenn die Verpflichtungen nicht 479
im Gesellschaftsvertrag festgelegt, sondern **schuldrechtlich** vereinbart werden.
Der Unterschied liegt darin, dass die Nebenleistungsverpflichtung mit der
Mitgliedschaft verbunden ist und bei deren Veräußerung auf den Erwerber
übergeht. Das wäre bei rein schuldrechtlichen Vereinbarungen nur dann gewährleistet, wenn die Übertragbarkeit ausdrücklich geregelt ist und der Erwerber die Verpflichtung bewusst übernimmt.

Baumbach/Hueck-*Hueck/Fastrich*, GmbHG, § 3 Rn. 54;
Lutter/Hommelhoff-*Bayer*, GmbHG, § 3 Rn. 59, 83 ff;
Hoffmann-Becking, ZGR 1994, 442;
Scholz-*Emmerich*, GmbHG, § 3 Rn. 102 ff;
Roth/Altmeppen-*Roth*, GmbHG, § 3 Rn. 49.

Für die unten noch zu behandelnde verdeckte Sacheinlage (vgl. Rn. 532 ff) 480
ist zu beachten, dass auch ein Aufgeld eine unwirksame Kapitalaufbringung
nicht ausgleicht.

Ist eine förmliche Nebenleistungsverpflichtung i. S. v. § 3 Abs. 2 GmbHG 481
gewollt, dann sollte man sie im Gesellschaftsvertrag ausdrücklich als solche
bezeichnen, da bei unklaren Formulierungen die Gefahr besteht, dass die Nebenleistungspflicht als Stammeinlagepflicht oder als Nachschusspflicht verstanden werden könnte.

Baumbach/Hueck-*Hueck/Fastrich*, GmbHG, § 3 Rn. 55;
Lutter/Hommelhoff-*Bayer*, GmbHG, § 3 Rn. 83 ff;
Roth/Altmeppen-*Roth*, GmbHG, § 3 Rn. 30a f.

III. Nachschussleistungen

1. Variables Zusatzkapital

482 Das Gesetz bietet den Gesellschaftern in den §§ 26–28 GmbHG die Möglichkeit, außerhalb des Stammkapitals und der Stammeinlagen, ein nach Bedarf einzuforderndes variables Zusatzkapital zu schaffen. Obwohl es sich dabei um ein Kapital handelt, dass anders als das Stammkapital unter bestimmten Voraussetzungen in voller Höhe an die Gesellschafter zurückgezahlt werden kann (§ 30 Abs. 2 GmbHG), wird davon in der Praxis nicht Gebrauch gemacht.

> Lutter/Hommelhoff-*Bayer*, GmbHG, § 26 Rn. 1 f;
> *Hommelhoff/Kleindiek*, in: FS 100 Jahre GmbHG, S. 421 ff;
> Roth/Altmeppen-*Altmeppen*, GmbHG, § 26 Rn. 1;
> Scholz-*Emmerich*, GmbHG, § 26 Rn. 1a.

Vermutlich geht dies darauf zurück, dass eine Rückzahlung des Nachschusskapitals nach § 30 Abs. 2 GmbHG einer öffentlichen Bekanntmachung bedarf.

> Lutter/Hommelhoff-*Bayer*, GmbHG, § 26 Rn. 2.

2. Nachschuss-/Nebenleistungen

483 Von Nebenleistungen unterscheiden sich Nachschüsse dadurch, dass sie nur in Geld erbracht werden können, und dass ihre Einforderung über die Regelung in der Satzung hinaus einen Beschluss der Gesellschafterversammlung voraussetzt (§ 26 Abs. 1, § 46 Nr. 2 GmbHG). Im Gegensatz zur Aufbringung des Stammkapitals werden demnach die Gläubiger durch die Vereinbarung von Nachschusspflichten in der Satzung allein nicht direkt gesichert. Die Sicherung tritt erst ein, wenn die Nachschussleistung beschlossen ist. Die Einforderung der Nachschüsse hat nach § 26 Abs. 2 GmbHG den **Gleichbehandlungsgrundsatz** zu beachten, d. h. Nachschüsse können nur im Verhältnis der Geschäftsanteile zueinander verlangt werden.

> Baumbach/Hueck-*Hueck/Fastrich*, GmbHG, § 26 Rn. 6;
> Lutter/Hommelhoff-*Bayer*, GmbHG, § 26 Rn. 8.

484 Erst die erbrachten Nachschüsse dienen i. R. des § 30 Abs. 2 GmbHG der Kapitalsicherung.

3. Beschränkte/unbeschränkte Nachschusspflicht

485 Das Gesetz erlaubt die Vereinbarung einer der Höhe nach **beschränkten** und einer **unbeschränkten Nachschusspflicht**. Bei der beschränkten Nachschusspflicht haften die Gesellschafter, wenn der Nachschuss beschlossen ist, gemäß den §§ 21–23 GmbHG wie für Stammeinlagen aber ohne die Ausfallhaftung nach § 24 GmbHG (§ 28 Abs. 1 GmbHG). Im Fall der unbeschränkten Nachschusspflicht gelten die Regeln des Kaduzierungsverfahrens überhaupt nicht. Der Gesellschafter kann sich vielmehr, wenn seine Stammeinlage voll eingezahlt ist, seiner Nachschusspflicht dadurch entledigen, dass er seinen Geschäftsanteil der Gesellschaft zur Verwertung überlässt (§ 27 Abs. 1 GmbHG).

Vgl. *K. Schmidt*, Gesellschaftsrecht, § 37 II. 6., und die Kommentierungen zu den §§ 26–28 GmbHG.

IV. Gesellschafterdarlehen/vorzeitige und unbenannte Kapitalzuwendungen (stille Einlagen)

1. Gesellschafterdarlehen

Der Gesetzgeber hat mit den Regelungen der §§ 26–28 GmbHG einer Eigenkapitalbildung durch die Gesellschafter außerhalb des Stammkapitals den Vorzug geben wollen; die Praxis hat, wie gesehen, davon keinen Gebrauch gemacht und stattdessen die Möglichkeit der Fremdkapitalzuführung durch die Gesellschafter selbst gewählt. **486**

Wiedemann, in: FS Beusch, S. 895, 899 f;
Lutter/Hommelhoff-*Lutter/Hommelhoff*, GmbHG,
16. Aufl., 2004, § 32a/b Rn. 1;
Lutter/Hommelhoff-*Bayer*, GmbHG, § 26 Rn. 2.

Gesellschafterdarlehen werden grundsätzlich nicht anders begründet und behandelt als Darlehen irgendwelcher dritter Kreditgeber. Sie entstehen aber nicht selten auch durch eine unterschiedliche **Gewinnentnahme** der Gesellschafter von ihren bei der Gesellschaft unterhaltenen Privatkonten. Während einzelne Gesellschafter Vorschüsse [zu entnehmen versuchen] auf noch nicht verdiente oder noch nicht ausgeschüttete Gewinne [...], lassen andere Gesellschafter die an sie ausgeschütteten, aber noch nicht ausgezahlten Gewinne – u. U. wegen günstiger Zinsregelungen im Gesellschaftsvertrag – ganz oder teilweise längere Zeit stehen. Um dadurch entstehende Ungerechtigkeiten zu vermeiden, enthalten viele Gesellschaftsverträge Regelungen darüber, ob und in welcher Höhe Guthaben auf Privatkonten und Überziehungen solcher Konten zu verzinsen sind. Wie anderes Fremdkapital auch, werden Gesellschafterdarlehen im Jahresabschluss der Gesellschaft als Fremdverbindlichkeiten bilanziert. **487**

Der Fremdkapitalcharakter von Gesellschafterdarlehen ändert sich, sobald die Gesellschaft in eine Krise gerät. In diesem Zeitpunkt, der in der Praxis oft nur sehr schwer zu datieren und meist nur retrospektiv von der Rechtsprechung festgestellt wird, müssen sich die Gesellschafter entscheiden, ob sie die Gesellschaft liquidieren oder ihr zusätzliches Eigenkapital zuführen wollen. Machen sie von dieser zweiten Alternative keinen Gebrauch, wird von da an das Gesellschafterdarlehen nur noch formal als Fremdkapital, der Sache nach aber als „**funktionales Eigenkapital**" verstanden. **488**

Lutter/Hommelhoff-*Lutter/Hommelhoff*, GmbHG,
16. Aufl., 2004, § 32a/b Rn. 2.

Durch das **MoMiG** hat sich die bisherige Behandlung von Gesellschafterdarlehen in der Krise radikal geändert. Die sog. eigenkapitalersetzenden Gesellschafterdarlehen waren vor dem 1.11.2008 in den §§ 32a und 32b GmbHG geregelt. Diese Bestimmungen sind durch das MoMiG aufgehoben worden. Als Rechtsfolge der Umqualifizierung einer Gesellschafterforderung in funk- **489** tionales Eigenkapital soll nunmehr der Nachrang und die Anfechtbarkeit der Forderung in einem eröffneten Insolvenzverfahren gelten. Die hierfür maßgeblichen Bestimmungen wurden in die Insolvenzordnung übernommen.

> Lutter/Hommelhoff-*Kleindiek*, GmbHG, Anh. § 64 Rn. 93.

490 Damit war ein Konzeptwechsel verbunden. Das Tatbestandsmerkmal der Krisenfinanzierung wurde aufgegeben. Die eigenkapitalähnliche Bindung eines Gesellschafterdarlehens beschränkt sich nunmehr auf dessen Nachrang und auf die Anfechtbarkeit von Zahlungen in der Insolvenz.

> Lutter/Hommelhoff-*Kleindiek*, GmbHG, Anh. § 64 Rn. 93 ff, 98, 104.

Auf die Darstellung im Teil Kapitalerhaltung (Rn. 1187 ff) wird verwiesen.

2. Vorzeitige Leistungen auf eine zukünftige Kapitalerhöhung

491 In einer Krise der Gesellschaft, die viel unvermittelter eintreten kann, als sich dies Schrifttum und Rechtsprechung meist vorstellen, werden nicht selten Liquiditätszuschüsse durch die Gesellschafter notwendig, bevor diese noch ein Sanierungskonzept entwickelt und eine Sanierungsentscheidung herbeigeführt haben. Entschließen sich die Gesellschafter in dieser Situation, das Kapital zu erhöhen, und zahlen sie – weil die Kapitalerhöhungsprozedur notwendigerweise eine gewisse Zeit in Anspruch nimmt – die notwendigen Mittel sofort ein, dann wird eine solche Liquiditätszufuhr, auch wenn die Mittel vor der Anmeldung der Kapitalerhöhung ganz oder teilweise verwertet worden sind, als ordnungsgemäße Kapitalaufbringung i. R. der nachfolgenden Kapitalerhöhung anerkannt.

> Lutter/Hommelhoff-*Lutter/Bayer*, GmbHG, § 56 Rn. 19 f, m. w. N.

492 Voraussetzung ist, dass

- die Voreinzahlung erklärtermaßen und nachweisbar auf das erhöhte Kapital in der Krise der Gesellschaft erfolgt, d. h. bei zumindest **drohender Zahlungsunfähigkeit** oder **Überschuldung;**

  > BGH ZIP 1996, 1466 = GmbHR 1996, 772;
  > OLG Köln ZIP 1991, 928;
  > Lutter/Hommelhoff-*Lutter/Bayer*, GmbHG, § 56 Rn. 19 ff, 21, m. w. N.;

- der Zahlung eine Vorleistungsvereinbarung in der Form des § 55 Abs. 1 GmbHG bzw. ein Übernahmevertrag zugrunde liegt;

  > BGHZ 168, 201, 206 = ZIP 2006, 2214;
  > *Goette*, in: FS Priester, S. 95, 104;
  > Lutter/Hommelhoff-*Lutter/Bayer*, GmbHG, § 56 Rn. 21, m. w. N.;

- ein zeitlicher Zusammenhang mit der folgenden Kapitalerhöhung gewahrt ist.

  > *Werner*, GmbHR 2002, 530, 532;
  > Lutter/Hommelhoff-*Lutter/Bayer*, GmbHG, § 56 Rn. 21.

IV. Gesellschafterdarlehen/vorzeitige und unbenannte Kapitalzuwendungen

Bei einem zeitlichen Abstand von fünf Monaten zwischen Zahlung und Kapitalerhöhungsbeschluss ist die Abweichung von der gesetzlichen vorgeschriebenen Abfolge nicht mehr gerechtfertigt,

OLG Schleswig NZG 2001, 137 f,

aber auch bei einem Zeitabstand von mehr als 2,5 Monaten;

OLG Oldenburg DB 2006, 778;
Lutter/Hommelhoff-*Lutter/Bayer*, GmbHG, § 56 Rn. 21;

- die bereits erfolgte Vorleistung im Kapitalerhöhungsbeschluss und in der Anmeldeversicherung genannt wird; sie ist bei der Registereintragung offenzulegen. Geschieht dies, dann kann die beschlossene Leistung auf die erhöhte Stammeinlage als bewirkt angesehen werden.

OLG München NZG 1999, 84;
Lutter/Hommelhoff-*Lutter/Bayer*, GmbHG, § 56 Rn. 21.

Andernfalls kommt es darauf an, ob die Liquiditätszufuhr durch die Gesellschafter zu einer Forderung gegen die Gesellschaft geführt hat (das wäre der Fall, wenn die Geldzufuhr den Charakter einer Darlehensleistung hat). Ist eine Gesellschafterforderung gegeben, kann die Kapitalzufuhr auch als Sacheinlage auf die zu beschließende Kapitalerhöhung behandelt werden. 493

War der vorausgezahlte Einlagebetrag bei der Beschlussfassung über die Kapitalerhöhung noch unverbraucht vorhanden, kommt es auf die Sanierungssituation der Gesellschaft nicht an; es ist von der Erfüllung der Einlagepflicht auszugehen. 494

OLG Köln ZIP 2001, 1243 = BB 2001, 1423,
dazu EWiR 2001, 1093 *(v. Gerkan)*;
BGHZ 145, 150 = ZIP 2000, 2021 = NJW 2001, 67,
dazu EWiR 2001, 325 *(Rawert)*;
BGHZ 51, 157;
Lutter/Hommelhoff-*Lutter/Bayer*, GmbHG, § 56 Rn. 19, m. w. N.

Das gilt auch für im Voraus geleistete Sacheinlagen. Ist der Gegenstand der Sacheinlage im Zeitpunkt des Kapitalerhöhungsbeschlusses nicht mehr vorhanden, steht dem Gesellschafter u. U. ein Bereicherungs- oder Schadensersatzanspruch zu, der mit seinem Zeitwert in den Kapitalerhöhungsbeschluss aufgenommen werden könnte. 495

BGHZ 145, 150 = ZIP 2000, 2021 = NJW 2001, 67,
dazu EWiR 2001, 325 *(Rawert)*;
Henze, DB 2001, 1469, 1476 f.

3. Unbenannte Liquiditätszuwendungen/stille Einlagen

Nicht selten führen Gesellschafter – insbesondere Ein-Mann-Gesellschafter und Gesellschafter von Familienunternehmen – der Gesellschaft, wenn diese Liquidität benötigt, Mittel zu, ohne sich über den Charakter der Geldzufuhr Gedanken zu machen, geschweige denn, einen Darlehensvertrag zumindest 496 konkludent zu schließen. Hintergrund eines solchen Verhaltens sind einerseits ein möglicherweise plötzlich auftretender Kapitalbedarf bei der Gesellschaft und andererseits eine latente Vorstellung von den Entnahme- und Einlagemöglichkeiten, wie sie auf Personengesellschaften, nicht aber auf die GmbH zutreffen. An eine Kapitalerhöhung wird in solchen Fällen meist nicht gedacht. Die Zuwendung muss nicht allein in Geld bestehen; es können auch Sachen und Rechte zugewandt werden, die Gegenstand einer Sacheinlage sein könnten. Dazu gehört z. B. auch ein Forderungsverzicht.

> *Grottel/Gadetz*, in: Beck'scher Bilanzkommentar, § 255 Rn. 164;
> *Knobbe-Keuk*, Bilanz- und Unternehmenssteuerrecht,
> § 16 II. 1. a, bb.

497 Bilanztechnisch ist ein solcher Vorgang nicht besonders problematisch. Der eingelegte Betrag wird der **Kapitalrücklage** zugeführt (§ 272 Abs. 2 Nr. 4 HGB). In der gesellschaftsrechtlichen Theorie ist der Vorgang dagegen schwieriger zu fassen. Wenn der Gesellschafter überhaupt nicht an eine Rückforderung des Betrages denkt – allenfalls dann könnte man zumindest eine konkludente Darlehensgewährung annehmen – stellt sich die Frage, worin der Rechtsgrund der Leistung gesehen werden soll. Auf den Gedanken, dies könne eine **Schenkung** sein, ist man im Gesellschaftsrecht bisher nicht gekommen. Diese Betrachtung wäre wohl auch falsch. Richtiger dürfte es sein, von einer unbenannten Liquiditätszufuhr auszugehen, die auf der Mitgliedschaft beruht und sich an personengesellschaftsrechtlichen Gegebenheiten orientiert. *Jan Wilhelm* spricht zutreffend von einer besonderen „causa societatis".

> *Wilhelm*, in: FS Flume Bd. II, S. 337, 366 ff;
> *Döllerer*, BB 1986, 1857 f;
> *Knobbe-Keuk*, Bilanz- und Unternehmenssteuerrecht,
> § 16 II. 1. a, bb.

498 Das Steuerrecht behandelt solche Zuwendungen unter dem Begriff der „verdeckten Einlage" und sieht sie nicht als Schenkung an.

> *Budde/Müller*, in: Beck'scher Bilanzkommentar, § 272 Rn. 201, m. w. N.

499 Mit der Zuführung der Gesellschafterleistung in eine Kapitalrücklage entsteht zusätzliches **Eigenkapital**, nicht Fremdkapital und nicht Stammkapital. Über dieses Eigenkapital können die Gesellschafter verfügen, wie sie dies auch sonst bei Rücklagen tun können. Sie können sie auf Dauer aufrechterhalten, sie können sie auflösen und anschließend entnehmen und sie können sie nach den §§ 57c ff GmbHG für eine nominelle Kapitalerhöhung (aus Gesellschaftsmitteln) verwenden. Die nominelle Kapitalerhöhung verschafft – wie gesehen – der Gesellschaft kein zusätzliches Eigenkapital; sie vermehrt aber durch Zuführung der Mittel zum Stammkapital das gebundene Kapital der Gesellschaft. Sie ist insofern also für die Gesellschaftsgläubiger vorteilhaft.

I. Missglückte Geldeinlagen/verdeckte Sacheinlagen/Zahlungen an Dritte

Nicht jede Einlageleistung befreit den Gesellschafter von seiner Einlageschuld. Das gilt schon so nach allgemeinem Zivilrecht. Ein Schuldverhältnis erlischt nach § 362 Abs. 1 BGB nur dann, wenn die geschuldete Leistung an den Gläubiger bewirkt ist. Es genügt also nicht die Leistungshandlung allein; es muss vielmehr auch der Leistungserfolg erzielt werden. Dieser ist erst dann erreicht, wenn der Gläubiger die **freie Verfügung** über den Leistungsgegenstand erhält. Das ist dann nicht der Fall, wenn der Gläubiger den Leistungsgegenstand nicht behalten darf. 500

> BGH ZIP 1996, 418 = NJW 1996, 1207, m. w. N.

Im Gesellschaftsrecht wird der Begriff der „freien Verfügung", was die Einlageschuld anlangt, noch enger gesehen als im allgemeinen Zivilrecht. Während hier eine Abrede zwischen dem Leistungsschuldner und dem Leistungsgläubiger über die Verwendung der Leistung auch zugunsten des Schuldners nicht schadet, führt eine solche Vereinbarung dort nicht zum Leistungserfolg, d. h. die Einlageschuld bleibt ungeachtet der Tatsache, dass die Leistung erbracht wird, bestehen. Wird die erbrachte Leistung berechtigterweise von einem Dritten in Anspruch genommen, hängt der Erfolg der Leistung davon ab, ob die Leistung der Gesellschaft als Gläubigerin ungeachtet dessen wirtschaftlich in vollem Umfang zugutekommt. Die exakte Definition des Begriffs der freien Verfügung im Bereich der Einlageleistungen ist allerdings schwierig und in überzeugender Weise bis heute nicht gelungen. 501

> *K. Schmidt*, Gesellschaftsrecht, § 29 II. 1. a;
> vgl. oben auch Rn. 194 ff.

Man kann die Grenzen des Begriffs der freien Verfügung bisher wohl nur kasuistisch abstecken. Drei Fragenkomplexe werden dabei berührt: 502

- die Geldleistung auf Bankkonten;
- die verdeckte Sacheinlage;
- die Leistung der Einlageschuld an Dritte.

> *Henze*, DB 2001, 1469 ff.

I. Die Geldleistung auf Bankkonten

1. Allgemeines

Das, was die juristische Doktrin „Bareinlage" – im Gegensatz zu Sacheinlage – nennt, wird im Gesetz „Geldeinlage" genannt (§ 7 Abs. 2 GmbHG). Das Gesetz verlangt, dass Geldeinlagen vor der Anmeldung der GmbH zum Handelsregister „eingezahlt sein müssen". Auch wenn das Gesetz die Worte „Bareinlage" oder **„Barzahlung"** nicht verwendet, geht es doch ursprünglich davon aus, dass die Bar- oder Geldeinlage durch Barzahlung, d. h. durch Über- 503 eignung von Bargeld erfolgen sollte. Die Praxis weicht davon jedoch seit eh und je ab. Bareinlagen werden nahezu ausnahmslos durch Zahlung oder Überweisung auf das Konto der Gesellschaft bei einem Kreditinstitut bewirkt.

    Lutter/Hommelhoff-*Bayer*, GmbHG, § 7 Rn. 11.

504 Dass auch heute noch gelegentlich zumindest der Versuch unternommen wird, eine Einlageleistung in bar zu erbringen, zeigt der vom Oberlandesgericht Hamburg durch Urteil vom 16.3.2001 entschiedene Fall, der das Gericht veranlasste klarzustellen, dass nach seiner Auffassung „eine Stammeinlage auch durch Leistung in bar erbracht werden" könne.

    OLG Hamburg GmbHR 2001, 973 = BB 2001, 2182
    OLG Düsseldorf ZIP 2012, 2011, dazu EWiR 2013, 11 *(Bode)*.

505 Die Rechtsprechung hat schon unmittelbar nach Inkrafttreten des GmbH-Gesetzes unter Bezugnahme auf die Motive des Gesetzgebers darüber nachgedacht, ob es Alternativen zur baren Einzahlung geben könnte. Sie hat eine zulässige Alternative für den Fall angenommen, dass die Leistung, ohne den Begriff einer baren Zahlung zu erfüllen, „alle dieser Leistungsart eigentümlichen Vorteile" für die Gesellschaft besitzt. Die Voraussetzung sah sie als gegeben an bei solchen Leistungen, die jeden Augenblick „mit zweifelloser Sicherheit in bares Geld umgesetzt werden können".

    RGZ 41, 120, 122;
    RGZ 72, 265, 268.

506 Diese Überlegungen haben sich in der Folgezeit sowohl in der Rechtsprechung als auch im Schrifttum uneingeschränkt durchgesetzt. Die vom Reichsgericht für eine Einzahlungsalternative verlangten Voraussetzungen wurden bei einer vorbehaltlosen Gutschrift einer Zahlung oder einer Überweisung auf einem inländischen Bank- oder Postscheckkonto in deutscher Währung für gegeben angesehen.

    Scholz-*Veil*, GmbHG, § 7 Rn. 30 f, m. w. N.;
    Henze, DB 2001, 1469, 1479.

507 Die Anerkennung eines zweiten Zahlungsweges war begründet einerseits durch die Entwicklung des Zahlungsverkehrs und die Praktikabilität dieser Alternative und andererseits durch eine Bezugnahme auf die Vorschrift des § 54 Abs. § 3 AktG, die zwischenzeitlich die Giroüberweisung als Zahlungsalternative im Aktienrecht anerkannt hat.

508 Das gefundene Ergebnis ist uneingeschränkt zu befürworten. Die darin liegenden **Zugeständnisse an eine unbare Leistung** müssen jedoch nachdenklich stimmen. So geht etwa die Zahlung des Einlageschuldners streng rechtlich betrachtet nicht an die Gesellschaft, sondern an einen Dritten (die Bank). Die Zahlung vergrößert auch nicht den Kassenbestand der Gesellschaft, sondern verschafft dieser in Wirklichkeit eine Forderung, nämlich einen Anspruch aus einem abstrakten Schuldversprechen oder Schuldanerkenntnis.

I. Die Geldleistung auf Bankkonten

Canaris, Bankvertragsrecht, Rn. 415,
BGHZ 103, 143, 146 = ZIP 1988, 294,
dazu EWiR 1988, 347 *(Rehbein)*.

Das Risiko der Gesellschaft, das durch die Gutschrift entstehende „**Buchgeld**" durch eine Zahlungsunfähigkeit der Bank zu gefährden, mag zwar im Allgemeinen gering sein („Einlagensicherungsfonds der Banken"); der Anspruch der Gesellschaft, über das Buchgeld zu verfügen, ist aber u. U. Einwendungen aus dem Verhältnis der Gesellschaft zu ihrer Bank ausgesetzt. Die Bank kann den eingegangenen Betrag zur Abdeckung eines Debets der Gesellschaft verwenden; sie kann ihn gemäß § 273 BGB bzw. §§ 369 ff HGB zurückbehalten; sie hat an dem Kontoguthaben ein Pfandrecht gemäß Nr. 14 (1) AGB-Banken. 509

Canaris, Bankvertragsrecht, Rn. 303.

Würde diese Art der Einlageleistung nicht über ein Kreditinstitut, sondern über einen beliebigen Dritten gewählt, würden alle Alarmglocken läuten. Die freie Verfügbarkeit der Gesellschaft über den bei einem Dritten eingegangen Betrag wäre zu bezweifeln; es wäre die Frage aufgeworfen, ob nicht eine verdeckte Sacheinlage vorliegt; die wirksame Erfüllung der Einlageschuld müsste nach den Kriterien, die sonst gelten, verneint werden. 510

Dennoch muss es heute die bargeldlose Leistung des Einlagebetrags über ein Kreditinstitut geben. Wenn hier ungeachtet dessen die Besonderheiten des Zahlungswegs und die mit einer Gutschrift verbundenen Umstände aufgezeigt werden, dann geschieht dies nur, um deutlich zu machen, dass die h. L. zur realen bzw. ordnungsgemäßen Kapitalaufbringung Widersprüche enthält. 511

2. Mängel der Leistungshandlung

Mängel der Leistungshandlung liegen dann vor, wenn die Leistung den Verfügungsbereich des Zahlenden überhaupt nicht oder nur zum Schein verlässt (Scheinzahlungen). Das ist etwa in dem oben beschriebenen Beispiel (Rn. 197) der Fall, wenn bei einer Barzahlung der Einlagebetrag in Form eines Schecks oder von Geldscheinen bei der **Beurkundung des Gründungsakts nur vorgezeigt**, dann aber vom Inferenten wieder mitgenommen wird. Eine ähnliche Situation tritt – unabhängig davon, welche Absichten zugrunde liegen, also auch unabhängig von der Frage, ob bewusst zum Schein gehandelt werden sollte – nicht selten bei der Gründung von Ein-Mann-Gesellschaften auf, wenn der Alleingesellschafter und Alleingeschäftsführer nicht für eine deutliche Separation des Einlagebetrages von seinem privaten Vermögen sorgt. Es genügt nicht, den geschuldeten Geldbetrag in einem entsprechend gekennzeichneten Briefumschlag in den privaten Safe des Gesellschafters zu legen. 512

OLG Hamburg GmbHR 2001, 973 = BB 2001, 2182 f;
BayObLG GmbHR 1994, 329 f.

Nicht anders ist eine bargeldlose Einlageleistung zu sehen, wenn der Alleingesellschafter die Überweisung des Einlagebetrages auf ein Konto vornimmt, das auf seinen eigenen Namen lautet, das er aber zugleich als **Geschäftskonto** 513

I. Missglückte Geldeinlagen/verdeckte Sacheinlagen/Zahlungen an Dritte

der **Vorgesellschaft** benutzt. Wenn dieses Konto am Ende auf die Gesellschaft umgeschrieben wird, könnte die Erfüllung der Einlageschuld allenfalls dann angenommen werden, wenn im Zeitpunkt der Umschreibung auf dem Konto noch ein Guthaben in Höhe der Einlagesumme besteht und dieses nicht lediglich aus der Geschäftstätigkeit der Vorgesellschaft herrührt.

> BGH ZIP 2001, 513, 515 = GmbHR 2001, 339, 341,
> dazu EWiR 2001, 361 *(Heckschen)*.

514 Auch eine Giroüberweisung auf ein allein auf die Gesellschaft lautendes Konto ist dann als Zahlung nicht anzuerkennen, wenn der gutgeschriebene Betrag absprachegemäß am Tag der Gutschrift oder kurz danach an den Gesellschafter **zurücküberwiesen** wird. Dieser Fall steht der Scheinzahlung näher als der Erfüllung einer Verwendungsabsprache zugunsten des Einlegers, weil weder ein Rechtsgrund für die Rückzahlung besteht (z. B. Gesellschafterdarlehen), noch ein solcher wirksam geschaffen wird (z. B. Gesellschaftsdarlehen). Die Erfüllungswirkung scheitert hier in zumindest entsprechender Anwendung des Rechtsgedankens aus § 117 Abs. 1 BGB.

> *Canaris*, Bankvertragsrecht, Rn. 377.

515 Auf die Frage, ob die Geschäftsführer die freie Verfügung über den Einlagebetrag erhalten haben, kommt es in diesem Fall nicht an.

> Scholz-*Veil*, GmbHG, § 7 Rn. 35;
> a. A. Ulmer/Habersack/Winter-*Ulmer*, GmbHG, § 7 Rn. 52, 56;
> OLG Köln GmbHR 1994, 470.

3. Fehlen der Erfüllungswirkung

a) Verwendungsabsprachen

516 Die Erfüllungswirkung tritt bei einer Einlageleistung, selbst wenn diese den Verfügungsbereich der Gesellschaft erreicht, ohne als nichtige Scheinzahlung angesehen werden zu müssen, dann nicht ein, wenn die Geschäftsführer nicht die **freie Verfügung** daran erlangen. Diese wird als gegeben angenommen, wenn die Geldeinlagen derart geleistet werden, dass die Geschäftsführer tatsächlich und rechtlich in der Lage sind, die eingezahlten Mittel uneingeschränkt für die Gesellschaft verwenden zu können.

> BGH GmbHR 1962, 233;
> Baumbach/Hueck-*Hueck/Fastrich*, GmbHG, § 7 Rn. 10;
> Ulmer/Habersack/Winter-*Ulmer*, GmbHG, § 7 Rn. 53;
> Lutter/Hommelhoff-*Bayer*, GmbHG, § 7 Rn. 20 ff;
> Scholz-*Veil*, GmbHG, § 7 Rn. 34 ff.

517 Entgegen einer früheren Meinung wird die freie Verfügbarkeit einer Einlageleistung nicht durch eine Absprache mit der Geschäftsführung in Frage gestellt, durch die diese verpflichtet wird, mit den eingezahlten Mitteln in einer bestimmten Weise zu verfahren. Das gilt sogar dann, wenn die Vereinbarung zwischen der Geschäftsführung der Gesellschaft und dem Einleger selbst getroffen wird.

518 Anders ist dies lediglich dann zu sehen, wenn die eingezahlten Mittel nach der getroffenen Absprache **direkt oder indirekt** an den Einleger **zurückfließen** sollen. Diese Auffassung basiert auf der Erkenntnis, dass vor allem Kapitalerhöhungen oft nur deswegen vorgeschlagen und beschlossen werden, um ein bestimmtes geschäftspolitisches Ziel zu erreichen, z. B. den Erwerb einer Beteiligung oder die Stärkung des Eigenkapitals durch Schuldentilgung, um die Kreditwürdigkeit zu verbessern und um Zinsbelastungen abzubauen. Die Auffassung, dass Verwendungsabsprachen, auch wenn sie mit dem Inferenten getroffen werden, prinzipiell nicht schaden, hat sich nach entsprechenden Vorarbeiten durch *Karsten Schmidt* und *Hommelhoff/Kleindiek* in Schrifttum und Rechtsprechung durchgesetzt.

> *K. Schmidt*, AG 1986, 106, 109 ff;
> *Hommelhoff/Kleindiek*, ZIP 1987, 477, 486;
> Baumbach/Hueck-*Hueck/Fastrich*, GmbHG, § 7 Rn. 10;
> Ulmer/Habersack/Winter-*Ulmer*, GmbHG, § 7 Rn. 56;
> Lutter/Hommelhoff-*Bayer*, GmbHG, § 7 Rn. 23;
> Scholz-*Veil*, GmbHG, § 7 Rn. 39;
> BGH ZIP 1990, 1400 f = WM 1990, 1820,
> dazu EWiR 1990, 1207 *(Crezelius)*.

519 Anders ist es jedoch, wenn unter den Beteiligten eine Abrede getroffen wird, dass die eingezahlten Mittel **generell** oder **bei Eintritt bestimmter Umstände** direkt oder indirekt wieder an den Einleger zurückfließen sollen. In diesem Fall gehen Schrifttum und Rechtsprechung einhellig davon aus, dass die Geschäftsführung nicht die freie Verfügung über den Einlagebetrag erhält und die Einlage somit nicht als wirksam erbracht angesehen werden darf.

> BGHZ 113, 335, 348 = ZIP 1991, 511,
> dazu EWiR 1991, 1213 *(Frey)*;
> OLG München ZIP 2007, 126 f;
> Ulmer/Habersack/Winter-*Ulmer*, GmbHG, § 7 Rn. 56 ff;
> Lutter/Hommelhoff-*Bayer*, GmbHG, § 7 Rn. 24;
> Scholz-*Veil*, GmbHG, § 7 Rn. 38, m. w. N.;
> BGH ZIP 2011, 1101 f, dazu EWiR 2011, 669 *(Cramer)*.

520 Ein direkter Rückfluss der Einlage wird typischerweise angenommen, wenn der Einlagebetrag sofort an den Gesellschafter als Darlehen zurückgezahlt wird,

> OLG Schleswig NZG 2001, 84;
> Thür. OLG WM 2007, 77, 80;
> BGH ZIP 2011, 1101 f, m. w. N.,
> dazu EWiR 2011, 669 *(Cramer)*,

oder umgekehrt, wenn mit dem Betrag ein zuvor vom Gesellschafter gewährtes Darlehen – im konkreten Fall nach drei Monaten – zurückgezahlt wird.

> OLG Rostock NZG 2001, 945.

521 Eine mittelbare Verwendung zugunsten des Einlegers ist z. B. dann anzunehmen, wenn eingezahlte Mittel absprachegemäß zum Ausgleich offener Mietzinsforderungen der Eltern des Inferenten gegen die Gesellschaft eingesetzt werden.

> LG Dresden GmbHR 2001, 29 (mit etwas anderer Begründung).

b) Zahlung auf debitorisches Bankkonto

522 Wird die Einlage auf ein debitorisches Bankkonto geleistet, das – wie oben ausgeführt Rn. 197 – die Möglichkeit umfasst, dass dabei die Einlage „gleichsam verschwindet",

> K. Schmidt, Gesellschaftsrecht, § 37 II. 2. c,

stellt sich ebenfalls die Frage, ob dabei dem Erfordernis einer freien Verfügbarkeit über den eingezahlten Betrag durch die Geschäftsführung Rechnung getragen ist. Wirtschaftlich ist sicherlich auch diese Leistung für die Gesellschaft vorteilhaft; die h. M. in Rechtsprechung und Schrifttum verlangt jedoch bei Bareinlagen, dass die Geschäftsführung über das angelegte Geld frei disponieren kann, dass sie insbesondere bei Kapitalerhöhungen über „fresh money" verfügt. Das wäre in Frage gestellt, wenn die Bank den eingegangenen Betrag zur Wegfertigung ihrer Forderungen verwendet.

523 Aufgrund der praktischen Notwendigkeiten des Zahlungsverkehrs wird die Leistung auf ein debitorisches Konto dennoch nicht grundsätzlich als ungenügend angesehen, sondern **vielmehr nur dann**, wenn

- das Konto im Zeitpunkt der Gutschrift gesperrt ist,

> BGH GmbHR 1962, 233;
> BayObLG GmbHR 1998, 736 f;

- das Guthaben in einer Höhe gepfändet ist, die den Einzahlungsbetrag miteinschließt oder wenn die Bank das Guthaben wegen Kreditkündigung oder Kontoüberziehung sofort verrechnen kann.

> BGH ZIP 1990, 1400 = GmbHR 1990, 554, 555 = WM 1990, 1820, dazu EWiR 1990, 1207 *(Crezelius)*;
> BGH ZIP 1991, 445 = GmbHR 1991, 152,
> dazu EWiR 1991, 377 *(Roth)*;
> Scholz-*Veil*, GmbHG, § 7 Rn. 40.

524 Die Leistung einer Bareinlage, durch die der Debetsaldo eines Bankkontos zurückgeführt wird, schließt die freie Verfügbarkeit nicht aus, wenn das Kreditinstitut der Gesellschaft mit Rücksicht auf die Kapitalerhöhung auf einem anderen Konto Kredit in Höhe des Einlagebetrages zur Verfügung stellt.

> BGH GmbHR, 2002, 545, m. Anm. *Brauer/Manger*
> = NZG 2002, 524;
> a. A. OLG Naumburg NZG 2001, 230.

> Vgl. i. Ü. die Nachweise der umfangreichen Rechtsprechung und Literatur bei
> Scholz-*Veil*, GmbHG, § 7 Rn. 40.

525 Wird dagegen der Einlagebetrag der Geschäftsführung in Form eines **Schecks** zur Verfügung gestellt und reicht die Geschäftsführung diesen Scheck bei einer kreditgebenden Bank ein, um dort Kreditverpflichtungen zu reduzieren, schadet dies nicht, und zwar auch dann nicht, wenn das i. S. des Einlegers ist.

BGH ZIP 1990, 1400 f = WM 1990, 1820,
dazu EWiR 1990, 1207 *(Crezelius)*;
Scholz-*Veil*, GmbHG, § 7 Rn. 32, m. w. N.

II. Die verdeckte Sacheinlage

1. Allgemeines

a) Anlass und Folgen

526 Nicht selten ist in den vergangenen Jahrzehnten erfolgreichen Einzelunternehmern auf die Frage, ob und wie sie ihre Haftung für die Zukunft beschränken könnten, auch von hochqualifizierten und seriösen Notaren die Empfehlung gegeben worden, eine GmbH mit einem Kapital weit unter dem Wert des Unternehmens zu gründen und mit der eingebrachten Geldeinlage das Unternehmen zu kaufen. Es mag sein, dass mit dem Bekanntwerden der außerordentlich strengen Anforderungen, die die Rechtsprechung seit Anfang der 90er Jahre an die formale Korrektheit der Kapitalaufbringung gestellt hat, und der daraus abgeleiteten Rechtsfolgen bewusste Verstöße bei den entsprechenden Beurkundungen nicht oder kaum noch festzustellen sind. Dennoch dürften die Fälle verdeckter Sacheinlagen seitdem nicht weniger geworden sein. Der Notar kann nicht jeder GmbH-Gründung ansehen, zu welchem Zweck sie erfolgt; schon gar nicht hat er in jedem Fall Einblick in die Umstände, unter denen sich Einbringungsvorgänge vollziehen. Dabei wirken oft Berater mit, die die Problematik der verdeckten Sachgründung bzw. der verdeckten Sacheinlage nicht kennen oder sie gering achten.

527 Die Missachtung der von der Rechtsprechung aufgestellten Grundsätze konnte jedoch für die Beteiligten verheerende Folgen haben. Einer tatsächlich geleisteten Geldeinlage wurde die Erfüllungswirkung abgesprochen; ein etwaiger Bereicherungsanspruch war u. U. in der Insolvenz der Gesellschaft nichts mehr wert. Die Aufrechnung war nicht zulässig. Der Inferent hatte die Geldleistung möglicherweise zwei Mal zu erbringen.

528 Die Kritik an dieser Entwicklung der Rechtsprechung war enorm. Zurückhaltend äußerten sich allenfalls Autoren, die selbst einmal den Anstoß für das Geschehen gegeben hatten. Die Tatsache, dass Gesellschafter über eine formell zu beanstandende Sacheinlage ein Mehrfaches an Wert in das Vermögen ihrer GmbH eingebracht hatten, als dies die Satzung verlangte, und sie dennoch eine bereits tatsächlich erbrachte Geldeinlage ein zweites Mal leisten sollten, wurde als schreiendes Unrecht angesehen. Vorteile, die Gesellschaftsgläubigern daraus erlangten, waren nicht verdient.

Sernetz, ZIP 1995, 173, 177, Anm. 32.

b) Die Korrekturen durch das MoMiG

529 Der Gesetzgeber sah sich, nachdem es der Rechtsprechung – von der Lösung einiger Randprobleme abgesehen – nicht gelungen war, die von ihr selbst initi-

I. Missglückte Geldeinlagen/verdeckte Sacheinlagen/Zahlungen an Dritte

ierte Fehlentwicklung **zu korrigieren**, gezwungen, durch das am 1.11.2008 in Kraft getretene MoMiG, die schlimmsten Rechtsfolgen der verfehlten Rechtsprechung zu beseitigen. Der Tatbestand der verdeckten Sacheinlage einschließlich des daraus abgeleiteten sog. „Hin- und Herzahlens" blieb jedoch erhalten.

530 Immerhin hat das MoMiG erstmals eine Definition der verdeckten Sacheinlage in das Gesetz aufgenommen (§ 19 Abs. 4 Satz 1 GmbHG), nach der diese vorliegt, wenn

„eine Geldeinlage eines Gesellschafters bei wirtschaftlicher Betrachtung und aufgrund einer im Zusammenhang mit der Übernahme der Geldeinlage getroffenen Abrede vollständig oder teilweise als Sacheinlage zu bewerten"

ist. Von dem von der Rechtsprechung beanstandeten **Hin- und Herzahlen** soll nunmehr ausgegangen werden (§ 19 Abs. 5 Satz 1 GmbHG), wenn

„vor der Einlage eine Leistung an den Gesellschafter vereinbart worden" ist, „die wirtschaftlich einer Rückzahlung der Einlage entspricht und die nicht als verdeckte Sacheinlage i. S. v. Absatz 4 zu beurteilen ist. ..."

531 Zu beachten sind die Regelungen, die für verdeckte Sacheinlagen und das Hin- und Herzahlen gelten sollen, in allen Fällen der Kapitalaufbringung, d. h.

- bei Leistung der Einlage vor Eintragung der Gesellschaft,
- bei Leistung der Einlage auf eine beschlossene Kapitalerhöhung und
- bei Erbringung einer Resteinlage.

c) Der verbliebene Anwendungsbereich

532 Das **MoMiG** hat die von der Rechtsprechung entwickelten Rechtsfolgen verdeckter Sacheinlagen und des Hin- und Herzahlens nur partiell entschärft, wenn auch für die wichtigsten und folgenreichsten Konstellationen.

533 Offengeblieben sind etwa die Rechtsfolgen, wenn

- es nach einer Gesellschaftsgründung unter Verwendung des **Musterprotokolls** gemäß § 2 Abs. 1a GmbHG entgegen dem dafür geltenden Verbot von Sacheinlagen zu einer verdeckten Sacheinlage kommt;

  vgl. dazu: *Witt*, ZIP 2009, 1102 ff, 1105.

- es bei einer **Unternehmergesellschaft** gemäß § 5a GmbHG entgegen Absatz 2 Satz 2 dieser Bestimmung zu einer verdeckten Sacheinlage kommt;

  vgl. dazu: *Witt*, ZIP 2009, 1102 ff, 1105.

- vor der Einlageleistung eine Vereinbarung getroffen wird, die wirtschaftlich der Rückzahlung der Einlage entspricht und der Rückgewähranspruch **nicht vollwertig** bzw. nicht jederzeit fällig ist oder fristlos fällig gestellt werden kann (§ 19 Abs. 5 Satz 1 GmbHG);

- die Rückzahlungsvereinbarung **nicht nach § 8 GmbHG angemeldet** wurde (§ 19 Abs. 5 Satz 2 GmbHG);
- eine Geldeinlagepflicht teilweise durch Anrechnung gemäß § 19 Abs. 4 Satz 3 GmbHG und ggf. durch eine etwaige Differenzleistung ausgeglichen wird, aber eine **überschießend erbrachte Geldeinlage** verbleibt.

Gleichgültig, ob die Rechtsfolgen verdeckter Sacheinlagen bzw. des Hin- und Herzahlens entschärft sind oder ob sie weiterhin mit allen Konsequenzen gelten sollen, muss man ihre Tatbestandsmerkmale kennen. An ihnen hat sich auch nach Inkrafttreten des MoMiG nichts geändert. 534

> BGH ZIP 2009, 713 f *(Qivive)*,
> dazu EWiR 2009, 443 *(Schodder)*;
> *Pentz*, GmbHR 2009, 505, 507;
> Lutter/Hommelhoff-*Bayer*, GmbHG, § 19 Rn. 54 ff.

2. Der Umgehungsvorwurf

Abgeleitet aus § 19 Abs. 5 GmbHG a. F. – nämlich aus der Unzulässigkeit der Aufrechnung einer Einlageforderung mit einem Zahlungsanspruch des Gesellschafters aus der Veräußerung von Gegenständen an die GmbH, wenn das Veräußerungsgeschäft nicht den Sacheinlagevorschriften unterworfen wurde – haben Rechtsprechung und Schrifttum den Grundsatz des Verbots der verdeckten bzw. verschleierten Sachgründung/Sacheinlage entwickelt. 535

> BGHZ 28, 314, 319 und die umfangreiche Literatur,
> zit.: bei *K. Schmidt*, Gesellschaftsrecht, § 37 II. 4.

Aufgekommen ist die Diskussion dieser Problematik vor allem aufgrund des **Argwohns**, die handelnden Personen könnten über den Weg der von ihnen gewählten Bargründung das Registergericht über den Minderwert des an die Gesellschaft veräußerten Gegenstands täuschen wollen. 536

Die Rechtswirklichkeit sah und sieht überwiegend anders aus. In den meisten Fällen wurde der Weg der Bargründung gewählt, weil einerseits die Berater die Problematik nicht erkannt haben und zum Teil auch heute noch nicht erkennen und weil zum anderen der Weg der Sachgründung bzw. Sacheinlage umständlich, langwierig, unnötige Kosten verursachend (Sachverständigenkosten) und überflüssig erschien, weil der Wert des an die Gesellschaft veräußerten Gegenstands in vielen Fällen die maßgebliche Stammeinlageziffer weit überstieg. Es gab und gibt darum erhebliche Bedenken gegen die Rechtsprechung zur verdeckten Sacheinlage. 537

> Zit.: etwa bei *Pentz*, in: FS K. Schmidt, S. 1265, 1269 ff, m. w. N.

Seitdem allerdings der Bundesgerichtshof im Anschluss an *Priester*, 538

> *Priester*, DB 1990, 1753, 1761,

einen Weg zur Heilung verdeckter Sacheinlagen eröffnet hat,

> BGHZ 132, 141 = ZIP 1996, 668,

ist die Diskussion über die Problematik der verdeckten Sacheinlage zunächst erheblich zurückgegangen; sie ist aber i. R. des Gesetzgebungsverfahrens zum Erlass des MoMiG neu aufgelebt, vgl. Rn. 59 ff.

3. Der Umgehungstatbestand

a) Erwerbsgeschäfte und Darlehensgewährungen

539 Gesellschaftern einer GmbH ist es nicht verboten, Geschäfte mit der Gesellschaft zu machen, und zwar nicht nur im üblichen Rahmen des Geschäftsbetriebs der GmbH (Verkehrsgeschäfte), sondern auch einmalige Veräußerungen von Sachen und Rechten an die Gesellschaft. Die Gesellschafter können auch aufgrund einer Kapitalerhöhung Bareinlagen in eine GmbH erbringen mit dem abgestimmten Zweck, diese Barmittel für bestimmte Anschaffungen zu verwenden.

540 Problematisch sehen Rechtsprechung und Schrifttum den Fall jedoch an, wenn die Leistung der Bareinlage für den Erwerb einer Sache oder eines Rechts von dem Inferenten verwendet wird (verdeckte Sacheinlage i. e. S.), ohne dass die Sacheinlagevorschriften eingehalten sind, insbesondere die Festsetzung im Gesellschaftsvertrag bzw. im Kapitalerhöhungsbeschluss. Dabei ist es gleichgültig, ob die Bareinlage zuerst erbracht wird und dann als Vergütung für eine Sachleistung zurückfließt oder ob umgekehrt zunächst ein Anschaffungsgeschäft vereinbart wird, aus dessen Erlös der Gesellschafter sodann seine Einlage bestreitet („förmliches **Hin- und Herzahlen**").

> BGHZ 28, 314;
> BGHZ 113, 335, 340 ff = ZIP 1991, 511,
> dazu EWiR 1991, 1213 *(Frey)*;
> BGHZ 125, 141, 143 f = ZIP 1994, 701,
> dazu EWiR 1994, 467 *(v. Gerkan)*;
> BGHZ 132, 133, 135 = ZIP 1996, 595,
> dazu EWiR 1996, 457 *(Trölitsch)*;
> BGHZ 155, 329, 334 f = ZIP 2003, 1540, m. Anm. *Pentz*,
> dazu EWiR 2003, 1243 *(Priester)*;
> BGHZ 166, 8, 11 = ZIP 2006, 665,
> dazu EWiR 2006, 523 *(Hoos/A. Kleinschmidt)*;
> Baumbach/Hueck-*Hueck/Fastrich*, GmbHG, § 19 Rn. 28.

541 Eine Umgehung des Grundsatzes der realen Kapitalaufbringung in entsprechender Anwendung von § 19 Abs. 5 GmbHG a. F. wurde jedoch nicht nur bei Anschaffungsgeschäften der Gesellschaften angenommen, sondern etwa auch bei der **Gewährung von Darlehen** durch die Gesellschaft bzw. bei der Rückzahlung von Darlehensansprüchen des Gesellschafters, bei Abtretung oder Verrechnung künftiger Gewinnansprüche, Geschäftsführervergütungen u. Ä.

> BGHZ 132, 133, 135, 141 = ZIP 1996, 595,
> dazu EWiR 1996, 457 *(Trölitsch)*;
> Baumbach/Hueck-*Hueck/Fastrich*, GmbHG, § 19 Rn. 45, m. w. N.

II. Die verdeckte Sacheinlage

In allen diesen Fällen wird vermutet, dass die Gesellschafter und die Gesellschaft den Weg einer Barkapitalerhöhung nur zu dem Zweck ausnützen, **bestimmte Sacheinlagevorschriften zu umgehen**. 542

b) Die Tatbestandsmerkmale

Hält man sich allerdings vor Augen, dass zwischen der Gründung der Gesellschaft bzw. einer Kapitalerhöhung und dem Anschaffungsgeschäft ein großer zeitlicher Abstand liegen kann, dann wird von vornherein deutlich, dass ein **Umgehungstatbestand** nur außerordentlich schwer zu definieren ist. Folgende Kriterien wurden entwickelt: 543

aa) Der sachliche und zeitliche Zusammenhang

Es muss ein „**sachlicher und zeitlicher Zusammenhang**" zwischen der Einlageleistung und dem Erwerbsgeschäft bzw. seiner Erfüllung bestehen. 544

> BGHZ 132, 133 = ZIP 1996, 595,
> dazu EWiR 1996, 457 *(Trölitsch)*;
> OLG Hamburg ZIP 1988, 372 f;
> OLG Brandenburg GmbHR 1998, 1033 = ZIP 1998, 1838;
> OLG Hamm GmbHR 1995, 823;
> *Ulmer*, ZHR 154 (1990), 128, 140 ff.

Einen **sachlichen Zusammenhang** sieht man dann, wenn der an die Gesellschaft zu veräußernde Gegenstand oder die an die Gesellschaft zu übertragende Forderung dem Gesellschafter bereits zur Verfügung stand, als die Gesellschaft gegründet bzw. ihr Kapital erhöht wurde. Muss sich der Gesellschafter einen Gegenstand, den er der Gesellschaft veräußern will, erst verschaffen, wird kein sachlicher Zusammenhang mit seiner Einlageleistung gesehen. 545

> *Lutter/Gehling*, ZIP 1989, 1445, 1447.

Für einen **zeitlichen Zusammenhang** wurden im Schrifttum verschiedene Zeitgrenzen gesetzt. *Lutter* geht von einem Planungszeitraum von längstens sechs Monaten ab Errichtung der Gesellschaft bzw. ab Beschlussfassung über die Kapitalerhöhung aus, innerhalb dessen ein planvolles Verhalten der Gesellschafter erwartet werden kann und deswegen auch unterstellt werden muss. 546

> *Lutter/Gehling*, ZIP 1989, 1445, 1447;
> *Henze*, DB 2001, 1469, 1473;
> Roth/Altmeppen-*Roth*, GmbHG, § 19 Rn. 53.

Von anderen sind auch Fristen von mehr als einem Jahr erörtert worden.

> Vgl. die Nachweise bei *Sernetz*, ZIP 1993, 1685, 1693, Anm. 60 ff.

Die Rechtsprechung hat sich bisher nicht festgelegt. Das MoMiG verzichtet auf eine präzise Bestimmung.

> RegE MoMiG, abgedr. in: ZIP, Beilage Heft 23/2007, S. 15.

bb) Das Bestehen einer Abrede

547 Es muss eine „**Abrede**" zwischen den Parteien, d. h. zwischen den Gesellschaftern oder zwischen der Gesellschaft und dem Inferenten bestehen

> BGHZ 132, 133 = ZIP 1996, 595,
> dazu EWiR 1996, 457 *(Trölitsch)*;
> BGHZ 152, 37, 43 f = ZIP 2002, 2045,
> dazu EWiR 2003, 63 *(Saenger/Scharf)*.

oder jedenfalls eine „gewollte Verknüpfung",

> *K. Schmidt*, Gesellschaftsrecht, § 37 II. 4. a.

die – weil sie im Umgehungsfall nicht wirksam sein kann – nicht den Charakter eines Rechtsgeschäfts haben muß,

> *K. Schmidt*, Gesellschaftsrecht, § 37 II. 4. a.

548 Richtig ist an dieser Überlegung, dass ein zufälliges Zusammentreffen von Einlageleistung und Erwerbsgeschäft einen Umgehungstatbestand nicht begründen kann. Zu Recht weist *Bayer* aber darauf hin, dass die allseits angenommene **Beweislastumkehr** zum Nachteil des Einlegers,

> BGHZ 132, 133 = ZIP 1996, 595, dazu EWiR 1996, 457 *(Trölitsch)*;
> *Ulmer*, ZHR 154 (1990), 128, 140 ff;
> *K. Schmidt*, Gesellschaftsrecht, § 37 II. 4. a,

das Erfordernis einer Abrede unerheblich werden lässt, weil sich der Anschein einer Abrede in der Regel nicht widerlegen lässt.

> Lutter/Hommelhoff-*Bayer*, GmbHG, § 19 Rn. 63.

cc) Die Umgehungsabsicht

549 Eine **Umgehungsabsicht** wird allseits nicht gefordert.

> BGHZ 110, 47, 63 = ZIP 1990, 156, dazu EWiR 1990, 223 *(Lutter)*;
> BGHZ 113, 36, 43 = ZIP 1991, 511;
> *K. Schmidt*, Gesellschaftsrecht, § 29 II. 1. c, aa, m. w. N.;
> *Henze*, DB 2001, 1469, 1473;
> Lutter/Hommelhoff-*Bayer*, GmbHG, § 19 Rn. 61.

dd) Verkehrsgeschäfte/Umsatzgeschäfte

550 **Normale Verkehrsgeschäfte** (Umsatzgeschäfte, Drittgeschäfte, Tagesgeschäfte) sollen, wenn sie ihrer Art nach zum regelmäßigen Geschäftsbetrieb des Gesellschafters gehören, vom Umgehungsvorwurf ausgenommen sein.

> Baumbach/Hueck-*Hueck/Fastrich*, GmbHG, § 19 Rn. 29, m. w. N.;
> *Priester*, ZIP 1991, 345, 352 (einschränkend).

Bei diesen soll ein Umgehungszusammenhang verneint werden, weil sonst der Leistungsverkehr zum Erliegen kommen könnte.

II. Die verdeckte Sacheinlage

OLG Düsseldorf DB 1995, 135;
Ulmer, ZHR 154 (1990), 128, 140 ff;
Bayer, ZIP 1998, 1985, 1987 f, m. w. N.

Der Bundesgerichtshof hat sich demgegenüber gegen eine vollständige Ausklammerung dieser Geschäfte ausgesprochen, allerdings – worauf *Hueck/ Fastrich* mit Recht hinweisen – in Fällen, in denen derartige Geschäfte i. E. gar nicht vorlagen, **551**

Baumbach/Hueck-*Hueck/Fastrich*, GmbHG, § 19 Rn. 29;
BGH ZIP 2008, 643 = NZG 2008, 311,
dazu EWiR 2008, 247 *(S. Hauptmann)*;
BGHZ 170, 47 = ZIP 2007, 178.

Die vorgenannten Kriterien für die Annahme eines Umgehungsgeschäfts sind außerordentlich different und schwer bestimmbar. Man kann nur die Empfehlung geben, immer dann, wenn i. R. der Errichtung einer GmbH oder einer Kapitalerhöhung schon Erwerbsvorgänge mit einzelnen Gesellschaftern erkennbar anstehen, lieber einmal mehr eine Sachgründung oder Sacheinlage vorzusehen als sich den Risiken einer unwirksamen Einlageleistung auszusetzen. **552**

4. Die Folgen der Umgehung

a) Rechtslage für vor Inkrafttreten des MoMiG bewirkte Einlageleistungen

Nach der Übergangsvorschrift des § 3 Abs. 4 EGGmbHG i. d. F. des MoMiG gelten die Regelungen in § 19 Abs. 4 und 5 GmbHG n. F. auch für Einlageleistungen, die vor Inkrafttreten des MoMiG bewirkt worden sind, aber wegen Verletzung des Grundsatzes der realen Kapitalaufbringung keine Erfüllungswirkung hatten, also für Fälle der verdeckten Sacheinlage und des Hin- und Herzahlens. Hiervon ausgenommen sind Vorgänge, die vor Inkrafttreten des MoMiG durch ein rechtskräftiges Urteil oder durch eine wirksame Vereinbarung zwischen Gesellschaft und Inferenten abgeschlossen sind. Für sie bleibt es bei der Geltung des alten Rechts; sie können also nicht neu aufgerollt werden. **553**

Nachdem die Überleitungsvorschrift noch zu der Fassung des ursprünglichen Regierungsentwurfs erarbeitet worden, aber danach nicht angepasst worden ist, sind einige Ungereimtheiten in Bezug auf die Rückwirkung der neuen Bestimmungen verblieben. So können sich sachenrechtliche Probleme aus der Tatsache ergeben, dass die bisher als unwirksam angesehenen Verträge des Sachgeschäfts nunmehr als wirksam gelten sollen; das kann Fragen nach der Rechtswirksamkeit von u. U. gutgläubigen Zwischenerwerben aufwerfen. Wie bei nicht wenigen anderen Neuregelungen des MoMiG wird auch hier nur eine teleologische Reduktion der Übergangsbestimmung helfen können, **554**

Pentz, in: FS K. Schmidt, S. 1265, 1284.

Daneben wird sich die Frage stellen, welche Folge das regelmäßige Fehlen der Anmeldung gemäß § 19 Abs. 5 Satz 2 GmbHG in Fällen des Hin- und Herzahlens in Altfällen haben soll, **555**

I. Missglückte Geldeinlagen/verdeckte Sacheinlagen/Zahlungen an Dritte

Lutter/Hommelhoff-*Bayer*, GmbHG, § 19 Rn. 122 f.

556 Gelingt hier nicht eine Anpassung durch Rechtsprechung oder Gesetzgeber – u. U. auch contra legem – bleibt es in solchen Fällen zumindest partiell bei den verheerenden Rechtsfolgen des alten Rechts.

Dabei bleibt es auch, soweit in Altfällen, weil die Geldeinlageverpflichtung den Wert des Vermögensgegenstands übersteigt, die Anrechnungsmöglichkeit die Einlageverpflichtung nicht erschöpft, z. B. bei Resteinlagen, Mischeinlagen, gemischten Sacheinlagen. Gleiches gilt in Fällen, in denen der Rückgewähranspruch nicht vollwertig ist.

Lutter/Hommelhoff-*Bayer*, GmbHG, § 19 Rn. 124.

b) Rechtslage nach Inkrafttreten des MoMiG

557 Die Rechtsfolgen einer verdeckten Sacheinlage bzw. des sog. Hin- und Herzahlens hat das **MoMiG** durch die Neufassung der Absätze 4 und 5 in § 19 GmbHG völlig verändert.

aa) Die Folgen für einfache verdeckte Sacheinlagen

558 Ist die Geldeinlage eines Gesellschafters bei wirtschaftlicher Betrachtung und **aufgrund einer entsprechenden Abrede** zwischen Gesellschaft und Gesellschafter ganz oder teilweise als Sacheinlage zu bewerten (so die Definition der verdeckten Sacheinlage in § 19 Abs. 4 Satz 1 GmbHG), so gilt Folgendes:

vgl. zum Folgenden: Lutter/Hommelhoff-*Bayer*, GmbHG,
§ 19 Rn. 64 ff;
Baumbach/Hueck-*Hueck/Fastrich*, GmbHG, § 19 Rn. 54 ff.

559 Die Geldeinlageleistung ist dinglich wirksam erbracht. Es fehlt ihr aber der Rechtsgrund; sie ist deshalb einem Bereicherungsanspruch ausgesetzt; die Einlagepflicht des Gesellschafters ist trotz der tatsächlichen Bewirkung der Einlageleistung nicht erfüllt. Der Gesellschafter ist also weiterhin zur Geldeinlage verpflichtet.

560 Das verdeckte Verkehrsgeschäft, d. h. die Verträge über die Sacheinlage und die Rechtshandlungen zu ihrer Ausführung (§ 19 Abs. 4 Satz 2 GmbHG), ist dagegen wirksam. Wirksam sind demnach z. B.

- der Kaufvertrag, über den die Gesellschaft eine Sache von dem Gesellschafter erworben hat;
- die Übereignung des gekauften Gegenstands von dem Gesellschafter an die Gesellschaft;
- die Leistung des Kaufpreises von der Gesellschaft an den Gesellschafter.

561 Die offene Einlagepflicht des Gesellschafters wird von Gesetzes wegen nach Vollzug des verdeckten Verkehrsgeschäfts (also z. B. nach Vollzug des Kaufvertrags) als erledigt angesehen, und zwar in Höhe des Werts des eingebrachten

Vermögensgegenstands. Dies meint das Gesetz, wenn es in § 19 Abs. 4 Satz 3 GmbHG sagt, dass der Wert des Vermögensgegenstands auf die fortbestehende Geldeinlagepflicht des Gesellschafters angerechnet wird. Die **Anrechnung** erfolgt nicht vor Eintragung der Gesellschaft in das Handelsregister (§ 19 Abs. 4 Satz 4 GmbHG); sie erfolgt zu dem Wert des Vermögensgegenstands im Zeitpunkt der Anmeldung oder im Zeitpunkt der Überlassung, wenn diese später erfolgt.

Die dogmatische Klärung dessen, was unter „Anrechnen" i. S. v. § 19 Abs. 4 Satz 3 GmbHG zu verstehen ist, ist bisher strittig, vgl. dazu oben Rn. 73 ff. Die einzig plausible Lösung ist darin zu sehen, dass im Falle der Anrechnung die offene Einlageschuld von Gesetzes wegen mit dem offenen Bereicherungsanspruch wegen der unwirksam erfolgten Bareinlage in Höhe des Werts des – verdeckt aber wirksam – übertragenen Vermögensgegenstands verrechnet wird. Das Verkehrsgeschäft hat ansonsten mit der Anrechnung nichts zu tun. 562

bb) Die Folgen für verdeckte Mischeinlagen, für verdeckte gemischte Sacheinlagen und für Resteinlagen

Erreicht der Wert der als Einlage bestimmten Sache nicht den Betrag der offenen Geldeinlagepflicht, bleibt die darüber hinausgehende Bareinlagepflicht des Inferenten weiterbestehen. Eine Aufrechnung mit dem bereits erbrachten Einlagebetrag ist wie bisher ausgeschlossen. Der Bereicherungsanspruch des Gesellschafters ist in der Insolvenz der Gesellschaft möglicherweise ohne Wert. 563

Unwesentliche Wertdifferenzen schließen zwar die Eintragung nicht aus (§ 9c Abs. 1 Satz 2 GmbHG), ändern aber nichts daran, dass der Inferent auch für eine etwaige geringe **Differenz** haftet. Hält sich die Haftung in diesem Rahmen, verjährt der Anspruch der Gesellschaft in zehn Jahren ab Eintragung der Gesellschaft in das Handelsregister (§ 9 Abs. 2 GmbHG). 564

Bei wesentlichen Wertdifferenzen (**verdeckten Mischeinlagen**) verjährt der Anspruch der Gesellschaft dagegen in zehn Jahren von seiner Entstehung an (§ 19 Abs. 6 Satz 1 GmbHG); 565

vgl. zur Frage des Beginns der Verjährung Rn. 465 ff.

Kleinste „Austauschgeschäfte, deren Geschäftswert nur einen Bruchteil des gezeichneten Kapitals" ausmachen, können demnach, wenn sie in zeitlicher Nähe zu einer Kapitalmaßnahme entdeckt werden, wie bisher eine Doppelzahlungsverpflichtung des Inferenten in immenser Höhe auslösen,

Krolop, NZG 2007, 577 f;
Sernetz, ZIP 2010, 2173, 2179 f.

Ein solches Ergebnis ist mit der Idee, die durch den Erlass des MoMiG verfolgt wurde, nur schwer zu vereinbaren. Es wird deswegen allenthalben nach Ansätzen gesucht, wie das beschriebene Ergebnis vermieden werden kann. 566

- Ein Teil des Schrifttums meint eine Lösung aus einer – zugegebenermaßen unvollkommenen – Formulierung des Gesetzestextes in § 19 Abs. 4 Satz 1

GmbHG ableiten zu können. Dort wird gesagt, dass eine Geldeinlage auch nur „teilweise" als Sacheinlage zu bewerten sein könnte. Aus dieser Feststellung wird abgeleitet, dass die vom MoMiG statuierten Rechtsfolgen (Verneinung der Erfüllungswirkung aber Anrechnung) sich nur auf den zu beanstandenden Teil der Kapitalmaßnahme beziehen sollen, dass aber die übrige Einlageverpflichtung als erfüllt angesehen werden soll. Um dieses Ergebnis zu erreichen, sollte der Text des Gesetzes gedanklich um das Wort „insoweit" ergänzt werden, so dass der maßgebliche Text von § 19 Abs. 4 Satz 1 GmbHG etwa lautet:

„Ist eine Geldeinlage ... vollständig oder teilweise als Sacheinlage zu bewerten ..., so befreit dies den Gesellschafter [*insoweit*] nicht von seiner Geldeinlageverpflichtung."

Benz, Verdeckte Sacheinlage, S. 175;
Heckschen/Heidinger, Die GmbH, § 11 Rn. 245 ff;
Lutter/Hommelhoff-Bayer, GmbHG, § 19 Rn. 81;
Märtens, in: MünchKomm-GmbHG, § 19 Rn. 227, 248.

- Gegen diese Argumentation spricht die Tatsache, dass der Gesetzgeber die bisher von der Rechtsprechung entwickelte Definition der verdeckten Sacheinlage nicht ändern wollte und dass er am Ende der Anrechnungslösung den Vorzug vor der Erfüllungslösung gegeben hat. Die Befreiung des Gesellschafters von seiner Erfüllungsverpflichtung, soweit die Anrechnung nicht reicht, wäre aber nichts anderes als eine Erfüllungslösung für alles, was nicht durch die Anrechnungslösung erledigt ist. Dahin kommt man jedoch auch dann nicht, wenn man – wie vielfach vorgeschlagen – einmal mehr einen Ausweg über eine teleologische Reduktion des Gesetzestextes sucht,

   Sernetz, ZIP 2010, 2173, 2180;
   Veil/Werner, GmbHR 2009, 729, 735 f;
   Krolop, NZG 2007, 577 f.

567 Besondere Schwierigkeiten tun sich auf, wenn im zeitlichen und sachlichen Zusammenhang mit einer Bareinlage ein Sachgeschäft durchgeführt wurde, dessen Preis zwar den Betrag der Geldeinlageverpflichtung überschreitet, das aber die Höhe der gezahlten Vergütung nicht rechtfertigt (**verdeckte gemischte Sacheinlage**). Man könnte in einem solchen Fall die Voraussetzungen einer Anrechnung i. S. v. § 19 Abs. 4 Satz 3 GmbHG auf den ersten Blick für gegeben ansehen, da der durch den Preis des Vermögensgegenstands indizierte Wert höher ist als der Betrag der Einlageverpflichtung.

- Das will die Rechtsprechung aber nicht gelten lassen, wenn der Preis den Wert überschreitet,

   BGH ZIP 2010, 978 = NJW 2010, 1948 *(AdCoCom)*,
   dazu EWiR 2010, 421 *(Wenzel)*;
   BGH ZIP 2008, 788 *(Rheinmöve)*,
   dazu EWiR 2008, 513 *(Weipert)*;
   BGH ZIP 2007, 1751 *(Lurgi I)*,
   dazu EWiR 2008, 419 *(Highorst)*;

II. Die verdeckte Sacheinlage

BGHZ 173, 145 *(Lurgi II)*;
Benz, Verdeckte Sacheinlage, S. 175 ff;
Maier-Reimer/Wenzel, ZIP 2008, 1449, 1451 f;
Sernetz, ZIP 2010, 2173, 2180 f;
Koch, ZHR 175 (2011), 55 ff.

Die Rechtsprechung halst sich mit dieser Betrachtung ein nicht immer leicht lösbares Problem auf; wann ist die Grenze zwischen einem „guten Geschäft" und einer unverhältnismäßig hohen Vergütung überschritten? Besonders schwierig ist auch der Fall zu entscheiden, wenn der Vermögensgegenstand sich aus mehreren unterschiedlich zu bewertenden Sachen zusammensetzt. Wie auch immer, der Bundesgerichtshof sieht in einem derartigen Fall den Bareinlagevorgang und das Sachgeschäft als ein einheitliches Rechtsgeschäft an – bestehend aus einer Sacheinlage und einer Sachübernahme – und will es im Ganzen als verdeckte Sacheinlage behandelt wissen. Ausgehend von dieser Überlegung vergleicht der Bundesgerichtshof bei der Frage der Anrechnung die Bareinlageverpflichtung nicht allein mit dem Wert der Sache, sondern mit ihrem Preis. Ist dieser überhöht, kürzt der Bundesgerichtshof die Anrechnung um die Differenz. Ist die Differenz größer als die Bareinlageverpflichtung, kann das sogar zu einer Haftung des Inferenten über den Betrag der Einlageverpflichtung hinaus führen,

BGH ZIP 2007, 1751 ff, 1755 *(Lurgi I)*,
dazu EWiR 2008, 419 *(Highorst)*;
BGH ZIP 2010, 978 = NJW 2010, 1948 *(AdCoCom)*,
dazu EWiR 2010, 421 *(Wenzel)*;
Stiller/Redeker, ZIP 2010, 865, 867.

- Im Schrifttum wird der Fall dagegen über eine Kombination aus Kapitalaufbringungs- und Kapitalerhaltungsregeln zu lösen versucht. Der Vermögensgegenstand soll in Höhe des gezahlten Preises auf die Einlageverpflichtung angerechnet werden; der Übererlös soll dagegen als unzulässige Auszahlung nach § 30 Abs. 1 GmbHG behandelt werden,

Baumbach/Hueck-*Hueck/Fastrich*, GmbHG, § 19 Rn. 56.

Um dieses Ergebnis auch für den Fall begründen zu können, dass die Zahlung der Gesellschaft das gebundene Vermögen der Gesellschaft nicht berührt, muss man über eine teleologische Reduktion des § 19 Abs. 4 Satz 3 GmbHG eine Anrechnungssperre für die Überzahlung konstruieren,

Koch, ZHR 175 (2011), 55, 67, m. w. N.

Wird ein gesetzlich oder vertraglich geforderter Mindestzahlungsbetrag durch eine verdeckte Sacheinlage erbracht, bleibt dabei aber eine Restzahlung befristet oder abrufbar offen, beschränkt sich die Anrechnungswirkung auf die Mindesteinzahlungsverpflichtung.

Eine darüber hinausgehende Teilzahlung oder eine Restzahlung erfährt dagegen keine Anrechnung und löst u. U. weiterhin eine Doppelzahlungspflicht aus,

Sernetz, ZIP 2010, 2173, 2180.

cc) Die vom MoMiG nicht gelösten Fragen

569 Soweit **Sacheinlagen** nach dem Gesetz grundsätzlich – ob offen oder verdeckt – ausgeschlossen, d. h. verboten sind, etwa bei der Unternehmergesellschaft (§ 5a Abs. 2 Satz 2 GmbHG) bzw. bei Gründung der Gesellschaft auf der Basis des Musterprotokolls (§ 2 Abs. 1a Satz 3 GmbHG), trifft das MoMiG über die Rechtsfolgen einer **Zuwiderhandlung** keine Aussage. Grundsätzlich ist deswegen von der Nichtigkeit einer entsprechenden Satzungsbestimmung und von der Unwirksamkeit des Sacheinlagegeschäfts auszugehen. Eine Teil des Schrifttums möchte dagegen auch hier § 19 Abs. 4 GmbHG anwenden.

> So Lutter/Hommelhoff-*Lutter/Kleindiek*, GmbHG, § 5a Rn. 27;
> *Heinze*, GmbHR 2008, 1065 ff;
> **Dagegen:** *Bormann*, GmbHR 2007, 897, 901;
> *Freitag/Riemenschneider*, ZIP 2007, 1485 f;
> *Joost*, ZIP 2007, 2242, 2244;
> *Schall*, ZGR 2009, 126, 152;
> *Miras*, Die neue Unternehmergesellschaft, Rn. 349 ff.

Die Entscheidung der Rechtsprechung bleibt abzuwarten. Solange der Grundsatz der realen Kapitalaufbringung in seiner bisherigen Bedeutung Bestand behält, ist die analoge Anwendung von § 19 Abs. 4 GmbHG schwer zu begründen.

570 Offengelassen hat das MoMiG die Frage, in welcher Weise die **Geschäftsführung** bei der Verabredung einer verdeckten Sacheinlage ihrer Pflicht, gemäß § 8 Abs. 2 Satz 1 GmbHG zu versichern, dass die in § 7 Abs. 2 und 3 GmbHG bezeichneten Leistungen bewirkt sind und sich in der endgültig freien Verfügung der Geschäftsführer befinden, nachzukommen hat. Die Erklärung, dass mit einer bewirkten Geldeinlage ein Verkehrsgeschäft mit dem Gesellschafter beabsichtigt ist, muss an sich die Eintragung hindern, verbunden mit dem Hinweis des Gerichts, dass eine Sacheinlage offen zu erfolgen habe. Falsche Angaben der Geschäftsführung führen zur Strafsanktion des § 82 GmbHG. Das MoMiG hat den Fall nicht gelöst.

> Lutter/Hommelhoff-*Bayer*, GmbHG, § 19 Rn. 85 ff;
> Roth/Altmeppen-*Roth*, GmbHG, § 19 Rn. 85a.

Der MoMiG-Gesetzgeber hat ausdrücklich auf die Bestimmung einer festen Frist für die Annahme eines zeitlichen Zusammenhangs zwischen der Vereinbarung der Geldeinlageverpflichtung und dem Sachgeschäft verzichtet.

> Begr. RegE MoMiG, abgedr. in: ZIP, Beilage Heft 23/2007, S. 15.

Zu den Kriterien eines sachlichen Zusammenhangs hat er sich überhaupt nicht geäußert. Im Hinblick auf die mit der ursprünglich vorgesehenen Erfüllungslösung angestrebte „Abmilderung der Rechtsfolgen" war das verständlich. Nachdem die vom Gesetzgeber gewählte Anrechnungslösung die Abmilderung der Rechtsfolgen nur unvollkommen verwirklicht wurde, bleibt hier eine weitere Aufgabe für Rechtsprechung und Gesetzgeber offen,

> *Sernetz*, ZIP 2010, 2173, 2181.

II. Die verdeckte Sacheinlage

dd) Die Folgen für das „Hin- und Herzahlen"

Nach der nunmehr geltenden Regelung in § 19 Abs. 5 Satz 1 GmbHG muss man bei einer vor der Einlage getroffenen Vereinbarung, dass die Leistung des Gesellschafters nach ihrer Erbringung an ihn zurückgezahlt werden soll, unterscheiden, und zwar dahin, ob es sich bei diesem Vorgang um eine verdeckte Sacheinlage handelt – dann soll Absatz 4 von § 19 GmbHG gelten – oder ob das nicht der Fall ist. Dann ist die neue Regelung des Absatz 5 von § 19 GmbHG heranzuziehen. 571

> Vgl. zum Folgenden:
> Lutter/Hommelhoff-*Bayer*, GmbHG, § 19 Rn. 103 ff.

Die Rückzahlungsvereinbarung und ihre Realisierung werden dann als verdeckte Sacheinlage angesehen, wenn durch die Rückzahlung eine bereits **bestehende Darlehensverbindlichkeit** der Gesellschaft gegenüber dem Inferenten getilgt werden soll. 572

> RegE MoMiG, abgedr. in: ZIP, Beilage Heft 23/2007,
> S. 10 (noch zur ursprünglichen Fassung von § 8 Abs. 2);
> Lutter/Hommelhoff-*Bayer*, GmbHG, § 19 Rn. 84, m. w. N.

Bei einer derartigen Rückgewähr hilft dem Inferenten das Anrechnungsverfahren nach § 19 Abs. 4 Satz 3 GmbHG. Die Einlageschuld des Gesellschafters ist zwar durch die Zahlung an die Gesellschaft nicht erfüllt; die Anrechnung führt aber dazu, dass sie in Höhe des Betrags der **Altforderung** des Gesellschafters als ausgeglichen anzusehen ist. 573

Handelt es sich bei der Rückzahlungsvereinbarung nicht um eine **verdeckte Sacheinlage**, so gilt das, was Absatz 5 Satz 1 von § 19 GmbHG für Rückzahlungsfälle vorgesehen hat, nämlich 574

- es muss entweder unter den Gesellschaftern oder zwischen der Gesellschaft und dem Inferenten vor der Einlageleistung eine Vereinbarung geschlossen worden sein dahin, dass der Gesellschafter die von ihm zu leistende Bareinlage zurückerhält;

- der Inferent muss auf der Basis der getroffenen Vereinbarung eine Geldeinlage in das Vermögen der Gesellschaft leisten;

- ist der Anspruch der GmbH gegen den Gesellschafter auf Rückgewähr der Geldeinlage vollwertig, jederzeit fällig oder jederzeit fristlos kündbar, dann steht die Vereinbarung der Rückgewähr der Erfüllung der Einlageverpflichtung nicht entgegen.

Das **Zustandekommen einer Rückgewährvereinbarung** wird bei Vorliegen eines sachlichen und zeitlichen Zusammenhangs zwischen der Einlageleistung und der Rückgewähr – wie sonst auch bei verdeckten Sacheinlagen – vermutet. Greift diese Vermutung nicht oder gibt es eine vorherige Absprache tatsächlich nicht, dann kommt § 19 Abs. 5 GmbHG nicht zur Anwendung. In diesem Fall ist vielmehr zu prüfen, ob nicht ein Verstoß gegen § 30 Abs. 1 575

I. Missglückte Geldeinlagen/verdeckte Sacheinlagen/Zahlungen an Dritte

Satz 1 GmbHG vorliegt oder ob dieser durch § 30 Abs. 1 Satz 2 GmbHG ausgeschlossen ist.

576 Schließlich ist zu beachten, dass § 19 Abs. 5 Satz 2 GmbHG bei einem **Hin- und Herzahlen** dieser Art eine Anmeldung gemäß § 8 GmbHG zum Handelsregister verlangt. Die Frage, was geschieht, wenn es nicht zu der Anmeldung kommt, wird unterschiedlich beantwortet.

- Zum einen wird darauf hingewiesen, dass nach der gesetzlichen Formulierung die Erfüllungswirkung eintreten soll, wenn die Voraussetzungen nach § 19 Abs. 5 Satz 1 GmbHG gegeben sind. Die Anmeldung wird dann nur als eine eigenständige Pflicht angesehen, deren Verletzung die Strafbarkeit nach § 82 Abs. 1 Nr. 1 GmbHG und Haftungssanktionen gemäß § 9a Abs. 1, 2 GmbHG nach sich ziehen kann, aber die Erfüllungswirkung nicht in Frage stellt.

    Wedemann, GmbHR 2008, 1131, 1133;
    Lutter/Hommelhoff-*Bayer*, GmbHG, § 19 Rn. 122.

- Nach anderer, vermutlich h. A. stellt die Anmeldung ein zusätzliches Erfordernis der Erfüllungswirkung dar.

    BGH ZIP 2009, 713, 715 *(Qivive)*,
    dazu EWiR 2009, 443 *(Schodder)*;
    Pentz, GmbHR 2009, 505, 511;
    Lutter/Hommelhoff-*Bayer*, GmbHG, § 19 Rn. 122 f.

577 Wird die **Tilgungswirkung** des § 19 Abs. 5 GmbHG **nicht erreicht**, dann bleibt die Einlagepflicht bestehen und es kommt zu keinerlei Bereicherungsansprüchen, da nach der Beurteilung der Rechtsprechung keinerlei Leistungen geflossen sind („nullum", siehe oben Rn. 98).

BGHZ 165, 352, 357 = ZIP 2006, 331,
dazu EWiR 2006, 307 *(Naraschewski)*;
Lutter/Hommelhoff-*Bayer*, GmbHG, § 19 Rn. 89 f, m. w. N.

578 Zahlt aber der Inferent das ihm von der Gesellschaft gewährte Darlehen später zurück, sieht die Rechtsprechung darin nunmehr eine Tilgung der Einlageschuld, wenn sich diese Zahlung der Einlageschuld trotz möglicherweise unklarer Bezeichnung zuordnen lässt.

BGHZ 165, 113, 117 f = ZIP 2005, 2203,
dazu EWiR 2006, 33 *(Tillmann)*;
Lutter/Hommelhoff-*Bayer*, GmbHG, § 19 Rn. 36, 84.

579 In diesem Sinne hat sich der Bundesgerichtshof auch zu dem Fall geäußert, dass bei einer GmbH & Co. KG die GmbH-Einlage an die KG weitergegeben wird.

BGHZ 174, 370 ff = ZIP 2008, 174 = NZG 2008, 143,
dazu EWiR 2008, 403 *(Henkel)*.

II. Die verdeckte Sacheinlage

c) **Die Probleme des Cash-Poolings**

Die Regelung des Hin- und Herzahlens durch das MoMiG sollte nicht zuletzt die Praxis der Kapitalaufbringung und Kapitalerhaltung im Cash-Pool durch Rückkehr zur bilanziellen Betrachtungsweise legalisieren. 580

> RegE MoMiG, abgedr. in: ZIP, Beilage Heft 23/2007, S. 10, 16.

Die Praxis hatte sich um die Korrektheit ihres Verhaltens entgegen erheblichen Warnungen der Wissenschaft nicht gekümmert. In seinen Entscheidungen vom 24.11.2003 und vom 16.1.2006 hat der Bundesgerichtshof jedoch klargestellt, dass die Praxis des Cash-Poolings mit dem geltenden Recht der Kapitalaufbringung und der Kapitalerhaltung in Konflikt kommen könne. 581

> BGHZ 157, 72 = ZIP 2004, 263,
> dazu EWiR 2004, 911 *(Schöne/Stolze)*;
> BGHZ 166, 8 ff = ZIP 2006, 665,
> dazu EWiR 2006, 523 *(Hoos/A. Kleinschmidt)*.

Gerade diese Rechtsprechung hat den MoMiG-Gesetzgeber veranlasst, eine legale Grundlage für die allenthalben geübte Praxis des Cash-Poolings in den §§ 19 Abs. 5 und 30 Abs. 1 Satz 2 Halbs. 2 GmbHG zu schaffen. 582

> Lutter/Hommelhoff-*Bayer*, GmbHG, § 19 Rn. 129 ff, m. w. N.

Der Bundesgerichtshof hat in einer Entscheidung vom 1.12.2008 angekündigt, dass er der neuen Gesetzeslage Rechnung tragen werde. 583

> BGH ZIP 2009, 70 = AG 2009, 81 *(MPS)*,
> dazu EWiR 2009, 129 *(Blasche)*;
> *Altmeppen*, ZIP 2009, 49;
> BGHZ 182, 103 = ZIP 2009, 1561,
> dazu EWiR 2009, 537 *(Maier-Reimer)*.

Die neue Gesetzesregelung erledigt jedoch die Probleme der Kapitalaufbringung im Cash-Pool keineswegs generell. So hilft § 19 Abs. 5 GmbHG nur dann, wenn die GmbH mit der erhaltenen Einlage den Cash-Pool anreichert. Führt sie ihm später wieder Mittel zu, kann ein Verstoß gegen § 30 Abs. 1 Satz 1 GmbHG vorliegen. In einer Phase, in der die GmbH Schuldnerin des Cash-Pools ist, müsste die Einlage als Sacheinlage deklariert werden. Sonst läge eine verdeckte Sacheinlage i. S. v. § 19 Abs. 4 GmbHG vor. 584

> Roth/Altmeppen-*Roth*, GmbHG, § 19 Rn. 103;
> Lutter/Hommelhoff-*Bayer*, GmbHG, § 19 Rn. 122 ff, m. w. N.

Die Anmeldepflicht gemäß § 19 Abs. 5 Satz 2 GmbHG erschwert das Geschehen. Zu den Rechtsfolgen 585

> vgl. Roth/Altmeppen-*Roth*, GmbHG, § 19 Rn. 114.

Bayer weist darauf hin, dass die neue Gesetzesregelung eine echte Deregulierung und Vereinfachung für das Cash-Pooling nicht gebracht hat. Er legt nahe, de lege ferenda über weitere Reformen nachzudenken. 586

Lutter/Hommelhoff-*Bayer*, GmbHG, § 19 Rn. 133;
Altmeppen, ZIP 2009, 1545, 1551;
Weitzel/Socher, ZIP 2010, 1069, 1071;
Rönnau/Kretzer, ZIP 2010, 2269, 2275;
Ekkenga, ZIP 2010, 2469, 2478;
vgl. auch *Benecke*, ZIP 2010, 105, 109 ff.

5. Übergangsrecht

587 Die Frage, in welchen Fällen der verdeckten Sacheinlage und des Hin- und Herzahlens die Rechtsfolgen nach altem Recht behandelt werden sollen und in welchen Fällen nach neuem Recht, wird durch § 3 Abs. 4 EGGmbHG beantwortet. Danach sollen die neuen Bestimmungen des § 19 Abs. 4 und 5 GmbHG auch für Einlageleistungen gelten, die vor dem 1.11.2008 erbracht worden sind, aber keine Erfüllungswirkung hatten, also für verdeckte Sacheinlagen und für Darlehensrückzahlungen an Gesellschafter,

vgl. *Pentz*, in: FS K. Schmidt, S. 1265, 1282.

588 Ist jedoch ein Vorgang vor dem 1.11.2008 durch ein rechtskräftiges Urteil oder eine wirksame Vereinbarung abgeschlossen worden, werden sie durch das neue Recht nicht berührt.

589 Entgegen den Erwartungen des Gesetzgebers sind damit nicht alle Probleme der Vergangenheit restlos gelöst. Mit Recht wird darauf hingewiesen, dass z. B. einige sachenrechtliche Fragen offenbleiben, etwa die Frage, wann ein Eigentumsübergang stattfindet, wenn die dazu abgegebenen Erklärungen nach der bisherigen Rechtslage unwirksam waren.

Bormann/Urlichs, in: Römermann/Wachter, GmbH-Beratung nach dem MoMiG, GmbHR-Sonderheft 2008, S. 37, 41;
Pentz, in: FS K. Schmidt, S. 1265, 1283 f;
Lutter/Hommelhoff-*Bayer*, GmbHG, § 19 Rn. 137.

590 Darüber hinaus werden Darlehen an Gesellschafter auch in Zukunft Probleme aufwerfen. So ist die Frage zu lösen, was gelten soll, wenn es an der Anmeldung nach § 19 Abs. 5 Satz 2 GmbHG fehlt oder wenn nicht der Nachweis geführt werden kann, dass der Rückgewähranspruch der GmbH durch die Bonität gesichert ist, die § 19 Abs. 5 Satz 1 GmbHG verlangt.

6. Die Heilung verdeckter Sacheinlagen

a) Allgemeines

591 Trotz der Entschärfung der unangemessenen Rechtsfolgen einer verdeckten Sacheinlage bzw. eines Hin- und Herzahlens nach der bisherigen Rechtsprechung durch das MoMiG geht der Gesetzgeber davon aus, dass für die bisherige Heilungsrechtsprechung weiterhin ein Raum besteht.

RegE MoMiG, abgedr. in: ZIP, Beilage Heft 23/2007, S. 10
(noch zur ursprünglichen Fassung von § 8 Abs. 2 Satz 2 GmbHG).

II. Die verdeckte Sacheinlage

Die Kritik an einer Rechtsprechung, deren Rechtsfolgen allgemein als untragbar angesehen wurden (vgl. oben Rn. 41), hat, als man erkannte, dass die Gerichte im Kern ihre Auffassung nicht ändern würden, den Wunsch nach Heilungsmöglichkeiten aufkommen lassen, durch die eine missratene Situation so geändert werden könne, dass etwaige unerwünschte Folgen vermieden werden konnten. Zahlreiche Heilungskonstruktionen wurden vorgeschlagen. 592

> Vgl. die Beispiele bei *Gummert*, in: Münch-Hdb. GesR, Bd. III, § 50 Rn. 128 ff.

b) Die Rechtsprechung des Bundesgerichtshofes

Der Bundesgerichtshof hat am Ende – einem Vorschlag von *Priester* folgend – die Umwandlung einer Bar- in eine Sacheinlage durch Satzungsänderung zugelassen. 593

> BGHZ 132, 141 = ZIP 1996, 668.

Bei der Anmeldung der Satzungsänderung waren die Angaben nach § 5 Abs. 4 GmbHG zu leisten. Die Einbringung hatte zum Zeitwert bezogen auf die neue Anmeldung zu erfolgen. Strittig war zunächst, welcher Gegenstand/ welche Forderung nach dem Heilungsbeschluss als Sacheinlage eingebracht werden sollte: ein Bereicherungsanspruch oder ein Rückübertragungsanspruch des Gesellschafter aus fehlgeschlagener Sacheinlage. 594

> Vgl. einerseits *Priester*, ZIP 1996, 1025, 1028; andererseits *Henze*, DB 2001, 1469, 1474.

Nachdem der Bundesgerichtshof sich entschlossen hatte, bei der verdeckten Sachübernahme auch das dingliche Erfüllungsgeschäft in Analogie zu § 27 Abs. 3 Satz 1 AktG entgegen der bis dahin geltenden h. M. für unwirksam anzusehen, 595

> BGHZ 155, 329 = ZIP 2003, 1540, m. Anm. *Pentz*,
> dazu EWiR 2003, 1243 *(Priester)*,

war bei der Heilung einer verdeckten Sacheinlage nicht mehr ein Bereicherungsanspruch oder ein Rückübertragungsanspruch einzubringen, sondern die verdeckte Sache selbst, auch hier bewertet auf den Zeitpunkt der Anmeldung. Die Eintragungsvoraussetzungen änderten sich dadurch nicht.

> Baumbach/Hueck-*Hueck*/*Fastrich*, GmbHG, § 19 Rn. 66 ff, m. w. N.

Erfolgreich konnte dieses Verfahren allerdings nur durchgeführt werden, solange die Sache noch im Vermögen der Gesellschaft vorhanden war; andernfalls musste doch auf den Bereicherungsanspruch zurückgegriffen werden.

c) Die Schwächen der Rechtsprechung

596 Die vom Bundesgerichtshof zugelassene Heilungsmöglichkeit wurde vom Schrifttum allgemein begrüßt, hatte aber mehrere **Schwächen:**

- Die Heilung konnte erfolgreich, d. h. ohne zusätzliche Belastung des einlagepflichtigen Gesellschafters nur zur einer Zeit vorgenommen werden, in der die Gesellschaft noch gut dastand, d. h. in der die ggf. als Sacheinlage einzubringende Bereicherungsforderung des Gesellschafters noch werthaltig war. In der Krise bzw. der Insolvenz der Gesellschaft war dies mangels Werthaltigkeit der Bereicherungsforderung nicht mehr möglich. Seitdem die Rechtsprechung bei einer verdeckten Sacheinlage auch das dingliche Erfüllungsgeschäft aufgrund der Analogie zu § 27 Abs. 3 Satz 1 AktG für unwirksam erklärt hat, hatte sich die Situation für den Inferenten insofern etwas geändert, als er Herausgabe- bzw. Aussonderungsansprüche möglicherweise auch in der Insolvenz geltend machen konnte.

    Baumbach/Hueck-*Hueck/Fastrich*, GmbHG, § 19 Rn. 66, m. w. N.

- Gesellschaften, bei denen der Makel der Errichtung bzw. der Kapitalerhöhung nicht entdeckt wurde, z. B. weil bei Altgesellschaften die Kenntnis durch Rechtsnachfolgevorgänge verloren gegangen war bzw. weil bei Neugesellschaften die Berater das Problem nicht erkannt hatten, haben möglicherweise eine Heilung in guten Tagen versäumt und das Problem erst in der Insolvenz, wenn es für eine Heilung zu spät ist, erkannt.

- Nachdem sich die Rechtsprechung nicht dazu durchringen konnte eindeutig klarzustellen, in welchen zeitlichen Grenzen ein sachlicher Zusammenhang als erheblich angesehen werden muss (vgl. Rn. 47), war es auch für heilungswillige Gesellschafter außerordentlich schwer zu entscheiden, wann eine Heilungsnotwendigkeit besteht. Es ist fraglich, ob überhaupt generell gültige Zeitgrenzen gefunden werden können. Man muss nur an die zahlreichen Fälle denken, in denen Gesellschafter persönliche Haftungen (Bürgschaften) gegenüber einem Kreditgeber der Gesellschaft übernommen haben. Auch wenn z. B. in solchen Fällen Gewinnauszahlungen in großem zeitlichen Abstand von Kapitalerhöhungen vorgenommen werden, könnte die Beendigung der persönlichen Haftung den Verdacht einer Umgehung entstehen lassen.

- Schließlich kann im Hinblick auf die unklare Dauer eines zeitlichen Zusammenhangs ein Heilungsbeschluss deswegen unwirksam sein, weil die Voraussetzungen – nämlich eine verdeckte Sacheinlage – überhaupt nicht vorlagen. Der Heilungsbeschluss stellt dann keine ausreichende Grundlage für die nunmehr offen beschlossene Sacheinlage dar; der Gesellschafter bleibt entgegen dem Heilungsversuch zur Leistung der ursprünglichen Bareinlage verpflichtet.

d) Der Berichtigungsbeschluss/Feststellungsbeschluss

OLG Hamburg GmbHR 1997, 70,
dazu EWiR 1996, 945 *(Sernetz)*.

Unter den zahlreichen Vorschlägen wie die von der Rechtsprechung postulierten Folgen der verdeckten Sacheinlage ausgeschlossen werden könnten, fand sich vor der Entscheidung des Bundesgerichtshofs, 597

BGHZ 132, 141 = ZIP 1996, 668,

eine Variante, die gegenüber allen anderen Konstruktionen den Vorteil bot, dass es für die Prüfung der Werthaltigkeit der Einlage auf den Zeitpunkt der Anmeldung der ursprünglich beschlossenen Barkapitalerhöhung ankommt und dass mit einem derartigen Beschluss die Heilung auch noch in der Insolvenz möglich wäre.

Der Beschluss sollte eine klarstellende Berichtigung zum Gegenstand haben, nach der mit der ursprünglich vorgenommenen Kapitalerhöhung in Wirklichkeit nicht eine Barkapitalerhöhung, sondern eine Sachkapitalerhöhung gemeint gewesen sei. 598

Sernetz, ZIP 1995, 173, 185 ff;
Gummert, in: Münch-Hdb. GesR, Bd. III, § 50 Rn. 134.

Dieser Vorschlag trug der Tatsache Rechnung, dass nach allgemeiner Erkenntnis in den meisten Fällen den Gesellschaftern die Umgehung nicht einmal bewusst ist.

Volhard, ZGR 1995, 286 f;
Gummert, in: Münch-Hdb. GesR, Bd. III, § 50 Rn. 128.

Der Bundesgerichtshof wollte diesen Vorschlag erklärtermaßen nicht aufgreifen, weil er schwierig nachzuweisende Anforderungen an die Vorstellung der Gesellschafter zum Zeitpunkt der Beschlussfassung über die Barkapitalerhöhung stelle. 599

BGHZ 132, 141 = ZIP 1996, 668;
Gummert, in: Münch-Hdb. GesR, Bd. III, § 50 Rn. 134.

Versuche, den Nachweis eines Irrtums bei der Formulierung des Kapitalerhöhungsbeschlusses zu führen, sind unter dem Eindruck der Entscheidung des Bundesgerichtshofs offenbar nicht unternommen worden. Dabei wäre die Beweisführung in vielen Fällen alles andere als schwierig gewesen. Kapitalerhöhungsbeschlüsse werden selten ohne Beratung durch Fachleute unternommen. Wenn es zutrifft, dass den Gesellschaftern die Tatsache der Umgehung in den meisten Fällen nicht bewusst ist, würden die beratenden Fachleute als Zeugen für die wahren Vorstellungen der Beteiligten zur Verfügung stehen. Dass sie sich eventuell selbst eines Beratungsfehlers bezichtigen müssten, würde kaum schaden, weil sie sich durch das Bekenntnis der Wahrheit einer unangenehmen Haftung entziehen könnten. 600

I. Missglückte Geldeinlagen/verdeckte Sacheinlagen/Zahlungen an Dritte

Mag sein, dass es immer auch Fälle gab, in denen die Kapitalaufbringungsvorschriften bewusst umgangen wurden. Ein solcher Sachverhalt wäre bei missglückter Beweisführung deutlich zutage getreten und hätte dann die sonst postulierten Konsequenzen einschließlich der anerkannten Heilungsmöglichkeiten zur Folge gehabt. Dass sich die Rechtsprechung und die überwiegende Meinung im Schrifttum die Möglichkeit eines Berichtigungsbeschlusses nicht zu eigen gemacht haben, war offenbar beeinflusst von dem allgemein erhobenen Vorwurf einer schweren Verbotsverletzung bei der verdeckten Sacheinlage und der Annahme der Notwendigkeit einer drastischen Strafkonsequenz.

601 Das MoMiG hat nun Verhältnisse hergestellt, die von Gesetzes wegen das bewirken sollen, was mit dem genannten Heilungsbeschluss erreicht werden sollte. War jedoch schon der Heilungsvorschlag veranlasst durch eine unglückliche Rechtsentwicklung, so ist es die Unvollkommenheit der Reformgesetzgebung nicht minder.

e) Das bleibende Bedürfnis nach Heilungsmöglichkeiten

602 Auch wenn das **MoMiG** an der bisherigen Heilungsrechtsprechung nichts ändern wollte, ist nicht zu verkennen, dass die durch § 19 Abs. 4 Satz 3 GmbHG eröffnete Anrechnungslösung das Bedürfnis nach Heilungsinitiativen erheblich gemindert hat.

> Roth/Altmeppen-*Roth*, GmbHG, § 19 Rn. 90;
> *Gummert*, in: Münch-Hdb. GesR, Bd. III, § 50 Rn. 129;
> *Veil*, ZIP 2007, 1241, 1244.

603 Ein weiterbestehender Anwendungsbereich für Heilungsbeschlüsse wird noch in der Möglichkeit gesehen, bei Zweifeln an der Werthaltigkeit bzw. bei Streit über die Werthaltigkeit eines Gegenstands durch Anmeldung und Prüfung des Heilungsbeschlusses Klarheit zu schaffen. Wird ein solcher Weg nicht gegangen, bleibt die Frage der Werthaltigkeit einer Sacheinlage bis zum Eintritt der Verjährung bzw. bis zur Eröffnung der Insolvenz offen.

> Roth/Altmeppen-*Roth*, GmbHG, § 19 Rn. 90;
> *Veil*, ZIP 2007, 1241, 1245.

604 Eine Handhabe wie Zweifel an der Ordnungsmäßigkeit der Kapitalaufbringung nach Eintragung der Gesellschaft ausgeräumt werden können, bietet auch das MoMiG nicht. Zweifel und Streitfragen können sich insbesondere darauf beziehen, ob eine verdeckte Sacheinlage vereinbart war oder nicht oder ob eine Sacheinlage den maßgeblichen Wert des satzungsmäßigen Mindestkapitals erreicht. Deswegen muss immer noch darüber nachgedacht werden, ob die Gesellschafter den Argwohn einer gesetzeswidrigen Gestaltung bzw. eines ganz oder teilweise fehlenden Anrechnungswerts nicht entkräften können, bevor es womöglich zu einer Doppelleistungspflicht kommt.

II. Die verdeckte Sacheinlage

Der Wert eines Sacheinlagegegenstands ist objektiv feststellbar, und zwar auf **605** jeden Zeitpunkt, auf den es bei einem Kapitalaufbringungsvorgang ankommt. Dies ist auch unabhängig davon, wer für eine Vollwertigkeit des Gegenstands die Beweislast trägt. Man kann den Wert jederzeit durch ein Sachverständigengutachten belegen; Sicherheit erreicht man jedoch nur, wenn die Wertfeststellung in einem durch eine Anmeldung ausgelösten Prüfungsverfahren des Registergerichts bestätigt wird. Das ist allenfalls erreichbar, wenn man einen Heilungsbeschluss zulässt, der über die Anmeldung beim Registergericht das Prüfungsverfahren auslöst.

Die Beweislast für das Bestehen einer die verdeckte Sacheinlage indizie- **606** renden, sowohl nach altem Recht wie auch nach § 19 Abs. 4 Satz 1 GmbHG geforderten Abrede, trägt an sich die Gesellschaft bzw. der Insolvenzverwalter. Da im Allgemeinen bewusst verbotswidrige Vereinbarungen nicht dokumentiert werden, ist eine Beweisführung schwierig. Die Rechtsprechung hat deswegen seit jeher einen sachlichen und zeitlichen Zusammenhang zwischen der Übernahme der Einlage und dem Verkehrsgeschäft bzw. (besser:) zwischen der Zahlung der Geldeinlage und der Zahlung des Verkehrsgeschäfts (der Auszahlung eines Darlehens) als Indiz für das Bestehen einer Abrede angesehen. Dies bedeutet eine Beweislastumkehr. Der Gesellschafter muss beweisen, dass eine entsprechende Abrede nicht geschlossen worden ist. Ein solcher negativer Beweis eines subjektiven Geschehens ist praktisch unmöglich.

> Roth/Altmeppen-*Roth*, GmbHG, § 19 Rn. 69.

Einen derartigen Argwohn in guten Zeiten der Gesellschaft auszuschließen, **607** gibt einem Heilungsbeschluss weiterhin Sinn.

> Roth/Altmeppen-*Roth*, GmbHG, § 19 Rn. 90 ff;
> Lutter/Hommelhoff-*Bayer*, GmbHG, § 19 Rn. 95 ff;
> *Wicke*, GmbHG, § 19 Rn. 29.

Auch solche Heilungsvorschläge haben jedoch Schwächen: **608**

- zum einen lassen sie eine Heilung nach Eröffnung des Insolvenzverfahrens nicht mehr zu;

  > *Wicke*, GmbHG, § 19 Rn. 29;
  > *Gehrlein*, Der Konzern, 2007, 771, 784;
  > *Wirsch*, GmbHR 2007, 736 f;

- zum anderen wird die Meinung vertreten, dass über den Heilungsbeschluss die Werthaltigkeit des Sacheinlagegegenstands nur ex nunc festgestellt werden kann;

  > Roth/Altmeppen-*Roth*, GmbHG, § 19 Rn. 93.

- Nach anderer Auffassung ist allerdings bei der Überprüfung der Werthaltigkeit auf den Zeitpunkt der Handelsregisteranmeldung der Bargründung bzw. Barkapitalerhöhung oder auf den Zeitpunkt der Überlassung des Vermögensgegenstands an die Gesellschaft abzustellen;

> Lutter/Hommelhoff-*Bayer*, GmbHG, § 19 Rn. 98 (unklar);
> *Wicke*, GmbHG, § 19 Rn. 29;
> *M. Winter*, in: FS Priester, S. 867, 877.

Für diese Auffassung spricht, dass die Gesellschaft nicht erst seit dem Heilungsbeschluss, sondern seit der ursprünglichen Anmeldung bzw. Überlassung des Vermögensgegenstands damit zu arbeiten in der Lage ist.

609 Ein weiteres Problem kommt hinzu. Seitdem die Rechtsprechung die Meinung vertrat, dass bei einer verdeckten Sacheinlage auch das dingliche Erfüllungsgeschäft unwirksam ist,

> BGHZ 155, 329 = ZIP 2003, 1540, m. Anm. *Pentz*,
> dazu EWiR 2003, 1243 *(Priester)*,

konnte der Inferent i. R. eines Heilungsvorgangs das ihm verbliebene Recht korrekt als Sacheinlage einbringen. Nachdem aber das MoMiG in § 19 Abs. 4 Satz 2 GmbHG die Verträge über die Sacheinlage und die Rechtshandlungen zu ihrer Ausführung als wirksam unterstellt, ist dies nicht mehr möglich. Es wird deswegen über Konstruktionen nachgedacht, die bereits erfolgte Übertragung des Vermögensgegenstands nachträglich als Vorausleistung auf die im Heilungsverfahren festzusetzende Sacheinlage zu qualifizieren.

> Roth/Altmeppen-*Roth*, GmbHG, § 19 Rn. 92.

Diese Lösung setzt allerdings voraus, dass der Vermögensgegenstand bei einem derartigen Heilungsbeschluss noch unversehrt im Vermögen der GmbHG vorhanden sein muss.

f) Die Zulässigkeit eines feststellenden Heilungsbeschlusses

610 Deswegen sollte erneut darüber nachgedacht werden, ob nicht ein rein feststellender/berichtigender Beschluss, wie ihn der Verfasser vorgeschlagen hat,

> *Sernetz*, ZIP 1995, 173, 185 ff,

vorzuziehen ist. Soweit bei einer solchen Beschlussfassung die Vollwertigkeit festgestellt wird, tritt eine ex tunc-Wirkung ein. Dieser Beschluss kann auch noch im Insolvenzverfahren gefasst werden. Wird eine Wertdifferenz festgestellt, ist diese vor der Anmeldung – nunmehr mit ex nunc-Bewertung einzubringen. Von einer ex nunc-Feststellung spricht auch *Bayer*,

> Lutter/Hommelhoff-*Bayer*, GmbHG, § 19 Rn. 99.

611 Die Erfordernisse eines Heilungsbeschlusses entsprechen im Wesentlichen auch in Zukunft dem, was von Rechtsprechung und h. M. dazu entwickelt worden ist,

> vgl. Lutter/Hommelhoff-*Bayer*, GmbHG, § 19 Rn. 96;
> Roth/Altmeppen-*Roth*, GmbHG, § 19 Rn. 94, m. w. N.

III. Missglückte Einlageleistungen

Die weiterbestehende Möglichkeit der Heilung gesetzeswidriger Beschlüsse 612
wird in Zukunft möglicherweise auch dort Bedeutung haben, wo die Neuerungen des MoMiG nicht helfen, also z. B.

- wo eine Anmeldung nach § 19 Abs. 5 Satz 2 mit § 8 GmbHG nicht erfolgt ist;
- wo eine Sacheinlage prinzipiell ausgeschlossen ist, wie bei der Unternehmergesellschaft nach § 5a Abs. 2 Satz 2 GmbHG und
- bei einer Gesellschaftsgründung unter Verwendung des Musterprotokolls gemäß § 2 Abs. 1a GmbHG.

Rn. 613–614 unbesetzt

III. Missglückte Einlageleistungen

Die Unwirksamkeit von Einlageleistungen des Gesellschafters muss nicht 615
immer auf seinem Zutun beruhen. Sie kann sich auch daraus ergeben, dass die
Gesellschaft über die Einlageforderung verfügt, dass sie vom Gesellschafter
eine Zahlung an einen Dritten verlangt, oder daraus, dass die Einlageforderung
der Gesellschaft von einem Dritten gepfändet wird.

> Vgl. zum Folgenden
> *K. Schmidt*, Gesellschaftsrecht, § 37 II. 2. f und g;
> Lutter/Hommelhoff-*Bayer*, GmbHG, § 19 Rn. 42–51;
> Baumbach/Hueck-*Hueck/Fastrich*, GmbHG, § 19 Rn. 42 ff;
> Scholz-*Veil*, GmbHG, § 19 Rn. 129–138;
> Roth/Altmeppen-*Roth*, GmbHG, § 19 Rn. 105 ff;
> *Gummert*, in: Münch-Hdb. GesR, Bd. III, § 50 Rn. 100 ff.

1. Abtretung, Verpfändung, Pfändung der Einlageforderung

Die Einlageforderung, und zwar gleichgültig, ob es sich dabei um die Mindest- 616
einlage oder die Resteinlage handelt, ist abtretbar, verpfändbar und pfändbar.

> Baumbach/Hueck-*Hueck/Fastrich*, GmbHG, § 19 Rn. 43 ff;
> Lutter/Hommelhoff-*Bayer*, GmbHG, § 19 Rn. 42 ff;
> *Gummert*, in: Münch-Hdb. GesR, Bd. III, § 50 Rn. 100 ff;
> Roth/Altmeppen-*Roth*, GmbHG, § 19 Rn. 11 ff;
> Scholz-*Veil*, GmbHG, § 19 Rn. 105 ff;
> *Wicke*, GmbHG, § 19 Rn. 16.

Zulässig und damit wirksam sind Abtretung, Verpfändung und Pfändung 617
nur, wenn die Gesellschaft durch diese Vorgänge eine vollwertige Gegenleistung erhält. Vollwertig ist die Leistung, wenn sie nach Art und Höhe der
Einlageforderung der Gesellschaft entspricht, liquide (unstreitig) und fällig
ist. Fehlt es daran, weil z. B. bei einer Geldforderung der Gesellschaft nur eine
Sachleistung gegenübersteht, dann sind Abtretung, Verpfändung und Pfändung unwirksam. Der Gesellschafter wird bei einer Zahlung der Einlageforderung an den Dritten von seiner Einlageschuld nicht befreit.

I. Missglückte Geldeinlagen/verdeckte Sacheinlagen/Zahlungen an Dritte

BGHZ 53, 71 f;
BGHZ 69, 282;
BGH ZIP 1986, 161 = BB 1986, 318,
dazu EWiR 1986, 159 *(K. Schmidt)*;
OLG Celle NZG 2001, 228;
OLG Hamburg ZIP 2006, 1677;
Gummert, in: Münch-Hdb. GesR, Bd. III, § 50 Rn. 100 ff;
Ulmer/Habersack/Winter-*Ulmer*, GmbHG, § 19 Rn. 140–146;
Lutter/Hommelhoff-*Bayer*, GmbHG, § 19 Rn. 45;
Scholz-*Veil*, GmbHG, § 19 Rn. 105.

618 **Nicht vollwertig** ist die Gegenleistung des Gläubigers, wenn sich die Gesellschaft in wirtschaftlichen Schwierigkeiten befindet.

BGH ZIP 1992, 992 = NJW 1992, 2229,
dazu EWiR 1992, 881 *(K. Schmidt)*;
OLG Hamm GmbHR 1992, 370;
Lutter/Hommelhoff-*Bayer*, GmbHG, § 19 Rn. 42;
Gummert, in: Münch-Hdb. GesR, Bd. III, § 50 Rn. 108.

619 Das bedeutet, dass die Zulässigkeit der Abtretung bzw. Verpfändung davon abhängig ist, dass die Gegenleistung des Gläubigers der Gesellschaft mit dinglicher Wirkung zufließt oder die Gesellschaft mit Wirkung der Abtretung von einer fälligen liquiden und vollwertigen Gegenforderung in gleicher Höhe befreit wird.

Ulmer/Habersack/Winter-*Ulmer*, GmbHG, § 19 Rn. 143;
Gummert, in: Münch-Hdb. GesR, Bd. III, § 19 Rn. 105.

620 Auch davon gibt es dann eine Ausnahme, wenn sich die Gesellschaft in der Krise bzw. Liquidation befindet. Auf die Vollwertigkeit der Gegenleistung wird dann verzichtet, wenn der Zessionar oder der Pfandgläubiger der einzige Gesellschaftsgläubiger ist und die Gesellschaft mit Ausnahme der Einlageforderung kein anderes Vermögen mehr hat.

Gummert, in: Münch-Hdb. GesR, Bd. III, Rn. 106, m. w. N.

621 *Karsten Schmidt* weist mit Recht auf Bedenken gegen das Vollwertigkeitskriterium hin, weil dieses auf die Anwendung des Kapitalaufbringungsgrundsatzes gegenüber Gesellschaftsgläubigern und sonstigen Dritten hinausläuft.

K. Schmidt, ZHR 157 (1993), 291, 300 ff.

622 Wird die Einlageforderung **von einem Gesellschaftsgläubiger gepfändet**, dann ist auch die Pfändung unwirksam, wenn sich die Gesellschaft in der Krise bzw. in der Insolvenz befindet und deswegen ihre Verpflichtungen nicht mehr voll erfüllen könnte. Anders wäre es, wenn die GmbH gesund ist und die Pfändung deswegen nur aus dem Grund erfolgt, dass die Gesellschaft in Verzug gerät.

623 Eine Ausnahme von dieser Betrachtung wird nur für den Fall zugelassen, dass kein Bedürfnis mehr besteht, die Kapitalgrundlage zugunsten der Gesellschaftsgläubiger zu erhalten.

III. Missglückte Einlageleistungen

Dies wird unter folgenden Umständen angenommen: **624**

- Der Pfandgläubiger ist der einzige Gläubiger der Gesellschaft.
- Das Gesellschaftsvermögen ist bereits verwertet und alle Gläubiger sind befriedigt.
- Ein geordnetes Insolvenzabwicklungsverfahren findet nicht statt, weil die Eröffnung des Insolvenzverfahrens mangels Masse abgelehnt worden ist.

> RGZ 149, 293, 298;
> BGHZ 68, 191 = NJW 1977, 1196;
> BGH ZIP 1992, 992 = NJW 1992, 2229,
> dazu EWiR 1992, 881 *(K. Schmidt)*;
> OLG Hamm NZG 2001, 1144;
> *K. Schmidt*, Gesellschaftsrecht, § 37 II. 2. f;
> Baumbach/Hueck-*Hueck/Fastrich*, GmbHG, § 19 Rn. 42 f.

2. Anweisung zur Zahlung an Dritte

Weist die Gesellschaft ihren Gesellschafter an, die Bareinlage direkt an einen **625** Gesellschaftsgläubiger zu zahlen, dann wird der Gesellschafter, wenn sich die Gesellschaft in der Krise oder in der Insolvenz befindet, durch eine Zahlung an den Gesellschaftsgläubiger von seiner Einlageverpflichtung nicht befreit. Befindet sich die Gesellschaft dagegen in guten Verhältnissen, dann ist eine solche von der Geschäftsführung i. R. ihrer freien Verfügung erteilte Weisung anzuerkennen. Der Gesellschafter erbringt wirksam eine Bareinlage, obwohl der Einlagevorgang in der Befreiung von einer Verbindlichkeit der Gesellschaft besteht und deswegen eigentlich ein Sacheinlagevorgang vorliegt. Es ist jedoch h. M., dass in solchen Fällen, wenn die Forderung vollwertig ist, ein Hin- und Herzahlen aus Vereinfachungsgründen vermieden werden darf.

> *K. Schmidt*, Gesellschaftsrecht, § 37 II. 2. g;
> Österr. OGH NZG 2001, 801;
> Roth/Altmeppen-*Roth*, GmbHG, § 19 Rn. 59;
> Scholz-*Veil*, GmbHG, § 19 Rn. 39.

Im Übrigen gilt das zur Zulässigkeit der Abtretung Gesagte. Darauf wird verwiesen (Rn. 616 ff).

3. Rechtsfolgen

Insbesondere der hier beschriebene Fall der Pfändung von Einlageforde- **626** rungen zeigt, dass es nicht immer am Gesellschafter liegt, wenn eine ordnungsgemäße Kapitalaufbringung scheitert. Er selbst hat keinen Einfluss darauf, dass die Gesellschaft Verfügungen über ihre Einlageforderung trifft oder dass ein Gesellschaftsgläubiger eine Pfändungsmaßnahme vornehmen lässt. Dennoch ist das Erfüllungsrisiko vom Einlageschuldner unbedingt zu beachten. Wenn er die wirtschaftliche Situation der Gesellschaft nicht exakt kennt und deswegen auch nicht beurteilen kann, ob die Verfügung bzw. die Pfändung wirksam ist, wird eine Hinterlegung nach § 372 BGB zu überlegen sein.

I. Missglückte Geldeinlagen/verdeckte Sacheinlagen/Zahlungen an Dritte

627 Die Tatsache, dass in den vorstehend beschriebenen Fällen ohne Zutun des zur Einlage verpflichteten Gesellschafters ein Gläubigerstreit aufkommt, macht deutlich, dass es – worauf *Karsten Schmidt* zu Recht hinweist –,

K. Schmidt, Gesellschaftsrecht, § 37 II. 2. f,

in Wirklichkeit nicht um ein Problem der Kapitalaufbringung geht, sondern um ein Problem der **Gläubigerkonkurrenz**, das allerdings für den Gesellschafter gefährlich sein kann.

So schon *K. Schmidt*, ZHR 157 (1993), 291 ff.

J. Nominelle und materielle Unterkapitalisierung

I. Allgemeines

Wie erwähnt, verlangt das Gesetz zwar die Festlegung und Aufbringung eines Mindestkapitals; es gibt aber keine Bestimmungen, die einer Gesellschaft die Ausstattung mit einem ihrer Geschäftstätigkeit angemessenen Eigenkapital vorschreiben (Ausnahmen gelten nur für Banken, Versicherungen und Kapitalanlagegesellschaften nach § 10 KWG, § 115 VAG und § 2 KAGG). Diese Tatsache führt bei Unternehmenszusammenbrüchen nicht selten zu der Feststellung, dass das Unternehmen/die Gesellschaft von vornherein oder zumindest von einem bestimmten Zeitpunkt an nicht über die Mittel verfügte, die nötig waren, um das betriebene Geschäft ohne Schädigung der Gläubiger zu führen. Zugleich stellt sich die Frage, ob in solchen Fällen allein die Gläubiger den Schaden tragen sollen oder ob nicht die Gesellschafter, die die Verantwortung für den Zustand des Unternehmens tragen oder die Diskrepanz zwischen dem Ausmaß der Geschäftstätigkeit und den dafür zur Verfügung stehenden Mitteln bewusst in Kauf genommen haben, dafür herangezogen werden müssen. 628

Die Problematik wird unter dem Begriff der Unterkapitalisierung diskutiert.

Vgl. zum Folgenden
K. Schmidt, Gesellschaftsrecht, § 9 IV. 4.

Eine Gesellschaft wird dann als unterkapitalisiert angesehen, „wenn das Eigenkapital nicht ausreicht, um den nach Art und Umfang der angestrebten oder tatsächlichen Geschäftstätigkeit unter Berücksichtigung der Finanzierungsmethoden bestehenden, nicht durch Kredite Dritter zu deckenden, mittel- oder langfristigen Finanzbedarf zu befriedigen". 629

Ulmer/Habersack/Winter-*Raiser*, GmbHG, § 13 Rn. 153.

Man unterscheidet zwischen nomineller Unterkapitalisierung und materieller Unterkapitalisierung. 630

II. Nominelle Unterkapitalisierung

Nominelle Unterkapitalisierung liegt vor, wenn die Gesellschafter das für die Geschäftstätigkeit der Gesellschaft erforderliche Kapital nicht als Eigenkapital zur Verfügung stellen, sondern als Gesellschafter-Fremdkapital, in erster Linie also als Gesellschafterdarlehen. 631

Vgl. *K. Schmidt*, Gesellschaftsrecht, § 9 IV. 4. a.

Die Fälle der nominellen Unterkapitalisierung sind zunächst durch nachträglich in das Gesetz aufgenommene Bestimmungen, nämlich die §§ 32a und 32b GmbHG erfasst worden. Es handelt sich um das Eigenkapitalersatzrecht, das nunmehr durch das MoMiG in das Insolvenzrecht übertragen worden ist. Darauf wird verwiesen. 632

III. Materielle Unterkapitalisierung

1. Der Tatbestand

633 Von **materieller Unterkapitalisierung** sprach man bisher, wenn der Gesellschaft das für ihre Geschäftstätigkeit erforderliche Kapital weder als Eigenkapital noch als Gesellschafter-Fremdkapital zur Verfügung steht. Der Befund eines solchen Zustands einer GmbH ist allerdings eine Feststellung, die in jeder Insolvenz einer Gesellschaft getroffen werden kann. Das allein kann und darf, angesichts der Tatsache, dass es sich bei der GmbH um eine juristische Person handelt, für deren Verbindlichkeiten den Gläubigern nur das Gesellschaftsvermögen haften soll (§ 13 Abs. 2 GmbHG), nicht dazu führen, dass man über die Haftung Dritter, d. h. der Gesellschafter, für die Verluste der Gesellschaft nachdenken müsste. Dies wird vielmehr erst dann akut, wenn die finanzielle Ausstattung der Gesellschaft von vornherein oder von einem bestimmten Zeitpunkt an für die Beteiligten erkennbar so unzureichend ist, dass bereits geringfügige Verluste zum Nachteil der Gläubiger ausschlagen müssen und die Gesellschaft dennoch ihre Geschäftstätigkeit beginnt oder fortführt, ohne Abhilfe zu schaffen.

> Ulmer/Habersack/Winter-*Raiser*, GmbHG, § 13 Rn. 160;
> Scholz-*Bitter*, GmbHG, § 13 Rn. 143 ff.

634 Mit anderen Worten wird der etwas diffuse Tatbestand als ein Zustand beschrieben, in dem der Gesellschaft das zur Betriebsführung erforderliche Kapital nicht mehr zur Verfügung steht, und zwar weder als Eigenkapital noch als Fremdkapital, wenn also die Gesellschaft nicht mehr kreditfähig ist; oder auch als ein Zustand, in dem das Eigenkapital der Gesellschaft nicht mehr ausreicht, um den nach Art und Umfang der angestrebten oder tatsächlichen Geschäftstätigkeit bestehenden mittel- oder langfristigen Finanzbedarf zu befriedigen. Dabei muss die Möglichkeit, den Finanzbedarf durch Kredite Dritter zu decken, ausgeschöpft sein.

> Vgl. statt aller: *Eckhold*, Unterkapitalisierung, S. 26 ff, m. w. N.;
> *Ulmer*, GmbHR 1984, 256;
> Scholz-*Bitter*, GmbHG, § 13 Rn. 139.

635 Bei einer derartigen wirtschaftlichen Verfassung der GmbH spricht man von anfänglicher oder nachträglicher qualifizierter Unterkapitalisierung. Ist sie die Ursache für die Insolvenz einer Gesellschaft, dann stellt sich die Frage, ob und inwieweit die Gesellschafter für daraus entstandene Verluste einzustehen haben. Unter anderem i. R. der Diskussion dieser Frage ist der Begriff der „**Durchgriffshaftung**" der Gesellschafter entwickelt worden.

> *K. Schmidt*, Gesellschaftsrecht § 9 II. 1. c;
> Scholz-*Bitter*, GmbHG, § 13 Rn. 143 ff, m. w. N.;
> Lutter/Hommelhoff-*Lutter/Bayer*, GmbHG, § 13 Rn. 11 ff;
> Roth/Altmeppen-*Altmeppen*, GmbHG, § 13 Rn. 128 ff.

636 Als qualifiziert bezeichnet man eine Unterkapitalisierung, wenn sie „eindeutig und für Insider klar erkennbar unzureichend ist".

Ulmer, in: FS Duden, S. 661, 679.

2. Durchbrechung des Trennungsprinzips

Die Anerkennung einer Haftung der Gesellschafter in den Fällen qualifizierter materieller Unterkapitalisierung stellt eine Durchbrechung des in § 13 Abs. 2 GmbHG zutage tretenden Trennungsprinzips dar. Nach diesem haftet nur das Gesellschaftsvermögen für Verbindlichkeiten der Gesellschaft gegenüber ihren Gläubigern. Eine Haftung der Gesellschafter für Verbindlichkeiten der Gesellschaft ist im Gesetz nicht vorgesehen. Die Idee, das Trennungsprinzip u. U. in Frage zu stellen, geht auf die von *Müller-Freienfels* begründete sog. „Normzwecklehre" zurück. 637

Müller-Freienfels, AcP 156 (1957), 522.

Danach soll die Frage, ob ein Rechtsgebilde als selbständige Rechtsperson zu behandeln ist, durch Auslegung der Normen beantwortet werden, die ihre Qualifizierung als juristische Person nahelegen. Die GmbH ist im Gesetz als solche nicht definiert, deswegen kann man über ihre Rechtspersönlichkeit nachdenken. Tut man dies, muss man jedoch zu dem Ergebnis kommen, dass nach den einschlägigen Bestimmungen des GmbHG, speziell dessen § 13 eine Durchbrechung des Trennungsprinzips durch den Gesetzgeber nicht gewollt ist. *Müller-Freienfels* hat eine große Diskussion ausgelöst, 638

vgl. die Fundstellen bei Roth/Altmeppen-*Altmeppen,* GmbHG, § 13 Rn. 129.

Letztlich hat sich seine Durchgriffslehre jedoch nicht durchgesetzt.

Wilhelm, Rechtsform und Haftung bei der juristischen Person, S. 330 ff;
Flume, Die juristische Person, S. 63 ff;
Ehricke, Das abhängige Konzernunternehmen in der Insolvenz, S. 144 ff, 361 ff;
Roth/Altmeppen-*Altmeppen,* GmbHG, § 13 Rn. 129, m. w. N.

3. Fälle der Parallelhaftung von GmbH und ihren Gesellschaftern

Auch ohne Anerkennung einer Durchbrechung des Trennungsprinzips stellt sich aber die Frage, ob es Konstellationen gibt, in denen bei Vorliegen eines qualifiziert faktischen Konzerns eine Haftung der Gesellschafter neben die Haftung der GmbH tritt. Das ist bisher in Rechtsprechung und Schrifttum unterschiedlich beantwortet worden; zum Teil haben sich die Antworten auch während der Zeit geändert. Dabei ging es um folgende Einzelfragen: 639

- Ab wann ergibt sich überhaupt eine Haftungsnotwendigkeit?
- Welches ist die rechtliche Haftungsgrundlage?
- Besteht die Haftung gegenüber den Gläubigern der GmbH?
- Besteht die Haftung gegenüber der Gesellschaft selbst?

a) Die Meinungen im Schrifttum

640 **Haftungsvoraussetzung** für einen Anspruch gegen die Gesellschafter ist das Bestehen einer qualifiziert materiellen Unterkapitalisierung, wie sie in Rechtsprechung und Lehre sukzessive definiert worden ist, nämlich eine eindeutig und für Insider klar erkennbar unzureichende Eigenkapitalausstattung der Gesellschaft, die einen Misserfolg zulasten der Gläubiger bei normalem Geschäftsverlauf mit hoher, das gewöhnliche Geschäftsrisiko deutlich übersteigender Wahrscheinlichkeit erwarten lässt;

> Hachenburg-*Ulmer*, GmbHG, Anh. § 30 Rn. 55;
> dagegen auf den Fall der Existenzvernichtung abstellend:
> Ulmer/Habersack/Winter-*Raiser*, GmbHG, § 13 Rn. 164.

641 Als Haftungsvoraussetzung wird auch diskutiert, ob im Falle der materiellen Unterkapitalisierung nicht zusätzlich die einseitige Verfolgung der Interessen der Gesellschafter gegenüber ihrer Gesellschaft unmittelbar zum Nachteil der Gesellschaftsgläubiger festzustellen ist.

Rechtsgrundlage soll eine analoge Anwendung der Bestimmungen in den §§ 128, 129 HGB sein.

> Rowedder/Schmidt-Leithoff-*Pentz*, GmbHG, 4. Aufl., § 13 Rn. 137, 5. Aufl., § 13 Rn. 153;
> *Lutter*, BB 1994, 129.

642 Bei dieser Haftungsgrundlage bestehen unterschiedliche Meinungen darüber, wer als Gläubiger zu gelten hat.

- Die Haftung gegenüber den Gesellschaftsgläubigern befürworten die vorgenannten Autoren.

- *Eckhold* spricht sich für eine Haftung gegenüber der Gesellschaft aus.

  > *Eckhold*, Unterkapitalisierung S. 621 ff.

643 Anspruchsgrundlage für die Fälle, bei denen davon ausgegangen werden muss, dass die Gesellschafter ihre Interessen einseitig gegenüber der Gesellschaft verfolgen, ohne Rücksicht auf die Gesellschaftsgläubiger zu nehmen, ist ein **Sittenwidrigkeitsvorwurf** gemäß § 826 BGB.

644 Auch hier stellt sich die Frage, wer für einen Schadensersatzanspruch **aktivlegitimiert** ist.

- Das kann die Gesellschaft sein, wenn sie durch rechtswidrige Eingriffe in ihr Vermögen insolvent wird. Es handelt sich dann um einen Reflexschaden, der von den Gesellschaftsgläubigern nicht direkt liquidiert werden kann.

  > BGHZ 173, 246 = ZIP 2007, 1552 (*Trihotel*): Innenhaftung,
  > dazu EWiR 2007, 557 (*Wilhelm*);
  > Roth/Altmeppen-*Roth*, GmbHG, § 13 Rn. 77;
  > *Haas*, ZIP 2009, 1257.

- Dagegen sind allein die Gesellschaftsgläubiger aktivlegitimiert, wenn ein Gesellschafter „auf Kosten der Gläubiger spekuliert", d. h. wenn die Gesellschafter ihre GmbH so ausgestaltet haben, dass die Nachteile aus der

III. Materielle Unterkapitalisierung

Geschäftstätigkeit notwendigerweise die Gläubiger der Gesellschaft treffen müssen.

BGHZ 176, 204 = ZIP 2008, 1232 *(Gamma)*: Außenhaftung,
dazu EWiR 2008, 493 *(Bruns)*.

b) Die Auffassung des Bundesgerichtshofs

Die **Auffassung des Schrifttums** hat sich in der Rechtsprechung nicht durchgesetzt. In der Entscheidung des Jahres 2008 hat der Bundesgerichtshof eine Haftung aus materieller Unterkapitalisierung allein endgültig verneint. 645

BGHZ 176, 204 Rn. 16 ff = ZIP 2008, 1232 *(Gamma)*,
dazu EWiR 2008, 493 *(Bruns)*;
Altmeppen, ZIP 2008, 1201;
Kleindiek, NZG 2008, 686;
Veil, NJW 2008, 3264.

Der Bundesgerichtshof sieht in unzureichender Kapitalausstattung allein keinen Eingriff in das zweckgebundene, den Gläubigern als Haftungsfonds dienende Gesellschaftsvermögen. Gesellschafter hätten keine Finanzausstattungspflicht gegenüber ihrer GmbH. Es könne ihnen demnach nicht vorgeworfen werden, der Gesellschaft kein weiteres Kapital zugeführt zu haben. 646

Eine materielle Unterkapitalisierung sei allenfalls unter dem Aspekt des § 826 BGB haftungsbegründend. Insofern folgt der Bundesgerichtshof in seiner Entscheidung

BGHZ 176, 204 = ZIP 2008, 1232 *(Gamma)*,
dazu EWiR 2008, 493 *(Bruns)*,

der bisherigen Rechtsprechung. Für derart begründete Ansprüche sind allein die Gesellschaftsgläubiger aktivlegitimiert.

Roth/Altmeppen-*Altmeppen*, GmbHG, § 13 Rn. 143 f.

Eine Haftung der Gesellschafter ihrer Gesellschaft gegenüber aus § 826 BGB kommt nur dort in Betracht, wo Gesellschafter in die gebundene Vermögensmasse der Gesellschaft nachteilig eingegriffen haben. Dann ist von einer Innenhaftung der Gesellschafter gegenüber der GmbH auszugehen. 647

BGHZ 173, 246 = ZIP 2007, 1552 *(Trihotel)*,
dazu EWiR 2007, 557 *(Wilhelm)*;
Altmeppen, ZIP 2008, 1201 ff;
Roth/Altmeppen-*Altmeppen*, GmbHG, § 13 Rn. 78, 95.

Eine **deliktische** Haftung gegenüber den Gläubigern (§§ 823 Abs. 2, 826 BGB) setzt Verschulden voraus, was dazu führt, dass die Haftung möglicherweise nicht alle Gesellschafter gleichermaßen trifft, sondern nur die maßgeblich Handelnden. In Betracht kommen u. a. Verstöße gegen die Insolvenzantragspflicht (§ 64 GmbHG), 648

BGHZ 126, 181, 190 ff = ZIP 1994, 1103,
dazu EWiR 1994, 791 *(Wilhelm)*,

und andere Fälle der Insolvenzverschleppung.

K. Die Grenze zwischen Kapitalaufbringung und Kapitalerhaltung

Wenn in einer Zeit, in der die Gesellschafter ihre Stammeinlagen, die sie bei der Gründung oder bei einer Kapitalerhöhung übernommen haben, noch nicht voll eingezahlt haben, Geldzahlungen von der Gesellschaft an diese Gesellschafter fließen, kann nicht nur die Frage aufkommen, ob eine verdeckte Sacheinlage vorliegt oder ein sog. offenes Hin- und Herzahlen, sondern auch die Frage, ob die Zahlung nicht gegen die Kapitalerhaltungsregeln verstößt. Darüber muss man nachdenken, wenn die Zahlung der Gesellschaft eine Unterbilanz i. S. v. § 30 Abs. 1 GmbHG auslöst oder vertieft oder wenn die Gesellschaft gar bereits überschuldet ist. 649

I. Rückgabe von Gesellschaftsleistungen

Wenn der Gesellschafter in einem solchen Fall den erhaltenen Betrag an die Gesellschaft als Einlageleistung zurückgibt, könnten sich aus der Leistung der Gesellschaft zwei Ansprüche gegen den Gesellschafter ergeben. Die Zahlung des Gesellschafters hat, wenn ihr eine **verdeckte Sacheinlage** zugrunde liegt bzw. wenn es sich lediglich um ein **Hin- und Herzahlen** handelt, möglicherweise keine Erfüllungswirkung; die Gesellschaft hat also weiterhin einen Anspruch auf Leistung der Einlage. Auf der anderen Seite könnte sie wegen einer eingetretenen **Unterbilanz** die Rückzahlung des an den Gesellschafter geleisteten Betrages gemäß §§ 30 Abs. 1, 31 Abs. 1 GmbHG verlangen. 650

Allerdings privilegiert der Bundesgerichtshof neuerdings den Fall, dass der Empfänger ein ihm von der Gesellschaft nach der Einlageerbringung gewährtes Darlehen an die Gesellschaft zurückzahlt. Er ist dabei außerordentlich großzügig bei Prüfung der Frage, unter welchem Titel diese Rückzahlung erfolgt. Selbst wenn die Tilgungsleistung als Rückzahlung auf eine Darlehensschuld bezeichnet wurde, will der Bundesgerichtshof diese Zahlung als Erfüllung der offenen Einlageschuld akzeptieren. Das soll jedenfalls dann gelten, wenn die Darlehensabrede wegen Verstoßes gegen die Kapitalaufbringungsvorschriften unwirksam ist, 651

> BGHZ 165, 113, 118 = ZIP 2005, 2203,
> dazu EWiR 2006, 33 *(Tillmann)*;
> BGHZ 165, 352, 356 = ZIP 2006, 331,
> dazu EWiR 2006, 307 *(Naraschewski)*;
> BGH ZIP 2006, 1633 = DNotZ 2007, 781.

War jedoch die Zahlung der Gesellschaft als Rückzahlung eines Gesellschafterdarlehens anzusehen, das als kapitalersetzend anzusehen war, sieht der Bundesgerichtshof eine Bestimmung des Inferenten, mit seiner Zahlung eine Einlageschuld tilgen zu wollen, als unwirksam an. Die Erfüllung einer Einlageschuld mit Beträgen, die unter Verstoß gegen die Kapitalerhaltungsvorschriften (§ 30 GmbHG a. F.) entnommen worden sind, sei ausgeschlossen. Da neben der Einlageforderung nur eine Forderung der Gesellschaft nach § 31 Abs. 1 652

GmbHG bestand, und mit der Zahlung auf die Einlage nur versucht worden wäre, das Gebot der realen Kapitalaufbringung zu umgehen, war die Zahlung entgegen der Tilgungsbestimmung der Schuld aus § 31 Abs. 1 GmbHG zuzuordnen,

> BGH ZIP 2009, 662 f, unter Aufgabe der gegenteiligen Auffassung von BGHZ 146, 105 = ZIP 2001, 157,
> dazu EWiR 2001, 327 *(H. P. Westermann)*.

II. Andere Fälle der Anspruchskonkurrenz

653 Im Rahmen der Kapitalaufbringung kann es zu Leistungen an den Inferenten kommen, die nicht lediglich die Ordnungsmäßigkeit der Kapitalaufbringung in Frage stellen und deswegen eine nicht erfüllte Einlageverpflichtung indizieren, sondern vielmehr als Verstoß gegen die Kapitalerhaltungsvorschriften gewertet werden müssen. Das ist z. B. dann der Fall, wenn man mit *Hueck/Fastrich* bei der verdeckten gemischten Sacheinlage die unverhältnismäßige Überzahlung entgegen der Auffassung des Bundesgerichtshofs nicht als unerfüllte Einlageleistung ansehen will,

> Baumbach/Hueck-*Hueck/Fastrich*, GmbHG, § 19 Rn. 56;
> BGH NJW 2010, 1948 Rn. 57 = ZIP 2010, 978 *(AdCoCom)*,
> dazu EWiR 2010, 421 *(Wenzel)*;
> *Koch*, ZHR 175 (2011), 55, 65, m. w. N.;
> *Stiller/Redeker*, ZIP 2010, 865, 868.

Weitere Fälle sind nicht ausgeschlossen.

III. Ende der Kapitalaufbringung/Beginn der Kapitalerhaltung

654 Der Bundesgerichtshof scheint jedoch selbst in dem Nebeneinander von Kapitalaufbringungsansprüchen und Kapitalerhaltungsansprüchen ein Problem gesehen zu haben. In seiner Entscheidung vom 17.9.2001 hat er jedenfalls erklärt, dass die Anwendbarkeit der §§ 30, 31 GmbHG einen ordnungsgemäß abgeschlossenen Kapitalaufbringungsvorgang voraussetzten. Solange es an einer ordnungsgemäßen Kapitalaufbringung in der Gründungsphase der Gesellschaft fehle, könne ein Erstattungsanspruch nach § 31 GmbHG nicht ausgelöst werden.

> BGH ZIP 2001, 1997 = NJW 2001, 3781= GmbHR 2001, 1114, m. Anm. *K. J. Müller*, dazu EWiR 2001, 1149 *(Keil)*.

655 Offengeblieben ist allerdings, wie lange nach Auffassung des Bundesgerichtshofs die Gründungsphase dauern kann. In der Entscheidung des Bundesgerichtshofs war die vom Gesellschafter geleistete Einlage noch vor der Eintragung zurückgezahlt worden, soll aber gut sechs Monate nach Eintragung der Gesellschaft erneut überwiesen worden sein. Der Bundesgerichtshof sieht offenbar die Kapitalaufbringungsphase erst mit der endgültigen Überweisung für abgeschlossen an und will bis dahin die Anwendbarkeit der §§ 30, 31 GmbHG ausschließen. Mit Recht spricht *Müller* die Frage an, wo

III. Ende der Kapitalaufbringung/Beginn der Kapitalerhaltung

die Grenze zu ziehen ist. Er empfiehlt, sich dabei an die Fristen zu halten, die im Hinblick auf den zeitlichen Zusammenhang bei verdeckten Sacheinlagen vorgeschlagen worden sind.

> *K. J. Müller,* GmbHR 2001, 1115 (Anm. zu BGH ZIP 2001, 1997 = NJW 2001, 3781 = GmbHR 2001, 1114).

Auf die Fragwürdigkeit solcher Fristen haben wir oben (Rn. 47) hingewiesen. Solange sich die Rechtsprechung insoweit nicht festlegt, bleibt eine große Unsicherheit bestehen. **656**

Rn. 657–679 unbesetzt

L. Kapitalerhaltung: Grundlagen und Überblick

I. Problembeschreibung

Sinn und Zweck der Vorschriften zur Kapitalerhaltung (und Kapitalaufbringung) ist es, bestimmte Mindestanforderungen an die Eigenkapitalausstattung einer Kapitalgesellschaft zu stellen, 680

Hirte, Kapitalgesellschaftsrecht, Rn. 5.17,

denn die Erhaltung eines (von den Gesellschaftern stammenden) „Sockelvermögens" bzw. Eigenvermögens der Gesellschaft liegt in mehrfacher Hinsicht im Interesse der Gesellschaftsgläubiger und der Gesellschaft. Dieses „Eigenvermögen" der Gesellschaft stellt zum einen das von den Gesellschaftern hingegebene Risikokapital, d. h. deren Risikobeitrag an der wirtschaftlichen Unternehmung dar. Die Gefahr, dass die Gesellschafter i. R. ihrer Geschäfts- und Unternehmenspolitik mit den Gesellschaftsmitteln verantwortungslos oder leichtfertig umgehen, ist umso geringer, je höher das eigene finanzielle Risiko ist.

Roth, ZGR 1993, 170, 177;
Mülbert, DStR 2001, 1937, 1942;
Hennrichs, NZG 2009, 921, 922;
Drukarczyk, Unternehmen und Insolvenz, S. 94 f.

Zum anderen bildet das Eigenkapital einen Puffer bzw. ein Risikopolster. Es 681
fängt Betriebsverluste, die die Kehrseite des unternehmerischen Wagnisses bilden, zugunsten des von den Gläubigern hingegebenen Fremdkapitals ab. Damit dient das Eigenkapital vor allem den Interessen der (potentiellen) Gläubiger der Gesellschaft; der Gläubigerschutz ist damit ein wesentliches, wenn nicht sogar das zentrale Anliegen des Rechts der Kapitalaufbringung.

Roth, ZGR 1993, 170, 177;
Bauer, ZInsO 2011, 1273;
Hennrichs, NZG 2009, 921, 922;
Scholz-Verse, GmbHG, § 30 Rn. 2.

Schließlich ist ausreichendes Eigenkapital eine wesentliche Voraussetzung 682
dafür, von dritter Seite Fremdkapital bzw. allgemein „Kredit" zu erhalten,

Hennrichs, NZG 2009, 921, 922;
Roth, ZGR 1993, 170, 180;
Vonnemann, GmbHR 1992, 77, 78.

Eine investitionstechnische, wettbewerbsrechtliche oder gar volkswirtschaftliche Funktion – etwa eine möglichst solide Eigenkapitalbasis für Unternehmen zu schaffen – verfolgen die Vorschriften dagegen nicht.

Die Regelungen zur *Kapitalaufbringung* würden allerdings ihre Ziele verfehlen, wenn zwar das erforderliche und durch das Handelsregister publizierte Kapital zunächst aufgebracht würde, dieses dann aber wieder unkontrolliert und für die (potentiellen) Gläubiger unerkennbar abfließen könnte. 683

Michelfeit, MittBayNot 2009, 435, 438.

Soweit ein solcher Abfluss auf geschäftlichen Misserfolg, d. h. die Realisierung des unternehmerischen Risikos zurückzuführen ist, haben die Gläubiger allerdings dieses Risiko zu tragen.

Hirte, Kapitalgesellschaftsrecht, Rn. 5.23.

Insofern werden sie lediglich mittelbar durch § 43 Abs. 1 und 2 GmbHG geschützt, wodurch die Geschäftsführer einer Schadensersatzpflicht unterworfen werden, wenn sie ihre Verpflichtung verletzen, die Angelegenheiten der Gesellschaft mit der Sorgfalt eines ordentlichen Geschäftsmannes wahrzunehmen, und – z. B. durch die Eingehung zu risikoreicher Geschäfte – der Gesellschaft ein Vermögensschaden entsteht.

Dieser mittelbare Schutz der Gläubiger durch § 43 Abs. 1 und 2 GmbHG entfällt allerdings, wenn die Gesellschafter den Geschäftsführern Weisungen erteilen, denn die Geschäftsführer sind grundsätzlich verpflichtet, den Weisungen der Gesellschafterversammlung Folge zu leisten. Für die daraus erwachsenden Konsequenzen trifft sie dann **grundsätzlich** keine Haftung. Der Pflichten- und Sorgfaltsmaßstab für den Umgang mit dem Gesellschaftsvermögen in § 43 Abs. 1 GmbHG steht insoweit grundsätzlich zur Disposition der Gesellschafter.

BGHZ 31, 258, 278;
OLG Zweibrücken NZG 1999, 506, 507;
Scholz-*Schneider*, GmbHG, § 43 Rn. 119;
Baumbach/Hueck-*Zöllner/Noack*, GmbHG, § 37 Rn. 20;
Konzen, NJW 1989, 2977, 2979.

684 Nach allgemeiner Ansicht haftet deshalb der GmbH-Geschäftsführer (anders als sonst gemäß § 43 Abs. 2 GmbHG) i. R. seiner Folgepflicht gegenüber der Gesellschaft grundsätzlich nicht (arg. e § 43 Abs. 3 GmbHG).

BGHZ 122, 333, 336 = ZIP 1993, 917,
dazu EWiR 1993, 693 *(Maier-Reimer)*;
BGHZ 31, 258, 278;
BGHZ 142, 92 = NZG 1999, 1001, 1002 = ZIP 1999, 1352,
dazu EWiR 1999, 835 *(Wilhelm)*;
BGH ZIP 2000, 493 = NZG 2000, 544;
OLG Frankfurt/M., Urt. v. 3.7.2009 – 25 U 75/08;
OLG Jena GmbHR 2011, 813;
Scholz-*Schneider*, GmbHG, § 43 Rn. 119;
Semler, in: FS Goerdeler, 1987, S. 551, 556 f;
Baumbach/Hueck-*Zöllner/Noack*, GmbHG, § 43 Rn. 33;
Roth/Altmeppen-*Altmeppen*, GmbHG, § 43 Rn. 120;
Konzen, NJW 1989, 2977, 2978.

685 Ob mit dem Entfallen des von der Organhaftung in § 43 Abs. 1 und 2 GmbHG ausgehenden mittelbaren Gläubigerschutzes generell das Risiko steigt, dass wegen der Einflussnahme der Gesellschafter auf die Geschäftsführung die Gesellschaft in die Insolvenz „abgleitet" und die Gläubiger hierdurch Ausfälle erleiden, wie in der Vorauflage diskutiert wurde (dort,

I. Problembeschreibung

Rn. 368), mag zweifelhaft sein. Auch dass Einfluss und Verantwortung auseinanderfallen, weil das GmbHG zulasten des Gesellschafters weder eine Einstandspflicht für die Schulden der Gesellschaft (siehe § 13 Abs. 2 GmbHG) noch eine Handlungsverantwortung für nachteilige Einflussnahmen auf die Geschäftsführung vorsieht, sollte aus Gläubigersicht verkraftbar sein, da die Gesellschafter ein erhebliches eigenes Interesse daran haben, das Vermögen „ihrer" Gesellschaft nicht zu schädigen. Das eigentliche Risiko besteht dementsprechend nicht darin, dass die Gesellschafter die Geschäftsführer zu Geschäften veranlassen, die sich später als nachteilig herausstellen, sondern dass sie sich – aus welchen Gründen auch immer – dazu entschließen, das Gesellschaftsvermögen abzuziehen, um dieses anders zu nutzen, und ihnen der Geschäftsführer aufgrund der soeben beschriebenen Weisungsgebundenheit nicht so entgegentreten kann, wie die Interessen der Gläubiger dies erfordern würden.

Sinn und Zweck der Vorschriften zur Kapitalerhaltung ist es deshalb, das Spannungsverhältnis zwischen ungebundener und damit auch eigennütziger Entscheidungsfreiheit der Gesellschafter einerseits und einem daraus resultierenden gesteigerten Insolvenzrisiko der Gläubiger andererseits abzubauen. **686**

Fleck, in: FS 100 Jahre GmbHG, S. 391 f;
Wiedemann, DB 1993, 141, 148.

Die Vorschriften zur Kapitalerhaltung dienen damit dem Schutz des Gesellschaftsgläubigers, mittelbar aber auch den „Eigeninteressen" der Gesellschaft und flankieren die Regeln zur ordnungsgemäßen und effektiven Aufbringung des Stammkapitals.

Lutter/Hommelhoff-*Hommelhoff*, GmbHG, § 30 Rn. 1;
Michalski-*Heidinger*, GmbHG, § 30 Rn. 1;
Ulmer, in: FS 100 Jahre GmbHG, S. 363.

Ob und inwieweit das System der Kapitalerhaltung effektiv ist und insbesondere einen entsprechenden Beitrag zum Gläubigerschutz leisten kann, hängt im Wesentlichen ab von **687**

• der Höhe des zu erhaltenden Sockelvermögens,

• der Art und Weise seiner Erhaltung sowie – entscheidend –

• der Effektivität der Zusammenführung von Entscheidungsverantwortung und Haftung.

Das nachfolgend im Überblick beschriebene System der Kapitalerhaltung des GmbHG unterscheidet sich nicht nur von den Parallelregelungen im AktG, es hat seit jeher (zum Teil berechtigte) Kritik erfahren, da es sich an einer bilanziellen Betrachtung und am Erhalt einer bestimmten Stammkapitalziffer orientiert, im Übrigen vor allem aber wesentlich auf einer persönlichen Haftung des Geschäftsführers aufbaut. Im Gesetz zur Modernisierung des GmbH-Rechts und zur Bekämpfung von Missbräuchen vom 23.10.2008 **688**

(MoMiG) hat der Gesetzgeber dieses System allerdings bewusst bestätigt und ausgebaut. Dabei hat er auch – im Interesse der Gläubiger und der entsprechend entlasteten Gesellschafter – die Haftung der Geschäftsführer verschärft und diese nach verbreiteter Ansicht deutlich überdehnt.

> *K. Schmidt*, GmbHR 2007, 1072, 1073, 1079 f;
> *Bauer*, ZInsO 2011, 1273.

II. Höhe der Kapitalbindung – „Bilanzielle Betrachtungsweise"

689 Ist Eigenkapital grundsätzlich geeignet, einen Beitrag zur Steuerung unternehmerischen Verhaltens im Interesse der Gläubiger und der Gesellschaft zu leisten, stellt sich die Frage, in welcher Höhe dieses sinnvollerweise zu erhalten ist. Denkbar sind insoweit zwei Ansätze, zum einen die Sicherung des Reinvermögens der Gesellschaft in Höhe einer bestimmten formalen Rechnungsziffer (Stammkapital) oder zum anderen die Erhaltung einer der jeweiligen Risikostruktur der Gesellschaft angepassten Kapitalstruktur.

> *Davies*, AG 1998, 346, 353;
> *Lutter*, in: FS Riesenfeld, S. 165, 169.

690 Das GmbHG hatte in den §§ 30 ff GmbHG seit jeher den ersten Weg eingeschlagen, der Gesetzgeber hat diese Entscheidung mit dem MoMiG nochmals bewusst bestätigt,

> vgl. BT-Drucks. 16/6140, S. 41;
> *Ekkenga*, in: MünchKomm-GmbHG, § 30 Rn. 41;
> *K. Schmidt*, GmbHR 2007, 1072, 1074.

Die Pflichten zur Erhaltung des Eigenkapitals greifen deshalb nur ein, wenn das Reinvermögen der Gesellschaft einen bestimmten Rechnungsbetrag (Stammkapitalziffer) unterschreitet (formelle Unterkapitalisierung). Ob dies der Fall ist, ist anhand einer bilanziellen Betrachtung festzustellen,

> BT-Drucks. 16/6140, S. 41;
> *Ekkenga*, in: MünchKomm-GmbHG, § 30 Rn. 79 ff;
> Lutter/Hommelhoff-*Hommelhoff*, GmbHG, § 30 Rn. 3.

691 Dieser Weg hat **Vor-, aber auch Nachteile**. Die Vorteile einer an einer formalen Rechnungsziffer ausgerichteten Kapitalbindung liegen in der vergleichsweise leichten Handhabbarkeit dieses Systems; denn es erlaubt den Adressaten der Pflicht zur Kapitalerhaltung (insbesondere dem Geschäftsführer) *ex ante* und den Gerichten *ex post* eine vergleichsweise zügige und einfache Prüfung der Voraussetzungen.

> *Drygala/Kremer*, ZIP 2007, 1289, 1292.

Die Nachteile dieses Systems liegen darin, dass die Rechnungsziffer (Stammkapital) – insbesondere, wenn sie dem Mindeststammkapital i. S. von § 5 Abs. 1 GmbHG entspricht oder es sich um eine Unternehmergesellschaft i. S. von § 5a GmbHG handelt – meist in keinem Verhältnis zu dem mit dem konkreten Geschäftsbetrieb verbundenen Verlust-, Liquiditäts- und Opportunitätsrisiko steht.

Die bilanzielle Betrachtungsweise kommt aber auch den Gläubigern zugute, in deren Interesse die Kapitalerhaltungsregeln bestehen. In ihrem Interesse soll vermieden werden, dass die Unsicherheiten und Unwägbarkeiten einer Bewertung vorhandener (aber noch nicht realisierter) stiller Reserven dazu führen, dass die Gesellschafter sich „reich rechnen" und somit Beträge an sich ausschütten, die zur Erhaltung des Stammkapitals erforderlich sind.

BGHZ 109, 334, 339 = ZIP 1990, 307,
dazu EWiR 1990, 169 *(Crezelius)*.

Die Bewertung des Vermögens anhand der *going concern*-Werte in einer gemäß § 42 Abs. 1 GmbHG aufgestellten Bilanz dient folglich dazu, den Gläubigerschutz **objektivierbar** zu machen, ihn sozusagen von unsicheren subjektiven Bewertungen, Einschätzungen und Prognosen zu befreien. Dies kommt sowohl den Gläubigern der Gesellschaft als auch den Adressaten der Kapitalerhaltungspflicht, insbesondere dem Geschäftsführer zugute.

692

BGHZ 109, 334, 339 = ZIP 1990, 307,
dazu EWiR 1990, 169 *(Crezelius)*.

Ausdruck dieses Objektivierungsgebots ist etwa das **Aktivierungsverbot** für bestimmte Vermögensgegenstände, deren Werthaltigkeit *ex ante* nicht hinreichend ermittelbar ist. Hierzu zählen z. B. immaterielle Vermögenswerte, wenn die aufgewendeten Entwicklungskosten von Kosten der Forschung nicht getrennt werden können (§ 255 Abs. 2a Satz 4 HGB), und bestimmte selbst geschaffene immaterielle Vermögensgegenstände des Anlagevermögens (§ 248 Abs. 2 Satz 2 HGB).

693

BGHZ 109, 334, 339 = ZIP 1990, 307,
dazu EWiR 1990, 169 *(Crezelius)*.

III. Art und Weise der Erhaltung

1. Schutzgut: Stammkapitalziffer, nicht Zusammensetzung des Stammkapitals

Weiteres Charakteristikum des geltenden Kapitalerhaltungsrechts ist es, dass nach den gesetzlichen Anforderungen lediglich eine bestimmte bilanzielle Rechnungsziffer geschützt wird, nicht die *konkrete Zusammensetzung* des Gesellschaftsvermögens.

694

Ekkenga, in: MünchKomm-GmbHG, § 30 Rn. 11.

Entzieht z. B. ein Gesellschafter der GmbH wesentliche Betriebsmittel, entspricht aber das Reinvermögen der Gesellschaft auch nach dem Entzug der Betriebsmittel zumindest der Stammkapitalziffer, handelt es sich auch dann nicht um ein sanktioniertes Verhalten i. S. von § 30 Abs. 1 Satz 1 GmbHG, wenn der Verlust der Betriebsmittel in der Folgezeit zu einem erheblichen Vermögensverlust der Gesellschaft führt,

> *Ekkenga*, in: MünchKomm-GmbHG, § 30 Rn. 25.

2. Schutz des Stammkapitals nur gegen Abzug durch Gesellschafter

695 Das Eigenvermögen der Gesellschaft wird – auch bis zur Höhe der Stammkapitalziffer – durch die für die GmbH geltenden Regeln nicht vor jeglichem Abfluss geschützt, vielmehr verbleibt das gesamte Eigenvermögen grundsätzlich im Geld- und Wirtschaftskreislauf der Gesellschaft. Sicherstellen will der Gesetzgeber lediglich, dass das Gesellschaftsvermögen in Höhe des Stammkapitals nur als Haftungsgrundlage für die Gesellschaftsgläubiger und als Betriebsvermögensreserve zugunsten der Gesellschaft verwendet wird, nicht aber den Gesellschaftern für andere Zwecke außerhalb der Gesellschaft zur Verfügung steht.

> *Stimpel*, in: FS 100 Jahre GmbHG, S. 349;
> *Goette*, DStR 1997, 1495;
> Scholz-*Verse*, GmbHG, § 30 Rn. 1, 4.

696 **Geschützt** ist das Gesellschaftsvermögen in Höhe der Stammkapitalziffer somit lediglich vor bestimmten „unbotmäßigen" Verwendungen, insbesondere (nicht aber ausschließlich, siehe § 43a GmbHG) vor einer Verwendung zu privaten Zwecken der Gesellschafter. Keinen Schutz bietet das System der Kapitalerhaltung gegen einen Vermögensverlust in anderer Weise – etwa durch einen allgemein schlechten Geschäftsverlauf oder Missmanagement, selbst wenn dieses durch die Einflussnahme der Gesellschafter verursacht wird.

> BGH ZIP 2000, 493 = NZG 2000, 544;
> OLG Koblenz, Urt. v. 16.7.2010 – 10 U 1510/09.

697 Lediglich in besonders gelagerten **Ausnahmefällen**, die die Dimension einer vorsätzlichen und sittenwidrigen Schädigung i. S. von § 826 BGB erreichen (dazu Rn. 1254 ff) gilt insoweit Anderes. Die vereinzelt anzutreffende Vorstellung, die Kapitalerhaltung ziele darauf ab, ein bestimmtes Vermögen dauerhaft im Interesse der Gesellschaftsgläubiger „auf die Seite zu legen", geht dagegen fehl. Insbesondere werden die einmal von den Gesellschaftern geleisteten Einlagen nicht thesauriert. Das System der Kapitalerhaltung kann und will mithin nicht das fortwährende Vorhandensein einer bestimmten (Sicherheits-)Vermögensmasse gewährleisten.

> *Hirte*, Kapitalgesellschaftsrecht, Rn. 5.23;
> Michalski-*Heidinger*, GmbHG, § 30 Rn. 1;
> *Goette*, DStR 1997, 1495.

III. Art und Weise der Erhaltung

3. Zusammenführung von Haftung und Verantwortung – Adressaten des Kapitalerhaltungsrechts

Wie oben dargelegt wurde, liegt ein Regelungsgrund des Kapitalerhaltungsrechts in dem Auseinanderfallen von Haftung und Verantwortung, das sich aus der grundsätzlichen Weisungsunterworfenheit der Geschäftsführer gegenüber den Gesellschaftern einerseits und der Haftungsfreistellung des Gesellschafters in § 13 Abs. 2 GmbHG andererseits ergibt. Um dem entgegenzuwirken, verbietet § 30 Abs. 1 Satz 1 GmbHG, die Zentralnorm des Kapitalerhaltungsrechts, jegliche Auskehrung von Gesellschaftsvermögen an die Gesellschafter, sofern dieses zum Erhalt des Stammkapitals erforderlich ist. Wie sich weiter aus § 43 Abs. 3 Sätze 1 und 3 GmbHG ergibt, führt ein Verstoß gegen dieses Verbot durch den Geschäftsführer zu einer Schadensersatzpflicht, die auch durch einen entsprechenden „anweisenden" Gesellschafterbeschluss nicht ausgeschlossen wird, soweit der Schadensersatz zur Befriedigung der Gläubiger erforderlich ist.

698

Aus dem Umstand, dass § 43 Abs. 3 GmbHG als *lex specialis* lediglich eine Haftung des Geschäftsführers für den Fall eines Verstoßes gegen § 30 Abs. 1 Satz 1 GmbH vorsieht, darf jedoch nicht der Schluss gezogen werden, das Verbot des § 30 Abs. 1 Satz 1 GmbHG würde sich nur an die Geschäftsführer, nicht aber an die Gesellschafter, andere Vertreter der Gesellschaft (z. B. Prokuristen) und die Gesellschaft selbst richten,

699

> missverständlich BGH ZIP 2001, 1458 = BB 2001, 1753,
> dazu EWiR 2001, 917 *(Keil).*

Auf Seiten des Gesellschafters führt § 30 Abs. 1 Satz 1 i. V. m. § 31 Abs. 1 GmbHG in der Weise zu einer Zusammenführung von Haftung und Verantwortung, dass Zahlungen an die Gesellschafter, die unter Verstoß gegen die in § 30 Abs. 1 Satz 1 GmbHG genannten Voraussetzungen erfolgt sind, von den Gesellschaftern an die Gesellschaft zurückzugewähren sind. Da es hierfür unstreitig nicht darauf ankommt, wer die Auszahlung vorgenommen hat (Geschäftsführer, Prokurist, Gesellschafter oder andere Personen), kann kein Zweifel daran bestehen, dass das Verbot des § 30 Abs. 1 Satz 1 GmbHG nicht nur an die Geschäftsführer adressiert ist, sondern umfassende Geltung beansprucht. Prokuristen und andere verfügungsbefugte Angestellte der Gesellschaft kann somit die Pflicht treffen, § 30 Abs. 1 Satz 1 GmbHG i. R. ihrer Verpflichtungen aus dem Anstellungsvertrag zu beachten. Eine Missachtung kann zu einem Schadensersatzanspruch führen.

> BGH ZIP 2001, 1458 = BB 2001, 1753,
> dazu EWiR 2001, 917 *(Keil).*

4. Exkurs: Unterschiede zum System der Kapitalerhaltung in der Aktiengesellschaft

Das System der Kapitalerhaltung in der GmbH unterscheidet sich von demjenigen in der Aktiengesellschaft. Anders als das AktG sieht das GmbHG –

700

im Grundsatz – keinen Schutz des Eigenvermögens der Gesellschaft jenseits der maßgebenden Rechnungsziffer des Stammkapitals vor. Vermögen jenseits dieser „Staumauer" kann in der GmbH daher an die Gesellschafter abfließen. Anders ist die Rechtslage in der Aktiengesellschaft. Ausschüttungen aus dem Gesellschaftsvermögen an die Aktionäre sind hier – grundsätzlich – nur aus dem im Jahresabschluss ausgewiesenen Gewinn möglich. Die Kapitalbindung im AktG umfasst daher das gesamte Gesellschaftsvermögen – auch jenseits der Grundkapital-Schwelle – mit Ausnahme des ordnungsgemäß festgestellten Bilanzgewinns. Das System der Kapitalerhaltung im GmbH-Recht ist daher weniger streng bzw. flexibler als im Aktienrecht.

> Lutter/Hommelhoff-*Hommelhoff*, GmbHG, § 30 Rn. 4;
> Scholz-*Verse*, GmbHG, § 30 Rn. 7;
> *Wand/Tillmann/Heckenthaler*, AG 2009, 148, 149.

701 Der Gesetzgeber wollte letztlich mit der abweichenden Ausgestaltung der Kapitalbindung der unterschiedlichen wirtschaftlichen und personellen Struktur beider Gesellschaftsformen Rechnung tragen.

> Michalski-*Heidinger*, GmbHG, § 30 Rn. 3 f;
> Baumbach/Hueck-*Hueck/Fastrich*, GmbHG, § 30 Rn. 3;
> Scholz-*Verse*, GmbHG, § 30 Rn. 9;
> *K. Schmidt*, Gesellschaftsrecht, § 37 III. und § 29 II. 2.

IV. Rechtsquellen

702 Die Grundnorm des Systems der Kapitalerhaltung findet sich in § 30 Abs. 1 GmbHG. Für besondere Fallgestaltungen wird diese durch die §§ 30 Abs. 2, 33 Abs. 2, 34 Abs. 3, 43a GmbHG,

> ob § 43a GmbHG zu den Kapitalerhaltungsvorschriften zählt, ist umstritten; wie hier etwa Michalski-*Heidinger*, GmbHG, § 30 Rn. 1;
> *Goette*, DStR 1997, 1495,

und die Regelungen über die Herabsetzung des Stammkapitals in den §§ 58 Abs. 1, 58a und 58b GmbHG ergänzt. Die Rechtsfolgen für den Gesellschafter ergeben sich aus §§ 31 und 32 GmbHG, für den Geschäftsführer aus § 43 GmbHG. Eine funktional vergleichbare Ergänzung findet sich für die Unternehmergesellschaft in § 5a Abs. 3 GmbHG.

703 Da das Verbot von Auszahlungen aus dem Stammkapital alleine nicht ausreicht, um die Gläubiger angemessen zu schützen, tritt neben die gesetzlich geregelte Kapitalerhaltung eine **Haftung wegen Insolvenzverursachung**, die in Bezug auf die Gesellschafter die Rechtsprechung aus § 826 BGB entwickelt, hinsichtlich der Geschäftsführer dagegen der Gesetzgeber in § 64 Satz 3 GmbHG festgelegt hat.

> BT-Drucks. 16/6140, S. 41;
> *Ekkenga*, in: MünchKomm-GmbHG, § 30 Rn. 27, 29 ff.

Rechtsformunabhängig, in wirtschaftlicher Hinsicht aber eng verknüpft, sind 704
schließlich § 135 InsO und § 6 AnfG.

> BT-Drucks. 16/6140, S. 42.

Die Vorschriften zur Kapitalerhaltung sind – ebenso wie die zur Kapitalauf- 705
bringung – in den Worten der Rechtsprechung *„Kernstück des GmbH-Rechts"*
und vertragen *„keine Aushöhlung gleich welcher Form"*.

> BGHZ 28, 77 = NJW 1958, 1351;
> BGHZ 51, 157, 162 = NJW 1969, 840;
> s. a. LG Kassel ZInsO 2001, 1068, 1070 = GmbHR 2002, 912,
> dazu EWiR 2002, 435 *(Blöse)*.

Die Vorschriften zur Kapitalerhaltung sind daher **nicht dispositiv**.

> BGHZ 51, 157, 162 = NJW 1969, 840;
> Scholz-*Verse*, GmbHG, § 30 Rn. 6;
> *Fleck*, in: FS 100 Jahre GmbHG, S. 391.

V. Kritik am bestehenden System der Kapitalerhaltung

Das bestehende System der Kapitalerhaltung sieht sich seit jeher grundsätz- 706
licher Kritik ausgesetzt. Insbesondere wird in Frage gestellt, ob das Ziel, den
unternehmerischen Einfluss der Gesellschafter auf die Geschicke der Gesellschaft mithilfe eines Systems der (Kapitalaufbringung und) Kapitalerhaltung
zu disziplinieren und dadurch einen Beitrag zur Insolvenzvermeidung, d. h.
zur Fähigkeit der Gesellschaft zu leisten, ihren Verbindlichkeiten gegenüber
den Gesellschaftsgläubigern nachzukommen, erreicht werden kann. Mängel
werden dem System dabei sowohl auf der Tatbestands- als auch auf der
Rechtsfolgenebene vorgeworfen.

> S. etwa *Hirte*, Kapitalgesellschaftsrecht, Rn. 5.24 ff, m. w. N.;
> *Eidenmüller*, ZGR 2007, 168, 190 ff;
> *Engert*, ZHR 170 (2006), 296 ff;
> *Haas*, Verh. 66. DJT, Bd. I, 2006, S. E 123 ff, 130 f;
> *Röhricht*, in: FS 50 Jahre BGH, S. 83, 89 ff;
> *Mülbert*, DStR 2001, 1937, 1939, 1942;
> *Kübler*, WM 1990, 1853;
> *Davies*, AG 1998, 346 f;
> für das geltende System *K. Schmidt*, GmbHR 2007, 1072, 1074.

Festzustellen ist allerdings, dass der Gesetzgeber mit Erlass des MoMiG an 707
der bisherigen Systematik nicht nur festgehalten, sondern diese nicht zuletzt
durch „Abschaffung" zahlreicher von der Rechtsprechung entwickelter Regeln bewusst bestätigt hat. Ungeachtet dieser zu respektierenden gesetzgeberischen Entscheidung, ist es sinnvoll, sich folgende „Mängel" des geltenden
Rechts vor Augen zu halten:

- Auf die Gesellschafter zurückgehendes (insolvenzverursachendes) Missmanagement ist nicht nur in Gestalt opportunistischen Verhaltens, sondern auch in Form von unvertretbaren Risikogeschäften denkbar, die jedoch von § 30 GmbHG nicht sanktioniert werden.

- Der Schutz der Gesellschaft und damit mittelbar der Gläubiger vor opportunistischem Verhalten der Gesellschafter greift zeitlich vergleichsweise spät ein, nämlich erst dann, wenn das zur Erhaltung des Stammkapitals erforderliche Vermögen berührt ist. Ob erst zu diesem späten Zeitpunkt Gesellschafter- und Gläubiger- bzw. Eigeninteressen der Gesellschaft auseinander driften, erscheint zweifelhaft.

- Das Kapitalerhaltungsgebot ist im Hinblick auf die einfachere Handhabbarkeit und Justiziabilität – grundsätzlich – an einer bilanziellen Betrachtung ausgerichtet; es gibt aber bei einer wirtschaftlichen Betrachtungsweise zahlreiche Eingriffe in die Eigeninteressen der Gesellschaft, die durch diese Sichtweise nur unzureichend oder gar nicht erfasst werden. Das gilt insbesondere für die Fälle, in denen die Gesellschaft gerade auf eine bestimmte Zusammensetzung des Gesellschaftsvermögens angewiesen ist. Damit besteht die Gefahr, dass opportunistisches Verhalten der Gesellschafter zulasten der Eigeninteressen der Gesellschaft bzw. zum Schaden der Gesellschaftsgläubiger ohne ausreichende Sanktion bleibt, insbesondere weil die vorgesehene Rückgewährpflicht den entstandenen Schaden nicht beseitigt.

- Die Gesellschafter haben in der Praxis seit jeher erfolgreich Strategien entwickelt, um eine Durchsetzung der Ansprüche im Zusammenhang mit der Kapitalerhaltung zu vereiteln. Aber nur wenn Verstöße gegen das Gebot der Kapitalerhaltung effektiv sanktioniert werden, geht von diesem System die – im Interesse der Gläubiger und der Gesellschaft erforderliche – verhaltenssteuernde Wirkung aus. Problematisch sind vor allem die Fälle, in denen eine Durchsetzung der Ansprüche im Zusammenhang mit der Kapitalerhaltung dadurch erschwert wird, dass die Gesellschaft masselos ist, und mithin kein Insolvenzverwalter vorhanden ist, um die Ansprüche zu prüfen und ggf. geltend zu machen.

Gleiches gilt, wenn die Gesellschaft im Handelsregister wegen Vermögenslosigkeit gelöscht oder geschäftsführerlos gestellt wird, wodurch sich der vollstreckungsrechtliche Zugriff auf diese Ansprüche erheblich erschwert (dazu unten Rn. 1053 ff), oder aber die unternehmensinterne Dokumentation vernichtet oder beiseite geschafft wurde und damit – rein tatsächlich – eine Prüfung der tatbestandlichen Voraussetzungen der Ansprüche scheitert.

S. bspw. OLG Celle GmbHR 2001, 1042, 1043, dazu EWiR 2002, 109 *(Meyke)*.

708 Ob und wie diese Defizite zu beheben sind, ist in Literatur und Rechtsprechung sehr umstritten,

vgl. Michalski-*Heidinger*, GmbHG, § 30 Rn. 2, m. w. N.

709 Diskutiert werden vor allem folgende Ansätze (ausführlicher Vorauflage Rn. 386 ff):

V. Kritik am bestehenden System der Kapitalerhaltung

- Modifikation der Kompetenzordnung durch Stärkung der Stellung des Geschäftsführers gegenüber den Gesellschaftern, u. a. durch Gewährung eines unantastbaren Kernbereichs eigenverantwortlicher Unternehmensführung, die zu einer einem Vorstand einer Aktiengesellschaft ähnlichen Position führt;
- Modifikation der Haftungs- und Finanzverfassung, wodurch das Privileg des § 13 Abs. 2 GmbHG unter bestimmten Voraussetzungen entfallen soll;
- extensive Auslegung der Vorschriften über die Kapitalerhaltung (z. B. Vorverlagerung des zeitlichen Anwendungsbereichs, Lösung von der bilanziellen Betrachtungsweise);
- Begründung einer (hinsichtlich ihres Umfanges zu konkretisierenden) Innenhaftung des Gesellschafters (z. B. unter dem Gesichtspunkt der Treupflichtverletzung);
- Bejahung einer Außenhaftung des Gesellschafters;
- Kompensation der strukturellen Defizite des Systems der Kapitalerhaltung durch eine Verschärfung der Geschäftsführerhaftung.

Trotz der Berechtigung mancher Kritik sowie guter Gründe für die vorgenannten Lösungsansätze ist festzustellen, dass der Gesetzgeber sich den Vorschlägen im MoMiG bis auf wenige Ausnahmen nicht angeschlossen hat. *De lege lata* bleibt es somit bei den oben genannten Vorschriften über die Kapitalerhaltung (einschließlich § 135 InsO und § 6 AnfG), die lediglich für den Fall der vorsätzlich sittenwidrigen Schädigung eine Innenhaftung der Gesellschafter vorsehen,

BGHZ 173, 246 = ZIP 2007, 1552 *(Trihotel)*,
dazu EWiR 2007, 557 *(Wilhelm)*, dazu unten Rn. 1254 ff),

die durch eine Insolvenzverursachungshaftung der Geschäftsführer, § 64 Satz 3 GmbHG, ergänzt wird.

M. Der Grundfall: Auszahlungssperre nach § 30 Abs. 1 Satz 1 GmbHG

I. Überblick

Zentralnorm des Kapitalerhaltungsrechts ist § 30 Abs. 1 Satz 1 GmbHG. Danach darf das zur Erhaltung des Stammkapitals erforderliche Vermögen der Gesellschaft nicht an die Gesellschafter ausgezahlt werden. 711

§ 30 Abs. 1 Sätze 2 und 3 GmbHG enthalten hiervon *auf den ersten Blick* drei Ausnahmen: 712

- So beansprucht das Verbot zum einen keine Geltung für Leistungen i. R. eines Beherrschungs- oder Gewinnabführungsvertrages i. S. von § 291 Abs. 1 AktG bzw.
- für solche Leistungen, die durch einen vollwertigen Gegenleistungs- oder Rückgewähranspruch gedeckt sind.
- Zum anderen ist die Auszahlungssperre unanwendbar auf die Rückgewähr von Gesellschafterdarlehen und Leistungen auf Forderungen, die einem Gesellschafterdarlehen wirtschaftlich entsprechen.

Bei § 30 Abs. 1 Satz 2 Alt. 2 und 3 GmbHG handelt es sich allerdings nur **scheinbar um Ausnahmen**. Tatsächlich tragen diese Vorschriften lediglich der vom Gesetzgeber durch das MoMiG bekräftigten bilanziellen Betrachtungsweise Rechnung, d. h. dem Umstand, dass z. B. bei Rückführung eines Gesellschafterdarlehens zwar ein Abfluss von Zahlungsmitteln erfolgt, die Gesellschaft aber zugleich in gleicher Höhe von einer Verbindlichkeit befreit wird, sich das Vermögen der Gesellschaft also nicht verringert,

> BT-Drucks. 16/6140, S. 41;
> *Kiefner/Theusinger*, NZG 2008, 801, 804.

Als **echte Ausnahme** von der Grundregel kann sich im Einzelfall lediglich die Aufhebung der Auszahlungssperre für den Fall des Bestehens eines Beherrschungs- oder Gewinnabführungsvertrages erweisen, denn für diesen Fall kann nur aufgrund einer typisierenden Betrachtung davon ausgegangen werden, dass tatsächlich ein werthaltiger Ausgleichsanspruch (§ 302 AktG analog) besteht. Im Einzelfall kann sich diese Annahme rückblickend als unzutreffend erweisen, was an der Zulässigkeit einer Auszahlung aber nichts ändert. 713

Die **Rechtsfolgen** eines Verstoßes gegen § 30 Abs. 1 Satz 1 GmbHG folgen im Wesentlichen aus § 31 GmbHG, in dem Modalitäten und Grenzen einer Rückgewährpflicht geregelt werden. Hinzu kommt regelmäßig die Haftung des Geschäftsführers gemäß § 43 Abs. 3 GmbHG. Die Grundregel des § 30 Abs. 1 GmbHG wird durch zahlreichen **Sonderregelungen** ergänzt, die spezifische Fallgestaltungen in Blick nehmen. 714

II. Die Tatbestandsvoraussetzungen

1. Überblick

715 § 30 Abs. 1 Satz 1 GmbHG verbietet Auszahlungen aus dem zur Erhaltung des Stammkapitals erforderlichen Vermögen an die Gesellschafter. Liegt ein „verdächtiger" Vermögenstransfer vor oder stellt sich die Frage, ob ein beabsichtigter Vermögenstransfer zulässig ist, sind damit folgende Tatbestandsmerkmale zu prüfen:

- Wer ist als **Empfänger** der Leistung anzusehen?
- Handelt es sich beim Empfänger um einen **Gesellschafter** oder **gleichgestellten Dritten**?
- Handelt es sich um einen Vorgang, der grundsätzlich zu einer **Auszahlung** i. S. von § 30 Abs. 1 Satz 1 GmbHG führen kann?
- Ist die Auszahlung ggf. durch § 30 Abs. 1 Sätze 2 und 3 GmbHG **privilegiert**?
- Wird durch die Auszahlung eine **Unterbilanz** hervorgerufen, vertieft oder verfestigt?

716 Dabei ist zu beachten, dass es für die Feststellung dieser Tatbestandsmerkmale auf unterschiedliche **Zeitpunkte** ankommen kann.

> KG Berlin NZG 2000, 1224, 1225;
> Lutter/Hommelhoff-*Hommelhoff*, GmbHG, § 30 Rn. 19.

717 Keine Rolle für den Tatbestand des Auszahlungsverbots gemäß § 30 Abs. 1 Satz 1 GmbHG spielt dagegen die Frage, wer die Auszahlung veranlasst hat bzw. zu veranlassen sucht und ob die Auszahlung bereits erfolgt ist oder nicht.

2. Empfängereigenschaft

a) Leistung an den Gesellschafter

718 Verboten sind nach § 30 Abs. 1 Satz 1 GmbHG nur Auszahlungen, die aus dem Gesellschaftsvermögen **an** einen Gesellschafter (oder einen einem Gesellschafter gleichgestellten Dritten, siehe unten Rn. 734 ff) erfolgen. Der Gesellschafter muss mithin selbst Leistungsempfänger sein. Letzteres ist unproblematisch, wenn eine Auszahlung unmittelbar an den Gesellschafter erfolgt, wobei es nach der ganz h. M. hierfür auch unerheblich ist, ob dem Gesellschafter ein Anspruch auf die Leistung zustand oder nicht. Ebenso genügt – selbstverständlich – die Zahlung an einen (auch mittelbaren) Stellvertreter des Gesellschafters. Dagegen fallen Zahlungen an andere Dritte, mögen sie auch pflichtwidrig und für die Gesellschaft nachteilig sein, grundsätzlich nicht in den Anwendungsbereich von § 30 Abs. 1 Satz 1 GmbHG.

II. Die Tatbestandsvoraussetzungen

Ekkenga, in: MünchKomm-GmbHG, § 30 Rn. 152;
Scholz-*Verse*, GmbHG, § 30 Rn. 35, 41.

Exkurs: Fraglich ist dagegen, ob auch bei der **Zwischenschaltung eines** 719
Dritten ein Gesellschafter als Empfänger angesehen werden kann, was überwiegend bejaht wird (dazu sogleich Rn. 720 ff). Die Beteiligung Dritter kann aber auch noch in anderer Weise von Bedeutung sein. Neben der sogleich im Anschluss erörterten Frage, unter welchen Voraussetzungen bei einer Auszahlung an einen Nichtgesellschafter diese einem Gesellschafter zuzurechnen ist (mit der Folge einer Erstattungspflicht des Gesellschafters), stellen sich die Fragen, unter welchen Voraussetzungen ein Nichtgesellschafter einem Gesellschafter für die Anwendung von § 30 Abs. 1 GmbHG gleichzustellen ist (er also eine gesellschafterähnliche Position einnimmt und selbst Adressat von §§ 30, 31 GmbHG ist; dazu unten Rn. 734 ff) sowie ob ein Nichtgesellschafter selbst Schuldner eines Rückerstattungsanspruchs i. S. von § 31 Abs. 1 GmbHG sein kann, auch wenn er im konkreten Fall einem Gesellschafter nicht gleichzustellen ist (dazu unten Rn. 1065 ff).

b) Leistung an den Gesellschafter durch Leistung an einen Dritten

Nach allgemeiner Ansicht kann der Gesellschafter aber auch dann Leistungs- 720
empfänger sein, wenn er nur **mittelbar** einen Vorteil auf Kosten der Gesellschaft erlangt, in einer Leistung an einen Dritten kann also mittelbar auch eine Zuwendung an einen Gesellschafter liegen. Ist dies der Fall, ist jedenfalls der Gesellschafter gemäß § 31 Abs. 1 GmbHG zur Rückerstattung verpflichtet (zur Frage, ob auch den Dritten eine Rückerstattungspflicht trifft siehe Rn. 1065 ff). Dies ist der Fall,

- wenn die Gesellschaft nach § 267 BGB **Verbindlichkeiten** des Gesell- 721
schafters gegenüber einem Dritten begleicht oder übernimmt,

  BGHZ 144, 336 = ZIP 2000, 1251, 1255;
  BGH ZIP 1990, 1467, 1468 = NJW 1991, 357,
  dazu EWiR 1990, 1211 (*Müller*);
  OLG Rostock GmbHR 1998, 329, 330;
  Lutter/Hommelhoff-*Hommelhoff*, GmbHG, § 30 Rn. 8;
  Goette, DStR 1997, 1495, 1498;
  Scholz-*Verse*, GmbHG, § 30 Rn. 36;

- die Gesellschaft **auf eine Forderung leistet**, für die der Gesellschafter 722
bürgt oder eine andere Sicherheit gestellt hat; dies gilt allerdings dann nicht, wenn die Gesellschaft selbst Schuldnerin der Forderung ist, da in diesem Fall die Verbindlichkeit erlischt, mithin die bilanzielle Lage sich nicht verschlechtert (arg. e. § 30 Abs. 1 Satz 3 GmbHG). In diesem Fall kann es allenfalls bei der späteren Eröffnung eines Insolvenzverfahrens zu einer Anfechtung nach § 135 Abs. 2 InsO oder – außerhalb davon – nach § 6a AnfG kommen.

Scholz-*Verse*, GmbHG, § 30 Rn. 37;
anders die Rechtslage vor dem MoMiG, vgl.
BGHZ 81, 252, 260 = ZIP 1981, 974;
Goette, DStR 1997, 1495, 1498.

723 • Wenn die Gesellschaft aus ihrem Vermögen **Sicherheiten** zur Besicherung von Forderungen Dritter gegen den Gesellschafter zur Verfügung stellt (dazu unten Rn. 839 ff),

KG Berlin NZG 2000, 479 = NZI 2001, 37;
Scholz-*Verse*, GmbHG, § 30 Rn. 36;
Roth/Altmeppen-*Altmeppen*, GmbHG, § 30 Rn. 84;

724 • der Gesellschafter sich der Gesellschaft bedient, um einem **Dritten** aus rein persönlichen, außergesellschaftlichen Motiven eine Zuwendung zukommen zu lassen. Dabei soll es nach überwiegender Ansicht genügen, dass die Gesellschaft auf Veranlassung oder auch nur mit Einverständnis des Gesellschafters handelt und gegenüber dem Dritten eine Verbindlichkeit eingeht oder ihm vermögenswerte Leistungen zukommen lässt. Denn diese Konstellation kann nicht anders zu beurteilen sein, als wenn der Gesellschafter zuerst eine Auszahlung an sich veranlasst und dann das Erlangte an den Dritten weitergibt. Beherrscht der Gesellschafter die Gesellschaft, ist eine solche Veranlassung (widerleglich) zu vermuten.

BGHZ 144, 336 = ZIP 2000, 1251, 1255;
OLG Rostock GmbHR 1998, 329, 330;
Scholz-*Verse*, GmbHG, § 30 Rn. 37;
Michalski-*Heidinger*, GmbHG, § 30 Rn. 109;
Fleck, in: FS 100 Jahre GmbHG, S. 391, 403 f.

Diese Kriterien sind auch dann erfüllt, wenn der Gesellschafter den Gesellschaftsanteil als **Treuhänder** für einen Dritten hält und eine direkte Auszahlung an diesen veranlasst,

Scholz-*Verse*, GmbHG, § 30 Rn. 40;
Roth/Altmeppen-*Altmeppen*, GmbHG, § 30 Rn. 35,

oder es sich bei dem Dritten um einen **mittelbaren Stellvertreter** (*Strohmann*) des Gesellschafters handelt und dieser entweder die Leistung an den Gesellschafter weiterleitet oder der Gesellschafter die Leistung im obigen Sinne veranlasst hat.

Scholz-*Verse*, GmbHG, § 30 Rn. 41.

725 • Umstritten ist, ob eine mittelbare Leistung an den Gesellschafter vorliegt, wenn die Gesellschaft auf einen **Anspruch** leistet, der ursprünglich dem Gesellschafter **gegen die Gesellschaft** zustand, zwischenzeitlich aber im Wege der Abtretung bzw. Pfändung und Überweisung an einen Dritten übergegangen ist. Teilweise wird in einem solchen Fall eine mittelbare Leistung an den Gesellschafter abgelehnt. Richtiger Ansicht nach liegt jedoch auch hier eine Leistung der Gesellschaft vor, die dem Gesellschaf-

ter mittelbar zugutekommt, sofern durch die Befriedigung des Dritten ein Rückgriff auf den Gesellschafter ausgeschlossen wird.

> A. A. Baumbach/Hueck-*Hueck/Fastrich*, GmbHG, § 31 Rn. 11;
> Michalski-*Heidinger*, GmbHG, § 31 Rn. 25.

- Schließlich kann nach einer verbreiteten Ansicht der Gesellschafter auch dann als Empfänger anzusehen sein, wenn die Leistung an eine ihm persönlich **nahestehende Person** (z. B. Ehefrau) erfolgt. Begründet wird dies meist mit einer Analogie zu §§ 89 Abs. 3 Satz 1, 115 Abs. 2 AktG. **726**

> BGH ZIP 1986, 456 = GmbHR 1986, 113,
> dazu EWiR 1986, 369 *(Lüke)*;
> BGH NJW 1981, 1332 = BB 1982, 1115;
> Baumbach/Hueck-*Hueck/Fastrich*, GmbHG, § 30 Rn. 26;
> ohne Begründung sogar
> OLG Frankfurt/M., Urt. v. 3.7.2009 – 25 U 75/08.

Diese Ansicht ist jedoch **beachtlichen Einwendungen** ausgesetzt. Soweit der Gesellschafter wirtschaftlich von der Auszahlung profitiert (z. B. aufgrund des Wegfalls eines Unterhaltsbedarfs) oder die Zahlung im obigen Sinn veranlasst hat oder mit ihr einverstanden war, ist er ohnehin schon nach allgemeinen Grundsätzen als Empfänger anzusehen. Richtig ist auch, dass es ihm obliegt, eine entsprechende Veranlassungsvermutung zu widerlegen. Über diese Fälle hinaus gibt es aber keine Rechtfertigung, ihm eine Zahlung zuzurechnen, wenn er die Vermutung im Einzelfall widerlegen kann (nicht fernliegend z. B. bei getrennt lebenden Ehegatten). Darüber hinaus ließe sich aus einer analogen Anwendung der genannten aktienrechtlichen Vorschriften wohl nur eine Haftung des Angehörigen, nicht aber des Gesellschafters ableiten.

> Scholz-*Verse*, GmbHG, § 30 Rn. 42 f;
> *Ekkenga*, in: MünchKomm-GmbHG, § 30 Rn. 158, 162.

- Schließlich stellt sich die – sehr umstrittene – Frage, unter welchen Voraussetzungen Auszahlungen der Gesellschaft **an ein Unternehmen**, das mit dem Gesellschafter verbunden ist, als Auszahlungen an den Gesellschafter anzusehen sind. **727**

Richtigerweise sind auch hier die oben genannten Grundsätze heranzuziehen, d. h. die Auszahlung an das verbundene Unternehmen ist einer Auszahlung an den Gesellschafter gleichzustellen, wenn entweder dieser davon wirtschaftlich profitiert oder der Gesellschafter aus persönlichen, gesellschaftsfremden Interessen die Auszahlung veranlasst hat oder mit ihr einverstanden ist. Beherrscht der Gesellschafter die Gesellschaft, ist wiederum diesbezüglich eine Veranlassung (widerleglich) zu vermuten.

> BGHZ 190, 7 = ZIP 2011, 1306 *(Dritter Börsengang)*,
> dazu EWiR 2011, 517 *(Hoffmann-Theinert/Dembski)*;
> Scholz-*Verse*, GmbHG, § 30 Rn. 45, 49.

Ist eine Schwestergesellschaft der auszahlenden Gesellschaft Empfänger der Zahlung, ist umstritten, ob der Gesellschafter schon alleine aufgrund seiner Beteiligung an dieser als Begünstigter der Auszahlung anzusehen ist. Die überzeugendste Ansicht geht davon aus, dass dies zu bejahen ist, wenn der Gesellschafter aufgrund einer maßgeblichen Beteiligung an der Schwestergesellschaft in der Lage ist, dort auf die Leistung zuzugreifen.

> Ulmer/Habersack/Winter-*Habersack*, GmbHG, § 30 Rn. 73;
> BGHZ 190, 7 = ZIP 2011, 1306 *(Dritter Börsengang)*,
> dazu EWiR 2011, 517 *(Hoffmann-Theinert/Dembski)*.

Legt man die Rechtsprechung des Bundesgerichtshofs zum früheren Eigenkapitalersatzrecht sowie zur Kapitalaufbringung zugrunde, ist dies der Fall, wenn der Gesellschafter dem Leitungsorgan der Schwestergesellschaft Weisungen erteilen kann, was im Falle einer GmbH eine Mehrheitsbeteiligung, im Falle einer Aktiengesellschaft wegen § 76 AktG einen Beherrschungsvertrag oder eine Eingliederung voraussetzt.

> BGHZ 190, 7 = ZIP 2011, 1306 *(Dritter Börsengang)*,
> dazu EWiR 2011, 517 *(Hoffmann-Theinert/Dembski)*;
> BGH ZIP 2008, 1230 = NZG 2008, 507,
> dazu EWiR 2008, 463 *(Jungclaus/Keller)*;
> BGHZ 171, 113 = ZIP 2007, 528,
> dazu EWiR 2007, 331 *(Rohde)*;
> BGH ZIP 2001, 115 = NZG 2001, 223,
> dazu EWiR 2001, 379 *(v. Gerkan)*;
> BGH ZIP 1999, 1314 = GmbHR 1999, 916;
> Scholz-*Verse*, GmbHG, § 30 Rn. 45 f.

In zeitlicher Hinsicht soll es nach der Rechtsprechung darauf ankommen, dass die Weisungsmöglichkeit im Zeitpunkt der Auszahlung besteht.

> BGH ZIP 1996, 68 = GmbHR 1996, 111,
> dazu EWiR 1996, 121 *(Crezelius)*;
> dagegen zutreffend für den Zeitpunkt der Begründung
> des Leistungsversprechens
> Scholz-*Verse*, GmbHG, § 30 Rn. 47;
> Ulmer/Habersack/Winter-*Habersack*, GmbHG, § 30 Rn. 64.

Erfolgt die Zahlung an die Muttergesellschaft des Gesellschafters, gelten die dargestellten Grundsätze (Veranlassung bzw. Einverständnis seitens des unmittelbaren Gesellschafters oder eigener wirtschaftlicher Vorteil) entsprechend, wobei allerdings ein wirtschaftlicher Vorteil des (unmittelbaren) Gesellschafters nur angenommen werden kann, wenn er durch die Zahlung von einer Verbindlichkeit gegenüber der Muttergesellschaft befreit wird. Einer Zahlung an die Muttergesellschaft steht eine Auszahlung an die Schwestergesellschaft des Gesellschafters gleich. Darüber hinaus ist das Vorliegen einer Auszahlung zu bejahen, wenn die Muttergesellschaft auf den Gesellschafter einen beherrschenden Einfluss ausüben kann und eine Auszahlung an sich oder oder die Schwestergesellschaft veranlasst.

II. Die Tatbestandsvoraussetzungen

Scholz-*Verse*, GmbHG, § 30 Rn. 49;
Ulmer/Habersack/Winter-*Habersack*, GmbHG, § 30 Rn. 72.

Von der Frage, ob eine mittelbare Zuwendung an den Gesellschafter vorliegt, die durch eine Auszahlung an einen Dritten vollzogen wird, ist die Frage zu unterscheiden, ob ein an sich außenstehender **Dritter** aufgrund besonderer Umstände in den **Adressatenkreis** des § 30 Abs. 1 Satz 1 GmbHG einzubeziehen ist (siehe hierzu unten Rn. 734 ff). Allerdings überscheiden sich diese beiden Fragestellungen vielfach. **728**

Fleck, in: FS 100 Jahre GmbHG, S. 391, 402 f;
Scholz-*Verse*, GmbHG, § 30 Rn. 42.

Diese **doppelte Betroffenheit** der Leistungsbeziehung kann sich insbesondere i. R. des Rückzahlungsanspruchs nach § 31 Abs. 1 GmbHG bemerkbar machen; denn nach überwiegender Ansicht können insoweit der Dritte und der Gesellschafter nebeneinander auf Rückerstattung der verbotswidrigen Auszahlung haften.

BGH ZIP 1996, 68;
Baumbach/Hueck-*Hueck*/*Fastrich*, GmbHG, § 31 Rn. 13;
s. aber auch Scholz-*Verse*, GmbHG, § 30 Rn. 43 und § 31 Rn. 13.

3. Gesellschaftereigenschaft des Empfängers

§ 30 Abs. 1 Satz 1 GmbHG verbietet Auszahlungen aus dem zur Erhaltung des Stammkapitals erforderlichen Vermögen **an die Gesellschafter**. Der Kreis der von § 30 Abs. 1 GmbHG erfassten „Geschäfte" wird somit auch von der Frage determiniert, ob der **Empfänger** der Leistung (dazu oben Rn. 718 ff) als Gesellschafter anzusehen ist. **729**

a) „Formaler" Gesellschafter

Gesellschafter i. S. von § 30 Abs. 1 Satz 1 GmbHG ist zunächst der „Gesellschafter im formalen Sinne", also jeder Inhaber eines Geschäftsanteiles der Gesellschaft. Eine – inzwischen aus Zeitgründen überholte – Sonderstellung kam der Treuhandanstalt/Bundesanstalt für vereinigungsbedingte Sonderaufgaben zu, die i. R. ihres gesetzlichen Auftrags durch § 25 Abs. 5 und 6 DMBilG von den Bindungen des § 30 Abs. 1 GmbHG weitestgehend befreit war. **730**

BGHZ 149, 276 = ZIP 2002, 436,
dazu EWiR 2002, 517 *(Kort)*;
sowie Vorauflage Rn. 393 ff.

b) Geltung von § 30 Abs. 1 Satz 1 GmbHG bei unrichtiger Gesellschafterliste

Wer Gesellschafter ist, richtet sich nach den allgemeinen Vorschriften. Die Eintragung in die Gesellschafterliste und deren Aufnahme in das Handelsregister ist keine Wirksamkeitsvoraussetzung für den Erwerb des Gesellschaftsanteils. Allerdings ist zu beachten, dass gemäß § 16 Abs. 1 Satz 1 **731**

GmbHG als Gesellschafter im Verhältnis zur Gesellschaft nur gilt, wer als solcher in einer in das Handelsregister aufgenommenen Liste i. S. von § 40 GmbHG ausgewiesen wird. Nach den Vorstellungen des Gesetzgebers soll erst mit der Aufnahme der entsprechenden Liste in das Handelsregister dem Gesellschafter die Gesellschafterstellung gegenüber der Gesellschaft zukommen,

> BT-Drucks. 16/6140, S. 37;
> kritisch hierzu Roth/Altmeppen-*Altmeppen*, GmbHG, § 16 Rn. 3.

732 Konsequenterweise müsste somit angenommen werden, dass im Falle der fehlenden Aufnahme des Erwerbers in die Liste i. S. von § 40 GmbHG oder der fehlenden Aufnahme der Liste in das Handelsregister trotz einer materiell wirksamen Anteilsübertragung nur der bisherige, nicht aber der tatsächliche Gesellschafter den Beschränkungen des § 30 Abs. 1 Satz 1 GmbHG unterliegt.

> So wohl Lutter/Hommelhoff-*Hommelhoff*, GmbHG, § 30 Rn. 18;
> Scholz-*Verse*, GmbHG, § 30 Rn. 28;
> *Ekkenga*, in: MünchKomm-GmbHG, § 30 Rn. 151.

733 Es ist aber offensichtlich kein überzeugendes Ergebnis, die Auszahlungssperre auf den wirksam eingetretenen Gesellschafter nicht anzuwenden, auf den wirksam ausgeschiedenen Gesellschafter aber schon. Vor dem Hintergrund des Regelungszieles von § 30 Abs. 1 Satz 1 GmbHG ist deshalb wie folgt vorzugehen:

- Stimmen die Angaben der letzten zum Handelsregister eingereichten Gesellschafterliste und die tatsächliche Gesellschaftereigenschaft nicht überein, fällt auf jeden Fall der tatsächliche Gesellschafter in den Anwendungsbereich des § 30 Abs. 1 Satz 1 GmbHG.

- Gleiches gilt jedoch auch für den in der Gesellschafterliste eingetragenen „Scheingesellschafter". Unabhängig davon, ob der Vorstellung des Gesetzgebers hinsichtlich der Bindungswirkung der Gesellschafterliste zu folgen ist, muss davon ausgegangen werden, dass der in der Gesellschafterliste eingetragene Scheingesellschafter aufgrund der Eintragung in der Lage ist, die Befugnisse eines Gesellschafters effektiv auszuüben und – wie ein Gesellschafter – auf das Vermögen der Gesellschaft zuzugreifen. Der Schutzzweck der Norm gebietet somit auch in diesem Fall die Anwendung von § 30 Abs. 1 Satz 1 GmbHG.

- Nach zutreffender Ansicht kommt eine Legitimationswirkung nach § 16 Abs. 1 GmbHG allerdings nur den Gesellschafterlisten zu, die nach Inkrafttreten von § 40 GmbHG n. F. am 1.11.2008 in elektronischer Form zum Handelsregister eingereicht wurden,

  > vgl. Baumbach/Hueck-*Hueck*/*Fastrich*, GmbHG, § 16 Rn. 7;
  > abweichend: *Hasselmann*, NZG 2009, 409, 412;
  > *Reymann*, BB 2009, 506, 511;

allgemein zur Problematik einer fehlenden Übergangsregelung *Wicke*, NotBZ 2009, 1, 12.

c) **Gesellschaftern gleichgestellte Dritte**

Neben den Gesellschaftern im „formalen" Sinne haben Rechtsprechung und Literatur im Laufe der Zeit zunehmend auch Dritte in den **Adressatenkreis** von § 30 Abs. 1 GmbHG einbezogen und damit den Kreis der Geschäfte, die zu überprüfen sind, nicht unerheblich erweitert. Neben denen, die formal Mitglied der Gesellschaft sind, gelten nach h. M. auch solche Personen als „Gesellschafter" i. S. des § 30 Abs. 1 Satz 1 GmbHG, die in einem qualifizierten persönlichen oder wirtschaftlichen Näheverhältnis entweder zur Gesellschaft oder aber zu einem Gesellschafter stehen. 734

S. *Fleck*, in: FS 100 Jahre GmbHG, S. 391, 401 ff;
Baumbach/Hueck-*Hueck/Fastrich*, GmbHG, § 30 Rn. 26 ff;
Michalski-*Heidinger*, GmbHG, § 30 Rn. 114 ff.

Neben dem eigentlichen Gesellschafter ist die Gesellschaftereigenschaft i. S. des § 30 Abs. 1 Satz 1 GmbHG auch in folgenden Fällen erfüllt: 735

- **Atypischer stiller Gesellschafter:** Sofern er aufgrund der vertraglichen Ausgestaltung des stillen Gesellschaftsverhältnisses hinsichtlich seiner vermögensmäßigen Beteiligung sowie seines Einflusses auf die Gesellschaft einem Gesellschafter im „formalen" Sinne weitgehend gleichsteht bzw. in vergleichbarer Weise in den mitgliedschaftlichen Verbund der GmbH einbezogen ist; dies kann z. B. durch die Bindung wesentlicher Entscheidungen an die Zustimmung durch den oder die stillen Gesellschafter erfolgen. 736

BGH ZIP 2012, 1869 = NZG 2012, 1103,
dazu EWiR 2012, 669 *(Spliedt)*;
BGH ZIP 2006, 703 = NZG 2006, 341 (Frage des Einzelfalles; analoge Anwendung von § 30 GmbHG),
dazu EWiR 2006, 653 *(Kort)*;
BGH WM 1989, 14, 15 = ZIP 1989, 95,
dazu EWiR 1989, 587 *(Koch)*;
OLG Köln ZIP 2011, 2208 = ZInsO 2012, 1081,
dazu EWiR 2012, 27 *(Hölzle)*;
Lutter/Hommelhoff-*Hommelhoff*, GmbHG, § 30 Rn. 18.

Ob diese Befugnisse im konkreten Fall ausgeübt wurden, ist nicht erheblich,

OLG Hamm, Urt. v. 16.1.2008 – 8 U 138/06 (für Pfandgläubiger).

- **Treugeber:** Im Rahmen von Treuhand- und Strohmannverhältnisses derjenige, für den der formale Gesellschafter den Gesellschaftsanteil treuhänderisch hält, 737

BGH ZIP 2008, 118 = NZG 2008, 106,
dazu EWiR 2008, 545 *(Schall)*;
BGHZ 157, 72, 74 = ZIP 2004, 263,

> dazu EWiR 2004, 911 *(Schöne/Stolze)*;
> dazu ausführlich Roth/Altmeppen-*Altmeppen*, GmbHG, § 30 Rn. 32;
> OLG Jena ZIP 2011, 572 (LS);
> BGHZ 31, 258, 266;
> BGH NJW 1996, 1341, 1342 = ZIP 1996, 538,
> dazu EWiR 1996, 501 *(v. Gerkan)*;
> OLG Nürnberg NZG 2001, 943, 944;
> Lutter/Hommelhoff-*Hommelhoff*, GmbHG, § 30 Rn. 22;
> Scholz-*Verse*, GmbHG, § 30 Rn. 39,

wobei die Haftung ebenfalls den Treuhänder als formalen Gesellschafter trifft, wenn er die Leistung entgegennimmt und weiterleitet oder die Leistung an seinen Hintermann veranlasst, wofür es genügt, dass die Leistung tatsächlich an den Treugeber erfolgt,

> vgl. Baumbach/Hueck-*Hueck/Fastrich*, GmbHG, § 30 Rn. 28.

In diesem Fall haften Treugeber und formaler Gesellschafter (Treuhänder) als Gesamtschuldner,

> Roth/Altmeppen-*Altmeppen*, GmbHG, § 30 Rn. 34 f.

Umstritten ist die Rechtslage für den Fall, dass der Treuhänder die Leistung unterschlägt und weisungswidrig nicht an den Treugeber weiterleitet.

> Für eine Haftung des Treugebers
> Roth/Altmeppen-*Altmeppen*, GmbHG, § 30 Rn. 33;
> a. A. Scholz-*Verse*, GmbHG, § 30 Rn. 39.

- **Nießbraucher:** Leistungen an den Nießbraucher unterliegen dem Anwendungsbereich des § 30 Abs. 1 Satz 1 GmbHG, wenn dieser nicht nur vermögensmäßig vom Gesellschaftsanteil profitiert, sondern zugleich einem Gesellschafter vergleichbar in den mitgliedschaftlichen Verbund der GmbH eingebunden ist, was regelmäßig voraussetzt, dass er aufgrund einer zusätzlichen Vereinbarung auch die Stimmrechte aus dem Geschäftsanteil ausübt;

> *Fricke*, GmbHR 2008, 739, 744;
> Roth/Altmeppen-*Altmeppen*, GmbHG, § 30 Rn. 66;
> *Ekkenga*, in: MünchKomm-GmbHG, § 30 Rn. 163;
> *Pohlmann*, in: MünchKomm-BGB, § 1068 Rn. 71 ff.

Fehlt diese Möglichkeit der Einflussnahme, ist § 30 Abs. 1 Satz 1 GmbHG entgegen der wohl überwiegenden Meinung auf den Nießbraucher nicht anwendbar, sofern nicht eine andere Fallgruppe (z. B. „wirtschaftliche Einheit") einschlägig ist; denn mangels Einflussnahmemöglichkeiten besteht nicht die von § 30 Abs. 1 Satz 1 GmbHG vorausgesetzte Gefährdungslage. Unter Umständen kommt allerdings in Betracht, in der Leistung eine Zahlung an den Gesellschafter zu sehen.

> A. A. Michalski-*Heidinger*, GmbHG, § 30 Rn. 119;
> Lutter/Hommelhoff-*Hommelhoff*, GmbHG, § 30 Rn. 18;
> Scholz-*Verse*, GmbHG, § 30 Rn. 51;

II. Die Tatbestandsvoraussetzungen

> Baumbach/Hueck-*Hueck/Fastrich*, GmbHG, § 30 Rn. 28;
> Ulmer/Habersack/Winter-*Habersack*, GmbHG, § 30 Rn. 67.

- **Pfandgläubiger:** Der Pfandgläubiger unterliegt den Grundsätzen der Kapitalerhaltung – vergleichbar dem atypischen stillen Gesellschafter – nur, wenn er die Geschicke der Gesellschaft ähnlich einem Gesellschafter mitbestimmen kann. Ob diese Befugnisse im konkreten Fall ausgeübt wurden, ist nicht entscheidend. 739

> BGHZ 119, 191 = ZIP 1992, 1300,
> dazu EWiR 1992, 999 *(v. Gerkan)*;
> OLG Hamm, Urt. v. 16.1.2008 – 8 U 138/06;
> Baumbach/Hueck-*Hueck/Fastrich*, GmbHG, § 30 Rn. 28;
> Michalski-*Heidinger*, GmbHG, § 30 Rn. 122;
> abweichend *Altmeppen*, ZIP 1993, 1677 ff.

- **Wirtschaftliche Einheit:** Rechtsprechung und zahlreiche Stimmen in der Literatur nehmen darüber hinaus an, dass derjenige, der mit dem Gesellschafter eine „wirtschaftliche Einheit" bildet, für die Zwecke von § 30 Abs. 1 Satz 1 GmbHG ebenfalls wie ein Gesellschafter zu behandeln ist, sofern er die Leistung nicht lediglich als Vertreter des Gesellschafters entgegennimmt. In diesen Fällen soll die Haftung auch den eigentlichen Gesellschafter treffen. 740

> BGHZ 138, 291 = ZIP 1998, 793, 795,
> dazu EWiR 1998, 699 *(Eckardt)*;
> BGH ZIP 1990, 1467, 1468 = NJW 1991, 357,
> dazu EWiR 1990, 1211 *(Müller)*;
> KG Berlin NZG 2000, 1224, 1225;
> OLG Brandenburg GmbHR 1999, 297, 298 :
> Baumbach/Hueck-*Hueck/Fastrich*, GmbHG, § 30 Rn. 26;
> Lutter/Hommelhoff-*Hommelhoff*, GmbHG, § 30 Rn. 22.

Die Voraussetzungen liegen beispielsweise vor, wenn die Zahlung an eine mit der GmbH gesellschaftergleiche BGB-Gesellschaft erfolgt,

> OLG Köln BB 1996, 2217 = GmbHR 1996, 367.

Eine derartige wirtschaftliche Einheit wird ferner in weitem Umfang bei miteinander **verbundenen Unternehmen** i. S. von § 15 AktG angenommen,

> KG Berlin NZG 2000, 1224, 1225;
> OLG Brandenburg GmbHR 1999, 297, 298;
> Michalski-*Heidinger*, GmbHG, § 30 Rn. 124, 172 ff;
> Lutter/Hommelhoff-*Hommelhoff*, GmbHG, § 30 Rn. 22;
> Baumbach/Hueck-*Hueck/Fastrich*, GmbHG, § 30 Rn. 27;
> differenzierend aber Scholz-*Verse*, GmbHG, § 30 Rn. 44 ff,

wobei eine abschließende Klärung, ob alle unter § 15 AktG fallenden Konstellationen zu einer Anwendung des § 30 Abs. 1 Satz 1 GmbHG führen, jedoch noch fehlt. **Unstreitig** ist allerdings, dass § 30 Abs. 1 Satz 1 GmbHG Anwendung findet, wenn der Leistungsempfänger über eine von ihm beherrschte Tochtergesellschaft mittelbar an der auszahlenden GmbH beteiligt ist. In diesem Fall ist auch der Gesellschafter-Gesellschafter Adressat von § 30 Abs. 1 Satz 1 GmbHG.

> BGHZ 81, 311, 315 f = ZIP 1981, 1200;
> BGH ZIP 1996, 68 = GmbHR 1996, 111,
> dazu EWiR 1996, 121 *(Crezelius)*;
> Ulmer/Habersack/Winter-*Habersack*, GmbHG, § 30 Rn. 72;
> Scholz-*Verse*, GmbHG, § 30 Rn. 49.

Umstritten ist dagegen der Fall, in dem die Auszahlung an eine „Schwestergesellschaft" der auszahlenden Gesellschaft, d. h. an ein Unternehmen erfolgt, an dem der Gesellschafter (der auszahlenden Gesellschaft) unmittelbar oder mittelbar (maßgeblich) beteiligt ist.

- Rechtsprechung und Literatur haben auch in diesen Fällen die Schwestergesellschaft häufig als Adressaten von § 30 Abs. 1 Satz 1 GmbHG angesehen.

  > BGH ZIP 1990, 1593, 1595 = GmbHR 1991, 99,
  > dazu EWiR 1991, 67 *(v. Gerkan)*;
  > BGH ZIP 1996, 68, 69 = GmbHR 1996, 111,
  > dazu EWiR 1996, 121 *(Crezelius)*;
  > BSGE 75, 82 = ZIP 1994, 1944, 1949 = GmbHR 1995, 46;
  > KG Berlin NZG 2000, 1224, 1225 f;
  > LG Kassel ZInsO 2001, 1068, 1070 = GmbHR 2002, 912,
  > dazu EWiR 2002, 435 *(Blöse)*.

- Nach der Gegenansicht soll dagegen in einer derartigen Konstellation das Vorliegen einer gesellschaftergleichen Position der Schwestergesellschaft zu verneinen sein. Diese Ansicht erscheint überzeugender, da eine Haftung des unmittelbaren Gesellschafters in diesen Fällen zu bejahen ist (siehe oben Rn. 727) und für eine darüber hinaus gehende Analogie zu § 30 Abs. 1 Satz 1 GmbHG kein Bedürfnis besteht.

  > Scholz-*Verse*, GmbHG, § 30 Rn. 48;
  > *Ekkenga*, in: MünchKomm-GmbHG, § 30 Rn. 182;
  > Ulmer/Habersack/Winter-*Habersack*, GmbHG, § 30 Rn. 72.

Vollends ungeklärt ist, ob § 30 Abs. 1 Satz 1 GmbHG Anwendung findet, wenn die Auszahlung nicht an eine Schwestergesellschaft der auszahlenden GmbH, sondern an eine Schwestergesellschaft des Gesellschafters erfolgt.

- Insbesondere die Rechtsprechung des Bundesgerichtshofs scheint darauf hinzudeuten, dass eine Zahlung an eine Gesellschaft, an der der Gesellschafter nicht beteiligt ist und von der er auch nicht beherrscht wird (Schwestergesellschaft des Gesellschafters), auch dann keine ausreichende wirtschaftliche Verbindung für die Anwendung von § 30 Abs. 1 Satz 1 GmbHG begründet, wenn Gesellschafter und Empfänger der Leistung von einer gemeinsamen Muttergesellschaft beherrscht werden,

II. Die Tatbestandsvoraussetzungen

> BGHZ 171, 113 = ZIP 2007, 528,
> dazu EWiR 2007, 331 *(Rohde)*;
> BGH ZIP 2008, 1230 = NZG 2008, 507,
> dazu EWiR 2008, 463 *(Jungclaus/Keller)*.

- Für die obige Rechtsprechung lässt sich auf den ersten Blick anführen, dass die an der GmbH beteiligte Gesellschaft und ihre Schwestergesellschaft ungeachtet ihrer gemeinsamen Muttergesellschaft untereinander nicht beteiligt sind. Allerdings lässt es sich mit dem Schutzzweck von § 30 Abs. 1 Satz 1 GmbHG schwerlich in Einklang bringen, sollte die Muttergesellschaft sanktionslos aufgrund ihrer Leitungsbefugnis gegenüber der Gesellschafterin der GmbH auf diese wie ein Gesellschafter Einfluss nehmen und Vermögenswerte auf andere Konzerngesellschaften verschieben können. Insbesondere aus Sicht der Gläubiger ist es in einem solchen Fall unerheblich, ob Empfänger der Auszahlung eine Schwestergesellschaft der Gesellschafterin oder die gemeinsame Muttergesellschaft ist. Die zutreffende Ansicht sieht deshalb auch in diesen Fällen den Anwendungsbereich von § 30 Abs. 1 Satz 1 GmbHG eröffnet, wobei richtigerweise allerdings das den unmittelbaren Gesellschafter beherrschende Unternehmen als Empfänger bzw. Adressat von § 30 Abs. 1 Satz 1 GmbHG anzusehen ist.

> Baumbach/Hueck-*Hueck/Fastrich*, GmbHG, § 30 Rn. 27;
> Roth/Altmeppen-*Altmeppen*, GmbHG, § 30 Rn. 62, 64 f;
> Ulmer/Habersack/Winter-*Habersack*, GmbHG, § 30 Rn. 72.

- **Persönliche (familienrechtliche) Beziehung:** Ob die „Gesellschaftereigenschaft" i. S. des §§ 30, 31 GmbHG auch alleine durch „familienrechtliche Bande" mit einem Gesellschafter der auszahlenden Gesellschaft begründet werden kann, ist streitig. 741

  - Von der zumindest früher h. M. wird dies in entsprechender Anwendung der §§ 89 Abs. 3, 115 Abs. 2 AktG im Falle des Ehegatten, Lebenspartners oder der minderjährigen Kinder des Gesellschafters angenommen (unentschieden aber für sonstige Familienangehörige).

    > BGHZ 81, 365, 369 = ZIP 1981, 1332;
    > BGH ZIP 1996, 68 = GmbHR 1996, 111,
    > dazu EWiR 1996, 121 *(Crezelius)*;
    > BGH WM 1986, 237, 239 = ZIP 1986, 456,
    > dazu EWiR 1986, 369 *(Lüke)*;
    > BGH ZIP 1991, 366 = GmbHR 1991, 155,
    > dazu EWiR 1991, 681 *(Frey)*;
    > KG Berlin NZG 2000, 1224, 1226;
    > OLG Brandenburg GmbHR 1999, 297, 298;
    > Lutter/Hommelhoff-*Hommelhoff*, GmbHG, § 30 Rn. 22.

  - Nach a. A. soll eine Zahlung an einen Angehörigen nur dann als eine Auszahlung i. S. von § 30 Abs. 1 Satz 1 GmbHG zu qualifizieren sein, wenn der Gesellschafter durch die Leistung selbst begünstigt wird, diese im Eigeninteresse veranlasst hat oder zumindest damit einverstanden war, wobei dies allerdings zu vermuten sein soll. Ist dies der Fall, so wird nach dieser Ansicht allerdings nicht der Angehörige als Gesellschafter qualifiziert, vielmehr liegt in der Zahlung an den Angehörigen eine Auszahlung an den tatsächlichen Gesellschafter.

Scholz-*Verse*, GmbHG, § 30 Rn. 42;
Roth/Altmeppen-*Altmeppen*, GmbHG, § 30 Rn. 48 f;
vgl. zu den verfassungsrechtlichen Bedenken,
Fleck, in: FS 100 Jahre GmbHG, S. 391, 403.

- Folgt man der ersten Ansicht, ist des Weiteren umstritten, inwieweit es für die Gleichstellung naher Angehöriger mit einem Gesellschafter notwendig ist, dass der betroffene Angehörige (oder sein gesetzlicher Vertreter) den Verstoß gegen § 30 Abs. 1 Satz 1 GmbHG kennt. Richtiger Ansicht nach kann es jedoch hierauf, wenn man der h. M. überhaupt folgen will, für die Anwendung des § 30 Abs. 1 Satz 1 GmbHG nicht ankommen; denn nach ihrem Sinn und Zweck steckt hinter der entsprechenden Anwendung der §§ 89 Abs. 3, 115 Abs. 2 AktG eine zulässige Typisierung. Diese würde aber ins Gegenteil verkehrt, wollte man auf subjektive Elemente auf Seiten des Empfängers abstellen.

BGHZ 81, 365, 368 f = ZIP 1981, 1332;
a. A. Baumbach/Hueck-*Hueck/Fastrich*, GmbHG, § 31 Rn. 13,
m. allerdings unzutreffendem Verweis auf BGHZ 81, 365, 368 = ZIP 1981, 1332.

Zudem wäre es nicht einsichtig und tatsächlich ein Zirkelschluss, allein deswegen, weil der in Aussicht genommene Empfänger den Verstoß gegen § 30 Abs. 1 Satz 1 GmbHG nicht erkennt, einen solchen Verstoß zu verneinen. Allerdings wird diskutiert, mit Blick auf den Rückgewähranspruch die Gesellschaftereigenschaft „entfallen" zu lassen, wenn der Familienangehörige darlegt und notfalls auch beweist, dass er von der Verbotswidrigkeit der Auszahlung keine Kenntnis hatte und auch nicht haben konnte,

Baumbach/Hueck-*Hueck/Fastrich*, GmbHG, § 31 Rn. 13, m. w. N.

742 • **Kombination verschiedener Kriterien:** Schließlich kann die Gesellschaftereigenschaft auch durch eine Kombination der Kriterien „familienrechtliche" bzw. „wirtschaftliche" Einheit begründet werden. So gilt als Gesellschafter etwa auch derjenige Leistungsempfänger, an dem ein naher Angehöriger des Gesellschafters maßgeblich beteiligt ist.

BGH WM 1986, 237, 239 = ZIP 1986, 456,
dazu EWiR 1986, 369 *(Lüke)*;
Baumbach/Hueck-*Hueck/Fastrich*, GmbHG, § 30 Rn. 26 f.

743 • **Sonstige Dritte:** Geschäfte der Gesellschaft mit sonstigen Dritten, die in keinem gesellschaftsrechtlichen oder familienrechtlichen Näheverhältnis

II. Die Tatbestandsvoraussetzungen

zu einem Gesellschafter bzw. der Gesellschaft stehen, werden von § 30 Abs. 1 Satz 1 GmbHG grundsätzlich nicht erfasst.

BGHZ 138, 291 = ZIP 1998, 793, 795,
dazu EWiR 1998, 699 *(Eckardt)*;
Lutter/Hommelhoff-*Hommelhoff*, GmbHG, § 30 Rn. 21.

Dies gilt selbst dann, wenn es sich bei dem Dritten um den Geschäftsführer oder aber um einen leitenden Mitarbeiter der Gesellschaft handelt (hier kann aber § 43a GmbHG zu beachten sein, vgl. unten Rn. 1151 ff) oder wenn es sich bei dem Betroffenen um das Organmitglied (z. B. den Geschäftsführer) des Gesellschafters handelt. Dritten kann (siehe aber auch unten Rn. 1023) das Auszahlungsverbot des § 30 Abs. 1 Satz 1 GmbHG grundsätzlich nicht entgegengehalten werden.

d) Maßgebender Zeitpunkt für die Prüfung der Gesellschaftereigenschaft des Empfängers

Fraglich ist, in welchem Zeitpunkt der Auszahlungsempfänger die Gesellschaftereigenschaft im oben beschriebenen Sinne aufweisen muss. In Betracht kommen sowohl der Moment, in dem die Auszahlungsverpflichtung begründet, als auch der Zeitpunkt, in dem die Zahlung vollzogen wird. 744

Die **Rechtsprechung** differenziert danach, ob es um die Feststellung der Gesellschaftereigenschaft im formalen Sinne oder aber um die Frage geht, ob im Einzelfall ein Dritter aufgrund eines familienrechtlichen oder wirtschaftlichen Näheverhältnisses einem Gesellschafter gleichzustellen ist. Im ersten Fall soll es auf den Zeitpunkt der Begründung der Auszahlungsverpflichtung ankommen. 745

BGH NJW 1996, 1341, 1342 = ZIP 1996, 538,
dazu EWiR 1996, 501 *(v. Gerkan)*;
BGHZ 13, 49, 54 = GmbHR 1954, 75;
BGHZ 81, 252, 258 = ZIP 1981, 974;
BSG ZIP 1994, 1944, 1949 = GmbHR 1995, 46;
KG Berlin NZG 2001, 989, 990;
KG Berlin NZG 2000, 479 = NZI 2001, 37;
s. a. *Peltzer/Bell*, ZIP 1993, 1757, 1761.

Hat die Gesellschaft daher beispielsweise (mittel- oder unmittelbar) einem formalen Gesellschafter eine Leistung verbindlich zugesagt, ist das Geschäft auch dann vom Auszahlungsverbot betroffen, wenn der Gesellschafter vor der Auszahlung aus der Gesellschaft ausscheidet.

RGZ 133, 395;
BGHZ 81, 252, 253, 258 = ZIP 1981, 974;
OLG Hamburg ZIP 2013, 74 = GmbHR 2012, 1242, 1243;
Lutter/Hommelhoff-*Hommelhoff*, GmbHG, § 30 Rn. 18.

Gleiches gilt, wenn einem Gesellschafter im Zusammenhang mit seinem beabsichtigten Ausscheiden eine Leistung zugesagt wird, die er nach seinem Ausscheiden erhalten soll.

M. Der Grundfall: Auszahlungssperre nach § 30 Abs. 1 Satz 1 GmbHG

> OLG Hamburg ZIP 2013, 74 = GmbHR 2012, 1242, 1243;
> Lutter/Hommelhoff-*Hommelhoff*, GmbHG, § 30 Rn. 18.

746 Ein umfassender Schutz zugunsten der Gesellschaft ist in der Tat nur dann zu erreichen, wenn für die Prüfung der Gesellschaftereigenschaft auf den Zeitpunkt der **Begründung der Auszahlungsverpflichtung** abgestellt wird. Wäre stattdessen hierfür der Auszahlungszeitpunkt maßgebend, könnte der Geschäftsführer zu diesem späteren Zeitpunkt den Abfluss der Gesellschaftsmittel nämlich nicht mehr verhindern, wenn der Empfänger bis dahin aus seiner Gesellschafterstellung ausgeschieden ist.

747 Liegt der Auszahlung dagegen **kein Verpflichtungsgeschäft** zugrunde, kommt es auf den Zeitpunkt der Auszahlung an.

748 Von der Festlegung des maßgeblichen Zeitpunkts bei einer Zahlung an einen ehemaligen Gesellschafter ist die Frage zu trennen, ob auch Auszahlungen an einen **zukünftigen Gesellschafter** unter das Verbot des § 30 Abs. 1 Satz 1 GmbHG fallen. Diese Frage ist in den Fällen besonders dringlich, in denen die Auszahlungsverpflichtung – wie z. B. in Fällen eines sog. *Leveraged Buy-Out* – vor Erwerb der Gesellschafterstellung, aber mit Blick hierauf eingegangen wird. Zu Recht hat sich die Rechtsprechung dazu entschlossen, auch diesen Fall § 30 Abs. 1 Satz 1 GmbHG zu unterwerfen. Der zukünftige Gesellschafter kann demnach nach h. M. Adressat von § 30 Abs. 1 Satz 1 GmbHG sein, wenn zwischen der verbotswidrigen Leistung und dem Erwerb der Anteile ein enger sachlicher und zeitlicher Zusammenhang besteht und die Leistung mit Rücksicht auf die künftige Gesellschafterstellung erfolgt.

> BGHZ 173, 1 = ZIP 2007, 1705 = NZG 2007, 704;
> BGH NZG 2008, 106 = ZIP 2008, 118 (zur AG),
> dazu EWiR 2008, 545 *(Schall)*;
> Lutter/Hommelhoff-*Hommelhoff*, GmbHG, § 30 Rn. 19,
> *Canaris*, in: FS Fischer, S. 31, 32 f;
> Baumbach/Hueck-*Hueck/Fastrich*, GmbHG, § 30 Rn. 23;
> s. hierzu auch
> BGH ZIP 1990, 1467 = NJW 1991, 357,
> dazu EWiR 1990, 1211 *(Müller)*;
> BGH ZIP 1996, 68 ff = GmbHR 1996, 111,
> dazu EWiR 1996, 121 *(Crezelius)*;
> *Goette*, DStR 1997, 1495, 1498;
> a. A. *Schüppen*, WiB 1996, 114.

749 Das Vorliegen eines engen zeitlichen Zusammenhangs wird nach einer – zutreffenden – abweichenden Ansicht für entbehrlich gehalten, wonach jede Leistung mit Rücksicht auf die zukünftige Gesellschafterstellung an § 30 Abs. 1 GmbHG zu messen sein soll. Dem zeitlichen und sachlichen Zusammenhang kommt danach lediglich insoweit Bedeutung zu, dass bei dessen Vorliegen die Rücksichtnahme auf die Gesellschafterstellung zu vermuten sein soll.

> Scholz-*Verse*, GmbHG, § 30 Rn. 33.

II. Die Tatbestandsvoraussetzungen

Gerade beim sog. *Leveraged Buy-Out* ist allerdings zu beachten, dass auch 750
der aus der Gesellschaft ausscheidende Verkäufer als Empfänger nach §§ 30,
31 GmbHG haften kann, wenn die Gesellschaft die an ihn fließende Kaufpreiszahlung finanziert oder für eine entsprechende Fremdfinanzierung Sicherheiten bestellt. Im Ergebnis kann damit die Haftung sowohl den Veräußerer wie den Erwerber treffen.

> BGHZ 173, 1 = ZIP 2007, 1705 = NZG 2007, 704,
> dazu *Bormann*, GmbHR 2007, 1106 f (Urteilsanm.);
> *Link*, ZIP 2007, 1397;
> s. a. zum *Leveraged Buy-Out*
> Roth/Altmeppen-*Altmeppen*, GmbHG, § 30 Rn. 25, 108;
> Baumbach/Hueck-*Hueck/Fastrich*, GmbHG, § 30 Rn. 23.

Dagegen soll es im zweiten Fall (Feststellung des Näheverhältnisses) auf den Auszahlungszeitpunkt ankommen.

> BGH ZIP 1996, 68, 69 (mit unzutreffender Bezugnahme auf
> BGH NJW 1987, 1194) = GmbHR 1996, 111,
> dazu EWiR 1996, 121 *(Crezelius)*;
> BGH ZIP 1996, 68;
> zustimmend *Goette*, DStR 1996, 271 (Urteilsanm.);
> *Goette*, DStR 1997, 1495, 1499;
> *Goette* (nun aber kritisch), Die GmbH, § 3 Rn. 37.

Die überwiegende Ansicht in der Literatur lehnt diese Differenzierung der 751
Rechtsprechung ab und will einheitlich auf den Zeitpunkt der Begründung
der Auszahlungsverpflichtung abstellen.

> Baumbach/Hueck-*Hueck/Fastrich*, GmbHG, § 30 Rn. 22, 27;
> Scholz-*Verse*, GmbHG, § 30 Rn. 34.

Allein die in der Literatur vorherrschende Ansicht überzeugt. Der oben ge- 752
nannten Entscheidung des Bundesgerichtshofs,

> BGH ZIP 1996, 68 ff (die sich im Übrigen zu Unrecht auf BGH,
> NJW 1987, 1194 beruft) = GmbHR 1996, 111,
> dazu EWiR 1996, 121 *(Crezelius)*,

ist daher zu widersprechen. § 30 Abs. 1 GmbHG soll im Interesse der Gesellschaftsgläubiger der Gefahr vorbeugen, dass die Gesellschafter ihren Einfluss ausnutzen, um aus eigennützigen Gründen Vermögen aus der Gesellschaft abzuziehen, um dieses anderweitig zu verwenden. Diese Gefahr realisiert sich bereits mit Begründung entsprechender Verpflichtungen, die durch die Eigeninteressen der Gesellschafter motiviert sind. Ob bei Erfüllung dieser den Gläubigerinteressen widersprechenden Verpflichtung die Gesellschafter, die die Begründung der Verpflichtung veranlasst haben, an deren Erfüllung noch ein eigenes Interesse haben, ist aus Sicht der Gläubiger unerheblich und kann vor dem Hintergrund des Schutzzwecks von § 30 Abs. 1 GmbHG auch keine Bedeutung haben.

4. Auszahlung aus dem Gesellschaftsvermögen
a) Mögliche Formen einer „Auszahlung"

753 § 30 Abs. 1 Satz 1 GmbHG verbietet die **Auszahlung** von Gesellschafsmitteln. Es besteht Einigkeit darüber, dass es sich hierbei nicht – wie es der Wortsinn u. U. nahelegen könnte – um eine Geldleistung handeln muss, sondern grundsätzlich jede mittelbare oder unmittelbare, offene oder verdeckte Leistung aus dem Gesellschaftsvermögen als Auszahlung i. S. von § 30 Abs. 1 Satz 1 GmbHG in Betracht kommt, der keine ausgleichende Gegenleistung gegenüber steht.

>BGH NJW 1987, 1194, 1195 = ZIP 1987, 575,
>dazu EWiR 1987, 255 *(Westermann)*;
>OLG Düsseldorf ZIP 2012, 2059 = GmbHR 2012, 793;
>Saenger/Inhester-*Greitemann*, GmbHG, § 30 Rn. 17;
>Baumbach/Hueck-*Hueck/Fastrich*, GmbHG, § 30 Rn. 33;
>zahlreiche Beispiele bei
>Rowedder/Schmidt-Leithoff-*Pentz*, GmbHG, § 30 Rn. 45.

Möglich sind somit Zahlungen, die Übertragung von Eigentum oder anderen Rechten, die Befreiung von Verbindlichkeiten, die auch mittels Verrechnung erfolgen kann,

>Baumbach/Hueck-*Hueck/Fastrich*, GmbHG, § 30 Rn. 33;
>Lutter/Hommelhoff-*Hommelhoff*, GmbHG, § 30 Rn. 8;
>OLG Brandenburg, Urt. v. 7.10.2009 – 7 U 190/08,

und nach richtiger Ansicht auch die Erbringung von Dienstleistungen, Nutzungsüberlassungen sowie die Überlassung von Geschäfts- bzw. Gewinnchancen (dazu unten Rn. 771). Nach umstrittener, aber zutreffender Ansicht kann auch ein *Downstream-merger* zu einer Auszahlung führen,

>Michalski-*Heidinger*, GmbHG, § 30 Rn. 107;
>Ekkenga, in: MünchKomm-GmbHG, § 30 Rn. 193,

sowie der originäre als auch der derivative Erwerb von Gesellschaftsanteilen der Muttergesellschaft (vom beherrschenden Gesellschafter) durch die Tochter-GmbH.

>Michalski-*Heidinger*, GmbHG, § 30 Rn. 104 ff;
>Rowedder/Schmidt-Leithoff-*Pentz*, GmbHG, § 30 Rn. 45.

754 Erforderlich ist allerdings, dass beim Gesellschafter (zumindest mittelbar) eine **Vermögensmehrung** eintritt, da anderenfalls kein „Empfänger" der Auszahlung i. S. von § 31 Abs. 1 i. V. m. Abs. 2 GmbHG identifiziert werden könnte. Allerdings muss die Vermögensmehrung auf Seiten des Gesellschafters der Vermögensminderung auf Seiten der Gesellschaft nicht exakt entsprechen,

>Ulmer/Habersack/Winter-*Habersack*, GmbHG § 30 Rn. 85.

Die reine **Vermögensverschleuderung** durch einen Gesellschafter ohne die Verwendung zum eigenen vermögenswirksamen Vorteil fällt deshalb nicht unter den Schutzzweck von § 30 Abs. 1 Satz 1 GmbHG.

II. Die Tatbestandsvoraussetzungen

> *Ekkenga*, in: MünchKomm-GmbHG, § 30 Rn. 194;
> a. A. Michalski-*Heidinger*, GmbHG, § 30 Rn. 60.

Fraglich und umstritten ist, ob eine Auszahlung i. S. des § 30 Abs. 1 Satz 1 GmbHG auch schon in der Eingehung einer **schuldrechtlichen Verpflichtung** liegen kann; 755

> in diesem Sinne KG Berlin NZG 2001, 989, 990;
> *Goette*, DStR 1997, 1495, 1498;
> Lutter/Hommelhoff-*Hommelhoff*, GmbHG, § 30 Rn. 8.

Hiergegen wird eingewandt, dass durch die Begründung von Verbindlichkeiten der Gesellschaft keine Mittel entzogen würden, die diese für ihre Aktivität benötigt.

Diese punktuelle Sichtweise würde jedoch der i. R. des Auszahlungsbegriffs anzulegenden wirtschaftlichen Betrachtungsweise (hierzu sogleich Rn. 757 ff) nicht immer gerecht. Zumindest dort, wo infolge der Begründung einer Verbindlichkeit Gesellschaftsmittel zwar noch nicht aktuell verloren gehen, deren Verlust jedoch unmittelbar (und unwiederbringlich) droht, gebietet eine wirtschaftliche Betrachtungsweise, eine Auszahlung schon zu einem frühen Zeitpunkt anzunehmen. Letzteres ist insbesondere der Fall, wenn eine Verbindlichkeit, die im Falle ihrer Erfüllung zu einer Auszahlung führen würde, im Interesse des Gesellschafters gegenüber einem **außenstehenden Dritten** begründet wird. In diesen Fällen kann die Gesellschaft nämlich den drohenden Mittelabfluss grundsätzlich nicht mehr verhindern, wenn der Dritte erst einmal einen Anspruch erworben hat.

> Weiter demgegenüber
> KG Berlin NZG 2001, 989, 990;
> Lutter/Hommelhoff-*Hommelhoff*, GmbHG, § 30 Rn. 8.

Nach einer verbreiteten Auffassung setzt eine Auszahlung des Weiteren voraus, dass die Leistung in der Gesellschaft bzw. von dem Gesellschafter **veranlasst** wird. Keine Auszahlung soll daher vorliegen, wenn der Gesellschafter die Gesellschaft bestiehlt oder eine Unterschlagung zu ihrem Nachteil begeht. 756

> Michalski-*Heidinger*, GmbHG, § 30 Rn. 63;
> Ulmer/Habersack/Winter-*Habersack*, GmbHG, § 30 Rn. 80.

Diese Ansicht ist jedoch nicht richtig. Zum einen trifft sie schon auf praktische Abgrenzungsprobleme, so z. B. wenn die Vermögensübertragung durch einen geschäftsführenden Gesellschafter erfolgt. Zum anderen würde in diesem Fall der deliktisch handelnde Gesellschafter z. B. mit Blick auf die längeren Verjährungsfristen des § 31 Abs. 5 GmbHG gegenüber dem „nur" gegen § 30 Abs. 1 Satz 1 GmbHG verstoßenden Gesellschafter privilegiert, wofür eine Rechtfertigung nicht ersichtlich ist,

> Baumbach/Hueck-*Hueck/Fastrich*, GmbHG, § 30 Rn. 64;
> *Bormann*, ZInsO 2009, 127 f.

b) Annahme einer Auszahlung bei bilanzneutralen Leistungen – „wirtschaftliche Betrachtungsweise"

757 Ob und ggf. welche **weiteren** Voraussetzungen erfüllt sein müssen, um von einer „Auszahlung" sprechen zu können, ist in § 30 Abs. 1 Satz 1 GmbHG nicht ausdrücklich geregelt. Fraglich ist vor allem, ob von einer Auszahlung nur dann gesprochen werden kann, wenn die von der Gesellschaft erbrachte Leistung sich in einer entsprechenden Änderung ihrer Bilanz widerspiegeln würde („bilanzielle Betrachtungsweise") oder ob eine „wirtschaftliche Betrachtungsweise" zugrunde zu legen ist, wonach jede vermögenswerte Leistung grundsätzlich als Auszahlung i. S. von § 30 Abs. 1 Satz 1 GmbHG qualifizieren kann.

758 Für eine bilanzielle Auslegung spricht zunächst, dass der Eintritt der Auszahlungssperre (Unterbilanz) anhand eines Vergleichs zwischen dem Nettovermögen der Gesellschaft (nach Buchwerten) und dem Stammkapital ermittelt wird (siehe unten Rn. 883 ff). Ist für den Eintritt der Auszahlungssperre eine bilanzielle Betrachtung maßgebend, spricht dies grundsätzlich dafür, den Auszahlungsbegriff in gleicher Weise zu verstehen. Denn durch eine Leistung, die sich bilanziell nicht auswirkt, kann keine Unterbilanz herbeigeführt werden.

Beispiel 1: Die Gesellschaft erbringt durch einen Angestellten für den Gesellschafter eine Beratungsleistung, die dieser nicht vergütet. Eine Unterbilanz kann hierdurch nicht eintreten.

Beispiel 2: Die Gesellschaft überträgt an den Gesellschafter unentgeltlich einen nicht aktivierungsfähigen immateriellen Vermögensgegenstand. Auch in diesem Fall ändert sich an der bilanziellen Lage nichts, eine Unterbilanz kann durch diese „Auszahlung" von vornherein nicht eintreten.

Auch bei bereits feststehender Unterbilanz läge folglich eine Auszahlung nur vor, wenn hierdurch die Unterbilanz „vertieft" würde, d. h. wenn sich i. R. der betreffenden Leistungsbeziehung das Nettoaktivvermögen der Gesellschaft (ermittelt nach Buchwerten) nochmals verringern würde.

> So ausdrücklich
> *Schneider,* in: FS Döllerer, S. 537, 544.

Für eine bilanzielle Interpretation des Begriffs der „Auszahlung" könnte schließlich § 30 Abs. 1 Satz 2 Alt. 2 GmbHG sprechen, wonach ein Aktivtausch von der Auszahlungssperre grundsätzlich ausgenommen ist. Folge einer bilanztechnischen Interpretation des Auszahlungsbegriffs wäre, dass das Vermögen der Gesellschaft tatsächlich ausschließlich rechnerisch, nicht aber in seiner wirtschaftlichen Funktion geschützt würde.

> *Drygala/Kremer,* ZIP 2007, 1289, 1292.

759 Gegen eine rein bilanztechnische Auslegung des Auszahlungsbegriffs in § 30 Abs. 1 Satz 1 GmbHG spricht jedoch ein Vergleich mit § 33 Abs. 2 Satz 1

GmbHG und § 43a GmbHG. Gemäß § 33 Abs. 2 Satz 1 GmbHG darf die Gesellschaft eigene Geschäftsanteile, selbst wenn die Einlagen vollständig geleistet sind, nicht **aus dem nach § 30 Abs. 1 GmbHG gebundenen Vermögen** (oder unter Heranziehung von gesellschaftsvertraglich vorgesehenen Rücklagen) erwerben. Streng genommen wäre der Kauf der eigenen Geschäftsanteile lediglich ein Aktivtausch, der keine Auszahlung i. S. des § 30 Abs. 1 Satz 1 GmbHG darstellt. Das Gesetz verbietet aber einen derartigen Aktivtausch, da dieser zwar buchtechnisch, nicht aber wirtschaftlich gleichwertig ist. Der Wert des Geschäftsanteils ist an das wirtschaftliche Schicksal der Gesellschaft gekoppelt. Im Rahmen einer wirtschaftlichen Abwärtsentwicklung der Gesellschaft verfällt auch der Geschäftsanteil und steht damit als Vermögenswert weder der Gesellschaft noch den Gläubigern der Gesellschaft zur Verfügung.

Ähnlich ist die Rechtslage nach § 43a GmbHG. Danach darf die Gesellschaft den Geschäftsführern, anderen gesetzlichen Vertretern, Prokuristen oder zum gesamten Geschäftsbetrieb ermächtigten Handlungsbevollmächtigten keinen Kredit **aus dem zur Erhaltung des Stammkapitals erforderlichen Vermögen** der Gesellschaft gewähren (ausführlich dazu unten Rn. 1151 ff). Das Ausreichen eines Kredits an einen solventen Schuldner führt aber an sich lediglich zu einem Aktivtausch, der das buchtechnisch ermittelte Nettovermögen unberührt lässt. 760

Scholz-*Schneider*, GmbHG, § 43a Rn. 7.

Weil jedoch der Rückzahlungsanspruch gegen die in § 43a GmbHG genannten potentiellen Darlehensnehmer bei einer wirtschaftlichen Betrachtung als besonders risikobehaftet angesehen werden muss, will der Gesetzgeber zum Schutz der Gesellschaft und der Gesellschaftsgläubiger verhindern, dass der Gesellschaft auf diese Weise **vorhandene Betriebsmittel** entzogen werden, wenn bereits eine Unterbilanz eingetreten ist oder – bei einer isolierten Betrachtung – der Mittelabfluss dazu führen würde. § 43a GmbHG und § 33 Abs. 2 Satz 1 GmbHG sind damit gesetzliche Beispiele dafür, dass der Gesetzgeber das Gesellschaftsvermögen **nach bzw. bei Eintritt einer Unterbilanz** nicht nur wertmäßig, sondern auch und gerade in seiner wirtschaftlichen Funktion, d. h. insbesondere als Betriebsmittel zugunsten der Gesellschaft und als Haftungsgrundlage zum Vorteil der Gläubiger schützen will. 761

Das Ergebnis, dass es bei der Frage des Vorliegens einer „Auszahlung" nicht nur auf die nach Buchwerten bestimmte bilanzielle Lage der Gesellschaft ankommen kann, bestätigt eine Abwandlung des oben dargestellten Beispiels 2: 762

Beispiel 2a: Nach Eintritt der Unterbilanz überträgt die Gesellschaft einem Gesellschafter unentgeltlich einen wertvollen und verwertbaren, aber nicht aktivierungsfähigen immateriellen Vermögensgegenstand. Wiederum ändert sich an der bilanziellen Lage der Gesellschaft nichts, die Unterbilanz wird allerdings wirtschaftlich **verfestigt** *und den Gläubigern wird Haftungsmasse entzogen. § 30 Abs. 1 Satz 1 GmbHG würde offensichtlich seinen Regelungszweck verfehlen, wäre* es den Gesellschaftern in dieser Situation sanktionslos möglich, trotz bereits erfolgten Eintritts der Unterbilanz der Gesellschaft weiteres Vermögen zu entziehen.

In Anlehnung an diese oben genannten Beispiele tendieren Literatur und Rechtsprechung überwiegend dahin, **nach Eintritt** der Unterbilanz das Gesellschaftsvermögen nicht nur in Höhe des nach Buchwerten ermittelten Nettoaktivvermögens, sondern in seinem wirtschaftlichen Bestand zu schützen. Stellvertretend für diese Ansicht sei hier *Stimpel* zitiert:

> „Zwar ist ganz eindeutig daran festzuhalten, dass die Handelsbilanz die Grenze bestimmt, von der ab § 30 GmbHG anzuwenden ist. Ist aber einmal die Schwelle zum Verbotsbereich unterschritten, ... dann ist durchgängig und ausnahmslos von der handelsbilanziellen Betrachtungsweise zu den realen Wertansätzen umzuschwenken." *Stimpel*, in: FS 100 Jahre GmbHG, S. 340.

763 Eine Auszahlung liegt nach dieser (zutreffenden) Ansicht im Falle einer bereits eingetretenen Unterbilanz folglich vor, wenn die Leistung der Gesellschaft an den Gesellschafter (auch unter Berücksichtigung einer eventuellen Gegenleistung) das Gesellschaftsvermögen **wirtschaftlich** verringert, ohne Rücksicht darauf, ob dies in der Handelsbilanz Niederschlag findet.

> BGHZ 122, 333 = ZIP 1993, 917, 918,
> dazu EWiR 1993, 693 *(Maier-Reimer)*;
> BGH NJW 1987, 1194 f = ZIP 1987, 575,
> dazu EWiR 1987, 255 *(Westermann)*;
> BGHZ 81, 311, 321 = ZIP 1981, 1200;
> KG Berlin NZG 2001, 989, 990;
> OLG Hamburg NZG 2000, 839, 840;
> Lutter/Hommelhoff-*Hommelhoff*, GmbHG, § 30 Rn. 8;
> Baumbach/Hueck-*Hueck/Fastrich*, GmbHG, § 30 Rn. 33 ff;
> Michalski-*Heidinger*, GmbHG, § 30 Rn. 59;
> *Fleck*, in: FS 100 Jahre GmbHG, S. 391, 399;
> in demselben Sinne BGH ZIP 1990, 307 = NJW 1990, 1109,
> dazu EWiR 1990, 169 *(Crezelius)*;
> *Mülbert*, ZGR 1995, 578, 598 Fn. 71;
> *Thole*, ZInsO 2011, 1425.

764 Relevant wird dies vor allem bei der Überlassung nicht aktivierungsfähiger Wirtschaftsgüter, bei Dienstleistungen zugunsten des Gesellschafters, Nutzungsüberlassungen, dem Verzicht auf Geschäftschancen durch die Gesellschaft sowie dem vollständigen oder teilweisen Verzicht auf marktübliche Kredit- oder Avalzinsen.

> *Drygala/Kremer*, ZIP 2007, 1289, 1292, m. w. N.

Aus diesem Umstand wird schließlich teilweise der Schluss gezogen, dass der Begriff der Auszahlung nicht davon abhängen kann, ob bereits eine Unterbilanz vorliegt oder nicht. Liegt noch keine Unterbilanz vor und hat die von der Gesellschaft an den Gesellschafter erbrachte Leistung keine Auswirkung auf die Handelsbilanz, soll es sich gleichwohl um eine Auszahlung handeln, allerdings nicht um eine von § 30 Abs. 1 Satz 1 GmbHG untersagte.

Eine Auszahlung läge somit stets vor, wenn der Geschäftsführer aus dem Gesellschaftsvermögen Leistungen an den Gesellschafter erbringt. Dies gilt – infolge der wirtschaftlichen Betrachtungsweise – auch dann, wenn es sich um bilanziell nicht aktivierbare Vermögenswerte der Gesellschaft handelt.

> Baumbach/Hueck-*Hueck/Fastrich*, GmbHG, § 30 Rn. 33 ff;
> Michalski-*Heidinger*, GmbHG, § 30 Rn. 59, 61, 86;
> wohl auch *Drygala/Kremer*, ZIP 2007, 1289, 1292.

Unabhängig von den Streitfragen im Detail ist jedenfalls festzuhalten, dass dann, wenn bereits eine Unterbilanz vorliegt, auch die Erbringung bilanzneutraler Leistungen (Verzicht auf Zinsen, Nutzungsüberlassungen, Dienstleistungen, Verzicht auf Geschäftschancen, Überlassung nicht aktivierungsfähiger Wirtschaftsgüter) als „Auszahlung" i. S. von § 30 Abs. 1 Satz 1 GmbHG anzusehen ist, die nur erlaubt ist, wenn der Gesellschafter eine vollwertige Gegenleistung erbringt. 765

> So schon *Servatius*, GmbHR 1998, 723.

c) Drittvergleich – „Auszahlung" nur bei Leistung mit Rücksicht auf das Gesellschaftsverhältnis

Nach zutreffender Ansicht erfordert die Anwendung von § 30 Abs. 1 Satz 1 GmbHG, dass die „Auszahlung" wegen bzw. mit Rücksicht auf die Gesellschafterstellung des Empfängers erfolgt (*causa societatis*), mithin also an einen außenstehenden Dritten nicht oder nicht so erfolgt wäre, 766

> BGHZ 13, 49, 54 = GmbHR 1954, 75;
> BGH ZIP 2008, 118 = NZG 2008, 106 (zur AG),
> dazu EWiR 2008, 545 *(Schall)*;
> Baumbach/Hueck-*Hueck/Fastrich*, GmbHG, § 30 Rn. 29,
> m. w. N.

Es entspricht allgemeiner Ansicht, dass § 30 Abs. 1 Satz 1 GmbHG nicht *per se* Geschäfte zwischen der Gesellschaft und den Gesellschaftern verbieten will, insbesondere nicht solche, die betrieblich veranlasst sind und, wäre nicht mit einem Gesellschafter kontrahiert worden, in gleicher Weise und zu gleichen Konditionen, d. h. nach allgemeinen kaufmännischen Grundsätzen und zu gleichen Bedingungen, mit einem Dritten abgeschlossen worden wären. 767

> BGH ZIP 1996, 68 ff = GmbHR 1996, 111,
> dazu EWiR 1996, 121 *(Crezelius)*;
> BGH NJW 1987, 1194, 1195 = ZIP 1987, 575,
> dazu EWiR 1987, 255 *(Westermann)*;
> OLG Düsseldorf GmbHR 2012, 332;
> OLG Nürnberg NZG 2001, 943, 944;
> KG Berlin NZG 2000, 1224, 1225;
> OLG Rostock GmbHR 1998, 329, 330;
> Baumbach/Hueck-*Hueck/Fastrich*, GmbHG, § 30 Rn. 29;
> Scholz-*Verse*, GmbHG, § 30 Rn. 19, 30.

Eindrücklichstes Beispiel hierfür ist die Zahlung einer angemessenen Geschäftsführervergütung an den dieses Amt ausfüllenden Gesellschafter, wobei den Gesellschaftern diesbezüglich ein gewisser Ermessensspielraum zukommt.

Baumbach/Hueck-Hueck/Fastrich, GmbHG, § 30 Rn. 29 m. w. N;
OLG Düsseldorf GmbHR 2012, 332.

Insoweit kommt ein Verstoß gegen § 30 Abs. 1 Satz 1 GmbHG nur in Betracht, wenn die vereinbarte Vergütung bereits von Anfang an unangemessen hoch ist. Verschlechtert sich später die Lage der Gesellschaft, kann den Gesellschaftergeschäftsführer allerdings nach § 87 Abs. 2 AktG analog die Verpflichtung treffen, sein Gehalt entsprechend anzupassen. Unterlässt er dies, macht er sich schadensersatzpflichtig, es handelt sich jedoch nicht um eine Frage des § 30 Abs. 1 Satz 1 GmbHG.

OLG Düsseldorf GmbHR 2012, 332;
OLG Köln ZIP 2009, 36,
dazu EWiR 2008, 655 *(Krüger/Achsnick)*.

768 Zu prüfen ist daher stets, ob die Auszahlung bzw. das entsprechende Geschäft im betrieblichen Interesse der Gesellschaft liegt und hinsichtlich des „Ob" und „Wie" auch mit fremden Dritten so abgeschlossen worden wäre (*„at arm's length"*). Sind diese Voraussetzungen erfüllt, kommt eine Anwendung von § 30 Abs. 1 Satz 1 GmbHG nicht in Betracht.

769 Gleiches gilt, wenn die Auszahlung der Erfüllung einer sonstigen, nicht mit Rücksicht auf die Gesellschafterstellung begründeten Verbindlichkeit (z. B. eines deliktischen Schadensersatzanspruchs des Gesellschafters gegen die Gesellschaft) dient.

An diesen Grundsätzen hat das MoMiG nichts geändert. Allerdings hat diese schon bisher anerkannte „Ausnahme" vom Verbot der Einlagenrückgewähr aufgrund der nun in § 30 Abs. 1 Sätze 2 und 3 GmbHG geregelten Fälle an praktischer Bedeutung verloren.

Wand/Tillmann/Heckenthaler, AG 2009, 148, 150;
Rothley/Weinberger, NZG 2010, 1001 f;
Winter, DStR 2007, 1484, 1487.

d) Beispiele

770 Als Beispielsfälle unerlaubter Auszahlungen i. S. von § 30 Abs. 1 Satz 1 GmbHG kommen u. a. folgende Leistungen in Betracht:

- **Überzogene** Vergütungen zugunsten des Gesellschafter-Geschäftsführers,

    OLG Hamburg NZG 2000, 839, 840;
    Goette, Die GmbH, § 3 Rn. 31;
    Scholz-Verse, GmbHG, § 30 Rn. 15.

- Wechselseitige Leistungsbeziehungen zwischen Gesellschaft und Gesellschafter, wenn Leistung und Gegenleistung – wirtschaftlich besehen – nicht gleichwertig sind, wie nunmehr durch § 30 Abs. 1 Satz 2 GmbHG ausdrücklich klargestellt wird (ausführlich dazu Rn. 779 ff).

  Eine Gegenleistung des Gesellschafters ist allerdings auch dann zu berücksichtigen, wenn dieser vorgeleistet hat und die Unterbilanz zwischenzeitlich, d. h. im Zeitpunkt der „Auszahlung" eingetreten ist. War die Gegenleistung des Gesellschafters gleichwertig, so ist die Gesellschaft auch nach Eintritt der Unterbilanz verpflichtet, die Forderung des Gesellschafters zu erfüllen.

  > OLG Brandenburg GmbHR 1999, 297, 298;
  > Scholz-*Verse*, GmbHG, § 30 Rn. 20.

  Denn auch in diesem Fall führt die Erfüllung der Verbindlichkeit bei bilanzieller Betrachtung nur zu einem Aktivtausch: Die Gesellschaft verliert zwar den Vermögenswert der von ihr zu erbringenden Gegenleistung, muss aber zugleich die Verbindlichkeit gegenüber dem Gesellschafter nicht mehr passivieren. Zudem entspricht dies § 30 Abs. 1 Satz 3 GmbHG: Verzichtet der Gesellschafter auf einen Leistungsaustausch Zug-um-Zug, gewährt er der Gesellschaft Kredit, dessen Rückführung § 30 Abs. 1 Satz 1 GmbHG nicht verbietet.

- Gewinnauszahlungen an die Gesellschafter (auch solche, die auf einem ordnungsgemäß gefassten Gewinnverwendungsbeschluss beruhen), wenn zwischen Beschlussfassung und Auszahlung eine Unterbilanz eingetreten ist. Zwar wird teilweise die Ansicht vertreten, dass der Gesellschafter hierdurch ein Gläubigerrecht erworben habe, dessen Durchsetzbarkeit auch durch den nachfolgenden Eintritt der Unterbilanz nicht gehindert werde.

  > *Ekkenga*, AG 2006, 389
  > s. a. *Sieker*, ZGR 1995, 250, 265 ff.

  Die Ansicht ist jedoch abzulehnen; denn in der Regel wird davon auszugehen sein, dass der Gewinnverwendungsbeschluss unter dem Vorbehalt hinreichenden Vermögens im Auszahlungszeitpunkt steht. Eine dennoch erfolgte Auszahlung ist damit verbotswidrig.

  > Michalski-*Heidinger*, GmbHG, § 30 Rn. 65;
  > Baumbach/Hueck-*Hueck/Fastrich*, GmbHG, § 29 Rn. 56.

- Leistungen im Zusammenhang mit einer verdeckten Sachkapitalerhöhung. Besteht im Zeitpunkt einer verdeckten Sacheinlage eine Unterbilanz und deckt der Wert der eingebrachten Sache nicht nur die Bareinlageforderung im Wege der Anrechnung nicht ab, sondern erfolgt auch noch eine weitergehende Zahlung an den Gesellschafter, so liegt darin ein Fall des § 30 Abs. 1 Satz 1 GmbHG, der zu einer Haftung des Gesellschafters nach § 31 GmbHG führt.

BGH ZIP 2010, 1226 = BGHZ 185, 44,
dazu EWiR 2010, 421 *(Wenzel)*.

771 Darüber hinaus sind jedenfalls **bei feststehender Unterbilanz** auch folgende „Leistungen" des Geschäftsführers an einen Gesellschafter als unzulässige „Auszahlungen" i. S. des § 30 Abs. 1 Satz 1 GmbHG zu werten:

- Veräußerungen des Gesellschaftsvermögens zum Buchwert, wenn der Verkehrswert höher liegt.

    BGH NJW 1987, 1194, 1195 = ZIP 1987, 575,
    dazu EWiR 1987, 255 *(Westermann)*;
    Scholz-*Verse*, GmbHG, § 30 Rn. 18;
    Stimpel, in: FS 100 Jahre GmbHG, S. 342 f;
    Baumbach/Hueck-*Hueck/Fastrich*, GmbHG, § 30 Rn. 52.

- Das Überlassen von Geschäftschancen der Gesellschaft zugunsten des Gesellschafters, denn der Verzicht auf einen nach kaufmännischen Regeln erzielbaren Gewinn führt im Stadium der Unterbilanz zu einer Auszahlung, soweit die der Gesellschaft hierdurch entstandenen Nachteile nicht anderweitig aufgewogen werden.

    BGHZ 149, 10 = DStR 2001, 1853, 1854 = ZIP 2001, 1874;
    Servatius, GmbHR 1998, 723;
    Scholz-*Verse*, GmbHG, § 30 Rn. 19;
    Stimpel, in: FS 100 Jahre GmbHG, S. 343 f;
    Michalski-*Heidinger*, GmbHG, § 30 Rn. 86 (zweifelnd);
    Goette, Die GmbH, § 3 Rn. 34.

- Ob auch der Verzicht der GmbH gegenüber dem Gesellschafter auf eine mögliche höhere Gegenleistung (z. B. Leistungen der Gesellschaft an den Gesellschafter zum Selbstkostenpreis, wenn ein höherer Marktpreis gegenüber Dritten unter gewöhnlichen Umständen erzielbar gewesen wäre) eine Auszahlung darstellt, wenn bilanziell ein Aktivtausch zu bejahen, hatte der Bundesgerichtshof zunächst offen gelassen,

    BGHZ 31, 258 = GmbHR 1960, 43;
    BGH ZIP 1987, 575 = NJW 1987, 1194,
    dazu EWiR 1987, 255 *(Westermann)*,

inzwischen jedoch ausdrücklich bejaht. Danach liegt eine Auszahlung vor, wenn die Gesellschaft an den Gesellschafter eine Leistung erbringt und der vom Gesellschafter zu zahlende Preis nicht marktüblich ist,

BGH ZIP 2007, 2364 (LS) = DStR 2007, 2270.

Richtigerweise folgt dieses Ergebnis nunmehr bereits aus § 30 Abs. 1 Satz 2 Alt. 2 GmbHG, der eine deckende Gegenleistung fordert (dazu unten Rn. 781 ff). Teilweise wird allerdings danach unterschieden, ob der Gesellschaft ein konkreter Gewinn entgangen ist. Ist dies nicht der Fall, liegt bei einer Überlassung zu Selbstkostenpreis keine verbotene Auszahlung vor. Werden nicht einmal die Selbstkosten erstattet, ist dies dagegen stets unzulässig.

II. Die Tatbestandsvoraussetzungen

Servatius, GmbHR 1998, 723.

Ob diese Differenzierung angesichts § 30 Abs. 1 Satz 2 Alt. 2 GmbHG aufrechterhalten werden kann, muss zwar zweifelhaft erscheinen, da danach bei bereits eingetretener Unterbilanz eine – nach Marktwerten berechnete – „deckende" Gegenleistung erforderlich ist. Andererseits liegt es im Interesse der Gesellschaft, wenigstens bzgl. der Selbstkosten einen Deckungsbeitrag zu erwirtschaften, wenn ihr die anderweitige Erzielung eines Gewinnes nicht möglich ist. Ziel von § 30 Abs. 1 Satz 1 GmbHG ist es unstreitig nicht, wirtschaftlich sinnvolle, im Interesse der Gesellschaft liegende Geschäfte zu verhindern.

Darüber hinaus wurde in einer Reihe weiterer Konstellationen vor in Krafttreten des MoMiG unter bestimmten Voraussetzungen eine Auszahlung angenommen, die nunmehr der Gesetzgeber ausdrücklich geregelt hat: 772

- Kredite der Gesellschaft an Gesellschafter (bzw. gleichgestellte Personen) bei festgestellter Unterbilanz wurden seit jeher als unzulässige Auszahlung angesehen, wenn zu erwarten war, dass der Gesellschafter nicht in der Lage ist, den Kredit bei Fälligkeit zurückzuzahlen, und auch keine ausreichende Besicherung vorhanden ist.

    Michalski-*Heidinger*, GmbHG, § 30 Rn. 73 ff;
    K. Schmidt, Gesellschaftsrecht, § 37 III. 1. c (S. 1124);
    Canaris, in: FS Fischer, 1979, S. 31, 46 Fn. 44;
    LG Kassel ZInsO 2001, 1068, 1069 f = GmbHR 2002, 912,
    dazu EWiR 2002, 435 *(Blöse)*;
    Scholz-*Schneider*, GmbHG, § 43a Rn. 7;
    Schneider, GmbHR 1982, 197, 200.

    Verbunden hiermit ist die Frage, inwieweit der vollständige oder teilweise Verzicht auf marktübliche Avalzinsen und Kreditzinsen eine Auszahlung bedeuten kann. Der Gesetzgeber hat (auch) den Fall der Kreditgewährung an den Gesellschafter („*upstream loans*") nunmehr jedoch durch § 30 Abs. 1 Satz 2 Halbs. 2 GmbHG besonderes geregelt, weshalb diesbezüglich auf die eingehende gesonderte Darstellung zu verweisen ist (dazu umfassend unten Rn. 803 ff).

- Gleiches galt für die Stundung, die Nichteinziehung bzw. Nichtgeltendmachung einer fälligen bzw. durch außerordentliche Kündigung fällig zu stellenden Forderung gegen den Gesellschafter, wenn sich dessen Vermögensverfall abzuzeichnen begann.

    BGHZ 122, 333, 339 = ZIP 1997, 917,
    dazu EWiR 1993, 693 *(Maier-Reimer)*;
    KG Berlin NZG 2000, 1224, 1226;
    Michalski-*Heidinger*, GmbHG, § 30 Rn. 79;
    Goette, Die GmbH, § 3 Rn. 2;
    vgl. auch *Mülbert*, ZGR 1995, 578, 596 ff.

- Differenziert zu betrachten war ebenfalls schon immer die Frage, inwieweit die Zurverfügungstellung von Sicherheiten aus dem Gesellschaftsvermögen zugunsten von Drittforderungen gegen den Gesellschafter mit § 30 Abs. 1 Satz 1 GmbHG vereinbar ist.

> Vgl. hierzu *Schneider*, in: FS Döllerer, S. 537, 545 f;
> *Wenzel*, WiB 1996, 10, 11 f;
> *Schön*, ZHR 159 (1995), 351, 357 f.

Die zutreffende Ansicht geht davon aus, dass auch dies nunmehr anhand von § 30 Abs. 1 Satz 2 Halbs. 2 GmbHG zu beurteilen ist (näher unten Rn. 837 ff).

- Fraglich war nach früherer Rechtslage, ob Zahlungen (z. B. Zinszahlungen) der Gesellschaft im Zusammenhang mit der von einem atypischen stillen Gesellschafter erbrachten Einlage eine Auszahlung darstellen. Dies ist insofern problematisch, weil die Einlage des „Stillen" nach dem gesetzlichen Leitbild Fremdmittel darstellen und Zinszahlungen auf hingegebene Fremdmittel – grundsätzlich – einem Drittvergleich standhalten und bilanziell nur zu einem erlaubten Aktivtausch führen, wie der Gesetzgeber nunmehr in § 30 Abs. 1 Satz 3 GmbHG klargestellt hat. Richtiger Ansicht nach findet daher in den vorliegenden Fällen § 30 Abs. 1 Satz 1 GmbHG keine Anwendung. Gleiches gilt auch für Rückzahlungen aufgrund partiarischer Darlehen oder Genussrechte.

> Michalski-*Heidinger*, GmbHG, § 30 Rn. 68, 209.

Rn. 773–776 unbesetzt

N. Aufhebung des „Auszahlungsverbots"

I. Überblick

Nicht bei jeder Leistung der Gesellschaft an den Gesellschafter handelt es sich um eine verbotene Auszahlung i. S. von § 30 Abs. 1 Satz 1 GmbHG, und zwar auch dann nicht, wenn bereits eine Unterbilanz eingetreten ist. Entsprechend einer klaren Entscheidung des Gesetzgebers in diesem Sinne werden deshalb in § 30 Abs. 1 Sätze 2 und 3 GmbHG drei – sich teilweise überschneidende – Konstellationen geregelt, in denen eine „Auszahlung" mit dem Grundsatz der Kapitalerhaltung vereinbar ist, selbst wenn sie nicht schon nach allgemeinen Grundsätzen – Stichwort „Drittvergleich" – zulässig sein sollte. Ob bei Erfüllung der in § 30 Abs. 1 Sätze 2 und 3 GmbHG genannten Voraussetzungen schon das Vorliegen einer „Auszahlung" zu verneinen ist oder es sich lediglich um „erlaubte Auszahlungen" handelt, kann dabei unter praktischen Gesichtspunkten dahinstehen. Im Folgenden wird deshalb von einer Auszahlung gesprochen. 777

Allerdings betreffen § 30 Abs. 1 Sätze 2 und 3 GmbHG nur Fragen der Kapitalerhaltung. Ob eine Auszahlung auch im Übrigen rechtmäßig ist, also z. B. den (allgemeinen) Voraussetzungen von Gesetz und Satzung entspricht, oder im Falle einer späteren Insolvenz der Gesellschaft gegenüber den Gläubigern Bestand haben kann, ist eine andere Frage, die für § 30 Abs. 1 Satz 1 GmbHG keine Rolle spielt. 778

> Baumbach/Hueck-*Hueck/Fastrich*, GmbHG, § 30 Rn. 19.

II. Grundfall: Vollwertiger und deckender Gegenleistungs- oder Rückgewähranspruch (§ 30 Abs. 1 Satz 2 Alt. 2 GmbHG)

1. Allgemeines

Keine unerlaubte Auszahlung und damit auch keine Verletzung des Kapitalerhaltungsgebots liegt vor, wenn die Leistung der Gesellschaft durch einen **vollwertigen** Gegenleistungs- oder Rückgewähranspruch **gedeckt** ist, § 30 Abs. 1 Satz 2 Alt. 2 GmbHG (zu diesen zwei Voraussetzungen unten Rn. 785 ff und 795 ff). Diese zwei Voraussetzungen, bei deren Vorliegen auch nach der vor der Reform des GmbH-Rechts h. A. keine unzulässige Auszahlung vorlag, sind Ausdruck der vom Gesetzgeber durch das MoMiG bewusst bekräftigten **bilanziellen Betrachtungsweise**. 779

> BT-Drucks. 16/6140, S. 41;
> Baumbach/Hueck-*Hueck/Fastrich*, GmbHG, § 30 Rn. 36;
> *Winter*, DStR 2007, 1484, 1486;
> *Eusani*, GmbHR 2009, 795;
> zur rechtspolitischen Kritik s. *Spliedt*, ZIP 2009, 149, m. w. N.

Wird der Vermögensabfluss durch eine werthaltige Gegenleistung kompensiert, liegt danach auch dann keine unzulässige Auszahlung vor, wenn das 780

Geschäft durch gesellschaftsfremde Interessen des Gesellschafters motiviert ist, den Gesellschaftsinteressen widerspricht oder letztendlich für die Gesellschaft wirtschaftlich nachteilig ist, weil die neue Zusammensetzung des Gesellschaftsvermögens den Interessen der Gesellschaft nicht mehr in gleicher Weise entspricht wie zuvor.

Ein entsprechender Vorbehalt im Referentenentwurf zum MoMiG, wonach es für die Zulässigkeit eines Leistungsaustauschs auch auf das „Interesse der Gesellschaft" ankommen sollte, wurde bewusst nicht in die endgültige Fassung des Gesetzes übernommen. § 30 Abs. 1 Satz 1 GmbHG schützt folglich nach wie vor nur das „erforderliche Vermögen" als Rechnungsziffer und kennt keinen „gegenständlichen Schutz".

>BT-Drucks. 16/6140, S. 41;
>K. Schmidt, GmbHR 2007, 1072, 1075, m. w. N.

781 Ebenso wenig unterscheidet das Gesetz danach, ob bereits eine Unterbilanz eingetreten ist oder nicht; die Anwendbarkeit von § 30 Abs. 1 Satz 2 Alt. 2 GmbHG hängt hiervon nicht ab.

782 Noch nicht endgültig geklärt ist, ob eine Gegenleistung nur dann i. S. von § 30 Abs. 1 Satz 2 Alt. 2 GmbHG berücksichtigungsfähig ist, wenn diese für die Gesellschaft „konkrete, bilanziell messbare Vorteile" mit sich bringt. Andere, nicht „messbare" finanzielle oder wirtschaftliche Vorteile würden in diesem Fall von vornherein nicht ausreichen. Gegen eine solche Annahme könnte sprechen, dass auch das Vorliegen einer unerlaubten Auszahlung i. S. von § 30 Abs. 1 Satz 1 GmbHG (im Stadium der Unterbilanz) nicht von einer Bilanzwirksamkeit des Vermögenstransfers abhängt (siehe oben). Der Bundesgerichtshof hat diese Voraussetzung – allerdings für § 57 AktG – gleichwohl zutreffend bejaht und fordert eine Bilanzerheblichkeit der Gegenleistung.

>BGHZ 190, 7 = ZIP 2011, 1306 *(Dritter Börsengang)*,
>dazu EWiR 2011, 517 *(Hoffmann-Theinert/Dembski)*;
>zustimmend *Leuschner*, NJW 2011, 3275.

Die Kritik der Gegenansicht, wonach auch bilanziell nicht messbare Vorteile berücksichtigungsfähig sein sollen,

>s. vor allem *Fleischer/Thaten*, NZG 2011, 1081, 1082;
>*Nodoushani*, ZIP 2012, 97;
>Scholz-*Verse*, GmbHG, § 30 Rn. 20,

verkennt, dass dies auch durch das genannte Urteil keineswegs ausgeschlossen ist. So schließt auch eine nicht bilanzwirksame Gegenleistung die Anwendung von § 30 Abs. 1 Satz 1 GmbHG dann aus, wenn das Geschäft einem Drittvergleich standhält. Bekanntestes Beispiel ist die (unstreitig) zulässige Zahlung einer angemessenen Geschäftsführervergütung an den Gesellschaftergeschäftsführer. Nur in den Fällen, in denen dies nicht festgestellt werden kann, kommt es überhaupt auf § 30 Abs. 1 Satz 2 Alt. 2 GmbHG an.

II. Grundfall: Vollwertiger und deckender Gegenleistungs- oder Rückgewähranspruch

Dann aber kann ein Verstoß gegen § 30 Abs. 1 Satz 1 GmbHG zu Recht nur mit einer bilanzwirksamen Gegenleistung ausgeräumt werden.

Kein ausreichender Rückgewähranspruch i. S. von § 30 Abs. 1 Satz 2 GmbHG ist – selbstverständlich – der Erstattungsanspruch gemäß § 31 Abs. 1 GmbHG,   783

> BT-Drucks. 16/6140, S. 41 f,

und zwar auch dann, wenn an der Leistungsfähigkeit des Gesellschafters keine Zweifel bestehen. Insoweit ist der Kapitalerhaltungsschutz auch nach dem MoMiG nicht allein wertbezogen, denn ansonsten würde es ausreichen, den Erstattungsanspruch gegen einen solventen Gesellschafter in der Bilanz zu aktivieren, um die Vermögensverschiebung wertmäßig auszugleichen. Dies würde freilich dem Sinn und Zweck des Kapitalerhaltungsschutzes widersprechen. Das entgegen § 30 Abs. 1 Satz 1 GmbHG an den Gesellschafter ausgekehrte Vermögen muss vielmehr **tatsächlich** an die Gesellschaft zurückerstattet werden, um das Gesellschaftsvermögen als Betriebsmittel und Haftungsgrundlage effektiv zu schützen.

> So schon BGH ZIP 1987, 370, 371,
> dazu EWiR 1987, 163 *(H. P. Westermann)*;
> *Hommelhoff*, in: FS Kellermann, S. 167;
> *Stimpel*, in: FS 100 Jahre GmbHG, S. 350 f.

Hinzu kommt, dass der Erstattungsanspruch nach § 31 Abs. 1 GmbHG anders als ein ausdrücklich vereinbarter vertraglicher Gegenleistungs- oder Rückgewähranspruch mit erheblichen Durchsetzungsproblemen verbunden ist, so z. B. hinsichtlich der Beweisbarkeit.

Ebenfalls kein deckender und vollwertiger Gegenleistungsanspruch liegt vor, wenn das der Leistung der Gesellschaft zugrunde liegende Kausalgeschäft aus anderen Gründen unwirksam ist und deswegen der Gesellschaft ein Anspruch aus ungerechtfertigter Bereicherung zusteht. Denn ein weiterer Gesetzesverstoß kann nicht dazu führen, dass eine ansonsten unzulässige Auszahlung nicht mehr der Sanktion des § 30 Abs. 1 Satz 1 GmbHG ausgesetzt ist. Zudem liegt oftmals auch ungeachtet der zivilrechtlichen Unwirksamkeit bei wirtschaftlicher Betrachtung eine „Auszahlung" an den Gesellschafter vor.   784

> RGZ 168, 292, 298;
> *Bormann*, ZInsO 2009, 127 f.

2. Deckungsgebot

Erbringt der Gesellschafter eine Gegenleistung bzw. verpflichtet er sich hierzu, muss diese des Weiteren den Abfluss des Vermögenswerts **decken**, d. h. der Wert der **Gegenleistung** muss dem Wert der von der Gesellschaft erbrachten Leistung entsprechen. In einem solchen Fall, so die Vorstellung des Gesetzgebers, liege ein aus Gläubigersicht mit Blick auf das Stammkapital unproblematischer Aktivtausch vor,   785

> BT-Drucks. 16/6140, S. 41.

N. Aufhebung des „Auszahlungsverbots"

786 Nicht ausdrücklich ist im Gesetz geregelt, ob es für die Bewertung der von der Gesellschaft zu erbringenden Leistung und damit für den an die Gegenleistung anzulegenden Maßstab auf den **Buch-** oder den **Verkehrswert** ankommen soll. Für den ersten Ansatz spricht die von Gesetzgeber explizit gewollte Rückkehr zu einer streng bilanziellen Betrachtungsweise, für die Maßgeblichkeit des Verkehrswerts dagegen die Aussage des Gesetzgebers, die Gegenleistungspflicht (in der Regel eine Zahlungspflicht) des Gesellschafters dürfte nicht nach Abschreibungswerten bemessen werden, sondern müsse sich an den **Marktwerten** des geleisteten Gegenstandes orientieren.

> BT-Drucks. 16/6140, S. 41.

787 In dieser Weise entscheidet sich wohl auch die h. M., die die „bilanzielle Betrachtungsweise" erst auf der Grundlage des Ansatzes von Verkehrswerten für die Leistungen beider Seiten gelten lassen will.

> Baumbach/Hueck-*Hueck/Fastrich*, GmbHG, § 30 Rn. 39;
> *Spliedt*, ZIP 2009, 149;
> *Ekkenga*, in: MünchKomm-GmbHG, § 30 Rn. 233.

788 Nach anderer zutreffender Ansicht,

> *Eusani*, GmbHR 2009, 512, 514 ff;
> Lutter/Hommelhoff-*Hommelhoff*, GmbHG, § 30 Rn. 32;
> Roth/Altmeppen-*Altmeppen*, GmbHG, § 30 Rn. 74,

ist wie schon mit Blick auf die Erbringung bilanzneutraler Leistungen durch die Gesellschaft wie folgt zu differenzieren:

789 Ist noch keine Unterbilanz eingetreten, genügt es in jedem Fall, wenn der Verkehrswert der Gegenleistung dem Buchwert der Leistung entspricht. Zum einen liegt dann nach dem Aktivtausch nach wie vor keine Unterbilanz vor, d. h. das Stammkapital steht den Gläubigern ungeschmälert zur Verfügung; auf ein „Mehr" haben sie keinen Anspruch. Zum anderen ist, solange keine Unterbilanz vorliegt, sogar eine isolierte Ausschüttung zulässig. Selbst wenn man den Gesellschafter in einer solchen Situation zwingen würde, eine Gegenleistung in Höhe des Verkehrswerts der Leistung der Gesellschaft aufzubringen, wäre er durch § 30 Abs. 1 Satz 1 GmbHG nicht daran gehindert, sich anschließend die Differenz zwischen Buchwert und Verkehrswert wieder auszahlen zu lassen.

Beispiel: Die Gesellschaft, deren Reinvermögen das Stammkapital um 20.000 € übersteigt, veräußert ein Grundstück an einen Gesellschafter zum Buchwert von 100.000 €. Der Verkehrswert des Grundstücks beträgt 200.000 €.

§ 30 Abs. 1 Satz 1 GmbHG steht der Veräußerung nicht im Wege. Nach wie vor der Veräußerung steht das Stammkapital in voller Höhe den Gläubigern zur Verfügung, mehr steht Ihnen nicht zu. Würde man die Übertragung des Grundstücks nur gegen eine um weitere 100.000 € erhöhte Leistung zulassen wollen, würde dies nur scheinbar etwas ändern. Der Gesellschafter wäre durch § 30

II. Grundfall: Vollwertiger und deckender Gegenleistungs- oder Rückgewähranspruch

Abs. 1 Satz 1 GmbHG nicht daran gehindert, sich den zusätzlichen Betrag im Wege einer „normalen" Ausschüttung wieder auszahlen zu lassen.

Anders stellt sich die Lage dar, wenn bereits eine **Unterbilanz eingetreten** 790 ist. In diesem Fall kann sich der Gesellschafter nicht darauf berufen, dass bilanziell lediglich ein Aktivtausch erfolgt, denn wirtschaftlich wird die Unterbilanz durch den Abfluss der stillen Reserven zum Nachteil der Gläubiger verfestigt bzw. ein Ausgleich der Unterbilanz durch die Aufdeckung der stillen Reserven verhindert. In diesem Fall muss deshalb der Wert der Gegenleistung den Verkehrswert der Leistung der Gesellschaft erreichen. Gleiches gilt auch dann, wenn die Leistung der Gesellschaft isoliert betrachtet bilanzneutral (z. B. im Falle nicht aktivierbarer Wirtschaftsgüter, Erbringung von Dienstleistungen oder Nutzungsüberlassungen) ist.

> Roth/Altmeppen-*Altmeppen*, GmbHG, § 30 Rn. 12, 74;
> *Eusani*, GmbHR 2009, 512 f (mit Beispielen);
> *Winter*, DStR 2007, 1484, 1486.

Nicht ausdrücklich geregelt ist, ob bei fehlender Vollwertigkeit zwingend die 791 gesamte Leistungserbringung durch die Gesellschaft gegen § 30 Abs. 1 Satz 1 GmbHG verstößt, wenn durch die Auszahlung erstmals eine Unterbilanz herbeigeführt wird bzw. das Vermögen unterhalb der Stammkapitalgrenze weiter reduziert wird, oder ob insoweit eine nur teilweise verbotene Auszahlung vorliegen kann.

Beispiele:

Ausgangsfall: Die Gesellschaft mit einem Stammkapital von 100.000 € verfügt über ein (bilanzielles) Reinvermögen von 90.000 €. Die Gesellschaft verkauft an einen Gesellschafter ein Grundstück mit einem Verkehrswert von 50.000 € zum Buchwert von 30.000 €.

Abwandlung 1: Wie oben, allerdings verkauft nunmehr der Gesellschafter an die Gesellschaft ein Grundstück mit einem Verkehrswert von 30.000 € zu einem Preis von 50.000 €.

Abwandlung 2: Wie Abwandlung 1, allerdings beläuft sich das Reinvermögen der Gesellschaft vor Abschluss des Kaufvertrages auf 110.000 €.

In allen drei Fällen stellt sich die Frage, ob der komplette Leistungsaustausch unzulässig ist oder lediglich in Höhe der Wertdifferenz eine verbotene Auszahlung vorliegt, soweit diese den Eintritt einer Unterbilanz zur Folge hat oder eine solche vertieft („Alles-oder-Nichts-Prinzip").

Für den Ausgangsfall, in dem die Gesellschaft eine andere Leistung als eine 792 Geldleistung erbracht hat, geht die h. A. davon aus, dass die Leistung insgesamt verboten und deshalb zurückzugewähren ist. Dem Gesellschafter soll aber nach verbreiteter Ansicht das Recht zustehen, durch Zahlung des Differenzbetrages i. H. v. 20.000 € die Herausgabe des Grundstücks abzuwenden (näher dazu Rn. 950 ff).

Für die Abwandlungen geht ebenfalls eine Ansicht davon aus, dass es beim „Alles-oder-Nichts-Prinzip" verbleibt. Zur Begründung wird zum einen auf den Wortlaut sowie die entsprechende Regelung bei der Kapitalaufbringung verwiesen (§ 19 Abs. 5 GmbHG), zum anderen darauf, dass nicht selten Bewertungsschwierigkeiten bestünden, die sich dann zulasten des Gesellschafters auswirken müssten.

> *Drygala/Kremer*, ZIP 2007, 1289, 1293;
> *Spliedt*, ZIP 2009, 149, 151 f;
> *Altmeppen*, ZIP 2009, 49, 53 (zur Darlehensgewährung);
> *Bormann/Urlichs*, GmbHR 2008, Sonderheft MoMiG, S. 37, 48.

793 Nach a. A. soll dagegen zumindest dann, wenn die Leistung der Gesellschaft in einer Geldzahlung besteht, ein Auszahlungsverbot gemäß § 30 Abs. 1 Satz 1 GmbHG nur in dem Umfang zu bejahen sein, in dem durch die Leistung eine bereits bestehende Unterbilanz vertieft oder erstmals eine Unterbilanz herbeigeführt wird. In der ersten Abwandlung wäre also ein Betrag von 20.000 €, in der zweiten Abwandlung nur ein Betrag von 10.000 € zu erstatten.

> *Wirsch*, Der Konzern 2009, 443 f;
> Michalski-*Heidinger*, GmbHG, § 31 Rn. 29;
> Lutter/Hommelhoff-*Hommelhoff*, GmbHG, § 30 Rn. 23;
> *Mülbert/Leuschner*, NZG 2009, 281, 284.

794 Der zweiten Ansicht ist zu folgen. So ist der Verweis auf § 19 Abs. 5 GmbHG nur bedingt hilfreich, da die Regeln zur Kapitalaufbringung im Einzelfall durchaus strenger sein können. Hinsichtlich der Bewertungsrisiken gilt, dass diese ohnehin bestehen, da beide Leistungen ja zu bewerten sind. Entscheidend ist jedoch, dass die Gesellschaft in Abwandlung 1 an einem Kauf zum Verkehrswert ja nicht gehindert wäre und in Abwandlung 2 nach einer kompletten Rückabwicklung einen Betrag i. H. v. 10.000 € an den Gesellschafter ausschütten könnte, ohne daran durch § 30 Abs. 1 Satz 1 GmbHG gehindert zu sein. Für die Anwendung des „Alles-oder-Nichts-Prinzip" in diesen Fällen gibt es somit keinen Grund, die Gläubiger können insoweit auch kein schützenswertes Vertrauen entwickeln.

Wird dagegen der Verkehrswert erreicht, liegt eine Verletzung von § 30 Abs. 1 Satz 1 GmbHG auch dann nicht vor, wenn die Übertragung des Vermögensgegenstandes gegen die Interessen der Gesellschaft verstößt. In Frage kommen kann dann allerdings ggf. eine Haftung wegen Existenzvernichtung.

> *Eusani*, GmbHR 2009, 512, 517.

Umgekehrt kann eine fehlende Deckung nicht damit gerechtfertigt werden, dass die Übertragung des Vermögensgegenstandes im betrieblichen Interesse liege. Anderes gilt nur dann, wenn die Leistung insoweit einem Drittvergleich standhält.

> *Eusani*, GmbHR 2009, 512, 517.

II. Grundfall: Vollwertiger und deckender Gegenleistungs- oder Rückgewähranspruch

3. Vollwertigkeitsgebot

Schließlich muss, wenn der Leistungsaustausch **nicht Zug um Zug** erfolgt, 795 der **Anspruch** gegen den Gesellschafter **vollwertig** sein, d. h. dass der Realisierung des Anspruchs keine rechtlichen und/oder tatsächlichen Hindernisse entgegenstehen dürfen. Nach allgemeinen Bilanzgrundsätzen bedeutet Vollwertigkeit, dass unter Berücksichtigung des konkreten, individuellen Kreditrisikos des Gesellschafters die Einbringlichkeit der Forderung nicht zweifelhaft sein darf.

Altmeppen, ZIP 2009, 49 m. w. N;
Ekkenga, in: MünchKomm-GmbHG, § 30 Rn. 244.

Deckung und Vollwertigkeit können sich überschneiden, müssen dies aber 796 nicht, wie zu zeigen ist:

Beispiel 1: Unterbilanz ist bereits eingetreten. Die Gesellschaft verkauft eine Maschine mit einem Verkehrswert von 200.000 € an einen Gesellschafter, der verpflichtet sich im Gegenzug zu einer Zahlung von 100.000 € innerhalb der nächsten acht Monate. An der Zahlungsfähigkeit des Gesellschafters bestehen keine Zweifel.

Die Voraussetzungen von § 30 Abs. 1 Satz 2 Alt. 2 GmbHG sind nicht erfüllt. Zwar ist der Anspruch gegen den Gesellschafter vollwertig, er deckt jedoch nicht den Wert der von der Gesellschaft erbrachten Leitung ab.

Beispiel 2: Wie oben, der Gesellschafter verpflichtet sich jedoch zur Zahlung von 200.000 €. Allerdings ist er absehbar nicht in der Lage, diesen Betrag aufzubringen.

*Auch in diesem Fall ist die Auszahlung nicht erlaubt. Zwar **deckt** der Wert der **Gegenleistung** des Gesellschafters den Wert der Leistung der Gesellschaft, allerdings ist der **Anspruch** gegen den Gesellschafter nicht vollwertig.*

Ob Vollwertigkeit gegeben ist, ist nach bilanziellen Grundsätzen zu beant- 797 worten. Vollwertigkeit ist folglich zu bejahen, wenn dem Anspruch unter Berücksichtigung der Bonität des Schuldners kein über das allgemeine Kreditrisiko hinausgehendes Risiko anhaftet oder hinreichende Sicherheiten vorhanden sind und auch sonst keine rechtlichen oder tatsächlichen Hindernisse für eine Durchsetzung bestehen. In diesem Fall sind Forderungen mit dem Nennwert anzusetzen. Dagegen ist nicht erforderlich, dass die Kreditwürdigkeit des Gesellschafters auch „bei Anlegung strengster Maßstäbe außerhalb jedes vernünftigen Zweifels steht".

So insb. *Mülbert/Leuschner*, NZG 2009, 281, 282;
Baumbach/Hueck-*Hueck/Fastrich*, GmbHG, § 30 Rn. 42;
Rothley/Weinberger, NZG 2010, 1001, 1003;
Winter, DStR 2007, 1484, 1486;
allg. *Kozikowski/Roscher/Andrejewski*, in: Beck'scher Bilanzkommentar, § 253 HGB Rn. 569.

798 Richtet sich dagegen der Anspruch beispielsweise gegen eine nur mit geringen Mitteln ausgestattete (Erwerbs-)Gesellschaft i. R. eines sog. *Leveraged Buy-Outs*, fehlt es ungeachtet der rechtlichen Durchsetzbarkeit regelmäßig an der Vollwertigkeit.

> BT-Drucks. 16/6140, S. 41;
> *Winter*, DStR 2007, 1484, 1486;
> *Söhner*, ZIP 2011, 2085, 2086;
> a. A. *Käpplinger*, NZG 2010, 1411, 1412 f.

799 Maßgeblich für die Beurteilung ist der Zeitpunkt, in dem die Gesellschaft ihre Leistung erbringt, nicht dagegen der Zeitpunkt des Abschlusses des eventuell zugrunde liegenden Vertrages,

> BGH ZIP 1987, 575 = NJW 1987, 1194,
> dazu EWiR 1987, 255 *(Westermann)*;
> *Mülbert/Leuschner*, NZG 2009, 281, 282;
> *Wand/Tillmann/Heckenthaler*, AG 2009, 148, 152;
> *Thümmel/Burkhardt*, AG 2009, 885, 888;
> Baumbach/Hueck-*Hueck/Fastrich*, GmbHG, § 30 Rn. 43;
> a. A. *Rothley/Weinberger*, NZG 2010, 1001, 1003.

Spätere Änderungen hinsichtlich der Leistungsfähigkeit des Gesellschafters sind hinsichtlich der **ursprünglichen** Leistung mit Blick auf § 30 Abs. 1 Satz 1 GmbHG grundsätzlich unschädlich, es sei denn, die Gesellschaft gewährt dem Gesellschafter erneut Kredit, indem sie eine fällige Forderung stundet oder prolongiert.

> Baumbach/Hueck-*Hueck/Fastrich*, GmbHG, § 30 Rn. 43;
> *Wand/Tillmann/Heckenthaler*, AG 2009, 148, 152;
> *Rothley/Weinberger*, NZG 2010, 1001, 1003.

800 Unabhängig davon kann sich aus einer Veränderung der Umstände für den Geschäftsführer die Verpflichtung ergeben, die Leistung – ggf. nach einer Kündigung – zurück- bzw. einzufordern. Der Geschäftsführer ist daher auch verpflichtet, die Solvenz bzw. Leistungsfähigkeit des Gesellschafters in regelmäßigen Abständen laufend zu prüfen.

> BGHZ 179, 71 = ZIP 2009, 70 Rn. 14 *(MPS)*,
> dazu EWiR 2009, 129 *(Blasche)*;
> Baumbach/Hueck-*Hueck/Fastrich*, GmbHG, § 30 Rn. 43;
> *Rothley/Weinberger*, NZG 2010, 1001, 1003.

801 Inwieweit für die Annahme einer vollwertigen bzw. deckenden Gegenleistung die Vereinbarung einer Verzinsung erforderlich ist, ist umstritten und spielt vor allem für von der Gesellschaft an einen Gesellschafter ausgereichte Darlehen eine Rolle (dazu näher unten Rn. 819 ff).

802 Richtigerweise kommt es schließlich nach h. M. für die Frage der Vollwertigkeit auf einen weiteren Drittvergleich nicht an. Die dafür relevanten Umstände werden nun durch § 30 Abs. 1 Satz 2 Alt. 2 GmbHG bereits abgedeckt.

> Baumbach/Hueck-*Hueck/Fastrich*, GmbHG, § 30 Rn. 56;
> *Kiefner/Theusinger*, NZG 2008, 801, 804;

> Wand/Tillmann/Heckenthaler, AG 2009, 148, 152;
> Rothley/Weinberger, NZG 2010, 1001;
> Drygala/Kremer, ZIP 2007, 1289, 1293;
> abweichend (Leistung müsste auch Drittem zu identischen Konditionen gewährt worden sein) Hirte, ZInsO 2008, 689, 692.

4. Insbesondere: Darlehensgewährung an Gesellschafter, Cash-Pooling-Systeme

a) Überblick

Durch § 30 Abs. 1 Satz 2 Alt. 2 GmbHG wird nach dem ausdrücklichen Willen des Gesetzgebers klargestellt, dass bei Einhaltung der genannten Voraussetzungen, d. h. bei Bestehen eines **vollwertigen** (und deckenden) **Rückgewähranspruchs**, Darlehen an Gesellschafter (sog. *upstream*-Darlehen) allgemein und insbesondere auch konzerninterne Cash-Pooling-Systeme zulässig sind. Wie sich aus der Gesetzesbegründung ergibt,

> BT-Drucks. 16/6140, S. 41,
> dazu auch Wirsch, Der Konzern 2009, 443 f;
> Ulmer/Habersack/Winter-Habersack, GmbHG, Erg.-Bd. MoMiG, § 30 Rn. 21, 28,

ist Hintergrund dieser gesetzgeberischen Klarstellung die sog. „Novemberrechtsprechung" des Bundesgerichtshofs,

> vgl. BGHZ 157, 72 = ZIP 2004, 263,
> dazu EWiR 2004, 911 *(Schöne/Stolze)*.

In diesem Urteil war der Bundesgerichtshof zu dem Ergebnis gekommen, dass die Darlehensgewährung an einen Gesellschafter auch dann als nach § 30 Abs. 1 GmbHG unzulässig anzusehen war, wenn die das Darlehen gewährende Gesellschaft einen vollwertigen, angemessen besicherten und üblich verzinsten Rückgewähranspruch erhielt. In einem solchen Fall lag zwar *per se* unzweifelhaft nur ein grundsätzlich zulässiger Aktivtausch vor, da keine bilanzielle Verminderung des Gesellschaftsvermögens eintrat. Wegen der hinausgeschobenen Fälligkeit des Rückzahlungsanspruchs und der daraus resultierenden Auswechslung liquider Haftungsmasse gegen einen lediglich schuldrechtlichen Anspruch und der daraus folgenden **abstrakten** Gefährdung der späteren Realisierung der Rechte der Gesellschaftsgläubiger sah der Bundesgerichtshof die Voraussetzungen einer unzulässigen Auszahlung als erfüllt an.

Dieser vielfach kritisch kommentierten Rechtsprechung,

> vgl. *Wessels*, ZIP 2004, 793;
> *Schäfer*, GmbHR 2005, 133;
> *Habersack/Schürnbrand*, NZG 2004, 689,

von der sich der Bundesgerichtshof zwischenzeitlich auch selbst wieder angewandt hat,

> BGHZ 179, 71 = ZIP 2009, 70 *(MPS)*,
> dazu EWiR 2009, 129 *(Blasche)*;

Blasche/König, GmbHR 2009, 897 ff;
Cahn, Der Konzern 2009, 67 ff,

wollte der Gesetzgeber bewusst „einen Riegel vorschieben" und eine Rückkehr zu einer rein bilanziellen Betrachtungsweise „erzwingen", wobei ein ausdrückliches Ziel war, konzerninterne Cash-Pooling-Systeme wie allgemein konzerninterne Darlehen und Sicherheitenbestellungen zugunsten der Gesellschafter zu erleichtern.

vgl. BT-Drucks. 16/6140, S. 25, 41;
Eusani, GmbHR 2009, 795;
Altmeppen, ZIP 2009, 49;
Kiefner/Theusinger, NZG 2008, 801;
Tillmann, NZG 2008, 401, 402.

Aufgrund der *MPS-Entscheidung* des Bundesgerichtshofs ist davon auszugehen, dass § 30 Abs. 1 Satz 2 GmbHG i. E. auch auf Darlehen anzuwenden ist, die vor Inkrafttreten der Vorschrift ausgereicht wurden.

Dafür *Blasche/König*, GmbHR 2009, 897, 899.

805 In gleicher Weise wie die Gewährung von Darlehen ist die Stundung von fälligen Ansprüchen gegenüber den Gesellschaftern oder die Verlängerung eines bereits ausgereichten Darlehens zu behandeln; bei einer wirtschaftlichen Betrachtung handelt es sich ebenfalls um die Gewährung eines Kredits.

Drygala/Kremer, ZIP 2007, 1289, 1293.

806 Tatsächlich ist allerdings festzustellen, dass auch durch die Bezugnahme auf das Erfordernis eines „vollwertigen" und „deckenden" Rückgewähr- bzw. Gegenleistungsanspruch zahlreiche Einzelheiten der *upstream loans* und *upstream securities* nach wie vor ungeklärt und dementsprechend in der Literatur umstritten sind. Erst recht gilt für dies für Cash-Pooling-Systeme.

b) Bestehen eines vollwertigen Rückgewähranspruchs

aa) Anfängliche Solvenz des Gesellschafters oder Besicherung

807 Nach § 30 Abs. 1 Satz 2 Alt. 2 GmbHG gilt nun, dass die Darlehensgewährung an einen Gesellschafter innerhalb wie außerhalb eines Cash-Pooling-Systems zulässig ist, wenn der Gesellschaft in gleicher Höhe („Deckung") ein „vollwertiger" Rückzahlungsanspruch zusteht. Fehlt es dagegen an der Vollwertigkeit und würde mit der Ausreichung des Darlehens eine Unterbilanz herbeigeführt oder vertieft, ist die Darlehensgewährung insgesamt und nicht nur hinsichtlich des nicht gedeckten Teils unzulässig, da der ansonsten anzusetzende Abschlag nicht mit der erforderlichen Sicherheit festgelegt werden kann.

Baumbach/Hueck-*Hueck/Fastrich*, GmbHG, § 30 Rn. 55;
Altmeppen, NZG 2010, 401, 406;
Michelfeit, MittBayNot 2009, 435, 441.

II. Grundfall: Vollwertiger und deckender Gegenleistungs- oder Rückgewähranspruch

Nach der ganz h. A. kommt es für die Frage des Bestehens eines **vollwertigen** Rückgewähranspruchs darauf an, ob ein solcher Anspruch **zum Zeitpunkt der Auszahlung** des Darlehens nach den allgemeinen bilanzrechtlichen Grundsätzen aktiviert werden darf oder ein Abwertungsbedarf besteht. Es gelten dabei das Vorsichts- und das Niederstwertprinzip (§§ 252 Abs. 1 Nr. 4, 253 Abs. 3 HGB), alle erkennbaren bzw. vorhersehbaren (rechtlichen wie tatsächlichen) Risiken sind zu berücksichtigen. 808

> *Blasche/König*, GmbHR 2009, 897, 899;
> *Thole*, ZInsO 2011, 1425 f;
> *Habersack*, ZGR 2009, 347, 361;
> *Sutter/Masseli*, WM 2010, 1064, 1066.

Entscheidend hierfür ist in erster Linie die Solvenz des Gesellschafters. Da das Gesetz keine anderen Anforderungen aufstellt, ist im Zeitpunkt der Auszahlung zu prüfen, ob der Gesellschafter im Fälligkeitszeitpunkt voraussichtlich zur vollständigen Rückführung in der Lage sein wird. Grundlage dieser Prognose ist die Solvenz des Gesellschafters zum Zeitpunkt der Darlehenshingabe (Auszahlung), Maßstab für die Prognose ist nach h. A. stets eine „vernünftige kaufmännische Betrachtung", ob die Realisierbarkeit des Rückzahlungsanspruchs als gesichert angesehen werden kann oder ein „konkretes Ausfallrisiko" anzunehmen ist. Nicht schon jeder noch so geringe Zweifel verpflichtet folglich zu einem Abschlag vom Nominalwert. 809

> BT-Drucks. 16/6140, S. 41;
> *Winter*, DStR 2007, 1484, 1486;
> *Wirsch*, Der Konzern 2009, 443, 447;
> *Wand/Tillmann/Heckenthaler*, AG 2009, 148, 151;
> *Cahn*, Der Konzern 2009, 67, 70, 72;
> Baumbach/Hueck-*Hueck/Fastrich*, GmbHG, § 30 Rn. 56;
> *Drygala/Kremer*, ZIP 2007, 1289, 1293;
> *Rothley/Weinberger*, NZG 2010, 1001, 1003;
> so auch vor wie nach der *Novemberentscheidung*
> BGHZ 179, 71 = ZIP 2009, 70 *(MPS)*,
> dazu EWiR 2009, 129 *(Blasche)*;
> BGHZ 137, 378, 380 = ZIP 1998, 467, 468;
> abweichend *Altmeppen*, ZIP 2009, 49, 53 („rein objektiv zu beurteilen").

Dabei darf der Geschäftsführer seine Einschätzung insbesondere auf eine Beurteilung von Ratingagenturen oder ähnlichen Institutionen stützen, sofern solche vorhanden sind.

> OLG München ZIP 2011, 567,
> dazu EWiR 2011, 383 *(Hangebrauck)*;
> *Wirsch*, Der Konzern 2009, 443, 447.

Teilweise wird insoweit allerdings auch vertreten, dass eine eigene Auswertung aller handelsbilanziellen Unterlagen und kapitalmarktrechtlichen Veröffentlichungen sowie die direkte Nachfrage bei der Geschäftsleitung des Gesellschafters erforderlich sein soll. Einschätzungen der Ratingagenturen soll dagegen keine weitergehende Bedeutung zukommen. 810

Altmeppen, NZG 2010, 401, 403;
Erne, GWR 2010, 314.

811 Einigkeit besteht innerhalb der Vertreter der h. M. schließlich dahingehend, dass eine Besicherung des Darlehens keine zwingende Voraussetzung für die Aktivierbarkeit des Rückzahlungsanspruchs ist, im Einzelfall aber erforderlich sein kann, um die fehlenden Solvenz des Gesellschafters auszugleichen.

BGHZ 179, 71 = ZIP 2009, 70 Rn. 13 *(MPS)*,
dazu EWiR 2009, 129 *(Blasche)*;
Baumbach/Hueck-*Hueck/Fastrich*, GmbHG, § 30 Rn. 56;
Kiefner/Theusinger, NZG 2008, 801, 804;
Wand/Tillmann/Heckenthaler, AG 2009, 148, 152;
Blasche/König, GmbHR 2009, 897, 900;
Wirsch, Der Konzern 2009, 443, 447;
Drygala/Kremer, ZIP 2007, 1289, 1293.

812 Nach a. A. ist dagegen bei der Prüfung der Vollwertigkeit nicht immer nur nach den genannten Grundsätzen vorzugehen. Stattdessen soll z. B. innerhalb eines Konzerns wegen des immer bestehenden besonderen Klumpenrisikos schon bei geringsten Zweifeln an der Bonität die Vollwertigkeit zu verneinen sein.

Bauer, ZInsO 2011, 1335, 1339;
Spliedt, ZIP 2009, 149, 150;
Altmeppen, ZIP 2009, 49, 53;
Altmeppen, NZG 2010, 401, 404.

813 Mit dem klaren Willen des Gesetzgebers, zu einer bilanziellen Betrachtung zurückzukehren, dürfte dies allerdings nicht vereinbar sein. So sind nach § 266 Abs. 2 B II. 2 HGB zwar Forderungen gegen Konzerngesellschaften in der Bilanz gesondert auszuweisen, ein genereller Bewertungsabschlag ist aber nicht vorgesehen. Im Übrigen wäre es inkonsequent, bei der Prüfung des Vorliegens einer Unterbilanz Ansprüche gegen Konzernunternehmen nach allgemeinen bilanzrechtlichen Vorschriften anzusetzen, bei der Prüfung der Herbeiführung oder Vertiefung einer Unterbilanz durch Darlehensgewährung dagegen strengere Maßstäbe anzulegen. Schließlich sollte durch § 30 Abs. 1 Satz 2 Alt. 2 GmbHG die Zulässigkeit von *upstream loans* klargestellt werden. Es wäre daher verwunderlich, sollten diese schon wegen der dabei auftretenden typischen Risiken unzulässig sein.

Thole, ZInsO 2011, 1425 f.

814 Schließlich wird vertreten, wegen der besonderen Risiken einer insolvenzrechtlichen „Anfechtungsverstrickung" könne im Konzern die Vollwertigkeit eines Rückforderungsanspruchs i. S. der Gleichwertigkeit mit einem Drittgeschäft von vornherein nie gegeben sein.

Spliedt, ZIP 2009, 149, 151.

815 Die Überlegungen zur besonderen Anfechtungsverstrickung in Konzernverhältnissen (wie auch zu Klumpenrisiken) mögen ihre Berechtigung haben,

II. Grundfall: Vollwertiger und deckender Gegenleistungs- oder Rückgewähranspruch

gleichwohl kann diese Ansicht nicht überzeugen, da dieses Risiko sich ohne eine Konkretisierung bilanziell nicht abbildet. Zudem erscheint es wenig überzeugend, dass Kriterium der Vollwertigkeit in einer Weise auszulegen, die insbesondere konzerninterne Cash-Pooling-Systeme, die der Gesetzgeber gerade zulassen wollte, praktisch weitgehend unmöglich macht.

bb) Nachträgliche Änderungen

Unstreitig ist, dass eine Veränderung der Umstände nach Auszahlung des Darlehens für § 30 Abs. 1 Sätze 1 und 2 GmbHG ohne Relevanz ist, solange nicht etwa in Form einer Stundung oder Prolongation eine erneute Kreditgewährung erfolgt. Allein das Unterlassen einer Kreditkündigung genügt hierfür jedoch noch nicht. 816

> BT-Drucks. 16/6140, S. 41;
> *Rothley/Weinberger*, NZG 2010, 1001, 1003;
> *Blasche/König*, GmbHR 2009, 897, 900;
> *Habersack*, ZGR 2009, 347, 361;
> *Drygala/Kremer*, ZIP 2007, 1289, 1293.

Auch nach einer zulässigen Ausreichung eines Darlehens ist der Geschäftsführer allerdings verpflichtet, sich in angemessener Form laufend über die wirtschaftliche Lage des Gesellschafters zu unterrichten und ggf. das Darlehen zu kündigen (§ 490 BGB) bzw. (weitere) Sicherheiten zu fordern. Hierbei handelt es sich allerdings nicht um Fragen des § 30 Abs. 1 Satz 1 GmbHG, sondern der Pflichten gemäß § 43 Abs. 1 und 2 GmbHG. 817

> *Cahn*, Der Konzern 2009, 67, 79;
> *Sutter/Masseli*, WM 2010, 1064 ff;
> *Rothley/Weinberger*, NZG 2010, 1001, 1003;
> s. a. *Altmeppen*, ZIP 2009, 49, 54 f;
> *Altmeppen*, NZG 2010, 401, 406;
> *Blasche/König*, GmbHR 2009, 897, 901.

Unabhängig davon kann sich aus einer Veränderung der Umstände für den Geschäftsführer die Verpflichtung ergeben, die Leistung – ggf. nach einer Kündigung – zurück- bzw. einzufordern. Der Geschäftsführer ist daher auch verpflichtet, die Solvenz bzw. Leistungsfähigkeit des Gesellschafters laufend in regelmäßigen Abständen zu prüfen und ggf. die Leistung einzufordern, sofern dies nach dem zugrunde liegenden Kausalgeschäft möglich ist. Im Einzelfall kann dies zur Einrichtung eines „Überwachungssystems" verpflichten. 818

> BGHZ 179, 71 = ZIP 2009, 70 Rn. 14 *(MPS)*,
> dazu EWiR 2009, 129 *(Blasche)*;
> Baumbach/Hueck-*Hueck/Fastrich*, GmbHG, § 30 Rn. 43.

cc) Erforderlichkeit angemessener Verzinsung

Ausgesprochen umstritten ist, ob ein ausreichender Rückgewähranspruch nur bei Vereinbarung einer marktgerechten – bei ungesicherten Darlehen 819 entsprechend erhöhten – Verzinsung zu bejahen ist. Diskutiert wird diese Frage meist i. R. der „Vollwertigkeit" des Rückgewähranspruchs, wobei vielfach vorausgesetzt wird, dass bei Darlehensverträgen dem Merkmal der „Deckung" keine eigene Bedeutung zukommen soll.

> Vgl. nur Michalski-*Heidinger*, GmbHG, § 30 Rn. 201 ff;
> *Rothley/Weinberger*, NZG 2010, 1001, 1004.

820 Richtigerweise dürfte die Frage der Notwendigkeit einer angemessenen Verzinsung allerdings eine Frage der Deckung sein, da insbesondere kein Zusammenhang mit der für die Frage der Vollwertigkeit eines Anspruchs entscheidenden Solvenz des Schuldners besteht. Letztendlich spielt die richtige dogmatische Zuordnung aber wohl keine Rolle für die vertretenen Ansichten, weshalb auch nur die allerwenigsten Stimmen hierauf überhaupt eingehen. Zur Frage der Notwendigkeit einer Verzinsung werden im Wesentlichen folgende Positionen vertreten:

821 Eine **erste Ansicht** geht dahin, die Frage eines ausreichenden, d. h. vollwertigen und deckenden, Rückgewähranspruchs von der Frage der Verzinsung vollständig zu trennen. Danach wäre ein ausreichender Rückgewähranspruch immer schon dann zu bejahen, wenn bei Fälligkeit die vollständige Rückzahlung der Darlehensvaluta zu erwarten ist. Die Frage einer angemessenen Verzinsung hätte dann nur insoweit Bedeutung, dass bei Fehlen einer solchen eine gesonderte Auszahlung anzunehmen wäre, die auch eine gesonderte Rückerstattungspflicht i. S. von § 31 Abs. 1 GmbHG in Höhe der ersparten Zinsen begründen würde.

> Ulmer/Habersack/Winter-*Habersack*, Erg.-Bd. MoMiG, § 30 Rn. 21, 28;
> *Söhner*, ZIP 2011, 2085, 2091.

Diese Lösung kann für sich in Anspruch nehmen, die Komplexität der erforderlichen Beurteilungen erheblich zu reduzieren und damit vor allem einen Gewinn an Rechtssicherheit zu schaffen. Zu sachgerechten Ergebnissen führt sie jedoch nur, wenn bereits bei Ausreichung des Darlehens eine Unterbilanz besteht.

Beispiel: Die A-GmbH verfügt über ein Stammkapital von 100.000 €, das Nettoaktivvermögen ist jedoch bereits auf 99.500 € gemindert. Die Gesellschaft gewährt nun einem Gesellschafter ein unverzinsliches Darlehen i. H. v. 50.000 € mit einer Laufzeit von sieben Jahren. Der marktübliche Zinssatz würde sich auf 8 % belaufen. An der Werthaltigkeit des Rückgewähranspruches bestehen im Übrigen keine Zweifel.

Folgt man der oben genannten Ansicht, liegt aufgrund der Werthaltigkeit des Rückgewähranspruches ein bloßer Aktivtausch vor. Hinsichtlich der fehlenden Verzinsung handelt es sich dagegen um eine die bereits bestehende Unterbilanz verfestigende Auszahlung, die gemäß § 31 Abs. 1 GmbHG auszugleichen ist.

II. Grundfall: Vollwertiger und deckender Gegenleistungs- oder Rückgewähranspruch

Abwandlung: Wie oben, das Nettoaktivvermögen beläuft sich allerdings zum Zeitpunkt der Auszahlung noch auf 100.500 €.

Nach obiger Ansicht ergibt sich hinsichtlich der Darlehensvaluta wiederum nur ein Aktivtausch, so dass auch nach Auszahlung des Darlehens nach wie vor keine Unterbilanz vorliegt. Hinzu kommt nun aber auch noch, dass allein die fehlende Verzinsung sich (nach dieser Ansicht) in der maßgeblichen bilanziellen Betrachtung nicht niederschlagen soll und somit ebenfalls nicht zu einer Unterbilanz führt. Der Gesellschafter sähe sich also keinem Anspruch nach § 31 Abs. 1 GmbHG ausgesetzt. Dass dies i. E. nicht richtig sein kann, bedarf keiner weiteren Begründung.

Nach einer a. A., die jedenfalls im Ansatz zutreffend erscheint, sollen auch für diese Frage in erster Linie wiederum bilanzielle Regeln entscheidend sein. Danach gilt grundsätzlich, dass ein unverzinslicher (Rück-)Zahlungsanspruch bei einer Laufzeit von bis zu einem Jahr mit dem Nennwert aktiviert werden darf. Bei längeren Laufzeiten ist dagegen eine Abzinsung mit einem marktüblichen Zinsfuß vorzunehmen. 822

Eine Verzinsung ist daher nach einer Ansicht zwar bei einer Laufzeit von bis zu einem Jahr unter dem Gesichtspunkt der Vollwertigkeit (oder Deckung) nicht erforderlich, darüber hinaus aber schon. 823

Baumbach/Hueck-*Hueck*/*Fastrich*, GmbHG, § 30 Rn. 56;
Rothley/*Weinberger*, NZG 2010, 1001, 1003;
Kiefner/*Theusinger*, NZG 2008, 801, 804;
zu den bilanziellen Grundsätzen:
Ballwieser, in: MünchKomm-HGB, § 253 Rn. 63.

Diese Ansicht sieht sich jedoch **erheblicher Kritik** ausgesetzt. So wird darauf hingewiesen, dass es sich bei der Regel, wonach unverzinsliche Forderungen mit einer Restlaufzeit von bis zu einem Jahr zum Nominalwert angesetzt werden dürfen, lediglich um eine Bilanzierungserleichterung aus Vereinfachungsgründen handele, der für die Frage der Kapitalerhaltung keine Bedeutung zukommen könne. Dementsprechend fehle es stets (also unabhängig von einer längeren oder kürzeren Laufzeit) an einer ausreichenden („deckenden") Gegenleistung, wenn keine Verzinsung vereinbart werde, die einem Drittvergleich standhalte. Zudem soll bei Fehlen einer Besicherung ein höherer Zinssatz zu verlangen sein. Fehle eine solche Verzinsung, sei der Barwert der Forderung zu korrigieren, was folglich zu einer Unterbilanz führen oder eine solche vertiefen könne. 824

Mülbert/*Leuschner*, NZG 2009, 281, 282 f;
Winter, DStR 2007, 1484, 1487;
Hirte, ZInsO 2008, 689, 692;
Wirsch, Der Konzern 2009, 443, 447 ff;
Blasche/*König*, GmbHR 2009, 897, 899;
ähnlich *Eusani*, GmbHR 2009, 795 f.

Dieser Ansicht ist zuzugeben, dass jedenfalls im **Stadium der Unterbilanz** durch die unverzinsliche Hingabe eines Darlehens die wirtschaftliche Basis

N. Aufhebung des „Auszahlungsverbots"

der Gesellschaft weiter zum Nachteil der Gläubiger geschwächt wird, was grundsätzlich gegen die Zulässigkeit eines solchen Vorgehens sprechen muss. Ihr ist allerdings entgegenzuhalten, dass, solange nach den handelsrechtlichen Vorschriften ein bilanzieller Ansatz zum Nennwert erfolgen darf, es nach der Konzeption des Gesetzes nicht richtig sein kann, die Zulässigkeit einer Darlehensgewährung in einer solchen Konstellation insgesamt zu verneinen.

825 Nach einer überzeugenden **vermittelnden Ansicht** ist bei einer Laufzeit bis zu einem Jahr daher auch **im Stadium der Unterbilanz** die Vergabe eines nicht angemessen verzinsten Darlehens – die Vollwertigkeit des Anspruchs auf Rückzahlung der Darlehensvaluta im Übrigen vorausgesetzt – zulässig, allerdings liegt in dem Verzicht auf die marktübliche und damit „deckende" Verzinsung eine gesonderte und unzulässige Auszahlung, die zwar die Darlehensgewährung *per se* unbeeinflusst lässt, jedoch gesondert zu erstatten ist. Ob eine Unterbilanz vorliegt, ist unter Berücksichtigung des Anspruchs auf Rückzahlung des Darlehens zu prüfen.

> *Spliedt*, ZIP 2009, 149, 150;
> *Cahn*, Der Konzern 2009, 67, 69, 71;
> *Gehrlein*, Der Konzern 2007, 771, 785;
> *Mülbert/Leuschner*, NZG 2009, 281, 282 f;
> *Winter*, DStR 2007, 1484, 1487 f;
> *Söhner*, ZIP 2011, 2085, 2087;
> Baumbach/Hueck-*Hueck/Fastrich*, GmbHG, § 30 Rn. 56;
> So auch im schon „im Vorgriff" auf das MoMiG
> BGHZ 179, 71 = ZIP 2009, 70 Rn. 17 *(MPS)*,
> dazu EWiR 2009, 129 *(Blasche)*;
> ähnlich *Drygala/Kremer*, ZIP 2007, 1289, 1293;
> a. A. (fehlende Verzinsung stets irrelevant wegen „Privilegierung" von Darlehen durch das MoMiG)
> *Rothley/Weinberger*, NZG 2010, 1001, 1005.

826 Die Richtigkeit dieses Ansatzes zeigt sich insbesondere dann, wenn man bei Fehlen einer Besicherung auch dann eine höhere Verzinsung verlangt, wenn die Bonität des Gesellschafters unbedenklich ist. Denn wenn *per se* eine Besicherung nicht erforderlich ist, um die Voraussetzungen von § 30 Abs. 1 Satz 2 Alt. 2 GmbHG zu erfüllen, kann es nicht richtig sein, wegen des Fehlens einer Besicherung eine höhere Verzinsung zu verlangen und aus dem Fehlen einer solchen dann doch wieder die Unzulässigkeit der gesamten Darlehensgewährung abzuleiten.

> A. A. Michalski-*Heidinger*, GmbHG, § 30 Rn. 201 ff.

Die „Auszahlung" durch den Verzicht auf eine angemessene Verzinsung ist in diesem Fall allerdings auf die Differenz zwischen dem tatsächlich gezahlten und dem hypothetischen, marktüblichen Zins beschränkt. Liegt – unter Berücksichtigung des Anspruchs auf Rückzahlung des Darlehens – keine Unterbilanz vor, ist eine fehlende Verzinsung **unschädlich**.

II. Grundfall: Vollwertiger und deckender Gegenleistungs- oder Rückgewähranspruch

Bei **längeren Laufzeiten** von mehr als einem Jahr kann dagegen eine völlig fehlende oder unzureichende Verzinsung dagegen dazu führen, dass es an einem ausreichenden Rückgewähranspruch fehlt und dies zu einem Verstoß gegen § 30 Abs. 1 Satz 1 GmbHG führt.

Noch nicht geklärt ist, unter welchen Voraussetzungen eine vereinbarte Verzinsung als unzureichend anzusehen ist. Hierzu wird vorgeschlagen, dies dann zu bejahen, wenn der Zinssatz „nicht nur geringfügig von einem marktüblichen Zinssatz einer entsprechenden externen Finanzanlage abweicht", was bei einer Abweichung von einem Prozentpunkt oder mehr zu bejahen sein soll.   827

Wirsch, Der Konzern 2009, 443, 450.

c) Konsequenzen fehlender Vollwertigkeit des Rückgewähranspruches

Wie allgemein im Falle einer nicht gegebenen vollwertigen und deckenden Gegenleistung stellt sich auch bei *upstream loans* die Frage nach den daraus folgenden rechtlichen Konsequenzen.   828

Nach einer Ansicht ist diesem Fall ist die Darlehensgewährung **insgesamt** unzulässig, nicht nur in Höhe der Beeinträchtigung des Stammkapitals. Konsequenterweise ist auch das gesamte Darlehen gemäß § 31 Abs. 1 GmbHG zurückzugewähren. Zur Begründung wird insbesondere auf die Schwierigkeiten verwiesen, zutreffende Abschläge festzulegen.   829

So i. E. auch *Ekkenga* in: MünchKomm-GmbHG, § 30 Rn. 252;
Drygala/Kremer, ZIP 2007, 1289, 1293;
Spliedt, ZIP 2009, 149, 151 f;
Altmeppen, ZIP 2009, 49, 53;
Bormann/Urlichs, GmbHR 2008, Sonderheft MoMiG, S. 37, 48.

Dieser Ansicht ist allerdings entgegenzuhalten, dass eine Bewertung (ungeachtet der nicht zu leugnenden tatsächlichen Schwierigkeiten) ohnehin unverzichtbar ist und die mit jedem bilanziellen Ansatz verbundenen Unsicherheiten vom Gesetzgeber in Kauf genommen wurden. Dies spricht dafür, eine unzulässige Auszahlung dementsprechend nur in der Höhe anzunehmen, in der der Barwert der aktivierten Forderung hinter dem Darlehensbetrag zurückbleibt.

d) Exkurs: Sonstige Anforderungen bei der Gewährung von Darlehen

Nach überwiegender, aber umstrittener Ansicht ist auch bei Einhaltung der Voraussetzungen des § 30 Abs. 1 Satz 2 Alt. 2 GmbHG nicht ausgeschlossen, dass der Geschäftsführer mit der Darlehenshingabe gegen andere Pflichten verstößt. Widerspricht z. B. die Stundung einer fälligen Forderung dem Gesellschaftsinteresse, weil ein Bedürfnis nach liquiden Mitteln besteht, darf der Geschäftsführer einer Stundung nicht zustimmen, sofern er von der Ge-   830 sellschafterversammlung hierzu nicht angewiesen wird. Ein Verstoß gegen § 30 Abs. 1 GmbHG liegt hierin aber nicht,

> anders früher wohl
> BGHZ 81, 311, 321 = ZIP 1981, 1200.

831 Nach a. A. ist in einem solchen Fall, d. h. wenn § 30 Abs. 1 Satz 1 GmbHG eine Auszahlung nicht untersagt, auch im Übrigen eine Pflichtverletzung des Geschäftsführers ausgeschlossen, da jedes andere Ergebnis, das den Geschäftsführer einem Haftungsrisiko aussetzen würde, mit der gesetzgeberischen Intention nicht vereinbar sein soll.

> Baumbach/Hueck-*Hueck/Fastrich*, GmbHG, § 30 Rn. 56.

Allerdings bedeutet allein der Umstand, dass eine Auszahlung nicht gegen gläubigerschützende Vorschriften verstößt, noch nicht, dass nicht andere Pflichten im konkreten Einzelfall verletzt sein können, so z. B. wenn weder eine übliche, einem Drittvergleich standhaltende Besicherung oder Verzinsung vereinbart wird.

> *Kiefner/Theusinger*, NZG 2008, 801, 806.

Im Ergebnis ist daher davon auszugehen, dass es zwar i. R. § 30 Abs. 1 GmbHG nicht zwingend erforderlich ist, dass die Darlehenskonditionen einem Drittvergleich standhalten, wenn der Rückzahlungsanspruch werthaltig und deckend ist. Über die Beachtung anderer Pflichten des Geschäftsführers ist damit noch nichts gesagt.

> *Drygala/Kremer*, ZIP 2007, 1289, 1293;
> *Winter*, DStR 2007, 1484, 1486.

832 Werden die Anforderungen an einem Drittvergleich dagegen eingehalten, ist die Darlehensgewährung unabhängig von den sonstigen Bedingungen in § 30 Abs. 1 Satz 2 Alt. 2 GmbHG mit § 30 Abs. 1 Satz 1 GmbHG vereinbar, da es an einer Leistung *causa societatis* fehlt.

> I. E. wie hier *Söhner*, ZIP 2011, 2085, 2087.

e) Insbesondere: Cash-Pooling-Systeme außerhalb eines Vertragskonzerns

833 Sämtliche allgemeinen Fragen bzgl. der Zulässigkeit der Gewährung von Darlehen an einen Gesellschafter stellen sich nahe liegender Weise auch in Bezug auf Cash-Pooling-Systeme. Diese Systeme sollten nach ausdrücklicher Angabe des Gesetzgebers durch § 30 Abs. 1 Satz 2 Alt. 2 GmbHG ermöglicht werden. Bedeutung hat diese Vorschrift jedoch nur für Cash-Pooling-Systeme im faktischen Konzern, im Vertragskonzern sind Auszahlungen ohnehin gemäß § 30 Abs. 1 Satz 2 Alt. 1 GmbHG „erlaubt" (dazu unten Rn. 864 ff).

834 Besondere Aufmerksamkeit erfordert zunächst die vom Geschäftsführer vorzunehmende Prognose hinsichtlich der Solvenz des Gesellschafters. Die

II. Grundfall: Vollwertiger und deckender Gegenleistungs- oder Rückgewähranspruch

besondere Schwierigkeit besteht darin, dass *ex ante* schwerlich abzusehen ist, wann welche Beträge der Konzernobergesellschaft zur Verfügung gestellt und wann diese zurückgezahlt werden sollen. Aus § 30 Abs. 1 Satz 2 Alt. 2 GmbHG wird man gleichwohl für diesen Fall ableiten müssen, dass sich der Geschäftsführer für jede Auszahlung tagaktuell ein Bild von der Solvenz der anderen Konzerngesellschaft macht,

> *Wirsch*, Der Konzern 2009, 443, 447, m. w. N.,

und bei Eintritt einer Gefährdung der Vollwertigkeit der Rückzahlungsansprüche die Teilnahme am Cash-Pooling-System beendet und noch bestehende Außenstände einfordert. Maßgebend ist auch insoweit eine vernünftige kaufmännische Beurteilung. Die überwiegende Ansicht geht im Anschluss an die *MPS-Entscheidung* des Bundesgerichtshofs davon aus, dass hierfür die Einrichtung eines geeigneten Informations- oder „Frühwarnsystems" zwischen Mutter- und Tochtergesellschaft unverzichtbar ist, das vertragliche Aufklärungs- und Auskunftsansprüche vorsieht.

> BGHZ 179, 71 = ZIP 2009, 70 Rn. 19 *(MPS)*,
> dazu EWiR 2009, 129 *(Blasche)*;
> Lutter/Hommelhoff-*Hommelhoff*, GmbHG, § 30 Rn. 40 ff;
> *Kollrus*, MDR 2011, 208, 210;
> *Rothley/Weinberger*, NZG 2010, 1001, 1003;
> i. E. auch *Blöse*, GWR 2010, 314.

Da den Geschäftsführer schon zur Vermeidung eigener Haftung erhebliche Überwachungspflichten treffen können, ist aus seiner Sicht der Abschluss eines Gewinnabführungs- und/oder Beherrschungsvertrages wegen der damit verbundenen Privilegierung vorzugswürdig (dazu unten Rn. 864 ff).

835 Des Weiteren stellt sich die Frage, ob in Cash-Pooling-Systemen eine Verzinsung erforderlich ist. Nach einer Ansicht soll dies nicht der Fall sein, da Ausleihungen i. R. eines zentralen Cash-Managements regelmäßig nur kurzfristig erfolgten, weshalb nach den oben dargestellten bilanziellen Grundsätzen die fehlende Verzinsung nicht zu einer Abschreibung nötige. Zudem ergebe sich aus der Teilnahme an dem Cash-Pooling-System für die Gesellschaft regelmäßig ein potentieller betriebswirtschaftlicher Vorteil, weshalb ein Verzicht auf eine Verzinsung vertretbar sei. Die Vereinbarungen müssten deshalb auch keinem „Drittvergleich" standhalten.

> *Drygala/Kremer*, ZIP 2007, 1289, 1293;
> Ulmer/Habersack/Winter-*Habersack*, Erg.-Bd. MoMiG, § 30 Rn. 21, 28;
> *Wand/Tillmann/Heckenthaler*, AG 2009, 148, 152;
> *Kollrus*, MDR 2011, 208, 210;
> *Altmeppen*, ZIP 2009, 49, 52 (der allerdings ab sechs Monaten eine Verzinsung fordert).

836 Nach a. A. soll gerade in Cash-Pooling-Systemen die Dauer der Kreditgewährung naturgemäß unbestimmt sein, weshalb nicht von nur kurzfristigen Ausleihungen ausgegangen werden könne. Aus diesem Grund soll – zumindest als Ausfluss des Deckungsprinzips – eine Verzinsung zwingende Voraussetzung für § 30 Abs. 1 Satz 2 Alt. 2 GmbHG sein. Andere betriebswirtschaftliche Vorteile aufgrund der Teilnahme an einem solchen System seien zudem völlig ungewiss und mangels Bewertbarkeit bilanziell unbeachtlich.

> *Eusani*, GmbHR 2009, 795, 797 f;
> *Wirsch*, Der Konzern 2009, 443, 449.

Der zweiten Ansicht ist zuzugeben, dass die Darlehensdauer nicht festgelegt ist und es sich i. E. auch um ein längerfristiges Darlehen handeln kann. Hierauf sind Cash-Pooling-Systeme unstreitig jedoch nicht angelegt. Insofern erscheint es richtig, bei einer fehlenden Verzinsung zwar nicht die Vollwertigkeit in Frage zu stellen, wohl aber jedenfalls eine gesonderte Auszahlung anzunehmen, die bei Vorliegen einer Unterbilanz zu erstatten ist.

> So schon BGHZ 179, 71 = ZIP 2009, 70 Rn. 17 *(MPS)*,
> dazu EWiR 2009, 129 *(Blasche)*.

5. Stellung von Sicherheiten durch die Gesellschaft

a) Übersicht

837 Ein für die Praxis bedeutender Fall, in dem das zur Erhaltung des Stammkapitals erforderliche Vermögen zwar nicht notwendigerweise gemindert, jedoch u. U. erheblich gefährdet wird, ist die Besicherung von Gesellschafterschulden gegenüber Dritten aus dem Gesellschaftsvermögen. Gleiches gilt für die Fälle, in denen die Gesellschaft aus ihrem Vermögen Forderungen des Gesellschafters gegen Dritte besichert. Praktische Anwendungsfälle sind insbesondere die Bestellung von Sicherheiten i. R. eines zentralen Liquiditätsmanagements, bei „Projektfinanzierungen" oder einem „Management Buy-Out" bzw. „Leveraged Buy-Out". Aber auch die Besicherung von Darlehen an die Konzernmutter durch die Stellung von Sicherheiten durch die Tochter- oder Enkelgesellschaften (*„upstream securities"*) hat praktische Bedeutung. Eine Klärung und Vereinfachung der Rechtslage auch in dieser Hinsicht – gerade für international agierende Unternehmen – war ein ausdrückliches Ziel bei der Schaffung des MoMiG.

> BT-Drucks. 16/6140, S. 41;
> Scholz-*Verse*, GmbHG, § 30 Rn. 96, 104;
> Baumbach/Hueck-*Hueck/Fastrich*, GmbHG, § 30 Rn. 58 ff;
> *Link*, ZIP 2007, 1397;
> *Komo*, GmbHR 2010, 230, 231.

838 Auch wenn unstreitig ist, dass § 30 Abs. 1 GmbHG die Stellung von Sicherheiten nicht unbeschränkt zulässt und die sich ergebenden Fragen ebenfalls auf der Grundlage der vom Gesetzgeber vorgegebenen bilanziellen Betrachtung zu beurteilen sind, sind wesentliche Punkte in der Literatur umstritten. Dabei geht es vor allem um die Frage, auf welchen Zeitpunkt abzustellen ist (Stellung der Sicherheit oder Verwertung), wann die Prüfung der Werthaltigkeit eines Rückgriffsanspruchs zu erfolgen hat sowie ob dieser Rückgriffs-

II. Grundfall: Vollwertiger und deckender Gegenleistungs- oder Rückgewähranspruch

anspruch seinerseits besichert sein muss. In einer Vielzahl von Stellungahmen wird zudem nicht genau unterschieden, ob es sich um die Stellung einer Sicherheit für eine Verbindlichkeit eines Gesellschafters gegenüber einem Dritten handelt (Sicherungsnehmer ist der Dritte) oder ob die Forderung eines Gesellschafters gegen einen Dritten gesichert werden soll (Sicherungsnehmer ist der Gesellschafter). Richtigerweise sind beide Konstellationen,

> zu den notwendigen Differenzierungen wie hier
> Michalski-*Heidinger*, GmbHG, § 30 Rn. 87 ff,

wie folgt zu unterscheiden:

b) **Besicherung von Forderungen eines Dritten gegen einen Gesellschafter** (*upstream securities*)

aa) **Maßgeblicher Zeitpunkt**

Dass die Gewährung von Sicherheiten an den Gläubiger eines Gesellschafters eine unerlaubte Auszahlung i. S. von § 30 Abs. 1 Satz 1 GmbHG darstellen kann, ist unstreitig. 839

> Vgl. nur *Winter*, DStR 2007, 1484, 1488 ff;
> *Komo*, GmbHR 2010, 230, 231, m. w. N.

Soll die Gesellschaft Forderungen eines Dritten gegen einen Gesellschafter besichern, so ist der **maßgebliche Zeitpunkt** für die Prüfung von § 30 Abs. 1 GmbHG der Zeitpunkt, in dem die Gesellschaft sich gegenüber dem Dritten zur Stellung der Sicherheit verpflichtet oder, wenn keine Verpflichtung vorangeht, diese bestellt. Grund hierfür ist, dass ein eventueller späterer Vermögensabfluss nicht mehr verhindert werden kann, wenn die Verpflichtung erst einmal gegenüber dem Dritten wirksam übernommen worden ist. 840

> Baumbach/Hueck-*Hueck/Fastrich*, GmbHG, § 30 Rn. 61;
> Scholz-*Verse*, GmbHG, § 30 Rn. 21, 97;
> Lutter/Hommelhoff-*Hommelhoff*, GmbHG, § 30 Rn. 8, 34 ff;
> *Kiefner/Theusinger*, NZG 2008, 801, 805;
> *Drygala/Kremer*, ZIP 2007, 1289, 1295;
> a. A. *Tillmann*, NZG 2008, 401, 405;
> *Söhner*, ZIP 2011, 2085, 2088;
> *Winter*, DStR 2007, 1484, 1488.

bb) **Fall 1: Zum Zeitpunkt der Verpflichtung bzw. Bestellung ist keine spätere Inanspruchnahme zu erwarten**

In der Bestellung einer Sicherheit bzw. der Übernahme der Verpflichtung hierzu liegt *per se* im Regelfall noch keine Auszahlung i. S. von § 30 Abs. 1 Satz 1 GmbHG. Der Grund hierfür liegt darin, dass, wie dargestellt, nur solche Auszahlungen verboten sind, die – unter Zugrundelegung der Fortführungswerte der Jahresbilanz – eine Unterbilanz herbeiführen oder vertiefen. Die **Bestellung** von Kreditsicherheiten vermindert jedoch das Nettoaktivvermögen der Gesellschaft – bewertet nach Fortführungswerten – grundsätz- 841

N. Aufhebung des „Auszahlungsverbots"

lich nicht, kann also eine Unterbilanz in aller Regel nicht herbeiführen und auch nicht vertiefen. (Schuldrechtliche oder dingliche) Kreditsicherheiten begründen stattdessen Eventualverbindlichkeiten i. S. des § 251 HGB, mit deren Aktualisierung zwar grundsätzlich gerechnet werden muss. Sie sind jedoch nach §§ 251, 268 Abs. 7 HGB zunächst lediglich unter der Bilanz zu vermerken, so dass sie zwar erkennbar sind, sich aber auf die Gewinnermittlung nicht auswirken. Gemäß § 251 HGB sind solche Haftungsverhältnisse *per se* nicht nur bilanzneutral, sondern bilanzunbeachtlich,

> *Kiefner/Theusinger*, NZG 2008, 801, 805,

weshalb die Stellung einer Sicherheit alleine im Normalfall keine Unterbilanz herbeiführen oder vertiefen kann. Es handelt sich dabei um ein unmittelbares Ergebnis der bilanziellen Betrachtungsweise.

> So schon OLG München ZIP 1998, 1438 = GmbHR 1998, 986;
> Baumbach/Hopt-*Merkt*, HGB, § 251 Rn. 1;
> Lutter/Hommelhoff-*Hommelhoff*, GmbHG, § 30 Rn. 34 (zumindest im Grundsatz);
> Scholz-*Verse*, GmbHG, § 30 Rn. 97.

842 Anders wäre dies, wenn mit einer Inanspruchnahme der Sicherheit zumindest „ernsthaft zu rechnen" und deshalb eine Rückstellung (oder eine Verbindlichkeit) gebildet werden müsste; Maßstab hierfür ist § 249 HGB.

> Michalski-*Heidinger*, GmbHG, § 30 Rn. 95;
> *Eusani*, GmbHR 2009, 795, 799;
> *Kiefner/Theusinger*, NZG 2008, 801, 805;
> zu den handelsrechtlichen Vorgaben:
> *Ballwieser*, in: MünchKomm-HGB, § 249 Rn. 13.

Dies hat der Geschäftsführer im Zeitpunkt der Übernahme der Verpflichtung zur Stellung der Sicherheit bzw. ihrer Bestellung zu prüfen. Kommt er dabei zu dem Ergebnis, dass eine solche Inanspruchnahme nicht zu besorgen ist, darf die Gesellschaft die Sicherheit stellen. Ändert sich die Lage später und kommt es zur Bildung einer Rückstellung oder zur Verwertung der Sicherheit, ändert dies nichts daran, dass kein Verstoß gegen § 30 Abs. 1 GmbHG vorliegt,

> vgl. BT-Drucks. 16/6140 S. 41,
> a. A. *Komo*, GmbHR 2010, 230, 233,

auch wenn ab dem Zeitpunkt, ab dem mit einer Inanspruchnahme der Gesellschaft gerechnet werden muss, die Sicherheitenbestellung bilanzwirksam wird und dieser aufgrund der Wahrscheinlichkeit einer Verwertung ausgelöste Wechsel der bilanztechnischen Bewertung eine Unterbilanz auslösen kann.

> Lutter/Hommelhoff-*Hommelhoff*, GmbHG, § 30 Rn. 35;
> *Drygala/Kremer*, ZIP 2007, 1289, 1295;
> so auch schon OLG München ZIP 1998, 1438 = GmbHR 1998, 986 f.

II. Grundfall: Vollwertiger und deckender Gegenleistungs- oder Rückgewähranspruch

Diese Ansicht ist allerdings nicht unumstritten. Nach a. A. soll die Bestellung der Sicherheit nur dann zulässig sein, wenn eine Inanspruchnahme zu 100 % ausgeschlossen erscheint, dann anderenfalls immer, d. h. ohne Rücksicht auf die Wahrscheinlichkeit einer Inanspruchnahme, eine Auszahlung i. S. von § 30 Abs. 1 Satz 1 GmbHG vorliege. Im Ergebnis käme es nach dieser Ansicht immer auf die Werthaltigkeit des Rückgriffsanspruchs an. 843

So *Komo*, GmbHR 2010, 230, 231.

Für die Richtigkeit dieser Lösung gibt es jedoch im Gesetzeswortlaut keine Anhaltspunkte, mit der explizit gewollten Maßgeblichkeit der allgemeinen Bilanzierungsregeln wäre dies auch nicht vereinbar. 844

cc) Fall 2: Bereits bei Bestellung ist eine spätere Inanspruchnahme zu erwarten

Ist dagegen von vornherein mit einer Inanspruchnahme zu rechnen, ist gemäß § 249 HGB bereits im Zeitpunkt der Bestellung der Sicherheit eine entsprechende Rückstellung zu bilden. Würde dies zum Eintritt oder der Vertiefung einer Unterbilanz führen, ist die Bestellung der Sicherheit bzw. die Übernahme einer entsprechenden Verpflichtung hierzu gegenüber dem Dritten unstreitig verboten. Anderes gilt nur, wenn der Gesellschaft ein vollwertiger Rückgriffsanspruch zur Verfügung steht (§ 30 Abs. 1 Satz 3 GmbHG). 845

Kiefner/Theusinger, NZG 2008, 801, 805;
Winter, DStR 2007, 1484, 1488.

Soweit sich der Rückgriff gegen den Gesellschafter richten würde, ist allerdings regelmäßig davon auszugehen, dass dieser Anspruch, sofern er unbesichert ist, nicht vollwertig sein kann, da anderenfalls schon nicht mit der Inanspruchnahme der Sicherheit zu rechnen wäre.

So auch *Spliedt*, ZIP 2009, 149, 152;
Sutter/Masseli, WM 2010, 1064, 1067;
Wand/Tillmann/Heckenthaler, AG 2009, 148, 151.

Dies hat der Geschäftsführer bei seiner Prüfung der Werthaltigkeit des Rückgriffsanspruchs zu beachten. Insofern kommt es für die zum Zeitpunkt der Sicherheitenbestellung vorzunehmende prognostische Prüfung auf den (späteren) Zeitpunkt einer Verwertung der Sicherheit an.

Komo, GmbHR 2010, 230, 231;
i. E. ebenso *Sutter/Masseli*, WM 2010, 1064, 1068.

Allerdings kann ein Rückgriffsanspruch gegenüber einem Dritten (z. B. eine Rückbürgschaft) durchaus als werthaltig anzusehen sein. Aus diesem Grund kann nicht allgemein der Ansicht zugestimmt werden, ein vollwertiger Rückgriffsanspruch liege nur bei einer banküblichen Besicherung vor. 846

So aber *Hölzle*, GmbHR 2007, 729, 734;
wie hier dagegen *Wand/Tillmann/Heckenthaler*, AG 2009, 148, 152.

N. Aufhebung des „Auszahlungsverbots"

847 Fehlt es dagegen an einem ausreichenden Rückgriffsanspruch und ist von Anfang an mit einer Inanspruchnahme der Sicherheit zu rechnen, darf diese nicht bestellt werden, wenn dadurch eine Unterbilanz herbeigeführt oder vertieft würde.

OLG München ZIP 1998, 1438 = GmbHR 1998, 986 f.

Auch diesbezüglich gilt jedoch, dass allein die Tatsache, dass sich eine pflichtgemäße Beurteilung später als unzutreffend erweist, nicht zu einem Verstoß gegen § 30 Abs. 1 Satz 1 GmbHG führt. Den Geschäftsführer treffen allerdings strenge Prüfungspflichten.

Vgl. dazu Roth/Altmeppen-*Altmeppen*, GmbHG, § 30 Rn. 135 ff.

Diese Prüfungspflicht ist auch deswegen so ernst zu nehmen, weil ein außenstehender Dritter Verstöße gegen § 30 Abs. 1 Satz 1 GmbHG sich grundsätzlich nicht entgegenhalten lassen muss. Ist die Sicherheit wirksam bestellt, kann er diese bei Eintritt des Sicherungsfalles verwerten, auch wenn die Bestellung tatsächlich unzulässig war oder aufgrund nachträglich eingetretener Umstände die Verwertung zu einer Unterbilanz führt.

dd) Weitergehende Beschränkungen für die Sicherheitenbestellung?

848 Es liegt auf der Hand, dass bei einer strengen Anwendung der bilanziellen Betrachtungsweise die Bestellung von Sicherheiten zu einer Aushöhlung des Gesellschaftsvermögens führen kann. Gewährt beispielsweise eine Gesellschaft mit einem Stammkapital i. H. v. 50.000 € und einem Nettovermögen bewertet nach fortgeführten Buchwerten von 60.000 € dem Gläubiger des Gesellschafters eine Sicherheit i. H. v. 50.000 €, so wird hierdurch – wirtschaftlich gesehen – das zur Erhaltung des Stammkapitals erforderliche Vermögen ausgehöhlt, ohne dass das Gesetz hiergegen einen wirksamen Schutz im Interesse der Gesellschaft bzw. der Gesellschaftsgläubiger vorsieht, weil die Sicherheitenbestellung regelmäßig *per se* noch bilanzunbeachtlich ist. Dass dieses Ergebnis mit Sinn und Zweck des § 30 Abs. 1 Satz 1 GmbHG, nämlich einen effektiven Beitrag zur Insolvenzvermeidung im Interesse der Gesellschaft und der Gesellschaftsgläubiger zu leisten, vereinbar ist, wird vielfach bezweifelt.

849 In der Literatur sind daher verschiedene Lösungswege diskutiert worden, die i. E. entweder zu einer Ausweitung des Adressatenkreises des Auszahlungsverbotes führen, sofern bestimmte subjektive Merkmale auf Seiten des Dritten vorliegen,

Kenntnis von Gesellschaftereigenschaft genügt:
Peltzer/Bell, ZIP 1993, 1757, 1764 f;
Meister, WM 1980, 390, 392;
Für Kenntnis oder Kennenmüssen eines Missbrauchs der Vertretungsmacht:
Hager, ZGR 1989, 71, 97;

II. Grundfall: Vollwertiger und deckender Gegenleistungs- oder Rückgewähranspruch

„Belastung" des Sicherheitenerwerbs durch § 30 Abs. 1 GmbHG:
Canaris, in: FS Fischer, 1979, S. 31, 45 ff,

oder das Auszahlungsverbot durch eine analoge Anwendung von § 43a GmbHG auf den Nurgesellschafter zeitlich vorverlagern wollen,

Scholz-*Schneider*, GmbHG, § 43a Rn. 63;
Sotiropoulos, GmbHR 1996, 653, 655 f;
dagegen Baumbach/Hueck-*Zöllner/Noack*, GmbHG, § 43a Rn. 3;
Roth/Altmeppen-*Altmeppen*, GmbHG, § 43a Rn. 7.

Gegen die zweite Lösung spricht, dass § 43a GmbHG nach der eindeutigen Rechtsprechung auf den Nurgesellschafter nicht anwendbar ist (dazu unten Rn. 1145). 850

Gegen die Heranziehung subjektiver Anknüpfungspunkte zur Ausdehnung des Adressatenkreises ist einzuwenden, dass damit die leichte Prüfbarkeit des Verbots in § 30 Abs. 1 Satz 1 GmbHG, die durch Anknüpfungen an objektive, vom Geschäftsführer vergleichsweise einfach festzustellende Umstände gewährleistet werden sollte, verloren ginge. Aus diesem Grund erscheint es richtig, in diesem Punkt dem Bundesgerichtshof zu folgen, wonach ein außenstehender Dritter nur bei einem Verstoß gegen die guten Sitten (§§ 138, 826 BGB) § 30 Abs. 1 Satz 1 GmbHG gegen sich gelten lassen muss. 851

BGHZ 138, 291 = ZIP 1998, 793, 795,
dazu EWiR 1998, 699 *(Eckardt)*;
zu weit daher LG Frankfurt/M. ZIP 1997, 1464, 1467 ff,
dazu EWiR 1997, 1091 *(App)*.

Ob dagegen ein Missbrauch der Vertretungsmacht bereits in allen Fällen genügt, 852

dafür Roth/Altmeppen-*Altmeppen*, GmbHG, § 30 Rn. 42 ff,

erscheint fraglich, ist aber auch nach den Ausführungen der vorgenannten Entscheidung des Bundesgerichtshofs nicht ausgeschlossen. Im Übrigen ist die ausdrückliche Entscheidung des Gesetzgebers für eine bilanzielle Betrachtungsweise sowie die beschränkte Adressierung von § 30 Abs. 1 Satz 1 GmbHG an die Gesellschafter und gleichgestellte Dritte hinzunehmen (anders Vorauflage).

Kiefner/Theusinger, NZG 2008, 801, 806.

Selbst wenn kein Verstoß gegen § 30 Abs. 1 GmbHG vorliegt, bedeutet dies allerdings nicht, dass die Bestellung der Sicherheit durch den Geschäftsführer pflichtgemäß i. S. von § 43 Abs. 1 GmbHG ist. Insbesondere dann, wenn die Bestellung alleine im Interesse des Gesellschafters erfolgt und nicht (auch) im Interesse der Gesellschaft, wird der Geschäftsführer regelmäßig verpflichtet sein, durch entsprechende Vereinbarung (sog. *Limitation Language*, dazu unten Rn. 855 ff) eine Verwertung der Sicherheit auszuschließen, wenn dies zu einer Unterbilanz führen oder ein solche vertiefen würde. 853

854 Neben der Pflicht, die Wahrscheinlichkeit der Inanspruchnahme und die Werthaltigkeit des Rückgriffanspruchs bei Stellung der Sicherheiten zu prüfen, muss der Geschäftsführer auch die spätere Entwicklung fortlaufend beobachten. Muss aufgrund später eintretender Umstände mit einer Inanspruchnahme gerechnet werden und fehlt es an einem werthaltigen Rückgriffsanspruch, muss der Geschäftsführer vom Gesellschafter Freistellung oder die Stellung von Sicherheiten verlangen. Da dies häufig nicht durchzusetzen sein dürfte, sobald sich die ersten Krisenanzeichen bei dem Gesellschafter zeigen, ist auch heute noch die Vereinbarung einer *Limitation Language* sinnvoll bzw. zwingend.

Theusinger/Kaptina, NZI 2011, 881;
Kollmorgen/Santelmann/Weiß, BB 2009, 1818.

ee) Exkurs: *Limitation Language*

855 Stellt die Gesellschaft eine Sicherheit zur Absicherung der Verbindlichkeiten des Gesellschafters gegenüber einem Dritten, wird häufig i. R. einer Sicherungsabrede vereinbart, dass eine Inanspruchnahme der Sicherheit nur dann erfolgen darf, wenn dies nicht zu einer Unterbilanz führt oder ein solche vertieft (*„Limitation Language"*),

vgl. *Komo*, GmbHR 2010, 230, 234;
Bender, BB 2005, 1492, 1494;
Weitnauer, ZIP 2005, 790, 796;
Bruns, GmbHR 2006, 587, 590.

856 Diesbezüglich versteht es sich zunächst von selbst, dass durch eine solche Abrede ein Verstoß gegen § 30 Abs. 1 Satz 1 GmbHG nicht ausgeschlossen werden kann. Kommt es auf den Zeitpunkt der Bestellung der Sicherheit an und folgt zu diesem Zeitpunkt ein Verbot der Bestellung aus § 30 Abs. 1 Satz 1 GmbHG, kann dieses nicht durch die Vereinbarung einer Limitation Language umgangen werden, d. h. die gesetzlichen Vorgaben der Kapitalerhaltung können durch derartige Regelungen nicht verschoben werden. Allerdings besteht die Möglichkeit, auf diesem Wege gegenüber dem Dritten ein Leistungsverweigerungsrecht zu begründen, sofern anderenfalls eine Unterbilanz eintreten bzw. vertieft oder verfestigt werden würde.

Vgl. Roth/Altmeppen-*Altmeppen*, GmbHG, § 30 Rn. 149;
Ekkenga, in: MünchKomm-GmbHG, § 30 Rn. 133;
a. A. Baumbach/Hueck-*Hueck*/*Fastrich*, GmbHG, § 30 Rn. 62.

857 Sinnvoll ist der Abschluss einer solchen Abrede aber gleichwohl, insbesondere aus Sicht des Geschäftsführers, dem ansonsten wegen der erheblichen tatsächlichen Unsicherheiten (z. B. bei der Beurteilung der Werthaltigkeit eines späteren Rückgriffsanspruchs) eine mögliche Haftung droht.

Komo, GmbHR 2010, 230, 235.

Zwar bleibt eine Sicherheitenbestellung auch bei Vereinbarung einer *Limitation Language* pflichtwidrig, wenn die oben genannten allgemeinen Vorausset-

II. Grundfall: Vollwertiger und deckender Gegenleistungs- oder Rückgewähranspruch

zungen nicht erfüllt sind. Allerdings wird durch die Vereinbarung erheblich unwahrscheinlicher, dass sich tatsächlich ein Schaden durch die Verwertung der Sicherheit manifestiert.

c) Besicherung von Forderungen eines Gesellschafters gegen einen Dritten

Stellt die Gesellschaft eine Sicherheit zur Absicherung eines Anspruchs eines Gesellschafters gegen einen Dritten zur Verfügung, so ist vor allem umstritten, auf welchen Zeitpunkt für die Prüfung von § 30 Abs. 1 GmbHG abzustellen ist. 858

Es könnte daran gedacht werden, sowohl das Risiko einer Inanspruchnahme wie auch das Bestehen eines vollwertigen Rückgriffanspruchs alleine bei Bestellung der Sicherheit zu prüfen. Zur Begründung könnte darauf verwiesen werden, dass nach der erklärten Ansicht des Gesetzgebers wie bei der Gewährung eines Darlehens an einen Gesellschafter nachträgliche Veränderungen, die zu einem endgültigen Vermögensabfluss führen, keinen Verstoß gegen das Kapitalerhaltungsgebot begründen sollen,

vgl. BT-Drucks. 16/6140, S. 41.

Alternativ könnte man überlegen, bei der Bestellung der Sicherheit die Wahrscheinlichkeit des Eintritts des Sicherungsfalles, die Werthaltigkeit des Rückgriffanspruchs dagegen erst bei Inanspruchnahme der Sicherheit zu prüfen.

Derartige Überlegungen können jedoch nicht überzeugen. Richtigerweise ist bei der Bestellung von Sicherheiten zugunsten eines Gesellschafters alleine der Zeitpunkt der Verwertung dafür entscheidend, ob ein Verstoß gegen § 30 Abs. 1 GmbHG vorliegt oder nicht. 859

Tillmann, NZG 2008, 401, 404;
Baumbach/Hueck-*Hueck/Fastrich*, GmbHG, § 30 Rn. 60;
BGHZ 173, 1 = ZIP 2007, 1705 = NZG 2007, 704.

Zwar hat der Gesetzgeber ausgeführt, dass im Falle eines Darlehens an einen Gesellschafter Umstände, die nach der Auszahlung des Darlehens eintreten, keinen Verstoß gegen § 30 Abs. 1 Satz 1 GmbHG begründen, wenn bei Auszahlung auf der Grundlage einer pflichtgemäßen Prüfung mit einer Rückzahlung gerechnet werden durfte. Maßgeblicher Zeitpunkt für die Prüfung von § 30 Abs. 1 Satz 1 GmbHG ist bei einem Darlehen jedoch der Zeitpunkt der Auszahlung, nicht der Darlehenszusage. Vergleicht man diese Konstellation mit der Stellung von Sicherheiten, so entspricht die Bestellung der Sicherheit der Darlehenszusage, die Verwertung dagegen der Auszahlung des Darlehens. Auf diesen Zeitpunkt kommt es somit an. Zugleich entspricht dies dem Grundsatz, dass sich der Gesellschafter – anders als ein außenstehender Dritter – jederzeit das Auszahlungsverbot des § 30 Abs. 1 Satz 1 GmbHG entgegenhalten lassen muss, solange die Auszahlung noch nicht erfolgt ist.

N. Aufhebung des „Auszahlungsverbots"

> *Ekkenga*, in: MünchKomm-GmbHG, § 30 Rn. 60, 88, 282.

Bestellt die Gesellschaft zugunsten des Gesellschafters eine Sicherheit für dessen Forderung gegen einen Dritten, ist dieser Vorgang – wie immer – per se bilanzunbeachtlich (§§ 251, 268 Nr. 7 HGB), weshalb die Stellung einer Sicherheit alleine keine Unterbilanz herbeiführen oder vertiefen kann.

> *Kiefner/Theusinger*, NZG 2008, 801, 805.

860 Daran ändert sich auch nichts, wenn mit einer Inanspruchnahme ernstlich zu rechnen ist und eine solche bzw. die Bildung einer Rückstellung zu einer Unterbilanz führen oder diese vertiefen würde. Denn in diesem Fall steht der Gesellschaft eine dauernde Einrede gegen den Gesellschafter zu Verfügung, die die Verwertung der Sicherheit ausschließt.

Erst wenn der Gesellschafter die Sicherheit verwertet bzw. verwerten möchte, ist zu prüfen, ob dies zu einer Unterbilanz führen oder diese vertiefen würde. Ist dies der Fall, hängt die Zulässigkeit der Auszahlung davon ab, ob der Gesellschaft ein werthaltiger Rückgriffanspruch zur Verfügung steht. Trifft dies zu, bleibt die Verwertung der Sicherheit zulässig, anderenfalls hat sie zu unterbleiben.

> *Tillmann*, NZG 2008, 401, 404.

Gerade die Betrachtung des Rückgriffanspruchs bestätigt, dass es auf den Zeitpunkt der Verwertung ankommen muss. Denn bei der Absicherung von Forderungen liegt häufig ein ganz erheblicher Zeitraum zwischen der Bestellung der Sicherheit und der Verwertung.

> I. E. ebenso *Ekkenga*, in: MünchKomm-GmbHG, § 30 Rn. 141.

861 Der Umstand, dass es für die Prüfung eines Verstoßes gegen § 30 Abs. 1 Satz 1 GmbHG auf den Zeitpunkt der Verwertung ankommt, bedeutet aber nicht, dass der Geschäftsführer ein potentielles späteres Auszahlungsverbot vorher völlig unbeachtet lassen darf. Steht bereits bei Bestellung der Sicherheit fest, dass die Verwertung einen Verstoß gegen § 30 Abs. 1 GmbHG bedeuten würde, oder ist dies mit überwiegender Wahrscheinlichkeit zu erwarten, darf der Geschäftsführer die Sicherheit nicht bestellen, will er nicht gegen seine Pflichten aus § 43 Abs. 1 GmbHG verstoßen. Zum einen bringt schon die Bestellung der Sicherheit eine Gefährdung des Gesellschaftsvermögens mit sich, da unsicher ist, ob eine spätere Verwertung effektiv abgewehrt werden kann. Zum anderen stehen die entsprechenden Vermögenswerte der Gesellschaft dann nicht mehr zur Verfügung, um eigene Verbindlichkeiten abzusichern, d. h. dass die Kreditfähigkeit der Gesellschaft eingeschränkt wird.

Andererseits ginge es zu weit, aus diesen Umständen das Vorliegen einer Auszahlung abzuleiten, da es an der Voraussetzung eines Vermögenszuflusses beim Gesellschafter fehlt.

> A. A. Baumbach/Hueck-*Hueck/Fastrich*, GmbHG, § 30 Rn. 60 ff.

d) Notwendigkeit eines Avalzinses?

Fraglich ist schließlich, ob die Gesellschaft für die Stellung der Sicherheit einen Avalzins verlangen muss. Richtigerweise ist hier danach zu differenzieren, ob bei bzw. durch Stellung der Sicherheit bereits eine Unterbilanz vorlag oder eine solche eingetreten ist. Ist dies der Fall, bedeutet der Verzicht auf einen Avalzins eine unzulässige Verfestigung der Unterbilanz, da der als Sicherheit verwendete Vermögensgegenstand für die Gesellschaft nicht in anderer Weise nutzbar ist. Liegt dagegen noch keine Unterbilanz vor, kann diese durch einen fehlenden Avalzins auch nicht eintreten, weshalb *sub specie* § 30 Abs. 1 Satz 1 GmbH darauf verzichtet werden kann. 862

> *Eusani*, GmbHR 2009, 795, 799;
> Ulmer/Habersack/Winter-*Habersack*, Erg.-Bd. MoMiG, § 30 Rn. 17;
> *Altmeppen*, ZIP 2009, 49, 52, 55;
> abweichend *Ekkenga*, in: MünchKomm-GmbHG, § 30 Rn. 133.

6. Vollwertigkeit und Deckung des Rückgewähranspruchs bei Überlassung von Gegenständen

Die beiden Voraussetzungen der Vollwertigkeit und Deckung eines **Rückgewähranspruchs** müssen auch anderen Leistungen gegeben sein. Hat der Gesellschafter beispielsweise einen Gegenstand zum Gebrauch überlassen bekommen, genügt ein bloße Rückgabepflicht schon dann nicht, wenn durch den (bestimmungsgemäßen) Gebrauch eine Entwertung zu erwarten ist. 863

Denn in diesem Fall fehlt es an einem Rückgewähranspruch, der den durch die Auszahlung verursachten Vermögensabfluss abdeckt.

III. Auszahlungen bei Bestehen eines Gewinnabführungs- oder Beherrschungsvertrages (§ 30 Abs. 1 Satz 2 Alt. 1 GmbHG)

1. Überblick

Keine unerlaubten Auszahlungen liegen gemäß § 30 Abs. 1 Satz 2 Alt. 1 GmbHG vor, wenn diese „bei Bestehen eines Beherrschungs- oder Gewinnabführungsvertrages" i. S. von § 291 Abs. 1 Satz 1 AktG erfolgen. Andere Unternehmensverträge genügen nicht. 864

Der tragende Grund für diese Regelung findet sich in § 291 Abs. 3 AktG, wonach mit dem Abschluss eines Beherrschungs- oder Gewinnabführungsvertrages eine Aufhebung der Kapitalbindung verbunden ist. Durch § 30 Abs. 1 Satz 2 Alt. 1 GmbHG wird klargestellt, dass dies auch für die GmbH gilt. Dem Gläubigerschutz wird in diesem Fall durch die Verpflichtung zur Verlustübernahme, § 302 Abs. 1 AktG, Genüge getan. Dieser Anspruch auf Verlustausgleich tritt mithin an die Stelle des Gegenleistungsanspruchs aus § 30 Abs. 1 Satz 2 Alt. 2 GmbHG.

Altmeppen, ZIP 2009, 49, 55;
Käpplinger, NZG 2010, 1411, 1413.

Die Nichtanwendbarkeit von § 30 Abs. 1 Satz 1 GmbHG steht dabei den unter nachfolgend beschriebenen, teilweise umstrittenen Voraussetzungen.

2. Bestehen eines Beherrschungs- oder Gewinnabführungsvertrages

865 Alleinige im Gesetz genannte Voraussetzung für die Privilegierung ist **das Bestehen** eines Gewinnabführungs- oder Beherrschungsvertrages i. S. von § 291 Abs. 1 Satz 1 AktG. Nicht erforderlich ist, dass die Auszahlung gerade in den „Anwendungsbereich" des Vertrages fällt. So ist bei Bestehen eines Gewinnabführungsvertrages jede Auszahlung als privilegiert anzusehen, auch wenn es sich dabei nicht um die Abführung des Bilanzgewinnes handelt, auf den Vertrag alleine Anspruch gewährt,

vgl. Baumbach/Hueck-*Hueck/Fastrich*, GmbHG, § 30 Rn. 44;
Drygala/Kremer, ZIP 2007, 1289, 1295;
Ulmer/Habersack/Winter-*Habersack*, Erg.-Bd. MoMiG, § 30 Rn. 11;
Wand/Tillmann/Heckenthaler, AG 2009, 148, 152;
Altmeppen, ZIP 2009, 49, 55;
Blasche/König, GmbHR 2009, 897, 901 f;
Winter, DStR 2007, 1484, 1490.

Unerheblich ist auch, ob die Auszahlung an den anderen Vertragsteil erfolgt oder – auf dessen Anweisung – an einen anderen Dritten, solange es sich noch um eine „Auszahlung" an einen Gesellschafter handelt. Um dies klarzustellen, wurde im Laufe des Gesetzgebungsverfahrens die ursprüngliche Formulierung, die sich alleine auf Leistungen *zwischen* den *Parteien* eines Gewinnabführungs- oder Beherrschungsvertrages bezog, entsprechend angepasst.

BT-Drucks. 16/9737, S. 10, 56;
Altmeppen, ZIP 2009, 49, 56;
Kiefner/Theusinger, NZG 2008, 801, 803.

866 Gesetzlich nicht geregelt ist, was gelten soll, wenn zwar ein Unternehmensvertrag abgeschlossen wurde, dieser jedoch unter einem Wirksamkeitsmangel leidet.

867 In Bezug auf Beherrschungsverträge wendet die Rechtsprechung in anderem Zusammenhang einhellig die Grundsätze über die fehlerhafte Gesellschaft an, um eine Pflicht zum Verlustausgleich entsprechend § 302 AktG zu begründen, selbst wenn ein beurkundeter Zustimmungsbeschluss fehlt oder eine Eintragung in das Handelsregister nicht erfolgt ist.

BGHZ 103, 1, 4 f. = ZIP 1988, 229,
dazu EWiR 1988, 1149 *(Koch)*;
BGHZ 105, 168, 172 = ZIP 1988, 1248,
dazu EWiR 1988, 1095 *(Fleck)*;
BGHZ 116, 37, 39 = ZIP 1992, 29,

III. Auszahlungen bei Bestehen eines Gewinnabführungs- oder Beherrschungsvertrages

> dazu EWiR 1992, 425 *(Geuting)*;
> BGH NJW 2002, 822, 823 = ZIP 2002, 35,
> dazu EWiR 2001, 51 *(Wilken)*;
> zustimmend Lutter/Hommelhoff-*Hommelhoff*, GmbHG, Anh.
> § 13 Rn. 81 ff, m. w. N.;
> *Krieger*, ZHR 158 (1994), 35, 36 f.

Voraussetzung ist lediglich, dass der Vertrag tatsächlich in Vollzug gesetzt wurde. Ist dies der Fall und ist dementsprechend eine Verlustausgleichspflicht begründet, besteht kein Grund, § 30 Abs. 1 Satz 2 Alt. 1 GmbHG nicht anzuwenden. Auch unter diesen Voraussetzungen handelt es sich also um eine erlaubte Auszahlung, deren Vornahme keine Erstattungspflicht des Gesellschafters und auch keine Schadensersatzpflicht des Geschäftsführers begründen kann.

> Ulmer/Habersack/Winter-*Habersack*, Erg.-Bd. MoMiG, § 30 Rn. 11;
> *Wand/Tillmann/Heckenthaler*, AG 2009, 148, 154.

3. Rechtmäßigkeit etwaiger Weisungen?

Umstritten ist, ob die Privilegierung des § 30 Abs. 1 Satz 2 Alt. 1 GmbHG davon abhängt, dass eine Weisung der herrschenden Gesellschaft, die der Auszahlung zugrunde liegt, rechtmäßig ist. Während dies nach einer Ansicht Voraussetzung ist, **868**

> *Altmeppen*, NZG 2010, 361, 363,

kommt es nach a. A. nur auf das Bestehen des Unternehmensvertrages, nicht dagegen auf die Frage der Rechtmäßigkeit etwaiger Weisungen an.

> Ulmer/Habersack/Winter-*Habersack*, Erg.-Bd. MoMiG, § 30 Rn. 11;
> Baumbach/Hueck-*Hueck*/*Fastrich*, GmbHG, § 30 Rn. 44;
> *Winkler/Becker*, ZIP 2009, 2361, 2365 f;
> *Käpplinger*, NZG 2010, 1411, 1413;
> *Sutter/Masseli*, WM 2010, 1064, 1070;
> *Söhner*, ZIP 2011, 2085, 2090.

Dieser zweiten Ansicht ist zu folgen, was sich schon daraus ergibt, dass „Weisungen" in § 30 Abs. 1 Satz 2 Alt. 1 GmbHG keine Erwähnungen finden und – unstreitig – § 30 Abs. 1 Satz 2 Alt. 1 GmbHG auch dann Anwendung findet, wenn gar keine Weisungen erteilt worden sind. Ob Weisungen überhaupt ergangen sind spielt damit keine Rolle. Allein dies entspricht auch dem Konzept des Gesetzgebers. Mit § 30 Abs. 1 Satz 2 Alt. 1 GmbHG wird der durch § 30 Abs. 1 Satz 1 GmbHG gewährleistete Gläubigerschutz durch § 302 AktG substituiert. Auf die Rechtmäßigkeit etwaiger Weisungen kommt es mit Blick auf den intendierten Gläubigerschutz nicht an. Umgekehrt folgt aus § 30 Abs. 1 Satz 2 Alt. 1 GmbHG natürlich nicht, dass nunmehr jede Weisung rechtmäßig wäre oder es auf diese Frage in keinem Zusammenhang mehr ankommen könnte. Nur für die Frage der Vereinbarkeit einer Auszahlung mit § 30 Abs. 1 Satz 1 GmbHG spielt dieser Aspekt keine **869**

Rolle. Schließlich entspricht auch nur diese Auslegung dem Gebot der Rechtssicherheit.

4. Vollwertigkeit des Anspruchs auf Verlustausgleich

870 Nach einer verbreiteten Ansicht steht der Dispens in § 30 Abs. 1 Satz 2 Alt. 1 GmbHG allerdings unter dem Vorbehalt der Vollwertigkeit des Verlustausgleichsanspruchs gemäß § 302 AktG. Ist diese nicht (mehr) gegeben, sollen weitere Auszahlungen (z. B. auch die weitere Teilnahme an einem Cash-Pooling-System) unzulässig sein und Ansprüche nach § 31 Abs. 1 GmbHG begründen.

> *Blasche/König*, GmbHR 2009, 897, 902;
> Baumbach/Hueck-*Hueck/Fastrich*, GmbHG, § 30 Rn. 45;
> *Bormann/Urlichs*, GmbHR 2008, Sonderheft Oktober, S. 37, 47;
> *Bauer*, ZInsO 2011, 1335, 1339;
> *Kollrus*, MDR 2011, 208, 201 f;
> *Altmeppen*, NZG 2010, 361, 364 f;
> *Altmeppen*, ZIP 2009, 49, 55 f.

Dieser Ansicht ist zuzugeben, dass dann, wenn der Anspruch auf Verlustausgleich nicht mehr werthaltig ist, die innere Rechtfertigung für die Nichtanwendung von § 30 Abs. 1 Satz 1 GmbHG fehlt. Fraglich erscheint allerdings, ob bereits die objektiv nicht mehr gegebene Werthaltigkeit des Anspruchs auf Verlustausgleich dazu führt, dass die Geltung von § 30 Abs. 1 Satz 1 GmbHG „automatisch" wiederauflebt.

871 Nach einer Ansicht spricht hiergegen bereits, dass der Geschäftsführer der abhängigen GmbH gezwungen wäre, ständig die Werthaltigkeit des Anspruchs auf Verlustausgleich im Blick zu haben, obwohl das Ziel von § 30 Abs. 1 Satz 2 Alt. 1 GmbHG ja gerade auch darin bestanden habe, ihn von der Notwendigkeit der Prüfung von Werthaltigkeit und Deckung der einzelnen Gegenleistungs- und Rückgewähransprüche zu entlasten. Rücke man nun davon ab, so eine Ansicht, komme der 1. Alternative gegenüber § 30 Abs. 1 Satz 2 Alt. 2 GmbHG auch keine eigenständige Bedeutung zu.

> So *Winkler/Becker*, ZIP 2009, 2361, 2365 f.

872 Diese Argumente treffen jedoch nicht zu: Denn zum einen muss der Geschäftsführer der abhängigen GmbH die Fähigkeit der herrschenden Gesellschaft zum Verlustausgleich ohnehin immer im Blick haben. Und zum anderen unterscheidet sich die Verpflichtung zum Ausgleich eines Jahresverlusts sowohl inhaltlich als auch hinsichtlich ihrer Fälligkeit ganz erheblich von eventuellen einzelnen Rückgewähr- oder Gegenleistungsansprüchen. Anspruchsgegner ist zudem immer die andere Partei des Unternehmensvertrages, die aber nicht zwingend Schuldnerin eines etwaigen Gegenleistungsanspruchs sein muss. Und schließlich „legitimiert" § 30 Abs. 1 Satz 2 Alt. 1 GmbHG auch solche Auszahlungen, denen gar kein Rückgewähr- oder Gegenleistungsanspruch gegenübersteht.

Zu Recht weist die Gegenansicht allerdings darauf hin, dass ein derartiger Vorbehalt, der *ex lege* zum Wiederaufleben der Auszahlungssperre des § 30 Abs. 1 Satz 1 GmbHG führen würde, im Gesetz schlicht nicht genannt wird, obwohl die Problematik i. R. des Gesetzgebungsverfahrens bereits bekannt war und diskutiert wurde. 873

Winkler/Becker, ZIP 2009, 2361, 2366 f.

Hinzu kommt, dass ein derartiger Vorbehalt erhebliche Rechtsunsicherheit mit sich bringen würde. Aus diesem Grund ist davon auszugehen, dass § 30 Abs. 1 Satz 1 GmbHG auch dann suspendiert bleibt, wenn objektiv die Werthaltigkeit des Ausgleichsanspruches nicht (mehr) gegeben ist.

Ekkenga, in: MünchKomm-GmbHG, § 30 Rn. 270;
Michalski-*Heidinger*, GmbHG, § 30 Rn. 213;
Winkler/Becker, ZIP 2009, 2361, 2366 f;
Söhner, ZIP 2011, 2085, 2090;
Kollmorgen/Santelmann/Weiß, BB 2009, 1818, 1819.

Ergeben sich für den Geschäftsführer, der nach allgemeiner Ansicht die Solvenz der herrschenden Gesellschaft und damit die Vollwertigkeit des Ausgleichsanspruchs gleichwohl fortlaufend in geeigneter Weise zu prüfen hat, 874

Altmeppen, NZG 2010, 361, 364 f;
Thole, ZInsO 2011, 1425 f;
Lutter/Hommelhoff-*Hommelhoff*, GmbHG, § 30 Rn. 49;
Bormann/Urlichs, GmbHR 2008, Sonderheft Oktober, S. 37, 47,

allerdings Erkenntnisse, wonach der Ausgleichsanspruch gegen das herrschende Unternehmen nach vernünftiger kaufmännischer Betrachtung nicht mehr als vollwertig angesehen werden kann, muss er den Beherrschungs- bzw. Gewinnabführungsvertrag aus wichtigem Grund kündigen (§ 297 Abs. 1 Satz 1 und 2 AktG analog).

Ulmer/Habersack/Winter-*Habersack*, Erg.-Bd. MoMiG, § 30 Rn. 11;
Lutter/Hommelhoff-*Hommelhoff*, GmbHG, § 30 Rn. 48.

Folgt man dagegen der a. A., besteht im Falle der Kenntnis der fehlenden Leistungsfähigkeit des anderen Vertragsteils für den Geschäftsführer lediglich die Verpflichtung, die weiteren Leistungen zu verweigern und bereits gewährte Leistungen zurückzufordern, 875

Baumbach/Hueck-*Hueck/Fastrich*, GmbHG, § 30 Rn. 45;
Bauer, ZInsO 2011, 1335, 1339;
Altmeppen, NZG 2010, 361, 364 f;
Bormann/Urlichs, GmbHR 2008, Sonderheft Oktober, S. 37, 47.

IV. Rückzahlung von Gesellschafterdarlehen und gleichgestellten Gesellschafterfinanzierungen (§ 30 Abs. 1 Satz 3 GmbHG)

Die Rückkehr zur Maßgeblichkeit einer bilanziellen Betrachtungsweise durch das MoMiG zeigt sich schließlich besonders deutlich an der Regelung in § 30 876

Abs. 1 Satz 3 GmbHG, die sog. „*downstream*-Darlehen", also Darlehen des Gesellschafters an die Gesellschaft betrifft. Durch § 30 Abs. 1 Satz 3 GmbHG wird nicht nur die Rückzahlung des Kapitals, sondern auch die Zahlung angefallener Zinsen generell für zulässig erklärt und stellt damit keinen Verstoß gegen § 30 Abs. 1 Satz 1 GmbHG dar.

> LG Berlin GmbHR 2010, 201.

877 Diesbezüglich war vor dem MoMiG angenommen worden, dass die Rückzahlung eines fälligen Darlehens an einen Gesellschafter unter bestimmten Voraussetzungen gegen § 30 Abs. 1 GmbH (analog) verstieß, namentlich wenn sich die Gesellschaft bei Gewährung des Darlehens (oder im späteren Zeitpunkt eines „Stehenlassen" des Darlehens) in der Krise befunden hatte und deshalb das Darlehen als „verstrickt" anzusehen war. Dieses aus den „Novellenregelungen" (§§ 32a, b GmbHG a. F.) und den „Rechtsprechungsregeln" gebildete Eigenkapitalersatzrecht sollte nach dem ausdrücklichen Willen des Gesetzgebers durch § 30 Abs. 1 Satz 3 GmbHG in vollem Umfang aufgehoben werden.

> BT-Drucks. 16/6140, S. 42;
> *Bauer*, ZInsO 2011, 1379;
> Roth/Altmeppen-*Altmeppen*, GmbHG, Anh. §§ 32a, b Recht der Gesellschafterdarlehen, Rn. 4 ff;
> Rowedder/Schmidt-Leithoff-*Pentz*, GmbHG, § 30 Rn. 76;
> zur Übergangsregelung s. u. Rn. 1189 ff.

Mit einer bilanziellen Betrachtungsweise war dies nicht vereinbar, da mit der Rückzahlung zugleich eine Verbindlichkeit der Gesellschaft erlosch, es sich also um einen i. E. bilanzneutralen Vorgang (genauer: eine reine Bilanzverkürzung) handelte. Dem Vorrang dieser bilanziellen Betrachtungsweise ist nach dem Willen des Gesetzgebers durch § 30 Abs. 1 Satz 3 GmbHG wieder Geltung verschafft worden,

> BT-Drucks. 16/6140, S. 26.

878 Die Rückzahlung eines fälligen Darlehens sowie Zinszahlungen an einen Gesellschafter können nunmehr keinen Anwendungsfall von § 30 Abs. 1 Satz 1 GmbHG begründen, und zwar auch dann nicht, wenn sich die Gesellschaft bereits in einer Krise befindet.

> BT-Drucks. 16/6140, S. 26;
> LG Berlin GmbHR 2010, 201;
> Roth/Altmeppen-*Altmeppen*, GmbHG, Anh. §§ 32a, b Recht der Gesellschafterdarlehen, Rn. 5, 56;
> *Haas*, DStR 2010, 1991.

879 Gleiches gilt für andere gleichgestellte Gesellschafterfinanzierungen, was neben gestundeten Forderungen vor allem stille Beteiligungen und Genussrechtskapital erfassen soll. Im Übrigen kann hier zur Konkretisierung auf die Ergebnisse zur alten Rechtslage unter der Geltung von §§ 32a, b GmbHG zurückgegriffen werden.

> *Ekkenga*, in: MünchKomm-GmbHG, § 30 Rn. 258.

IV. Rückzahlung von Gesellschafterdarlehen und Gesellschafterfinanzierungen

Zu beachten ist, dass nicht schon allein der Umstand, dass eine Forderung gestundet worden ist, dazu führt, dass sie zu einem späteren Zeitpunkt gemäß § 30 Abs. 1 Satz 3 GmbHG zurückgeführt werden darf. Wäre die Auszahlung von Anfang an gemäß § 30 Abs. 1 Satz 1 GmbHG unzulässig gewesen, vermag eine „Stundung" dieser Forderung hieran nichts zu ändern. 880

OLG Hamburg ZIP 2013, 74 = GmbHR 2012, 1242, 1243.

Vorbehalten bleiben des Weiteren etwaige vertragliche Abreden der Gesellschafter, die ihre Gesellschaftsfinanzierung abweichend regeln und z. B. ein Verbot des Mittelabzugs vereinbaren können (dazu unten Rn. 1195 ff). 881

Die notwendigen Regelungen, die verhindern sollen, dass die Gesellschafter dadurch gegenüber dritten Gläubigern begünstigt werden, dass sie rechtzeitig ihre Darlehen und gleichgestellten Finanzierungen abziehen, hat der Gesetzgeber nunmehr systematisch richtig und rechtsformunabhängig in die Insolvenzordnung, dort vor allem in § 135 InsO, sowie in § 6 AnfG verlagert (siehe dazu Rn. 1217 ff). 882

BT-Drucks. 16/6140, S. 42;
Bauer, ZInsO 2011, 1379, 1381,
kritisch Roth/Altmeppen-*Altmeppen*, GmbHG, Anh. §§ 32a, b
Recht der Gesellschafterdarlehen, Rn. 4 ff.

Dies führt nunmehr u. a. dazu, dass die höchstrichterliche Klärung der damit verbundenen Fragen nach der gegenwärtigen Geschäftsverteilung nicht mehr dem II., sondern dem IX. Zivilsenat des Bundesgerichtshofs zufällt.

O. Herbeiführung, Vertiefung oder Verfestigung einer Unterbilanz

I. Einführung

§ 30 Abs. 1 Satz 1 GmbHG schützt nur das zur Erhaltung des Stammkapitals erforderliche Vermögen. Damit ist der Anwendungsbereich des § 30 Abs. 1 Satz 1 GmbHG (erst) eröffnet, wenn aufgrund der Auszahlung das Reinvermögen der Gesellschaft bei einer bilanziellen Betrachtungsweise unter die Stammkapitalziffer herabsinken würde. Selbstverständlich ist der Anwendungsbereich aber auch eröffnet, wenn diese Lage bereits vor der Auszahlung eingetreten ist und durch die (weitere) Auszahlung die Unterbilanz vertieft würde. Schließlich ist, wie oben dargelegt, der Anwendungsbereich auch dann eröffnet, wenn die Leistung der Gesellschaft bilanzneutral ist, aufgrund des tatsächlichen Entzugs von Vermögenswerten eine bereits vorliegende Unterbilanz aber verfestigt wird.

883

> Baumbach/Hueck-*Hueck/Fastrich*, GmbHG, § 30 Rn. 19 f, 33.

Maßgebend für die Beurteilung, ob wegen des Vorliegens einer Unterbilanz eine Auszahlung unzulässig ist oder durch die Auszahlung eine Unterbilanz herbeigeführt, vertieft oder verfestigt wird und deshalb die Auszahlung nicht erfolgen darf, ist nicht der Zeitpunkt, in dem die Auszahlungsverpflichtung begründet wird, sondern der Zeitpunkt der jeweiligen Leistung, d. h. der Erfüllung der Verbindlichkeit.

884

> RGZ 133, 393;
> RGZ 136, 260;
> BGH NJW 1987, 1194, 1195 = ZIP 1987, 575,
> dazu EWiR 1987, 255 *(Westermann)*;
> BGH NJW 1988, 136, 137 f = DB 1988, 392;
> OLG Brandenburg GmbHR 1999, 297, 299;
> OLG Hamburg NZG 2000, 839, 840;
> OLG Nürnberg NZG 2001, 943, 944;
> Baumbach/Hueck-*Hueck/Fastrich*, GmbHG, § 30 Rn. 22;
> Scholz-*Verse*, GmbHG, § 30 Rn. 53;
> Michalski-*Heidinger*, GmbHG, § 30 Rn. 29.

Nur so kann eine effektive Kontrolle der Kapitalsituation gewährleistet werden. Letzteres hat zur Folge, dass sämtliche Verpflichtungen der Gesellschaft zur Auszahlung an einen Gesellschafter unter dem Vorbehalt des Vorhandenseins genügender ungebundener Mittel stehen, sofern sie nicht aufgrund anderer Umstände zulässig sind. Folglich sind auch Ereignisse, die seit dem Abschluss einer schuldrechtlichen Verpflichtung die bilanzielle Vermögenslage der Gesellschaft verändert haben, in die Bewertung einzubeziehen. Um die Beachtung von § 30 Abs. 1 Satz 1 GmbHG zu gewährleisten, kann die Gesellschaft u. U. verpflichtet sein, mehrere – zeitnahe – (Zwischen-)Bilanzen zu erstellen; eine förmliche Bilanzerstellung ist jedoch nicht notwendig. Die Zulässigkeit einer Auszahlung ist jedoch in keinem Fall von der Errichtung

885

einer solchen Zwischenbilanz abhängig, sondern allein von der Frage, ob eine Unterbilanz vorliegt oder eintritt. Die Erstellung von Zwischenbilanzen dient daher einerseits Beweiszwecken, andererseits der Erfüllung der Sorgfaltspflichten des Geschäftsführers.

> Rowedder/Schmidt-Leithoff-*Pentz*, GmbHG, § 30 Rn. 9.

886 Gegenleistungen sind bei der Prüfung einzubeziehen, und zwar auch dann, wenn sie schon erbracht wurden.

> Scholz-*Verse*, GmbHG, § 30 Rn. 60 f;
> Michalski-*Heidinger*, GmbHG, § 30 Rn. 30.

887 Etwas anderes gilt hinsichtlich des Zeitpunkts, wenn, wie z. B. bei der Besicherung von Verbindlichkeiten des Gesellschafters gegenüber einem Dritten durch Vermögensgegenstände der Gesellschaft, die Auszahlung an den Gesellschafter in der Weise erfolgt, dass einem Dritten gegenüber eine Verpflichtung eingegangen wird. Ist dies der Fall, muss der Geschäftsführer bereits zu diesem Zeitpunkt eine Auszahlungssperre nach § 30 Abs. 1 Satz 1 GmbHG prüfen, da später der Abfluss des Vermögens nicht mehr verhindert werden kann.

II. Ermittlung der Unterbilanz: Vergleich von Gesellschaftsvermögen und Stammkapital

888 Die Antwort auf die maßgebliche Frage, ob eine Unterbilanz vorliegt oder eine solche durch eine Auszahlung herbeigeführt wird, wird durch zwei Größen definiert, nämlich zum einen durch das Gesellschaftsvermögen und zum anderen durch die Rechnungsziffer „Stammkapital". Eine Unterbilanz liegt vor, wenn das Nettoaktivvermögen („Reinvermögen") die Stammkapitalziffer nicht erreicht oder, anders gesprochen, die bei der Ermittlung des Gesellschaftsvermögens zu berücksichtigenden Aktiva hinter der Summe aus Stammkapital und einzubeziehender Passiva zurückbleiben,

> Baumbach/Hueck-*Hueck/Fastrich*, GmbHG, § 30 Rn. 19;
> OLG Düsseldorf GmbHR 2006, 535, 536 = ZIP 2006, 1100 (LS).

1. Die Ermittlung des Gesellschaftsvermögens

889 Die h. M. versteht unter dem Begriff „Gesellschaftsvermögen" in § 30 Abs. 1 Satz 1 GmbHG das **nach den Bilanzgrundsätzen** (§ 42 GmbHG) errechnete Nettoaktivvermögen (Aktiva abzüglich Verbindlichkeiten).

> BGH ZIP 2008, 2217 = NZG 2009, 20,
> dazu EWiR 2009, 23 *(Kort)*;
> BGH ZIP 1987, 1113 = NJW 1988, 139,
> dazu EWiR 1987, 1099 *(Müller)*;
> OLG Brandenburg GmbHR 1999, 297, 298;
> Baumbach/Hueck-*Hueck/Fastrich*, GmbHG, § 30 Rn. 15;
> Rowedder/Schmidt-Leithoff-*Pentz*, GmbHG, § 30 Rn. 10;
> *Ekkenga*, in: MünchKomm-GmbHG, § 30 Rn. 79 ff;

II. Ermittlung der Unterbilanz: Vergleich von Gesellschaftsvermögen und Stammkapital

> *Stimpel*, in: FS 100 Jahre GmbHG, S. 340;
> *Hommelhoff*, in: FS Kellermann, S. 168;
> *Reemann*, MittRhNotK 1996, 113, 114 f.

2. Berechnung und Bewertung

Bei der Berechnung des Gesellschaftsvermögens sind die allgemeinen Bilanzierungsgrundsätze für die Erstellung der Jahresbilanz zugrunde zu legen. 890

> BGH ZIP 2008, 2217 = NZG 2009, 20,
> dazu EWiR 2009, 23 *(Kort)*;
> BGHZ 136, 125, 127 f = ZIP 1997, 1450;
> dazu EWiR 1997, 1089 *(Westermann)*;
> BGH ZIP 1987, 1113 = NJW 1988, 139 f;
> dazu EWiR 1987, 1099 *(Müller)*;
> BGHZ 109, 334, 338 f = ZIP 1990, 307,
> dazu EWiR 1990, 169 *(Crezelius)*;
> OLG Hamburg NZG 2000, 839, 840;
> OLG Koblenz ZIP 2011, 1913 = WM 2011, 1819;
> Scholz-*Verse*, GmbHG, § 30 Rn. 58 ff;
> Baumbach/Hueck-*Hueck/Fastrich*, GmbHG, § 30 Rn. 17.

Es ist mithin kein Vermögensstatus nach Verkehrs- oder Liquidationswerten wie bei der Feststellung der Überschuldung vorzunehmen. Maßgebend sind allein die fortgeschriebenen Buchwerte der letzten Jahresbilanz.

> BGH NJW 2009, 68 Rn. 11 = ZIP 2008, 2217 = NZG 2009, 20,
> dazu EWiR 2009, 23 *(Kort)*;
> BGHZ 109, 334, 338 f = ZIP 1990, 307,
> dazu EWiR 1990, 169 *(Crezelius)*;
> OLG Hamburg NZG 2000, 839, 840;
> *Goette*, DStR 1997, 1495, 1496;
> Michalski-*Heidinger*, GmbHG, § 30 Rn. 28 f, 49f;
> Baumbach/Hueck-*Hueck/Fastrich*, GmbHG, § 30 Rn. 17;
> Scholz-*Verse*, GmbHG, § 30 Rn. 59.

Bei einer Bilanzierung nach IFRS können sich allerdings weitergehende Fragen stellen, da in diesem Fall für die Prüfung der Ausschüttungssperre bzw. des Vorliegens einer Unterbilanz i. S. von § 30 Abs. 1 GmbHG eine Ergänzungsrechnung nach den Vorschriften des HGB aufzustellen ist. 891

> *Hennrichs*, ZGR 2008, 361;
> *Kraft*, ZGR 2008, 324;
> *Ekkenga*, AG 2006, 389.

Bei der Prüfung der Unterbilanz ist die bisherige Bilanzierungspraxis fortzusetzen. Hieran ist die Gesellschaft mithin gebunden. Änderungen von Bewertungs- und Abschreibungsmethoden gegenüber dem vorangegangenen Jahresabschluss sind nur dann für § 30 Abs. 1 Satz 1 GmbHG von Bedeutung, wenn sie auch im Hinblick auf künftige Jahresabschlüsse erfolgen. Mithin darf die Gesellschaft ihre bisherige Bilanzierungspraxis nur ändern, wenn sie auch im regulären Jahresabschluss so hätte verfahren dürfen. Ein willkürlicher Wechsel der Bewertungsmethode ist nicht statthaft. 892

BGHZ 76, 326, 335 = ZIP 1980, 361;
BGH ZIP 1987, 1113 = NJW 1988, 139,
dazu EWiR 1987, 1099 *(Müller)*;
BGHZ 109, 334, 339 = ZIP 1990, 307,
dazu EWiR 1990, 169 *(Crezelius)*;
OLG Hamburg NZG 2000, 839, 840;
Schmitt, GmbHR 2002, 349;
Goette, DStR 1997, 1495, 1496;
Joost, GmbHR 1983, 285, 287;
Goette, Die GmbH, § 3 Rn. 14;
Lutter/Hommelhoff-*Hommelhoff*, GmbHG, § 30 Rn. 11 ff;
Scholz-*Verse*, GmbHG, § 30 Rn. 60;
Baumbach/Hueck-*Hueck/Fastrich*, GmbHG, § 30 Rn. 17.

3. Einzelne Aspekte

a) Aktivseite

893 • Stille Reserven sind grundsätzlich nicht zu berücksichtigen. Es soll verhindert werden, dass die Unsicherheiten, die mit der Bewertung solcher unrealisierter „Gewinne" einhergehen, sich zulasten der Gläubiger und der Gesellschaft auswirken. Etwas anderes gilt nur, wenn deren Auflösung ordnungsgemäßer Bilanzierung entspricht.

BGHZ 136, 125, 127 f = ZIP 1997, 1450,
dazu EWiR 1997, 1089 *(Westermann)*;
BGHZ 109, 334, 339 = ZIP 1990, 307,
dazu EWiR 1990, 169 *(Crezelius)*;
OLG Brandenburg GmbHR 1999, 297, 299;
s. a. *Goette*, DStR 1997, 1495, 1496;
Scholz-*Verse*, GmbHG, § 30 Rn. 59;
Lutter/Hommelhoff-*Hommelhoff*, GmbHG, § 30 Rn. 12;
Michalski-*Heidinger*, GmbHG, § 30 Rn. 57 f.

Der Anwendungsbereich des § 30 Abs. 1 Satz 1 GmbHG ist daher auch dann eröffnet, wenn der durch die Auszahlung bewirkte Vermögensabfluss durch durch noch nicht aufgedeckte stille Reserven rechnerisch kompensiert würde.

BGHZ 109, 334 = NJW 1990, 1109 f = ZIP 1990, 307,
dazu EWiR 1990, 169 *(Crezelius)*.

Allerdings kann im Einzelfall die Auflösung stiller Reserven durch die gesellschaftsrechtliche Treuepflicht geboten sein, was dann, sofern die Auflösung den Grundsätzen einer ordnungsgemäßen Bilanzierung entspricht, auch zu deren Berücksichtigung i. R. von § 30 Abs. 1 Satz 1 GmbHG führt.

BGH ZIP 2006, 703 = NZG 2006, 341,
dazu EWiR 2006, 653 *(Kort)*.

894 • Offene Einlagenschulden sind grundsätzlich zu aktivieren (§ 272 Abs. 1 Satz 2 und 3 HGB), soweit sie werthaltig sind; anderenfalls sind sie entsprechend abzuschreiben. Für Geschäftsjahre nach dem 31.12.2009 gilt dies jedoch nur für eingeforderte Einlagen (Art. 66 Abs. 3 Satz 1 EGHGB);

II. Ermittlung der Unterbilanz: Vergleich von Gesellschaftsvermögen und Stammkapital

fehlt es an der Einforderung, sind die betreffenden Einlagen vom Posten „Gezeichnetes Kapital" offen abzusetzen (sog. „Nettoausweis").

> Baumbach/Hueck-*Hueck/Fastrich*, § 30 GmbHG Rn. 15;
> Michalski-*Heidinger*, GmbHG, § 30 Rn. 34;
> s. i. Ü. auch OLG Bremen NZG 2001, 897.

Diese durch das am 29.5.2009 in Kraft getretene BilMoG eingeführte Neuregelung führt gegenüber der alten Rechtslage bei genauer Anwendung zu einer merklichen Verschärfung von § 30 Abs. 1 Satz 1 GmbHG.

> *Kropff*, ZIP 2009, 1137, 1139 f.

- Nicht zu berücksichtigen sind Rückforderungsansprüche der Gesellschaft, die sich aus einem Verstoß gegen die Vorschriften zur Kapitalerhaltung (etwa aus § 31 GmbHG) ergeben; da derartige Ansprüche jedoch in der Handelsbilanz anzusetzen sind und diese zunächst die Basis für die Feststellung einer Unterbilanz bildet, ist bei der Prüfung der Zulässigkeit einer Auszahlung ggf. eine Nebenrechnung vorzunehmen, in der derartige Ansprüche vom Eigenkapital abgezogen werden. 895

> Baumbach/Hueck-*Hueck/Fastrich*, GmbHG, § 30 Rn. 15.

- Nicht zu berücksichtigen ist ein selbstgeschaffener Firmenwert. Anderes gilt inzwischen für den nach § 246 Abs. 1 Satz 4 HGB zu aktivierenden und nach § 253 Abs. 3 HGB abzuschreibenden derivativen Firmenwert. 896

> OLG Celle NZG 2004, 424;
> Lutter/Hommelhoff-*Hommelhoff*, GmbHG, § 30 Rn. 12.

- Sehen die maßgeblichen bilanzrechtlichen Vorschriften Ansatz- bzw. Bewertungswahlrechte vor, so unterliegt deren Ausübung grundsätzlich keiner Einschränkung durch § 30 Abs. 1 GmbHG. Allerdings sind derartige Posten i. R. der Prüfung des Vorliegens einer Unterbilanz im Wege einer Nebenrechnung abzusetzen, sofern diese den Gläubigern nicht in genügender, d. h. in vergleichbarer Weise wie sonstige Vermögensgegenstände Sicherheit bieten. 897

> *Ekkenga*, in: MünchKomm-GmbHG, § 30 Rn. 93, 107.

- Eine Besonderheit regelt § 268 Abs. 8 HGB, der in Reaktion auf § 248 Abs. 2 Satz 1 HGB eine Ausschüttungssperre vorsieht, soweit selbstgeschaffene immaterielle Vermögenswerte bilanziert werden. Insofern dürfen diese Positionen bei der Prüfung des Vorliegens einer Unterbilanz nicht aktiviert werden. Gleiches gilt bei Ausweis aktiver latenter Steuern bzw. in Fällen des § 246 Abs. 2 Satz 2 HGB. 898

> *Rammert/Thies*, WPg 2009, 34, 38;
> *Hennrichs*, NZG 2009, 921, 923;
> *Von der Laage*, WM 2012, 1322, 1327;
> *Küting/Lorson/Eichenlaub/Toebe*, GmbHR 2011, 1, 8
> (mit Berechnungsbeispielen);
> Lutter/Hommelhoff-*Hommelhoff*, GmbHG, § 30 Rn. 12;

Scholz-*Verse*, GmbHG, § 30 Rn. 66 f;
Baumbach/Hueck-*Hueck/Fastrich*, GmbHG, § 30 Rn. 16.

899 • Nicht berücksichtigungsfähig ist nach neuer Rechtslage schließlich gemäß § 272 Abs. 1a HGB der Wert eigener Anteile.

b) Passivseite

900 • Verbindlichkeiten sind auf der Passivseite grundsätzlich mit ihrem aktuellen Nennwert anzusetzen.

BGH NJW 1988, 136, 137 f = DB 1988, 392;
KG Berlin NZG 2001, 989, 990;
OLG Brandenburg GmbHR 1999, 297, 299.

901 • Soweit Rückstellungen zu bilden sind, z. B. für mittels Einspruch angegriffene, noch nicht bestandskräftige Steuerverbindlichkeiten, sind auch diese zu passivieren.

OLG Zweibrücken NZG 2001, 569, 570;
OLG Brandenburg, Urt. v. 7.10.2009 – 7 U 190/08.

Anderes gilt für sog. Aufwandsrückstellungen, da diesen nur eine interne Mittelverwendungsentscheidung, nicht dagegen eine externe Verpflichtung zugrunde liegt.

Michalski-*Heidinger*, GmbHG, § 30 Rn. 44.

902 • Ob bzw. unter welchen Voraussetzungen Gesellschafterdarlehen zu passivieren sind, war vor Inkrafttreten des MoMiG umstritten (siehe dazu Vorauflage Rn. 454). Nach richtiger durch das MoMiG seitens des Gesetzgebers bekräftigter Ansicht sind jedoch auch solche Verbindlichkeiten – ungeachtet eines eventuellen Rangrücktritts – stets mit dem Nennwert anzusetzen. Anderes gilt nur, wenn dem Rückzahlungsanspruch eine dauerhafte Einwendung oder Einrede entgegensteht.

BGH ZIP 2008, 2217 = NZG 2009, 20,
dazu EWiR 2009, 23 *(Kort)*;
OLG Koblenz ZIP 2011, 1913 = WM 2011, 1819;
Baumbach/Hueck-*Hueck/Fastrich*, GmbHG, § 30 Rn. 15;
Scholz-*Verse*, GmbHG, § 30 Rn. 69.

903 • Zu den Verbindlichkeiten zählt auch die Einlage eines stillen Gesellschafters.

OLG Brandenburg GmbHR 1998, 190, 192;
Baumbach/Hueck-*Hueck/Fastrich*, GmbHG, § 30 Rn. 15.

904 • Zu passivieren ist im Falle einer Unternehmergesellschaft die gesetzliche Rücklage i. S. von § 5a Abs. 3 GmbHG.

Baumbach/Hueck-*Hueck/Fastrich*, GmbHG, § 30 Rn. 15.

II. Ermittlung der Unterbilanz: Vergleich von Gesellschaftsvermögen und Stammkapital

Dagegen führt eine Ausschüttung aus dieser Rücklage nicht zur (direkten oder analogen) Anwendung von § 30 Abs. 1 GmbHG, wenn keine Unterbilanz vorliegt oder eintritt (dazu Rn. 908 ff).

A. A. Eusani, GmbHR 2009, 512, 516;
Müller, ZGR 2012, 81, 92 f.

- Nicht zu passivieren sind sonstige Rücklagen bzw. Rücklagenanteile von Sonderposten, Gewinnvorträge, Nachschusskonten und vergleichbare Reserveposten. Die Auflösung solcher Rücklagen ist auch keine Voraussetzung für die Zulässigkeit einer Auszahlung, so dass diese Posten, soweit sie in der Handelsbilanz passiviert werden, im Wege einer Nebenrechnung abzusetzen sind. 905

BGHZ 157, 72 = ZIP 2004, 263,
dazu EWiR 2004, 911 *(Schöne/Stolze)*;
OLG Brandenburg GmbHR 1999, 298, 299 (dort auch zur Sonderrücklage nach § 27 DMBilG);
KG Berlin NZG 2001, 989, 990;
Michalski-*Heidinger*, GmbHG, § 30 Rn. 34.

4. Das Stammkapital

Für das Stammkapital als feststehende Rechnungsgröße ist gemäß § 3 Abs. 1 Nr. 3 GmbHG die Satzung maßgebend, und zwar auf der Grundlage der Eintragung in das Handelsregister (§ 10 Abs. 1 GmbHG). Änderungen der Stammkapitalziffer gelten erst nach Eintragung der Kapitalherabsetzung bzw. -erhöhung in das Handelsregister (§ 54 Abs. 3 GmbHG). 906

Goette, DStR 1997, 1495, 1496;
Michalski-*Heidinger*, GmbHG, § 30 Rn. 22;
Fronhöfer, in: Münch-Hdb. GesR, Bd. III, § 51 Rn. 16;
Scholz-*Verse*, GmbHG, § 30 Rn. 55;
Baumbach/Hueck-*Hueck/Fastrich*, GmbHG, § 30 Rn. 14.

Sonderregeln gelten für Rücklagen nach § 27 Abs. 2 DMBilG.

Michalski-*Heidinger*, GmbHG, § 30 Rn. 25.

Ob und inwieweit Einzahlungen auf das Stammkapital geleistet wurden, ist für § 30 Abs. 1 Satz 1 GmbHG ohne Bedeutung. Zugrunde zu legen für den Vergleich mit dem Gesellschaftsvermögen ist allein die satzungsmäßige Ziffer des Stammkapitals. 907

Goette, DStR 1997, 1495, 1496;
Michalski-*Heidinger*, GmbHG, § 30 Rn. 22, 34;
Roth/Altmeppen-*Altmeppen*, GmbHG, § 30 Rn. 15;
Baumbach/Hueck-*Hueck/Fastrich*, GmbHG, § 30 Rn. 14.

Da offene Einlagen allerdings nach § 272 Abs. 1 HGB nur aktiviert werden dürfen, wenn sie eingefordert sind, kann sich alleine aufgrund einer fehlenden Einforderung eine Ausschüttungssperre ergeben, auch wenn sonst Leistungen an die Gesellschafter zulässig wären.

> Baumbach/Hueck-*Hueck/Fastrich*, GmbHG, § 30 Rn. 14;
> *Kropff*, ZIP 2009, 1137, 1140.

5. Das Stammkapital bei der Unternehmergesellschaft

908 Noch nicht näher geklärt ist, wie im Falle einer Unternehmergesellschaft (haftungsbeschränkt) die für § 30 Abs. 1 Satz 1 GmbHG maßgebliche „Stammkapitalziffer" zu bestimmen ist. Unstreitig ist insoweit mindestens das im Handelsregister verlautbarte Stammkapital anzusetzen.

> *Hennrichs*, NZG 2009, 921, 923.

909 Es stellt sich allerdings die Frage, inwieweit auch die gemäß § 5a Abs. 3 GmbHG zu bildende gesetzliche Rücklage für die Zwecke des § 30 Abs. 1 Satz 1 GmbHG der Stammkapitalziffer hinzuzurechnen ist. Nach einer verbreiteten Ansicht entspräche eine Einbeziehung dem Sinn von § 30 Abs. 1 Satz 1 GmbHG,

> Roth/Altmeppen-*Altmeppen*, GmbHG, § 5a Rn. 29;
> *Schäfer*, ZIP 2011, 53, 58,

weshalb eine direkte,

> *Weber*, BB 2009, 842, 845;
> *Eusani*, GmbHR 2009, 512, 516;
> *Joost*, ZIP 2007, 2242, 2247,

oder analoge,

> *Neideck*, GmbHR 2010, 624, 626;
> *Müller*, ZGR 2012, 81, 92 f;
> Michalski-*Miras*, GmbHG, § 5a, Rn. 81 ff,

Anwendung von § 30 Abs. 1 GmbHG auf die Rücklage befürwortet wird.

910 Nach a. A. ist dies dagegen nicht möglich, da seitens des Gesetzgebers von einer Einbeziehung der Rücklage in den Anwendungsbereich des § 30 Abs. 1 GmbHG trotz entsprechender Forderungen bewusst abgesehen wurde.

> *Waldenberger/Sieber*, GmbHR 2009, 114, 117 f;
> *Noack*, DB 2007, 1395, 1396.

911 Die Gesetzesbegründung ist nicht ganz eindeutig, spricht i. E. aber gegen eine Einbeziehung, da als Rechtsfolgen eines Verstoßes gegen § 5a Abs. 3 GmbHG dort nur die Nichtigkeit der festgestellten Jahresabschlüsse (§ 256 AktG analog), die Nichtigkeit des Gewinnverwendungsbeschlusses (§ 253 AktG analog), die Verpflichtung zur Rückzahlung nach § 812 BGB sowie die mögliche Haftung des Geschäftsführers nach § 43 GmbHG genannt werden.

> Ähnlich *Hennrichs*, NZG 2009, 921, 924.

Eine Verweisung auf die §§ 30, 31 GmbHG wurde zwar in Erwägung gezogen,

> BT-Drucks. 16/6140, S. 32,

II. Ermittlung der Unterbilanz: Vergleich von Gesellschaftsvermögen und Stammkapital

i. E. aber nicht umgesetzt. Es fehlt somit nicht nur an einer ausdrücklichen Verweisung auf § 30 Abs. 1 GmbHG. Vor dem Hintergrund der Ausführungen in der Gesetzesbegründung und der Verweisung auf § 812 BGB kann auch nicht von einer planwidrigen, eine Analogie ermöglichenden Lücke ausgegangen werden.

Hinzu kommen wesentliche Unterschiede der Rücklage zum Stammkapital. 912

- Zum einen können mangels Verlautbarung im Handelsregister Dritte kein schützenswertes Vertrauen auf das Vorhandensein einer bestimmten Rücklage entwickeln.
- Zum anderen kann sich die Rücklage gemäß § 5a Abs. 3 Satz 2 Nr. 2 und 3 GmbHG durch eine Verrechnung mit dem Jahresfehlbetrag oder einem Verlustvortrag verringern.

Die Einbeziehung einer derart variablen und auf diese Weise auch der Einflussnahme der Gesellschafter ausgesetzten Größe in § 30 Abs. 1 GmbHG muss systemfremd erscheinen. Schließlich kommt hinzu, dass nach der Vorstellung des Gesetzgebers die Rücklage zu einer Erhöhung des Stammkapitals aus Gesellschaftsmitteln (§ 57c GmbHG) verwendet werden soll.

Auch dies spricht dafür, die Rücklage nicht als Stammkapital zu behandeln, solange dies nicht erfolgt ist. Dagegen erscheint es richtig, für die Frage, ob bei einer Leistung an einen Gesellschafter ein Verstoß gegen § 5a Abs. 3 GmbHG vorliegt, auf die für § 30 Abs. 1 GmbHG entwickelten Grundsätze zurückzugreifen. Dies bedeutet, dass beispielsweise in der Rückzahlung eines Gesellschafterdarlehens keine Verletzung von § 5a Abs. 3 GmbHG liegen kann (vgl. § 30 Abs. 1 Satz 3 GmbHG).

6. Vergleich des Nettovermögens mit der Stammkapitalziffer

a) Unterdeckung

Das Auszahlungsverbot ist betroffen, sobald eine Unterbilanz vorliegt, d. h. 913 wenn die Stammkapitalziffer nicht mehr gedeckt ist, weil das Reinvermögen der Gesellschaft zwischen Null und dem Nennwert des Stammkapitals liegt. Dabei kommt es nicht darauf an, ob durch die Auszahlung die Unterbilanz entstehen oder aber eine bereits bestehende Unterbilanz vertieft werden würde.

Früher erschien es teilweise als fraglich, ob das Auszahlungsverbot auch dann 914 betroffen ist, wenn überhaupt kein Reinvermögen der Gesellschaft mehr vorhanden ist, das Gesellschaftsvermögen also negativ ist. Entgegen einer früheren abweichenden Rechtsprechung nimmt der Bundesgerichtshof – in Übereinstimmung mit der ganz h. M. – diesen Fall nicht aus dem Anwendungsbereich von § 30 Abs. 1 Satz 1 GmbHG aus. Sinn und Zweck des § 30 Abs. 1 Satz 1 GmbHG ist es, das Betriebsvermögen im Interesse der Gesellschaft und der Gesellschaftsgläubiger zu erhalten und dadurch einen Beitrag zur Insolvenzvermeidung zu leisten. Dieses Ziel würde aber in das Gegenteil verkehrt, wenn die Gesellschafter im Fall einer bilanziellen Überschuldung Ausschüttungen aus dem Gesellschaftsvermögen an sich vornehmen könnten.

> BGH NJW 2010, 1948, 1954 = ZIP 2010, 978,
> dazu EWiR 2010, 421 *(Wenzel)*;
> OLG Düsseldorf ZIP 2012, 2059 = GmbHR 2012, 793;
> BGHZ 136, 125, 127 = ZIP 1997, 1450,
> dazu EWiR 1997, 1089 *(Westermann)*;
> BGH ZIP 1990, 451 = NJW 1990, 1730, 1731 f;
> BGHZ 81, 252, 259 = ZIP 1981, 974;
> OLG Nürnberg NZG 2001, 943, 944;
> KG Berlin NZG 2000, 1224, 1225;
> OLG Brandenburg GmbHR 1999, 297, 298;
> *K. Schmidt*, GmbHR 2007, 1072, 1074;
> Scholz-*Verse*, GmbHG, § 30 Rn. 54;
> Baumbach/Hueck-*Hueck/Fastrich*, GmbHG, § 30 Rn. 20;
> Roth/Altmeppen-*Altmeppen*, GmbHG, § 30 Rn. 17;
> *Joost*, GmbHR 1983, 285, 287;
> *Goette*, DStR 1997, 1495, 1496;
> zur abweichenden früheren Rechtsprechung s.
> BGHZ 60, 324, 331.

915 Erst recht ist der Anwendungsbereich des § 30 Abs. 1 Satz 1 GmbHG eröffnet, wenn nicht nur eine bilanzielle, sondern eine „echte" Überschuldung vorliegt, d. h. die Passiva die Aktiva auch beim Ansatz von Verkehrs- bzw. Liquidationswerten übersteigen.

> Baumbach/Hueck-*Hueck/Fastrich*, GmbHG, § 30 Rn. 20;
> Lutter/Hommelhoff-*Hommelhoff*, GmbHG, § 30 Rn. 10;
> Scholz-*Verse*, GmbHG, § 30 Rn. 54.

916 Dagegen ist es für § 30 Abs. 1 Satz 1 GmbHG *per se* nicht entscheidend, ob eine insolvenzrechtliche Überschuldung i. S. von § 19 Abs. 2 InsO gegeben ist oder nicht. Mithin eröffnet die (insolvenzrechtliche) rechnerische Überschuldung für sich genommen den Anwendungsbereich des § 30 Abs. 1 Satz 1 GmbHG (noch) nicht. Ob etwas anderes zu gelten hat, wenn die Auszahlung zu einer existenzbedrohenden Situation für die Gesellschaft führt,

> so Michalski-*Heidinger*, GmbHG, § 30 Rn. 28, 45,

ist noch nicht geklärt. Letztendlich dürfte in diesen Fällen jedoch entweder eine Haftung wegen Existenzvernichtung Platz greifen oder – so keine Existenzvernichtung eintritt – kein anderer Bewertungsmaßstab anzuwenden sein.

b) Doppelter Bewertungsmaßstab

917 Es ist darauf hinzuweisen, dass für die Frage des Vorliegens einer Auszahlungssperre und für die Frage der Art und Weise des Vermögensschutzes unterschiedliche Bewertungsgrundsätze gelten.

> So auch für den parallel gelagerten Fall der Rückzahlung der
> Einlage an den Kommanditisten nach § 172 Abs. 4 HGB

II. Ermittlung der Unterbilanz: Vergleich von Gesellschaftsvermögen und Stammkapital

> BGH ZIP 1990, 307 = NJW 1990, 1109,
> dazu EWiR 1990, 169 *(Crezelius)*;
> *Reemann*, MittRhNotK 1996, 113, 119.

Über die Frage, ob im konkreten Fall eine Auszahlungssperre überhaupt in 918
Betracht kommt, d. h. ob im Zeitpunkt der Auszahlung die hierfür erforderliche Unterbilanz bereits vorliegt oder eine solche in Folge der Auszahlung eintritt, entscheidet alleine eine bilanztechnische Betrachtung entsprechend § 42 GmbHG. Ist diese Voraussetzung gegeben, kommt es für die weitere Frage des inhaltlichen Schutzes des Gesellschaftsvermögens (Art und Weise der Kapitalbindung) auf eine **wirtschaftliche Betrachtungsweise** an. Wie oben bereits dargelegt wurde, erlangt dies vor allem bei bilanzneutralen, die Unterbilanz aber verfestigenden Leistungen der Gesellschaft an den Gesellschafter Bedeutung (siehe oben Rn. 757 ff).

Es ist daher zunächst zu untersuchen, ob durch die Leistung bilanztechnisch 919
gesehen eine Unterbilanz eintritt (oder eine solche ohnehin schon vorliegt). Trifft dies zu, muss in einem zweiten Schritt geprüft werden, in welcher Höhe die Leistung zu einer wirtschaftlichen, nicht notwendigerweise bilanzwirksamen Auszahlung an den Gesellschafter führt. Der unterschiedliche Bewertungsmaßstab für die jeweiligen Tatbestandsmerkmale kann zur Folge haben, dass der zu bewertende Vorgang das Nettovermögen der Gesellschaft zwar nicht nach Bilanzgrundsätzen, aber eben wirtschaftlich besehen tangiert.

> BGHZ 122, 333, 336 = ZIP 1993, 917,
> dazu EWiR 1993, 693 *(Maier-Reimer)*;
> BGHZ 76, 326, 335 = ZIP 1980, 361;
> *Reemann*, MittRhNotK 1996, 113, 115.

7. Zusammenfassung

Wie oben dargelegt wurde, kann das Auszahlungsverbot jede Art von Leis- 920
tung der Gesellschaft an einen Gesellschafter oder einen gleichgestellten Dritten erfassen,

> BGH NJW 1987, 1194, 1195 = ZIP 1987, 575,
> dazu EWiR 1987, 255 *(Westermann)*;
> KG Berlin NZG 2001, 989.

Bei der Prüfung, ob eine Leistung dem Auszahlungsverbot des § 30 Abs. 1 921
Satz 1 GmbHG unterliegt, kommt es zunächst auf den Drittvergleich an. Besteht das zu beurteilende Handeln diesen „Test", liegt keine verbotene Auszahlung vor. So unterliegt z. B. die Auszahlung einer angemessenen Geschäftsführervergütung an einen geschäftsführenden Gesellschafter auch im Stadium der Unterbilanz keinen Begrenzungen durch § 30 Abs. 1 Satz 1 GmbHG.

> *Winter*, DStR 2007, 1484, 1487.

Des Weiteren ist ein Verstoß gegen das Auszahlungsverbot ausgeschlossen, 922
wenn die Leistung an den anderen Vertragsteil eines Beherrschungs- oder

Gewinnabführungsvertrages erfolgt oder die Gesellschaft eine deckende und vollwertige Gegenleistung erhält. Gleiches gilt schließlich für die Rückführung eines Gesellschafterdarlehens oder einer gleichartigen Gesellschafterfinanzierung.

923 Scheidet nicht schon nach diesen Prüfungen eine unzulässige Auszahlung aus, kommt weiter darauf an, ob zum maßgeblichen Zeitpunkt bereits eine Unterbilanz vorliegt oder nicht. Ist dies nicht der Fall, steht § 30 Abs. 1 Satz 1 GmbHG der Leistung nur entgegen, wenn diese eine Unterbilanz herbeiführt. Dies ist jedoch nicht der Fall, wenn die von der Gesellschaft zu erbringende Leistung bilanzneutral ist oder die vom Gesellschafter zu erbringende Gegenleistung den Eintritt einer Unterbilanz verhindert. Diese Voraussetzungen können auch dann erfüllt sein, wenn der Verkehrswert der Gegenleistung nur dem Buchwert, nicht aber dem Verkehrswert der Leistung der Gesellschaft entspricht.

924 Liegt zum maßgeblichen Zeitpunkt dagegen bereits eine Unterbilanz vor, verbietet § 30 Abs. 1 Satz 1 GmbHG weitere Beeinträchtigungen des als Haftungsmasse zur Verfügung stehenden Gesellschaftsvermögens. Ausnahmslos unzulässig sind alle Geschäfte, die die Unterbilanz vertiefen. Aber auch *per se* bilanzneutrale oder bilanzunbeachtliche Geschäfts können unzulässig sein, wenn ihnen keine Gegenleistung gegenüber steht, die vollwertig ist und deren **Verkehrswert** den Verkehrswert der Leistung der Gesellschaft erreicht. Die vielfach anzutreffende Behauptung, der Gesetzgeber sei mit dem MoMiG zu einer „rein" oder „streng" bilanziellen Betrachtungsweise zurückgekehrt, trifft also nicht zu.

925 Ob und ggf. inwieweit daneben auch sonstige Rechte der Mitgesellschafter infolge der Auszahlung tangiert werden, ist eine andere und von der Kapitalerhaltung unabhängige Frage. Insofern kommen insbesondere Verstöße gegen die gesellschaftsrechtliche Kompetenzordnung, das Gleichbehandlungsgebot sowie die Treuepflicht in Betracht, die ebenfalls zur Unzulässigkeit der Auszahlung führen können, selbst wenn kein Verstoß gegen § 30 Abs. 1 Satz 1 GmbHG vorliegt („verdeckte Gewinnausschüttung").

S. OLG Brandenburg OLG-NL 1997, 114;
Baumbach/Hueck-*Hueck/Fastrich*, GmbHG, § 29 Rn. 73 ff;
Fronhöfer, in: Münch-Hdb. GesR, Bd. III, § 51 Rn. 4;
Scholz-*Verse*, GmbHG, § 30 Rn. 125.

Rn. 926–928 unbesetzt

P. Rechtsfolgen eines Verstoßes gegen § 30 Abs. 1 Satz 1 GmbHG

I. Auswirkungen eines Verstoßes gegen das Auszahlungsverbot auf das schuldrechtliche bzw. dingliche Rechtsgeschäft

Die Folgen einer Verletzung des § 30 Abs. 1 Satz 1 GmbHG für die betroffenen Rechtsgeschäfte sind im Kern unumstritten. So gilt zunächst, dass ein Verstoß gegen § 30 Abs. 1 Satz 1 GmbHG **nicht** gemäß § 134 BGB zur Nichtigkeit des der Auszahlung zugrunde liegenden schuldrechtlichen Geschäfts führt. Ebenso wenig ist das Verfügungsgeschäft nach § 134 BGB nichtig. 929

> BGH ZIP 2001, 1458 = BB 2001, 1753, 1755,
> dazu EWiR 2001, 917 *(Keil)*;
> BGHZ 138, 291 = ZIP 1998, 793, 795,
> dazu EWiR 1998, 699 *(Eckardt)*;
> BGHZ 136, 125, 129 = ZIP 1997, 1450,
> dazu EWiR 1997, 1089 *(Westermann)*;
> BGHZ 95, 188, 192 – ZIP 1985, 1198,
> dazu EWiR 1995, 793 *(Crezelius)*;
> OLG Düsseldorf ZIP 2012, 2059 = GmbHR 2012, 793;
> *Kort*, ZGR 2001, 615, 623 f;
> Michalski-*Heidinger*, GmbHG, § 30 Rn. 134 ff;
> Baumbach/Hueck-*Hueck/Fastrich*, GmbHG, § 30 Rn. 67;
> Scholz-*Verse*, GmbHG, § 30 Rn. 120 f;
> Rowedder/Schmidt-Leithoff-*Pentz*, GmbHG, § 30 Rn. 49;
> a. A. *Müller*, ZIP 1996, 941, 944 f;
> *Meister*, WM 1980, 390, 395 f.

Begründet wird dies zum einen damit, dass die Folgen einer Zuwiderhandlung gegen die Kapitalerhaltungspflicht in § 31 GmbHG erschöpfend geregelt sind. 930

> BGHZ 136, 125, 129 = ZIP 1997, 1450,
> dazu EWiR 1997, 1089 *(Westermann)*;
> Lutter/Hommelhoff-*Hommelhoff*, GmbHG, § 30 Rn. 52, 56.

Zum anderen ist nach allgemeiner Ansicht für die Frage der Zulässigkeit einer Auszahlung auf den Zeitpunkt der Leistungserbringung abzustellen, was die Wirksamkeit des Verpflichtungsgeschäfts voraussetzt. Ebenso wird allgemein angenommen, dass jede schuldrechtliche Verpflichtung unter dem – ggf. stillschweigenden – Vorbehalt der Vereinbarkeit mit § 30 Abs. 1 Satz 1 GmbHG steht.

> Statt vieler Baumbach/Hueck-*Hueck/Fastrich*, GmbHG, § 30 Rn. 67.

Hinzu kommt schließlich, dass in § 33 Abs. 2 Satz 3 GmbHG für den Fall des Erwerbs eigener Geschäftsanteile der Gesetzgeber die Nichtigkeit der schuldrechtlichen Vereinbarungen eigens angeordnet hat, so dass im Umkehrschluss angenommen werden muss, dass im Übrigen Nichtigkeit als

Rechtsfolge nicht in Betracht kommt. Dies gilt entgegen früherer Rechtsprechung,

> RGZ 168, 292, 302 f;
> BGHZ 69, 274, 280 = GmbHR 1978, 64,

auch dann, wenn die Beteiligten sich über das Rückzahlungsverbot in § 30 Abs. 1 Satz 1 GmbHG bewusst hinwegsetzen.

> BGHZ 136, 125, 129 f = ZIP 1997, 1450,
> dazu EWiR 1997, 1089 *(Westermann)*;
> BGHZ 148, 167, 171 = ZIP 2001, 1458,
> dazu EWiR 2001, 917 *(Keil)*;
> Michalski-*Heidinger*, GmbHG, § 30 Rn. 134 ff;
> Scholz-*Verse*, GmbHG, § 30 Rn. 120.

931 Einer Unwirksamkeit nach § 134 BGB nahe kommt allerdings der Fall, dass die Auszahlung in einer Abtretung einer Forderung der Gesellschaft gegen einen anderen Gesellschafter besteht. Verstößt die Abtretung gegen § 30 Abs. 1 Satz 1 GmbHG wäre die Geltendmachung der abgetretenen Forderung gegen den anderen Gesellschafter ein Verstoß gegen die gesellschaftsrechtliche Treupflicht, was *de facto* zum Ausschluss der Durchsetzbarkeit der Forderung führt.

> OLG Düsseldorf ZIP 2012, 2059 = GmbHR 2012, 793.

II. Auswirkungen eines Verstoßes gegen das Auszahlungsverbot auf Gesellschafterbeschlüsse

932 Erfolgt die Auszahlung nicht in Vollzug eines schuldrechtlichen Rechtsgeschäfts, sondern eines Gesellschafterbeschlusses (insbesondere zur Ergebnisverwendung), so gilt zunächst für das Verfügungsgeschäft das oben Gesagte entsprechend (Rn. 929 ff), d. h. das Verfügungsgeschäft ist grundsätzlich nicht nach § 134 BGB i. V. m. § 30 Abs. 1 Satz 1 GmbHG nichtig. Fraglich ist jedoch, welche Auswirkungen der Verstoß auf den dem Verfügungsgeschäft zugrunde liegenden Gesellschafterbeschluss hat. Die wohl h. M. geht davon aus, dass ein Beschluss, der gegen § 30 Abs. 1 Satz 1 GmbHG verstößt, wie die sonstigen Kausalgeschäfte nicht nichtig ist. Lediglich bei einem gezielten („bewussten") Verstoß soll der Beschluss entsprechend § 241 Nr. 3 AktG nichtig sein.

> LG Kassel ZInsO 2001, 1068, 1069 = GmbHR 2002, 912,
> dazu EWiR 2002, 435 *(Blöse)*;
> *Mülbert*, DStR 2001, 1937, 1943;
> LG Köln GmbHR 1999, 986;
> Scholz-*K. Schmidt*, GmbHG, § 45 Rn. 74;
> Ulmer/Habersack/Winter-*Habersack*, GmbHG, § 30 Rn. 95;
> Michalski-*Heidinger*, GmbHG, § 30 Rn. 140;
> *Kort*, ZGR 2001, 615, 634;
> *Henze*, GmbHR 2000, 1069, 1074;
> Rowedder/Schmidt-Leithoff-*Pentz*, GmbHG, § 30 Rn. 52;

a. A. (immer Nichtigkeit)
Lutter/Hommelhoff-*Hommelhoff*, GmbHG, Anh. § 47 Rn. 18.

Eine wir auch immer geartete unterschiedliche Behandlung von Gesellschafterbeschlüssen und Verpflichtungs- bzw. Verfügungsgeschäften im Falle eines Verstoßes gegen § 30 Abs. 1 Satz 1 GmbHG ist allerdings wenig einsichtig. Aus den genannten Gründen ist richtigerweise davon auszugehen, dass auch ein gegen § 30 Abs. 1 Satz 1 GmbHG „verstoßender", weil auf Auszahlung trotz Verletzung von § 30 Abs. 1 Satz 1 GmbHG gerichteter Beschluss über die Ergebnisverwendung nicht analog § 241 Nr. 3 AktG nichtig ist, sondern lediglich nicht vollzogen werden darf. 933

> Baumbach/Hueck-*Hueck/Fastrich*, GmbHG, § 30 Rn. 66 f;
> zweifelnd auch Scholz-*Verse*, GmbHG, § 30 Rn. 115.

III. Folgen für den/die Gesellschafter

Adressat des Auszahlungsverbots ist zutreffender Ansicht nach auch der Gesellschafter. 934

> BGHZ 93, 146, 149 – ZIP 1985, 279,
> dazu EWiR 1985, 101 *(Priester)*;
> enger Michalski-*Heidinger*, GmbHG, § 30 Rn. 18 ff.

Im Verhältnis zu den Gesellschaftern wird das Auszahlungsverbot in erster Linie durch den Rückerstattungsanspruch in § 31 Abs. 1 GmbHG sanktioniert. Der besonders hohe Stellenwert der Erstattungspflicht nach § 31 Abs. 1 GmbHG kommt u. a. durch das Erlassverbot in § 31 Abs. 4 GmbHG zum Ausdruck. Flankiert wird die Erstattungspflicht durch die Ausfallhaftung der Mitgesellschafter in § 31 Abs. 3 GmbHG. Umstritten ist, inwieweit der Gesellschafter einer Schadensersatzpflicht unterliegt, wenn er an einer verbotswidrigen Auszahlung mitgewirkt hat oder diese veranlasst hat.

> BGHZ 93, 146, 149 = ZIP 1985, 279 (Schadensersatzhaftung bei Veranlassung),
> dazu EWiR 1985, 101 *(Priester)*.

1. Erstattungsanspruch (§ 31 Abs. 1 GmbHG)

a) Überblick

Nach § 31 Abs. 1 GmbHG hat der Gesellschafter die empfangene Leistung zu erstatten. Der Anspruch entsteht mit der unzulässigen Auszahlung und ist sofort fällig. 935

> BGH ZIP 1987, 370 = NJW 1987, 779,
> dazu EWiR 1987, 163 *(Westermann)*;
> Michalski-*Heidinger*, GmbHG, § 31 Rn. 5;
> Scholz-*Verse*, GmbHG, § 31 Rn. 21;
> Baumbach/Hueck-*Hueck/Fastrich*, GmbHG, § 31 Rn. 5.

Für die Geltendmachung des Erstattungsanspruchs ist kein Beschluss der Gesellschafterversammlung nach § 46 Nr. 2 GmbHG notwendig. Dies folgt 936 zum einen aus dem Sinn und Zweck der §§ 30 f GmbHG, nämlich im Interesse der Gesellschaft und der Gesellschaftsgläubiger das zur Erhaltung des Stammkapitals erforderliche Vermögen schnellstmöglich wieder herzustellen. Zum anderen ergibt sich dies aus § 31 Abs. 5 GmbHG, wonach für den Verjährungsbeginn auf den Ablauf des Tages abzustellen ist, an dem die zu erstattende Leistung gezahlt wurde.

> BGH ZIP 1987, 370 = NJW 1987, 779,
> dazu EWiR 1987, 163 *(Westermann)*;
> BGHZ 76, 326, 333 f = ZIP 1980, 361;
> Baumbach/Hueck-*Hueck/Fastrich*, GmbHG, § 31 Rn. 6;
> *Goette*, DStR 1997, 1495, 1499.

937 Unter den Voraussetzungen der §§ 280 Abs. 1 und 2, 286, 288 BGB hat der Gesellschafter Verzugszinsen zu leisten, wenn er mit der Erfüllung des Erstattungsanspruchs in Verzug kommt.

> Im Detail *Carlé/Bauschatz*, ZIP 2001, 1351, 1353 ff.

938 **Abgrenzung vom Bereicherungsrecht:**

- Bei dem Erstattungsanspruch nach § 31 Abs. 1 GmbHG handelt es sich um einen eigenständigen gesellschaftsrechtlichen und nicht bloß um einen bereicherungsrechtlichen Anspruch,

  > RGZ 168, 292, 301;
  > BGHZ 31, 258, 265;
  > BGHZ 144, 336 = ZIP 2000, 1251, 1255;
  > *Kort*, ZGR 2001, 615, 624;
  > *Bormann*, ZInsO 2009, 127 f;
  > Baumbach/Hueck-*Hueck/Fastrich*, GmbHG, § 31 Rn. 3,

  auf den daher insbesondere die §§ 814, 817, 818 BGB keine direkte oder auch nur entsprechende Anwendung finden. Funktional steht der Erstattungsanspruch dem Einlageanspruch nahe.

  > RGZ 168, 292, 301;
  > Baumbach/Hueck-*Hueck/Fastrich*, GmbHG, § 31 Rn. 3;
  > *Kort*, ZGR 2001, 615, 624;
  > Michalski-*Heidinger*, GmbHG, § 31 Rn. 26.

- Der Anspruch aus § 31 Abs. 1 GmbHG konkurriert **im Regelfall** nicht mit Ansprüchen aus Bereicherungsrecht,

  > BGHZ 136, 125 = ZIP 1997, 1450, 1451,
  > dazu EWiR 1997, 1089 *(Westermann)*;
  > OLG München DB 1983, 166, 168,

  da das der Auszahlung zugrunde liegende Rechtsgeschäft auch bei einem Verstoß gegen § 30 Abs. 1 Satz 1 GmbHG nicht nichtig ist (siehe auch oben Rn. 929 ff). Anders ist die Rechtslage nur, wenn das zugrunde liegende Rechtsgeschäft aus anderen Gründen unwirksam ist, der Auszahlung schlichtweg ein „Griff des Gesellschafters in die Kasse" vorausgegangen ist und es deshalb an einem Grundgeschäft für die Auszahlung

III. Folgen für den/die Gesellschafter

fehlt oder aber im Falle einer Ausschüttung kein wirksamer Gesellschafterbeschluss zu Stande gekommen ist (zur Frage der Nichtigkeit eines Gesellschafterbeschlusses bei einem Verstoß gegen § 30 Abs. 1 Satz 1 GmbHG siehe oben Rn. 932 f), da dann die Auszahlung ohne *causa* erfolgt. Im Falle konkurrierender Ansprüche finden die jeweiligen Bestimmungen Anwendung, insbesondere auch hinsichtlich der Verjährung. Der Gesellschafter, der „in die Kasse gegriffen" hat, wird jedoch nicht in der Weise privilegiert, dass die §§ 30, 31 GmbHG durch § 812 BGB verdrängt würden.

RGZ 168, 292, 301;
Bormann, ZInsO 2009, 127 f.

Abgrenzung von § 19 GmbHG: 939

- Im Einzelfall kann die Abgrenzung des Erstattungsanspuchs aus § 31 Abs. 1 GmbHG von § 19 GmbHG Schwierigkeiten bereiten. Nach h. M. gelten nämlich Leistungen auf die Einlageverpflichtung dann als nicht erbracht, wenn diese der Gesellschaft nicht endgültig und ohne Beschränkung zur Verfügung stehen.

  BGHZ 149, 1 = ZIP 2001, 2008;
  BGHZ 113, 335 = ZIP 1991, 511,
  dazu EWiR 1991, 1213 *(Frey)*;
  OLG Koblenz BB 1989, 451,
  dazu EWiR 1989, 1001 *(Gehling)*;
  und s. a. oben Rn. 90 ff.

- Rechtlich schließen sich beide Konstellationen jedoch aus. Gilt die Einlage bereits als nicht geleistet, kann keine Auszahlung i. S. des § 30 Abs. 1 Satz 1 GmbHG, mit der Folge einer Rückerstattungspflicht, angenommen werden. Vielmehr hat in diesem Fall die Rückerstattung nicht über § 31 Abs. 1 GmbHG, sondern allein über § 19 GmbHG durch Einfordern ausstehender Einlagen zu erfolgen. In der Praxis ist somit stets zunächst zu prüfen, ob die Leistung der Einlagen (§ 19 GmbHG) wirksam erfolgt ist. Nur wenn dies zu bejahen ist, kommt ein Anspruch nach § 31 Abs. 1 GmbHG in Betracht.

  BGH ZIP 2001, 1997 = NZI 2002, 37, 38 = NJW 2001, 3781,
  dazu EWiR 2001, 1149 *(Keil)*.

- Für die **Praxis** der gerichtlichen Geltendmachung gilt allerdings, dass eine Klage durchaus auch auf der Grundlage einer alternativen Begründung erhoben werden kann.

b) Einzelheiten

aa) Schuldner des Anspruchs

Der Erstattungsanspruch richtet sich gegen den Gesellschafter bzw. gegen einen dem Gesellschafter gleichgestellten Dritten (siehe oben Rn. 734 ff). 940

Der Gesetzeswortlaut beschränkt die Rolle des Schuldners zwar nicht ausdrücklich auf den Gesellschafter. Die Gesellschaftereigenschaft des Schuldners ergibt sich jedoch aus dem Zusammenspiel mit § 30 Abs. 1 Satz 1 GmbHG. Kein dem Gesellschafter gleichgestellter Dritter ist das Mitglied eines Organs (z. B. der Geschäftsführer) des Gesellschafters, selbst wenn er die Auszahlung aus dem Gesellschaftsvermögen erhalten hat.

> BGHZ 149, 10 = DStR 2001, 1853, 1854 = ZIP 2001, 1874.

Verkauft ein Gesellschafter seine Anteile unter der aufschiebenden Bedingung der Kaufpreiszahlung und überträgt die Gesellschaft ihm zur Sicherung der Kaufpreisforderung Wertpapiere auf einem Bankdepot, so steht der Gesellschaft im Falle der Verwertung der Anspruch nach § 31 Abs. 1 GmbHG sowohl gegen den alten wie auch gegen den neuen Gesellschafter zu, die insoweit als **Gesamtschuldner** haften,

> BGHZ 173, 1 = ZIP 2007, 1705 = NZG 2007, 704.

Die Gesellschaft kann in diesem Fall von jedem der beiden Haftenden die ganze Leistung fordern.

941 Für den Fall, dass der Auszahlungsanspruch des Gesellschafters abgetreten wurde, siehe unten Rn. 1023. Zu dem für die Gesellschaftereigenschaft maßgebenden Zeitpunkt, siehe oben Rn. 744 ff. Ob der Gesellschafter selbst unmittelbar Empfänger oder nur mittelbarer Nutznießer der Leistung war, spielt keine Rolle. Schuldner des Erstattungsanspruchs ist daher der Gesellschafter auch dann, wenn ihm die Leistung der Gesellschaft nur mittelbar zugutegekommen ist (siehe oben Rn. 720 ff).

> BGHZ 81, 365, 368 = ZIP 1981, 1332;
> Baumbach/Hueck-*Hueck/Fastrich*, GmbHG, § 31 Rn. 10
> (zumindest im Grundsatz);
> Roth/Altmeppen-*Altmeppen*, GmbHG, § 31 Rn. 4;
> zweifelnd Lutter/Hommelhoff-*Hommelhoff*, GmbHG, § 31 Rn. 6.

942 Kommt die Leistung unmittelbar einem dem Gesellschafter gleichgestellten Dritten zugute, haftet in jedem Fall dieser. Ob daneben – z. B. im Falle eines treuhänderisch gehaltenen Geschäftsanteils – den (formalen) Gesellschafter (Treuhänder) eine **gesamtschuldnerische** Haftung trifft, ist streitig und wird teilweise nur für den Fall bejaht, dass der formale Gesellschafter die Leistung veranlasst hat.

> Baumbach/Hueck-*Hueck/Fastrich*, GmbHG, § 31 Rn. 12.

943 Streitig ist, ob die Verpflichtung nach § 31 Abs. 1 GmbHG bei einer Veräußerung des Anteils gemäß § 16 Abs. 2 GmbHG auf den Erwerber übergeht. Während die h. A. in der Literatur dies wegen des „persönlichen" Charakters der Verpflichtung verneint,

> Ulmer/Habersack/Winter-*Habersack*, GmbHG, § 31 Rn. 15;
> Scholz-*Verse*, GmbHG, § 30 Rn. 5;

III. Folgen für den/die Gesellschafter

Baumbach/Hueck-*Hueck/Fastrich*, GmbHG, § 31 Rn. 8;
Lutter/Hommelhoff-*Bayer*, GmbHG, § 16 Rn. 42 f,

wird dies von der Gegenansicht mit der Begründung bejaht, bei der Kapitalerhaltung handele es sich um die Kehrseite der Kapitalaufbringung, was die Anwendung von § 16 Abs. 2 GmbHG rechtfertige,

OLG Köln, ZIP 2011, 863,
dazu EWiR 2011, 667 *(Schodder)*;
Michalski-*Heidinger*, GmbHG, § 31 Rn. 17;
Ulmer/Habersack/Winter-*Löbbe*, GmbHG, § 16 Rn. 34.

bb) Gläubiger des Anspruchs

Der Erstattungsanspruch nach § 31 Abs. 1 GmbHG steht der Gesellschaft zu und wird in der Insolvenz der Gesellschaft vom Insolvenzverwalter geltend gemacht. Ein Gesellschafter kann den Anspruch nach § 31 Abs. 1 GmbHG nur unter den Voraussetzungen der „actio pro socio" verfolgen. **944**

Michalski-*Heidinger*, GmbHG, § 31 Rn. 6.

Einem Gesellschaftsgläubiger steht der Anspruch grundsätzlich nur unter besonderen Voraussetzungen zu, etwa bei:

- **Pfändung**: Der Gesellschaftsgläubiger kann die Ansprüche nach § 31 GmbHG pfänden und sich zur Einziehung überweisen lassen. Überwiegender Ansicht nach gilt die für Einlageansprüche aus § 19 Abs. 2 GmbHG abgeleitete Beschränkung, **945**

    s. hierzu BGH NJW 1970, 469, 470;
    BGH ZIP 1992, 992;
    OLG Köln ZIP 1989, 174, 175;
    dazu EWiR 1989, 57 *(Roth)*;
    a. A. aber *K. Schmidt*, ZHR 157 (1993), 291, 304,

    hier nicht.

    Baumbach/Hueck-*Hueck/Fastrich*, GmbHG, § 31 Rn. 6;
    Scholz-*Verse*, GmbHG, § 31 Rn. 30;
    Michalski-*Heidinger*, GmbHG, § 31 Rn. 8.

    Dies verwundert freilich aus der Sicht der h. M., wird doch anderen Orts stets die funktionale Vergleichbarkeit des Erstattungsanspruchs mit dem Einlageanspruch betont.

- **Abtretung**: Die Ansprüche aus § 31 GmbHG können abgetreten werden. Streitig ist allerdings, ob eine solche Abtretung – in Anlehnung an die Praxis zur Abtretung der Stammeinlageforderung – nur gegen Gewährung eines vollwertigen Entgelts zulässig ist. Die h. M. lehnt dies ab, lediglich bei einer Abtretung an einen Gesellschafter wird Vollwertigkeit der Gegenleistung gefordert. **946**

    BGHZ 144, 336, 340 = ZIP 2000, 1251;
    BGHZ 69, 274, 282 ff = GmbHR 1978, 64;

> BGHZ 127, 336 = ZIP 1994, 1934 = NJW 1995, 326, 330;
> dazu EWiR 1995, 157 *(H. P. Westermann)*;
> OLG Stuttgart NZG 1998, 683, 685;
> Baumbach/Hueck-*Hueck/Fastrich*, GmbHG, § 31 Rn. 6;
> differenzierend:
> Lutter/Hommelhoff-*Hommelhoff*, GmbHG, § 31 Rn. 4 f;
> OLG Karlsruhe BB 1991, 1728;
> Scholz-*Verse*, GmbHG, § 31 Rn. 28 f.

947 • **§ 62 Abs. 2 AktG analog**: Fraglich ist, ob und inwieweit § 62 Abs. 2 AktG zugunsten des Gesellschaftsgläubigers entsprechende Anwendung findet. Danach kann der Gläubiger den entsprechenden aktienrechtlichen Erstattungsanspruch der Gesellschaft gegen den Aktionär selbst geltend machen, soweit er von der Gesellschaft keine Befriedigung für seine Forderung erlangen kann. Die Bestimmung trägt dem Umstand Rechnung, dass ein unmittelbarer Anspruch des Gläubigers gegen den Gesellschafter in der Regel nicht gegeben sein wird und eine Pfändung und Überweisung des Anspruchs der Gesellschaft gegen den Gesellschafter i. R. der Zwangsvollstreckung zeitaufwendig und mühsam ist. Zur Erleichterung der Befriedigung der Gesellschaftsgläubiger gewährt die Vorschrift dem Gläubiger daher – unter bestimmten einschränkenden Voraussetzungen – einen eigenen materiellen Anspruch gegen den Gesellschafter. Die h. M. lehnt eine analoge Anwendung der Vorschrift im GmbH-Recht jedoch zu Recht ab, da dieses auch anderen Stellen – vgl. z. B. das Fehlen einer Parallelvorschrift zu § 93 Abs. 5 Satz 2 AktG – von den Regelungen des Aktienrechts bewusst abweicht.

> Baumbach/Hueck-*Hueck/Fastrich*, GmbHG, § 31 Rn. 6;
> Michalski-*Heidinger*, GmbHG, § 31 Rn. 7;
> Scholz-*Verse*, GmbHG, § 31 Rn. 8;
> a. A. *Wilhelm*, in: FS Flume II, S. 337, 359.

Dass im Übrigen tatsächliche Probleme der Anspruchsdurchsetzung keine andere Auffassung zu rechtfertigen vermögen, wurde an anderer Stelle dargelegt (siehe Rn. 1053 ff; anders Vorauflage, dort Rn. 553).

cc) **Inhalt des Anspruchs**

948 Zu erstatten ist grundsätzlich das, was der Gesellschafter von der Gesellschaft unmittelbar oder mittelbar erlangt hat. Das kann, muss aber nicht ein Geldbetrag sein. Ist daher die Sachleistung noch gegenständlich vorhanden, ist diese h. M. nach zurückzugewähren.

> *Goette*, DStR 1997, 1495, 1499;
> Roth/Altmeppen-*Altmeppen*, GmbHG, § 31 Rn. 10;
> Lutter/Hommelhoff-*Hommelhoff*, GmbHG, § 31 Rn. 8;
> Scholz-*Verse*, GmbHG, § 31 Rn. 16 f;
> a. A. mit guten Gründen *K. Schmidt*, JZ 2008, 735;
> *K. Schmidt*, Gesellschaftsrecht, § 37 III. 2. a;
> *Kort*, ZGR 2001, 615, 626 f;
> *Tries*, Verdeckte Gewinnausschüttungen, S. 43.

III. Folgen für den/die Gesellschafter

Ist dies unmöglich (z. B. bei Nutzungsüberlassung oder Dienstleistungen) oder hat sich die Sache verschlechtert bzw. ist sie untergegangen, dann ist (insoweit) Wertersatz zu leisten (§ 9 Abs. 1 GmbHG analog). Der Gesellschafter trägt mithin das Risiko des Untergangs bzw. einer Wertminderung. Anderes gilt dann, wenn, wofür der Gesellschafter die Darlegungs- und Beweislast trägt, Verlust bzw. Wertminderung auch dann eingetreten wären, wäre die Sache bei der Gesellschaft verblieben. Den Wertverlust hat dagegen die Gesellschaft nachzuweisen. 949

> BGHZ 176, 62 Rn. 10 = ZIP 2008, 922,
> dazu EWiR 2008, 495 *(Westermann)*;
> BGHZ 122, 333 = ZIP 1993, 917, 918 f,
> dazu EWiR 1993, 693 *(Maier-Reimer)*;
> Lutter/Hommelhoff-*Hommelhoff*, GmbHG, § 31 Rn. 14;
> *Ulmer*, in: FS 100 Jahre GmbHG, S. 363, 381;
> *Kort*, ZGR 2001, 615, 627;
> Michalski-*Heidinger*, GmbHG, § 31 Rn. 35;
> Scholz-*Verse*, GmbHG, § 30 Rn. 19;
> a. A. *K. Schmidt*, JZ 2008, 735.

Die h. M. räumt dem Gesellschafter darüber hinaus in den Fällen der Sachleistung ein Wahlrecht ein, ob er den Wert in Geld ablösen oder aber die Sache zurückgeben möchte. Für diese Sichtweise spricht nunmehr auch § 30 Abs. 1 Satz 2 GmbHG, weshalb jedenfalls bei Austauschgeschäften eine solche Möglichkeit bejaht werden sollte. In diesem Fall muss der Vermögensabfluss allerdings vollständig (und nicht nur der Buchwert der Leistung) ausgeglichen werden. 950

> Baumbach/Hueck-*Hueck/Fastrich*, GmbHG, § 31 Rn. 16;
> Michalski-*Heidinger*, GmbHG, § 31 Rn. 32;
> *Einsele*, NJW 1996, 2681, 2687;
> *K. Schmidt*, Gesellschaftsrecht, § 37 III. 2. a;
> differenzierend Scholz-*Verse*, GmbHG, § 31 Rn. 18;
> a. A. aber *Kort*, ZGR 2001, 615, 626.

Eine solche Ersetzungsbefugnis erscheint zwar problematisch, wenn es sich um einen Gegenstand handelt, der zur Erfüllung der satzungsmäßigen Ziele erforderlich ist, 951

> Baumbach/Hueck-*Hueck/Fastrich*, GmbHG, § 31 Rn. 16.

Allerdings steht § 30 Abs. 1 Satz 1 GmbHG der Übertragung wichtiger Wirtschaftsgüter grundsätzlich nicht entgegen, wenn eine vollwertige Gegenleistung erfolgt. Vor diesem Hintergrund gibt es somit für eine Beschränkung der Ersetzungsbefugnis, wenn man diese grundsätzlich befürwortet, keine Grundlage.

> Michalski-*Heidinger*, GmbHG, § 31 Rn. 33;
> Baumbach/Hueck-*Hueck/Fastrich*, GmbHG, § 31 Rn. 16;
> abweichend (Ersetzungsbefugnis nur für „leicht wiederbeschaffbare" Gegenstände):
> Lutter/Hommelhoff-*Hommelhoff*, GmbHG, § 31 Rn. 8.

952 Hat die Gesellschaft unter Missachtung von § 30 Abs. 1 Satz 1 GmbHG einem Gesellschafter ein Darlehen gewährt, wird der Anspruch aus § 31 Abs. 1 GmbHG auch dadurch erfüllt, dass der Gesellschafter das Darlehen zurückzahlt,

> BGHZ 165, 113, Rn. 11 = ZIP 2005, 2203,
> dazu EWiR 2006, 33 *(Tillmann)*.

dd) Aufrechnung und Vergleich

953 Umstritten ist, ob der Rückerstattungsanspruch im Wege der Aufrechnung mit einem Anspruch des Gesellschafters gegen die Gesellschaft zum Erlöschen gebracht werden kann.

Soweit die Gesellschaft die Aufrechnung erklärt, ist dies nach allgemeiner Ansicht grundsätzlich möglich, aber nur dann, wenn die Hauptforderung des Gesellschafters vollwertig, fällig und liquide ist. Dieses Ergebnis wird dabei zum Teil aus einer analogen Anwendung von § 19 Abs. 2 Satz 2 GmbHG abgeleitet. Nach a. A. folgt es aus § 31 Abs. 4 GmbHG, der einen Forderungsverzicht zugunsten des Gesellschafters verbietet.

> Näher *Ekkenga*, in: MünchKomm-GmbHG, § 30 Rn. 72.

954 Umstrittener ist der Fall einer Aufrechnung durch den Gesellschafter, wobei diesbezüglich wiederum zwei Konstellationen zu unterscheiden sind, nämlich zum einen die Frage, ob der Gesellschafter mit seinem Auszahlungsanspruch (z. B. mit dem Anspruch auf Gewinnausschüttung), der der gegen § 30 Abs. 1 Satz 1 GmbHG verstoßenden Auszahlung zugrunde liegt, gegen den Anspruch aus § 31 Abs. 1 GmbHG aufrechnen kann oder ob, zum anderen, zumindest eine Aufrechnung mit sonstigen Ansprüchen möglich ist, die dem Gesellschafter gegen die Gesellschaft zu- und mit der Auszahlung in keinem Zusammenhang stehen.

- Unstreitig ist, dass eine Aufrechnung nicht auf den prinzipiell fortbestehenden Anspruch des Gesellschafters aus dem gegen § 30 Abs. 1 Satz 1 GmbHG verstoßenden Grundgeschäft gestützt werden kann. Dies gilt selbst dann, wenn die Unterbilanz nach der Auszahlung wieder wegfällt, da dies den Anspruch nach § 31 Abs. 1 GmbHG unberührt lässt (dazu unten Rn. 959 ff).

> *Ekkenga*, in: MünchKomm-GmbHG, § 30 Rn. 34, 73.

- Bezüglich anderer Ansprüche war vor der Reform des GmbH-Rechts im Jahr 2008 unumstritten, dass es dem Gesellschafter verwehrt war, gegen den Erstattungsanspruch mit einer nicht vollwertigen Forderung aufzurechnen. Streitig war dagegen, ob der Gesellschafter gegen die Erstattungsforderung mit einer ihm gegen die Gesellschaft zustehenden werthaltigen Forderung aufrechnen konnte. Für die grundsätzliche Zulässigkeit einer Aufrechnung ließ sich der Wortlaut des § 31 Abs. 4 GmbHG ins Feld führen, der – anders als die Parallelvorschrift in § 19 Abs. 2

III. Folgen für den/die Gesellschafter

GmbHG für die Kapitalaufbringung – eine Einschränkung in diesem Sinne nicht kannte. Die h. M. sowie die Rechtsprechung lehnten vor Inkrafttreten des MoMiG die Möglichkeit einer Aufrechnung (des Gesellschafters) in analoger Anwendung des § 19 Abs. 2 GmbHG gleichwohl ab.

BGH ZIP 2001, 157, 158,
dazu EWiR 2001, 327 *(H. P. Westermann)*;
Ulmer, in: FS 100 Jahre GmbHG, S. 382;
Goette, DStR 1997, 1495, 1499;
Hommelhoff, in: FS Kellermann, S. 175 ff.

- Nach einer Ansicht wird auch heute noch eine Aufrechnung generell als ausgeschlossen angesehen.

    Bauer, ZInsO 2011, 1335, 1338;
    Ekkenga, in: MünchKomm-GmbHG, § 30 Rn. 73.

- Von einer a. A. wird nach der Neufassung von § 19 Abs. 2 Satz 2 GmbHG eine Aufrechnung zwar grundsätzlich als möglich angesehen, aber nur dann, wenn die Ansprüche des Gesellschafters vollwertig, fällig und liquide sind.

    Lutter/Hommelhoff-*Hommelhoff*, GmbHG, § 31 Rn. 27 f.

- Richtigerweise ist jedoch eine Aufrechnung nach dem klaren Bekenntnis des Gesetzgebers zur bilanziellen Betrachtungsweise jedenfalls immer dann als zulässig anzusehen, wenn es sich nicht um den Anspruch handelt, der der Auszahlung zugrunde liegt. Steht dem Gesellschafter ein durchsetzbarer Anspruch gegen die Gesellschaft zu, verstößt eine Leistung hierauf nicht gegen § 30 Abs. 1 Satz 1 GmbHG, und zwar unabhängig davon, ob der Anspruch als „vollwertig" anzusehen ist oder nicht. Die Aufrechnung führt in diesem Fall zu einem Aktivtausch, so dass der Schutz der Gläubiger keinen Ausschluss der Aufrechnung fordert. Zudem bezieht sich § 19 Abs. 2 Satz 2 GmbHG seinem eindeutigen Wortlaut nach allein auf die Kapitalaufbringung und nicht auf die Kapitalerhaltung. Auch fehlt in § 31 Abs. 4 GmbHG eine dem § 19 Abs. 2 Satz 2 GmbHG vergleichbare Regelung. Vor diesem Hintergrund lässt sich alleine mit einem Hinweis auf den zwischen Kapitalerhaltung und Kapitalaufbringung bestehenden engen systematischen Zusammenhang ein Aufrechnungsverbot nicht begründen.

    Ähnlich Baumbach/Hueck-*Hueck/Fastrich*, GmbHG, § 31 Rn. 17;
    so früher bereits OLG Naumburg ZIP 1999, 118, 119 = GmbHR 1998, 1180,
    dazu EWiR 1999, 21 *(Zimmermann)*.

§ 31 Abs. 4 GmbHG schließt einen Verzicht der Gesellschaft auf den Rückerstattungsanspruch aus. Aus diesem Grund mag zweifelhaft erscheinen, ob über den Rückzahlungsanspruch ein Vergleich geschlossen werden kann. Im Ergebnis sollte dies aber – analog § 93 Abs. 4 Satz 3 und 4 AktG – zu bejahen sein.

    Kock, NZG 2006, 733 f.

ee) Höhe des Anspruchs

955 Eine Auszahlung an den Gesellschafter kann auch nur teilweise gegen § 30 Abs. 1 Satz 1 GmbHG verstoßen. Zu erstatten ist deshalb eine erhaltene (Geld-)Leistung nur insoweit, als sie die Unterbilanz herbeigeführt bzw. vertieft hat. Maßgebend ist der **Zeitpunkt der Auszahlung** (siehe Rn. 884 ff). Der Rückerstattungsanspruch ist dann insoweit beschränkt. Eine darüber hinausgehende Leistung der GmbH kann der Gesellschafter mithin behalten.

    BGHZ 136, 125, 127 = ZIP 1997, 1450,
    dazu EWiR 1997, 1089 *(Westermann)*;
    Goette, DStR 1997, 1495, 1497, 1499;
    Ekkenga, in: MünchKomm-GmbHG, § 31 Rn. 8.

956 Liegt allerdings eine bilanzielle Überschuldung vor, erfasst der Erstattungsanspruch nicht nur den der Stammkapitalziffer entsprechenden, sondern darüber hinaus auch den zur Rückführung der Überschuldung erforderlichen Betrag. Nur soweit die Überschuldung und die Unterbilanz beseitigt sind, darf der Gesellschafter einen etwa verbleibenden Betrag des ihm aus dem Gesellschaftsvermögen Ausgezahlten für sich behalten.

    BGHZ 76, 326, 335 = ZIP 1980, 361;
    BGHZ 95, 188, 193 = ZIP 1985, 1198,
    dazu EWiR 1985, 793 *(Crezelius)*;
    Michalski-Heidinger, GmbHG, § 31 Rn. 29;
    Goette, DStR 1997, 1495, 1497.

957 Wird trotz Rückgewähr der Leistung die Unterbilanz bzw. die Überschuldung nicht beseitigt, führt dies nicht zu einer weitergehenden Zahlungspflicht, da die Erstattungspflicht nur die verbotene Zahlung erfasst, nicht aber eine Nachschusspflicht begründet.

    Goette, DStR 1997, 1495, 1497.

ff) Einreden und Einwendungen

958 Wird der Gesellschafter in Anspruch genommen, ist zu prüfen, ob er dem Rückerstattungsanspruch der Gesellschaft Einreden oder Einwendungen entgegenhalten kann. Folgende Punkte wurden oder werden dabei regelmäßig in Betracht gezogen:

959 Nachhaltige Gesundung der Gesellschaft:
- Seit 1987 hatte der Bundesgerichtshof in ständiger Rechtsprechung die Ansicht vertreten, dass der Erstattungsanspruch nach § 31 Abs. 1 GmbHG nachträglich entfalle, sobald und soweit nach Vornahme der Auszahlung

III. Folgen für den/die Gesellschafter

das Vermögen der Gesellschaft bis zur Höhe der Stammkapitalziffer anderweitig nachhaltig aufgefüllt worden ist.

> BGH ZIP 1987, 1113 = NJW 1988, 139, 140,
> dazu EWiR 1987, 1099 *(Müller)*;
> ähnlich OLG Stuttgart NZG 1998, 683, 684;
> so auch *Goette*, DStR 1997, 1495, 1499 f.

- Diese Rechtsprechung war in der Literatur auf Kritik gestoßen; denn der nachträgliche Untergang des einmal – nämlich im Auszahlungszeitpunkt – entstandenen Anspruchs lässt sich weder mit einer Zweckerreichung i. S. von Unmöglichkeit erklären noch mit einer auflösenden Bedingung begründen. **960**

> *Henze*, GmbHR 2000, 1069, 1073;
> Scholz-*Verse*, GmbHG, § 31 Rn. 25;
> Lutter/Hommelhoff-*Hommelhoff*, GmbHG, § 31 Rn. 12 f.

Der Bundesgerichtshof hat daher später von dieser Rechtsprechung Abstand genommen,

> BGHZ 144, 336, 340 = ZIP 2000, 1251;
> BGH NZG 2000, 888 *(Balsam/Procedo III)*;
> BGHZ 173, 1 = ZIP 2007, 1705 = NZG 2007, 704;
> zuletzt BGH ZIP 2012, 1071,
> dazu EWiR 2012, 415 *(Paefgen/Dettke)*.

Im Anschluss an die h. M. in der Literatur soll der Erstattungsanspruch nicht deswegen entfallen, weil das Vermögen der Gesellschafter zwischenzeitlich wieder bis zur Höhe der Kapitalziffer (nachhaltig) aufgefüllt worden ist.

Dies ergibt sich – so der Bundesgerichtshof – zum einen aus dem Wortlaut der Vorschrift. Dieser knüpft im Tatbestand ausschließlich an die Verletzung des § 30 Abs. 1 Satz 1 GmbHG und damit an den Zeitpunkt der Auszahlung an. Zum anderen folgt dies aus der in § 31 Abs. 1 GmbHG angeordneten Rechtsfolge, nämlich der umgehenden Erstattung der verbotswidrig geleisteten Zahlung. Diese Rechtsfolge lässt keinen Raum für einen nachträglichen Wegfall des Anspruchs. Des Weiteren würde ein „automatisches" Erlöschen im Falle der anderweitigen Auffüllung des Stammkapitals die Möglichkeit der Gesellschaft einschränken, den Anspruch im Wege der Abtretung zu verwerten. Auch Sinn und Zweck des § 31 Abs. 1 GmbHG sprechen gegen einen „automatischen" Wegfall des Anspruchs. Der Erstattungsanspruch dient der Wiederaufbringung des zur Abdeckung der Stammkapitalziffer erforderlichen Vermögens und ist daher funktional mit einem Einlageanspruch zu vergleichen.

> Scholz-*Verse*, GmbHG, § 31 Rn. 25;
> kritisch hierzu allerdings
> *Servatius*, GmbHR 2000, 1028, 1030.

961 • Der Einlageanspruch besteht aber – im Hinblick auf den Grundsatz der realen Kapitalerhaltung – unabhängig davon, ob das Stammkapital auf andere Weise als durch die Anspruchserfüllung abgedeckt wird oder nicht.

> BGHZ 144, 336 = ZIP 2000, 1251, 1253;
> *Henze*, GmbHR 2000, 1069, 1073;
> s. ausführlich *Kort*, ZGR 2001, 615 ff.

Im Ergebnis ist damit festzuhalten, dass auch eine nachhaltige anderweitige Behebung der Unterbilanz weder zum Entfallen des Anspruchs führt, noch den Gesellschafter berechtigt, seinen – fortbestehenden – Anspruch aus dem Grundgeschäft dem Rückforderungsanspruch mittels einer Aufrechnung oder dem Einwand der unzulässigen Rechtsausübung („*dolo petit*") entgegenzuhalten,

> BGHZ 144, 336 = ZIP 2000, 1251;
> *Kort*, ZGR 2001, 615, 631 f;
> *Benecke*, ZIP 2000, 1969, 1973.

Den Gesellschafter zwingt dies u. U. zu einem – vor dem Hintergrund des Zwecks der Kapitalerhaltung – sinnlosen Hin- und Herzahlen,

> so zutreffend Baumbach/Hueck-*Hueck/Fastrich*, GmbHG, § 31 Rn. 17.

Zulässig sind allerdings bei Werthaltigkeit in Analogie zu § 19 Abs. 2 GmbHG die Aufrechnung durch die Gesellschaft sowie einverständliche Verrechnung; nicht dagegen wegen § 31 Abs. 4 GmbHG Erlass und Stundung,

> Baumbach/Hueck-*Hueck/Fastrich*, GmbHG, § 31 Rn. 17.

962 **Gutgläubigkeit des Empfängers (§ 31 Abs. 2 GmbHG):**

• Nach § 31 Abs. 2 GmbHG ist die Erstattungspflicht bei gutgläubigem Empfang auf den Betrag beschränkt, der zur Befriedigung der Gesellschaftsgläubiger erforderlich ist. An der Gutgläubigkeit fehlt es – in Anlehnung an § 932 Abs. 2 BGB –, wenn der Gesellschafter die die Unzulässigkeit der Auszahlung begründenden Umstände kannte bzw. grob fahrlässig nicht kannte.

> Baumbach/Hueck-*Hueck/Fastrich*, GmbHG, § 31 Rn. 18;
> Michalski-*Heidinger*, GmbHG, § 31 Rn. 47 f;
> s. a. OLG München DB 1983, 166, 167;
> *Kort*, ZGR 2001, 615, 618;
> einschränkend Scholz-*Verse*, GmbHG, § 31 Rn. 38 ff.

963 • Der gute Glaube bezieht sich mithin nicht auf das Recht zum Bezug der Leistung, sondern allein auf die Unkenntnis der Tatbestandsmerkmale des § 30 Abs. 1 Satz 1 GmbHG (in erster Linie also auf den Stand des Gesellschaftsvermögens, bei unausgewogenen Austauschgeschäften auch hinsichtlich der Ausgewogenheit des Geschäfts).

III. Folgen für den/die Gesellschafter

> *Kort*, ZGR 2001, 615, 618;
> Michalski-*Heidinger*, GmbHG, § 31 Rn. 49;
> Lutter/Hommelhoff-*Hommelhoff*, GmbHG, § 31 Rn. 17.

- Maßgebender Zeitpunkt für die Gutgläubigkeit ist der Moment des Leistungsempfangs. Späterer böser Glaube schadet daher nicht. 964

  > Michalski-*Heidinger*, GmbHG, § 31 Rn. 54;
  > Baumbach/Hueck-*Hueck/Fastrich*, GmbHG, § 31 Rn. 18.

- Für die Gut- bzw. Bösgläubigkeit ist grundsätzlich auf die Person des Leistungsempfängers abzustellen. Erfolgt die Leistung beispielsweise an einen in wirtschaftlicher Einheit mit einem Gesellschafter stehenden Dritten, ohne dass sie wirtschaftlich auch dem Gesellschafter zugutekommt, so kommt es für die Erstattungspflicht des Dritten allein darauf an, inwieweit dieser gutgläubig ist oder nicht. Die Bösgläubigkeit des mit ihm in wirtschaftlicher oder familienrechtlicher Einheit stehenden Gesellschafters kann ihm nicht pauschal, sondern nur nach den allgemeinen Grundsätzen (§ 166 Abs. 1 BGB) zugerechnet werden; denn liegt der Grund für die Einbeziehung der Dritten darin, Umgehungsfälle zu verhindern, dann wäre das alternative Abstellen auf die Bösgläubigkeit sowohl beim Dritten als auch beim Gesellschafter nicht gerechtfertigt. 965

  > So auch Scholz-*Verse*, GmbHG, § 31 Rn. 42;
  > a. A. Michalski-*Heidinger*, GmbHG, § 31 Rn. 52;
  > Lutter/Hommelhoff-*Hommelhoff*, GmbHG, § 31 Rn. 18.

- Soweit die Leistung an den Dritten mittelbar auch dem Gesellschafter zugutekommt, ist für den gegen den Gesellschafter gerichteten eigenständigen Erstattungsanspruch allein auf dessen Informationslage und Kenntnisstand abzustellen, nicht aber auf den des unmittelbaren Leistungsempfängers, sofern ihm das Wissen nicht nach den allgemeinen Regeln zuzurechnen ist (§ 166 Abs. 1 BGB). 966

  > Scholz-*Verse*, GmbHG, § 31 Rn. 42.

- Voraussetzung ist des Weiteren, dass die Geltendmachung des Anspruchs zur Befriedigung der Gläubiger erforderlich ist. Dies ist bei Überschuldung stets der Fall, aber auch bei nicht nur ganz vorübergehenden Zahlungsstockungen. Maßgebend kann in diesem Fall zwangsläufig nur der Zeitpunkt der Geltendmachung des Anspruchs sein, 967

  > so richtig Baumbach/Hueck-*Hueck/Fastrich*, GmbHG, § 31 Rn. 19;
  > OLG Stuttgart NZG 1998, 683, 684;
  > Michalski-*Heidinger*, GmbHG, § 31 Rn. 55 f;
  > Lutter/Hommelhoff-*Hommelhoff*, GmbHG, § 31 Rn. 19.

  Ist die Erstattung in diesem Augenblick zur Befriedigung nicht notwendig, kann diese vom Gesellschafter nicht verlangt werden.

968 • Der Gesellschafter wird allerdings für den Fall, dass die Erstattung zur Befriedigung der Gläubiger nicht erforderlich ist, von seiner Leistungspflicht nicht frei. Vielmehr bleibt er zur Erstattung verpflichtet, soweit diese innerhalb der Verjährungsfrist (siehe unten Rn. 974 ff) zur Befriedigung der Gesellschaftsgläubiger erforderlich werden sollte.

> Scholz-*Verse*, GmbHG, § 31 Rn. 44;
> Michalski-*Heidinger*, GmbHG, § 31 Rn. 56.

969 • Wird der Anspruch gerichtlich geltend gemacht, ist der Zeitpunkt der letzten mündlichen Verhandlung maßgebend,

> in diese Richtung BGH NZG 2003, 1116, 1118 = ZIP 2003, 2068,
> dazu EWiR 2004, 383 *(F. Wagner)*;
> ebenso Scholz-*Verse*, GmbHG, § 31 Rn. 44;
> *Ekkenga*, in: MünchKomm-GmbHG, § 31 Rn. 49.

Dies ist zutreffend und entspricht den allgemeinen prozessualen Grundsätzen. Ist zu diesem Zeitpunkt die Inanspruchnahme nicht (mehr) erforderlich, um die Gläubiger bedienen zu können, ist die Klage allerdings nur als „derzeit unbegründet" anzuweisen. Das Urteil schließt also eine erneute Geltendmachung vor Ablauf der Verjährungsfrist nicht aus,

> in diesem Sinn Baumbach/Hueck-*Hueck/Fastrich*, GmbHG, § 31 Rn. 19.

970 • Wird der Gesellschafter dagegen verurteilt, stellt sich die Frage, ob er der anschließenden Zwangsvollstreckung mit der Begründung entgegentreten kann, dass die Notwendigkeit seiner Inanspruchnahme zwischenzeitlich weggefallen sei. Richtigerweise wird dies nur dann zu bejahen sein, wenn dieser Umstand auf Entwicklungen beruht, die nach Schluss der letzten mündlichen Verhandlung entstanden sind (§ 767 Abs. 2 ZPO). Zu bedenken ist allerdings, dass der Gesellschafter in diesem Fall erneut auch seine Gutgläubigkeit nachweisen müsste. Aus diesem Grund ist anzuraten, bereits im Vorprozess diesen Aspekt im Wege einer Zwischenfeststellungsklage, § 256 Abs. 2 ZPO, verbindlich klären zu lassen.

971 • Fraglich ist auch, ob und inwieweit einem Dritten, der den Erstattungsanspruch durch Abtretung oder Pfändung und Überweisung erworben hat, der Einwand entgegengehalten werden kann, dass die Gesellschaft im Augenblick hinreichende Mittel hat, um ihre Gläubiger zu begleichen. Grundsätzlich wird man dem in Anspruch genommenen Gesellschafter den Einwand gegenüber dem Zessionar entsprechend § 404 BGB nicht abschneiden können.

> OLG Stuttgart NZG 1998, 683, 684;
> *Servatius*, GmbHR 2000, 1028, 1032.

Freilich hat dies zur Folge, dass die Gesellschaft dann einen solchen Anspruch wirtschaftlich nur schwer – etwa im Wege der Abtretung an Dritte –

III. Folgen für den/die Gesellschafter

verwerten kann. Dass diese Verwertungsschwierigkeiten allein aber die Nichtanwendbarkeit des § 404 BGB zu rechtfertigen vermögen, ist wohl eher zu verneinen.

Gleichbehandlungsgebot: 972

- Da es sich bei dem Rückerstattungsanspruch um einen mitgliedschaftlichen Anspruch handelt, stellt sich die Frage, ob die Geltendmachung des Anspruchs durch die Gesellschaft grundsätzlich dem gesellschaftsrechtlichen Gleichbehandlungsgrundsatz unterliegt.

    In diese Richtung BGHZ 144, 336 = ZIP 2000, 1251, 1254.

- Richtigerweise kann sich jedoch der Gesellschafter auf eine fehlende Gleichbehandlung jedenfalls in dem Umfang nicht berufen, in dem seine Inanspruchnahme im Interesse der Gläubiger erforderlich ist. § 30 Abs. 1 Satz 1 GmbHG dient in erster Linie dem Schutz der Gläubiger der Gesellschaft. Es gibt keinerlei Rechtfertigung, diesen Schutz einzuschränken, weil die Gesellschaft ihre Ansprüche gegen die Gesellschafter nur ungleichmäßig verfolgt und damit ohnehin schon die Interessen der Gläubiger gefährdet. Mit anderen Worten: Die Geschäftsführer und Gesellschafter, die nicht befugt sind, rechtsgeschäftlich über den Anspruch zu verfügen, können diesen auch nicht durch unterlassenes Einfordern anderer Ansprüche i. S. von § 31 Abs. 1 GmbHG entwerten. 973

Verjährung: 974

- Der Anspruch der Gesellschaft gegen den Gesellschafter nach § 31 Abs. 1 GmbHG verjährt in zehn Jahren (§ 31 Abs. 5 Satz 1 Halbs. 1 GmbHG). Die Verjährung beginnt mit dem Ablauf des Tages, an welchem die Auszahlung, deren Erstattung verlangt wird, geleistet wurde (§ 31 Abs. 5 Satz 2 GmbHG). Handelt es sich bei der Leistung um die Verwertung einer aus dem Vermögen der Gesellschaft gestellten Sicherheit, ist der Zeitpunkt der Verwertung der Sicherheit entscheidend, nicht der der Auskehr des Verwertungserlöses. Zum letztgenannten Zeitpunkt beginnt dann auch keine erneute Verjährungsfrist.

    BGHZ 173, 1 = ZIP 2007, 1705 = NZG 2007, 704.

- Wird vor Vollendung der Verjährung ein Insolvenzverfahren über das Vermögen der Gesellschaft eröffnet, tritt Verjährung nicht vor dem Ablauf von sechs Monaten nach Eröffnung des Verfahrens ein (§ 31 Abs. 5 Satz 3 i. V. m. § 19 Abs. 6 Satz 2 GmbHG). 975

- Die früher vorgesehene besondere verjährungsrechtliche Behandlung von den Fällen, in denen der Gesellschafter „böslich" gehandelt hatte, hat der Gesetzgeber aufgegeben. 976

    Lutter/Hommelhoff-*Hommelhoff*, GmbHG, § 31 Rn. 30 ff;
    zu den Fragen der Überleitung verschiedener Verjährungsfristen
    BGHZ 179, 344 = ZIP 2009, 802 = NZG 2009, 545 ff;

OLG Koblenz ZIP 2011, 1913 = WM 2011, 1819;
Zur früheren Rechtslage Vorauflage, Rn. 574 ff.

gg) Prozessuale Aspekte

977 Darlegungs- und Beweislast:

- Die Darlegungs- und Beweislast für die Anspruchsvoraussetzungen des § 31 GmbHG trägt grundsätzlich die Gesellschaft. Sie – bzw. in der Praxis im Regelfall der Insolvenzverwalter – hat daher darzulegen und zu beweisen, dass an den Gesellschafter verbotswidrig i. S. des § 30 Abs. 1 Satz 1 GmbHG geleistet wurde.

    BGHZ 144, 336 = ZIP 2000, 1251, 1253;
    Bayer/Illhardt, GmbHR 2011, 638, 640 f;
    Lutter/Hommelhoff-*Hommelhoff*, GmbHG, § 30 Rn. 23;
    Goette, DStR 1997, 1495, 1500;
    Baumbach/Hueck-*Hueck/Fastrich*, GmbHG, § 31 Rn. 20;
    Kort, ZGR 2001, 615, 622.

    Je konkreter und detaillierter der von der Gesellschaft vorgetragene Sachverhalt ist (insbesondere in Bezug auf das Vorliegen einer Unterbilanz), umso substantiierter muss der Gesellschafter ihn bestreiten.

    BGHZ 144, 336 = ZIP 2000, 1251, 1253;
    BGH NJW-RR 1996, 1211;
    Kort, ZGR 2001, 615, 623.

978 - Unter Umständen kann der Gesellschaft eine Beweiserleichterung (z. B. Beweis des ersten Anscheins) zugutekommen. So soll eine Unterbilanz am Anfang und am Ende eines Geschäftsjahres dafür sprechen, dass eine solche während des gesamten Jahres vorlag.

    KG Berlin NZG 2000, 1224, 1225 f.

979 - Teilweise wird angenommen, dass auch einen Gesellschafter, der nicht zugleich Geschäftsführer war und der auch nicht aufgrund anderer besonderer Umstände über weitergehende Kenntnisse verfügt, eine sekundäre Darlegungslast treffen kann, wenn die Gesellschaft oder der Insolvenzverwalter aufgrund einer ungeordneten Buchführung die an sich notwendige Substantiierung nicht leisten kann.

    Ulmer/Habersack/Winter-*Habersack*, GmbHG, § 30 Rn. 58;
    Bayer/Illhardt, GmbHR 2011, 638, 640 (unter unzutreffender Berufung auf das einen Sonderfall betreffende Urteil des OLG Brandenburg, v. 16.10.2008 – 12 U 67/08);
    Michalski-*Heidinger*, GmbHG, § 30, Rn. 142, der sich zu Unrecht auf BGH NZG 2003, 393 = ZIP 2003, 625 beruft (Beweislastumkehr bei Anzeichen für Unterbilanz bei Eintragung in das Handelsregister).

Dem ist zu widersprechen. Trifft die Darlegungslast grundsätzlich die Gesellschaft, so kann sich daran nichts dadurch ändern, dass sie aus Grün-

III. Folgen für den/die Gesellschafter

den, die in ihrem Verantwortungsbereich liegen und von ihrem Geschäftsführer verursacht wurden, nicht ausreichend vortragen kann. Etwas anderes ist nur gerechtfertigt, wenn dem in Anspruch genommenen Gesellschafter im Einzelfall, insbesondere wegen einer früheren Tätigkeit als Geschäftsführer, bessere Informationen zur Verfügung stehen oder er für den Informationsmangel der Gesellschaft verantwortlich ist. Allein die Stellung als Gesellschafter reicht dagegen für die Annahme einer sekundären Darlegungslast nicht aus.

> Vgl. zu den allg. Voraussetzungen Zöller-*Greger*, ZPO, § 138 Rn. 8b.

- Steht in Streit, ob einer Leistung der Gesellschaft ein vollwertiger Gegenleistungs- oder Rückgewähranspruch gegenüberstand oder ein Fall des § 30 Abs. 1 Satz 3 GmbHG vorlag, so trifft dagegen die Darlegungs- und Beweislast den begünstigten Gesellschafter oder gleichgestellten Dritten. 980

> Roth/Altmeppen-*Altmeppen*, GmbHG, § 30 Rn. 116;
> Bayer/Illhardt, GmbHR 2011, 638, 640.

- Beruft sich der Gesellschafter auf § 31 Abs. 2 GmbHG, trägt er für seine Gutgläubigkeit im Zeitpunkt des Leistungsempfangs die Darlegungs- und Beweislast. Dagegen hat die Gesellschaft vorzutragen und notfalls auch zu beweisen, dass der Erstattungsanspruch zur Befriedigung der Gesellschaftsgläubiger erforderlich ist. 981

> Baumbach/Hueck-*Hueck/Fastrich*, GmbHG, § 31 Rn. 20;
> Bayer/Illhardt, GmbHR 2011, 638, 640;
> Michalski-*Heidinger*, GmbHG, § 31 Rn. 57 f;
> Scholz-*Verse*, GmbHG, § 31 Rn. 46.

Örtliche Zuständigkeit: 982

- Die örtliche Zuständigkeit für die klageweise Geltendmachung von Erstattungsansprüchen gegen den Gesellschafter ergibt sich – neben §§ 12 f, 17 ZPO – aus dem Wahlgerichtsstand der Mitgliedschaft (§ 22 ZPO). Klagen, die sich auf die Mitglieder als solche beziehen, d. h. aus dem Rechtsgrund der Mitgliedschaft folgen, können danach – vorbehaltlich einer anderweitigen ausschließlichen Zuständigkeit – am Sitz der Gesellschaft geltend gemacht werden. Die örtliche Zuständigkeit ist dabei nicht nur für Ansprüche gemäß § 31 GmbHG, sondern auch für Anfechtungsklagen des Insolvenzverwalters nach §§ 135, 143 InsO eröffnet.

> Bauer, ZInsO 2011, 1379, 1381.

- Ob der Wahlgerichtsstand nur für die Geltendmachung von Rückerstattungsansprüchen gegen einen Gesellschafter im formalen Sinne eröffnet ist, oder auch gegen Dritte, die einem Gesellschafter gleichstehen, ist fraglich. Die bessern Gründe sprechen gegen eine Anwendung von § 22 ZPO, da es in der Person des Dritten an einer freiwilligen Übernahme 983 der Pflichtenstellung eines Gesellschafters fehlt, aus der sich die Zuständigkeit des § 22 ZPO ableitet.

984 Internationale Zuständigkeit:

- Im Anwendungsbereich des/der LugÜ/EuGVO folgt die Zuständigkeit nicht aus Art. 22 Nr. 2 LugÜ/EuGVO,

    OLG Jena ZIP 1998, 1496 = NZI 1999, 81;
    OLG Koblenz NZG 2001, 759, 760 (jeweils für Kapitalersatzansprüche nach den Rechtsprechungsregeln),

    sondern aus dem neben Art. 2 LugÜ/EuGVO eröffneten „Vertragsgerichtsstand" in Art. 5 Nr. 1 lit. a LugÜ/EuGVO. Der autonom zu bestimmende Begriff „Vertrag" bzw. „Ansprüche aus einem Vertrag" ist weit auszulegen. Erfasst werden alle Situationen, in denen eine freiwillig von einer Partei gegenüber einer anderen eingegangene Verpflichtung vorliegt.

    Hierunter fallen auch Ansprüche im Zusammenhang mit einer Mitgliedschaft, da diese auf einer vertraglichen Grundlage i. S. einer freiwillig eingegangen Verpflichtung beruhen.

    Für die AG: EuGH Slg. 1992, I-1745 = NJW 1992, 1671 = ZIP 1992, 472 *(Powell Duffryn plc/Petereit)*;
    Weller, ZGR 2012, 606, 615 f;
    EuGH Slg. 1983, 987 = IPRax 1984, 85, 87 *(Peters)*;
    Schlosser, IPRax 1984, 65 ff (Urteilsanm.);
    Haubold, IPRax 2000, 375, 377;
    s. a. *Kulms*, IPRax 2000, 488, 490;
    LG Mainz WM 1989, 1053, 1057.

985 • Grundlage von Ansprüchen gemäß § 31 Abs. 1 GmbHG ist der Gesellschaftsvertrag, so dass der Anwendungsbereich von Art. 5 Nr. 1 lit. a LugÜ/EuGVO eröffnet ist. Dies gilt auch dann, wenn der Anspruch vom Insolvenzverwalter geltend gemacht wird.

    OLG München ZIP 2006, 2402 = GmbHR 2006, 1153,
    dazu EWiR 2007, 153 *(Ringe)*;
    Weller, ZGR 2012, 606, 616.

In Bezug auf Erstattungsansprüche gegen andere Personen, die selbst nicht Gesellschafter sind, sondern nur mit der Gesellschaft oder einem Gesellschafter wirtschaftlich oder familienrechtlich verbunden sind, müsste demnach angenommen werden, dass diese an diesem Gerichtsstand nicht geltend gemacht werden können, da es an der freiwilligen Übernahme der gesellschaftsvertraglich begründeten Pflichten fehlt. Tatsächlich liegt diese Frage i. R. eines Vorabentscheidungsverfahrens dem Europäischen Gerichtshof zur Prüfung vor.

    LG Essen IPRspr. 2010, Nr. 346, 867;
    für eine Anwendung des Art. 5 Nr. 1 lit. a EuGVO in den Fällen einer mediatisierten Mitgliedschaft allerdings,
    OLG Jena ZIP 1998, 1496 = NZI 1999, 81 f;

III. Folgen für den/die Gesellschafter

OLG Bremen RIW 1998, 63;
Mankowski, NZI 1999, 56, 58.

- Der nach Art. 5 Nr. 1 lit. a EuGVO maßgebliche Erfüllungsort ist h. M. **986**
zufolge mithilfe des Kollisionsrechts der *lex fori* zu ermitteln.
   EuGH Slg. 1994, I-2913 = NJW 1995, 183, 184;
   OLG Jena ZIP 1998, 1496 = NZI 1999, 81, 82;
   OLG Koblenz NZG 2001, 759, 760;
   Geimer/Schütze-*Geimer*, EuZVR A 1, Art. 5 EuGVVO Rn. 76 ff.

- Sind mithin deutsche Gerichte mit der Erstattungsklage befasst, ist der **987**
Erfüllungsort anhand der deutschen Kollisionsregeln zu ermitteln. Da es
sich bei Ansprüchen im Zusammenhang mit der Kapitalerhaltung um solche „aus einem Gesellschaftsvertrag" handelt, ergibt sich der Erfüllungsort aus dem Gesellschaftsstatut. Ist danach deutsches Recht anzuwenden, ist Erfüllungsort der Sitz der Gesellschaft. Letzterer ist h. M. zufolge einheitlicher Erfüllungsort für sämtliche gesellschaftsrechtlichen Ansprüche der Gesellschaft gegenüber ihren Gesellschaftern.
   OLG Koblenz NZG 2001, 759, 760;
   OLG Jena ZIP 1998, 1496 = NZI 1999, 81, 82.

Befindet sich nur der Satzungssitz im Inland, ist dieser für die Zuständigkeit ausreichend, da sich nur dieser aus dem Gesellschaftsvertrag ergibt und damit auf denselben Grund zurückzuführen ist wie die Zuständigkeit gemäß Art. 5 Nr. 1 lit. a EuGVO/LugÜ.

2. Schicksal des Auszahlungsanspruchs (Gegenanspruchs) des Gesellschafters

Die Frage nach dem Schicksal des Anspruchs des Gesellschafters gegen die **988**
Gesellschaft auf Auszahlung stellt sich in aller Regel selten; denn in der Praxis liegt der Auszahlung an den Gesellschafter kein Kausalgeschäft (Verpflichtungsgeschäft oder Gesellschafterbeschluss) zugrunde. Beruht die Auszahlung auf einem Gesellschafterbeschluss, so gilt dann nichts Anderes, wenn man – wie teilweise vertreten – einen solchen Beschluss für nichtig ansieht (siehe oben Rn. 932 f).

Damit verbleiben die (vergleichsweise wenigen) Fälle, in denen sich der Ge- **989**
sellschafter Leistungen der Gesellschaft schuldrechtlich hat versprechen lassen, ohne dass die Voraussetzungen eines Drittgeschäfts oder von § 30 Abs. 1 Sätze 2 oder 3 GmbHG vorliegen, sowie die Fälle, in denen ein Gewinnverwendungsbeschluss zwar wirksam gefasst wurde, ein verteilungsfähiger Gewinn aber zum Zeitpunkt des Vollzugs nicht (mehr) vorhanden ist.

Für den Fall, dass die Gesellschaft hier noch nicht auf den Auszahlungsan- **990**
spruch des Gesellschafters geleistet hat, steht der Gesellschaft ein Leistungsverweigerungsrecht zu (siehe unten Rn. 1021 ff). Hat der Gesellschafter hingegen die verbotswidrige Leistung erhalten, stellt sich die Frage, wie sich dies

auf seinen gegen die Gesellschaft gerichteten Auszahlungsanspruch auswirkt. Gilt dieser Anspruch als erfüllt, obwohl der Gesellschafter dem Rückerstattungsanspruch nach § 31 Abs. 1 GmbHG ausgesetzt ist? Die Ansichten in der Literatur hierzu gehen auseinander.

991 Teilweise wird der Anspruch – mit verbotswidriger Auszahlung – als erfüllt angesehen, und zwar auch dann, wenn der Gesellschafter die erhaltene Leistung an die Gesellschaft erstattet hat. Dies soll selbst dann gelten, wenn das zur Erhaltung des Stammkapitals erforderliche Vermögen zwischenzeitlich anderweitig wieder aufgefüllt ist.

Röhricht, in: VGR, Gesellschaftsrecht in der Diskussion 2000, S. 30 f.

Folgt man dieser Ansicht ist dann zugunsten des Gesellschafters ein erneuter Auszahlungsbeschluss erforderlich, wobei unklar ist, ob der Gesellschafter hierauf einen Anspruch hat.

Thümmel, BB 2000, 1485, 1486.

992 Nach anderer und zutreffender Ansicht tritt dagegen mit der Auszahlung keine Erfüllungswirkung ein. Vielmehr steht die Erfüllungswirkung unter dem Vorbehalt, dass die Leistung nicht wieder zu erstatten ist.

Baumbach/Hueck-*Hueck/Fastrich*, GmbHG, § 31 Rn. 17;
Scholz-*Verse*, GmbHG, § 31 Rn. 26;
Westermann, ZIP 1987, 1115, 1116 (Urteilsanm.);
Kort, ZGR 2001, 615, 630;
Servatius, GmbHR 2000, 1028, 1033;
Ulmer, in: FS 100 Jahre GmbHG, S. 385 f;
Benecke, ZIP 2000, 1969, 1972 f.

993 Für die letztgenannte Ansicht spricht, dass es anderenfalls zu Wertungswidersprüchen in dem Fall kommen würde, in dem die verbotswidrige Auszahlung noch nicht erfolgt ist (vgl. unten Rn. 1024). Im letzteren Fall würde der Gesellschafter seinen Auszahlungsanspruch behalten und, falls die Unterbilanz nachträglich wegfällt, auch durchsetzen können.

994 Folgt man der Ansicht, wonach die Auszahlung keine Erfüllungswirkung hat, dann stellt sich aber die Frage, ob der Gesellschafter mit diesem Auszahlungsanspruch für den Fall, dass die Unterbilanz anderweitig nachhaltig beseitigt wurde, gegen den Erstattungsanspruch aufrechnen kann. Der Bundesgerichtshof jedenfalls lehnt, wie oben dargelegt (siehe Rn. 959 ff), diese Möglichkeit – ebenso wie den *dolo petit*-Einwand – mit Hinweis auf das Gebot der realen Kapital(wieder-)aufbringung ab und behandelt damit den Gesellschafter einer nachhaltig gesundeten GmbH nicht anders als den Gesellschafter einer Gesellschaft, die eine Unterbilanz aufweist.

BGHZ 144, 336 = ZIP 2000, 1251, 1253;
kritisch hierzu *Kort*, ZGR 2001, 615, 621 f, 632;
Benecke, ZIP 2000, 1969, 1974;
Servatius, GmbHR 2000, 1028, 1034.

III. Folgen für den/die Gesellschafter

Wie oben bereits angemerkt wurde, kann dies i. E. zu einem sinnlosen Hin- und Herzahlen führen. Damit entsteht freilich ein gewisses Spannungsverhältnis zu den Fällen, in denen auf den Auszahlungsanspruch des Gesellschafters noch gar nicht geleistet wurde. Hier soll nämlich dem Gesellschafter das Leistungsverweigerungsrecht nur so lange entgegengehalten werden können, wie eine Unterbilanz noch besteht (siehe unten Rn. 1024). 995

Servatius, GmbHR 2000, 1028, 1033.

3. Ausfallhaftung der anderen Gesellschafter (§ 31 Abs. 3 GmbHG)

§ 31 Abs. 3 GmbHG regelt die subsidiäre Haftung (Ausfallhaftung, Kollektiv- oder Solidarhaftung) aller Mitgesellschafter, soweit der Erstattungsbetrag vom primär Verpflichteten i. S. des § 31 Abs. 1 GmbHG nicht zu erlangen, aber zur Befriedigung der Gesellschaftsgläubiger erforderlich ist. 996

a) Die von der Ausfallhaftung Betroffenen

Von der Ausfallhaftung betroffen sind alle Gesellschafter, die nicht schon nach § 31 Abs. 1 GmbHG erstattungspflichtig sind. Dass diese Haftung alle Gesellschafter im formellen Sinn trifft (dazu oben Rn. 730) ist unstreitig. Des Weiteren trifft die Haftung etwaige Treugeber. Maßgebender Zeitpunkt ist derjenige des Verstoßes gegen § 30 Abs. 1 Satz 1 GmbHG, da ab diesem Zeitpunkt die Ausfallhaftung gemäß § 31 Abs. 3 GmbHG angelegt ist. Bei nachfolgender Veräußerung haften nach dem Grundsatz des § 16 Abs. 2 GmbHG auch die Rechtsnachfolger für Ansprüche der Gesellschaft nach § 31 Abs. 3 GmbHG, 997

OLG Köln ZIP 2011, 863,
dazu EWiR 2011, 667 *(Schodder)*;
Baumbach/Hueck-*Hueck/Fastrich*, GmbHG, § 31 Rn. 21;
Scholz-*Verse*, GmbHG, § 31 Rn. 5, 53 ff;
Michalski-*Heidinger*, GmbHG, § 31 Rn. 61, 65 f.

Ob auch denjenigen, der in der Gesellschafterliste als Gesellschafter ausgewiesen wird, obwohl er dies tatsächlich nicht ist, eine Haftung trifft, erscheint fraglich. 998

Es wäre allerdings ein fragwürdiges Ergebnis, dass der Gesellschaft aus dem Versäumnis des Geschäftsführers, eine zutreffende Liste einzureichen, ein Anspruch gegen einen Außenstehenden erwachsen soll. Da anders als bei § 30 Abs. 1 Satz 1 i. V. m. § 31 Abs. 1 GmbHG

- hier der Anspruch nicht auf die potentielle Einflussnahme des Scheingesellschafters auf die Gesellschaft zurückgeht und

- der in Anspruch genommene „Scheingesellschafter" nicht der Begünstigte der verbotenen Leistung ist,

ist eine Haftung des „Scheingesellschafters" nach § 31 Abs. 3 GmbHG zu verneinen.

> Scholz-*Verse*, GmbHG, § 31 Rn. 53.

999 Ob von der Ausfallhaftung auch Dritte betroffen sind, die einem Gesellschafter gleichstehen, ist nicht klar. Für einen atypischen stillen Gesellschafter einer GmbH hat der Bundesgerichtshof ausgeführt, dass dieser

> „in den mitgliedschaftlichen Verband einbezogen [ist] und eine Rechtsstellung [hat], die [der] eines GmbH-Gesellschafters vergleichbar ist ... Diesen Rechten entsprechen die Pflichten eines GmbH-Gesellschafters; denn diese lassen sich nicht dadurch umgehen, dass sich jemand nur still an einer GmbH beteiligt, aber wie deren Gesellschafter die Geschicke bestimmt sowie an Vermögen und Ertrag beteiligt ist. Die Stillen unterliegen deshalb im Interesse der Gläubiger denselben Grundsätzen zur Erhaltung des Stammkapitals wie die GmbH-Gesellschafter."

> BGHZ 106, 7, 10 f = ZIP 1989, 95,
> dazu EWiR 1989, 587 *(Koch)*;
> bestätigt durch BGH ZIP 2006, 703 = NZG 2006, 341,
> dazu EWiR 2006, 653 *(Kort)*.

Nimmt man die Ausführungen des Bundesgerichtshofs wörtlich, müssten die in den Anwendungsbereich der Kapitalerhaltung einbezogenen „Dritten" auch der Ausfallhaftung nach § 31 Abs. 3 GmbHG unterliegen. Ob diese Schlussfolgerung allerdings zwingend ist, ist fraglich. Zum einen hatte der Bundesgerichtshof in der oben genannten Entscheidung in der Sache über eine **analoge Anwendung** der §§ 30, 31 GmbHG im Zusammenhang mit dem früher geltenden Kapitalersatzrecht bzw. nur darüber zu entscheiden, ob und unter welchen Voraussetzungen der stille Gesellschafter Adressat von § 30 Abs. 1 Satz 1 GmbHG ist, nicht aber über den Anwendungsbereich von § 31 Abs. 3 GmbHG zu befinden.

1000 Des Weiteren wird man berücksichtigen müssen, dass die Einbeziehung Dritter in §§ 30, 31 GmbHG dem Schutz vor Umgehungen dient. Daher erscheint die Frage durchaus berechtigt, ob für eine Erstreckung der Ausfallhaftung auf Dritte überhaupt ein Bedürfnis besteht. Im Ergebnis gibt es richtigerweise für die Inanspruchnahme Dritter nach § 31 Abs. 3 GmbHG auch dann keine ausreichende Grundlage, wenn diese Adressaten des § 30 Abs. 1 Satz 1 GmbHG sind. Anders wird man dies lediglich für Treugeber zu sehen haben.

> Scholz-*Verse*, GmbHG, § 31 Rn. 54.

1001 Ist umgekehrt der primär Verpflichtete i. S. des § 31 Abs. 1 GmbHG ein Dritter, der einem Gesellschafter gleichsteht, so haften – unstreitig – nach § 31 Abs. 3 GmbHG alle Gesellschafter. Letzteres gilt freilich nur für die Gesellschafter, denen die Leistung an den gleichgestellten Dritten nicht mittelbar zugutekommt; denn anderenfalls sind diese ja schon – neben dem gleichgestellten Dritten – primäre Adressaten des Rückzahlungsanspruchs.

> Baumbach/Hueck-*Hueck/Fastrich*, GmbHG, § 31 Rn. 21;
> Scholz-*Verse*, GmbHG, § 31 Rn. 53.

b) Haftungsvoraussetzungen

Die Ausfallhaftung wird ausgelöst, wenn der Primäranspruch aus einer gegen § 30 Abs. 1 Satz 1 GmbHG verstoßenden Auszahlung entstanden und die Erstattung der Zahlung vom Schuldner nicht zu erlangen ist. Ausreichend ist die Aussichtslosigkeit der Beitreibung. Letzteres kann – muss aber nicht – durch erfolglose Zwangsvollstreckungsversuche bzw. einen Beschluss des Insolvenzgerichts über Eröffnung- oder Ablehnung der Eröffnung eines Insolvenzverfahrens mangels Masse nachgewiesen werden. 1002

> *Goette*, DStR 1997, 1495, 1500;
> Michalski-*Heidinger*, GmbHG, § 31 Rn. 59;
> Scholz-*Verse*, GmbHG, § 31 Rn. 50;
> Baumbach/Hueck-*Hueck*/*Fastrich*, GmbHG, § 31 Rn. 22.

Darüber hinaus muss der Betrag zur Befriedigung der Gesellschaftsgläubiger erforderlich sein (dazu Rn. 1029). Die Beweislast für die genannten Voraussetzungen trifft die Gesellschaft.

> *Bayer/Illhardt*, GmbHR 2011, 638, 640.

c) Art und Umfang der Haftung

Die Mitgesellschafter haften *pro rata* im Verhältnis ihrer Geschäftsanteile. 1003

Der Anspruch ist stets nur auf Geld gerichtet und entsteht – aufschiebend bedingt – schon im Zeitpunkt der verbotenen Auszahlung, d. h. mit Entstehen des Erstattungsanspruchs gegen den Primärschuldner. 1004

> *Goette*, DStR 1997, 1495, 1500;
> Michalski-*Heidinger*, GmbHG, § 31 Rn. 70;
> Baumbach/Hueck-*Hueck*/*Fastrich*, GmbHG, § 31 Rn. 23.

Überträgt der Mitgesellschafter seinen Gesellschaftsanteil vor seiner Inanspruchnahme, so bleibt folglich der Anspruch gegen ihn bestehen. Hinzu tritt freilich auch die Haftung des Anteilserwerbers nach § 16 Abs. 2 GmbHG. 1005

> *Goette*, DStR 1997, 1495, 1500.

Dadurch, dass § 30 Abs. 1 Satz 1 GmbHG auch die Auszahlungsfälle erfasst, in denen das Eigenvermögen der Gesellschaft aufgebraucht ist, ergibt sich theoretisch ein nicht zu unterschätzendes Risiko einer Mithaftung für die Mitgesellschafter. Es stellt sich daher die Frage, ob und inwieweit die Mithaftung nach § 31 Abs. 3 GmbHG in kalkulierbaren Grenzen gehalten werden soll und kann. Nachdem der Bundesgerichtshof diese Frage ursprünglich ausdrücklich offen gelassen hatte, 1006

> BGH NJW 1990, 1730, 1732 = ZIP 1990, 451,

hat er in späteren Entscheidungen dieser Haftung einen Betrag in Höhe der Stammkapitalziffer als Obergrenze für die Berechnungsgrundlage zugrunde gelegt. Der jeweils eigene Anteil des Gesellschafters am Stammkapital ist hiervon allerdings nicht in Abzug zu bringen.

BGHZ 150, 61 = ZIP 2002, 848,
dazu EWiR 2002, 679 *(Blöse)*;
BGH ZIP 2003, 2068 = NZG 2003, 1116,
dazu EWiR 2004, 383 *(F. Wagner)*;
BGH ZIP 2005, 1638 = NZG 2005, 845;
zustimmend Michalski-*Heidinger*, GmbHG, § 31 Rn. 73;
Ulmer/Habersack/Winter-*Habersack*, GmbHG, § 31 Rn. 55;
Roth/Altmeppen-*Altmeppen*, GmbHG, § 31 Rn. 19.

d) Verjährung

1007 Ansprüche nach § 31 Abs. 3 GmbHG verjähren in fünf Jahren ab dem Zeitpunkt der verbotenen Auszahlung. Auf ein etwaiges Verschulden oder Mitwirkung an der Auszahlung kommt es insoweit nicht an,

Baumbach/Hueck-Hueck/Fastrich, GmbHG, § 31 Rn. 28.

4. Schadensersatzhaftung der Gesellschafter

1008 Die Rückerstattungspflicht bietet auch im Falle ihrer vollständigen Erfüllung keine Gewähr dafür, dass sämtliche Nachteile ausgeglichen werden, die der Gesellschaft durch die Auszahlung entstanden sind. Vor diesem Hintergrund stellt sich die Frage, ob und inwieweit ergänzend eine Schadensersatzpflicht des Gesellschafters in Betracht kommt. Hierfür gibt es verschiedene Ansatzpunkte:

1009 **§ 823 Abs. 2 BGB i. V. m. § 266 StGB:**

- Unter Umständen kann eine Schadensersatzhaftung des Gesellschafters bei verbotswidrigen Auszahlungen nach § 823 Abs. 2 BGB i. V. m. § 266 StGB in Betracht kommen, wenn die Auszahlung aufgrund eines Gesellschafterbeschlusses, an dem der Betroffene mitgewirkt hat, eine vorsätzliche und missbräuchliche – weil willkürliche – Vermögensverschiebung darstellt.

BGH ZIP 2008, 2217 Rn. 21 = NZG 2009, 20,
dazu EWiR 2009, 23 *(Kort)*.

Fehlt es an einem Gesellschafterbeschluss, so kann insbesondere den herrschenden Gesellschafter eine Haftung nach § 823 Abs. 2 BGB i. V. m. § 266 StGB treffen.

Nach Ansicht des Bundesgerichtshofs obliegt einem herrschenden Unternehmen gegenüber der beherrschten Gesellschaft eine Vermögensbetreuungspflicht. Aufgrund seiner Stellung kann das herrschende Unternehmen nämlich auf die Geschäftsführung der beherrschten Gesellschaft faktisch unbeschränkt Einfluss nehmen.

BGHZ 142, 92, 94 = ZIP 1999, 1352 = NZG 1999, 1001;
dazu EWiR 1999, 835 *(Wilhelm)*;
BGHZ 149, 10 = DStR 2001, 1853, 1854 = ZIP 2001, 1874;
s. a. OLG München NZG 2001, 412.

III. Folgen für den/die Gesellschafter

- Handelt es sich bei dem Gesellschafter, dem die Vermögensbetreuungspflicht obliegt, seinerseits um eine juristische Person, z. B. um eine GmbH, stellt sich die Frage, ob für eine Verletzung dieser Pflicht das Leitungsorgan der Gesellschafter-Gesellschaft nach § 823 Abs. 2 BGB i. V. m. §§ 266, 14 Abs. 1 Nr. 1 StGB persönlich einzustehen hat. Der Bundesgerichtshof hat dies – ohne weiteres – bejaht. 1010

    BGHZ 149, 10 = DStR 2001, 1853, 1854 = ZIP 2001, 1874;
    bzgl. der Schadensersatzpflicht bestätigt
    BGH ZIP 2005, 117,
    dazu EWiR 2005, 221 *(Wilhelmi)*.

- Diese Rechtsprechung ist nicht unproblematisch. Der Umstand nämlich, dass das Leitungsorgan der Gesellschafter-Gesellschaft für die Verletzung der der Gesellschafter-Gesellschaft im Außenverhältnis obliegenden Pflicht **strafrechtlich** verantwortlich ist, sagt nichts darüber aus, ob dieses Leitungsorgan auch **zivilrechtlich** im Außenverhältnis, d. h. gegenüber der beherrschten Gesellschaft, haftungsrechtlich zur Verantwortung gezogen werden kann. § 14 Abs. 1 Nr. 1 StGB erstreckt die strafrechtlichen Pflichten ja nur deshalb auf das Organ, weil aufgrund des am personalen Unrecht ausgerichteten Strafrechts die juristische Person als solche nicht Adressat von § 266 StGB sein kann. Im Zivilrecht ist die Situation freilich anders. Hier können einer juristischen Person sehr wohl Pflichten im Außenverhältnis obliegen, die dann nicht ohne weiteres solche des Leitungsorgans im Außenverhältnis werden. § 14 Abs. 1 Nr. 1 StGB lässt sich daher – entgegen der Ansicht der Rechtsprechung – für eine zivilrechtliche Außenhaftung des Leitungsorgans der Gesellschafter-Gesellschaft nichts entnehmen. Die unbesehene Anwendung der §§ 266, 14 Abs. 1 Nr. 1 StGB steht zudem mit dem Grundsatz der Haftungskonzentration, 1011

    Habersack, S. 205;
    Mertens, in: FS Fischer, 1979, S. 461, 466 f;
    Stein, DStR 1998, 1055, 1056;
    Medicus, ZGR 1998, 570, 578,

    bzw. der Binnenhaftung in den Kapitalgesellschaften in einem nur schwer auflösbaren Widerspruch.

Schadensersatzhaftung aufgrund Treuepflichtverletzung: 1012

- Ursprünglich hatte der Bundesgerichtshof – neben den vom Gesetz in § 31 GmbHG angeordneten Folgen – auch eine verschuldensabhängige (Vorsatz und Fahrlässigkeit) und der Höhe nach unbeschränkte Haftung des Gesellschafters befürwortet, wenn dieser an einer verbotswidrigen Auszahlung an einen der Gesellschafter **mitgewirkt** bzw. dieser **zugestimmt** hatte. Gestützt hat die Rechtsprechung diesen Anspruch auf Treupflichterwägungen.

    BGHZ 93, 146, 150 = ZIP 1985, 279;
    dazu EWiR 1985, 101 *(Priester)*;

BGH NJW 1995, 1960, 1961 = ZIP 1995, 736;
OLG Bremen NZG 2001, 226 f.

1013 • Diese Rechtsprechung hat der Bundesgerichtshof jedoch im Hinblick auf die klare gesetzliche Regelung in § 31 Abs. 3 GmbHG zwischenzeitlich aufgegeben, so dass allenfalls eine ergänzende Haftung nach § 826 BGB in Frage kommen kann.

BGHZ 142, 92, 96 = ZIP 1999, 1352 = NZG 1999, 1001,
dazu EWiR 1999, 835 *(Wilhelm)*;
BGHZ 150, 61 = ZIP 2002, 848, 850,
dazu EWiR 2002, 679 *(Blöse)*;
zustimmend etwa
Lutter/Hommelhoff-*Hommelhoff*, GmbHG, § 31 Rn. 24;
Scholz-*Verse*, GmbHG, § 31 Rn. 68;
Ekkenga, in: MünchKomm-GmbHG, § 31 Rn. 67;
a. A. Roth/Altmeppen-*Altmeppen*, GmbHG, § 31 Rn. 2 f, mit Verweis auf das Verschuldenserfordernis im Fall einer Schadensersatzhaftung.

1014 • Eine Haftung insbesondere wegen Existenzgefährdung der Gesellschaft (siehe unten Rn. 1254 ff) bleibt dementsprechend unberührt. Darüber hinaus kann den Gesellschafter, der eine Vermögensverschiebung **ohne das Einverständnis** seiner Mitgesellschafter vorgenommen hat, weiterhin eine Haftung wegen Verletzung der gesellschaftsrechtlichen Treuepflicht treffen,

BGH ZIP 2008, 2217 Rn. 21 = NZG 2009, 20,
dazu EWiR 2009, 23 *(Kort)*;
Baumbach/Hueck-*Hueck/Fastrich*, GmbHG, § 31 Rn. 25;
Scholz-*Verse*, GmbHG, § 31 Rn. 68.

IV. Folgen für den Geschäftsführer

1. Überblick

1015 Adressat der Pflichten zur Kapitalerhaltung ist in erster Linie der Geschäftsführer der Gesellschaft,

Michalski-*Heidinger*, GmbHG, § 30 Rn. 18 ff;
Lutter/Hommelhoff-*Hommelhoff*, GmbHG, § 30 Rn. 2 f.

Allerdings richtet sich das Verbot des § 30 Abs. 1 Satz 1 GmbHG an alle für die Gesellschaft handelnden Personen sowie die Gesellschafter schlechthin, so dass das Auszahlungsverbot unabhängig davon Geltung beansprucht, von wem die Auszahlung veranlasst wird. Verbotswidrige Auszahlungen i. S. des § 30 Abs. 1 Satz 1 GmbHG dürfen nicht nur vom Geschäftsführer, sondern auch von Prokuristen, anderen Angestellten und insbesondere den Gesellschaftern nicht vorgenommen werden.

Baumbach/Hueck-*Hueck/Fastrich*, GmbHG, § 30 Rn. 64.

IV. Folgen für den Geschäftsführer

Droht ein Verstoß gegen die Kapitalerhaltungsvorschriften, hat der Geschäftsführer diesen zu verhindern; ist gegen das Auszahlungsverbot bereits verstoßen worden, so trifft den Geschäftsführer die Pflicht, die verbotswidrige Auszahlung alsbald rückgängig zu machen (siehe unten Rn. 1025). Darüber hinaus trifft ihn im Falle eines Verstoßes eine Haftung gegenüber der Gesellschaft (siehe unten Rn. 1026 ff) sowie – unter bestimmten zusätzlichen Voraussetzungen – gegenüber den Gesellschaftern (siehe unten Rn. 1049 ff). Ob und ggf. inwieweit der Geschäftsführer im Falle eines Verstoßes gegen § 30 Abs. 1 Satz 1 GmbHG auch gegenüber den Gesellschaftsgläubigern einzustehen hat, ist umstritten (siehe unten Rn. 1052 ff). 1016

2. Prüfungspflicht

Zunächst trifft den Geschäftsführer die Pflicht zur Prüfung, ob eine Auszahlung gegen § 30 Abs. 1 Satz 1 GmbHG verstoßen könnte. Dazu hat er sich nicht nur über die bilanziellen Verhältnisse – ggf. mittels Erstellung einer Zwischenbilanz – ins Bild zu setzen, sondern ebenso die Vollwertigkeit etwaiger Gegenleistungsansprüche, die Einredefreiheit geltend gemachter Forderungen sowie im Falle des § 30 Abs. 1 Satz 2 GmbHG – die Solvenz des herrschenden Unternehmens zu prüfen, sofern es Zweifel an der Leistungsfähigkeit gibt. 1017

3. Abwendungspflicht/Leistungsverweigerungsrecht

Wie sich schon aus der Prüfungspflicht ergibt, beginnen die Geschäftsführerpflichten zum Schutz des Stammkapitals nicht erst mit der rechtswidrigen Verletzung der Kapitalerhaltungsregeln. Vielmehr ist der Geschäftsführer verpflichtet, eine drohende Stammkapitalverletzung nach Möglichkeit abzuwenden. 1018

> BGH ZIP 1987, 370, 371 = NJW 1987, 779,
> dazu EWiR 1987, 163 *(Westermann)*;
> *Hommelhoff*, in: FS Kellermann, S. 167.

An dieser Abwendungspflicht ändert auch das Vorliegen einer eventuellen Anweisung an den Geschäftsführer durch die Gesellschafter nichts. Zwar kann, sofern die Mittel nicht zur Befriedigung der Gesellschaftsgläubiger erforderlich sind, hierdurch eine Schadensersatzpflicht des Geschäftsführers gemäß § 43 Abs. 3 Satz 3 GmbHG aufgehoben sein, an der Unzulässigkeit der Auszahlung gemäß § 30 Abs. 1 Satz 1 GmbHG vermag der Gesellschafterbeschluss jedoch nichts zu ändern. Dementsprechend kann er den Geschäftsführer nicht binden. 1019

Ist zwischen Gesellschaft und Gesellschafter ein Vertrag geschlossen, dessen Erfüllung das Auszahlungsverbot verletzen würde, steht der Gesellschaft ein Leistungsverweigerungsrecht. Von diesem Leistungsverweigerungsrecht muss der Geschäftsführer Gebrauch machen, will er sich nicht selbst haftbar machen. 1020

> Lutter/Hommelhoff-*Hommelhoff*, GmbHG, § 30 Rn. 52;
> Baumbach/Hueck-*Hueck*/*Fastrich*, GmbHG, § 30 Rn. 67;

Scholz-*Verse*, GmbHG, § 30 Rn. 117;
Michalski-*Heidinger*, GmbHG, § 30 Rn. 128;
Servatius, GmbHR 2000, 1028, 1033.

a) Rechtsnatur und Inhalt des Leistungsverweigerungsrechts

1021 Das Leistungsverweigerungsrecht berechtigt die Gesellschaft, die Erfüllung eines die Kapitalbindung verletzenden Vertrages zu verweigern. Überwiegender Ansicht nach handelt es sich hierbei „technisch" um eine **Einwendung**, mit der Folge, dass ein Gericht im Prozess – soweit dies der Parteivortrag hergibt – das Leistungsverweigerungsrecht auch dann berücksichtigen muss, wenn sich die Gesellschaft hierauf nicht beruft.

Nach wohl zutreffender Ansicht hat dies aber auch zur Folge, dass die Verjährung des Anspruchs des Gesellschafters während des Bestehens der Einwendung gemäß § 205 BGB (analog) gehemmt ist.

Stimpel, in: FS 100 Jahre GmbHG, S. 356;
s. a. Scholz-*Verse*, GmbHG, § 30 Rn. 117;
Ekkenga, in: MünchKomm-GmbHG, § 30 Rn. 282;
a. A. *Perwein*, GmbHR 2006, 1149, 1150.

b) Gegner des Leistungsverweigerungsrechts

1022 Das Leistungsverweigerungsrecht kann nur einem Gesellschafter bzw. einem Dritten entgegengehalten werden, der gleich einem Gesellschafter zu behandeln ist (siehe oben Rn. 734 ff). Maßgebender Zeitpunkt für die Gesellschaftereigenschaft ist grundsätzlich der Zeitpunkt der Begründung der Verpflichtung (siehe oben Rn. 744 ff). Scheidet daher der Versprechensempfänger nach Vertragsschluss aus der Gesellschaft aus, so kann der Geschäftsführer ihm gegenüber weiterhin die Erfüllung des Rechtsgeschäftes verweigern.

Scholz-*Verse*, GmbHG, § 30 Rn. 117.

1023 Fraglich ist, ob der Geschäftsführer auch einem Dritten gegenüber, der den Anspruch im Wege der Abtretung erworben hat, die Erfüllung eines die Kapitalbindung verletzenden Vertrages verweigern darf, wenn er die Leistung gegenüber dem zedierenden Gesellschafter verweigern könnte. Die wohl überwiegende Ansicht bejaht dieses – zu Recht – entsprechend § 404 BGB, da ein Anspruch der Sanktion des § 30 Abs. 1 Satz 1 GmbHG nicht durch eine bloße Abtretung entzogen werden darf.

Baumbach/Hueck-*Hueck/Fastrich*, GmbHG, § 31 Rn. 11;
Michalski-*Heidinger*, GmbHG, § 31 Rn. 130;
Lutter/Hommelhoff-*Hommelhoff*, GmbHG, § 31 Rn. 6;
Röhricht, in: VGR, Gesellschaftsrecht in der Diskussion 2000, S. 29.

c) Dauer des Leistungsverweigerungsrechts

1024 Das Zurückbehaltungsrecht besteht nur solange, wie die Durchführung des Vertrages/Beschlusses zu einer Verletzung der Kapitalerhaltungspflichten führen würde. Da der Anspruch des Gesellschafters aus dem Verpflichtungsgeschäft nicht verloren geht, muss dieser bei Besserung der wirtschaftlichen Verhältnisse der Gesellschaft erfüllt werden.

Scholz-*Verse*, GmbHG, § 30 Rn. 11;
Lutter/Hommelhoff-*Hommelhoff*, GmbHG, § 30 Rn. 52;
Kort, ZGR 2001, 615, 630;
Servatius, GmbHR 2000, 1028, 1033.

4. Pflicht zur Rückgängigmachung oder zum Ausgleich

Kann der Geschäftsführer den verbotswidrigen Abfluss aus dem Gesellschaftsvermögen nicht mehr verhindern, etwa wenn sich die Gesellschaft zur Auszahlung gegenüber einem Dritten verpflichtet hat, die Leistung aber mittelbar einem Gesellschafter zugutekommt, so ist der Geschäftsführer sofort verpflichtet, unter allen Umständen die Freistellung seiner Gesellschaft aus der Verbindlichkeit gegenüber dem Dritten herbeizuführen, 1025

Lutter/Hommelhoff-*Hommelhoff*, GmbHG, § 30 Rn. 58,

bzw. Ansprüche nach § 31 GmbHG gegen den Gesellschafter durchzusetzen.

5. Haftung gegenüber der Gesellschaft (§ 43 Abs. 3 GmbHG)

Verletzt der Geschäftsführer seine Pflichten, ist er der Gesellschaft generell zum Ersatz des daraus entstehenden Schadens verpflichtet (§ 43 Abs. 2 i. V. m. Abs. 1 GmbHG). Wegen der herausragenden Bedeutung des Erhalts des Stammkapitals sieht § 43 Abs. 3 GmbHG eine gesonderte und selbständige Regelung der Haftung des Geschäftsführers gegenüber der Gesellschaft für den Fall der Missachtung von § 30 Abs. 1 Satz 1 GmbHG vor. 1026

a) Tatbestandsvoraussetzungen

§ 43 Abs. 3 GmbHG ist eine besondere Ausprägung der allgemeinen Haftung gemäß § 43 Abs. 2 GmbHG. Dies folgt aus dem Wortlaut von § 43 Abs. 3 Satz 1 GmbHG, mit dem Wort „insbesondere" schließt der Absatz unmittelbar an den vorhergehenden Haftungstatbestand (und dessen Tatbestandsvoraussetzungen) an. 1027

BGHZ 122, 333, 336, 340 = ZIP 1993, 917,
dazu EWiR 1993, 693 *(Maier-Reimer)*;
BGH ZIP 1987, 1050 = WM 1986, 789, 790,
dazu EWiR 1986, 587 *(Weipert)*;
OLG Hamburg NZG 2000, 839, 840;
Scholz-*Schneider*, GmbHG, § 43 Rn. 268, 274.

§ 43 Abs. 3 GmbHG enthält allerdings gegenüber § 43 Abs. 2 GmbHG eine **Haftungsverschärfung.** 1028

Scholz-*Schneider*, GmbHG, § 43 Rn. 268;
Schaub, DStR 1992, 985, 988.

1029 Diese zeigt sich in dreifacher Hinsicht:

- Eine Gesellschafteranweisung beseitigt i. R. des § 43 Abs. 3 GmbHG – anders als i. R. des § 43 Abs. 2 GmbHG – die Haftung für die Auszahlung nicht, wenn die Forderung zur Befriedigung der Gesellschaftsgläubiger erforderlich ist oder die Anweisung rechtsmissbräuchlich ist. Dies ist u. a. dann der Fall, wenn sie § 30 Abs. 1 Satz 1 GmbHG bewusst missachtet.

   OLG Jena GmbHR 2011, 813;
   Michalski-*Haas/Ziemons*, GmbHG, § 43 Rn. 220 ff.

- Die Gesellschaft kann auf den Anspruch nur verzichten, sich hierüber vergleichen oder den Geschäftsführer durch Entlastungsbeschluss von der Haftung freistellen, wenn der Anspruch nicht zur Befriedigung der Gläubiger erforderlich ist. Letzteres ergibt sich aus der Verweisung in § 43 Abs. 3 Satz 2 GmbHG auf § 9b Abs. 1 GmbHG. Anderes gilt nur für den Fall der Zahlungsunfähigkeit des Geschäftsführers. Zur Befriedigung der Gesellschaftsgläubiger erforderlich ist die Forderung schon dann, wenn nur ein Gläubiger bei Fälligkeit seiner Forderung aus dem Gesellschaftsvermögen anderenfalls nicht voll befriedigt werden kann.

   Ist das Insolvenzverfahren gegen die Gesellschaft mangels Masse eingestellt worden, ist ohne weitere Prüfung davon auszugehen, dass der Ersatzanspruch zur Befriedigung der Gläubiger erforderlich ist.

   OLG Hamm NZG 2001, 1144.

- Schließlich liegt eine weitere Haftungsverschärfung darin, dass § 43 Abs. 3 GmbHG zugunsten der Gesellschaft einen typisierten Schadensnachweis gestattet (dazu unten Rn. 1034 ff).

   Scholz-*Schneider*, GmbHG, § 43 Rn. 275.

1030 Im Einzelnen setzt die Haftung nach § 43 Abs. 3 GmbHG voraus:

1031 - **Adressat der Haftungsnorm:** § 43 Abs. 3 GmbHG richtet sich an den Geschäftsführer der Gesellschaft und dessen Stellvertreter (§ 44 GmbHG).

   - Es spielt keine Rolle, ob der der Bestellung zugrunde liegende Gesellschafterbeschluss wirksam ist oder nicht,

      BGHZ 129, 30 = NJW 1995, 1290, 1291 = ZIP 1995, 591;
      BGHZ 41, 282, 287 f;
      OLG Naumburg NZG 1999, 353, 355;
      Michalski-*Haas/Ziemons*, GmbHG, § 43 Rn. 24,

      oder ob die Bestellung im Handelsregister eingetragen wurde oder nicht.

      BGH NJW 1994, 2027;
      OLG Naumburg NZG 1999, 353, 355;
      Baumbach/Hueck-*Zöllner/Noack*, GmbHG, § 43 Rn. 2;
      Michalski-*Haas/Ziemons*, GmbHG, § 43 Rn. 23.

IV. Folgen für den Geschäftsführer

- Überwiegender Ansicht nach ist § 43 Abs. 3 GmbHG sogar auf den sog. „faktischen Geschäftsführer", d. h. auf solche Personen entsprechend anzuwenden, die – ohne selbst zum Geschäftsführer bestellt worden zu sein – das Unternehmen leiten.

  OLG Braunschweig NZG 2002, 674, 675 = ZIP 2002, 1530;
  KG Berlin NZG 2000, 1032 f;
  OLG Düsseldorf NZG 2000, 312, 313;
  OLG Celle NZG 1999, 1161,1162;
  OLG Düsseldorf GmbHR 1994, 317, 318;
  Scholz-*Schneider*, GmbHG, § 43 Rn. 22;
  Schaub, DStR 1992, 985, 986;
  nunmehr auch
  Michalski-*Haas/Ziemons*, GmbHG, § 43 Rn. 28 ff.

  Allerdings ist es insoweit nicht ausreichend, dass die betreffende Person gesellschaftsintern auf den formalen Geschäftsführer Einfluss nimmt. Erforderlich ist vielmehr ein nach außen hervortretendes Verhalten, wie es üblicherweise der Geschäftsführung zuzurechnen ist.

  BGHZ 150, 61 = ZIP 2002, 848,
  dazu EWiR 2002, 679 *(Blöse)*;
  OLG Brandenburg, ZInsO 2009, 1862;
  Baumbach/Hueck-*Zöllner/Noack*, GmbHG, § 43 Rn. 3;
  teil. abweichend *Fleischer*, GmbHR 2011, 337 ff.

- Nicht zum Adressaten der Kapitalerhaltungsregeln und damit des § 43 Abs. 3 GmbHG – auch nicht unter dem Blickwinkel des faktischen Geschäftsführers – zählen die Organmitglieder (z. B. der Geschäftsführer) des Gesellschafters der Gesellschaft. Diese haften gegenüber der auszahlenden Gesellschaft selbst dann nicht nach § 43 Abs. 3 GmbHG, wenn ihnen die Konzernleitung obliegt.

  BGHZ 149, 10 = DStR 2001, 1853, 1854 = ZIP 2001, 1874.

- **Pflichtverletzung**: Hinsichtlich der Pflichtverletzung knüpft § 43 Abs. 3 GmbHG an das Auszahlungsverbot in § 30 Abs. 1 Satz 1 GmbHG (sowie Abs. 2 und § 33 GmbHG, hierzu unten Rn. 1087 ff und Rn. 1100 ff) an.

  - Erfasst wird von § 43 Abs. 3 GmbHG auch das Nichteinfordern einschlägiger Erstattungsansprüche gegen die Gesellschafter durch den Geschäftsführer bzw. die Nichtgeltendmachung des Leistungsverweigerungsrechts (siehe oben Rn. 1018 ff),

    noch weiter differenzierend
    Baumbach/Hueck-*Zöllner/Noack*, GmbHG, § 43 Rn. 49a.

  - Verstöße gegen § 30 GmbHG sind stets pflichtwidrig. Dies gilt auch bei einer entsprechenden Weisung (bzw. Beschluss) der Gesellschafter (§ 43 Abs. 3 Satz 3 GmbHG). Für die Frage der Pflichtwidrigkeit kommt es auch nicht darauf an, ob der Ersatzanspruch zur Befriedigung der Gläubiger erforderlich ist.

> OLG Brandenburg GmbHR 1999, 297, 299;
> OLG Hamburg NZG 2000, 839, 840;
> Michalski-*Haas/Ziemons*, GmbHG, § 43 Rn. 220 ff.

- Von der Pflicht zur Beachtung der Kapitalerhaltungsregeln kann der einzelne Geschäftsführer in einem mehrköpfigen Leitungsorgan auch nicht durch eine entsprechende Geschäftsordnung entbunden werden. Auch eine (befreiende) Aufgabendelegation auf einen der Geschäftsführung nachgeordneten Mitarbeiter ist ausgeschlossen. Es bleibt insoweit bei einer Gesamtzuständigkeit der Geschäftsführer und folglich auch bei deren Gesamtverantwortung.

> KG Berlin NZG 2000, 1224, 1226;
> Michalski-*Haas/Ziemons*, GmbHG, § 43 Rn. 155a;
> Lutter/Hommelhoff-*Kleindiek*, GmbHG, § 37 Rn. 31.

- Mehrere Geschäftsführer haften als Gesamtschuldner,

> BGH ZIP 2012, 1071,
> dazu EWiR 2012, 415 *(Paefgen/Dettke)*.

1033 • **Verschulden**: Den Geschäftsführer trifft im Falle des Verstoßes gegen § 30 Abs. 1 Satz 1 GmbHG keine Garantiehaftung. Voraussetzung nach § 43 Abs. 3 GmbHG ist vielmehr – ebenso wie nach § 43 Abs. 2 GmbHG – ein Verschulden des Geschäftsführers.

> BGHZ 122, 333, 336, 340 = ZIP 1993, 917,
> dazu EWiR 1993, 693 *(Maier-Reimer)*;
> BGH ZIP 1987, 1050 = WM 1986, 789, 790,
> dazu EWiR 1986, 587 *(Weipert)*;
> OLG Nürnberg NZG 2001, 943, 944;
> OLG Hamburg NZG 2000, 839, 840;
> Scholz-*Schneider*, GmbHG, § 43 Rn. 274.

Da den Geschäftsführern eine Pflicht zur beständigen wirtschaftlichen Selbstprüfung obliegt,

> BGH ZIP 1995, 560 = GmbHR 1995, 299, 300,
> dazu EWiR 1995, 785 *(Wittkowski)*;
> BGH ZIP 1994, 1103 = GmbHR 1994, 539, 545,
> dazu EWiR 1994, 791 *(Wittkowski)*;
> OLG Celle GmbHR 2000, 942;
> OLG Düsseldorf GmbHR 1993, 159, 160,
> dazu EWiR 1992, 1207 *(Johlke)*;
> *Lutter*, GmbHR 2000, 301, 305,

und die Beachtung der Kapitalerhaltungsregeln zwingend in der Gesamtzuständigkeit und Gesamtverantwortung der Geschäftsführer verbleibt, wird ein Verschulden des Geschäftsführers grundsätzlich nicht schon deswegen entfallen, wenn der einzelne Geschäftsführer für den kaufmännischen Bereich nicht zuständig war oder von der wirtschaftli-

IV. Folgen für den Geschäftsführer

chen Schieflage bzw. der Unterbilanz nichts wusste oder den Zahlungsvorgang nicht veranlasst hat.

> KG Berlin NZG 2000, 1224, 1226;
> a. A. anscheinend OLG Nürnberg NZG 2001, 943, 945.

- **Schaden:** Notwendig ist des Weiteren ein Schaden. **1034**

  > OLG Naumburg GmbHR 1998, 1180, 1182 = ZIP 1999, 118,
  > dazu EWiR 1999, 21 *(Zimmermann)*.

- Der Schaden kann hier nicht allein im Wege des Vergleichs zweier Vermögenslagen ermittelt werden. Vielmehr erfolgt die Schadensberechnung anhand wertender Gesichtspunkte.

- Leistungen, die die Gesellschaft den §§ 30, 33 GmbHG zuwider erbringt, sind – solange sie nicht wertmäßig in das Gesellschaftsvermögen zurückgelangt sind – stets als „Schaden" zu bewerten.

  > RGZ 159, 211, 230;
  > Scholz-*Schneider*, GmbHG, § 43 Rn. 275;
  > Baumbach/Hueck-*Zöllner/Noack*, GmbHG, § 43 Rn. 49;
  > a. A. *v. Gerkan*, ZHR 154 (1990), 39, 44 f: Beweislast beim Geschäftsführer, dass Eintritt eines messbaren Schadens auch für die Zukunft auszuschließen ist.

  Der Geschäftsführer hat daher die gesamte entgegen § 30 Abs. 1 Satz 1 GmbHG geleistete Zahlung zu ersetzen.

  > *Schaub*, DStR 1992, 985, 988;
  > s. a. BGH ZIP 1987, 1050 = WM 1986, 789;
  > dazu EWiR 1986, 587 *(Weipert)*;
  > *v. Gerkan*, ZHR 154 (1990), 39, 63.

  Insoweit kann man von einem typisierten Schaden sprechen.

  > Die Situation ist insoweit vergleichbar mit § 9a GmbHG,
  > s. hierzu *Haas/Wünsch*, NotBZ 1999, 109, 113;
  > *v. Gerkan*, ZHR 154 (1990), 39, 63.

  Letzteres ist auch gerechtfertigt; denn es macht einen Unterschied, ob der „Haftungsfonds" zum Schutz der Gesellschaft und der Gläubiger gefüllt ist oder die Gesellschaft lediglich über Forderungen gegen die Gesellschafter verfügt.

  > Rowedder/Schmidt-Leithoff-*Koppensteiner/Gruber*, GmbHG,
  > § 43 Rn. 22–24.

- Die Ersatzpflicht ist der Höhe nach nicht durch die Stammkapitalziffer beschränkt. Vielmehr hat der Geschäftsführer auch eine durch die verbotswidrige Auszahlung herbeigeführte (bilanzielle) Überschuldung auszugleichen.

  > OLG Nürnberg NZG 2001, 943, 944.

- Keine Rolle für die Berechnung des Schadens spielt es, ob die Gesellschaft wegen der verbotswidrigen Auszahlung auch Ansprüche gegen die Gesellschafter hat (z. B. nach § 812 BGB, §§ 31, 33 GmbHG). Der Schaden entfällt nur, wenn der Gesellschafter die Leistung tatsächlich zurückgewährt.

    BGH ZIP 2012, 1071,
    dazu EWiR 2012, 415 *(Paefgen/Dettke)*;
    BGH ZIP 2008, 2217 = NZG 2009, 20,
    m. Anm. *Gätsch/Eckhold*, GmbHR 2008, 1322,
    dazu EWiR 2009, 23 *(Kort)*;
    Baumbach/Hueck-*Zöllner/Noack*, GmbHG, § 43 Rn. 49.

- Soweit neben dem Geschäftsführer auch der Empfänger der Leistung haftet, besteht keine Gesamtschuldnerschaft,

    Rowedder/Schmidt-Leithoff-*Pentz*, GmbHG, § 31 Rn. 71;
    a. A. Michalski-*Haas/Ziemons*, GmbHG, § 43 Rn. 219,

    denn es fehlt insoweit an der Gleichstufigkeit, kann doch im Innenverhältnis der Geschäftsführer grundsätzlich vollen Regress nehmen.

- Der Geschäftsführer kann zudem nach § 255 BGB gegen Leistung des Schadensersatzes Zug um Zug die Abtretung des Anspruchs verlangen.

- Die Gesellschaft kann im Einzelfall gegenüber dem Geschäftsführer auch einen über die verbotene Auszahlung hinausgehenden Schadensersatzanspruch geltend machen.

    BGH ZIP 1987, 1050 = WM 1986, 789 f,
    dazu EWiR 1986, 587 *(Weipert)*;
    OLG Nürnberg NZG 2001, 943, 944;
    Thelen, ZIP 1987, 1027, 1032.

    Letzteres ist jedoch nur nach § 43 Abs. 2 GmbHG möglich, mit der Folge, dass sich die Gesellschaft insoweit nicht auf einen typisierten Schaden berufen kann, sondern diesen nach §§ 249 ff BGB darlegen und notfalls auch beweisen muss.

    RGZ 159, 211, 231 f;
    Michalski-*Haas/Ziemons*, GmbHG, § 43 Rn. 219.

    Der Schaden entfällt schließlich auch nicht dadurch, dass nach der Auszahlung die Unterbilanz durch Gewinne oder auf andere Weise beseitigt wird. Dies gilt selbst dann, wenn die Ursache der Unterbilanz nachträglich „beseitigt" wird. War die Unterbilanz z. B. deswegen festzustellen, weil ein an einen Gesellschafter ausgereichtes Darlehen wertberichtigt werden musste, führt auch die spätere tatsächliche Rückführung des Darlehens nicht zum Entfallen der Ansprüche nach § 43 Abs. 3 GmbHG (bzw. § 31 GmbHG gegen den Gesellschafter). Anderes gilt nur, wie bereits dargelegt, wenn der Gesellschafter gemäß § 31 GmbHG die Leistung zurückgewährt,

BGH ZIP 2012, 1071,
dazu EWiR 2012, 415 *(Paefgen/Dettke)*.

b) Einreden/Einwendungen

Haben die Gesellschafter den Geschäftsführer durch Beschluss angewiesen, Auszahlungen aus dem zur Erhaltung des Stammkapitals erforderlichen Vermögen zu tätigen, so ist diese **Weisung** entsprechend § 241 Nr. 3 AktG nichtig. Es stellt sich aber die Frage, ob sich der Geschäftsführer – für den Fall, dass er sich verbotswidrig verhält – gegenüber der den Anspruch nach § 43 Abs. 3 GmbHG geltend machenden Gesellschaft auf den Einwand der unzulässigen Rechtsausübung berufen kann. Richtiger Ansicht nach ergibt sich die Lösung unmittelbar aus § 43 Abs. 3 GmbHG. Der Einwand ist danach allenfalls insoweit zulässig, als der Ersatzanspruch nicht zur Befriedigung der Gesellschaftsgläubiger erforderlich ist. 1035

S. a. LG Kassel ZInsO 2001, 1068, 1070 = GmbHR 2002, 912,
dazu EWiR 2002, 435 *(Blöse)*.

Im Verhältnis zur Gesellschaft entlastet es den Geschäftsführer nicht, wenn auch einen Mitgeschäftsführer ein Mitverschulden an der verbotswidrigen Auszahlung trifft. Insbesondere ist der Haftungsanspruch nach § 43 Abs. 3 GmbHG insoweit nicht zu kürzen. 1036

LG Kassel ZInsO 2001, 1068, 1070 = GmbHR 2002, 912,
dazu EWiR 2002, 435 *(Blöse)*;
s. allgemein BGH JZ 1987, 781, 782;
BGH ZIP 1983, 824 = WM 1983, 725, 726;
OLG München NZG 2000, 741, 744;
OLG Jena NZG 1999, 121, 123;
OLG Bremen GmbHR 1964, 8, 10.

Schadensersatzansprüche gegen den Geschäftsführer nach § 43 Abs. 3 GmbHG verjähren gemäß § 43 Abs. 4 GmbHG in fünf Jahren; die Frist beginnt mit der Vornahme der Auszahlung. Unterlässt es der Geschäftsführer in der Folgezeit auch noch, den Anspruch aus § 31 Abs. 1 GmbHG gegen den Gesellschafter vor Eintritt der Verjährung durchzusetzen, liegt hierin zwar *per se* eine weitere selbständige Pflichtverletzung. Gleichwohl führt dies nicht zu einem weiteren Schadensersatzanspruch nach § 43 Abs. 2 GmbHG, für den erneut eine fünfjährige Verjährung gemäß § 43 Abs. 4 GmbHG zu laufen beginnt. 1037

BGH ZIP 2008, 2217 = NZG 2009, 20,
dazu EWiR 2009, 23 *(Kort)*;
a. A. *Bormann*, ZInsO 2009, 127, 129.

c) Abtretung/Pfändbarkeit

1038 Teilweise wird – in Anlehnung an den Einlageanspruch der Gesellschaft gegen den Gesellschafter – die Ansicht vertreten, dass die Abtretung (bzw. Pfändung) des Anspruchs nach § 43 Abs. 3 GmbHG nur dann zulässig sei, wenn eine gleichwertige Gegenleistung in das Gesellschaftsvermögen gelange.

> OLG Hamm NZG 2001, 1144.

1039 Diese Ansicht ist jedoch abzulehnen. Gilt diese aus dem Grundsatz der effektiven Kapitalaufbringung hergeleitete Beschränkung nämlich schon nicht für den dem Einlageanspruch strukturell verwandten Rückgewähranspruch nach § 31 Abs. 1 GmbHG (vgl. oben Rn. 945), so ist hierfür i. R. des § 43 Abs. 3 GmbHG erst recht kein Raum.

d) Prozessuale Aspekte

1040 **Rechtsweg:** Für Klagen der Gesellschaft gegen den Geschäftsführer aufgrund einer organschaftlichen Pflichtverletzung ist der Rechtsweg zu den Zivilgerichten, nicht zu den Arbeitsgerichten gegeben.

1041 **Örtliche Zuständigkeit:**

- Neben den Gerichten am allgemeinen Gerichtsstand (§§ 12, 13 ZPO) ist für Klagen der Gesellschaft gegen den Geschäftsführer – ungeachtet der dogmatischen Einordnung der Haftung nach § 43 GmbHG – auch der Wahlgerichtsstand des Erfüllungsortes (§ 29 ZPO) gegeben.

    > BGH ZIP 1985, 157 = NJW 1985, 1286, 1287;
    > BGH GmbHR 1992, 303;
    > Goette, DStR 1998, 1308.

    Letzterer ist am Sitz der Gesellschaft, da dort die nach § 43 GmbHG geschuldeten Pflichten des Geschäftsführers zu erfüllen sind.

    > BGH GmbHR 1992, 303;
    > Michalski-*Haas*/*Ziemons*, GmbHG, § 43 Rn. 243.

- Fallen tatsächlicher Verwaltungssitz und satzungsmäßiger Sitz auseinander, kann die Klage an beiden Gerichtsständen erhoben werden.

- Kommt zusätzlich ein deliktischer Anspruch in Betracht, kann die örtliche Zuständigkeit auch aus § 32 ZPO abgeleitet werden. Ist dieser Gerichtsstand gegeben, können dort auch Ansprüche aus dem Organschaftsverhältnis geltend gemacht werden.

    > BGHZ 153, 173 = ZIP 2003, 1860.

1042 **Internationale Zuständigkeit:**

- Im Anwendungsbereich des/der LugÜ/EuGVO richtet sich die internationale Zuständigkeit für Klagen der Gesellschaft gegen den Geschäfts-

IV. Folgen für den Geschäftsführer

führer, gestützt auf § 43 Abs. 3 GmbHG, nach dem Vertragsgerichtsstand (Art. 5 Nr. 1 lit. a LugÜ bzw. Art. 5 Nr. 1 lit. a EuGVO).

OLG München NZG 1999, 1170, 1171 = ZIP 1999, 1558,
dazu EWiR 1999, 949 *(Mankowski)*;
OLG Celle RIW 2000, 710 (für das Luganer Übereinkommen);
Haubold, IPRax 2000, 375, 377.

- Dies ist – ungeachtet der dogmatischen Qualifikation der Ansprüche – gerechtfertigt, da der korporationsrechtliche Akt der Organbestellung vergleichbare Bindungen und Verpflichtungen erzeugt wie ein Vertragsschluss und ebenso wie dieser nur mit Willen des Betroffenen zu Stande kommt.

OLG München NZG 1999, 1170, 1171 = ZIP 1999, 1558,
dazu EWiR 1999, 949 *(Mankowski)*;
Bous, NZG 2000, 595, 597 (Urteilsanm.);
s. a. EuGH Slg. 1992, I-1745 = NJW 1992, 1671, 1672 = ZIP 1992, 472 *(Powell Duffryn plc/Petereit)*.

- Nach der Rechtsprechung des Europäischen Gerichtshofs ist im Fall von Ersatzansprüchen wegen Pflichtverletzung Erfüllungsort der Ort, an dem die verletzte Pflicht zu bewirken war.

EuGH Slg. 1976, 1497 = NJW 1977, 490, 491.

Der Erfüllungsort der verletzten Pflicht, Art. 5 Nr. 1 lit. a EuGVO, bestimmt sich nach dem Recht, das nach den Kollisionsnormen des mit dem Rechtsstreit befassten Gerichts für die streitige Verpflichtung maßgebend ist. Abzustellen ist daher auf das Gesellschaftsstatut.

BGHZ 190, 242 = ZIP 2011, 1837 (für Art. 22 Nr. 2 EuGVO),
dazu EWiR 2011, 707 *(Mankowski)*;
OLG München NZG 1999, 1170, 1171 = ZIP 1999, 1558,
dazu EWiR 1999, 949 *(Mankowski)*;
Bous, NZG 2000, 595, 597 (Urteilsanm.);
a. A. zu Unrecht OLG Celle RIW 2000, 710.

- Soweit danach deutsches Recht zur Anwendung kommt, sind die Organpflichten am Sitz der Gesellschaft zu erfüllen.

BGH GmbHR 1992, 303;
OLG Köln ZIP 2012, 1000;
OLG München NZG 1999, 1170, 1171 = ZIP 1999, 1558,
dazu EWiR 1999, 949 *(Mankowski)*.

- Letzteres galt nach bisheriger Rechtsprechung auch dann, wenn die GmbH im Inland, der Geschäftsführer aber im Ausland ansässig ist.

BGH ZIP 1985, 157 = NJW 1985, 1286, 1287.

- Entsprechendes muss auch für den Fall gelten, dass die Gesellschaft gemäß § 4a GmbHG von der Möglichkeit Gebrauch macht, den tatsächlichen Verwaltungssitz im Ausland zu installieren.

BT-Drucks. 16/6140, S. 29.

Da es unstreitig nicht Ziel dieser Regelung war, die Zuständigkeit für Streitigkeiten aus dem Organschaftsverhältnis zwischen dem Geschäftsführer und einer GmbH deutschen Rechts ausländischen Gerichten zu übertragen, die zur Bearbeitung dieser Fragen kaum angemessen in der Lage sein dürften, muss als gerichtsstandsbegründender Erfüllungsort jedenfalls auch der in Deutschland liegende satzungsmäßige Sitz in Frage kommen.

So für die Klage gegen Gesellschafter
Weller, ZGR 2012, 606, 620 f.

e) Darlegungs- und Beweislast

1043 Grundsätzlich ist der Kläger (hier die Gesellschaft) bzgl. aller anspruchsbegründenden Voraussetzungen darlegungs- und beweispflichtig.

1044 Dies gilt zunächst für die objektiven Voraussetzungen eines Verstoßes gegen § 30 Abs. 1 Satz 1 GmbHG, die insoweit die Gesellschaft darzulegen und ggf. zu beweisen hat. Dies gilt auch für das Vorliegen einer Unterbilanz, zu deren Nachweis allerdings die Vorlage einer Stichtagsbilanz genügt. Aus zeitlicher Nähe zum Eintritt der Überschuldung kann sich zudem im Einzelfall eine Beweiserleichterung ergeben, zwingend ist dies jedoch nicht. Gleiches gilt, wenn sowohl für Beginn als auch Ende des Geschäftsjahres eine Unterbilanz feststeht. Des Weiteren trifft die Gesellschaft die Darlegungs- und Beweislast für die weiteren Tatbestandsmerkmale des § 30 Abs. 1 Satz 1 GmbHG.

KG Berlin NZG 2000, 1224;
OLG Düsseldorf GmbHR 2006, 535, 536 = ZIP 2006, 1100 (LS);
Bayer/Illhardt, GmbHR 2011, 638, 640 f;
Michalski-*Heidinger*, GmbHG, § 30 Rn. 142;
Ulmer/Habersack/Winter-*Habersack*, GmbHG, § 30 Rn. 58;
Baumbach/Hueck-*Hueck/Fastrich*, GmbHG, § 30 Rn. 65;
Baumbach/Hueck-*Zöllner/Noack*, GmbHG, § 43 Rn. 49;
s. a. OLG Celle GmbHR 1997, 647 (Sonderfall).

1045 Will sich dagegen der Geschäftsführer damit entlasten, dass die Auszahlung an den Gesellschafter nach § 30 Abs. 1 Sätze 2 und 3 GmbHG erlaubt gewesen sei, trifft ihn für das Vorliegen der Voraussetzungen die Darlegungs- und Beweislast, ebenso z. B. für das eventuelle Vorliegen eines Drittgeschäfts,

Baumbach/Hueck-*Hueck/Fastrich*, GmbHG, § 30 Rn. 65;
Michalski-*Heidinger*, GmbHG, § 30 Rn. 144;
Spliedt, ZIP 2009, 149, 150;
BGHZ 157, 72 = ZIP 2004, 263,
dazu EWiR 2004, 911 *(Schöne/Stolze)*.

1046 Steht in Streit, ob der Gesellschaft ein vollwertiger Gegenleistungs- oder Rückgewähranspruch zustand, stellt sich die Frage, ob die Vollwertigkeit im Einzelnen zur Überzeugung des Gerichts (§ 286 Abs. 1 ZPO) nachgewiesen werden muss,

so *Spliedt*, ZIP 2009, 149, 150,

oder ob der Nachweis ausreicht, dass der Anspruch bilanziell ohne Abschlag aktiviert werden durfte, d. h. ob letztendlich nur der richtige Ansatz des Buchwerts nachgewiesen werden muss,

> so *Winter*, DStR 2007, 1484, 1486;
> *Kiefner/Theusinger*, NZG 2008, 801, 805.

Der zweiten Ansicht ist zu folgen. Der ersten Ansicht ist zwar zuzugeben, dass hierdurch prinzipiell eine erhebliche Beweiserleichterung einritt, und zwar schon deshalb, weil Forderungen in der Regel zum Nominalwert anzusetzen sind.

> *Ballwieser*, in: MünchKomm-GmbHG, HGB, § 253 Rn. 10, 63.

Die vom Gesetzgeber gewollte bilanzielle Betrachtung lässt aber insoweit keine andere Lösung zu. Es wäre auch inkonsequent, Ansprüche gegen Gesellschafter bei der Prüfung des Vorliegens einer Unterbilanz allgemein nach den bilanziellen Grundsätzen anzusetzen, bei der Frage der Vollwertigkeit eines Anspruchs dagegen strengere Maßstäbe anzulegen. Da der Klägerseite allerdings in aller Regel keine eigenen Informationen zur Verfügung stehen, wie die Vollwertigkeit des Anspruchs *ex ante* zu bewerten war, trifft die Beklagten insoweit eine sekundäre Darlegungslast, die die scheinbar eintretende Beweiserleichterung weitgehend kompensieren dürfte.

Zudem ist richtigerweise davon auszugehen, dass den Geschäftsführer, soweit er aufgrund von § 43 Abs. 3 GmbHG in Anspruch genommen wird und in diesem Rahmen § 30 Abs. 1 Satz 1 GmbHG zu prüfen ist, hinsichtlich der Voraussetzungen der letztgenannten Vorschrift eine sekundäre Darlegungslast treffen kann, soweit der Geschäftsführer im Einzelfall über bessere Kenntnisse zu den maßgeblichen Umständen verfügt oder es an nachvollziehbaren Geschäftsunterlagen fehlt, da er gemäß § 41 GmbHG für eine ordnungsgemäße Buchführung zu sorgen hat,

> BGH GmbHR 2006, 537, 538 = ZIP 2006, 805;
> OLG Koblenz ZIP 2011, 1913 = WM 2011, 1819;
> OLG Celle GmbHR 1997, 647.

Hinsichtlich der Frage des Verschuldens trifft ebenfalls den Geschäftsführer die Darlegungs- und Beweislast hinsichtlich einer eventuellen Entlastung. Dies entspricht dem allgemeinen Grundsatz des § 280 Abs. 1 Satz 2 BGB. Maßstab ist dabei § 43 Abs. 1 GmbHG, wonach die Geschäftsführer die Sorgfalt eines ordentlichen Geschäftsmannes anzuwenden haben. Die ausdrückliche Konsequenz, dass ein Geschäftsleitungsorgan die Einhaltung dieses Maßstabs darzulegen und zu beweisen hat, ziehen für die Aktiengesellschaft § 93 Abs. 2 Satz 2 AktG und für die Genossenschaft § 34 Abs. 2 Satz 2 GenG. Zwar fehlt im GmbHG eine entsprechende Regelung; jedoch werden diese Vorschriften ganz überwiegender Ansicht nach entsprechend angewandt, stellt sich doch die Darlegungs- und Beweislage bei Organhaftungsansprüchen der GmbH nicht anders dar als für die Aktiengesellschaft oder Genossenschaft.

1047

> RGZ 98, 98, 100;
> BGH ZIP 1980, 776 = WM 1980, 1190;
> OLG Hamm ZIP 1995, 1263, 1265;
> differenzierend Baumbach/Hueck-*Zöllner/Noack*, GmbHG, § 43 Rn. 38.

1048 Im Übrigen gilt, dass § 30 Abs. 1 Satz 1 GmbHG als zwingendes Recht im Interesse der Gesellschaftsgläubiger im Prozess von Amts wegen zu beachten ist.

> Michalski-*Heidinger*, GmbHG, § 30 Rn. 143.

6. Haftung gegenüber den Gesellschaftern (§ 31 Abs. 6 GmbHG)

1049 Nach § 31 Abs. 6 Satz 1 GmbHG haften die Geschäftsführer den Gesellschaftern auf Ersatz der Beträge, die diese nach § 31 Abs. 3 GmbHG (siehe hierzu Rn. 996 ff) an die Gesellschaft gezahlt haben. Diese Regresshaftung ist auf die Ausfallhaftung der Gesellschafter (§ 31 Abs. 3 GmbHG) beschränkt. Der Geschäftsführer haftet daher nicht für die Beträge, die der Gesellschafter in Gestalt der Primärpflicht nach § 31 Abs. 1 GmbHG an die Gesellschaft erstatten musste. Sind mehrere Geschäftsführer vorhanden, haften diese gesamtschuldnerisch. Die Haftung setzt in jedem Fall ein Verschulden des/der Geschäftsführer(s) voraus. Bei mehreren Geschäftsführern kann daher das Verschulden des einen dem anderen nicht zugerechnet werden. Gemäß § 31 Abs. 6 Satz 2 GmbHG gilt der Sorgfaltsmaßstab des § 43 Abs. 1 GmbHG.

> Baumbach/Hueck-*Hueck/Fastrich*, GmbHG, § 31 Rn. 30;
> Michalski-*Heidinger*, GmbHG, § 31 Rn. 111;
> Scholz-*Verse*, GmbHG, § 31 Rn. 82, 84.

1050 Haben die Gesellschafter den Geschäftsführer zur Auszahlung entgegen § 30 Abs. 1 Satz 1 GmbHG einstimmig angewiesen, stellt sich – ebenso wie i. R. des § 43 Abs. 3 GmbHG – die Frage, ob und inwieweit der Geschäftsführer den Gesellschaftern den Einwand unzulässiger Rechtsausübung entgegenhalten kann. Die Situation stellt sich i. R. des Regressanspruches aber anders dar, als in § 43 Abs. 3 GmbHG; denn § 43 Abs. 3 GmbHG schneidet – anders als der Wortlaut in § 31 Abs. 6 Satz 1 GmbHG – dem Geschäftsführer jede Berufung auf die Gesellschafterweisung zumindest insoweit ab, als der Ersatzanspruch zur Befriedigung der Gläubiger erforderlich ist. Im Umkehrschluss ergibt sich daraus, dass der Geschäftsführer sich gegenüber den regressnehmenden Gesellschaftern auf den Einwand der unzulässigen Rechtsausübung berufen kann, wenn sich die Gesellschafter der Gesetzeswidrigkeit ihrer Weisung bewusst waren. Dies folgt auch daraus, dass § 31 Abs. 6 Satz 2 GmbHG nur auf § 43 Abs. 1 und 4 GmbHG verweist, nicht aber auf § 43 Abs. 3 GmbHG.

1051 Waren sich die Gesellschafter des Verstoßes gegen § 30 Abs. 1 Satz 1 GmbHG nicht bewusst, ist eine Haftung des Geschäftsführers dagegen zu bejahen. Denn in einem solchen Fall können die Gesellschafter erwarten, dass der Geschäftsführer auf das Vorliegen einer Unterbilanz hinweist.

> Roth/Altmeppen-*Altmeppen*, GmbHG, § 31 Rn. 36;
> Michalski-*Heidinger*, GmbHG, § 31 Rn. 115 f;
> Baumbach/Hueck-*Hueck/Fastrich*, GmbHG, § 31 Rn. 30.

Der Anspruch verjährt gemäß § 31 Abs. 6 Satz 2, § 43 Abs. 4 GmbHG in fünf Jahren ab Zahlung des Mitgesellschafters nach § 31 Abs. 3 GmbHG.

> Michalski-*Heidinger*, GmbHG, § 31 Rn. 166;
> Baumbach/Hueck-*Hueck/Fastrich*, GmbHG, § 31 Rn. 30;
> Lutter/Hommelhoff-*Hommelhoff*, GmbHG, § 31 Rn. 34;
> Scholz-*Verse*, GmbHG, § 31 Rn. 87.

7. Haftung gegenüber den Gesellschaftsgläubigern

Gegenüber den Gesellschaftsgläubigern trifft die Geschäftsführer im Falle eines Verstoßes gegen § 30 Abs. 1 Satz 1 GmbHG keine Haftung. § 30 Abs. 1 Satz 1 GmbHG ist weder ein Schutzgesetz i. S. von § 823 Abs. 2 BGB, **1052**

> vgl. nur BGHZ 148, 167 = ZIP 2001, 1458,
> dazu EWiR 2001, 917 *(Keil)*;
> *Fronhöfer*, in: Münch. Hdb. GesR, Bd. III, § 51 Rn. 17;
> a. A. allerdings *Stapelfeld*, S. 206 ff;
> *Thelen*, ZIP 1987, 1027, 1029;
> *Canaris*, in: FS Fischer, S. 31, 56;
> *Peltzer/Bell*, ZIP 1993, 1757, 1765,

noch liegen die Voraussetzungen für eine analoge Anwendung von § 93 Abs. 5 Satz 1 AktG vor. Zum einen ist § 75 Abs. 6 RegE 1971, der insoweit eine Angleichung des GmbH-Rechts an das AktG für die Fälle einer Beeinträchtigung der Kapitalgrundlage der Gesellschaft durch den Geschäftsführer vorsah, nicht Gesetz geworden. Zum anderen wäre eine solche Außenhaftung mit dem der Existenzvernichtungshaftung zugrunde liegenden Konzept unvereinbar, das ebenfalls nur eine Innenhaftung vorsieht. Die überwiegende Ansicht lehnt die analoge Anwendung des § 93 Abs. 5 AktG daher zu Recht ab.

> Scholz-*Schneider*, GmbHG, § 43 Rn. 307;
> a. A. Roth/Altmeppen-*Altmeppen*, GmbHG, § 43 Rn. 95 bei „gröblichen Pflichtverletzungen".

Soweit eine analoge Anwendung der Vorschrift aus Gründen des Gläubigerschutzes in den Fällen masseloser Insolvenzen befürwortet wird, **1053**

> *Biletzki*, NZG 1999, 286, 290;
> Roth/Altmeppen-*Altmeppen*, GmbHG, § 43 Rn. 94, m. w. N.,

ist der Ausgangsanalyse zuzugeben, dass in diesen Fällen erhebliche Probleme für die Gläubiger bestehen, da ein Insolvenzverwalter, der den Ersatzanspruch für die Gesellschaft bzw. Gläubigergesamtheit einziehen könnte, nicht vorhanden ist. Der Gläubiger, der einen Titel gegen die Gesellschaft erstritten hat, kann allenfalls die Ersatzansprüche der Gesellschaft nach § 43 Abs. 2 und 3 GmbHG gegen den Geschäftsführer pfänden und sich überweisen lassen. Dies ist zweifellos ein langer und beschwerlicher Weg.

Hierbei handelt es sich jedoch um allgemeine, nicht spezifisch gesellschaftsrechtliche Schwierigkeiten der Anspruchsdurchsetzung, die eine Durchbrechung des Grundsatzes der Haftungskonzentration bzw. der Innenhaftung nicht zu rechtfertigen vermögen.

> *Medicus*, ZGR 1998, 570, 579.

1054 Die Rechtslage stellt sich auch dann nicht anders dar, wenn die GmbH im Handelsregister gelöscht wurde. Hier muss der Gläubiger – mangels Prozessfähigkeit der GmbH – zunächst darauf hinwirken, dass Nachtragsliquidatoren bestellt werden. Und selbst wenn der eigene Anspruch des Gläubigers gegen die GmbH bereits tituliert wurde, müsste er so vorgehen, um den Anspruch der GmbH gegen den Geschäftsführer pfänden und einziehen zu können. Dies ist in aller Regel ein schwieriges Unterfangen.

> Zu den praktischen Schwierigkeiten
> BayObLG BB 2000, 1055 = ZIP 2000, 1054,
> dazu EWiR 2000, 727 *(Bokelmann)*;
> *Kögel*, NZG 2000, 20 ff.

In diesen Fällen beruhen die Schwierigkeiten der Anspruchsdurchsetzung jedoch gerade nicht auf spezifisch gesellschaftsrechtlichen Besonderheiten der zu pfändenden Ansprüche, denn auch bei der beabsichtigten Pfändung von Ansprüchen der GmbH gegen andere Dritte wäre die Bestellung eines Nachtragsliquidators erforderlich. Auch in dieser Konstellation liegen somit Voraussetzungen für eine analoge Anwendung des § 93 Abs. 5 AktG nicht vor (anders Vorauflage, Rn. 527). Entsprechendes gilt für eine geschäftsführerlose GmbH, bei der sich die Gesellschafter auch nach Aufforderung durch das Registergericht weigern, einen neuen Geschäftsführer zu bestellen.

V. Sonderfall: Haftung des geschäftsführenden Alleingesellschafters

1055 Ist bei einer GmbH der alleinige Gesellschafter gleichzeitig auch Geschäftsführer, so findet auf ihn grundsätzlich allein § 43 Abs. 3 GmbHG, nicht aber § 43 Abs. 2 GmbHG Anwendung.

> BGH ZIP 2009, 2335,
> dazu EWiR 2010, 151 *(Schodder)*;
> BGHZ 31, 258, 278;
> BGHZ 119, 257, 261 = ZIP 1992, 1734,
> dazu EWiR 1992, 1203 *(Kort)*;
> BGHZ 122, 333, 336 = ZIP 1993, 917,
> dazu EWiR 1993, 693 *(Maier-Reimer)*;
> BGH ZIP 1994, 872, 874;
> BGHZ 142, 92 = NZG 1999, 1001, 1002 = ZIP 1999, 1352,
> dazu EWiR 1999, 835 *(Wilhelm)*;
> OLG Karlsruhe NZG 1999, 889 = DStR 2000, 1024 (LS),

m. Anm. *Haas*;
Scholz-*Schneider*, GmbHG, § 43 Rn. 137.

Gleiches gilt, wenn der Geschäftsführer wirtschaftlicher Alleingesellschafter ist,

BGHZ 119, 257, 261 f = ZIP 1992, 1734;
Scholz-*Schneider*, GmbHG, § 43 Rn. 137,

oder wenn der Alleingesellschafter faktischer Geschäftsführer ist.

KG Berlin NZG 2000, 1032.

Da die h. M. – jenseits der Beachtung bestimmter gläubigerschützender Normen – ein eigenständiges schützenswertes, vom Gesellschafterinteresse zu unterscheidendes Gesellschaftsinteresse ablehnt, 1056

BGHZ 119, 257, 262 = ZIP 1992, 1734;
BGH ZIP 2000, 493 = NZG 2000, 544;
KG Berlin NZG 2000, 1032;
OLG Karlsruhe NZG 1999, 889 = DStR 2000, 1024 (LS),
m. Anm. *Haas*;
OLG Köln NZG 2000, 1137, 1138,

haftet der Geschäftsführer hier grundsätzlich nur wie ein Gesellschafter, entspricht doch der Wille des Alleingesellschafters stets dem Willen der Gesellschaft. Eine Haftung kann daher nur dort bestehen, wo die Verfügung über das Gesellschaftsvermögen gegen ein Verbot verstößt, das – wie in den Fällen der §§ 30 Abs. 1 Satz 1 GmbHG bzw. § 64 GmbHG – durch eine Weisung der Gesellschafterversammlung nicht außer Kraft gesetzt werden kann.

BGH ZIP 2009, 2335,
dazu EWiR 2010, 151 *(Schodder)*;
BGHZ 31, 258, 278;
BGHZ 119, 257, 261 = ZIP 1992, 1734;
BGHZ 122, 333, 366 = ZIP 1993, 917,
dazu EWiR 1993, 693 *(Maier-Reimer)*;
BGH DStR 1994, 1092, 1093 = ZIP 1994, 891;
Scholz-*Schneider*, GmbHG, § 43 Rn. 137.

Der geschäftsführende Alleingesellschafter haftet für nachteilige Einflussnahmen auf das Gesellschaftsvermögen der h. M. zufolge auch dann nicht, wenn sich die Gesellschaft in einer angespannten wirtschaftlichen Lage befindet. Teilweise wird die Ansicht vertreten, dass in dieser strukturellen Besonderheit der Einmann-GmbH, nämlich der Nichtanwendbarkeit des § 43 Abs. 2 GmbHG auf den Gesellschafter-Geschäftsführer, – zumindest in Zeiten der Krise – eine „verbotswidrige Auszahlung" analog § 30 Abs. 1 Satz 1 GmbHG liegt, mit der Folge, dass der Gesellschafter-Geschäftsführer analog § 43 Abs. 3 GmbHG gegenüber seiner Gesellschaft haftet, soweit die Ansprüche zur Befriedigung der Gesellschaftsgläubiger erforderlich sind. 1057

Die h. M. lehnt die entsprechende Anwendung der §§ 30 f GmbHG jedoch zu Recht ab; denn der Vermögensbindung nach § 30 Abs. 1 Satz 1 GmbHG 1058 kann nur dasjenige unterliegen, was in das Vermögen der Gesellschaft tatsächlich gelangt ist. Hier aber ist der Haftungsanspruch der Gesellschaft nach § 43 Abs. 2 GmbHG zu keinem Zeitpunkt zur Entstehung gelangt, mit der Folge, dass die Gesellschaft hierauf auch nicht zugunsten des Gesellschafters verzichten konnte.

> BGH ZIP 2000, 493 = NZG 2000, 544;
> OLG Karlsruhe NZG 1999, 889 = DStR 2000, 1024 (LS), m. Anm. *Haas*.

Unberührt hiervon bleibt die sog. „Existenzvernichtungshaftung" (hierzu unten Rn. 1254 ff).

VI. Folgen für (leitende) Angestellte der Gesellschaft

1059 Fraglich ist, ob und inwieweit auch Angestellte der Gesellschaft das Auszahlungsverbot zu beachten haben. Letzteres wird – teilweise – für solche Angestellten bejaht, die etwa als Prokurist eine verantwortungsvolle Position im Unternehmen bekleiden und nicht nur untergeordnete weisungsgebundene Tätigkeiten ausüben. Diese Angestellten sollen dieser Ansicht zufolge Adressaten des Auszahlungsverbots sein und damit im Falle einer verbotswidrigen Auszahlung analog § 43 Abs. 3 GmbHG bzw. aufgrund einer Verletzung des Anstellungsvertrages (§ 280 Abs. 1 BGB) gegenüber der Gesellschaft haften.

> OLG Karlsruhe, NZG 1999, 454.

1060 Der Bundesgerichtshof hat dieser Ansicht – zumindest teilweise – widersprochen. Danach richtet sich das Auszahlungsverbot als solches nur gegen die Organe, insbesondere den Geschäftsführer, nicht aber an andere Mitarbeiter der Gesellschaft.

> BGH BB 2001, 1753, 1754 = ZIP 2001, 1458,
> dazu EWiR 2001, 917 *(Keil)*;
> s. a. OLG Brandenburg NZG 2002, 674, 675 = ZIP 2002, 1530.

1061 Eine Pflicht des leitenden Angestellten, die Einhaltung des § 30 Abs. 1 Satz 1 GmbHG zu überwachen, folgt danach auch nicht aus dem Anstellungsvertrag. Eine derartige Pflicht wäre im Hinblick auf die weisungsgebundene Stellung des Angestellten gegenüber dem Geschäftsführer auch kaum zu begründen. Im Einzelfall kann aber dem leitenden Angestellten aufgrund seiner arbeitsvertraglichen Treupflicht obliegen, eine Weisung des Geschäftsführers einzuholen, wenn es sich ihm nach den Umständen aufdrängt, dass er für unlautere Machenschaften zum Nachteil der Gesellschaft benutzt werden soll. Er darf sich in diesen Fällen nicht zum willfährigen Werkzeug machen lassen. Handelt er dieser Pflicht zuwider, haftet er wegen Verletzung von Pflichten aus dem Anstellungsvertrag, wobei jedoch auch ihm die Haftungsbegrenzung des § 43 Abs. 3 Satz 2 GmbHG zugutekommen muss. Hat der Angestellte die Weisung des Geschäftsführers eingeholt und erklärt sich dieser mit der (verbotswidrigen) Auszahlung einverstanden, so haftet allein der Geschäftsführer, nicht aber der leitende Angestellte. Ebenfalls scheidet eine Haftung aus, wenn ein entsprechender Beschluss der Gesellschafter vorliegt.

> BGH BB 2001, 1753, 1755 = ZIP 2001, 1458,
> dazu EWiR 2001, 917 *(Keil)*;
> OLG Brandenburg NZG 2002, 674, 675 f = ZIP 2002, 1530.

Neben der Haftung aus dem Anstellungsvertrag kommt – im Ausnahmefall – **1062** auch eine Haftung gegenüber der Gesellschaft nach § 826 BGB in Betracht, wenn der Angestellte die Gesellschaft vorsätzlich in einer gegen die guten Sitten verstoßenden Weise schädigt.

> BGH BB 2001, 1753, 1755 = ZIP 2001, 1458,
> dazu EWiR 2001, 917 *(Keil)*;
> s. a. BGH ZIP 1996, 637 = DB 1996, 1028;
> OLG Brandenburg NZG 2002, 674, 676 = ZIP 2002, 1530.

Im Einzelfall kann des Weiteren eine Haftung nach § 823 Abs. 2 BGB **1063** i. V. m. § 266 StGB in Frage kommen, wenn der leitende Angestellte unter vorsätzlichem Missbrauch seiner Verfügungsmacht bewusst an Vermögensverschiebungen zulasten der GmbH mitwirkt, die deren wirtschaftliche Existenz gefährden,

> BGHSt 35, 333;
> BGH NZG 2000, 307,

oder ihre Insolvenz herbeiführen, wesentlich beschleunigen oder vertiefen.

> BGHZ 100, 190, 198 = ZIP 1987, 845,
> dazu EWiR 1987, 777 *(Wiedemann)*;
> BGH BB 2001, 1753, 1755 = ZIP 2001, 1458,
> dazu EWiR 2001, 917 *(Keil)*.

Für den Fall, dass dem leitenden Angestellten innerhalb der Gesellschaft die **1064** Stellung eines faktischen Geschäftsführers zukommt, siehe oben Rn. 1031.

VII. Folgen für Dritte

1. Der Grundsatz

Nach Ansicht der Rechtsprechung und der überwiegenden Stimmen in der **1065** Literatur kann Dritten, sofern sie nicht einem Gesellschafter gleichzustellen sind, § 30 Abs. 1 Satz 1 GmbHG nicht entgegengehalten werden.

> BGHZ 128, 184 = ZIP 1995, 134,
> dazu EWiR 1995, 109 *(Gerhardt)*;
> BGH WM 1982, 1402;
> Baumbach/Hueck-*Hueck/Fastrich*, GmbHG, § 30 Rn. 24;
> *Fleck*, in: FS 100 Jahre GmbHG, S. 391, 406 f;
> *Sonnenhol/Groß*, ZHR 159 (1995), 388, 402 f;
> Lutter/Hommelhoff-*Hommelhoff*, GmbHG, § 30 Rn. 53 ff;
> Scholz-*Verse*, GmbHG, § 30 Rn. 35;
> *Oetker*, KTS 1991, 521, 534.

1066 Weder kann eine an den Dritten erbrachte Leistung von diesem nach § 31 Abs. 1 GmbHG zurückgefordert werden, noch kann die Gesellschaft die Erfüllung einer gegenüber einem Dritten eingegangenen Verpflichtung, die einem Gesellschafter mittelbar zugutekommt und das zur Erhaltung des Stammkapitals erforderliche Vermögen mindern würde, im Hinblick auf §§ 30, 31 GmbHG verweigern. Der Dritte ist folglich in der Geltendmachung seiner Rechte gegen die Gesellschaft nicht beschränkt. Dies zeigt sich beispielsweise auch darin, dass ein Dritter, zu dessen Gunsten ein dingliches Recht an einem Gegenstand besteht, den der Gesellschafter als Einlage zugunsten der Gesellschaft geleistet hat, nicht gehindert ist, dieses Recht gegenüber der Gesellschaft geltend zu machen, und zwar auch dann nicht, wenn hierdurch das zur Erhaltung des Stammkapitals erforderliche Vermögen der Gesellschaft angetastet wird.

> BGHZ 128, 184 = ZIP 1995, 134,
> dazu EWiR 1995, 109 *(Gerhardt)*.

2. Ausnahmen

1067 Ausnahmsweise kann der Geschäftsführer dem Dritten das Auszahlungsverbot und seine Folgen entgegenhalten bzw. die Rückerstattung des Erlangten verlangen, wenn der Dritte und der Gesellschafter **kollusiv** (§§ 138, 826 BGB) zusammengewirkt haben. Von praktischer Relevanz ist dies vor allem bei der Bestellung von Sicherheiten zugunsten des Dritten.

> BGHZ 138, 291 = ZIP 1998, 793, 795;
> dazu EWiR 1998, 699 *(Eckardt)*;
> BGH WM 1977, 1377, 1379;
> Lutter/Hommelhoff-*Hommelhoff*, GmbHG, § 30 Rn. 53;
> *Sonnenhol/Stützle*, WM 1983, 2, 5;
> Scholz-*Verse*, GmbHG, § 30 Rn. 124;
> *Schulze-Osterloh*, in: FS Stimpel, S. 487, 502, 503;
> Baumbach/Hueck-*Hueck/Fastrich*, GmbHG, § 31 Rn. 15.

Nach a. A. soll in diesen Fällen dagegen ein Missbrauch der Vertretungsmacht mit entsprechenden Unwirksamkeitsfolgen vorliegen,

> Roth/Altmeppen-*Altmeppen*, GmbHG, § 30 Rn. 42,

was die h. M. jedoch ablehnt.

> Scholz-*Verse*, GmbHG, § 30 Rn. 122;
> Baumbach/Hueck-*Hueck/Fastrich*, GmbHG, § 30 Rn. 67;
> *Ekkenga*, in: MünchKomm-GmbHG, § 30 Rn. 278.

1068 Wie hoch die Schwelle für die Annahme kollusiven Handelns anzusetzen ist, ist umstritten. Teilweise wird eine Kollusion schon dann angenommen, wenn der Dritte weiß oder sich leichtfertig der Kenntnis verschließt, dass die Zurverfügungstellung einer Sicherheit aus dem Gesellschaftsvermögen im Verwertungsfalle das zur Erhaltung des Stammkapitals erforderliche Vermögen der Gesellschaft angreifen könnte.

VII. Folgen für Dritte

Schön, ZHR 159 (1995), 351, 366;
Messer, ZHR 159 (1995), 375, 377.

Anderer Ansicht nach soll Kollusion zumindest dann vorliegen, wenn beide Seiten bewusst dem Verbot des § 30 Abs. 1 Satz 1 GmbHG zuwider handeln. **1069**

LG Frankfurt/M. ZIP 1997, 1464, 1469,
dazu EWiR 1997, 1091 *(App)*;
Meister, WM 1980, 390, 396.

Die Rechtsprechung und die wohl h. L. hingegen setzten die Anforderungen an kollusives Verhalten höher an, um die Wertungen in § 134 BGB sowie im Anfechtungsgesetz und in den §§ 129 ff InsO nicht zu umgehen. Dieser Ansicht zufolge müssen daher neben einem Verstoß gegen § 30 Abs. 1 Satz 1 GmbHG (und der Kenntnis der Parteien hiervon) noch besondere Umstände hinzukommen, um den Vorwurf der Sittenwidrigkeit zu begründen. Zu nennen sind insoweit etwa Täuschungsabsicht und Schädigungsvorsatz in Bezug auf andere (zukünftige) Gläubiger der Gesellschaft. Bloße Kenntnis des Dritten von einem Verstoß gegen § 30 Abs. 1 Satz 1 GmbHG genügt damit nicht.

BGHZ 138, 291 = ZIP 1998, 793, 795 f,
dazu EWiR 1998, 699 *(Eckardt)*;
Scholz-*Verse*, GmbHG, § 30 Rn. 124;
Sonnenhol/Groß, ZHR 159 (1995), 388, 413;
Sonnenhol/Groß, GmbHR 1995, 561, 563.

Ausreichend für einen Schädigungsvorsatz kann allerdings schon sein, dass der Dritte in Kenntnis der schwierigen wirtschaftlichen Lage der Gesellschaft die Möglichkeit einer Schädigung der Gläubigergesamtheit infolge der Sicherheitenbestellung billigend in Kauf nimmt. Eine Erkundigungspflicht des Dritten besteht jedoch in keinem Falle. **1070**

BGHZ 138, 291 = ZIP 1998, 793, 795 f,
dazu EWiR 1998, 699 *(Eckardt)*.

Hat dagegen ein Dritter den mit dem Leistungsverweigerungsrecht belasteten Zahlungsanspruch des Gesellschafters gegen die Gesellschaft durch Abtretung oder Pfändung und Überweisung erworben, kann die Gesellschaft das Auszahlungsverbot dem Dritten zumindest in Gestalt des Leistungsverweigerungsrechts entgegenhalten (siehe oben Rn. 1022 f). Ist die Auszahlung trotz Leistungsverweigerungsrecht an ihn erfolgt, stellt sich die Frage, ob von dem Dritten die Leistung nach § 31 Abs. 1 GmbHG zurückgefordert werden kann. Letzteres wird zwar in der Literatur vielfach bejaht. **1071**

Baumbach/Hueck-*Hueck/Fastrich*, GmbHG, § 31 Rn. 11;
Michalski-*Heidinger*, GmbHG, § 31 Rn. 61, 22;
Sonnenhol/Stützle, WM 1983, 2, 4;
Scholz-*Verse*, GmbHG, § 31 Rn. 14;
Lutter/Hommelhoff-*Hommelhoff*, GmbHG, § 31 Rn. 6.

Diese Ansicht erscheint jedoch zweifelhaft. Letztlich sollte man den **gesellschaftsrechtlichen** Rückerstattungsanspruch – außerhalb der Fälle einer **1072**

P. Rechtsfolgen eines Verstoßes gegen § 30 Abs. 1 Satz 1 GmbHG

Kollusion (siehe oben Rn. 1067 ff) – nicht auf außenstehende Dritte erstrecken. Die Anwendbarkeit des § 813 BGB erscheint ebenfalls zweifelhaft („dauernd ausgeschlossen"), da der betreffende Anspruch ja zu erfüllen ist, sobald die Unterbilanz beendet wird.

> Abweichend *Ekkenga*, in: MünchKomm-GmbHG, § 31 Rn. 40.

In jedem Fall wird man hier aber die Auszahlung an den Dritten als mittelbare Leistung auch an den Gesellschafter ansehen müssen, der seinen Auszahlungsanspruch an den Dritten abgetreten hat. Zumindest der Gesellschafter sieht sich daher einem Erstattungsanspruch nach § 31 Abs. 1 GmbHG ausgesetzt.

> Roth/Altmeppen-*Altmeppen*, GmbHG, § 30 Rn. 26 und § 31 Rn. 4;
> a. A. Baumbach/Hueck-*Hueck/Fastrich*, GmbHG, § 31 Rn. 11.

Gutgläubige Dritte sind in diesen Fällen zumindest entsprechend § 31 Abs. 2 GmbHG zu schützen, da diese keine schärfere Haftung als einen Gesellschafter treffen kann.

Rn. 1073–1076 unbesetzt

Q. Kapitalerhaltung bei „Typenvermischung" (GmbH & Co. KG)

Eine analoge Anwendung der §§ 30, 31 GmbHG kommt dort unproblematisch in Betracht, wo sie lediglich eine Reaktion auf die vom historischen Gesetzgeber so nicht vorhergesehene und auch nicht vorhersehbare Vermischung verschiedener Verbandstypen darstellt. Hier dient die analoge Anwendung der Kapitalerhaltungsvorschriften dazu, **rechtsformübergreifende** Lücken im Gläubigerschutz zu schließen. 1077

I. Der Grundsatz

Grundsätzlich gelten die gesetzlichen Vorschriften zum Schutz der Gesellschafts- und Gläubigerinteressen im Falle einer GmbH & Co. KG für die jeweilige Gesellschaftsform gesondert. Maßgebend für die Anwendbarkeit der Vorschriften zur Kapitalerhaltung ist mithin grundsätzlich, aus welchem Bereich (KG oder Komplementär-GmbH) die Rückzahlung erfolgt ist bzw. erfolgen soll. 1078

> BGHZ 174, 370, Rn. 9 = ZIP 2008, 174 = NZG 2008, 143, dazu EWIR 2008, 403 *(Henkel)*;
> *K. Schmidt*, GmbHR 1989, 141;
> Michalski-*Heidinger*, GmbHG, § 30 Rn. 157;
> Baumbach/Hueck-*Hueck/Fastrich*, GmbHG, § 30 Rn. 68.

Erhält daher beispielsweise ein GmbH-Gesellschafter, der gleichzeitig Kommanditist ist, eine Zuwendung aus dem Vermögen der Komplementär-GmbH, so ist diese ohne weiteres an § 30 Abs. 1 Satz 1 GmbHG zu messen.

> Scholz-*Verse*, GmbHG, § 30 Rn. 133;
> Michalski-*Heidinger*, GmbHG, § 30 Rn. 157.

II. Die Ausnahme

Ist ausschließlich eine Kapitalgesellschaft (hier eine GmbH) als persönlich haftender Gesellschafter an der KG beteiligt, dann kann es – zusätzlich – zu einer rechtsformübergreifenden und damit analogen Anwendung des § 30 Abs. 1 Satz 1 GmbHG auf die KG kommen. Der Grund hierfür liegt darin, dass bei einer GmbH & Co. KG – anders als in einer gesetzestypischen (und damit nicht kapitalistisch strukturierten) KG – die von der persönlichen und unbeschränkten Gesellschafterhaftung im Interesse der Gläubiger ausgehende Sicherungs-, Druck- und Disziplinierungsfunktion erheblich eingeschränkt ist. 1079

> OLG Celle GmbHR 1998, 1131.

Zusätzlich besteht in diesen Fällen einer „Typenverbindung" die Gefahr, dass die gläubigerschützenden Vorschriften in Bezug auf die Kapitalerhaltung in der Komplementär-GmbH ausgehöhlt werden; denn Auszahlungen aus dem Vermögen der KG werden sich in aller Regel auch und in erster Linie auf die

Vermögensverhältnisse der Komplementär-GmbH nachteilig auswirken, wenn die GmbH am Vermögen der KG beteiligt ist. Oder der Abzug führt zur Haftung der GmbH gemäß §§ 161 Abs. 2, 128 HGB. Erfolgen diese Auszahlungen aus dem Vermögen der KG an jemanden, der zugleich Mitglied in der Komplementär-GmbH oder aber Kommanditist der KG ist, dann müssen auf derartige „übergreifende Leistungen der KG" die Kapitalerhaltungsregeln der Komplementär-GmbH entsprechende Anwendung finden.

> Scholz-*Verse*, GmbHG, § 30 Rn. 131;
> Roth/Altmeppen-*Altmeppen*, GmbHG, § 30 Rn. 173;
> Baumbach/Hueck-*Hueck/Fastrich*, GmbHG, § 30 Rn. 268;
> *K. Schmidt*, Gesellschaftsrecht, § 56 V. 1. b (S. 1655 f);
> *Canaris*, in: FS Fischer, S. 58 ff;
> *Immenga*, ZGR 1975, 487, 488 (Urteilsanm.).

III. Beispiele

1080 Ist eine GmbH einzige Komplementärin einer KG und erfolgt eine Auszahlung an einen der GmbH-Gesellschafter nicht aus dem Vermögen der GmbH, sondern aus dem Gesellschaftsvermögen der KG, so kann dies mittelbar, nämlich aufgrund der damit einhergehenden Entwertung und damit zu erfolgenden Wertberichtigung des von der GmbH gehaltenen KG-Anteils, zu einer Auszahlung aus dem zur Erhaltung des Stammkapitals der GmbH erforderlichen Vermögen führen. Derartige Auszahlungen aus dem Vermögen der KG verstoßen h. M. zufolge gegen § 30 Abs. 1 Satz 1 GmbHG und lösen die entsprechenden Rechtsfolgen zugunsten der KG(!) aus. Dies gilt unabhängig davon, ob der Gesellschafter, der die Leistung erhalten hat, gleichzeitig auch Kommanditist ist oder nicht.

> BGHZ 60, 324, 328;
> Baumbach/Hueck-*Hueck/Fastrich*, GmbHG, § 30 Rn. 68, 70;
> Lutter/Hommelhoff-*Hommelhoff*, GmbHG, § 30 Rn. 60, 62;
> Scholz-*Verse*, GmbHG, § 30 Rn. 130 ff;
> (unter den Voraussetzungen des § 172 Abs. 4 HGB
> lebt überdies daneben die Haftung des Kommanditisten
> wieder auf).

1081 Zu einer analogen Anwendung der §§ 30 f GmbHG kann es auch dann kommen, wenn die Komplementär-GmbH nicht am Vermögen der KG beteiligt ist, so z. B. wenn infolge der Auszahlung aus dem Vermögen der KG an einen der GmbH-Gesellschafter die KG insolvent wird. Letzteres wirkt sich unmittelbar auf die GmbH aus, da diese nunmehr mit einer Inanspruchnahme für die KG-Schulden aus §§ 171 Abs. 2, 128 HGB rechnen und diese Verbindlichkeiten daher passivieren muss. Da der Passivierung dieser Verbindlichkeiten – mangels Werthaltigkeit – kein aktivierbarer Haftungsfreistellungsanspruch gegen die KG nach § 110 HGB auf der Aktivseite gegenübersteht, kann hier im Einzelfall bei der Komplementär-GmbH eine Unterbilanz entstehen.

> BGHZ 60, 324, 328;
> BGHZ 69, 274, 280 = GmbHR 1978, 64;

III. Beispiele

BGHZ 110, 342, 346;
OLG Celle GmbHR 1998, 1131;
Scholz-*Westermann*, GmbHG, § 30 Rn. 130.

Die h. M. wendet auch hier die Kapitalerhaltungsvorschriften der GmbH rechtsformübergreifend auf die KG an, mit der Folge, dass der Gesellschafter der Komplementär-GmbH die empfangenen Zahlungen entsprechend § 31 GmbHG an die KG zu erstatten hat. **1082**

OLG Celle GmbHR 1998, 1131.

Fraglich könnte sein, ob § 30 Abs. 1 Satz 1 GmbHG direkt oder analog anzuwenden ist, wenn die Auszahlung aus dem zur Erhaltung des Stammkapitals erforderlichen Vermögen der GmbH an die KG erfolgt und die GmbH-Gesellschafter an der KG maßgeblich beteiligt sind. Hier könnte an sich angenommen werden, dass es sich bei der KG „als verbundenes Unternehmen" um einen dem Gesellschafter gleichgestellten Dritten handelt, so dass § 30 Abs. 1 Satz 1 GmbHG unmittelbar anwendbar wäre. **1083**

In der Rechtsprechung wird diese Frage jedoch verneint. Nach dem OLG Köln soll wegen der zwischen Komplementär-GmbH und KG bestehenden Einheit keine Auszahlung i. S. von § 30 Abs. 1 Satz 1 GmbHG vorliegen, wenn die GmbH das einbezahlte Stammkapital an die KG weiterleitet und der Alleingesellschafter der GmbH auch Kommanditist der KG ist, solange die Zahlung nicht von der KG an den Gesellschafter weitergeleitet wird. **1084**

OLG Köln GmbHR 2002, 968;
kritisch Baumbach/Hueck-*Hueck/Fastrich*, GmbHG, § 30
Rn. 69.

Zur Begründung dieses Ergebnisses wird auch darauf verwiesen, dass die Zurverfügungstellung der Gelder an die KG auch dazu dient, einer Inanspruchnahme der Gesellschaft in ihrer Rolle als Komplementär, §§ 161 Abs. 2, 128 HGB, zuvorzukommen. Jedenfalls dann, wenn der Gesellschafter-Kommanditist seine Einlage in die KG bereits erbracht hat und deswegen durch diesen Vorgang wirtschaftlich nicht entlastet wird, soll kein Fall des § 30 Abs. 1 Satz 1 GmbHG vorliegen.

OLG Koblenz, Urt. v. 16.7.2010 – 10 U 1510/09.

Dieser Auffassung ist zuzustimmen, da die Beteiligung an der KG gerade der Geschäftsgegenstand der GmbH ist. Kommen die Mittel der KG zugute, indem diese damit eigene Verbindlichkeiten begleicht, beugt die GmbH auch ihrer eigenen Inanspruchnahme als persönlich haftende Gesellschafterin vor. Eine Auszahlung i. S. von § 30 Abs. 1 Satz 1 GmbHG liegt deshalb nur dann vor, wenn und soweit die Mittel anschließend von der KG an den Gesellschafter weitergeleitet werden. **1085**

Ein besonderer Fall „wirtschaftlicher Einheit" liegt schließlich vor, wenn die GmbH einziger persönlich haftender Gesellschafter einer KG ist und die Zahlung aus dem Vermögen der KG an einen „Nur-Kommanditisten" oder **1086** einen nahen Angehörigen eines Kommanditisten erfolgt; auch hierin liegt ein Anwendungsfall von § 30 GmbHG analog, wenn dadurch eine Unterbilanz der Komplementär-GmbHG begründet oder vertieft wird,

> BGHZ 110, 342, 355 ff = ZIP 1990, 578,
> dazu EWiR 1990, 479 *(Bergmann)*;
> OLG Frankfurt/M., Urt. v. 3.7.2009 – 25 U 75/08;
> Roth/Altmeppen-*Altmeppen*, GmbHG, § 30 Rn. 173;
> Michalski-*Heidinger*, GmbHG, § 30 Rn. 158 f.

Der Erstattungsanspruch steht in diesem Fall allerdings nicht der GmbH, sondern der KG zu.

> vgl. BGHZ 174, 370 = ZIP 2008, 174 = NZG 2008, 143,
> dazu EWIR 2008, 403 *(Henkel)*.

R. Besondere Formen der gesetzlichen Kapitalerhaltung
I. Auszahlungssperre für einbezahlte Nachschüsse (§ 30 Abs. 2 GmbHG)
1. Überblick

Nach § 30 Abs. 2 GmbHG können eingezahlte Nachschüsse, soweit sie nicht zur Deckung eines Verlustes am Stammkapital erforderlich sind, unter bestimmten Voraussetzungen zurückbezahlt werden. Die Vorschrift sieht damit eine Kapitalbindung **jenseits** der Stammkapitalgrenze vor. Art und Inhalt dieses Vermögensschutzes sind jedoch – im Grundsatz – anders ausgestaltet als in § 30 Abs. 1 Satz 1 GmbHG; denn das Auszahlungsverbot in § 30 Abs. 2 GmbHG ist in erster Linie nicht an inhaltliche bzw. materielle, sondern an formelle Voraussetzungen geknüpft. 1087

Konsequenz hieraus ist, dass der Abfluss von Gesellschaftsvermögen jenseits der Stammkapitalziffer an die Gesellschafter nicht schlechthin ausgeschlossen ist. Darüber hinaus kann das das Stammkapital überschießende Nachschusskapital jederzeit gegen Verluste der Gesellschaft verrechnet werden, ohne dass es nachträglich durch erwirtschaftete Gewinne wieder aufzufüllen wäre. 1088

2. Die Tatbestandsvoraussetzungen
a) Eingezahlte Nachschüsse

- **Nachschüsse:** § 30 Abs. 2 GmbHG findet nur Anwendung auf echte, bereits eingezahlte Nachschüsse und knüpft daher an die Regelung in den §§ 26–28 GmbHG über die Begründung des Rechts der Gesellschaft, Nachschüsse zu fordern, und über die Befreiung des Gesellschafters von dieser Pflicht durch Abandon an. 1089

    Scholz-*Verse*, GmbHG, § 30 Rn. 138.

    Bei den eingezahlten Nachschüssen handelt es sich um Geldeinlagen, die über die Stammeinlage hinaus kraft Satzung zur Vermehrung des Vermögens der GmbH von den Gesellschaftern zu leisten sind. Sie kommen in der Praxis selten vor.

    Lutter/Hommelhoff-*Bayer*, GmbHG, § 26 Rn. 2;
    Buschmann, NZG 2009, 91;
    Kleffner, Erhaltung des Stammkapitals, S. 100.

    Nachschüsse zählen nicht zum Stammkapital und sind daher in der Bilanz in der Kapitalrücklage auszuweisen (§ 42 Abs. 2 Satz 3 GmbHG, § 266 Abs. 3 A II HGB).

    Scholz-*Verse*, GmbHG, § 30 Rn. 135.

    Auf andere Formen der Gesellschafterfinanzierung – z. B. freiwillige Zuschüsse ohne gesellschaftsvertragliche Verpflichtung – findet die Vorschrift keine entsprechende Anwendung.

    Scholz-*Verse*, GmbHG, § 30 Rn. 138.

1090 • **Eingezahlt:** § 30 Abs. 2 GmbHG gilt nur für eingezahlte Nachschüsse und betrifft daher nicht die Rechtslage zwischen der Einforderung und der Leistung des Nachschusses.

b) Art und Weise der Kapitalbindung

1091 Die Kapitalbindung, d. h. das Verbot der Rückzahlung, ist in § 30 Abs. 2 GmbHG in erster Linie formell und nur in zweiter Linie materiell ausgestaltet.

1092 • **Materielle Voraussetzungen:** Nach § 30 Abs. 2 Satz 3 GmbHG darf im Falle des § 28 Abs. 2 GmbHG (statutarisch bestimmte Einforderbarkeit von Nachschüssen **vor** der Volleinzahlung des Stammkapitals) keine Rückzahlung an die Gesellschafter erfolgen, wenn nicht zwischenzeitlich das Stammkapital voll eingezahlt wurde. § 28 Abs. 2 GmbHG ist ein Ausnahmefall. Im Regelfall können Nachschüsse nur nach voller Einzahlung des Stammkapitals eingefordert werden, so dass § 30 Abs. 2 Satz 3 GmbHG seinem Wortlaut nach für die Kapitalbindung nicht von großer Bedeutung ist. Aus diesem Grund wird eine weitergehende, allgemeine Anwendung der Vorschrift erwogen, überwiegend aber verneint.

Scholz-*Verse*, GmbHG, § 30 Rn. 141;
Michalski-*Heidinger*, GmbHG, § 30 Rn. 222;
Baumbach/Hueck-*Hueck/Fastrich*, GmbHG, § 30 Rn. 71 f;
abweichend Roth/Altmeppen-*Altmeppen*, GmbHG, § 30 Rn. 71.

1093 • **Formelle Voraussetzungen:** In formeller Hinsicht greift die Kapitalbindung so lange, wie das zuständige Organ nicht die Rückzahlung der Nachschüsse beschlossen hat. Zuständig hierfür ist in erster Linie die Gesellschafterversammlung (§ 46 Nr. 3 GmbHG). Letzteres ist jedoch nicht zwingend (§ 45 Abs. 2 GmbHG). Unter Umständen kann daher auch ein anderes Organ die Rückzahlung der Nachschüsse an die Gesellschafter beschließen.

Scholz-*Verse*, GmbHG, § 30 Rn. 142.

Dieser in § 30 Abs. 2 GmbHG vorgesehene förmliche Beschluss kann nicht durch eine einfache Kündigung seitens der Gesellschaft oder eines Gesellschafters – wie sie etwa bei einem Darlehen genügen würde – ersetzt werden.

Scholz-*Verse*, GmbHG, § 30 Rn. 142;
Rowedder/Schmidt-Leithoff-*Pentz*, GmbHG, § 30 Rn. 109.

Der Beschluss bedarf des Weiteren gemäß § 30 Abs. 2 Satz 2 GmbHG der Bekanntmachung nach § 12 GmbHG. Schließlich entfällt die Kapitalbindung erst, wenn die dreimonatige Sperrfrist des § 30 Abs. 2 Satz 2 GmbHG abgelaufen ist. Letztere beginnt mit der ersten Veröffentlichung.

Scholz-*Verse*, GmbHG, § 30 Rn. 143;
Michalski-*Heidinger*, GmbHG, § 30 Rn. 223 ff.

I. Auszahlungssperre für einbezahlte Nachschüsse (§ 30 Abs. 2 GmbHG)

- **Der Begriff der „Rückzahlung":** Auch wenn der Gesetzgeber in § 30 Abs. 2 Satz 1 GmbHG einen gegenüber § 30 Abs. 1 Satz 1 GmbHG abweichenden Wortlaut gewählt hat, besteht Einigkeit, dass der Begriff „Rückzahlung" ebenso wie der Begriff „Auszahlung" in § 30 Abs. 1 Satz 1 GmbHG zu verstehen ist. Gegen die Kapitalbindung verstoßen mithin alle Rechtshandlungen, die zu einer Vermögensminderung zulasten der Gesellschaft und zugunsten des Gesellschafters führen, wenn sich aus den Umständen ergibt, dass die Zahlung zulasten des eingezogenen Nachschusskapitals erfolgen soll (z. B. durch Umbuchung Kapitalrücklage in Gesellschafterdarlehen). 1094

Scholz-*Verse*, GmbHG, § 30 Rn. 139;
Michalski-*Heidinger*, GmbHG, § 30 Rn. 226.

c) **Zeitlicher Anwendungsbereich**

§ 30 Abs. 2 GmbHG schließt hinsichtlich seines Anwendungsbereichs an § 30 Abs. 1 Satz 1 GmbHG an und überschneidet sich insoweit mit diesem nicht. Liegt daher bereits eine Unterbilanz vor oder würde infolge der Rückzahlung der Nachschüsse eine solche entstehen, so ist dieser Vorgang – allein – an § 30 Abs. 1 Satz 1 GmbHG zu messen. Dies kommt im Wortlaut des § 30 Abs. 2 Satz 1 GmbHG auch klar zum Ausdruck, wenn es dort heißt, dass die Nachschüsse nicht schon „zur Deckung eines Verlustes am Stammkapital" erforderlich sein dürfen. Insoweit handelt es sich allerdings um eine rein deklaratorische Vorschrift. 1095

Scholz-*Verse*, GmbHG, § 30 Rn. 140.

Mithin ist der Anwendungsbereich des § 30 Abs. 2 GmbHG erst dann eröffnet, wenn das Reinvermögen der Gesellschaft die Stammkapitalziffer deckt. Maßgebend für die bilanziellen Verhältnisse ist insoweit der Zeitpunkt, in dem die Auszahlung vorgenommen wird.

Scholz-*Verse*, GmbHG, § 30 Rn. 140;
Rowedder/Schmidt-Leithoff-*Pentz*, GmbHG, § 30 Rn. 107;
Saenger/Inhester-*Greitemann*, GmbHG, § 30 Rn. 148.

Reichen die verfügbaren Mittel, d. h. die Mittel jenseits der Stammkapitalziffer, nicht zur Rückzahlung aller Nachschüsse aus, so ist jeder Anspruch – unter Beachtung des Gleichbehandlungsgrundsatzes – verhältnismäßig zu kürzen. 1096

Scholz-*Verse*, GmbHG, § 30 Rn. 140.

d) **Folgen des § 30 Abs. 2 GmbHG**

Liegen die Voraussetzungen für eine zulässige Rückzahlung vor, so gelten die zurückgezahlten Nachschüsse nach § 30 Abs. 2 Satz 4 GmbHG als nicht eingezogen. Die Nachschüsse können also noch einmal eingefordert werden. 1097

> Scholz-*Verse*, GmbHG, § 30 Rn. 144;
> a. A. Michalski-*Heidinger*, GmbHG, § 30 Rn. 138.

1098 Liegen demgegenüber die Voraussetzungen für eine zulässige Rückzahlung nicht vor, richtet sich die Rechtsfolge des Verstoßes gegen § 30 Abs. 2 GmbHG nach § 31 GmbHG (siehe oben Rn. 935 ff). Dagegen löst die verbotswidrige Rückzahlung von Nachschüssen – mit Ausnahme eines Verstoßes gegen § 30 Abs. 2 Satz 1 GmbHG – nicht die Haftung des Geschäftsführers nach § 43 Abs. 3 Satz 1 GmbHG aus.

> Scholz-*Verse*, GmbHG, § 30 Rn. 145.

Eine Haftung nach § 43 Abs. 2 GmbHG ist dagegen nicht ausgeschlossen, sie setzt jedoch den Nachweis eines Schadens voraus.

II. Änderung der Gesellschafterstruktur und Kapitalerhaltung

1099 Mit Änderungen in der Gesellschafterstruktur der Gesellschaft gehen oftmals auch Zahlungen/Abfindungen aus dem Gesellschaftsvermögen einher, so etwa, wenn ein Gesellschafter ausgeschlossen wird oder aber von einem Austrittsrecht Gebrauch macht. Das Gesetz sieht insbesondere zwei Wege vor, um einen – vom Statut vorgesehenen – Gesellschafterwechsel vorzubereiten, nämlich den Erwerb eigener Anteile durch die Gesellschaft (§ 33 GmbHG) bzw. die Einziehung des Gesellschaftsanteils (§ 34 GmbHG). Beide Gestaltungsmittel unterscheiden sich freilich hinsichtlich ihrer Wirkung auf den Gesellschaftsanteil; denn während der Gesellschaftsanteil im Fall des § 33 GmbHG existent bleibt, geht dieser im Falle der Einziehung unter. Beide Fälle bedürfen jedoch einer Regelung hinsichtlich der Kapitalerhaltung.

1. Kapitalerhaltung und Erwerb eigener Anteile (§ 33 Abs. 2 GmbHG)

a) Überblick

1100 § 33 GmbHG schränkt den – grundsätzlich zulässigen – Erwerb eigener Geschäftsanteile im Interesse sowohl der Kapitalaufbringung als auch der Kapitalerhaltung erheblich ein.

> Scholz-*Westermann*, GmbHG, § 33 Rn. 2;
> Baumbach/Hueck-*Hueck/Fastrich*, GmbHG, § 33 Rn. 1.

Der Kapitalaufbringung dient das Erwerbsverbot eigener Gesellschaftsanteile in § 33 Abs. 1 GmbHG. Danach kann die Gesellschaft nicht vollständig eingezahlte Geschäftsanteile nicht erwerben, weil sie sich selbst nichts schulden oder leisten kann, insbesondere nicht die restliche – noch ausstehende – Einlage. Demgegenüber dient § 33 Abs. 2 GmbHG von seinem Sinn und Zweck her der Kapitalerhaltung; denn neben der schlichten – schon von § 30 Abs. 1 Satz 1 GmbHG – erfassten Auszahlung an den Gesellschafter ist der entgeltliche Erwerb eigener Gesellschaftsanteile die einfachste Form der Einkleidung des gleichen Vorgangs in ein anderes Gewand. Durch den Erwerb der eigenen Anteile wird nämlich das Eigenkapital teilweise liquidiert und den

Gesellschaftern unter Umgehung der ansonsten bestehenden Schranken – § 58 GmbHG – zurückerstattet.

> BGH NJW 1956, 1326;
> OLG Dresden NZG 1998, 31;
> OLG Hamm GmbHR 1994, 179, 180;
> Lutter/Hommelhoff-*Hommelhoff*, GmbHG, § 33 Rn. 1 f;
> Scholz-*Westermann*, GmbHG, § 33 Rn. 17 f.

Soweit § 33 GmbHG den Erwerb eigener Anteile um des Kapitalschutzes willen verbietet, ist die Bestimmung zwingend. **1101**

> Scholz-*Westermann*, GmbHG, § 33 Rn. 4;
> Baumbach/Hueck-*Hueck/Fastrich*, GmbHG, § 33 Rn. 1.

Zulässig ist es jedoch, wenn der Gesellschaftsvertrag an den Erwerb eigener Anteile schärfere Voraussetzungen stellt.

> Scholz-*Westermann*, GmbHG, § 33 Rn. 4;
> Baumbach/Hueck-*Hueck/Fastrich*, GmbHG, § 33 Rn. 1.

b) Verhältnis des § 33 Abs. 2 GmbHG zu § 30 Abs. 1 Satz 1 GmbHG

Nach § 33 Abs. 2 Satz 1 GmbHG darf die Gesellschaft voll eingezahlte eigene Geschäftsanteile nur erwerben, wenn sie zum Zeitpunkt des Erwerbs eine Rücklage in Höhe der mit dem Erwerb verbundenen Aufwendungen bilden könnte, ohne dafür das Stammkapital oder eine andere satzungsmäßig bestimmte Rücklage, die nicht zur Zahlung an die Gesellschafter verwendet werden darf, antasten zu müssen. Mit anderen Worten: Es muss der Gesellschaft möglich sein, das Entgelt vollständig aus dem über den Betrag des Stammkapitals hinaus vorhandenen (freien) Vermögen, also aus den Gewinnrücklagen zu finanzieren. Die Frage, ob eine entsprechende Rücklagenbildung möglich wäre, ist entsprechend § 42 GmbHG anhand einer bilanziellen Betrachtung unter Zugrundelegung der fortgeführten Buchwerte zu entscheiden. Nicht aufgelöste stille Reserven bleiben unberücksichtigt. **1102**

> Baumbach/Hueck-*Hueck/Fastrich*, GmbHG, § 33 Rn. 10.

Diese Voraussetzung ist stets bei allen unentgeltlichen Erwerbsakten (Schenkung, Vermächtnis, etc.) erfüllt,

> OLG Hamm GmbHR 1994, 179, 180.

Wäre die Bildung einer entsprechenden Rücklage nur unter Verletzung des Stammkapitals möglich, würde neben einem Verstoß gegen § 33 Abs. 2 GmbHG der Erwerb des Gesellschaftsanteils zugleich eine Verletzung des Auszahlungsverbots nach § 30 Abs. 1 Satz 1 GmbHG bedeuten, so dass die sich aus § 33 Abs. 2 GmbHG ergebenden Rechtsfolgen mit denen aus § 31 GmbHG konkurrieren. **1103**

> So zur früheren Gesetzesfassung
> OLG Zweibrücken NZG 2001, 569, 570;
> Scholz-*Westermann*, GmbHG, § 33 Rn. 18.

1104 Dass in § 33 Abs. 2 GmbHG die Möglichkeit zur Bildung einer Rücklage gefordert wird, bedarf keiner weiteren Begründung. Zwar handelt es sich beim Kauf eigener Geschäftsanteile zu einem angemessenen Preis im Grundsatz lediglich um einen Aktivtausch, der ansonsten die Auszahlungssperre des § 30 Abs. 1 Satz 1 GmbHG nicht auszulösen vermag. Das Gesetz verbietet aber einen derartigen Aktivtausch, da dieser allenfalls buchtechnisch, nicht aber wirtschaftlich gleichwertig ist. Der Wert des Geschäftsanteils ist nämlich an das wirtschaftliche Schicksal der Gesellschaft gekoppelt. Im Rahmen der wirtschaftlichen Abwärtsentwicklung der Gesellschaft verfällt auch der Geschäftsanteil und steht damit als Vermögenswert weder der Gesellschaft noch den Gläubigern der Gesellschaft zur Verfügung. Das Gesetz erlaubt daher in § 33 Abs. 2 GmbHG die Übernahme dieser Risiken nur unter eingeschränkten Voraussetzungen.

Das Erfordernis der Fähigkeit zur Bildung einer entsprechenden Rücklage konkretisiert somit lediglich Konsequenzen aus § 30 Abs. 1 Satz 1 GmbHG, die bei einer sachgerechten Auslegung dieser Vorschrift ohnehin zu ziehen gewesen wären.

1105 Eine darüber hinaus gehende Bedeutung kommt § 33 Abs. 2 GmbHG im Grundsatz somit lediglich dann zu, wenn der Erwerb nicht auf Kosten des zur Erhaltung des Stammkapitals erforderlichen Vermögens, sondern einer gesellschaftsvertraglich zu bildenden Rücklage erfolgt. Hier ist – weil gesellschaftsvertragliche Rücklagen i. R. des § 30 Abs. 1 Satz 1 GmbHG nicht als Verbindlichkeiten zu berücksichtigen sind (siehe oben Rn. 905) – allein § 33 Abs. 2 GmbHG verletzt, so dass es nicht zu einer Anspruchskonkurrenz mit § 31 GmbHG kommen kann.

Scholz-*Westermann*, GmbHG, § 33 Rn. 18.

Eine erhöhte „Bindung" des Gesellschaftskapitals begründet § 33 Abs. 2 GmbHG somit von vornherein nur hinsichtlich der satzungsmäßig bestimmten Rücklagen.

1106 Noch nicht geklärt ist die Behandlung der Fälle, in denen das Stammkapital noch nicht voll eingezahlt ist und deshalb gemäß § 272 Abs. 1a HGB der Nennbetrag der noch nicht eingezahlten Anteile in der Vorspalte vom Posten „Gezeichnetes Kapital" abzusetzen ist.

Hierzu *Kropff*, ZIP 2009, 1137, 1143 f.

c) Eröffnet § 33 Abs. 2 GmbHG die Möglichkeit einer vereinfachten Kapitalherabsetzung?

1107 Obwohl § 33 Abs. 2 GmbHG durch das MoMiG nicht wesentlich geändert worden ist, hat sich durch eine Neugestaltung der Bilanzierungsregeln durch das BilMoG eine bedeutendere Änderung für Jahres- und Konzernabschlüsse ergeben, die sich auf alle nach dem 31.12.2009 beginnenden Geschäftsjahre bezieht (vgl. Art. 66 Abs. 3 EGHGB) und sich auf § 33 Abs. 2 GmbHG auswirkt.

Während nach § 272 Abs. 4 HGB a. F. für eigene Geschäftsanteile aus den frei verfügbaren Gewinnrücklagen eine Rücklage in Höhe der Anschaffungskosten gebildet werden musste, umgekehrt die eigenen Anteile aber auch auf der Aktivseite der Bilanz anzusetzen waren, sieht dies § 272 HGB n. F. nicht mehr vor. Statt dessen bestimmt § 272 Abs. 1a HGB, dass der Nennbetrag (bzw. der rechnerische Wert) der erworbenen eigenen Anteile in der Vorspalte offen von dem Posten „Gezeichnetes Kapital" abgesetzt wird. Der Unterschiedsbetrag zwischen dem Nennbetrag und den Anschaffungskosten der eigenen Anteile ist mit den frei verfügbaren Rücklagen zu verrechnen („Nettomethode"). Einen Bilanzausweis der eigenen Anteile auf der Aktivseite sieht das Gesetz dagegen nicht mehr vor.

> *Küting/Reuter*, BB 2008, 658;
> *Rodewald/Pohl*, GmbHR 2009, 32, 34;
> Baumbach/Hueck-*Hueck/Fastrich*, GmbHG, § 33 Rn. 9.

Ungeachtet dessen, dass sich an der Kapitalerhaltungsfunktion von § 33 Abs. 2 GmbHG im Moment des Erwerbs der eigenen Anteile nichts geändert hat – dieser ist nach wie vor nur erlaubt, wenn entsprechende freie Rücklagen gebildet werden könnten –, stellt sich die Frage, ob anschließend durch Ausschüttungen eine Aushöhlung des satzungsmäßigen Stammkapitals möglich ist. Der Umstand, dass der Nennbetrag der erworbenen eigenen Anteile in der Bilanz vom gezeichneten Kapital abzusetzen ist, führt dazu, dass (jedenfalls) in dieser Höhe auch eine Gewinnrücklage in der Bilanz auszuweisen ist,

> *näher Rodewald/Pohl*, GmbHR 2009, 32, 34.

Es stellt sich damit die Frage, ob diese für Ausschüttungen an die Gesellschafter zur Verfügung stehen soll, auch wenn damit das satzungsmäßige und durch das Handelsregister verlautbarte Stammkapital unterschritten würde, oder ob von einer (u. U. auch nur teilweisen) Ausschüttungssperre der Gewinnrücklagen in Höhe des Nennbetrages der erworbenen eigenen Anteile auszugehen ist. **1108**

Im Ergebnis sprechen die überwiegenden Gründe dafür, die Zulässigkeit einer solchen Ausschüttung zu verneinen. Zum einen wäre es wenig sinnvoll, bezogen auf den Zeitpunkt des Erwerbs der Anteile das Stammkapital in voller Höhe zu schützen, anschließend aber schädliche Ausschüttungen zuzulassen. Zudem gibt es auch keine überzeugenden Anhaltspunkte in den Gesetzesmaterialien, die auf den Willen des Gesetzgebers schließen lassen, die strengen Voraussetzungen einer Herabsetzung des Stammkapitals (vgl. § 58 GmbHG) auf diese Weise zur Umgehung freizugeben. Schließlich kommt hinzu, dass der Rechtsverkehr sich darauf verlassen können muss, was im Handelsregister zum Stammkapital verlautbart wird. Stehen hierzu die Angaben der Bilanz (scheinbar) im Widerspruch, kann den Gesellschaftern eher **1109** zugemutet werden, diesen Widerspruch aufzuklären als außenstehenden Dritten.

> Im Ergebnis wie hier
> Baumbach/Hueck-*Hueck/Fastrich*, GmbHG, § 33 Rn. 10;
> *Kropff*, ZIP 2009, 1137, 1143 f;
> Scholz-*Westermann*, GmbHG, § 33 Rn. 18;
> zweifelnd *Rodewald/Pohl*, GmbHR 2009, 32, 34.

d) **Tatbestandsmerkmale des § 33 Abs. 2 GmbHG**

aa) **Anteilserwerb**

1110 • **Abgrenzung**: Erfasst wird von § 33 Abs. 2 GmbHG der Erwerb von Gesellschaftsanteilen durch die Gesellschaft. Um keinen Erwerb i. S. der Vorschrift handelt es sich bei der Kaduzierung eines Gesellschaftsanteils (§ 21 GmbHG).

> RGZ 98, 278;
> BGHZ 42, 89, 92;
> Lutter/Hommelhoff-*Hommelhoff*, GmbHG, § 33 Rn. 10;
> Baumbach/Hueck-*Hueck/Fastrich*, GmbHG, § 33 Rn. 4.

Dies gilt jedenfalls deshalb, weil das Kaduzierungsverfahren insoweit eine Sonderregelung gegenüber § 33 GmbHG darstellt. Kein Erwerb in diesem Sinne stellt ferner die Einziehung des Gesellschaftsanteils dar, weil hierdurch der Gesellschaftsanteil untergeht.

1111 • **Wirksamer Erwerb**: Zwar liegt die Zuständigkeit für den Abschluss des Erwerbsgeschäfts beim Geschäftsführer, der hierbei die Gesellschaft vertritt. Es stellt sich jedoch die Frage, ob er im Innenverhältnis hierzu befugt ist; denn der Erwerb eigener Gesellschaftsanteile durch die Gesellschaft verändert die Mehrheitsverhältnisse und berührt daher – grundsätzlich – die Gesellschaft als solche,

> Lutter/Hommelhoff-*Hommelhoff*, GmbHG, § 33 Rn. 33.

Dies hat zur Folge, dass der Geschäftsführer – vorbehaltlich einer ausdrücklichen anderweitigen Regelung in der Satzung – die Zustimmung der Gesellschafterversammlung einholen oder aber zumindest die Gesellschafter über den geplanten Erwerb informieren müsste, um diesen die Möglichkeit der Einberufung der Gesellschafterversammlung nach § 50 Abs. 1 GmbHG zu eröffnen, die dann dem Geschäftsführer entsprechende Weisungen erteilen kann.

> Lutter/Hommelhoff-*Hommelhoff*, GmbHG, § 33 Rn. 34;
> Scholz-*Westermann*, GmbHG, § 33 Rn. 27.

Da sich ein Gesellschafter gegenüber der Gesellschaft nicht auf die unbeschränkbare Vertretungsmacht des Geschäftsführers berufen kann, weil – überwiegender Ansicht nach – interne Bindungen des Geschäftsführers

II. Änderung der Gesellschafterstruktur und Kapitalerhaltung

bei Geschäften mit den Gesellschaftern zur Beschränkung der Vertretungsbefugnis führen,

> BAG ZIP 1994, 1290, 1294,
> dazu EWiR 1994, 995 *(Wonneberger)*;
> Scholz-*Schneider*, GmbHG, § 35 Rn. 27,

kann die Gesellschaft dem Gesellschafter den Verstoß gegen diese interne Zuständigkeits- und Kompetenzordnung entgegenhalten, soweit ein Handeln allein des Geschäftsführers und des veräußernden Gesellschafters vorliegt.

> Lutter/Hommelhoff-*Hommelhoff*, GmbHG, § 33 Rn. 35;
> Scholz-*Westermann*, GmbHG, § 33 Rn. 27.

bb) Erwerb eigener Anteile durch Gesellschaft

Erfasst wird durch § 33 Abs. 2 GmbHG grundsätzlich nur der Erwerb eigener Gesellschaftsanteile durch die Gesellschaft. Hiervon gibt es zwei Ausnahmen: 1112

- **Treuhänder**: Erwirbt ein Dritter die Gesellschaftsanteile für Rechnung 1113 der Gesellschaft, dann sind die Erstattungsvereinbarungen zwischen dem Dritten und der Gesellschaft an § 33 GmbHG zu messen, so dass – soweit ein Verstoß gegen § 33 Abs. 2 GmbHG vorliegt – der Dritte den Gesellschaftsanteil zwar mit allen Rechten und Pflichten erwirbt, i. E. aber auf eigene Rechnung.

> Lutter/Hommelhoff-*Hommelhoff*, GmbHG, § 33 Rn. 25;
> Baumbach/Hueck-*Hueck/Fastrich*, GmbHG, § 33 Rn. 3;
> Scholz-*Westermann*, GmbHG, § 33 Rn. 12.

- **Mittelbare Beteiligung**: Eine weitere Ausnahme gilt im Falle des Erwer- 1114 bes einer mittelbaren Beteiligung, also beim Erwerb von Gesellschaftsanteilen einer die Gesellschaft beherrschenden oder an ihr mit Mehrheit beteiligten weiteren Gesellschaft. Diese Einschränkung folgt aus § 272 Abs. 4 HGB, wonach, wie früher auch für den unmittelbaren Erwerb eigener Anteile, für diese Fälle eine Rücklage zu bilden ist (ist das herrschende Unternehmen eine Aktiengesellschaft, sind obendrein noch die Beschränkungen der §§ 56 Abs. 2, 71d AktG zu beachten).

> Lutter/Hommelhoff-*Hommelhoff*, GmbHG, § 33 Rn. 45 ff;
> *Löwisch*, in: MünchKomm-GmbHG, § 33 Rn. 84;
> *Emmerich*, NZG 1998, 622, 625.

Eine abweichende Ansicht geht davon aus, dass § 272 Abs. 4 HGB nur bei einer Mehrheitsbeteiligung anwendbar, eine anderweitige Beherrschung dagegen irrelevant ist.

> Roth/Altmeppen-*Altmeppen*, GmbHG, § 33 Rn. 42;
> Scholz-*Westermann*, GmbHG, § 33 Rn. 13.

cc) Voll einbezahlte Anteile

1115 § 33 Abs. 2 GmbHG findet nur auf den Erwerb solcher Gesellschaftsanteile Anwendung, auf die die Einlage vollständig erbracht ist. Ist dies nicht der Fall, findet nicht § 33 Abs. 2 GmbHG, sondern § 33 Abs. 1 GmbHG Anwendung mit der Folge, dass im Falle eines rechtsgeschäftlichen Erwerbs nicht nur das Kausalgeschäft, sondern auch das dingliche Geschäft nach § 134 BGB nichtig ist.

Lutter/Hommelhoff-*Hommelhoff*, GmbHG, § 33 Rn. 11.

e) Freies, jenseits der Stammkapitalziffer vorhandenes Vermögen

1116 Das Gesetz formuliert in § 33 Abs. 2 Satz 1 GmbHG eine klare inhaltliche Voraussetzung für den Erwerb der eigenen Anteile. Ein solcher ist nur zulässig, wenn die Gesellschaft über ausreichende ausschüttungsfähige Rücklagen oder festgestellten und noch nicht verteilten Bilanzgewinn verfügt, so dass sie in Höhe des beabsichtigten Erwerbspreises auch eine Ausschüttung an die Gesellschafter tätigen könnte. Nur wenn dies der Fall ist, darf sie die Anteile erwerben.

Lutter/Hommelhoff-*Hommelhoff*, GmbHG, § 33 Rn. 15.

aa) Ermittlung des freien Vermögens

1117 Das ausschüttungsfähige Vermögen ist anhand einer Bilanz zu fortgeführten Buchwerten festzustellen.

BGH ZIP 1996, 1984, 1986,
dazu EWiR 1997, 79 *(W. Müller)*;
OLG Zweibrücken NZG 2001, 569, 570;
OLG Dresden NZG 1998, 31;
Baumbach/Hueck-*Hueck/Fastrich*, GmbHG, § 33 Rn. 10;
Lutter/Hommelhoff-*Hommelhoff*, GmbHG, § 33 Rn. 15.

1118 Bei der Berechnung des freien Gesellschaftsvermögens sind neben den Verbindlichkeiten und den nach § 272 Abs. 4 HGB zu bildenden Rücklagen auch die anderen, nach dem Gesellschaftsvertrag zu bildenden und nicht für Zahlungen an die Gesellschafter zur Verfügung stehenden Rücklagen von den Aktiva abzuziehen. Derartige Rücklagen, die allein der Finanzierung der Gesellschaft dienen und nicht zu Gewinnausschüttungen verwendet werden sollen, dürfen somit auch nicht zur Bezahlung des Erwerbspreises für eigene Anteile eingesetzt werden. Der Nennbetrag eigener Anteile ist gemäß § 272 Abs. 1a HGB vom Posten „Gezeichnetes Kapital" abzusetzen.

Scholz-*Westermann*, GmbHG, § 33 Rn. 24;
Lutter/Hommelhoff-*Hommelhoff*, GmbHG, § 33 Rn. 15, 19.

1119 Stille Reserven können für den Erwerb nur berücksichtigt werden, soweit sie ordnungsgemäß aufgelöst wurden.

BGH ZIP 1996, 1984, 1986,
dazu EWiR 1997, 79 *(W. Müller)*;
Scholz-*Westermann*, GmbHG, § 33 Rn. 24;
Baumbach/Hueck-*Hueck/Fastrich*, GmbHG, § 33 Rn. 10.

Nicht erforderlich ist, dass die Gesellschaft zunächst im Jahresabschluss eine 1120 entsprechende Rücklage bildet. § 33 Abs. 2 Satz 1 GmbHG verlangt lediglich, dass eine solche Rücklage gebildet werden könnte und bringt damit i. E. nur das Erfordernis zum Ausdruck, dass ausreichend ausschüttungsfähiges Vermögen vorhanden ist.

Lutter/Hommelhoff-*Hommelhoff*, GmbHG, § 33 Rn. 19.

bb) Maßgebender Zeitpunkt

Der Zeitpunkt, zu dem ausreichendes freies Vermögen vorhanden sein muss, 1121 ist im Gesetz nicht ausdrücklich geregelt. Auf welchen Zeitpunkt es ankommt, ist daher umstritten.

OLG Dresden NZG 1998, 31, 32.

Teilweise wird insoweit auf die Entstehung der schuldrechtlichen Ver- 1122 pflichtung, in der Regel also auf den Abschluss des Verpflichtungsgeschäfts, abgestellt.

So im Grundsatz
Scholz-*Westermann*, GmbHG, § 33 Rn. 26.

Hierfür spricht die in § 33 Abs. 2 Satz 3 GmbHG angeordnete Rechtsfolge. Ist das Verpflichtungsgeschäft im Falle eines Verstoßes gegen § 33 Abs. 2 GmbHG nichtig, spricht einiges dafür, auf die Gegebenheiten bei Abschluss des Verpflichtungsgeschäftes abzustellen.

Lutter/Hommelhoff-*Hommelhoff*, GmbHG, § 33 Rn. 16.

Teilweise wird jedoch der Zeitpunkt für maßgebend erachtet, in dem die Ge- 1123 sellschaft die Leistung erbringt.

Für den Zeitpunkt der Leistung
BGHZ 139, 132 = ZIP 1998, 1594;
Goette, DStR 1994, 107 (Urteilsanm.).

Hierfür spricht die Nähe des § 33 Abs. 2 GmbHG zu den §§ 30 Abs. 1, 31 GmbHG. Das Auszahlungsverbot in § 30 Abs. 1 Satz 1 GmbHG stellt nämlich für die Frage, ob eine Auszahlung aus dem zur Erhaltung des Stammkapitals erforderlichen Vermögen vorliegt, auf den Moment der Auszahlung ab (siehe oben Rn. 884).

Schließlich wird auch die Ansicht vertreten, wonach es auf beide Zeitpunkte 1124 ankommen soll oder zumindest kann.

OLG Hamm GmbHR 1994, 179, 180;
Roth/Altmeppen-*Altmeppen*, GmbHG, § 33 Rn. 16 ff;
Baumbach/Hueck-*Hueck/Fastrich*, GmbHG, § 33 Rn. 11;

insoweit offengelassen hingegen
BGHZ 139, 132, 136 = ZIP 1998, 1594;
OLG Dresden NZG 1998, 31, 32.

Für die letztgenannte Ansicht spricht, dass zwischen §§ 30 f GmbHG und § 33 Abs. 2 GmbHG nicht nur Gemeinsamkeiten, sondern gerade im Hinblick auf die Rechtsfolgen auch Unterschiede bestehen; denn anders als im Falle eines Verstoßes gegen § 33 Abs. 2 GmbHG führen Zuwiderhandlungen gegen § 30 Abs. 1 Satz 1 GmbHG nicht zur Nichtigkeit des der Auszahlung zugrunde liegenden Verpflichtungsgeschäfts.

cc) Mehrere Gesellschaftsanteile

1125 Hat die Gesellschaft mehrere Gesellschaftsanteile erworben und übersteigt die Summe der Kaufpreise das freie verfügbare Vermögen, so ist eine Erfüllung der einzelnen Anteilserwerbe (nach Maßgabe der Fälligkeit) so lange möglich, wie dafür freies Vermögen ausreicht. Im Übrigen hat der Geschäftsführer den Gleichbehandlungsgrundsatz zu beachten.

Lutter/Hommelhoff-*Hommelhoff*, GmbHG, § 33 Rn. 18;
Baumbach/Hueck-*Hueck/Fastrich*, GmbHG, § 33 Rn. 10.

1126 Ist die Gesellschaft insolvent, dann sind die Erwerbsansprüche und die Entgeltforderungen für sämtliche (auch noch nicht ausbezahlte) Anteile zu addieren, mit der Folge, dass der Erwerb nur zulässig ist, wenn alle Entgeltforderungen aus dem freien Vermögen erfüllt werden können. Reicht danach das freie Vermögen nicht aus, um alle Zahlungsansprüche zu begleichen, ist der Anteilserwerb rückabzuwickeln. Sinn und Zweck dieser Gesamtbetrachtung ist es, einerseits zu verhindern, dass die Gesellschafter, die ihre Anteile an die Gesellschaft veräußert haben, im Insolvenzverfahren in Konkurrenz zu den Gesellschaftsgläubigern treten und deren Quote schmälern. Andererseits lässt sich auf diese Weise eine Gleichbehandlung der Gesellschafter untereinander erreichen.

BGHZ 139, 132, 137 = ZIP 1998, 1594;
Lutter/Hommelhoff-*Hommelhoff*, GmbHG, § 33 Rn. 18;
Baumbach/Hueck-*Hueck/Fastrich*, GmbHG, § 33 Rn. 10.

f) Anlass des Erwerbes

aa) Grundsatz

1127 § 33 Abs. 2 GmbHG gilt grundsätzlich unabhängig davon, welcher Anlass dem Erwerb zugrunde liegt (anders § 33 Abs. 3 GmbHG). Der Erwerb eigener Anteile ist unter den Voraussetzungen des § 33 Abs. 2 GmbHG daher auch dann untersagt, wenn anderenfalls ein Nachteil für die GmbH droht.

Lutter/Hommelhoff-*Hommelhoff*, GmbHG, § 33 Rn. 23;
Baumbach/Hueck-*Hueck/Fastrich*, GmbHG, § 33 Rn. 12.

II. Änderung der Gesellschafterstruktur und Kapitalerhaltung

bb) Ausnahme für Umwandlungsvorgänge

§ 33 Abs. 3 GmbHG erweitert die Zulässigkeit des Erwerbs eigener Gesellschaftsanteile durch die Gesellschaft i. R. bestimmter Umwandlungsvorgänge. 1128

> S. hierzu im Einzelnen
> Scholz-*Westermann*, GmbHG, § 33 Rn. 45 ff;
> Baumbach/Hueck-*Hueck/Fastrich*, GmbHG, § 33 Rn. 15 ff.

g) Höhe des Entgeltes

Ob und inwieweit das von der Gesellschaft an den Gesellschafter gezahlte Entgelt für den Gesellschaftsanteil angemessen ist oder nicht, ist keine Frage des § 33 Abs. 2 GmbHG. 1129

h) Entsprechende Anwendung auf Inpfandnahme voll eingezahlter Gesellschaftsanteile

Die beschränkenden Regeln zur Inpfandnahme eigener Gesellschaftsanteile, die dem aktienrechtlichen Vorbild folgen, wollen eine Umgehung des Erwerbsverbots verhindern. Sinn und Zweck ist es, den Schutz des Stammkapitals vorzuverlegen, der bei einer Pfandverwertung beeinträchtigt werden könnte. Die Inpfandnahme steht dem Erwerb gleich, wenn die gesicherte Forderung (oder der geringere Wert des Gesellschaftsanteils) nicht durch freies Vermögen gedeckt ist. Dabei spielt es keine Rolle, ob sich die zu sichernde Forderung gegen den Gesellschafter oder aber gegen einen Dritten richtet. 1130

> Baumbach/Hueck-*Hueck/Fastrich*, GmbHG, § 33 Rn. 13;
> Scholz-*Westermann*, GmbHG, § 33 Rn. 25.

i) Rechtsfolgen bei Verstoß gegen § 33 Abs. 2 GmbHG

aa) Auswirkungen auf das Rechtsgeschäft

Die Rechtsfolge bei einem Verstoß gegen § 33 Abs. 2 Satz 1 und 2 GmbHG ergibt sich unmittelbar aus § 33 Abs. 2 Satz 3 GmbHG. Danach ist das schuldrechtliche Geschäft – anders als im Anwendungsbereich des § 30 Abs. 1 GmbHG – nichtig. 1131

> OLG Dresden NZG 1998, 31;
> OLG Zweibrücken NZG 2001, 569, 570.

Ein Teil der Literatur vertritt allerdings die Ansicht, dass wie i. R. von § 30 Abs. 1 Satz 1 GmbHG das schuldrechtliche Geschäft nicht nichtig, sondern zunächst nur schwebend unwirksam, 1132

> Baumbach/Hueck-*Hueck/Fastrich*, GmbHG, § 33 Rn. 14,

oder lediglich nicht erfüllbar sein soll, solange bei Erfüllung eine Unterbilanz eintreten würde.

> Lutter/Hommelhoff-*Hommelhoff*, GmbHG, § 33 Rn. 24;
> undeutlich BGHZ 139, 132 = ZIP 1998, 1594.

Rechtspolitisch erscheint diese Ansicht überzeugend, mit dem Gesetzeswortlaut ist sie jedoch nicht zu vereinbaren.

1133 Dagegen ist das dingliche Rechtsgeschäft wirksam. Die Wirksamkeit des dinglichen Rechtsgeschäfts bezweckt in erster Linie den Schutz des Dritten, der den Geschäftsanteil anschließend von der Gesellschaft erwirbt und regelmäßig von dem Verstoß gegen § 33 GmbHG keine Kenntnis haben kann.

Rowedder/Schmidt-Leithoff-*Pentz*, GmbHG, § 33 Rn. 36.

1134 Fehlt freies Vermögen zum maßgebenden Zeitpunkt, so tritt keine Heilung des Verpflichtungsgeschäfts durch Besserung der Lage der Gesellschaft vor Übertragung der Gesellschaftsanteile ein. Eine Bestätigung des Rechtsgeschäfts (§ 141 BGB) ist jedoch möglich; ob hierfür stets eine „ergänzende Vertragsauslegung" genügt,

so Roth/Altmeppen-*Altmeppen*, GmbHG, § 33 Rn. 17,

erscheint allerdings zweifelhaft.

1135 Sieht das Rechtsgeschäft vor, dass der Anspruch auf Übertragung des Gesellschaftsanteils erst fällig wird, wenn die Voraussetzungen des § 33 Abs. 2 GmbHG vorliegen, ist das (nicht erfüllte) Verpflichtungsgeschäft überwiegender Ansicht nach dagegen nicht nichtig.

OLG Hamm GmbHR 1994, 179, 180;
Baumbach/Hueck-*Hueck/Fastrich*, GmbHG, § 33 Rn. 11;
Lutter/Hommelhoff-*Hommelhoff*, GmbHG, § 33 Rn. 24.

bb) Folgen für den Geschäftsführer

1136 Ist das zugrunde liegende Rechtsgeschäft nach § 33 Abs. 2 Satz 3 GmbHG nichtig, so hat der Geschäftsführer die Durchführung des Vertrages zu verweigern, soweit der Anteilserwerb noch nicht vollzogen ist. Ist der verbotswidrige Anteilserwerb vollzogen, haftet der Geschäftsführer nach § 43 Abs. 3 GmbHG gegenüber der Gesellschaft. Da § 33 Abs. 2 GmbHG kein Schutzgesetz zugunsten der Gesellschaftsgläubiger ist, kommt eine unmittelbare Außenhaftung nicht in Betracht.

cc) Folgen für den Gesellschafter

1137 • **Bereicherungsrechtlicher Erstattungsanspruch:** Soweit Zahlungen aus dem Gesellschafsvermögen entgegen § 33 Abs. 2 GmbHG an den Gesellschafter erbracht wurden, hat dieser sie nach § 812 Abs. 1 Satz 1 Alt. 1 BGB der Gesellschaft zu erstatten.

OLG Zweibrücken NZG 2001, 569, 570;
Baumbach/Hueck-*Hueck/Fastrich*, GmbHG, § 33 Rn. 14.

Die Gesellschaft ihrerseits ist nur Zug um Zug gegen Zahlung des Geleisteten zur Rückabtretung des Gesellschaftsanteils verpflichtet (§ 273 BGB).

II. Änderung der Gesellschafterstruktur und Kapitalerhaltung

Baumbach/Hueck-*Hueck/Fastrich*, GmbHG, § 33 Rn. 14;
Scholz-*Westermann*, GmbHG, § 33 Rn. 29;
Lutter, DB 1980, 1317, 1322;
Lutter/Hommelhoff-*Hommelhoff*, GmbHG, § 33 Rn. 21.

Hat die Gesellschaft den Gesellschaftsanteil wirksam weiter übertragen, so hat sie nach § 818 Abs. 2 BGB Wertersatz in Höhe des objektiven Verkehrswerts zu leisten. Ein Mehrerlös verbleibt mithin bei der Gesellschaft. Bei einem Mindererlös gilt § 818 Abs. 3 BGB.

Rowedder/Schmidt-Leithoff-*Pentz*, GmbHG, § 33 Rn. 37.

- **Erstattungsanspruch nach § 31 Abs. 1 GmbHG**: Da bei einem verbotswidrigen Erwerb eigener Anteile i. S. des § 33 Abs. 2 GmbHG im Regelfall auch § 30 Abs. 1 Satz 1 GmbHG berührt sein wird (siehe oben Rn. 1102 ff), kommt es hier regelmäßig zu einer Anspruchskonkurrenz des bereicherungsrechtlichen Rückerstattungsanspruchs mit § 31 Abs. 1 GmbHG. 1138

Lutter/Hommelhoff-*Hommelhoff*, GmbHG, § 33 Rn. 21.

Anders ist die Rechtslage bei einer Inpfandnahme von eigenen Geschäftsanteilen. Die Rückabwicklung folgt hier grundsätzlich allein nach den bereicherungsrechtlichen Vorschriften, da – jenseits der Stammkapitalgrenze – die Besicherung eines Anspruchs der Gesellschaft durch Inpfandnahme des Gesellschaftsanteils das zur Erhaltung des Stammkapitals erforderliche Vermögen grundsätzlich unberührt lässt.

Lutter/Hommelhoff-*Hommelhoff*, GmbHG, § 33 Rn. 29.

dd) Ausfallhaftung

Liegt zugleich ein Verstoß gegen § 30 Abs. 1 Satz 1 GmbHG vor und haftet der Gesellschafter nicht schon als primär Verpflichteter nach § 31 Abs. 1 GmbHG bzw. nach Bereicherungsrecht, so kommt unter den Voraussetzungen des § 31 Abs. 3 GmbHG eine Ausfallhaftung in Betracht. 1139

2. Kapitalerhaltung bei Einziehung des Gesellschaftsanteils durch Gesellschafterbeschluss

a) Überblick

Die Notwendigkeit, das Stammkapital gegen einen Abfluss an die Gesellschafter zu schützen, stellt sich auch bei der Einziehung von Gesellschaftsanteilen, sofern diese, wie üblich, gegen Abfindung erfolgt. 1140

Diesbezüglich stellt § 34 Abs. 3 GmbHG klar, dass die (satzungsmäßigen) Bestimmungen über die Einziehung von Gesellschaftsanteilen das Gebot der Kapitalerhaltung in § 30 Abs. 1 Satz 1 GmbHG unberührt lassen. Soweit daher die Einziehung des Gesellschaftsanteils gegen Abfindung erfolgt, darf

Letztere nicht aus nach § 30 Abs. 1 Satz 1 GmbHG gebundenen Mitteln gezahlt werden.

Goette, DStR 2001, 1898, 1899 (Urteilsanm.).

1141 Wichtig ist, dass § 34 GmbHG *per se* nur die Fälle betrifft, in denen in der Satzung die Möglichkeit einer Ausschließung durch Beschluss der Gesellschafterversammlung vorgesehen ist. Fehlt eine entsprechende Regelung, ist die Ausschließung eines Gesellschafters nur im Klagewege möglich.

Regelungsziel von § 34 GmbHG ist es, dass das Stammkapital auch in diesem Fall nicht angetastet werden darf. Dabei erweisen sich nicht so sehr der Schutz des Stammkapitals, sondern vielmehr die daraus für die Wirksamkeit der entsprechenden Gesellschafterbeschlüsse zu ziehenden Folgen als problematisch.

b) Tatbestandsvoraussetzungen

1142 Sieht die Satzung die Möglichkeit des Einzugs eines Gesellschaftsanteils vor, schuldet die Gesellschaft im Gegenzug dem ausscheidenden Gesellschafter eine Abfindung. Die Gesellschaft darf das Entgelt für den eingezogenen Anteil jedoch nur aus dem über die Stammkapitalziffer hinausgehenden Reinvermögen der Gesellschaft gewähren. Entscheidender Zeitpunkt für die Frage, ob hinreichende Mittel zur Verfügung stehen, ist – wie in den anderen Fällen des § 30 Abs. 1 Satz 1 GmbHG auch (siehe oben Rn. 883 ff) – grundsätzlich nicht die Entstehung des Abfindungsanspruchs, sondern der Zeitpunkt der Auszahlung.

BGHZ 139, 132 = ZIP 1998, 1594;
BGH ZIP 1989, 93,
dazu EWIR 1989, 369 *(Martens)*;
Baumbach/Hueck-*Hueck/Fastrich*, GmbHG, § 34 Rn. 40;
Roth/Altmeppen-*Altmeppen*, GmbHG, § 34 Rn. 18;
Scholz-*Westermann*, GmbHG, § 34 Rn. 51.

c) Rechtsfolgen in Bezug auf die Auszahlung

1143 Die Rechtsfolgen im Falle einer verbotswidrigen Auszahlung ergeben sich zum einen – wie auch in den anderen Fällen eines Verstoßes gegen § 30 Abs. 1 Satz 1 GmbHG – aus § 31 GmbHG (siehe hierzu oben Rn. 935 ff) sowie aus § 43 Abs. 3 GmbHG. Für die Rückgewährpflicht wie auch für die Haftung des Geschäftsführers ergeben sich keine Besonderheiten.

1144 Wie in anderen Fällen gilt auch hier, dass über die Frage, ob freies Vermögen in ausreichendem Umfang vorhanden ist, eine bilanzielle Betrachtung entscheidet. So sind für die Frage etwaige stille Reserven nicht zu berücksichtigen, solange sie nicht realisiert bzw. aufgedeckt worden sind, oder das Stammkapital herabgesetzt worden ist.

BGH ZIP 2012, 422, Rn. 21 = WM 2012, 406,
dazu EWiR 2012, 177 *(Lutter)*;
OLG Hamm DStR 2009, 1771.

Fraglich und umstritten war i. R. des § 34 Abs. 3 GmbHG dagegen das Schicksal des die Einziehung anordnenden Gesellschafterbeschlusses, wenn kein hinreichend ungebundenes Vermögen der Gesellschaft vorhanden ist. 1145

Nach der inzwischen gefestigten Rechtsprechung des Bundesgerichtshofs ergeben sich je nachdem unterschiedliche Rechtsfolgen, ob aus Sicht des Zeitpunkts der Beschlussfassung für den beabsichtigten Zeitpunkt der Auszahlung damit zu rechnen ist, dass die Auszahlung ohne Verstoß gegen § 30 Abs. 1 Satz 1 GmbHG erfolgen kann oder nicht.

d) Rechtsfolgen in Bezug auf den Gesellschafterbeschluss

Ganz überwiegend werden hier **zwei Fallgruppen** unterschieden: 1146

Auszahlung ohne Verstoß gegen § 30 Abs. 1 GmbHG von Anfang an ausgeschlossen: 1147

- Steht bereits bei Beschlussfassung über die Einziehung fest, dass die geschuldete Abfindung nach der Vermögenslage bei Fälligkeit nicht aus dem über die Stammkapitalziffer hinausgehenden Nettovermögen der Gesellschaft geleistet werden kann, ist der Beschluss nach der gefestigten Rechtsprechung des Bundesgerichtshofs gemäß § 134 BGB nichtig.

    BGH ZIP 2012, 422, Rn. 7 = WM 2012, 406,
    dazu EWiR 2012, 177 *(Lutter)*;
    BGH ZIP 2011, 1104,
    dazu EWiR 2011, 537 *(Schult/Wahl)*;
    BGH ZIP 2009, 314 = NZG 2009, 221,
    dazu EWiR 2009, 267 *(Schodder)*;
    BGH DStR 2001, 1898, m. Anm. *Goette*;
    BGH DStR 2000, 1443, 1445, m. Anm. *Goette* = ZIP 2000, 1294,
    dazu EWiR 2000, 943 *(Casper)*;
    Baumbach/Hueck-*Hueck/Fastrich*, GmbHG, § 34 Rn. 40;
    Scholz-*Westermann*, GmbHG, § 34 Rn. 55;
    Ulmer, in: FS Rittner, S. 735, 742 f.

- Nach anderen Ansichten soll ein solcher Beschluss dagegen lediglich anfechtbar,

    OLG Celle GmbHR 1998, 140, 141;
    Roth/Altmeppen-*Altmeppen*, GmbHG, § 34 Rn. 24,

    oder in jedem Falle wirksam und unanfechtbar sein.

    so *Löwe/Thoß*, NZG 2003, 1005;
    so jetzt auch *Schneider/Hoger*, NJW 2013, 502 ff.

- Diese Rechtsprechung des Bundesgerichtshofs steht im Einklang mit der vielfach vertretenen Ansicht (siehe oben Rn. 932), dass ein Beschluss keine Gültigkeit haben kann, dessen Durchführung von vornherein und auf Dauer in offenem Widerspruch zum Kapitalerhaltungsgrundsatz steht. Ob die für § 34 Abs. 3 GmbHG geklärte Rechtsfolge allerdings zwingend auf andere Fälle eines Verstoßes gegen § 30 Abs. 1 Satz 1 GmbHG zu übertragen ist, erscheint fraglich. Steht schon bei Beschlussfassung fest, dass die mit einem Ausschluss verbundene Abfindung nicht ausgezahlt werden darf und kann, erfordert nicht so sehr der Schutz des Grundkapitals, sondern der Schutz auszuschließenden Gesellschafters die Nichtigkeit des Beschlusses. Steht fest, dass dieser die geschuldete Abfindung nicht erhalten kann, ist deshalb dem Beschluss die Wirksamkeit von Anfang an zu versagen. Rückschlüsse auf andere Fälle des § 30 Abs. 1 Satz 1 GmbHG sind damit wohl nicht möglich.

- Ist das Abfindungsguthaben erst wesentlich längere Zeit nach der Beschlussfassung fällig, ist eine entsprechende Prognose zu erstellen,

   BGH ZIP 2012, 422 = WM 2012, 406,
   dazu EWiR 2012, 177 *(Lutter)*.

- Ob die Nichtigkeit dadurch vermieden werden kann, dass im Beschluss klarstellt wird, dass die Zahlung nur bei Vorhandensein ausreichenden Vermögens erfolgen darf,

   so BGH DStR 2000, 1443, 1445, m. Anm. *Goette* = ZIP 2000, 1294 (3. LS, aber ohne weitere Begründung),
   dazu EWiR 2000, 943 *(Casper)*,

erscheint fraglich und dürfte im Lichte der neueren Rechtsprechung zu verneinen sein.

1148 **Nachträgliche Erkenntnis, dass Auszahlung Verstoß gegen § 30 Abs. 1 Satz 1 GmbHG bedeuten würde:**

- War bei Beschlussfassung noch nicht abzusehen, ob hinreichend freies Vermögen der Gesellschaft zur Abfindung des Gesellschafters vorhanden ist, stand der früher h. M. zufolge zur Sicherung des betroffenen Gesellschafters – unabhängig davon, ob in der Satzung etwas anderes geregelt war –,

   KG Berlin GmbHR 1999, 1202, 1205,

der Einziehungsbeschluss unter der aufschiebenden gesetzlichen Bedingung, dass die Zahlung der Abfindung ohne Beeinträchtigung des Stammkapitals erfolgt.

   OLG Düsseldorf, NZG 2007, 2878 = ZIP 2007, 1064;
   OLG Schleswig GmbHR 2000, 935, 936;
   OLG Köln NZG 1999, 1222;
   KG Berlin GmbHR 1999, 1202, 1204;
   Baumbach/Hueck-*Hueck*/*Fastrich*, GmbHG, § 34 Rn. 41.

Mithin blieben Gesellschaftsanteil und mit ihm Gesellschafterstellung mit allen Rechten und Pflichten bis zur vollständigen Zahlung der Abfindung unverändert bestehen. Die damit einhergehende Rechtsunsicherheit wurde im Interesse des (ausscheidenden) Gesellschafters hingenommen, da dieser anderenfalls nicht nur seine Mitgliedschaft verlieren, sondern

II. Änderung der Gesellschafterstruktur und Kapitalerhaltung

auch deren Vermögenswert gegen eine im Hinblick auf § 30 Abs. 1 Satz 1 GmbHG unsichere Forderung gegen die Gesellschaft eintauschen müsste.

OLG Köln NZG 1999, 1222 f;
OLG Schleswig GmbHR 2000, 935, 936;
Baumbach/Hueck-*Hueck/Fastrich*, GmbHG, § 34 Rn. 41.

Der Gesellschafter sollte jedoch i. R. der Ausübung seiner Rechte (insbesondere der Stimmrechte) besonderen Treuepflichten bzw. Treuebindungen unterliegen.

Baumbach/Hueck-*Hueck/Fastrich*, GmbHG, § 34 Rn. 41.

- Dieser Konzeption hat der Bundesgerichtshof nunmehr wegen der für die Gesellschaft und alle Beteiligten abträglichen Rechtsunsicherheit eine Absage erteilt. Nach der neuesten Rechtsprechung wird, sofern in der Satzung nichts Abweichendes geregelt ist, die Einziehung sofort wirksam, sobald der Einziehungsbeschluss dem betroffenen Gesellschafter mitgeteilt wird.

    BGH ZIP 2012, 422 = WM 2012, 406 (mit umfangreichen Nachweisen zur bisherigen Rechtsprechung und Literatur),
    dazu EWiR 2012, 177 *(Lutter)*;
    zustimmend *Schneider/Hoger*, NJW 2013, 502;
    ebenso zuvor OLG Frankfurt/M. GmbHR 2011, 1320;
    KG Berlin ZIP 2006, 1098 = NZG 2006, 437.

- Etwas anderes gilt nach der Entscheidung des Bundesgerichtshofs nur, wenn der Beschluss nichtig ist oder im Klagewege für nichtig erklärt wird. Ein Nichtigkeitsgrund ist wie bisher dann gegeben, wenn schon bei Fassung des Gesellschafterbeschlusses feststeht, dass die Gesellschaft die geschuldete Abfindung nicht aus dem freien Vermögen aufbringen kann (siehe oben Rn. 932).

    BGH ZIP 2012, 422 = WM 2012, 406,
    dazu EWiR 2012, 177 *(Lutter)*;
    Lutter/Hommelhoff-*Hommelhoff*, GmbHG, § 34 Rn. 7.

In seiner Begründung verweist der Bundesgerichtshof darauf, dass das Interesse der Gesellschaft an einer schnellen Klärung der Frage der Mitgliedschaft mit dem Interesse des ausgeschlossenen Gesellschafters am tatsächlichen Erhalt eines angemessenen Ausgleichs miteinander abzuwägen sei. Da sich der Gesellschafter mit der Anerkennung der Satzungsbestimmung über die Ausschlussmöglichkeit durch Gesellschafterbeschluss mit einem solchen Vorgehen prinzipiell einverstanden erklärt habe, müssten seine vermögensmäßigen Interessen insoweit zurückstehen.

- Auch die Frage, welche Folgen eintreten, wenn zur späteren Fälligkeitszeit wegen § 30 Abs. 1 Satz 1 GmbHG dann doch keine Zahlung erfolgen kann, hat der Bundesgerichtshof geklärt. Anders als von einem Teil der Literatur angenommen,

    Baumbach/Hueck-*Hueck/Fastrich*, GmbHG, § 34 Rn. 41;
    Lutter/Hommelhoff-*Hommelhoff*, GmbHG, § 34 Rn. 48,

hat dies nicht zur Folge, dass der Beschluss wie im Falle einer auflösenden Bedingung nachträglich hinfällig wird. Vielmehr hat sich der Bundesgerichtshof der Ansicht angeschlossen,

> vgl. Roth/Altmeppen-*Altmeppen*, GmbHG, § 34 Rn. 30 ff;
> *Strohn*, in: MünchKomm-GmbHG, § 34 Rn. 76 f,

wonach in diesem Fall die verbleibenden Gesellschafter *pro rata* ihrer Beteiligung persönlich haften. Diese Haftung tritt unabhängig davon ein, ob der jeweilige Gesellschafter zugestimmt hat,

> *Schneider/Hoger*, NJW 2013, 502 ff.

- Auch nach der Klarstellung durch den Bundesgerichtshof sind eindeutige Regelungen im Gesellschaftsvertrag zur Vermeidung von Unsicherheiten und Nachteilen des Gesellschafters zu empfehlen, wobei allerdings auch schon bloße Wiedergaben gesetzlicher Bestimmungen u. U. zu unerwünschten Auslegungsergebnissen führen können,

  > beispielhaft KG Berlin GmbHR 2005, 1612.

- In der Literatur finden sich zudem vielfache weitere Lösungsvorschläge für den Fall des Fehlens einer ausdrücklichen Regelung, die sich in der Rechtsprechung jedoch nicht durchgesetzt haben,

  > Baumbach/Hueck-*Hueck/Fastrich*, GmbHG, § 34 Rn. 43 ff.

- Gänzlich vermeiden lässt sich die Problematik einer Kollision mit § 30 Abs. 1 Satz 1 GmbHG, wenn der Geschäftsanteil auf einen anderen Gesellschafter übertragen werden muss, der dann – an Stelle der Gesellschaft – auch die entsprechende Abfindung schuldet.

e) Kapitalerhaltung bei klageweiser Ausschließung eines Gesellschafters

1149 Sieht die Satzung keine Regelungen über die Einziehung eines Geschäftsanteils vor, entspricht es der allgemeinen Ansicht, dass gleichwohl bei Vorliegen eines wichtigen Grundes ein Ausschluss möglich ist. Ausschlussmittel ist in diesem Fall die Klage, auf die ein rechtsgestaltendes Urteil ergeht. Weiter besteht Einigkeit, dass auch in diesem Fall die jeweils geschuldete Abfindung nur ausgezahlt werden darf, soweit dies ohne Verstoß gegen § 30 Abs. 1 Satz 1 GmbHG möglich ist,

> vgl. statt vieler
> Baumbach/Hueck-*Hueck/Fastrich*, GmbHG, § 34 Anh. Rn. 7, 11.

1150 Da es allerdings bei Fehlen einer Satzungsbestimmung an einem antizipierten Einverständnis des Gesellschafters mit der Verfahrensweise fehlt, wird in diesem Fall die Ausschließung weiterhin erst wirksam, wenn der Gesellschafter die ihm zustehende Abfindung ausgezahlt erhält (aufschiebende Bedingung),

> so st. Rspr. seit BGHZ 9, 157, 174 f;
> hierzu Baumbach/Hueck-*Hueck/Fastrich*, GmbHG, § 34 Anh. Rn. 7, 11.

III. Kredite an der Gesellschaft nahestehende Nichtgesellschafter (§ 43a GmbHG)

An diesen Grundsätzen hat der Bundesgerichtshof in den jüngsten Entscheidungen ausdrücklich (noch) festgehalten,

BGH ZIP 2012, 422, Rn. 16 = WM 2012, 406,
dazu EWiR 2012, 177 *(Lutter)*;
für eine Gleichbehandlung mit § 34 GmbHG
Schneider/Hoger, NJW 2013, 502 ff.

III. Kredite an der Gesellschaft nahestehende Nichtgesellschafter (§ 43a GmbHG)

1. Normzweck

Sinn und Zweck des nicht dispositiven § 43a GmbHG, 1151

Michalski-*Michalski*, GmbHG, § 43a Rn. 3;
Lutter/Hommelhoff-*Kleindieck*, GmbHG, § 43a Rn. 1,

ist es, die Erhaltung des Gesellschaftsvermögens in Höhe der Stammkapitalziffer durch Kreditgewährungsverbote abzusichern.

Baumbach/Hueck-*Zöllner/Noack*, GmbHG, § 43a Rn. 1;
Lutter/Hommelhoff-*Kleindieck*, GmbHG, § 43a Rn. 1;
abweichend
Scholz-*Schneider*, GmbHG, § 43a Rn. 8 ff.

Zwar führt die Kreditgewährung bilanztechnisch besehen nur zu einem Aktivtausch. Jedoch belastet die Kreditgewährung die Gesellschaft – wirtschaftlich besehen – mit dem Insolvenzrisiko des Darlehensnehmers, wodurch sie das zur Erhaltung des Stammkapitals erforderliche Vermögen erheblich gefährden kann. Darüber hinaus zielt § 43a GmbHG auf Abwehr der besonderen Gefahren, die sich aus der Darlehensgewährung an eine der verfügungsberechtigten Personen ergeben können („Selbstbedienung"). Aus diesem Grund bleibt der Aktivtausch bei der Frage, ob durch die Gewährung eines Darlehens eine Unterbilanz eintreten würde, unberücksichtigt (allg. Ansicht). 1152

Lutter/Hommelhoff-*Kleindieck*, GmbHG, § 43a Rn. 1;
Michalski-*Michalski*, GmbHG, § 43a Rn. 1;
Baumbach/Hueck-*Zöllner/Noack*, GmbHG, § 43a Rn. 1;
Fromm, GmbHR 2008, 537 f.

Dieser Schutz des zur Erhaltung des Stammkapitals erforderlichen Vermögens ist in § 43a GmbHG abstrakt bzw. generell verwirklicht. Ob sich im konkreten Fall das oben beschriebene Risiko tatsächlich verwirklicht, ist für § 43a GmbHG ohne Bedeutung. 1153

Michalski-*Michalski*, GmbHG, § 43a Rn. 2.

2. Verhältnis zu anderen Vorschriften

- **Verhältnis zu § 181 BGB:** § 181 BGB und § 43a GmbHG sind nebeneinander anwendbar. Das Selbstkontrahierungsverbot bietet jedoch – grundsätzlich – nur hinreichenden Schutz vor Kreditvergaben des Ge- 1154 schäftsführers an sich selber, nicht aber vor Kreditvergaben an andere Adressaten des § 43a GmbHG (zu diesen unten Rn. 1054). Insoweit unterscheiden sich mithin beide Regelungen in Bezug auf die persönliche Reichweite. Zudem läuft der durch § 181 BGB vermittelte Schutz dann leer, wenn der Geschäftsführer vom Verbot des § 181 BGB befreit ist bzw. die Gesellschaft das vom Geschäftsführer unter Verstoß des § 181 BGB geschlossene Geschäft genehmigt.

> Michalski-*Michalski*, GmbHG, § 43a Rn. 5.

1155 • **Verhältnis zu § 43 GmbHG:** Auch diese Vorschrift findet neben § 43a GmbHG Anwendung. Kredite aus ungebundenem Vermögen werden jedoch nicht von § 43a GmbHG behindert und sind daher allein an § 43 GmbHG zu messen. Im Einzelfall kann die Kreditvergabe gegen die dem Geschäftsführer obliegende Treuepflicht verstoßen,

> s. hierzu BGHZ 10, 187, 192;
> BGHZ 49, 30, 31;
> BGH WM 1964, 1320, 1321;
> BGH NJW 1986, 585, 586 = ZIP 1985, 1484,

wenn die Kreditvergabe an den Geschäftsführer selbst erfolgte, oder – soweit die Kredite an Dritte ausgereicht wurden – gegen die Pflicht zur ordnungsgemäßen Geschäftsführung. Nach h. M. ist hier dann § 43 Abs. 3 GmbHG entsprechend anzuwenden.

> S. insbesondere zu den Grenzen des unternehmerischen Ermessens
> *Abeltshauser*, S. 130 ff;
> *Hopt*, in: FS Mestmäcker, S. 909, 919 ff;
> Scholz-*Schneider*, GmbHG, § 43 Rn. 46 ff;
> *Horn*, ZIP 1997, 1129, 1134;
> Michalski-*Michalski*, GmbHG, § 43 Rn. 6.

1156 • **Verhältnis zu § 30 Abs. 1 GmbHG:** Die Abgrenzung des § 43a GmbHG von § 30 Abs. 1 Satz 1 GmbHG ist umstritten und hängt insbesondere mit dem persönlichen Anwendungsbereich beider Vorschriften zusammen. Dem Wortlaut nach verbietet § 30 Abs. 1 Satz 1 GmbHG Auszahlungen an Gesellschafter, § 43a GmbHG Kreditvergaben an Geschäftsführer und gleichgestellte Personen. Das Verhältnis beider Vorschriften hängt wesentlich davon ab, ob § 43a GmbHG auch auf den Gesellschafter entsprechend anzuwenden ist. Teilweise wird dies befürwortet, um Schutzlücken zulasten der Gesellschaft bzw. Gläubiger in den Fällen zu verhindern, in denen Kreditvergaben/Besicherungen aus dem Gesellschaftsvermögen zugunsten des Gesellschafters erfolgen.

Eine solche entsprechende Anwendung ist jedoch abzulehnen. Zum einen wäre dies schon mit dem Wortlaut nicht zu vereinbaren. Zum anderen ist unter den Voraussetzungen von § 30 Abs. 1 Satz 2 Alt. 2 GmbHG eine Kreditgewährung an Gesellschafter ausdrücklich gestattet und damit diese Frage abschließend geregelt ist.

III. Kredite an der Gesellschaft nahestehende Nichtgesellschafter (§ 43a GmbHG)

So schon zu § 30 Abs. 1 GmbHG a. F.
BGHZ 157, 72 = ZIP 2004, 263,
dazu EWiR 2004, 911 *(Schöne/Stolze)*;
Michalski-*Michalski*, GmbHG, § 43a Rn. 10, 17;
Baumbach/Hueck-*Zöllner/Noack*, GmbHG, § 43a Rn. 3;
Lutter/Hommelhoff-*Hommelhoff*, GmbHG, § 43a Rn. 4;
a. A. Scholz-*Schneider*, GmbHG, § 43a Rn. 29, 62.

Unstreitig ist jedoch, dass § 43a GmbHG auf den Gesellschafter-Geschäftsführer anzuwenden ist,

Michalski-*Michalski*, GmbHG, § 43a Rn. 10;
Baumbach/Hueck-*Zöllner/Noack*, GmbHG, § 43a Rn. 3.

3. Tatbestandsvoraussetzungen

a) Der persönliche Anwendungsbereich

Der persönliche Anwendungsbereich des § 43a GmbHG wird zum einen durch den in § 43a GmbHG bestimmten Adressatenkreis bestimmt und zum anderen durch die Empfängereigenschaft. **1157**

aa) Der Adressatenkreis

Verboten sind Kredite i. S. des § 43a GmbHG an: **1158**

- den Geschäftsführer, auch wenn er gleichzeitig Gesellschafter ist,

    BGH ZIP 2012, 1071,
    dazu EWiR 2012, 415 *(Paefgen/Dettke)*;
    BGHZ 157, 72 = ZIP 2004, 263,
    dazu EWiR 2004, 911 *(Schöne/Stolze)*;
    a. A. Roth/Altmeppen-*Altmeppen*, GmbHG, § 30 Rn. 7.

- den stellvertretenden Geschäftsführer (§ 44 GmbHG),
- den fehlerhaft bestellten Geschäftsführer,
- den Notgeschäftsführer,

    Michalski-*Michalski*, GmbHG, § 43a Rn. 13;
    Scholz-*Schneider*, GmbHG, § 43a Rn. 29,

- den faktischen Geschäftsführer (zum Begriff siehe oben Rn. 1031),

    Michalski-*Michalski*, GmbHG, § 43a Rn. 13;
    Scholz-*Schneider*, GmbHG, § 43a Rn. 29;
    Baumbach/Hueck-*Zöllner/Noack*, GmbHG, § 43a Rn. 3,

- die Liquidatoren („andere gesetzliche Vertreter"),
- die Prokuristen sowie
- die zum gesamten Geschäftsbetrieb ermächtigten Handlungsbevollmächtigten (§ 54 Abs. 1 Alt. 1 HGB; hierzu gehören auch die Generalbevollmächtigten).

Lutter/Hommelhoff-*Kleindieck*, GmbHG, § 43a Rn. 4;
Baumbach/Hueck-*Zöllner/Noack*, GmbHG, § 43a Rn. 3;
Scholz-*Schneider*, GmbHG, § 43a Rn. 32.

1159 Überwiegender Ansicht nach ist die Liste in § 43a GmbHG abschließend.

Lutter/Hommelhoff-*Kleindieck*, GmbHG, § 43a Rn. 4;
Peltzer, in: FS Rowedder, S. 325, 337 f;
a. A. Scholz-*Schneider*, GmbHG, § 43a Rn. 29, 61 ff.

1160 Nicht erfasst sind daher h. M. nach:

- leitende Angestellte,

  Michalski-*Michalski*, GmbHG, § 43a Rn. 16;
  Baumbach/Hueck-*Zöllner/Noack*, GmbHG, § 43a Rn. 3;
  Lutter/Hommelhoff-*Kleindieck*, GmbHG, § 43a Rn. 4,

- Aufsichtsratsmitglieder,

  Michalski-*Michalski*, GmbHG, § 43a Rn. 15;
  Baumbach/Hueck-*Zöllner/Noack*, GmbHG, § 43a Rn. 3;
  Roth/Altmeppen-*Altmeppen*, GmbHG, § 43a Rn. 6;
  a. A. Scholz-*Schneider*, GmbHG, § 43a Rn. 30.

  Dies gilt selbst dann, wenn sie die Geschäftsführung maßgeblich beeinflussen können.

  Lutter/Hommelhoff-*Kleindieck*, GmbHG, § 43a Rn. 4;
  a. A. Scholz-*Schneider*, GmbHG, § 43a Rn. 30.

- Gesellschafter, sofern sie nicht auch Geschäftsführer sind (siehe oben Rn. 1054).

- Auch auf Organe (z. B. Geschäftsführer) der Gesellschafter-Gesellschaft findet § 43a GmbHG keine Anwendung. Dies gilt auch für den Fall, dass der Gesellschafter-Gesellschaft ein beherrschender Einfluss zukommt. Wenn nämlich schon nicht die Gesellschafter-Gesellschaft – z. B. im Falle eines Management Buy-Outs die übernehmende Neu-GmbH – in den Anwendungsbereich des § 43a GmbHG fällt, muss dies erst recht für deren Organe gelten.

  Michalski-*Michalski*, GmbHG, § 43a Rn. 18;
  Baumbach/Hueck-*Zöllner/Noack*, GmbHG, § 43a Rn. 4.

- Fraglich ist, auf welchen Zeitpunkt für die Beurteilung der Zugehörigkeit zum betroffenen Personenkreis abzustellen ist. Richtigerweise ist mit Blick auf den Gesetzeswortlaut auf den Zeitpunkt der tatsächlichen Kreditgewährung (bzw. gleichgestellten Handlung), nicht auf den Vertragsschluss, d. h. die Kreditzusage, abzustellen.

  Baumbach/Hueck-*Zöllner/Noack*, GmbHG, § 43a Rn. 3;
  Scholz-*Schneider*, GmbHG, § 43a Rn. 42;
  Lutter/Hommelhoff-*Kleindieck*, GmbHG, § 43a Rn. 8;
  Michalski-*Michalski*, GmbHG, § 43a Rn. 22.

III. Kredite an der Gesellschaft nahestehende Nichtgesellschafter (§ 43a GmbHG)

Allerdings ist § 43a GmbHG auch auf die Kreditgewährung an zukünftige bzw. ehemalige Geschäftsführer anzuwenden, wenn die Kreditgewährung in sachlichem Zusammenhang mit dieser Stellung erfolgt.

Lutter/Hommelhoff-*Kleindieck*, GmbHG, § 43a Rn. 8.

bb) Empfängereigenschaft

Der persönliche Anwendungsbereich des § 43a GmbHG ist nur eröffnet, wenn Empfänger des Kredits eine der in der Vorschrift benannten Personen ist. Letzteres ist sicherlich der Fall, wenn der Kredit an diese Person ausgereicht wird. Gleiches gilt jedoch auch dann, wenn der Kredit dieser Person mittelbar zugutekommt. Dies trifft etwa zu, wenn der Geschäftsführer einen Kredit im Namen der Gesellschaft an 1161

- Ehegatten, Lebenspartner oder minderjährige Kinder der vom Verbot erfassten Personen gewährt (analoge Anwendung der §§ 89 Abs. 3 Satz 1, 115 Abs. 2 AktG und § 15 Abs. 1 Nr. 5 KWG).

    Scholz-*Schneider*, GmbHG, § 43a Rn. 34;
    Lutter/Hommelhoff-*Kleindieck*, GmbHG, § 43a Rn. 6;
    Michelfeit, MittBayNot 2009, 435, 440.

    Nicht entschieden ist damit aber, ob diese Personen auch selbst zu Adressaten des § 43a GmbHG werden, mit der Folge, dass sich gegen sie der Rückerstattungsanspruch nach § 43a GmbHG richtet.

    In diesem Sinne wohl
    Michalski-*Michalski*, GmbHG, § 43a Rn. 20.

- Gleiches gilt, wenn die Kreditgewährung an einen Strohmann des Geschäftsführers, Prokuristen, etc. erfolgt,

    Lutter/Hommelhoff-*Kleindieck*, GmbHG, § 43a Rn. 4;
    Michelfeit, MittBayNot 2009, 435, 440;
    Scholz-*Schneider*, GmbHG, § 43a Rn. 33,

- oder der Dritte, an den der Kredit ausbezahlt wird, in einem anderen qualifizierten wirtschaftlichen Näheverhältnis zu einem der in § 43a GmbHG benannten Personen steht. Dies soll u. a. bei Auszahlung an mit dem Geschäftsführer verbundene Unternehmen der Fall sein.

    Lutter/Hommelhoff-*Kleindieck*, GmbHG, § 43a Rn. 4;
    Scholz-*Schneider*, GmbHG, § 43a Rn. 58;
    Michelfeit, MittBayNot 2009, 435, 440 f.

b) Der sachliche Anwendungsbereich

Der Begriff des Kredits wird von der h. M. weit ausgelegt. Erfasst werden durch § 43a GmbHG nicht nur Darlehen, sondern jede Vorleistung durch die Gesellschaft, d. h. jede Leistung mit Finanzierungscharakter. Hierzu zählen insbesondere die Stellung von Kreditsicherheiten (z. B. Bürgschaften), 1162

Zahlung von Vorschüssen (z. B. auf das Gehalt), Wechselzeichnungen, Waren- und Kontokorrentkredite, Stundungen, Ablösung von Drittkrediten, Ankauf nicht fälliger Geldforderungen durch die Gesellschaft, Nichtgeltendmachung von (unstreitigen) Forderungen etc.

> OLG Bremen NZG 2001, 897;
> Lutter/Hommelhoff-*Kleindieck*, GmbHG, § 43a Rn. 6;
> Baumbach/Hueck-*Hueck/Fastrich/Noack*, GmbHG, § 43a Rn. 6;
> Michalski-*Michalski*, GmbHG, § 43a Rn. 26 ff;
> Roth/Altmeppen-*Altmeppen*, GmbHG, § 43a Rn. 24;
> *Fromm*, GmbHR 2008, 537 f;
> *Michelfeit*, MittBayNot 2009, 435, 439;
> Scholz-*Schneider*, GmbHG, § 43a Rn. 36.

1163 Freilich ist zu beachten, dass eine Gleichstellung sonstiger Handlungen (Stundung, Vorleistung etc.) mit Krediten nur insoweit möglich ist, als diesen Handlungen tatsächlich eine Kreditfunktion zukommt. Letzteres ist objektiv und damit auch nach der Verkehrsüblichkeit zu ermitteln. Hat beispielsweise bei bestimmten Verträgen der eine Vertragsteil typischerweise vorzuleisten, kommt einem derartigen Vertrag nach wirtschaftlicher Betrachtungsweise keine Kreditfunktion zu, mit der Folge, dass § 43a GmbHG hier auch nicht anwendbar ist.

> So zu Recht
> Michalski-*Michalski*, GmbHG, § 43a Rn. 28.

1164 Fraglich ist, ob auch Zahlungen auf fremde Verbindlichkeiten (etwa auf Schulden des Geschäftsführers gegenüber Dritten) unter den Begriff „Kredit" subsumiert werden können. Die wohl überwiegende Ansicht bejaht dies.

> Scholz-*Schneider*, GmbHG, § 43a Rn. 36
> (mit ausdrücklichem Verweis auf BGHZ 13, 49, 54 f = GmbHR 1954, 75);
> s. a. Baumbach/Hueck-*Zöllner/Noack*, GmbHG, § 43a Rn. 6:
> „Kreis der erfassten Geschäfte ist ähnlich abzugrenzen
> wie bei § 30 GmbHG".

1165 Der h. M. ist zuzustimmen, da in diesem Fall der Gesellschaft ein entsprechender Anspruch gegen den – hier beispielhaft – Geschäftsführer zusteht, der sich entweder aus besonderen Vorschriften (z. B. § 268 Abs. 3 Satz 1 BGB) oder aus den §§ 812 ff BGB ergibt.

1166 Das OLG Bremen hat demgegenüber eine a. A. vertreten. Danach setze der Begriff „Kredit" voraus, dass die Mittel aus dem Vermögen der Gesellschaft dem Betroffenen unter **Vereinbarung** einer Rückgewährpflicht überlassen wurden. An einer solchen Vereinbarung soll es schon dann fehlen, wenn die Gesellschaft an einen Dritten eine Leistung erbringe, die an sich vom Betroffenen geschuldet und daher von diesem zu erbringen sei.

> OLG Bremen NZG 2001, 897.

Ebenso müsste das Vorliegen eines Kredits und damit die Anwendbarkeit von § 43a GmbHG verneint werden, wenn schon zum Zeitpunkt der Aus-

III. Kredite an der Gesellschaft nahestehende Nichtgesellschafter (§ 43a GmbHG)

zahlung aufgrund Vereinbarung oder erkennbarer Zahlungsunfähigkeit oder Zahlungsunwilligkeit eine Rückzahlung ausgeschlossen ist.

Dieses Verständnis von § 43a GmbHG ist jedoch abzulehnen. Da die *ratio* des § 43a GmbHG der des § 30 GmbHG entspricht, kann der Kreis der von § 43a GmbHG erfassten Geschäfte grundsätzlich kein anderer sein als in § 30 Abs. 1 Satz 1 GmbHG. Insbesondere die Anknüpfung an subjektive Merkmale („rückzahlungswillig") ist dem Recht der Kapitalerhaltung fremd. Zudem ist kaum einzusehen, dass die Gesellschaft und mittelbar die Gesellschaftsgläubiger weniger schutzwürdig sind, wenn der Betroffene der Gesellschaft Vermögen in der Absicht entzieht, dieses der Gesellschaft nicht zu erstatten. 1167

Nach h. M. unterfallen dem Anwendungsbereich des § 43a GmbHG auch Kredite, die besichert sind. 1168

BGHZ 157, 72 = ZIP 2004, 263,
dazu EWiR 2004, 911 *(Schöne/Stolze)*;
Michalski-*Michalski*, GmbHG, § 43a Rn. 31;
Baumbach/Hueck-*Zöllner/Noack*, GmbHG, § 43a Rn. 6;
Peltzer, in: FS Rowedder, S. 325, 338;
a. A. Scholz-*Schneider*, GmbHG, § 43a Rn. 40 f;
Schneider, GmbHR 1982, 197, 202.

Ob und inwieweit die Kreditgewährung ansonsten zu im Geschäftsverkehr üblich Konditionen erfolgt, spielt für die Anwendbarkeit des § 43a GmbHG grundsätzlich keine Rolle. 1169

Baumbach/Hueck-*Hueck/Fastrich/Noack*, GmbHG, § 43a Rn. 6;
Lutter/Hommelhoff-*Kleindieck*, GmbHG, § 43a Rn. 6;
a. A. Scholz-*Schneider*, GmbHG, § 43a Rn. 7, 37.

c) Der zeitliche Anwendungsbereich/Unterbilanz

Der zeitliche Anwendungsbereich ist immer dann eröffnet, wenn der Kredit aus dem zur Erhaltung des Stammkapitals erforderlichen Vermögen gewährt wird. Das nach § 43a GmbHG zur Erhaltung des Stammkapitals erforderliche Vermögen ist nach h. M. im Ausgangspunkt ebenso zu berechnen wie in § 30 Abs. 1 GmbHG (siehe oben Rn. 890 ff). 1170

Michalski-*Michalski*, GmbHG, § 43a Rn. 32 f;
Scholz-*Schneider*, GmbHR 1982, 197, 203;
Lutter/Hommelhoff-*Kleindieck*, GmbHG, § 43a Rn. 9.

Stille Reserven dürfen – ebenso wie i. R. des § 30 Abs. 1 GmbHG (siehe oben Rn. 893) – nicht aufgedeckt werden. 1171

Lutter/Hommelhoff-*Kleindieck*, GmbHG, § 43a Rn. 9;
Scholz-*Schneider*, GmbHG, § 43a Rn. 47 f;
Schneider, GmbHR 1982, 197, 203;
a. A. *Meyer-Arndt*, DB 1980, 2328 f.

1172 Da die Gewährung eines Darlehens nach allgemeinen Bilanzierungsgrundsätzen lediglich zu einem Aktivtausch führt, ist der Rückforderungsanspruch der Gesellschaft nicht zu aktivieren, um den mit § 43a GmbHG erstrebten Schutz zu verwirklichen. Es ist mithin – so die ganz h. M. – die völlige Wertlosigkeit der aus dem Kredit i. S. des § 43a GmbHG begründeten Rückforderungsansprüche zu unterstellen.

>Michalski-*Michalski*, GmbHG, § 43a Rn. 32;
>Lutter/Hommelhoff-*Kleindieck*, GmbHG, § 43a Rn. 6, 9;
>Scholz-*Schneider*, GmbHG, § 43a Rn. 46;
>*Fromm*, GmbHR 2008, 537 f;
>*Michelfeit*, MittBayNot 2009, 435, 439.

§ 43a GmbHG ist daher tangiert, wenn das notwendige Eigenkapital vor Ausgabe des Darlehens schon unterschritten war oder ohne die Berücksichtigung des Rückzahlungsanspruchs in der Bilanz durch die Auszahlung des Darlehens unterschritten würde.

1173 Maßgebender Zeitpunkt für die Frage, ob das zur Erhaltung des Stammkapitals erforderliche Vermögen berührt ist, ist der Zeitpunkt der Kreditgewährung, d. h. der effektiven Auszahlung.

>Michalski-*Michalski*, GmbHG, § 43a Rn. 33;
>Lutter/Hommelhoff-*Kleindieck*, GmbHG, § 43a Rn. 8, 10;
>Roth/Altmeppen-*Altmeppen*, GmbHG, § 43a Rn. 4.

Nach einer Mindermeinung ist dagegen eine Darlehensvergabe schon immer dann unzulässig, wenn in der letzten Jahresbilanz keine freien Rücklagen ausgewiesen sind oder diese Rücklagen nicht ausreichen, um den Kreditbetrag abzudecken.

>*Fromm*, GmbHR 2008, 537, 538 f.

Diese Auslegung von § 43a GmbHG findet allerdings schon im Wortlaut der Norm keine Stütze. Es ist auch fraglich, ob sich auf diese Weise sachgerechte Ergebnisse erzielen lassen würden. Zum einen garantiert der Ausweis von Rücklagen in der Jahresbilanz nicht, dass die Auszahlung des Darlehens zu einem späteren Zeitpunkt unbedenklich ist. Zum anderen ist aber auch nicht verständlich, weshalb die Darlehenshingabe ausgeschlossen sein sollte, wenn ausweislich des Jahresüberschusses oder aufgrund von Gewinnvorträgen ausreichende Mittel vorhanden sind.

1174 Nicht maßgebend ist, wie sich das Nettoaktivvermögen der Gesellschaft nach diesem Zeitpunkt entwickelt. War die Gesellschaft im Zeitpunkt der Kreditgewährung an den Geschäftsführer, Prokuristen etc. wirtschaftlich gesund und fällt das Nettoaktivvermögen vor Fälligkeit des Rückzahlungsanspruchs unter die Stammkapitalziffer, so findet § 43a GmbHG keine Anwendung. Eine Abhängigkeit des Kredits vom weiteren Schicksal der Gesellschaft lässt sich weder aus dem Wortlaut noch aus der Entstehungsgeschichte der Vorschrift herleiten. Auch führt der Eintritt einer Unterbilanz nicht etwa zur sofortigen Fälligkeit des Rückzahlungsanspruchs.

III. Kredite an der Gesellschaft nahestehende Nichtgesellschafter (§ 43a GmbHG)

> BGH ZIP 2012, 1071,
> dazu EWiR 2012, 415 *(Paefgen/Dettke)*;
> Michalski-*Michalski*, GmbHG, § 43a Rn. 33 ff;
> Lutter/Hommelhoff-*Kleindieck*, GmbHG, § 43a Rn. 10;
> Roth/Altmeppen-*Altmeppen*, GmbHG, § 43a Rn. 4;
> a. A. Scholz-*Schneider*, GmbHG, § 43a Rn. 43 f;
> *K. Schmidt*, Gesellschaftsrecht, § 37 III. 6. a (S. 1148);
> *Peltzer*, in: FS Rowedder, S. 325, 342.

Eine derartige Abhängigkeit lässt sich zwar vertraglich vereinbaren. Letztlich wird man wohl den Geschäftsführer nach § 43 GmbHG nicht für verpflichtet halten können, eine solche Klausel im Fall einer Kreditgewährung vorzusehen. Denn wenn eine derartige Pflicht allein aufgrund der Stellung als Geschäftsführer bestünde, hätte der Gesetzgeber § 43a GmbHG anders fassen müssen.

4. Rechtsfolgen

a) Folgen für das Rechtsgeschäft

Die unzulässige Kreditgewährung ist wirksam und lässt den zugrunde liegenden Vertrag und das Erfüllungsgeschäft unberührt. 1175

> Michalski-*Michalski*, GmbHG, § 43a Rn. 39;
> Lutter/Hommelhoff-*Kleindieck*, GmbHG, § 43a Rn. 12;
> Baumbach/Hueck-*Zöllner/Noack*, GmbHG, § 43a Rn. 7;
> Roth/Altmeppen-*Altmeppen*, GmbHG, § 43a Rn. 10;
> Scholz-*Schneider*, GmbHG, § 43a Rn. 49 f.

Bereicherungsrechtliche Ausgleichsansprüche kommen neben dem Rückforderungsanspruch aus § 43a Satz 2 GmbHG nicht in Betracht. 1176

> Baumbach/Hueck-*Zöllner/Noack*, GmbHG, § 43a Rn. 7.

b) Folgen für den Geschäftsführer

Hat der Geschäftsführer den gegen § 43a GmbHG verstoßenden Kreditvertrag abgeschlossen, steht ihm gegen den Erfüllungsanspruch – vor Auszahlung des Kredits – ein Leistungsverweigerungsrecht zu, von dem er auch Gebrauch machen muss, solange ansonsten der Eintritt einer Unterbilanz droht. 1177

> Lutter/Hommelhoff-*Kleindieck*, GmbHG, § 43a Rn. 12;
> Scholz-*Schneider*, GmbHG, § 43a Rn. 52;
> Michalski-*Michalski*, GmbHG, § 43a Rn. 39;
> *Schneider*, GmbHR 1982, 197, 204;
> Baumbach/Hueck-*Zöllner/Noack*, GmbHG, § 43a Rn. 7.

Hat der Geschäftsführer das Darlehen ausbezahlt, hat er umgehend für eine Erstattung des Darlehens zu sorgen. Darüber hinaus haftet er nach überwiegender Ansicht in analoger Anwendung des § 43 Abs. 3 GmbHG der Gesellschaft auf Schadensersatz. 1178

> Lutter/Hommelhoff-*Kleindieck*, GmbHG, § 43a Rn. 3;
> *Schneider*, in: FS Werner, S. 795, 809 f;

Schneider, GmbHR 1982, 197, 204;
Roth/Altmeppen-*Altmeppen*, GmbHG, § 43a Rn. 13;
Baumbach/Hueck-*Zöllner/Noack*, GmbHG, § 43a Rn. 7;
Michalski-*Haas/Ziemons*, GmbHG, § 43 Rn. 220d.

c) Folgen für den Kreditnehmer

1179 Im Falle eines Verstoßes gegen § 43a GmbHG steht der Gesellschaft gegen den Empfänger des Darlehens – soweit dieser zum Kreis der in § 43a GmbHG genannten Personen zählt – ein eigenständiger Rückerstattungsanspruch gemäß § 43a Satz 2 GmbHG zu, und zwar in der Höhe der Unterdeckung im Zeitpunkt der Auszahlung. Diesem Anspruch steht die Wirksamkeit des Darlehensvertrages nicht entgegen.

Scholz-*Schneider*, GmbHG, § 43a Rn. 52;
Michelfeit, MittBayNot 2009, 435, 441.

1180 Adressat ist – auch in den Fällen, in denen der Kredit an einen dem Geschäftsführer, Prokuristen etc. nahestehenden Dritten erbracht wird (siehe oben) – nur derjenige, dem der Dritte zuzurechnen ist.

Michelfeit, MittBayNot 2009, 435, 441;
Nur im Grundsatz so
Michalski-*Michalski*, GmbHG, § 43a Rn. 42;
a. A. Lutter/Hommelhoff-*Kleindieck*, GmbHG, § 43a Rn. 13.

1181 Bis zur Rückzahlung ist das Darlehen entsprechend den vertraglichen Abreden zu verzinsen.

Michalski-*Michalski*, GmbHG, § 43a Rn. 40;
Scholz-*Schneider*, GmbHG, § 43a Rn. 56;
Schneider, GmbHR 1982, 197, 204;
Peltzer, in: FS Rowedder, S. 325, 343.

1182 Bessern sich die wirtschaftlichen Verhältnisse der Gesellschaft nach der verbotswidrigen Kreditgewährung, entfällt dadurch der Anspruch nicht.

Michalski-*Michalski*, GmbHG, § 43a Rn. 37;
a. A. Scholz-*Schneider*, GmbHG, § 43a Rn. 53.

Teilweise wird jedoch die Ansicht vertreten, dass die Gesellschaft treuwidrig handelt, wenn sie – im Falle einer nachhaltigen wirtschaftlichen Gesundung – die Darlehensvaluta vorzeitig zurückfordert.

Michalski-*Michalski*, GmbHG, § 43a Rn. 37.

1183 Fraglich ist auch insoweit, ob eine Aufrechnung gegen den Erstattungsanspruch in entsprechender Anwendung des § 19 Abs. 2 Satz 2 GmbHG im Grundsatz nicht zulässig sein sollte. Diesbezüglich versteht es sich zunächst von selbst, dass eine Aufrechnung mit dem Anspruch auf Auszahlung des Darlehens selbstverständlich nicht möglich ist. Nach einer Ansicht gibt es darüber hinaus auch keinen sachlichen Grund aus der Sicht des Stammkapitalschutzes, den Empfänger einer verbotswidrigen Leistung besser zu stellen

III. Kredite an der Gesellschaft nahestehende Nichtgesellschafter (§ 43a GmbHG)

als den Einlageschuldner. Lediglich der Gesellschaft soll eine Aufrechnung gegen einen vollwertigen, fälligen und durchsetzbaren Anspruch des Gesellschafters erlaubt sein.

> Michalski-*Michalski*, GmbHG, § 43a Rn. 41;
> Lutter/Hommelhoff-*Kleindieck*, GmbHG, § 43a Rn. 14.

Andererseits schließt § 19 Abs. 2 Satz 2 GmbHG in seiner gegenwärtigen Fassung (anders als früher) eine Aufrechnung nicht kategorisch aus. Zudem wäre ein genereller Ausschluss der Aufrechnung mit der vom Gesetzgeber für maßgeblich erklärten bilanziellen Betrachtungsweise nicht vereinbar. Dies spricht dafür, eine Aufrechnung auch durch den Gesellschafter zuzulassen, sofern seine Forderung fällig, vollwertig und durchsetzbar ist; eine Aufrechnung mit dem Auszahlungsanspruch aus dem Darlehensvertrag ist dagegen, wie dargelegt, ausgeschlossen.

> Baumbach/Hueck-*Zöllner/Noack*, GmbHG, § 43a Rn. 7;
> *Löwisch*, in: MünchKomm-GmbHG, § 43a Rn. 44;
> weitergehend für Aufrechnungsvertrag
> OLG Naumburg ZIP 1999, 118, 119 = GmbHR 1998, 1180,
> dazu EWiR 1999, 21 *(Zimmermann)*;
> Scholz-*Schneider*, GmbHG, § 43a Rn. 53.

Weithin wird davon ausgegangen, dass auf den Rückgewähranspruch § 31 Abs. 4 GmbHG entsprechend anzuwenden ist und damit ein Verzicht ausscheidet. **1184**

> Michalski-*Michalski*, GmbHG, § 43a Rn. 41;
> Lutter/Hommelhoff-*Kleindieck*, GmbHG, § 43a Rn. 14.

Die Gegenansicht hält dies wegen des zwingenden Charakters von § 43a GmbHG für entbehrlich.

> *Löwisch,* in: MünchKomm-GmbHG, § 43a Rn. 46 f.

Streitig ist, ob und inwieweit die Gesellschafter eine Ausfallhaftung analog § 31 Abs. 3 GmbHG trifft, wenn vom primär Verpflichteten eine Rückerstattung nicht zu erlangen ist. Richtiger Ansicht nach ist hierfür – aufgrund des Ausnahmecharakters des § 31 Abs. 3 GmbHG – kein Raum. **1185**

> *Löwisch,* in: MünchKomm-GmbHG, § 43a Rn. 46.

Teilweise wird auch eine analoge Anwendung von § 31 Abs. 5 GmbHG befürwortet.

> Baumbach/Hueck-*Zöllner/Noack*, GmbHG, § 43a Rn. 7;
> Michalski-*Michalski*, GmbHG, § 43a Rn. 41.

Überzeugender erscheint es allerdings, eine Grundlage für die analoge Anwendung von § 31 Abs. 5 GmbHG zu verneinen. Für die Frage der Verjährung sollte dagegen § 43 Abs. 4 GmbHG analog angewendet werden.

> *Löwisch,* in: MünchKomm-GmbHG, § 43a Rn. 47.

d) Analoge Anwendung auf die GmbH & Co. KG

1186 Da eine Typenvermischung – wie im Fall der GmbH & Co. KG – die gläubigerschützenden Mechanismen sowohl in der KG als auch in der GmbH schwächt (siehe oben Rn. 1077 ff), findet – überwiegender Ansicht nach – § 43a GmbHG rechtsformübergreifend auch auf die KG Anwendung. Reicht beispielsweise die KG an den Geschäftsführer der Komplementär-GmbH ein Darlehen aus und wird dadurch das zur Erhaltung des Stammkapitals erforderliche Vermögen der Komplementär-GmbH beeinträchtigt, so findet § 43a GmbHG entsprechende Anwendung zugunsten der KG.

>Scholz-*Schneider*, GmbHG, § 43a Rn. 60;
>Baumbach/Hueck-Zöllner/*Noack*, GmbHG, § 43a Rn. 3
>Lutter/Hommelhoff-*Kleindieck*, GmbHG, § 43a Rn. 4.

S. „Kapitalerhaltungsregeln" außerhalb der §§ 30, 31, 33 und 34 GmbHG

I. Überblick

Vor der Reform des GmbHG durch das MoMiG wurde von Rechtsprechung und Literatur für eine Reihe von Fallgestaltungen eine analoge Anwendung der §§ 30, 31 GmbHG befürwortet bzw. wurden die „Kapitalerhaltungsregeln" auch außerhalb des eigentlichen Anwendungsbereichs der beiden Vorschriften angewandt. 1187

Die Gründe hierfür waren im Einzelnen recht unterschiedlich: Teilweise gab es hierfür eine gesetzliche Grundlage wie die §§ 32a, b GmbHG a. F. (sog. „Novellenregelungen"), teilweise beruhte das „Eigenkapitalersatzrecht" auf den sog. „Rechtsprechungsregeln" (hierzu Vorauflage Rn. 702 ff). Mit der Reform des GmbH-Rechts hat der Gesetzgeber jedoch u. a. ausdrücklich das Ziel verfolgt, insbesondere im Interesse der von ihm befürworteten bilanziellen Betrachtungsweise das ausufernde und für die Praxis kaum mehr handhabbare Eigenkapitalersatzrecht abzuschaffen.

> BT-Drucks. 16/6140, S. 42;
> OLG Stuttgart ZIP 2009, 1864;
> *Goette*, Einführung in das neue GmbH-Recht, S. 25;
> Saenger/Inhester-*Kolmann*, GmbHG, Anh. § 30 Rn. 24 f;
> Rowedder/Schmidt-Leithoff-*Pentz*, GmbHG, § 30 Rn. 76 ff.

Ebenso ist mit der Reform auch den allermeisten anderen Überlegungen einer anderen analogen Anwendung der §§ 30 f GmbHG die Grundlage entzogen.

Von spezifischen Fragen der „Kapitalerhaltung" außerhalb der oben abgehandelten gesetzlichen Vorschriften kann deshalb nur noch dann gesprochen werden, wenn 1188

- aufgrund der gesetzlichen Übergangsregelungen noch altes Recht anzuwenden ist,

- sich die „analoge" Anwendung aus einer Vereinbarung der beteiligten Gesellschafter ergibt oder

- im Falle einer Insolvenz Leistungen der Gesellschaft an die Gesellschafter besonderen Anfechtungsregeln unterliegen.

- Hinzu kommen schließlich die sog. Existenzvernichtungshaftung der Gesellschafter als eine von den §§ 30 ff GmbHG losgelöste Rechtsfortbildung sowie im Anschluss hieran

- eine gesetzliche Regelung für den Fall der Insolvenzverursachung durch den Geschäftsführer in § 64 Satz 3 GmbHG.

II. Fortbestehende Anwendung des „Eigenkapitalersatzrechts" auf kapitalersetzende Gesellschafterleistungen – Übergangsrecht

1189 Bis zur Reform des GmbH-Rechts durch das MoMiG bestand das Recht der Kapitalerhaltung zu wesentlichen Teilen aus dem sog. „Eigenkapitalersatzrecht". Dieses bestand ursprünglich zum einen aus den §§ 32a, b GmbHG, § 3b AnfG, § 32a KO, die der Gesetzgeber mit der sog. GmbH-Novelle von 1980 geschaffen hatte („Novellenregelungen"). Da diese Regelungen nach h. M. nur lückenhaft und unzureichend waren, wurden sie von den sog. „Rechtsprechungsregeln" (näher Vorauflage Rn. 702 ff) ergänzt,

> ständige Rechtsprechung seit
> BGHZ 90, 370, 376 = ZIP 1984, 698.

Sowohl die §§ 32a, b GmbHG als auch die Rechtsprechungsregeln wurden allerdings nach der ausdrücklichen Absicht des Gesetzgebers,

> BT-Drucks. 16/6140, S. 42,

die insbesondere in § 30 Abs. 1 Satz 3 GmbHG zum Ausdruck kommt, durch das MoMiG ersatzlos aufgehoben,

> OLG Stuttgart ZIP 2009, 1864;
> sowie statt vieler *Goette*, Einführung in das neue GmbH-Recht, S. 25.

1190 Verbunden mit der Aufhebung war eine Anpassung der Anfechtungsregelungen und -fristen in § 135 InsO bzw. § 6 AnfG (dazu Rn. 1217 ff).

1191 Eine besondere Überleitungsvorschrift hat der Gesetzgeber nicht in das GmbHG eingefügt. Allerdings bestimmt Art. 103d Satz 1 EGInsO, dass auf Insolvenzverfahren, die vor dem 1.11.2008 eröffnet wurden, die bis dahin geltenden gesetzlichen Vorschriften weiterhin anzuwenden sind. Nach ganz h. M. und der übereinstimmenden Rechtsprechung handelt es sich auch bei den Novellenregelungen und den Rechtsprechungsregeln des Eigenkapitalersatzrechts um „gesetzliche Vorschriften" i. S. von Art. 103d EGInsO. Davon unabhängig sind nach h. A. die genannten Regeln auch dann anzuwenden, wenn ein Erstattungsanspruch bereits vor dem 1.11.2008 entstanden war, z. B. aufgrund der vollständigen oder teilweisen Rückzahlung eines eigenkapitalersetzenden Darlehens an einen Gesellschafter.

> BGH ZIP 2012, 86,
> dazu EWiR 2012, 91 *(Rendels)*;
> BGH ZIP 2009, 713 *(Qivive)*,
> dazu EWiR 2009, 443 *(Schodder)*;
> BGH ZIP 2009, 615 *(Gut Buschow)*,
> dazu EWiR 2009, 303 *(Habighorst)*;
> OLG Düsseldorf, Urt. v. 26.11.2010 – I-16 U 71/09;
> OLG München ZIP 2011, 225;
> OLG München ZIP 2010, 1236 = GmbHR 2010, 815,
> dazu EWiR 2010, 745 *(Henkel)*;
> OLG Jena ZIP 2009, 2098,
> dazu EWiR 2009, 671 *(Penzlin)*;

II. Fortbestehende Anwendung des „Eigenkapitalersatzrechts" – Übergangsrecht

OLG Köln ZIP 2009, 315;
Wedemann GmbHR 2008, 1131, 1134;
Scholz-*K. Schmidt,* GmbHG, § 32a/b a. F. Rn. 12;
Manz, BB 2009, 921 f (Urteilsanm.);
Blöse, GmbHR 2009, 430, 431 (Urteilsanm.).

Teilweise wird auch davon ausgegangen, dass nur im Falle eines vor dem 1.11.2008 eröffneten Insolvenzverfahrens die Regeln des Eigenkapitalersatzrechts weiterhin anwendbar sein sollen.

OLG Frankfurt/M. ZInsO 2010, 235.

Aufgrund der nicht unerheblichen Dauer mancher Insolvenzverfahren ist es demnach nicht auszuschließen, dass das Eigenkapitalersatzrecht noch längere Zeit von Bedeutung sein wird.

Vgl. BGH ZIP 2012, 865 = GmbHR 2012, 641,
dazu EWiR 2012, 417 *(Chr. Keller).*

Liegen die genannten Voraussetzungen dagegen nicht vor, ist gemäß § 30 Abs. 1 Satz 3 GmbHG die Rückzahlung des Gesellschafterdarlehens oder einer gleichgestellten Gesellschafterfinanzierung auch dann zulässig, wenn das Darlehen zuvor wegen einer Krise der Gesellschaft nach Maßstab der früheren Regelungen als „verstrickt" anzusehen ist. **1192**

OLG Koblenz ZInsO 2012, 842.

Die h. A. ist wohl zutreffend und hat sich vor allem in der Rechtsprechung durchgesetzt. Für vor dem 1.11.2008 eröffnete Insolvenzverfahren ist die gesetzliche Regelung bereits eindeutig. Auch im Übrigen entspricht es den allgemeinen intertemporalen Grundsätzen, dass neue Vorschriften ab dem Zeitpunkt ihres Inkrafttretens anzuwenden sind, auf bereits entstandene Rechtspositionen und Ansprüche aber keine Auswirkungen haben (vgl. Art. 170 EGBGB). Hinzu kommt, dass der Gesetzgeber für bestimmte Neuerungen des MoMiG die Rückwirkung ausdrücklich angeordnet hat (vgl. § 3 Abs. 4 EGGmbHG). Für andere Regelungen war somit keine Rückwirkung gewollt. Fraglich ist alleine, ob es richtig ist, darauf abzustellen, ob vor diesem Zeitpunkt bereits Tilgungsleistungen zum Zwecke der Rückzahlung erbracht wurden. Denn ein Schuldverhältnis bestand auch ohne solche Rückzahlungen, sein Inhalt war u. a. durch die Verstrickung der Gesellschafterdarlehen festgelegt. Insofern wäre die Annahme konsequent, dass eine am 1.11.2008 bestehende Verstrickung über dieses Datum hinaus fortwirkt und zur Anwendung der alten Vorschriften führt. **1193**

So zutreffend *Altmeppen,* ZIP 2011, 641, 645 f.

Mit der Intention des Gesetzgebers wäre dies allerdings nicht zu vereinbaren. Das vorgenannte Ergebnis ist aus diesem Grund aber nicht unumstritten, wobei den Kritikern vor allem zuzugeben ist, dass Art. 103d InsO höchst unklar formuliert ist.

Zur Kritik s. vor allem *Altmeppen,* ZIP 2011, 641;
Hirte, WM 2008, 1429, 1435;
Hirte/Knof/Mock, NZG 2009, 48, 49 f;
Haas, DStR 2009, 976, 979;
Ulmer/Habersack/Winter-*Habersack,* GmbHG, Erg.-
Bd. MoMiG, § 30 Rn. 35.

1194 Im Ergebnis ist damit jedoch nicht ausgeschlossen, dass die §§ 32a, b GmbHG a. F. sowie die Rechtsprechungsregeln noch längere Zeit in zahlreichen Fällen anzuwenden sein werden.

III. Exkurs: „Eigenkapitalschutz" kraft Parteivereinbarung – Sanierungsdarlehen, Rangrücktritt und Finanzplankredite

1. Übersicht

1195 Den Gesellschaftern steht es – vorbehaltlich der Vorschriften zum Mindestkapital – frei, in welcher Höhe und in welcher Art und Weise (Fremd- oder Eigenkapital) sie ihre Gesellschaft mit den für die Verfolgung des Gesellschaftszwecks notwendigen Finanzmitteln ausstatten (Grundsatz der Finanzierungsfreiheit).

S. hierzu *Habersack* ZHR 161 (1997) 457, 477;
Habersack, ZGR 2000, 384, 410 ff.

1196 Diese beiden grundsätzlich zur Verfügung stehenden Formen der Unternehmensfinanzierung (Fremd- und Eigenkapital) können, müssen aber keine absoluten Gegensätze darstellen. Gewährt etwa ein Gesellschafter „seiner" GmbH ein Darlehen, so können die Parteien – aufgrund der im Schuldrecht bestehenden Vertragsfreiheit (§ 311 Abs. 1 BGB) – die Konditionen der Darlehensgewährung und -belassung inhaltlich so ausgestalten, dass sich die Finanzierung durch Fremd- und Eigenkapital einander weitgehend annähert.

S. BGHZ 142, 116 = ZIP 1999, 1263, 1265,
dazu EWiR 1999, 843 *(Dauner-Lieb)*.

1197 Wollen die Gesellschaft und der das Darlehen gewährende Gesellschafter eine verstärkte Bindung herbeiführen, am grundsätzlichen Charakter als Fremdkapital jedoch nichts ändern, wird dies häufig zur Vereinbarung eines Sanierungsdarlehens oder eines Rangrücktritts führen. Das Sanierungsdarlehen zeichnet sich dadurch aus, dass es mit Blick auf eine Sanierungsbedürftigkeit der Gesellschaft versprochen bzw. ausgereicht wird und insbesondere die „normalen" Kündigungsmöglichkeiten (vor allem gemäß § 490 BGB) ausgeschlossen sind. Ein Rangrücktritt dient dagegen der Verhinderung der insolvenzrechtlichen Überschuldung.

Eingehend *Gunßer,* GmbHR 2010, 1250 ff.

1198 In beiden Fällen können die betreffenden Vereinbarungen jedoch grundsätzlich frei wieder aufgehoben werden. Grenzen können sich allenfalls aus der Treuepflicht gegenüber anderen Gesellschaftern oder aus vertraglichen Pflich-

III. Exkurs: Sanierungsdarlehen, Rangrücktritt und Finanzplankredite

ten gegenüber anderen Kreditgebern ergeben. Zudem kann in der Zustimmung zur Aufhebung durch den Geschäftsführer eine Verletzung seiner Pflichten aus § 43 Abs. 1 GmbHG liegen.

Gunßer, GmbHR 2010, 1250, 1252 ff.

Die Rechtsprechung ist dementsprechend – sogar bezogen auf Rangrücktrittserklärungen aus der Zeit vor dem Inkrafttreten des MoMiG – zu dem Ergebnis gekommen, dass ein Widerruf bzw. eine Aufhebung des Rangrücktritts regelmäßig auch dann möglich ist, wenn eine Unterbilanz vorliegt oder eintritt, sofern keine ausdrückliche anderweitige Regelung vereinbart worden ist. 1199

OLG Koblenz ZInsO 2012, 842.

2. Einlageähnlicher Charakter der Darlehen – Finanzplankredit

Über die vorgenannten Fälle gehen Abreden hinaus, die formal als Fremdkapital gewährte Mittel noch weiter funktional dem Eigenkapital annähern. Insbesondere können Gesellschafter einer GmbH sich korporationsrechtlich verpflichten, neben ihrer Einlage der Gesellschaft ein Darlehen zu gewähren, das je nach Ausgestaltung der Abreden einlageähnlichen Charakter haben und ggf. die Pflicht begründen kann, auch bei einer Verschlechterung der Vermögensverhältnisse der Gesellschaft das Darlehensversprechen zu erfüllen. Ebenso können die Gesellschafter Sicherheiten zur Besicherung von Fremdkredit zur Verfügung stellen. 1200

Eine solche Verabredung kann in der Satzung enthalten sein, wodurch eine Nebenpflicht i. S. von § 3 Abs. 2 GmbHG begründet wird, oder in schuldrechtlichen Abreden zwischen den Gesellschaftern oder mit der Gesellschaft. Diese Darlehenszusagen werden häufig als „Finanzplankredite" bezeichnet.

S. BGHZ 187, 69, Rn. 28 = ZIP 2010, 2092,
dazu EWiR 2010, 757 *(Guski)*;
Baumbach/Hueck-*Hueck/Fastrich*, GmbHG, § 30 Anh. Rn. 20;
Buschmann, NZG 2009, 91;
Gunßer, GmbHR 2010, 1250, 1252 ff.

Inhaltlich können derartige Vereinbarung in verschiedener Weise ausgestaltet werden, etwa dahingehend, dass – vergleichbar einer Eigenkapitaleinlage – die Höhe des geschuldeten Darlehens am Geschäftsanteil ausgerichtet ist und auf eine Verzinsung bzw. Vergütung für die (zeitweise) Überlassung der Mittel verzichtet wird. Charakteristikum eines Finanzplankredits ist stets, dass die Parteien den durch die Darlehensgewährung hingegebenen Fremdmitteln eine dem Eigenkapital vergleichbare Bindungswirkung verleihen. Letzteres ist etwa möglich durch eine sehr langfristige Überlassung der Mittel und vor allem durch die Beschränkung oder den Ausschluss der für Darlehen bestehenden außerordentlichen gesetzlichen Kündigungsmöglichkeiten (§ 490 BGB). Die Parteien können darüber hinaus den aufgrund des Darlehens hingegebenen Fremdmitteln eine dem Eigenkapital vergleichbare Haf- 1201 tungsfunktion zukommen lassen, indem sie vereinbaren, dass eine Pflicht zur Rückführung der Kreditmittel innerhalb der Krise der Gesellschaft nur nachrangig, also nach Befriedigung aller anderen Gesellschaftsgläubiger zu erfolgen hat („Rangrücktrittserklärung").

Beispielhaft OLG Koblenz ZInsO 2012, 842.

3. Rechtsfolgen

1202 Das GmbH-Recht stand und steht einer solchen von den Parteien vereinbarten eigenkapitalgleichen Bindung von Fremdmitteln nicht entgegen. Dies ergibt sich nicht zuletzt daraus, dass das GmbH-Recht keinen *numerus clausus* der Eigenmittel einer Gesellschaft kennt. Eine Ergänzung des Stamm- und Nachschusskapitals durch die Gesellschafter ist damit jederzeit möglich. Bei derartigen als „Finanzplankredite" bezeichneten Darlehen handelte es sich schon vor Einführung des MoMiG nicht um Fragen des Eigenkapitalersatzrechts, ebenso wenig ging es etwa um eine analoge Anwendung von §§ 30, 31 GmbHG. In Frage stand alleine, welchen Inhalt die Gesellschafter ihren diesbezüglichen vertraglichen Abreden gegebenen hatten.

S. BGHZ 187, 69, Rn. 28 = ZIP 2010, 2092,
dazu EWiR 2010, 757 *(Guski)*;
Gunßer, GmbHR 2010, 1250, 1252 ff.

1203 An diesen grundsätzlichen Feststellungen hat sich durch das MoMiG nichts Wesentliches geändert, weiterhin können die Gesellschafter durch entsprechende Vereinbarungen den gewährten oder zu gewährenden Darlehen eine eigenkapitalgleiche Bindung verleihen,

S. *Hirte*, WM 2008, 1429, 1434;
Buschmann, NZG 2009, 91, 92;
K. Schmidt, ZIP 2006, 1925, 1933;
Gunßer, GmbHR 2010, 1250, 1252 ff.

1204 Welche konkreten Folgen aus den Vereinbarungen der Gesellschafter abzuleiten sind, ist eine Frage der Auslegungen dieser Vereinbarungen und damit des Einzelfalles. Denn die Pflicht zur Leistung des Gesellschafters besteht allein nach Maßgabe der zwischen den Gesellschaftern selbst oder zwischen den Gesellschaftern und der Gesellschaft getroffenen Abrede, d. h. der Gesellschafter kann allein kraft seiner privatautonom begründeten Verpflichtung auf Auszahlung des „Finanzplankredits" in Anspruch genommen werden. Hieraus folgt, dass nicht nur die Fragen des Ob und des Wie einer Zahlungspflicht des Gesellschafters, sondern auch dessen Lösungsmöglichkeiten von einer derartigen Verpflichtung, d. h. etwaige Kündigungsrechte, sich grundsätzlich nach den Vereinbarungen der Parteien richten.

S. BGHZ 187, 69, Rn. 34 = ZIP 2010, 2092,
dazu EWiR 2010, 757 *(Guski)*.

1205 Hinsichtlich der konkreten Folgen besteht Einigkeit, dass regelmäßig – neben der natürlich nicht ausgeschlossenen Anwendung von § 135 Abs. 1 Nr. 2

III. Exkurs: Sanierungsdarlehen, Rangrücktritt und Finanzplankredite

InsO – das Darlehen auch und gerade im Falle einer Liquiditätskrise bzw. sogar noch nach Insolvenzeintritt ausgereicht werden muss bzw. nicht zurückgefordert werden kann.

So schon BGHZ 142, 116 = ZIP 1999, 1263, 1264,
dazu EWiR 1999, 843 *(Dauner-Lieb)*.

Der Gesellschafter kann sich also insbesondere nicht gemäß § 490 BGB auf eine Verschlechterung der wirtschaftlichen Verhältnisse der Gesellschaft berufen. Wird das Darlehen gleichwohl – auch außerhalb der Anfechtungsfrist nach § 135 Abs. 1 Nr. 2 InsO – zurückgezahlt, ist es aufgrund der vertraglichen Abrede an die Gesellschaft zurückzugewähren. Schließlich finden vor dem Hintergrund dieser vertraglichen Abreden § 39 Abs. 4 Satz 2 und Abs. 5 InsO keine Anwendung.

Umstritten ist vor allem, ob und unter welchen Voraussetzungen nunmehr eine Lösung des Gesellschafters aus seiner Verpflichtung möglich ist. Unstreitig ist dabei, dass eine Aufhebung der Verpflichtungen im Einzelfall gemäß §§ 129 ff InsO anfechtbar sein kann, ebenso wie eine Rückzahlung gemäß § 135 Abs. 1 Nr. 2 InsO. Des Weiteren hat der Bundesgerichtshof stets betont, dass auch die Voraussetzungen einer Aufhebung bzw. Lösung von einer derartigen Verpflichtung sich grundsätzlich nach den Vereinbarungen der Parteien richten. **1206**

BGHZ 187, 69, Rn. 34 = ZIP 2010, 2092,
dazu EWiR 2010, 757 *(Guski)*.

Andererseits konnte nach der bisherigen Rechtsprechung, **1207**

BGHZ 142, 116, 121 = ZIP 1999, 1263,
dazu EWiR 1999, 843 *(Dauner-Lieb)*;
BGH DStR 2010, 1245, Rn. 6;
Buschmann, NZG 2009, 91,

eine derartige, einlageähnliche Darlehenszusage grundsätzlich nur vor Eintritt einer Krise aufgehoben werden. Diese Sperrwirkung beruhte nach dem Verständnis des Bundesgerichtshofs allerdings nicht auf einer direkten oder analogen Anwendung des Eigenkapitalersatzrechts, sondern auf einer sinnentsprechenden Heranziehung der gesetzlichen Regeln, die das GmbHG für die Befreiung von eingegangenen, aber nicht vollständig erfüllten Einlagepflichten aufstellt (§ 19 Abs. 2, 3 i. V. m. § 58 GmbHG). Hieran hat der Bundesgerichtshof in seinen letzten Entscheidungen trotz der daran geäußerten Kritik festgehalten.

BGHZ 187, 69, Rn. 28 = ZIP 2010, 2092,
dazu EWiR 2010, 757 *(Guski)*;
zur Kritik s. *K. Schmidt*, ZIP 1999, 1241, 1250.

Folgt man diesem Ansatz, ist davon auszugehen, dass – vorbehaltlich eindeutiger anderweitiger Vereinbarungen – die Aufhebung der Verpflichtung zur Gewährung eines Finanzplankredits weiterhin nur vor Eintritt einer wesent- **1208** lichen Verschlechterung der wirtschaftlichen Verhältnisse der Gesellschaft möglich ist. Auf den Umstand, dass aufgrund der Aufhebung des Eigenkapitalersatzrechts das Vorliegen einer „Krise" für Haftungs- und Anfechtungsfragen tatbestandsmäßig nicht mehr relevant ist, kommt es demnach nicht an.

> Wie hier *Hirte*, ZInsO 2008, 689, 696;
> *Gunßer*, GmbHR 2010, 1250, 1252 ff;
> a. A. Baumbach/Hueck-*Hueck/Fastrich*, GmbHG, § 30 Anh.
> Rn. 22, m. w. N.

1209 Allerdings ist davon auszugehen, dass hinsichtlich der Bestimmung des konkreten Zeitpunktes aufgrund der Aufhebung des § 32a Abs. 3 Satz 2 GmbHG nunmehr nicht mehr auf den Eintritt der „Krise", sondern wegen § 39 Abs. 4 Satz 2 InsO auf den Zeitpunkt abzustellen ist, ab dem Zahlungsunfähigkeit droht bzw. eingetreten ist,

> *Buschmann*, NZG 2009, 91, 93.

1210 Schließlich wird diskutiert, ob der „Finanzplankredit" nach den Erleichterungen durch das MoMiG u. U. das Einfallstor für eine erneute Verschärfung der Gesellschafterhaftung sein könnte,

> vgl. *Gehrlein*, BB 2008, 846, 854.

In der Rechtsprechung lassen sich allerdings noch keine Tendenzen in dieser Richtung feststellen. Eine entsprechende Anwendung der §§ 30, 31 GmbHG auf Finanzplankredite kommt jedoch nicht in Betracht.

4. Die Ermittlung des Parteiwillens im konkreten Fall

1211 Ob die Parteien das – formal als Fremdmittel – hingegebene Kapital eigenkapitalgleich behandeln wollen, ist – da ein eindeutiger und unmissverständlicher Wille der Parteien in aller Regel fehlen wird – durch Auslegung zu ermitteln.

1212 Die Methode, derer sich die h. M. allgemein zur Ermittlung des (konkludenten bzw. mutmaßlichen) Parteiwillens bedient, wird für gewöhnlich dahingehend umschrieben, dass sich das Ziel der Ermittlungen nicht an dem „nicht in Erscheinung getretenen inneren Willen der Beteiligten" zu orientieren, sondern den Willen festzustellen habe, wie er sich einem „objektiven Beobachter" unter den gegebenen Umständen darstellt. Mithin ist der mutmaßliche Wille der Beteiligten in erster Linie mithilfe der objektiven Begleitumstände zu ermitteln.

> S. allgemein BGHZ 21, 102, 106 f;
> BGHZ 88, 373, 382;
> s. zur Bedeutung der objektiven Umstände für die Willensermittlung bei eigenkapitalgleichen Fremdmitteln:
> BGHZ 142, 116 = ZIP 1999, 1263, 1266,
> dazu EWiR 1999, 843 *(Dauner-Lieb)*;
> BGHZ 104, 33, 40 f = ZIP 1988, 638;
> *Gunßer*, GmbHR 2010, 1250, 1252 ff.

III. Exkurs: Sanierungsdarlehen, Rangrücktritt und Finanzplankredite

Die von den Parteien getroffene Wortwahl stellt demgegenüber nur einen von mehreren, nicht immer entscheidenden Anhaltspunkt dar. **1213**

> *Habersack*, ZGR 2000, 384, 413;
> *Habersack*, ZHR 161 (1997) 457, 478 f;
> *Fleischer* DStR 1999, 1774, 1775 f;
> kritisch insoweit
> *K. Schmidt*, ZIP 1999, 1241, 1249.

Anleihen, welche objektiven Umstände sich als Indizien für die Deutung des Parteiwillens eignen, lassen sich den „Wesensmerkmalen" von Fremd- bzw. Eigenkapital entnehmen. **1214**

> BGHZ 104, 33, 39 = ZIP 1988, 638;
> s. a. BFH GmbHR 1997, 198, 200 f.

Erfüllen nämlich die im konkreten Fall hingegebenen bzw. geschuldeten Fremdmittel – objektiv besehen – Funktionen, die für Eigenkapital typisch sind, liegt der Schluss nahe, dass die Parteien auch tatsächlich den Willen hatten, diese eigenkapitalgleich zu behandeln.

Kennzeichnend für Eigenkapital sind – im Wesentlichen – zwei Funktionen. Zum einen stellt das Eigenkapital das von den Gesellschaftern hingegebene Risikokapital, d. h. deren Risikobeitrag an der wirtschaftlichen Unternehmung dar. Wesensmerkmal von Eigenkapital ist mithin dessen Haftungsfunktion zugunsten der Gesellschaftsgläubiger. Zum anderen dient das Eigenkapital als Risikopolster und Investitionsreserve zugunsten der Gesellschaft. Die zweite charakteristische Funktion von Eigenkapital liegt mithin in der dauerhaften Vermögensbindung bzw. -überlassung (Investitionsfunktion) zugunsten der Gesellschaft. **1215**

> Ausführlich *Gunßer*, GmbHR 2010, 1250, 1252 ff;
> *Wiedemann*, in: FS Beusch, S. 895, 896 ff;
> *K. Schmidt*, in: FS Goerdeler, S. 487, 491;
> *Habersack*, ZHR 161 (1997) 457, 480 f;
> *Michalski/DeVries*, NZG 1999, 181, 182, 183;
> *Steinbeck*, ZGR 2000, 503, 512.

Als Indizien für eine eigenkapitalgleiche Vermögensbindung werden in Literatur und Rechtsprechung u. a. genannt: **1216**

- Der erklärte Wille der Parteien, die hingegebenen Fremdmittel für den Fall der „Krise" mit einem Nachrang zu versehen, damit die Mittel – vergleichbar dem Eigenkapital – in voller Höhe zur Befriedigung der Insolvenzgläubiger zur Verfügung stehen.

> BGHZ 83, 341, 345 = ZIP 1982, 1077;
> BGH ZIP 1983, 561 = NJW 1983, 1855 f.

- Die langfristige Belassung der Mittel ist ebenfalls h. M. zufolge ein entsprechendes Indiz.

S. hierzu
Sieger/Aleth, GmbHR 2000, 462, 464;
Drygala, GmbHR 1996, 481, 482.

- Gleiches gilt für das Fehlen einseitiger Kündigungs- bzw. Abzugsmöglichkeiten,

    BGHZ 104, 33, 41 = ZIP 1988, 638;
    Habersack, ZHR 161 (1997) 457, 482;
    Sieger/Aleth, GmbHR 2000, 462, 464;

- oder den Umstand, dass die Mittel für die Verwirklichung der gesellschaftsvertraglichen Ziele unentbehrlich sind, insbesondere zur Aufnahme (weiterer bzw. sonstiger) Fremdmittel oder wenn sie für die beabsichtigte Sanierung der Gesellschaft bzw. den Fortbestand derselben unbedingt erforderlich sind.

    So BGH GmbHR 1997, 498, 499;
    BGHZ 104, 33, 41 = ZIP 1988, 638;
    BGH ZIP 1985, 347 = NJW 1985, 1079,
    dazu EWiR 1985, 401 *(Kellermann)*;
    OLG München GmbHR 1999, 348, 349;
    Sieger/Aleth, GmbHR 2000, 462, 464;
    kritisch zu letzterem aber
    Habersack, ZHR 161 (1997) 457, 481.

- Weiterhin gelten als Indiz für eine eigenkapitalgleiche Funktion der Fremdmittel besonders günstige Konditionen für die Belassung der Mittel,

    Sieger/Aleth, GmbHR 2000, 462, 464;

- oder wenn die Parteien die Mittel ihrem tatsächlichen Verhalten nach wie Eigenkapital behandelt haben, d. h. die Mittel etwa unter Eigenkapital in der Handelsbilanz ausweisen, vorhandene Kündigungsmöglichkeiten nicht wahrnehmen, vertraglich vorgesehene Ansprüche auf Verzinsung des hingegebenen Kapitals nicht geltend machen etc.

    S. zur Bedeutung des tatsächlichen Verhaltens
    BGHZ 104, 33, 40 f = ZIP 1988, 638;
    OLG Hamm WM 1997, 2323, 2324,
    dazu EWiR 1997, 707 *(v. Gerkan)*;
    Habersack, ZHR 161 (1997) 457, 484.

- Typisch für eine eigenkapitalgleiche Bindung – insbesondere wenn der Kreditgeber an der Gesellschaft nur still beteiligt ist – sind des Weiteren Herrschaftsrechte des Kapitalgebers in Bezug auf die Gesellschaft,

    Michalski/De Vries, NZG 1999, 181, 182, 183,

denn kann der Betroffene die gewährten Mittel nicht mehr (jederzeit) abziehen, so wird er im Gegenzug für das hingegebene Risikokapital in aller Regel auch unternehmerischen Einfluss beanspruchen. Im Umkehrschluss wird man daher sagen können, dass dort, wo der „Stille" die Geschicke des Unternehmens stärker beeinflussen kann als es dem gesetzlichen Leitbild der §§ 230 ff HGB entspricht, die Annahme einer eigenkapitalgleichen Bindung der hingegebenen Mittel nicht fern liegt.

> BGH ZIP 2012, 1869 = NZG 2012, 1103,
> dazu EWiR 2012, 669 *(Spliedt)*;
> so auch schon BGH ZIP 1985, 347 = NJW 1985, 1079 f: „Den stillen Gesellschaftern wurden in atypischer Weise weitreichende Befugnisse zur Einflussnahme auf die Geschäftsführung und die Gestaltung der GmbH eingeräumt ... Dementsprechend muss der stillen Einlage ... der Charakter von Eigenkapital und nicht ... von Fremdkapital zuerkannt werden.",
> dazu EWiR 1985, 401 *(Kellermann)*;
> OLG Hamm WM 1997, 2323, 2324,
> dazu EWiR 1997, 707 *(v. Gerkan)*.

IV. Rückführung und Besicherung von Gesellschafterdarlehen und gleichgestellten Forderungen in der Insolvenz

1. Überblick

Mit der Aufhebung des bisherigen Eigenkapitalersatzrechts durch das MoMiG und der damit verbundenen Betonung der bilanziellen Betrachtungsweise durch den Gesetzgeber haben sich die zugrunde liegenden Probleme – selbstverständlich – nicht erledigt. Noch immer steht etwa zu befürchten, dass die Gesellschafter in der beginnenden Krise ihrer Gesellschaft zuerst die von ihnen ausgereichten Gesellschafterdarlehen zurückführen. Dritten Gläubigern droht damit nach wie vor die Gefahr, im Falle der Insolvenz benachteiligt zu werden. 1217

Der Gesetzgeber hat sich im MoMiG allerdings zu Recht dazu entschieden, dieses allgemeine Problem rechtsformunabhängig in der InsO bzw. im AnfG zu erfassen. Damit handelt es sich nunmehr primär um insolvenz- bzw. anfechtungsrechtliche Fragestellungen, auf die deshalb an dieser Stelle nur kurz einzugehen ist. Als rechtsformunabhängige Vorschriften sind diese auch auf Auslandsgesellschaften anzuwenden. Inhaltlich sind diese Vorschriften allerdings nach wie vor von Vorstellungen geprägt, die dem alten Eigenkapitalersatzrecht zugrunde lagen, 1218

> BT-Drucks. 16/6140, S. 26, 56 f;
> *Spliedt*, ZIP 2009, 149, 153;
> *Altmeppen*, NJW 2008, 3601, 3602;
> *Altmeppen*, ZIP 2011, 641, 646;
> *Habersack*, ZIP 2008, 2385, 2387.

Die bisherige Unterscheidung zwischen „kapitalersetzenden" und „normalen" Gesellschafterdarlehen hat der Gesetzgeber aber bewusst aufgegeben zugunsten eines allgemeinen Nachrangs der Gesellschafter im Falle eines Insolvenzverfahrens. Eine parallele Anwendung des Kapitalerhaltungsrechts auf Gesellschafterdarlehen ist damit ausgeschlossen. Ebenso wenig kommt es zukünftig darauf an, ob das Gesellschafterdarlehen in einer „Krise" gewährt wurde. 1219

S. „Kapitalerhaltungsregeln" außerhalb der §§ 30, 31, 33 und 34 GmbHG

> BT-Drucks. 16/6140, S. 26, 56;
> *Schäfer*, ZInsO 2010, 1311 ff.

1220 Hat ein Gesellschafter im Vorfeld der Eröffnung eines Insolvenzverfahrens über das Vermögen der Gesellschaft Leistungen der Gesellschaft erhalten, so sind stets auch die allgemeinen Anfechtungsregeln der §§ 129 ff InsO zu prüfen. Nichts Anderes gilt für ausgeschiedene Gesellschafter. Außerhalb eines Insolvenzverfahrens sind insoweit die §§ 3, 4 AnfG heranzuziehen.

1221 Wie vor Inkrafttreten des MoMiG muss der Gesetzgeber allerdings darauf reagieren, dass insbesondere dann, wenn die Gesellschaft sich in wirtschaftlichen Schwierigkeiten befindet oder solche drohen, die Gesellschafter versucht sein können, eigene Ansprüche aus Gesellschafterdarlehen oder anderen Forderungen vorrangig zurückzahlen zu lassen, um gegenüber anderen Gläubigern einen Vorteil zu erlangen. Nach der klaren gesetzlichen Aussage in § 30 Abs. 1 Satz 3 GmbHG ist dies zwar kein Anwendungsfall von § 30 Abs. 1 Satz 1 GmbHG (mehr), d. h. dass der Gesellschafter ein „eigenkapitalersetzendes" Darlehen zurückfordern darf, solange ein Insolvenzverfahren noch nicht eröffnet worden ist.

> BGH ZIP 2012, 2391 = WM 2012, 2286,
> dazu EWiR 2013, 75 *(Bork)*;
> OLG München, Urt. v. 5.5.2010 – 7 U 4134/09.

Wird allerdings später das Insolvenzverfahren eröffnet, kann der auf diese Weise erlangte Vorteil des Gesellschafters nicht bestehen bleiben. Aus diesem Grund eröffnet § 135 InsO insbesondere die Anfechtung einer innerhalb des letzten Jahres vor dem Insolvenzantrag erfolgten Rückzahlung von Gesellschafterdarlehen. Außerhalb der Jahresfrist ist eine Anfechtung nur nach § 133 InsO möglich.

> Vgl. dazu OLG Frankfurt/M. ZIP 2011, 392.

1222 In § 135 InsO setzen sich dementsprechend vor allem Wertungen der §§ 32a und 32b GmbHG a. F. und der Rechtsprechungsregeln fort,

> BT-Drucks. 16/6140, S. 57;
> *Spliedt*, ZIP 2009, 149, 153;
> *Altmeppen*, NJW 2008, 3601;
> *Bauer*, ZInsO 2011, 1379, 1381 f;
> *Schäfer*, ZInsO 2010, 1311, 1313;
> umfassend zur insolvenzrechtlichen Regelung
> *Bork*, ZGR 2007, 250 ff,

auch wenn wesentliche Unterschiede bestehen. Soweit sich aus dem Willen des Gesetzgebers nichts Anderes ergibt, kann daher i. R. der Auslegung auf das frühere Recht zurückgegriffen werden. Von Bedeutung ist dies insbesondere bei der Frage, ob und ggf. welche Dritte Gesellschaftern gleichzustellen und welche Forderungen wie Gesellschafterdarlehen zu behandeln sind,

> *Nerlich/Römermann*, InsO, 22. Lfg., § 135 Rn. 18;
> *Bauer*, ZInsO 2011, 1379, 1381 f;
> a. A. *Krolop*, GmbHR 2009, 397 ff.

IV. Rückführung/Besicherung von Gesellschafterdarlehen/gleichgestellten Forderungen

Gemäß § 135 Abs. 1 InsO ist eine Rechtshandlung anfechtbar, durch die ein Gesellschafter für bestimmte Darlehen oder gleichgestellte Forderungen in den letzten zehn Jahren vor Insolvenzantrag eine Sicherung erhalten oder ihm im letzten Jahr vor Insolvenzantrag Befriedigung gewährt worden ist. Ebenso ist gemäß § 135 Abs. 2 InsO eine Rechtshandlung anfechtbar, wenn Darlehensgeber ein Dritter ist, ein Gesellschafter aber für die Forderung eine Sicherheit gestellt hat und er durch eine Leistung der Gesellschaft von dieser Drohverbindlichkeit befreit wird (hierzu unten Rn. 1250 f). Entsprechendes gilt außerhalb des Insolvenzverfahrens nach § 6 AnfG. 1223

Damit eine Anfechtung in Betracht kommt, müssen die allgemeinen Voraussetzungen der §§ 129 ff InsO erfüllt sein, insbesondere muss die anzufechtende Rechtshandlung zu einer Gläubigerbenachteiligung i. S. von § 129 InsO geführt haben. Zusätzlich müssen die unten genannten weiteren Bedingungen erfüllt sein. Ausgeschlossen ist eine Anfechtung im Einzelfall dann, wenn es sich bei der Gewährung des später zurückgezahlten Gesellschafterdarlehens um eine europarechtswidrige Beihilfe handelte. Das europarechtliche Gebot der Rückforderung setzt sich in diesem Fall gegen § 135 InsO durch. 1224

> BGHZ 173, 129 = ZIP 2007, 1816,
> dazu EWiR 2008, 149 *(Flitsch)*.

2. Gesellschafter als Begünstigter

Voraussetzung für eine Anfechtbarkeit einer Rechtshandlung ist zunächst, dass es sich bei dem Begünstigten um einen Gesellschafter handelt. In zeitlicher Hinsicht kommt es allein darauf an, ob der Darlehensgeber innerhalb des Anfechtungszeitraums einmal Gesellschafter war und deshalb das Darlehen als „verhaftet" i. S. von § 39 Abs. 1 Nr. 5 InsO anzusehen ist. Ist diese Voraussetzung erfüllt, entfällt die Verhaftung weder mit der Abtretung des Darlehens an einen außenstehenden Dritten noch mit der Aufgabe der Gesellschafterstellung. War das Darlehen vor der Rückzahlung abgetreten worden, kann die Anfechtung deshalb gegenüber dem Zessionar geltend gemacht werden. 1225

> *Nerlich/Römermann*, InsO, 22. Lfg., § 135 Rn. 22 ff;
> *Schäfer*, ZInsO 2010, 1311, 1314.

Eine Enthaftung tritt erst mit Ablauf der Anfechtungsfrist ein. Für den ausscheidenden Gesellschafter, der der Gesellschaft das Darlehen weiterhin belässt, bedeutet dies, dass Enthaftung eintritt, wenn das Insolvenzverfahren nicht innerhalb eines Jahres nach dem Ausscheiden eröffnet wird. Mit Ablauf dieser Frist entfällt dann auch die Nachrangigkeit i. S. von § 39 Abs. 1 Nr. 5 InsO. 1226

> BGH ZIP 2012, 86,
> dazu EWiR 2012, 91 *(Rendels)*.

Gesellschafter i. S. von § 135 InsO ist zunächst der Gesellschafter im „formalen Sinne", aber ebenso Dritte, wenn sie aufgrund einer bestimmten wirt- 1227 schaftlichen und/oder persönlichen Verbindung einem Gesellschafter gleichzustellen sind, wobei insoweit nach h. M. auf die für § 32a Abs. 3 Satz 1 GmbHG a. F. entwickelten Kriterien zurückgegriffen werden können soll,

> BGH ZIP 2012, 1869 = NZG 2012, 1103,
> dazu EWiR 2012, 669 *(Spliedt)*;
> BGHZ 188, 363 = ZIP 2011, 575,
> dazu EWiR 2011, 285 *(Spliedt)*;
> OLG Köln ZIP 2011, 2208 = ZInsO 2012, 1081,
> dazu EWiR 2012, 27 *(Hölzle)*;
> *Blöse*, DB 2010, 1053;
> *Bauer*, ZInsO 2011, 1379, 1381 f.

1228 Darlehen Dritter werden erfasst, wenn der Dritte bei wirtschaftlicher Betrachtung einem Gesellschafter gleichsteht. Dies kann insbesondere auf Unternehmen zutreffen, die mit einem Gesellschafter horizontal oder vertikal verbunden sind. Die Verbindung kann etwa in der Weise bestehen, dass der Dritte Gesellschafter-Gesellschafter ist, sofern er aufgrund einer qualifizierten Mehrheit der Anteile oder Stimmrechte einen bestimmenden Einfluss auf den unmittelbaren Gesellschafter ausüben kann.

> BGH ZIP 2012, 865 = GmbHR 2012, 641,
> dazu EWiR 2012, 417 *(Chr. Keller)*.

Eine maßgebliche Beteiligung in diesem Sinn ist auch gegeben, wenn der Gesellschafter auf die Entscheidungen des Kredit gebenden Unternehmens, d. h. auf die Gewährung oder auf den Abzug der Kredithilfe an das andere Unternehmen, einen bestimmenden Einfluss ausüben, insbesondere dem Geschäftsführungsorgan der Hilfe gewährenden Gesellschaft, z. B. durch Gesellschafterbeschlüsse, Weisungen erteilen kann. Dazu genügt bei einer GmbH regelmäßig eine Beteiligung von mehr als 50 %. Handelt es sich dagegen bei der das Darlehen gewährenden Gesellschaft um eine Aktiengesellschaft, fehlt es wegen § 76 AktG regelmäßig an einer gesellschaftsrechtlich fundierten Weisungsbefugnis, wodurch eine Gleichstellung ausgeschlossen wird.

> BGH ZIP 2008, 1230 = NZG 2008, 507,
> dazu EWiR 2008, 463 *(Jungclaus/Keller)*;
> kritisch dazu *Blöse*, DB 2010, 1053, 1054 f.

1229 Eine persönliche Nähe i. S. von § 138 InsO (hier: Ehegatte) alleine führt dagegen nicht zur Gleichstellung.

> BGHZ 188, 363 = ZIP 2011, 575,
> dazu EWiR 2011, 285 *(Spliedt)*;
> BGH ZIP 2009, 1273 = GmbHR 2009, 876;
> *Bauer*, ZInsO 2011, 1379, 1381 f.

Nach a. A. knüpft § 135 InsO anders als § 32a GmbHG nicht an das Bestehen gesellschafterähnlicher Einflussmöglichkeiten an, sondern an die Beteiligung an den spezifisch unternehmerischen Chancen und Risiken. Erfasst wären Drittdarlehen dann, wenn sich die Dritten als Risikokapitalgeber (z. B. durch stille Beteiligungen oder partiarische Nachrangdarlehen) an diesen Chancen und Risiken beteiligen.

Krolop, GmbHR 2009, 397 ff.

Als Begünstigter ist zudem nicht zwingend nur der unmittelbare Leistungsempfänger anzusehen; ebenso wie i. R. von § 30 Abs. 1 Satz 1 GmbHG genügt es, wenn die Leistung dem Gesellschafter oder dem einem Gesellschafter gleichzustellenden Dritten wirtschaftlich zugutekommt. 1230

3. Gegenstand: Gesellschafterdarlehen oder gleichgestellte Forderung

Weitere Voraussetzung ist, dass die Leistung zugunsten des Gesellschafters sich auf den Rückzahlungsanspruch aus einem Darlehen oder einer gleichgestellten Forderung bezieht. 1231

Soweit ein Darlehen in Frage steht, stellt das Gesetz keine zusätzlichen Voraussetzungen auf, d. h. es kommt nicht darauf an, wann und unter welchen Voraussetzungen dieses gewährt wurde. Erfasst werden insbesondere auch voll besicherte Darlehen, die nach alter Rechtslage kein Eigenkapital ersetzten und deshalb vom Eigenkapitalersatzrecht nicht erfasst wurden. Insofern hat die Reform die Haftung der Gesellschafter sogar noch verschärft. Es kann allerdings im Einzelfall an der für alle Anfechtungstatbestände erforderlichen Gläubigerbenachteiligung fehlen. 1232

Spliedt, ZIP 2009, 149, 153.

Nicht erfasst werden Darlehenszusagen, wohl aber die für ein valutiertes Darlehen angefallenen Zinsen, 1233

Nerlich/Römermann, InsO, 22. Lfg., § 135 Rn. 39.

Mit der Bezugnahme auf die „gleichgestellten Forderungen" hat sich der Gesetzgeber bewusst an den früheren Regeln zum Eigenkapitalersatzrecht orientiert, die dementsprechend für die Auslegung dieses Begriffs heranzuziehen sind, 1234

Bauer, ZInsO 2011, 1379, 1381 f;
ebenso *K. Schmidt*, GmbHR 2009, 1009, 1019.

Eine gleichgestellte Forderung liegt demnach insbesondere dann vor, wenn der Gesellschafter darauf verzichtet hat, eine fällige Forderung geltend zu machen, um damit der Gesellschaft Kredit zu geben. Unerheblich ist dabei, woraus diese Forderung resultiert (etwa aus einem Darlehen oder einem Umsatzgeschäft). Ebenso ist es nicht erforderlich, dass eine Stundung oder ein Zahlungsaufschub ausdrücklich vereinbart werden. Unterbleibt das Einfordern dagegen versehentlich oder weil der Gesellschafter von Bestand oder Fälligkeit keine Kenntnis hat, fehlt es an der Kreditfunktion. Die Annahme einer gleichgestellten Forderung scheidet damit aus.

Zur Erforderlichkeit einer subjektiven Komponente
BGH ZIP 1995, 23 = NJW 1995, 457,
dazu EWiR 1995, 367 *(Fleck)*.

1235 Schließlich soll unter einem Gesellschafterdarlehen i. S. von § 135 InsO auch eine Nutzungsüberlassung verstanden werden.

> *Bauer*, ZInsO 2011, 1379, 1385.

4. Rückführung des Darlehens

1236 Anfechtbar ist zunächst jede Rechtshandlung, durch die eine Darlehensforderung oder eine gleichgestellte Forderung innerhalb eines Jahres vor dem Eröffnungsantrag erfüllt worden ist. Erfasst werden dabei alle Formen der Erfüllung bzw. Erfüllungssurrogate.

1237 Problematisch sind in diesem Zusammenhang vor allem die Fälle, in denen ein Gesellschafter der Gesellschaft fortlaufend, aber in sich ständig ändernder Höhe Kredit gewährt hat. Dies kann z. B. in der Form erfolgen, dass der Gesellschafter der Gesellschaft eine Kreditlinie einräumt, die diese in wechselnder Höhe in Anspruch nimmt. Würde man in jeder teilweisen Rückführung der Linie eine Erfüllungshandlung und in jeder erneuten Inanspruchnahme eine erneute Kreditgewährung sehen, würde die Summe der anfechtbaren Rechtshandlungen die Kreditlinie u. U. um ein Vielfaches übersteigen.

1238 Noch deutlicher tritt dieses Problem bei konzerninternen „Cash-Pooling"-Systemen zutage, bei denen die gesammelten Mittel von der Obergesellschaft an die jeweiligen Konzerngesellschaften als *downstream loans* weitergereicht werden.

> Zur grundsätzlichen Anfechtungsverstrickung
> *Spliedt*, ZIP 2009, 149, 151.

Wollte man hier jedes Mal eine anfechtbare Rechtshandlung annehmen, wenn ein Konzernunternehmen i. R. des Cash-Poolings ein Darlehen in Anspruch nimmt und dieses anschließend an die Obergesellschaft zurückführt, würde auch in diesem Fall der Umfang der anfechtbaren Rechtshandlungen ein Vielfaches der einzelnen revolvierenden Darlehen erreichen.

> Vgl. zu diesem Problem *Willemsen/Rechel*, BB 2009, 2215, 2217 ff;
> *Bauer*, ZInsO 2011, 1379, 1383;
> *Zahrte*, NZI 2010, 596, 597.

1239 Dass eine derartige Konsequenz mit der erklärten Absicht des Gesetzgebers, grundsätzlich für sinnvoll befundene Cash-Pooling-Systeme zu erleichtern, nicht in Einklang zu bringen ist, entspricht allgemeiner Ansicht; über die Lösung besteht jedoch Uneinigkeit:

> *Altmeppen*, NZG 2010, 401, 404;
> zu den verschiedenen Lösungsansätzen
> *Zahrte*, NZI 2010, 596 ff.

- Nach einer Ansicht soll deshalb in einem solchen Fall nur die (vollständige) Rückführung anfechtbar sein,

> *Scholz-K. Schmidt*, GmbHG, Nachtrag MoMiG, § 32a/b a. F. Rn. 42.

IV. Rückführung/Besicherung von Gesellschafterdarlehen/gleichgestellten Forderungen

Gegen diese Ansicht spricht jedoch, dass dann Erfüllungshandlungen, die auch nur einen ganz geringen Teil der Forderung offenlassen, überhaupt nicht anfechtbar wären.

- Eine andere Möglichkeit bestünde darin, entsprechend der früheren Rechtsprechung des Bundesgerichtshofs,

    BGH ZIP 1995, 23 = NJW 1995, 457,
    dazu EWiR 1995, 367 *(Fleck)*,

    auf den durchschnittlichen offen Saldo abzustellen und daran zu messen, ob eine (teilweise) Rückführung vorliegt.

- Nach einer a. A. soll es sich bei Cash-Pool-Verrechnungen um nicht anfechtbare Bargeschäfte i. S. von § 142 InsO handeln. Anfechtbar wäre damit nur der – ausgehend von der tatsächlichen Maximalausschöpfung der Kreditlinie innerhalb der Jahresfrist – „Gesamtsaldo" der innerhalb der Frist getilgten Darlehen,

    Willemsen/Rechel, BB 2009, 2215, 2217 ff;
    Altmeppen, NZG 2010, 401, 404.

- Nach a. A. soll die Anfechtung maximal in der Höhe der Kreditlinie zugelassen werden, da der Gesellschafter insoweit bewusst die Verantwortung übernommen habe,

    Zahrte, NZI 2010, 596, 598;
    Nerlich/Römermann, InsO, 22. Lfg., § 135 Rn. 45.

Richtigerweise sollte insoweit der „Gesamtsaldo" maßgebend sein. Gerade bei Betrachtung der Cash-Pooling-Systeme darf nicht übersehen werden, dass die Insolvenz regelmäßig alle oder doch zumindest mehrere Konzerngesellschaften erfassen wird. Würde man in diesen Fällen den Umfang der Anfechtung für jede insolvente Konzerngesellschaft an der maximalen Höhe der ihr eingeräumten, aber nicht ausgeschöpften Kreditlinie orientieren, würde man missachten, dass die Höhe der tatsächlich aus dem Cash-Pool zur Verfügung stehenden Darlehen von den insgesamt vorhandenen Liquiditätsüberschüssen abhängt. Fehlen solche Überschüsse, können Darlehen nicht in Anspruch genommen werden, selbst wenn eine „Kreditlinie" eingeräumt ist. Die Inanspruchnahme steht somit unter dem Vorbehalt der tatsächlichen Verfügbarkeit, so dass die vereinbarte maximale Höhe der Inanspruchnahme nur geringe Aussagekraft hat.

5. Besicherung

Anfechtbar ist ebenso die Besicherung einer solchen Forderung innerhalb von zehn Jahren vor Stellung des Antrags auf Eröffnung des Insolvenzverfahrens. In Betracht kommt dabei jede Rechtshandlung, durch die dem Gesellschafter bei wirtschaftlicher Betrachtung eine Sicherheit gewährt wird.

6. Zwerganteilsprivileg

1242 Eine Anfechtung nach § 135 Abs. 1 InsO ist gemäß §§ 135 Abs. 4, 39 Abs. 5 InsO entsprechend der früheren Rechtslage nicht möglich, wenn der durch die Rückzahlung begünstigte Gesellschafter nicht an der Geschäftsführung und nur mit 10 % oder weniger am Haftkapital beteiligt ist („Zwerganteilsprivileg", früher § 32a Abs. 3 Satz 2 GmbHG). Auf die Stimmrechte kommt es nicht an,

> BT-Drucks. 16/6140, S. 57;
> *Nerlich/Römermann*, InsO, 22. Lfg., § 135 Rn. 31.

Dieser Ausnahme liegt wohl die Annahme zugrunde, dass nicht geschäftsführende Gesellschafter mit einem derartig geringen Anteil nicht in der Lage sein würden, Rückzahlungen zu veranlassen und sich dadurch ungerechtfertigte Vorteile zu verschaffen.

1243 Ob diese Annahme allgemein zutrifft, darf bezweifelt werden, jedenfalls liegt hier ein konzeptioneller Unterschied zu § 30 Abs. 1 Satz 1 GmbHG, bei dem es allein auf die Gesellschafterstellung ankommt.

1244 In zeitlicher Hinsicht ist maßgebend, dass der Gesellschafter zu keinem Zeitpunkt innerhalb der Anfechtungsfrist einen 10 % übersteigenden Anteil am Kapital oder eine Funktion als Geschäftsführer erlangt hat.

> *Nerlich/Römermann*, InsO, 22. Lfg., § 135 Rn. 33.

7. Sanierungsprivileg

1245 Wie vor der Reform des GmbH-Rechts (damals § 32a Abs. 3 Satz 3 GmbHG) werden Gesellschafter, die ihren Anteil zum Zweck der Sanierung übernommen haben, privilegiert. Für § 135 InsO ergibt sich dies aus der Verweisung auf § 39 Abs. 4 Satz 2 InsO in § 135 Abs. 4 InsO.

1246 Danach ist eine Anfechtung gemäß § 135 Abs. 1 InsO (nicht aber nach anderen Vorschriften) ausgeschlossen, wenn der Gesellschafter seinen Anteil bei drohender oder eingetretener Zahlungsunfähigkeit oder nach Überschuldungseintritt zum Zweck der Sanierung erworben hat. An die Stelle der Krise der Gesellschaft ist damit die Insolvenzreife getreten.

1247 Privilegiert werden durch diese Vorschrift jedoch nur Neugesellschafter oder solche Altgesellschafter, die zuvor weniger als 10 % des haftenden Kapitals auf sich vereinigt hatten und auch nicht an der Geschäftsführung beteiligt waren. Durch die Übernahme weiterer Geschäftsanteile in der Krise kann also keine Verbesserung der bisherigen Position erreicht werden. Des Weiteren ist erforderlich, dass der Anteilserwerb i. R. eines objektiv nachvollziehbaren, dokumentierten Sanierungskonzepts erfolgte. Entscheidend ist insoweit die *ex ante* Sicht; ein Scheitern des Konzepts ist als solches nicht schädlich.

> BT-Drucks. 16/6140, S. 57;
> zu den Kriterien i. E.

BGHZ 165, 106 = ZIP 2006, 279, 281,
dazu EWiR 2006, 525 *(Westpfahl/Janjuah)*.

Unerheblich ist des Weiteren, ob es sich bei den Darlehen und gleichgestellten Forderungen um bereits bestehende oder neu begründete Ansprüche handelt. 1248

Die Privilegierung ist zeitlich begrenzt und endet, sobald eine nachhaltige Sanierung der Gesellschaft erreicht ist. Dies dürfte der Fall sein, wenn sämtliche Insolvenzeröffnungsgründe beseitigt werden und für mindestens ein Jahr nicht mehr eintreten. 1249

Nerlich/Römermann, InsO, 22. Lfg., § 135 Rn. 37.

8. Sonderfall: Befriedigung eines Drittdarlehensgebers

Anfechtbar ist schließlich nach § 135 Abs. 2 InsO eine Rechtshandlung, mit der ein einem Dritten gegen die Gesellschaft zustehender Darlehensanspruch oder ein Anspruch aus einer gleichgestellten Forderung durch die Gesellschaft erfüllt worden ist, wenn ein Gesellschafter für diesen Anspruch eine Sicherheit gestellt oder eine Bürgschaft übernommen hatte. Zweck dieser Regelung ist die Verhinderung einer Gesetzesumgehung durch das Vorschieben eines Nichtgesellschafters als Darlehensgeber (so früher auch § 32b GmbHG a. F.). 1250

Nerlich/Römermann, InsO, 22. Lfg., § 135 Rn. 49.

Wird gleichwohl die Darlehensschuld durch die Gesellschaft getilgt, entspricht allerdings im Falle einer Insolvenzanfechtung der Erstattungsanspruch der Gesellschaft nur der Höhe der vom Gesellschafter erlangten Befreiung von seiner Haftung, auch wenn die Aufwendung der Gesellschaft (z. B. durch Verwertung einer eigenen Sicherheit) höher sind. 1251

BGH ZIP 2009, 1806,
dazu EWiR 2010, 81 *(Steffek)*.

9. Örtliche und internationale Zuständigkeit

Die internationale Zuständigkeit für die Geltendmachung von § 135 InsO folgt nicht aus LugÜ oder EuGVVO, da diese nach ausdrücklicher Anordnung auf insolvenzrechtliche Fragen nicht anzuwenden sind. Hat der Anfechtungsgegner seinen Sitz bzw. Wohnsitz in einem anderen Mitgliedstaat der EU (mit Ausnahme von Dänemark), so sind die Gerichte des Staates, der gemäß Art. 3 Abs. 1 EuInsVO für die Eröffnung des Insolvenzverfahrens zuständig ist, auch für die Anfechtungsklage international zuständig (Annexkompetenz). 1252

OLG Frankfurt/M. ZIP 2013, 277.

Ist die EuInsVO im Verhältnis zum (Wohn-)Sitzstaat des Anfechtungsgegners nicht anwendbar, ist die Zuständigkeit nicht stattdessen aus der EuGVO 1253 oder dem LugÜ abzuleiten, da diese auf insolvenzrechtliche Fragen nicht anzuwenden sind.

>OLG Frankfurt/M. ZIP 2013, 277.

In einem solchen Fall ist dann die internationale Zuständigkeit aus der örtlichen Zuständigkeit abzuleiten. Nach einer Ansicht begründet deshalb § 22 ZPO als Gerichtsstand der Mitgliedschaft die örtliche wie auch die internationale Zuständigkeit.

>OLG Frankfurt/M. ZIP 2013, 277;
>OLG München ZIP 2006, 2402 = GmbHR 2006, 1153,
>dazu EWiR 2007, 153 *(Ringe)*.

Folgt man dem nicht, entscheidet nach § 19a ZPO analog der Sitz des Insolvenzgerichts.

>BGH ZIP 2009, 1287 *(Deko Marty Belgium)*,
>dazu EWiR 2009, 505 *(Riedemann)*.

V. Existenzvernichtungshaftung

1. Überblick

1254　Einen über § 30 Abs. 1 Satz 1 GmbHG hinausgehenden Schutz der Eigenmittel der Gesellschaft gegenüber Eingriffen der Gesellschafter gewährt nach der zutreffenden und inzwischen gefestigten Rechtsprechung des Bundesgerichtshofs die Haftung der Gesellschafter wegen „existenzgefährdender" bzw. „existenzvernichtender" Eingriffe. Grundlage der Haftung ist § 826 BGB. Soweit die Handlungen durch einen Geschäftsführer umgesetzt bzw. unterstützt werden, kommen für diesen § 43 Abs. 2 GmbHG, § 64 Satz 3 GmbHG (dazu unten Rn. 1282 ff), § 823 Abs. 2 BGB i. V. m. § 266 StGB (hierzu unten Rn. 1280) oder § 830 Abs. 2 BGB als Haftungsgrundlagen in Betracht.

1255　Die Anknüpfung an deliktrechtliche Vorschriften führt dazu, dass die Haftung nach § 826 BGB gegenüber Erstattungsansprüchen aus den §§ 31, 30 GmbHG nicht subsidiär ist, vielmehr zwischen beiden Normen eine Anspruchsgrundlagenkonkurrenz besteht. Grundlagen und Voraussetzungen einer derartigen Haftung wurden vom Bundesgerichtshof in der *Trihotel-Entscheidung* ausgearbeitet und in der Folgezeit mehrfach bestätigt,

>BGHZ 173, 246 = ZIP 2007, 1552 *(Trihotel)*,
>dazu EWiR 2007, 557 *(Wilhelm)*;
>BGH ZIP 2008, 1329 ff = NZG 2008, 597 ff,
>dazu EWiR 2008, 681 *(Blasche)*;
>BGHZ 179, 344 ff = ZIP 2009, 802 ff = NZG 2009, 545;
>BGHZ 176, 204 ff = ZIP 2008, 1232 *(Gamma)*,
>dazu EWiR 2008, 493 *(Bruns)*;
>umfassend *Guski*, KTS 2010, 277 ff;
>*Habersack*, ZGR 2008, 533;
>*Dauner-Lieb*, ZGR 2008, 34.

V. Existenzvernichtungshaftung

Die vom Bundesgerichtshof ausdrücklich als „Existenzvernichtungshaftung" entwickelten Grundsätze dienen dazu, eine durch das Haftungssystem der §§ 30, 31 GmbHG offengelassene Schutzlücke zu schließen.

> OLG München ZIP 2010, 331,
> dazu EWiR 2010, 145 *(Matschernus)*.

Mit der *Trihotel-Entscheidung* hat der Bundesgerichtshof zudem klargestellt, dass der ergänzende Schutz des Gesellschaftskapitals strukturell ebenso wie die §§ 30, 31 GmbHG als eine schadensersatzrechtliche **Innenhaftung** gegenüber der Gesellschaft konzipiert ist. Die zuvor vom Bundesgerichtshof befürwortete und zu den §§ 30, 31 GmbHG subsidiäre Außenhaftung, 1256

> vgl. hierzu BGHZ 151, 181 ff = ZIP 2002, 1578 *(KBV)*,

bzw. die Haftung im sog. „qualifiziert faktischen Konzern",

> dazu BGHZ 122, 123 ff = ZIP 1993, 589 *(TBB)*,
> dazu EWiR 1993, 327 *(Altmeppen)*,

hat er damit ausdrücklich aufgegeben,

> a. A. zur Haftung im qualifiziert faktischen Konzern allerdings
> Baumbach/Hueck-*Hueck/Fastrich*, GmbHG, § 30 Rn. 48.

Zu den dogmatischen Einwänden gegen die Haftungsherleitung aus § 826 BGB und für die Begründung mit einer gesellschaftsrechtlichen Sonderverbindung, 1257

> s. Baumbach/Hueck-*Hueck/Fastrich*, GmbHG, § 13 Rn. 59,
> m. w. N.;
> *Habersack*, ZGR 2008, 533 ff.

2. Notwendigkeit und Adressaten der Haftung

Adressat der Existenzvernichtungshaftung ist der nur Gesellschafter. Dies ist jeder „formale" Gesellschafter, aber auch der „Gesellschafter-Gesellschafter" bzw. „faktische Gesellschafter", der aufgrund seiner Beteiligung am unmittelbaren Gesellschafter beherrschenden Einfluss auf die Gesellschaft ausüben kann. Nichtgesellschafter trifft die Existenzvernichtungshaftung dagegen nicht. 1258

> BGHZ 173, 246 = ZIP 2007, 1552 *(Trihotel)*,
> dazu EWiR 2007, 557 *(Wilhelm)*;
> BGH ZIP 2005, 117,
> dazu EWiR 2005, 221 *(Wilhelmi)*;
> OLG München ZIP 2010, 331,
> dazu EWiR 2010, 145 *(Matschernus)*.
> *S. Schneider*, GmbHR 2011, 685 ff;
> *Bitter*, ZInsO 2010, 1505, 1522;
> *Bauer*, ZInsO 2011, 1379, 1392.

Neben dem Gesellschafter, der eine Leistung der Gesellschaft erhalten hat, trifft eine „Ausfallhaftung" auch diejenigen Gesellschafter, die an dem Ver- 1259 mögensabzug, der zur Existenzvernichtung geführt hat, durch ihr Einverständnis mitgewirkt haben.

BGHZ 150, 61 = ZIP 2002, 848,
dazu EWiR 2002, 679 *(Blöse)*.

1260 Dagegen trifft den (zukünftigen) Erwerber keine Haftung, solange er weder faktischer Gesellschafter ist noch eine Finanzierungsverantwortung übernommen hat. Allein die schuldrechtliche Vorbereitung des Erwerbs mittels eines Kaufvertrages ist unerheblich, da diese es dem Erwerber regelmäßig noch nicht ermöglicht, sich wie ein echter Gesellschafter zu gerieren und auf das Schicksal der Gesellschaft Einfluss zu nehmen.

OLG München ZIP 2010, 331,
dazu EWiR 2010, 145 *(Matschernus)*.

1261 Inhaltlich knüpft die Existenzvernichtungshaftung des Gesellschafters an die rechtsmissbräuchliche Schädigung des im Gläubigerinteresse zweckgebundenen Gesellschaftsvermögens an. Sie ist zu bejahen in Fällen missbräuchlicher, zur Insolvenz der Gesellschaft führender oder diese vertiefender „kompensationsloser" Eingriffe in das zur vorrangigen Befriedigung der Gesellschaftsgläubiger dienende Gesellschaftsvermögen. Sie ist erforderlich, wenn das insoweit bestehende gesetzliche System der §§ 30, 31 GmbHG versagt bzw. wegen seiner begrenzten Reichweite die gebotene Schutzfunktion von vornherein nicht erfüllen kann,

vgl. zur Analyse *Weller*, DStR 2007, 1166 ff.

1262 Dies ist insbesondere dann der Fall, wenn das in der Unterbilanz liegende Krisenwarnsignal von der eigentlichen „Krise", d. h. den Insolvenztatbeständen (Überschuldung und Zahlungsunfähigkeit), zeitlich „überholt" wird. Denn dann wird die schlechte wirtschaftliche Lage der Gesellschaft durch die bilanzielle Betrachtungsweise überhaupt nicht bzw. nicht in angemessener Weise abgebildet, was zur Folge hat, dass ein Gläubigerschutz im Vorfeld der Insolvenz ersatzlos entfällt.

Beispielhaft kann darauf verwiesen werden, dass die Bewertung der in der Bilanz nach § 30 Abs. 1 Satz 1 GmbHG einzustellenden Vermögensgegenstände und Schulden entsprechend § 252 Abs. 1 Nr. 2 HGB grundsätzlich nach *going concern*-Werten erfolgt. Dies gilt auch für den Fall einer kritischen Unternehmenslage.

Müller, ZGR 1985, 191, 201 f;
Baumbach/Hopt-*Merkt*, HGB, § 252 Rn. 7;
Janssen, WPg 1984, 341, 346 f.

1263 Im Rahmen einer Überschuldungsprüfung wären dagegen bei negativer Fortbestehensprognose die Vermögensgegenstände der Gesellschaft nach Liquidationswerten anzusetzen, die generell erheblich unter den *going concern*-Werten liegen. Führt nun eine Auszahlung an den Gesellschafter jenseits der Stammkapitalgrenze zu einer Bestandsgefährdung i. S. einer negativen Zukunftsprognose, dann wird die von diesem Eingriff ausgehende Gefährdung der Gesellschafts- und Gläubigerinteressen durch die (im Wesentlichen statische und retrospektive) bilanzielle Betrachtungsweise nicht angemessen abgebildet, mit der Folge, dass das in der Unterbilanz liegende gesetzliche Krisenwarnsignal ausgeschaltet wird. Eine nach § 30 Abs. 1 Satz 1 GmbHG zulässige Auszahlung kann also unmittelbar zur insolvenzrechtlichen Überschuldung führen.

Ulmer, in: FS Pfeiffer, S. 868 f.

Im Einzelnen geht es um Eingriffe des Gesellschafters, die als solche oder deren Folgen in der für § 30 GmbHG maßgeblichen Stichtagsbilanz zu fortgeführten Buchwerten nicht oder nur ungenügend abgebildet werden, so dass die Schutzfunktion der Kapitalerhaltungsvorschriften versagt. Des Weiteren geht es um solche Eingriffe, bei denen eine Rückgewähr nach § 31 GmbHG allein die Insolvenz nicht mehr zu beseitigen vermag, 1264

vgl. Baumbach/Hueck-*Hueck/Fastrich*, GmbHG, § 13 Rn. 68.

Im Ergebnis soll auf diese Weise unter Schließung der beschriebenen Schutzlücken jenseits der Stammkapitalziffer das Vermögen der Gesellschaft, soweit es zur Gläubigerbefriedigung benötigt wird, vor Eingriffen des Gesellschafters geschützt werden, bei denen sich ein Verstoß gegen die Pflicht zur Respektierung der Zweckbindung des Gesellschaftsvermögens zur vorrangigen Befriedigung der Gesellschaftsgläubiger während der Lebensdauer der GmbH manifestiert. Die dabei zugrunde gelegte Rücksichtnahmepflicht ist als systemimmanentes normatives Korrelat zur Instrumentalisierung der GmbH als haftungsbegrenzende Institution zu verstehen.

Für diese freilich – nicht sehr häufigen Fälle – besteht grundsätzlich ein Bedürfnis für einen ergänzenden Schutz. Zu bedenken ist allerdings, dass – anders als die bilanztechnisch zu ermittelnde Unterbilanz – das Kriterium der negativen Zukunftsprognose mit einigen Unsicherheiten behaftet ist. Eine eindeutige Aussage über die künftige wirtschaftliche Entwicklung der Gesellschaft lässt sich grundsätzlich nicht mit Sicherheit treffen.

3. Voraussetzungen der Haftung

Klar ist zunächst, dass kein Fall der Existenzvernichtungshaftung bzw. der Anwendbarkeit von § 826 BGB gegeben ist, wenn „lediglich" ein Managementfehler vorliegt, mag es sich auch um eine besonders schwerwiegende Fehlentscheidung handeln und/oder diese auf eine Einflussnahme der Gesellschafter zurückgehen. Zu prüfen ist also, ob die letztendlich nachteilige Maßnahme noch als – wenn auch missglückte – Verfolgung des Gesellschaftsinteresses qualifiziert werden kann oder als „Selbstbedienung" des Gesellschafters angesehen werden muss. 1265

BGHZ 173, 246 = ZIP 2007, 1552 *(Trihotel)*,
dazu EWiR 2007, 557 *(Wilhelm)*;

OLG München ZIP 2010, 331,
dazu EWiR 2010, 145 *(Matschernus)*.

1266 Ebenso kann allein aus dem Umstand, dass eine GmbH zahlungsunfähig geworden ist, keine Haftung wegen existenzvernichtenden Eingriffs hergeleitet werden,

Goette, DStR 2007, 1593, 1594 (Urteilsanm.).

1267 Voraussetzung ist stets ein kompensationsloser „Eingriff" in das im Gläubigerinteresse zweckgebundene Gesellschaftsvermögen der GmbH; eine fehlende hinreichende Kapitalausstattung i. S. einer Unterkapitalisierung genügt hierfür jedoch nicht,

BGHZ 176, 204 = ZIP 2008, 1232 *(Gamma)*,
dazu EWiR 2008, 493 *(Bruns)*.

1268 Der Rechtsprechung lassen sich verschiedene Fallgruppen für einen existenzvernichtenden Eingriff entnehmen, als deren wichtigste

- die entschädigungslose Verlagerung von Geschäftschancen,
- der Entzug überlebenswichtiger Liquidität oder Produktionsmittel und
- die Verlagerung existenzgefährdender Risiken auf die Gesellschaft ohne entsprechende Vorsorge, insbesondere ohne die Bestellung von Sicherheiten bei absehbarem Ausfall,

zu nennen sind.

Einzelheiten bei Baumbach/Hueck-*Hueck/Fastrich*, GmbHG, § 13 Rn. 72, m. w. N.

Beispielhaft genannt werden können des Weiteren

- der Entzug nicht aktivierungsfähiger immaterieller Vermögenswerte, die für den Fortbestand der Gesellschaft erforderlich sind,
- der planmäßige Entzug von Gesellschaftsvermögen durch Vereinnahmung von der Gesellschaft zustehenden Forderungen oder
- die Vereitelung von Ansprüchen gegen den geschäftsführenden Alleingesellschafter durch Erwirken eines klageabweisenden Versäumnisurteils.

Vgl. BGH ZIP 2008, 308,
dazu EWiR 2008, 135 *(H. P. Westermann)*;
Bauer, ZInsO 2011, 1379, 1381.

1269 Von einem „Eingriff" kann dagegen nicht gesprochen werden, wenn dem Gesellschafter ein Anspruch auf die Übertragung der entsprechenden Vermögensbestandteile zusteht,

Weller, ZIP 2007, 1681, 1685.

V. Existenzvernichtungshaftung

An einem solchen Eingriff fehlt es auch, wenn der Gesellschafter Forderungen der Gesellschaft gegen Dritte auf ein eigenes Konto einziehen lässt, dann jedoch mit diesen Mitteln Verbindlichkeiten der Gesellschaft begleicht, 1270

> BGH ZIP 2008, 1329 ff = NZG 2008, 597 ff,
> dazu EWiR 2008, 681 *(Blasche)*.

Es geht somit um eine insolvenzverursachende oder -vertiefende und deshalb sittenwidrige „Selbstbedienung" des Gesellschafters, durch die das vorrangig der Befriedigung der Gesellschaftsgläubiger dienende Vermögen entzogen wird. Dabei gilt, dass der Abzug von Gesellschaftsvermögen, solange das Stammkapital erhalten bleibt, *per se* nicht unzulässig ist. Sanktioniert wird lediglich ein Verhalten, mit dem eine „Weichenstellung ins Aus" verbunden ist, 1271

> so zutreffend Baumbach/Hueck-*Hueck/Fastrich*, GmbHG, § 13 Rn. 61.

Nach der Konzeption des Bundesgerichtshofs verbietet § 826 BGB die vorsätzliche Schädigung des Gesellschaftsvermögens, die gegen die guten Sitten verstößt. Diese Voraussetzung ist bei einer **planmäßigen Entziehung** des Gesellschaftsvermögens, mit der Folge der Beseitigung ihrer Solvenz, erfüllt. Weitere Voraussetzung ist, dass dies – wie allerdings regelmäßig zu erwarten – zum unmittelbaren oder mittelbaren Vorteil eines Gesellschafters oder eines Dritten erfolgt. Aus dieser Voraussetzung wird das für § 826 BGB erforderliche **Unwerturteil** abgeleitet. 1272

Dem Erfordernis **vorsätzlichen Handelns** genügt es, wenn dem Gesellschafter bewusst ist, dass durch die von ihm vorgenommenen oder veranlassten Maßnahmen das Gesellschaftsvermögen mit der Folge des Eintritts oder der Vertiefung der Insolvenz geschädigt wird. Ein Bewusstsein der Sittenwidrigkeit ist nicht erforderlich, vielmehr genügt die Kenntnis der dafür maßgeblichen Tatsachen. Die genannten Voraussetzungen sind jedenfalls erfüllt, wenn die Vermögensentziehung vorgenommen wird, um den Zugriff der Gläubiger auf dieses Vermögen zu unterbinden. Es reicht aber auch, wenn die tatsächliche dauerhafte Beeinträchtigung der Fähigkeit, die Gesellschaftsschulden zu erfüllen, voraussehbare Folge der Vermögensentziehung ist und der Gesellschafter diese Folge billigend in Kauf nimmt. 1273

Liegen die genannten Voraussetzungen vor, ist der dadurch verursachte Schaden, der sich in dem eingetretenen oder vergrößerten Ausfall der Gläubiger manifestiert, zu ersetzen. Hinsichtlich aller Anspruchsvoraussetzungen – auch in Bezug auf Kausalität, Sittenwidrigkeit und Vorsatz – trifft die Beweislast die Gesellschaft bzw. den Insolvenzverwalter. Lediglich hinsichtlich der Schadensbemessung kommt insoweit eine Erleichterung gemäß § 287 ZPO in Betracht. 1274

> *Bayer/Illhardt*, GmbHR 2011, 856, 861 f.

4. Existenzvernichtung der Liquidationsgesellschaft

1275 Für die Haftung wegen Existenzvernichtung ist nicht Voraussetzung, dass es sich um eine werbende Gesellschaft handelt. Vielmehr kommt eine derartige Haftung auch im Stadium der Liquidation der Gesellschaft i. S. der §§ 69 ff GmbHG in Betracht,

vgl. BGHZ 179, 344 = ZIP 2009, 802 ff = NZG 2009, 545 ff.

Vor dem Hintergrund des Sperrjahres gemäß § 73 Abs. 1 GmbHG müssen die Überlegungen zur Existenzvernichtungshaftung in diesem Fall sogar erst recht Geltung beanspruchen. Ein Anspruch nach § 826 BGB kann dementsprechend auch wegen sittenwidriger Verletzung der Liquidationsvorschriften, insbesondere § 73 Abs. 1 GmbHG, in Frage kommen, und zwar unabhängig von den weiteren Voraussetzungen einer Insolvenzverursachung oder Insolvenzvertiefung. Auch dies führt zu einer Innenhaftung des Gesellschafters.

5. Rechtsfolgen

1276 Der Gesellschafter, der im Wege eines existenzvernichtenden Eingriffs der Gesellschaft vorsätzlich und sittenwidrig Gesellschaftsvermögen entzieht, ist zum Schadensersatz verpflichtet. Da nach der Konzeption des Bundesgerichtshofs die Haftung nach § 826 BGB eine „Verlängerung" des Systems der §§ 30, 31 GmbHG i. R. des Deliktrechts darstellt, ist diese Haftung als Binnenhaftung gegenüber der Gesellschaft ausgestaltet. Im Falle der Insolvenz ist dementsprechend der Insolvenzverwalter zur Geltendmachung der Ansprüche berechtigt und verpflichtet.

1277 Eine Haftung nach § 826 BGB lässt etwaige Ansprüche nach §§ 30, 31 GmbHG unberührt. Die Haftung geht jedoch weiter, da sie auch sog. *Kollateralschäden* (z. B. Prozesskosten und außergerichtliche Rechtsverfolgungskosten) erfasst. So trifft beispielsweise den handelnden Gesellschafter die Pflicht, ab dem Zeitpunkt der Entziehung der Mittel Verzugszinsen zu zahlen,

BGH ZIP 2008, 455,
dazu EWiR 2008, 433 *(Wilhelmi)*.

Der zu ersetzende Schaden umfasst alle durch den Eingriff verursachten Vermögensnachteile der Gesellschaft (entzogenes Vermögen, insolvenzbedingte Verluste, entgangene Gewinne, Kosten des Insolvenzverfahrens).

1278 Die Haftung ist dahingehend begrenzt, dass nicht mehr gefordert werden kann, als zur Herstellung der Fähigkeit der Gesellschaft erforderlich ist, ihre Verbindlichkeiten (einschließlich der Kosten des Insolvenzverfahrens) erfüllen zu können. Im Falle der reinen Insolvenzvertiefung ist nur der zusätzliche Vermögensverlust zu erstatten.

BGH ZIP 2012, 1804 = NZG 2012, 1065,
dazu EWiR 2012, 757 *(L. Beck)*.

Die Verjährung von Ansprüchen wegen eines existenzvernichtenden Eingriffs richtet sich nicht nach § 31 Abs. 5 GmbHG (direkt oder analog), sondern nach den §§ 195, 199 BGB.   1279

> BGH ZIP 2012, 1804 = NZG 2012, 1065,
> dazu EWiR 2012, 757 *(L. Beck)*.

6. Haftung der Geschäftsführer

Hinsichtlich der beteiligten Geschäftsführer kann neben die Haftung aus § 43 Abs. 2 GmbHG und § 64 Satz 3 GmbHG eine Haftung nach § 830 Abs. 2 BGB oder § 823 Abs. 2 BGB i. V. m. § 266 StGB treten,   1280

> vgl. BGH NStZ 2009, 153 ff;
> BGH NZG 2011, 1238 ff = ZIP 2011, 2475 (LS);
> OLG Stuttgart ZIP 2009, 1864 ff;
> *Strohn*, NZG 2011, 1161, 1170.

Ist der Geschäftsführer von den Gesellschaftern zu einer existenzvernichtenden Maßnahme angewiesen worden, führt dies gemäß § 43 Abs. 3 GmbHG analog nur in dem Umfang zu seiner Enthaftung, in dem seine Inanspruchnahme nicht zur Befriedigung der Gesellschaftsgläubiger erforderlich ist.   1281

> Michalski-*Haas/Ziemons*, GmbHG, § 43 Rn. 220d.

VI. Haftung der Geschäftsführer nach § 64 Satz 3 GmbHG bei Herbeiführung der Zahlungsunfähigkeit

1. Überblick

Gemäß § 64 Satz 3 GmbHG müssen Geschäftsführer der Gesellschaft Zahlungen ersetzen, die sie aus dem Gesellschaftsvermögen an die Gesellschafter geleistet haben, wenn und soweit diese zur Zahlungsunfähigkeit (i. S. von § 17 InsO) der Gesellschaft geführt haben und auch dazu führen mussten. Die Ersatzpflicht tritt lediglich dann nicht ein, wenn die Zahlungen mit der Sorgfalt eines ordentlichen Geschäftsmanns vereinbar waren. Besteht ein Ersatzanspruch, finden auf diesen die Bestimmungen in § 43 Abs. 3 und 4 GmbHG entsprechende Anwendung.   1282

Bei dieser durch das MoMiG neu eingeführten Ersatzpflicht handelt es sich genau genommen nicht um eine Frage der Kapitalerhaltung im eigentlichen Sinne. Führt eine Zahlung zu einer Unterbilanz oder vertieft eine solche, ergibt sich die Unzulässigkeit der Auszahlung bzw. die Haftung des Geschäftsführers bereits aus § 30 Abs. 1, § 43 Abs. 3 GmbHG. Der Anwendungsbereich von § 64 Satz 3 GmbHG ist also nur dann eröffnet, wenn die Voraussetzungen von § 30 Abs. 1 Satz 1 GmbHG nicht erfüllt sind.   1283

> BT-Drucks. 16/6140, S. 46.

1284 Betrachtet man die Motive des Gesetzgebers, nach denen mittels des neu eingeführten § 64 Satz 3 GmbHG eine durch § 30 Abs. 1 Satz 1 GmbHG nicht sanktionierte „Ausplünderung" der Gesellschaft verhindert werden sollte,

> BT-Drucks. 16/6140, S. 26, 41,

so muss man § 64 Satz 3 GmbHG wohl als eine auf den Geschäftsführer zugeschnittene Parallelregelung zur Existenzvernichtungshaftung des Gesellschafters und damit auch zu § 30 Abs. 1 GmbHG ansehen,

> BGH ZIP 2012, 2391 = WM 2012, 2286,
> dazu EWiR 2013, 75 *(Bork)*;
> BGH ZIP 2009, 1860,
> dazu EWiR 2009, 789 *(Römermann)*;
> OLG Stuttgart, ZIP 2009, 1864,

die auch als „Gehilfenhaftung des Geschäftsführers" bei existenzvernichtendem Liquiditätsentzug bezeichnet werden könnte.

> *Weller*, DStR 2007, 1166, 1167;
> *Cahn*, Der Konzern 2009, 7, 14;
> abweichend *Haas*, GmbHR 2010, 1 f (Ausdruck insolvenzrechtlicher Wertung);
> ähnlich *Strohn*, NZG 2011, 1161, 1168.

Denn § 64 Satz 3 GmbHG soll Zahlungen des Geschäftsführers an Gesellschafter verhindern, die zwar nicht gegen § 30 Abs. 1 Satz 1 GmbHG verstoßen, gleichwohl aber wie bei der Existenzvernichtung „die Weichen ins Aus" stellen.

> BT-Drucks. 16/6140, S. 46.

1285 Jenseits von diesen Überlegungen sind bzgl. Anwendungsbereich, Tatbestand und Rechtsfolgen nahezu alle Details umstritten.

> Näher s. *Knof*, DStR 2007, 1536;
> *Niesert/Hohler*, NZI 2009, 345;
> *Utsch/Utsch*, ZInsO 2009, 2271;
> *Poertzgen/Meyer*, ZInsO 2012, 249;
> *Mahler*, GmbHR 2012, 504;
> *Desch*, BB 2010, 2586;
> umfassend zum Streitstand
> Roth/Altmeppen-*Altmeppen*, GmbHG, § 64 Rn. 63 ff;
> sowie *Nolting-Hauff/Greulich*, GmbHR 2013, 169 ff.

2. Generelle Anwendungsvoraussetzungen

1286 Streitig ist zunächst mit Blick auf grenzüberschreitende Sachverhalte, ob es sich bei § 64 Satz 3 GmbHG um eine insolvenzrechtliche,

> so BT-Drucks. 16/6140, S. 47;
> *Haas*, GmbHR 2010, 1, 4 f,

oder gesellschaftsrechtliche Regelung handelt,

> dafür Scholz-*K. Schmidt*, GmbHG, § 64 Rn. 66,

wobei diese Frage in materieller Hinsicht dahinstehen kann, solange es sich um eine deutsche GmbH mit tatsächlichem Verwaltungssitz im Inland handelt.

Näher zu Auswirkungen bei Fällen mit Auslandsbezug
Haas, GmbHR 2010, 1, 4 f.

In zeitlicher Hinsicht ist § 64 Satz 3 GmbHG anwendbar, wenn die Zahlung nach dem 31.10.2008 erfolgt ist. 1287

Haas, GmbHR 2010, 1, 3.

Darüber hinaus ist erforderlich, dass die Zahlung an den Gesellschafter nicht irgendwann bzw. nur unter Hinzutreten außergewöhnlicher Umstände, sondern unmittelbar und in voraussehbarer Weise, d. h. i. R. eines normalen Geschäftsverlaufs, zur Zahlungsunfähigkeit i. S. von § 17 InsO geführt hat. 1288

Vgl. BT-Drucks. 16/6140, S. 46 f;
W. Müller, GS M. Winter, S. 487, 490.

Nähere Anhaltspunkte, bis wann ein ausreichender zeitlicher Zusammenhang angenommen werden kann, fehlen in der gesetzlichen Regelung; insoweit soll es auf die Umstände des Einzelfalles ankommen. Innerhalb eines Zeitraums von sechs Monaten soll jedenfalls der Annahme eines entsprechenden Zusammenhangs nichts entgegenstehen.

W. Müller, GS M. Winter, S. 487, 490.

Der zeitliche Zusammenhang wird nicht dadurch ausgeschlossen, dass die Gesellschafter nach der Auszahlung zur Vermeidung der Haftung durch Zahlungen an die Gesellschaft den Insolvenzeintritt hinauszögern.

OLG Celle ZIP 2012, 2394 = GmbHR 2012, 1185
(Zusammenhang auch nach 13 Monaten noch bejaht).

Ein entsprechender Ursachenzusammenhang und eine Haftung nach § 64 Satz 3 GmbHG ist dagegen ausgeschlossen, wenn sich die wirtschaftliche Lage der Gesellschaft nach dem Zeitpunkt der Zahlung nachhaltig erholt hat. 1289

OLG Düsseldorf GmbHR 2012, 332.

Eine analoge Anwendung auf den Fall einer Zahlung, die zur Überschuldung führt, lehnt die h. M. zu Recht ab, da insoweit neben § 30 Abs. 1 Satz 1 GmbHG von vornherein kein erkennbarer Anwendungsbereich verbleibt. 1290

Müller, in: MünchKomm-GmbHG, § 64 Rn. 166;
Baumbach/Hueck-*Haas*, GmbHG, § 64 Rn. 102.

3. Tatbestandsvoraussetzungen

a) Zahlungen

Äußerst umstritten sind die Tatbestandsvoraussetzungen von § 64 Satz 3 GmbHG. Weitgehende Einigkeit besteht allerdings noch dahingehend, dass 1291 der Begriff der „Zahlungen" grundsätzlich wie in § 64 Satz 1 bzw. § 30 Abs. 1 Satz 1 GmbHG zu verstehen ist, also jeder Vermögenstransfer in Betracht kommt, sofern dieser Auswirkungen auf die Liquidität der Gesellschaft haben kann. Liquide Gegenleistungen sind zu berücksichtigen.

> *Bitter,* ZInsO 2010, 1505, 1519;
> *Hirte,* ZInsO 2008, 689, 697;
> *Knof,* DStR 2007, 1536, 1537 f;
> Lutter/Hommelhoff-*Kleindiek,* GmbHG, § 64 Rn. 24;
> *Müller,* in: MünchKomm-GmbHG, § 64 Rn. 159 f;
> Roth/Altmeppen-*Altmeppen,* GmbHG, § 64 Rn. 11;
> abweichend *Haas,* GmbHR 2010, 1, 5 f.

1292 Die h. M. sieht daher auch in der Bestellung von dinglichen Sicherheiten geeignete Zahlungen i. S. von § 64 Satz 3 GmbHG, wenn kein liquider Rückgriffsanspruch besteht und eine Inanspruchnahme wahrscheinlich ist oder die Möglichkeit beeinträchtigt wird, sich selbst weitere liquide Mittel zu beschaffen,

> *Kollmorgen/Santelmann/Weiß,* BB 2009, 1818, 1820;
> *Knof,* DStR 2007, 1536, 1538;
> *Mahler,* GmbHR 2012, 504;
> *Greulich/Bunnemann,* NZG 2006, 681, 684;
> *Müller,* in: MünchKomm-GmbHG, § 64 Rn. 160;
> zustimmend auch *Haas,* GmbHR 2010, 1, 5 f.

Folgt man dieser Ansicht, ist die Begründung neuer Verbindlichkeiten keine geeignete „Tathandlung".

> BGH GmbHR 2007, 596, 598 = ZIP 2007, 1006;
> *Knof,* DStR 2007, 1536, 1538;
> Roth/Altmeppen-*Altmeppen,* GmbHG, § 64 Rn. 11.

b) Gesellschaftereigenschaft des Empfängers

1293 Anders als bei § 64 Satz 1 GmbHG muss der Empfänger zudem ein Gesellschafter sein, wobei noch nicht abschließend geklärt ist, welche Dritten einem Gesellschafter gleichzustellen sind. Überzeugend erscheint es, hierfür nicht die Grundsätze zu § 30 Abs. 1 Satz 1 GmbHG heranzuziehen,

> dafür aber
> Lutter/Hommelhoff-*Kleindieck,* GmbHG, § 64 Rn. 26;
> *Demisch/Reichart,* InsVZ 2010, 236,

sondern entsprechend § 39 Abs. 1 Nr. 5 InsO bzw. § 32a Abs. 3 Satz 1 GmbHG a. F. zu prüfen, ob die betreffende Leistung wirtschaftlich der Zahlung an einen Gesellschafter entspricht. Hierfür lässt sich insbesondere die vom Gesetzgeber vorgenommene insolvenzrechtliche Einstufung der Vorschrift heranziehen.

> Scholz-*K. Schmidt,* GmbHG, § 64 Rn. 77.

VI. Haftung der Geschäftsführer nach § 64 Satz 3 GmbHG

Maßgeblich für die Bestimmung der Gesellschaftereigenschaft ist wie i. R. von § 30 Abs. 1 Satz 1 GmbHG grundsätzlich der Zeitpunkt der Auszahlung; ist zu diesem Zeitpunkt der Empfänger nicht mehr Gesellschafter, kommt es auf den Zeitpunkt der Begründung der Zahlungsverpflichtung an. 1294

Lutter/Hommelhoff-*Kleindieck*, GmbHG, § 64 Rn. 25;
Scholz-*K. Schmidt*, GmbHG, § 64 Rn. 78;
a. A. *Demisch/Reichart*, InsVZ 2010, 236.

c) Herbeiführung der Zahlungsunfähigkeit

Des Weiteren ergibt ein Blick auf § 64 Satz 1 GmbHG, dass von vornherein nur solche Zahlungen erfasst sein können, die zu einem Zeitpunkt erfolgen, zu dem noch keine Zahlungsunfähigkeit i. S. von § 17 InsO eingetreten ist. Denn für Zahlungen ab diesem Zeitpunkt ordnet bereits § 64 Satz 1 GmbHG eine Erstattungspflicht an. 1295

BGH ZIP 2012, 2391 = WM 2012, 2286,
dazu EWiR 2013, 75 *(Bork)*;
Scholz-*K. Schmidt*, GmbHG, § 64 Rn. 83.

Da § 64 Satz 3 GmbHG andererseits die Erstattungspflicht an den späteren Eintritt der Zahlungsunfähigkeit anknüpft, handelt es sich bei dieser Vorschrift um eine Vorverlagerung der insolvenzrechtlichen Gläubigerschutzes.

Lutter/Hommelhoff-*Kleindiek*, GmbHG, § 64 Rn. 20.

d) Anwendungsbereich

Geht man von diesen Prämissen aus, stellt sich die Frage, welchen konkreten Anwendungsbereich die Vorschrift eigentlich haben soll. Denn durch eine Zahlung an einen Gesellschafter, auf die dieser einen **fälligen** Anspruch hat (z. B. Gegenleistungsanspruch aus einem Austauschgeschäft oder Anspruch auf Rückzahlung eines Darlehens), kann die Zahlungsunfähigkeit der Gesellschaft regelmäßig nicht eintreten, weil dieser Anspruch bereits zuvor bei der Prüfung einer eventuellen Zahlungsunfähigkeit zu berücksichtigen ist, sofern nicht im Einzelfall bestehende Einreden bzw. Einwendungen eine Berücksichtigung bzw. „Passivierung" ausschließen. Ergibt sich andererseits bei dieser Prüfung vor der Zahlung, dass Zahlungsunfähigkeit bereits vorliegt, greift § 64 Satz 1 GmbHG ein, nicht § 64 Satz 3 GmbHG. 1296

BGH ZIP 2012, 2391 = WM 2012, 2286,
dazu EWiR 2013, 75 *(Bork)*.

Liegt unter Berücksichtigung des fälligen Anspruchs des Gesellschafters dagegen keine Zahlungsunfähigkeit vor, kann sich daran durch die Zahlung *per se* nichts ändern. 1297

So überzeugend statt aller
Roth/Altmeppen-*Altmeppen*, GmbHG, § 64 Rn. 72 ff;
Baumbach/Hueck-*Haas*, GmbHG, § 64 Rn. 99.

1298 Ein Anwendungsfall von § 64 Satz 3 GmbHG wäre dementsprechend nur dann gegeben, wenn die Zahlung an den Gesellschafter eine bisher nur unwesentliche Liquiditätslücke über 10 % der in den nächsten drei Wochen fälligen Gesamtverbindlichkeiten ansteigen lassen würde,

> dafür Baumbach/Hueck-*Haas*, GmbHG, § 64 Rn. 99;
> *Weiß*, GmbHR 2011, 350, 355;
> *Desch*, BB 2010, 2586, 2588;
> BGH ZIP 2012, 1174,
> dazu EWiR 2012, 457 *(Wackerbarth)*,

die Zahlung vor Fälligkeit oder auf einen nicht bestehenden Anspruch erfolgt,

> Baumbach/Hueck-*Haas*, GmbHG, § 64 Rn. 99.

1299 Vor diesem Hintergrund wird von einem Teil der Literatur vertreten, dass bei der Prüfung der Zahlungsfähigkeit die fälligen Ansprüche des Gesellschafters unbeachtet bleiben sollen.

> *Spliedt*, ZIP 2009, 149, 159 f;
> *Müller*, in: MünchKomm-GmbHG, § 64 Rn. 167;
> wohl auch *Seulen/Osterloh*, ZInsO 2010, 881, 884;
> Scholz-*K. Schmidt*, GmbHG, § 64 Rn. 77.

1300 Dies überzeugt jedoch nicht. Bei der Frage, ob eine Zahlung wegen bereits eingetretener Zahlungsunfähigkeit gemäß § 64 Satz 1 InsO verboten ist, sind Ansprüche der Gesellschafter unstreitig zu berücksichtigen. Ist § 64 Satz 1 InsO aber nicht einschlägig, kann durch die Erfüllung eines fälligen Anspruchs eines Gesellschafters keine Zahlungsunfähigkeit i. S. von § 17 InsO herbeigeführt werden.

> BGH ZIP 2012, 2391 = WM 2012, 2286,
> dazu EWiR 2013, 75 *(Bork)*.

1301 Weiter wird vorgeschlagen, den Begriff der „Zahlung" korrigierend auszulegen, um zu einem sinnvollen Anwendungsbereich der Norm zu gelangen. Danach sollen nicht nur „Auszahlungen" i. S. von § 30 Abs. 1 Satz 1 GmbHG erfasst sein, sondern auch die Begründung von Zahlungspflichten, sofern die spätere Auszahlung dann nicht mehr verhindert werden kann.

> Baumbach/Hueck-*Haas*, GmbHG, § 64 Rn. 99;
> Saenger/Inhester-*Kolmann*, GmbHG, § 64 Rn. 90.

Diese Ansicht wird aber zu Recht von der h. M. als mit dem Wortlaut der Norm unvereinbar angesehen.

1302 Schließlich wird vertreten, dass durch § 64 Satz 3 GmbHG insbesondere für Gesellschafterdarlehen eine Rückzahlungssperre begründet wird.

> *Gehrlein*, BB 2008, 846, 849;
> in diese Richtung auch
> *Roth*, GmbHR 2008, 1184;
> Scholz-*K. Schmidt*, GmbHG, § 64 Rn. 79.

Ganz abgesehen davon, dass mit einer derartigen Interpretation die obigen Bedenken nicht ausgeräumt werden können, würde dies i. E. zu einer mit § 30 Abs. 1 Satz 3 GmbHG unvereinbaren Perpetuierung der unter dem alten Eigenkapitalersatzrecht geltenden Krisenfinanzierung der Gesellschaft führen, so dass auch diese Ansicht abzulehnen ist.

> So überzeugend Roth/Altmeppen-*Altmeppen*, GmbHG, § 64 Rn. 77;
> ebenso BGH ZIP 2012, 2391 = WM 2012, 2286, dazu EWiR 2013, 75 *(Bork)*.

Aus den dargestellten überzeugenden Gründen hat sich die obergerichtliche Rechtsprechung bisher zu Recht der Ansicht angeschlossen, dass § 64 Satz 3 GmbHG bei Zahlungen auf fällige Ansprüche eines Gesellschafters grundsätzlich keine Anwendung findet. 1303

> OLG München ZIP 2010, 1236 = GmbHR 2010, 815, dazu EWiR 2010, 745 *(Henkel)*;
> OLG Koblenz ZInsO 2012, 842.

Dies soll auch bei Zahlungen i. R. einer offenen Gewinnausschüttung gelten, da durch einen ordnungsgemäßen Gewinnverwendungsbeschluss ein Auszahlungsanspruch des Gesellschafters begründet wird (§ 29 GmbHG).

> *Strohn*, NZG 2011, 1161, 1168.

Der Bundesgerichtshof hat zudem zwischenzeitlich bestätigt, dass konsequenterweise bei der Prüfung der Zahlungs(un)fähigkeit fällige Verbindlichkeiten gegenüber den Gesellschafter ausnahmslos zu berücksichtigen sind. 1304

Nach der Ansicht des Bundesgerichtshofs beschränkt sich damit der Anwendungsbereich von § 64 Satz 3 GmbHG auf die Fälle, in denen die Zahlungsunfähigkeit durch eine Zahlung auf einen nicht bestehenden, noch nicht fälligen oder einem Rangrücktritt unterliegenden Anspruch herbeigeführt wird oder infolge der Zahlung die Liquiditätslücke die 10 %-Grenze überschreitet.

Ein weiterer Anwendungsfall soll nach dem Bundesgerichtshof vorliegen, wenn die Zahlung selbst zwar noch nicht zur Zahlungsunfähigkeit führt, außenstehende Dritte diese aber zum Anlass einer Kündigung von Krediten oder ähnlichen Handlungen nehmen und im Anschluss hieran die Zahlungsunfähigkeit eintritt. Ein Hauptanwendungsfall dürften damit verdeckte Gewinnausschüttungen werden, sofern diese zur Zahlungsunfähigkeit führen. 1305

> BGH ZIP 2012, 2391 = WM 2012, 2286, dazu EWiR 2013, 75 *(Bork)*;
> *Strohn*, NZG 2011, 1161, 1169;
> ähnlich Roth/Altmeppen-*Altmeppen*, GmbHG, § 64 Rn. 78.

Ob andere Leistungen als Geldleistungen zur Anwendung von § 64 Satz 3 GmbHG führen können, hat der Bundesgerichtshof bisher offengelassen. 1306

BGH ZIP 2012, 2391 = WM 2012, 2286,
dazu EWiR 2013, 75 *(Bork)*.

4. Rechtsfolgen

1307 Verstößt der Geschäftsführer gegen das Zahlungsverbot, ist er der Gesellschaft nach dem Wortlaut von § 64 Satz 3 GmbHG zur **Erstattung** der Zahlungen verpflichtet, nicht dagegen zum Schadenersatz. Bliebe es bei diesem Ergebnis, würde der Geschäftsführer in nicht wenigen Fällen durch diese Regelung privilegiert, da schuldhaftes Handeln an sich zu einem Schadensersatzanspruch führen müsste.

Roth/Altmeppen-*Altmeppen*, GmbHG, § 64 Rn. 78 f.

1308 Von einer verbreiteten Ansicht wird deshalb angenommen, dass ein Verstoß gegen § 64 Satz 3 GmbHG regelmäßig zugleich zu einer Haftung für Folgeschäden gemäß § 43 Abs. 2 GmbHG führen muss.

Strohn, ZHR 173 (2009), 589 f;
K. Schmidt, GmbHR 2007, 1, 6 f;
Hölzle, GmbHR 2007, 729, 731 f.

1309 Den Geschäftsführer trifft dagegen keine Erstattungspflicht, wenn der zwangsläufige Eintritt der Zahlungsunfähigkeit auch bei Beachtung der Sorgfalt eines ordentlichen Geschäftsmannes bei Vornahme der Zahlung nicht erkennbar war. Damit steht dem Geschäftsführer zwar theoretisch eine Entlastungsmöglichkeit offen. Allerdings muss – insbesondere bei einer angespannten Finanzlage – der Geschäftsführer eine detaillierte Liquiditätsplanung erstellen, so dass die Entlastung kaum je gelingen wird.

Im Ergebnis ebenso
Rowedder/Schmidt-Leithoff-*Schmidt-Leithoff*/*Baumert*,
GmbHG, § 64 Rn. 70.

1310 Aus dem Verweis auf § 43 Abs. 3 Satz 3 GmbHG folgt des Weiteren, dass eine Anweisung durch die Gesellschafterversammlung nicht zur generellen Enthaftung führt.

BGH ZIP 2012, 2391 = WM 2012, 2286,
dazu EWiR 2013, 75 *(Bork)*.

1311 Hinsichtlich des Empfängers der Zahlung sieht § 64 Satz 3 GmbHG keine Sanktion vor. Die Ansicht, in dieser Konstellation § 31 Abs. 1 GmbHG analog anzuwenden,

Strohn, ZHR 173 (2009), 589, 594.

hat sich bisher noch nicht durchgesetzt.

1312 Umstritten ist weiter, ob § 64 Satz 3 GmbHG dem Geschäftsführer und damit der Gesellschaft ein Leistungsverweigerungsrecht einräumt. Geht man mit der obigen Ansicht davon aus, dass die Vorschrift bei Zahlungen auf fällige Ansprüche des Gesellschafters von vornherein keine Anwendung finden kann, ist diese Frage konsequenterweise zu verneinen.

So OLG Koblenz ZInsO 2012, 842;
OLG München ZIP 2011, 225;
OLG München ZIP 2010, 1236 = GmbHR 2010, 815,
dazu EWiR 2010, 745 *(Henkel)*.

Hält man dagegen Konstellationen für denkbar, in denen dem Gesellschafter ein fälliger Anspruch zusteht, dessen Erfüllung gleichwohl den Eintritt der Zahlungsunfähigkeit zur Folge haben würde, muss man ein Leistungsverweigerungsrecht (richtigerweise: der Gesellschaft) bejahen. Denn der Geschäftsführer – handelnd für die Gesellschaft – kann nicht zu einer Leistung verpflichtet sein, die anschließend seine Haftung begründet.

So LG Berlin GmbHR 2010, 201;
Kleindieck, GWR 2010, 75;
a. A. mit beachtlichen Argumenten *Haas*, DStR 2010, 1991 f.

Hierfür spricht auch, dass der Geschäftsführer wegen der Verweisung in § 64 Satz 4 GmbHG auf § 43 Abs. 3 GmbHG seine Haftung nicht mit der Begründung in Abrede stellen kann, er habe nur eine Weisung der Gesellschafter befolgt. Da der Geschäftsführer grundsätzlich den Weisungen der Gesellschafterversammlung unterliegt, muss man ihm in diesem Fall ein Recht zur Leistungsverweigerung zubilligen. Dies gilt es erst recht vor dem Hintergrund, dass ein Verstoß gegen § 64 Satz 3 GmbHG zu einer Strafbarkeit nach § 266 StGB führen können soll.

So OLG Stuttgart ZIP 2009, 1864.

Nachdem der Bundesgerichtshof diese Frage bisher offen gelassen hatte, 1313

BGH ZIP 2012, 86,
dazu EWiR 2012, 91 *(Rendels)*,

hat er nunmehr aus den genannten Gründen zutreffend ein Leistungsverweigerungsrecht bejaht.

BGH ZIP 2012, 2391 = WM 2012, 2286,
dazu EWiR 2013, 75 *(Bork)*.

Steht ein Verstoß gegen § 64 Satz 3 GmbHG im Raum, gelten für die Verteilung der Darlegungs- und Beweislast die allgemeinen Regeln. Danach muss die Gesellschaft insbesondere die zwangsläufige Ursächlichkeit der Zahlung für die spätere Zahlungsunfähigkeit nachweisen. Den Geschäftsführer trifft dagegen die Darlegungs- und Beweislast für die Anwendung der Sorgfalt eines ordentlichen Geschäftsmanns i. S. von § 64 Satz 2 GmbHG. Zudem kann ihn eine sekundäre Darlegungslast hinsichtlich der Ursächlichkeit treffen, wenn die Gesellschaft nur über eine mangelhafte oder sogar gar keine Liquiditätsplanung verfügt. 1314

Poertzgen/Meyer, ZInsO 2012, 249.

1315 Fragen eines Verzichts auf die Ansprüche bzw. der Verjährung sind entsprechend § 43 Abs. 3 und 4 GmbHG zu behandeln. Die Verjährungsfrist beläuft sich damit auf fünf Jahre und beginnt ohne Rücksicht auf eine Kenntnis mit der Entstehung des Anspruchs (§ 200 BGB). Der Anspruch entsteht mit der Zahlung.

BGH ZIP 2009, 956 (zu §§ 130a, 177a HGB a. F.),
dazu EWiR 2009, 645 *(Wilkens/Breßler)*;
Roth/Altmeppen-*Altmeppen*, GmbHG, § 64 Rn. 29;
Lutter/Hommelhoff-*Kleindiek*, GmbHG, § 64 Rn. 41;
a. A. *Haas*, GmbHR 2010, 1, 4 f (Anspruchsentstehung mit Eröffnung des Insolvenzverfahrens bzw.
Abweisung des Antrags mangels Masse).

Stichwortverzeichnis

Abtretung
- Einlageforderung 616 ff.
- Gesellschafteranspruch gegen GmbH 725

Agio
- Nebenleistungen 475 ff.
- Sacheinlagen, Anrechnungswert 179

Aktiengesellschaft
- Kapitalerhaltung, Unterschiede 700 f.

Aktivierungsverbot 693
- Darlehen der GmbH, Rückzahlungsforderung 1172

Anfechtung
s. a. Insolvenzanfechtung
- Drittdarlehen, Befriedigung 1250 ff.
- Gesellschafterdarlehen, Besicherung 1241
- Gesellschafterdarlehen, Rückzahlungsanspruch 1225 ff.
- Zuständigkeit 1252 f.

Angehörige
s. a. Nahestehende Personen
- Auszahlungssperre 741
- Darlehen der GmbH, Unterbilanz 1161

Angestellte
- Darlehen der GmbH, Unterbilanz 1160
- Haftung, Auszahlungssperre 1059 ff.

Anrechnungslösung
- MoMiG 73 ff.
- und Bereicherungsanspruch 78 ff.

Ansprüche
s. a. Gegenleistungs-/Rückgewähranspruch, vollwertiger
- Einlagefähigkeit 175

Aufgeld
s. Agio; Überpari-Emission

Aufrechnung
- Auszahlungssperre, Erstattungspflicht 953 f.
- Darlehen d. GmbH, Rückzahlungsanspruch 1183
- Einlageforderung 108
- Resteinlageleistung 430 f., 433

Aufsichtsrat
- genehmigtes Kapital 400

Ausfallhaftung
- Auszahlungssperre, Verstoß 996 ff.
- Darlehen der GmbH, Auszahlungssperre 1185
- Einlagen, offene 448 ff.
- Erwerb eigener Anteile 1139
- Existenzvernichtungshaftung 1259 s. a. dort
- Kaduzierung 443 ff.
- Rechtsvorgänger 445

Ausschüttungs-Rückhol-Verfahren 389 ff.

Auszahlungssperre
- Adressaten 934
- Adressaten, Dritte 734 ff.
- Adressaten, Gesellschaftereigenschaft 729 ff.
- Angehörige 741
- Ausfallhaftung 996 ff.
- Ausnahmen 712 f., 777 ff.
- Auszahlung, Begriff 753 ff.
- Beispiele 770 ff.
- bilanzneutrale Leistungen 757 ff.
- Darlegungs-/Beweislast 977 ff., 1043 ff.
- Darlehen der GmbH 772
- downstream-Darlehen 876 ff.
- Drittvergleich 766 ff., 782, 794, 921
- Erstattungsanspruch 935 ff.
- Erstattungsanspruch und offene Einlagen 939

409

- Erstattungsanspruch, Aufrechnung 953 f.
- Erstattungsanspruch, Einwendungen 958 ff.
- Erstattungsanspruch, Gläubiger 944 ff.
- Erstattungsanspruch, Prozessuales 982 ff.
- Erstattungsanspruch, Schuldner 940 ff.
- Erstattungsanspruch, Umfang 948 ff., 955 ff.
- Erstattungsanspruch, Verjährung 974 ff.
- Forderungsverzicht 772
- Gegenanspruch d. Gesellschafters 988 ff.
- Gegenleistungs-/Rückgewähranspruch, vollwertiger 779 ff. s. a. dort
- Geschäftschancen, Verzicht 771
- Geschäftsführerhaftung 1015 ff.
- Gesellschafter, atypischer stiller 736, 772
- Gesellschaftereigenschaft, Prüfungszeitpunkt 744 ff.
- Gesellschafterliste, fehlerhafte 731 ff.
- Gewinnabführungs-/Beherrschungsvertrag 864 ff.
- Gewinnauszahlungen 770
- Gleichbehandlungsanspruch 972 ff.
- gutgläubiger Empfänger 962 ff.
- Haftung Dritter 1065 ff.
- Leistung an nahestehende Personen 726
- Leistung an verbundene Unternehmen 727
- Leistung auf abgetretenen Anspruch 725
- Leistung/Gegenleistung, Verhältnis 770 f.
- Leistungen an Dritte 718 ff., 743

- Leistungen an Gesellschafter 718 ff.
- Leistungen, causa societatis 766 ff.
- Leistungen, Drittvergleich 782
- Leistungsverweigerungsrecht 1020 ff.
- leitende Angestellte, Haftung 1059 ff.
- Limitation Language 855 ff.
- MoMiG, Übergangsrecht 1187 ff.
- Nachschüsse 1087 ff.
- Nießbraucher 738
- Pfandgläubiger 739
- Prüfung, Geschäftsführer 1017
- Regresshaftung, Geschäftsführer 1049 ff.
- Schaden 1034
- Schadensersatzhaftung, Geschäftsführer 1026 ff.
- Schadensersatzhaftung, Gesellschafter 1008 ff.
- Schadensersatzhaftung, Prozessuales 1040 ff.
- Sicherheitenbestellung 772
- Sicherheitenbestellung durch GmbH 723, 837 ff.
- Tatbestandsvoraussetzungen 715 ff., 913 ff.
- Treuhandverhältnis 737
- Unterbilanz, Ermittlung 888 ff. s. a. dort
- upstream securities 839 ff.
- Veräußerung z. Buchwerten 771
- Verbindlichkeiten, Übernahme durch GmbH 721
- verbundene Unternehmen 740
- verdeckte Sacheinlage 770
- Verstoß, geschäftsführender Alleingesellschafter 1055 ff.
- Verstoß, Rechtsfolgen 714, 929 ff.
- Voraussetzungen, Wegfall 959 ff.

Stichwortverzeichnis

- Weisungen 1019, 1035, 1050
- wirtschaftliche Einheit m. Gesellschafter 740

Banken
- Eigenkapitalausstattung/ Basel II, III 18 ff.
- Versicherung über Einlageleistung 200 ff.

Bareinlagen
- Begriff 169 ff.
- Einlageleistung 189 ff.
- Einzahlung auf debitorisches Konto 197
- Handelsregisteranmeldung, Prüfung 214
- Leistung über Bankkonten 503 ff.
- Leistung über Bankkonten, Mängel 512 ff.
- Mindestleistung 187 f.
- Scheckzahlung 512, 525
- Scheinzahlung 197
- Verwendungsabreden 197
- Vorrang 71, 168
- Zahlung auf debitorisches Konto 522 ff.
- „zur freien Verfügung" 197

Bargründung
- Begriff 169 ff.

Basel II/III 21

Beherrschungsverhältnis
s. a. Konzern; Verbundene Unternehmen
- Auszahlungssperre, Verstoß 727
- Gewinnabführungs-/ Beherrschungsvertrag 864 ff.
- wirtschaftliche Einheit m. Gesellschafter 740

Beweislast
- Auszahlungssperre 977 ff., 1043 ff.
- Existenzvernichtungshaftung 1274

- verdeckte Sacheinlagen 109 f.
- Zahlungsunfähigkeit, Herbeiführung 1314

Bewertung
s. a. Wertveränderungen
- Grundsätze 248 ff.
- Sacheinlagen, Kapitalerhöhung 386 ff.
- Sacheinlagen, Streitigkeiten 603 ff.
- Vorbelastungsbilanz 251 f.
- Wahlrechte 897
- Zeitpunkt, maßgeblicher 219 ff., 333 ff.

Bezugsrecht
- Kapitalerhöhung, effektive 361 ff.
- Übernahmeverträge 369 f.

Bilanz
- Aktivierungsverbot 693, 1172
- Gesellschaftsvermögen, Ermittlung 889 ff.
- Unterbilanz s. dort

Bilanzielle Betrachtungsweise
- downstream-Darlehen 876 ff.
- Eigenkapital 689 ff.
- Gegenleistungs-/Rückgewähranspruch, vollwertiger 779 ff.
- Kapitalerhaltung 757 ff.

Cash-Pooling
- Darlehen der GmbH 803 ff.
- downstream-Darlehen 1238 ff.
- Drittvergleich 835
- Gegenleistungs-/Rückgewähranspruch, vollwertiger 803 ff., 833 ff.
- Hin- und Herzahlen 101 ff.
- MoMiG, Auswirkungen 580 ff.
- MoMiG, Gesetzgebungsverfahren 63
- Stundung v. Ansprüchen 805
- verdeckte Sacheinlagen 70
- Verzinsung 835 f.

Darlehen
s. a. Finanzplankredit; Gesellschafterdarlehen
– Drittdarlehen, Befriedigung 1250 ff.
– Sanierungsdarlehen 1195 ff.
Darlehen d. GmbH
– Drittvergleich 831 f., 954
Darlehen der GmbH
– Ausfallhaftung 1185
– Auszahlungssperre, Verstoß 772
– Begriff 1162 ff.
– Cash-Pooling 803 ff. s. a. dort
– Geschäftsführerhaftung 1177 ff.
– Grundsatz der realen Kapitalaufbringung 541
– Hin- und Herzahlen 90 ff. s. a. dort
– Leistungsverweigerungsrecht 1177
– nahestehende Personen 1151 ff.
– Rückzahlung 650 ff.
– Rückzahlungsanspruch 1179 ff.
– Rückzahlungsanspruch, Aktivierungsverbot 1172
– Rückzahlungsanspruch, Aufrechnung 1183
– Unterbilanzhaftung 1175 ff.
– Verstoß gegen Gesellschaftsinteresse 830
– Verzinsung 819 ff.
Deliktshaftung
– Auszahlungssperre, Verstoß 1008 ff.
– Existenzvernichtungshaftung s. dort
– Kapitalerhaltung 697
– Unterkapitalisierung 646 ff.
Dienstleistungsansprüche
– Einlagefähigkeit 176
Differenzhaftung
– Darlegungs-/Beweislast 345

– Kapitalerhöhung 373
– Sacheinlagen 48, 63 ff.
– Unversehrtheitsgrundsatz 320 ff.
– Verjährung 342 ff., 388
– Wertveränderungen, vor Eintragung 220 ff., 327 f.
Dingliche Rechte
– Einlagefähigkeit 175
Downstream-Darlehen 1238 ff.
– Auszahlungssperre 876 ff.
– Verzinsung 878
Durchgriffshaftung
– qualifiziert faktischer Konzern 639 ff.
– Unterkapitalisierung 628 ff.
– Unterkapitalisierung, UG 279

Eigenkapital
s. a. Stammkapital
– Auszahlungssperre 711 ff. s. a. dort
– Banken/Versicherungen 18 ff.
– Begriff 16 ff.
– Bilanz, Aktivierungsverbot 693
– bilanzielle Betrachtungsweise 689 ff.
– Finanzierungsleistungen d. Gesellschafter 1196 ff.
– Höhe 689 ff.
– KAAG 18 ff.
– Stammkapitalziffer, Bedeutung 690 ff.
– unbenannte Zuwendungen an die GmbH 499
– Unterkapitalisierung 628 ff.
– Verfügungen d. Gesellschafter 695 ff.
– Zweck 680 ff.
Eigenkapitalersatzrecht
– MoMiG, Übergangsrecht 1187 ff.
Einlagefähigkeit 174 ff.
Einlageforderung
– Abtretung 616 ff.

Stichwortverzeichnis

- Pfändung/Verpfändung 616 ff.
- Verjährung 451 ff.
- vollwertige Gegenleistung bei Verfügung 616 ff. s. a. Gegenleistungs-/Rückgewähranspruch, vollwertiger

Einlageleistung
- an Dritte 625
- Auseinanderfallen mit Registereintragung 123 ff.
- Bankbestätigung 200 ff.
- Bankzahlung 503 ff.
- Bankzahlung, Mängel 512 ff.
- Bareinlagen 189 ff.
- debitorisches Konto, bei Kapitalerhöhung 375
- Einzahlung auf debitorisches Konto 197
- Forderungsdurchsetzung 435 ff.
- freiwillige Leistungen 469 ff.
- Handelsregisteranmeldung 199
- Handelsregisteranmeldung, Prüfung 208 ff.
- Kapitalerhöhung 371 ff.
- Mindestleistung 187 f.
- Resteinlage 417 ff. s. a. dort
- sachlich/zeitlicher Zusammenhang mit Erwerbsgeschäft 544 ff.
- Scheckzahlung 512, 525
- Scheinzahlung 197, 514 ff.
- UG 264
- Unversehrtheitsgrundsatz 126 ff.
- verdeckte Sacheinlagen 526 ff.
- Versicherung d. Geschäftsführer 570
- Verwendungsabreden 197, 516 ff.
- vollwertige Gegenleistung bei Verfügung 616 ff. s. a. Gegenleistungs-/Rückgewähranspruch, vollwertiger
- vorzeitige, bei Kapitalerhöhung 491 ff.
- Wertveränderungen, vor Eintragung 124 f.
- Zahlung auf debitorisches Konto 522 ff.
- „zur freien Verfügung" 194 ff., 500 ff.
- „zur freien Verfügung", Kapitalerhöhung 371 ff.

Einlagen
- Bewertungsregeln 248 ff.
- Einlagefähigkeit 174 ff.
- Erfüllungswirkung 61
- Mindesteinlage 417
- Mischeinlage 186
- Resteinlage 417 ff. s. a. dort
- Sacheinlagen, gemischte 186
- Verwendung, vor Eintragung 198
- Vorrang Bareinlage 71, 168
- Wertveränderungen, vor Eintragung 216 ff., 324 ff.
- „zur freien Verfügung" 90 ff.

Einlagen, offene
- Auszahlungssperre, Erstattungspflicht 939
- Gesellschaftsvermögen, Ermittlung 894
- Hin- und Herzahlen 97 ff. s. a. dort
- Verzinsung 423

Einlagen, verdeckte
s. a. Sacheinlagen, verdeckte
- unbenannte Zuwendungen an die GmbH 498

Einlagepflicht
- Aufrechnungsmöglichkeit 108
- Gründung 123 ff. s. a. dort
- verdeckte Sacheinlage, Resteinlage 563
- Verrechnung mit Bereicherungsanspruch 84 ff.
- Zurückbehaltungsrecht 108

Einziehung
- Geschäftsanteil 439 f.
Erbengemeinschaft
- Anteil, Einlagefähigkeit 175
EuGVO
- Auszahlungssperre, Erstattungspflicht 984 ff.
EuInsVO
- Insolvenzanfechtung 1252 f.
Existenzvernichtungshaftung
- Adressaten 1254 ff.
- Beweislast 1274
- Fallgruppen 1268
- Geschäftsführerhaftung 1254, 1280 f.
- konkurrierende Ansprüche 1255
- Notwendigkeit 1261 ff.
- Rechtsfolgen 1274, 1276 ff.
- Unterkapitalisierung, UG 280
- Voraussetzungen 1265 ff.
- Vorsatz 1272 f.

Falschangaben
- Handelsregisteranmeldung 205 f.
- Verschulden 205
Finanzplankredite 1200 ff.
- Verzinsung 1201, 1216
Firma
- UG 276 ff.
Firmenwert
- Gesellschaftsvermögen, Ermittlung 896
Forderungen
- Einlagefähigkeit 175
Forderungsverzicht
- Auszahlungssperre, Verstoß 772
Fremdkapital
- Finanzierungsleistungen d. Gesellschafter 1196 ff.

Gegenleistungs-/Rückgewähranspruch, vollwertiger 779 ff.

- Bereicherungsanspruch d. GmbH 784
- Beurteilungszeitpunkt 808
- bilanzielle Betrachtungsweise 779 ff.
- bilanzwirksame Vorteile 782
- Cash-Pooling 803 ff., 833 ff. s. a. dort
- Deckungsgebot 785 ff.
- Einlageforderung, Abtretung/ Pfändung 616 ff.
- Gesellschaftsvermögen, Ermittlung 895
- Gewinnabführungs-/ Beherrschungsvertrag 864 ff.
- Leveraged Buy-Out 798
- Nutzungsüberlassung v. Gegenständen 863
- Sicherheitenbestellung durch GmbH 837 ff., 858 ff.
- Solvenz d. Gesellschafters, Prüfung 809 ff., 817 f., 834
- Stundung 805
- upstream securities 839 ff.
- Verzinsung 801 f., 819 ff.
- Vollwertigkeitsgebot 795 ff., 807 ff.
- Vollwertigkeitsgebot, Verstoß 828 f.
Genehmigtes Kapital
- Aufsichtsrat 400
- Begriff 396
- Ermächtigung 397 ff., 405 ff.
- Handelsregisteranmeldung 402 f.
- Satzungsänderung 397 ff., 404
- Übernahmeverträge 401 f.
- UG 409
Genussrechte
- Gesellschafterfinanzierungen 879
Geschäftsanteile
- Begriff 152
- Einziehung 439 f.
- Gesellschafterwechsel 1099 ff.

- Kaduzierung 438
- Nennbetrag 150 ff.
- Nennbetrag, Abweichung v. Stammkapital 164 ff.
- öffentliche Versteigerung 446
- Sanierungsprivileg 1245 ff.
- Übernahmeverträge, Kapitalerhöhung 369 f., 401 f.
- Zwerganteilsprivileg 1242 ff.

Geschäftsanteile - Einziehung
- Kapitalerhaltung 1099, 1140 ff.

Geschäftsanteile, eigene
- Anteilserwerb 1110 ff.
- Anteilserwerb, ausreichendes Vermögen 1116 ff.
- Gesellschaftsvermögen, Ermittlung 899
- Kapitalherabsetzung, vereinfachte 1107 ff.
- und Kapitalerhaltung 1100 ff.
- und Kapitalerhaltung, Rechtsfolgen bei Verstoß 1131 ff.

Geschäftschancen
- Verzicht zugunsten Gesellschafter 771

Geschäftsführer
- Auszahlungssperre, Leistungsverweigerungsrecht 1020 ff.
- Auszahlungssperre, Prüfung 1017
- Gegenleistungs-/Rückgewähranspruch, Prüfung 854, 858 ff.
- geschäftsführender Alleingesellschafter 1055 ff.
- Kapitalerhaltung, Adressaten 698 f.
- Limitation Language 855 ff.
- Solvenz d. Gesellschafters, Prüfung 809 ff., 817 f., 834
- Versicherung über Einlageleistung 199, 570

Geschäftsführer - Haftung
- Auszahlungssperre, Alleingesellschafter 1055 ff.
- Auszahlungssperre, Verstoß 714, 1015 ff., 1026 ff., 1049 ff. s. a. dort
- Auszahlungssperre, Weisungen 1019, 1035, 1050
- Darlehen der GmbH, an Nahestehende 1177 ff.
- Erwerb eigener Anteile 1136
- Existenzvernichtungshaftung 1254, 1280 f.
- Falschangaben, Handelsregisteranmeldung 205 f.
- Insolvenzverursachung 703
- wirtschaftliche Neugründung 288
- Zahlungsunfähigkeit, Herbeiführung 1282 ff., 1307 ff.

Geschäftswert
- Gesellschaftsvermögen, Ermittlung 896

Gesellschafter
- atypisch stiller 736, 772, 999
- Auszahlungsanspruch gegen GmbH, Unterbilanz 988 ff.
- beherrschender 724
- Darlehen an d. GmbH/Finanzierungshilfen 876 ff.
- Dispositionsbefugnis 11
- Doppelleistungspflicht 114, 119
- Einlageleistung, Verjährung 451 ff.
- Finanzierungsleistungen 1195 ff.
- freiwillige Leistungen 469 ff.
- Gesellschaftereigenschaft, Prüfungszeitpunkt 744 ff.
- Gesellschafterfinanzierungen 879
- Gesellschafterliste, fehlerhafte 731 ff.
- Gesellschafterwechsel 1099 ff.
- gleichgestellte Dritte 734 ff.
- Kaduzierung 438
- Kapitalerhaltung, Adressaten 698 f.

- Kapitalerhöhung, Beschluss 349 ff.
- Kapitalerhöhung, Zulassungsbeschluss 357 ff.
- Kapitalerhöhung, Zustimmungspflicht 354 ff.
- Nachschüsse, Kapitalbindung 1087 ff.
- Nachschusspflicht 483 ff.
- Nebenleistungen 475 ff. s. a. dort
- Nießbraucher 738
- Pfandgläubiger 739
- Resteinlageleistung 417 ff. s. a. dort
- Sanierungsprivileg 1245 ff.
- Treuhandverhältnis 737
- unbenannte Zuwendungen an die GmbH 496 ff.
- Verbindlichkeiten, Übernahme durch GmbH 721
- Verfügungen über geschütztes GmbH-Kapital 695 ff.
- vorzeitige Einlageleistung, bei Kapitalerhöhung 491 ff.
- Weisungen, Auszahlungssperre 1019, 1035, 1050
- wirtschaftliche Einheit 740
- Zusatzkapital, variables 482
- Zwerganteilsprivileg 1242 ff.

Gesellschafter - Haftung
s. a. Differenzhaftung; Unterbilanzhaftung; Vorbelastungshaftung
- Ausfallhaftung 1139. 1259
- Auszahlungssperre, Adressaten 934
- Auszahlungssperre, Ausfallhaftung 996 ff.
- Auszahlungssperre, Erstattungspflicht 935 ff.
- Auszahlungssperre, geschäftsführender Alleingesellschafter 1055 ff.
- Auszahlungssperre, Schadensersatzhaftung 1008 ff.
- Darlegungs-/Beweislast 345
- Darlehen der GmbH, an Nahestehende 1179 ff., 1185
- Deliktshaftung 646 ff.
- Differenzhaftung 221 f.
- Durchgriffshaftung, Unterkapitalisierung 628 ff.
- Einlageleistung, Ausfallhaftung 448 ff.
- Erwerb eigener Anteile 1137 ff.
- Existenzvernichtungshaftung 1258 ff., 1276 ff. s. a. dort
- Falschangaben, Handelsregisteranmeldung 205 f.
- freiwillige Leistungen 472 ff.
- Insolvenzverursachung 703
- Kapitalerhöhung, Differenzhaftung 373
- qualifiziert faktischer Konzern 639 ff.
- Rechtsentwicklung 22 ff.
- Rechtsentwicklung, MoMiG 63 ff.
- Rechtsvorgänger 445
- Rückgewährpflicht 714 s. a. Auszahlungssperre
- Treuepflichtverletzung 1012 ff.
- ungerechtfertigte Bereicherung 938
- Unterbilanzhaftung 130 f.
- Unterkapitalisierung, UG 279 f.
- Verjährung 342 ff., 388
- Verlustdeckungshaftung 324 ff.
- Vor-GmbH 312 ff.
- Wertveränderungen 324 ff.
- wirtschaftliche Neugründung 289 ff.

Gesellschafterdarlehen 1195 ff.
- Eigen-/Fremdkapital 1196 ff., 1211 ff.
- Finanzplankredite 1200 ff.
- Fremdkapitalcharakter 486 f.

- Gesellschaftsvermögen, Ermittlung 902
- gleichgestellte Forderungen 1231 ff.
- Insolvenzfall 1217 ff.
- Krisensituation 488 ff.
- MoMiG 1217 ff.
- Nachrangigkeit 17, 489 f., 1226
- Rangrücktritt 902, 1197 ff., 1201, 1216
- Rückzahlung, Anfechtbarkeit 1236 ff.
- Rückzahlungsanspruch, Besicherung 1241
- Sanierungsprivileg 1245 ff.
- unbenannte Zuwendungen an die GmbH 497
- Zwerganteilsprivileg 1242 ff.

Gesellschafter-Geschäftsführer
- Alleingesellschafter, Haftung 1055 ff.
- Auszahlungssperre, Beispiele 770

Gesellschafterliste
- fehlerhafte, Gesellschafterstellung 731 ff.

Gesellschaftsvertrag
- Änderung, bei Mantelverwendung/Vorratsgründung 286
- Anrechnungsvereinbarungen 108
- genehmigtes Kapital 398 f., 404
- Handelsregisteranmeldung 199
- Nebenleistungen 476
- Sacheinlagen 177 ff.
- Stammkapital, Festlegung 141 ff.

Gewinnabführungs-/Beherrschungsvertrag
- Auszahlungssperre 864 ff.
- Bestehen 868 f.
- Verlustausgleichsanspruch 870 ff.
- Weisungen 868 f.

Gläubigerschutz
- Existenzvernichtungshaftung 1262
- Kapitalerhaltung 687
- Stammkapital 4

GmbH
- Kapital, Begriff 2 ff., 12 ff.
- Leistungen an Gesellschafter, Rückgabe 650 ff. s. a. Darlehen der GmbH
- Sicherheitenbestellung 723
- Übernahme v. Verbindlichkeiten 721
- Vermögensausstattung 2 ff., 10 ff.

GmbH & Co. KG
- Darlehen, Unterbilanz 1186
- Finanzierungen der Komplementär-GmbH 105
- Kapitalerhaltung 1077 ff.

GmbH in Liquidation
- Existenzvernichtungshaftung 1275

GmbH-Gesetz
- Kapital, Begriff 12 ff.
- Vermögen, Begriff 10 ff.

Gründer
- Auslagen, Einlagefähigkeit 175

Grundsatz der realen Kapitalaufbringung
- Anrechnungslösung 73 ff.
- Anrechnungslösung, und Bereicherungsanspruch 78 ff.
- Darlehen der GmbH 541
- Definition 26 ff.
- Einlageleistung „zur freien Verfügung" 90 ff., 194 ff.
- Einzelregelungen 22 ff.
- Grenzbereich zur Kapitalerhaltung 649 ff., 654 ff.
- Hin- und Herzahlen 30
- Kritik 42 ff., 111 ff.
- MoMiG, Auswirkungen 111 ff.

- MoMiG, Auswirkungen/ Gesetzgebungsverfahren 59 ff.
- Rechtsentwicklung 22 ff.
- Schutzzweck 33 ff.
- Tatbestandsmerkmale 28 ff.
- verdeckte Sacheinlagen, Tatbestandsmerkmale 539 ff.
- verdeckte Sacheinlagen, Verbot 535 ff.
- Verletzung 31 f., 38 ff.
- Verletzung, Beweislast 109 f.
- Verletzung, Erfüllungswirkung 61

Gründung
- Bar-/Sachgründung, Begriff 169 ff.
- Einlageleistung und Registereintragung 123 ff.
- Einlageleistung, Wertveränderungen 124 f.
- Einlagen, Unversehrtheitsgrundsatz 126 ff.
- Einlagenverwendung, vor Eintragung 198
- Falschangaben, Handelsregisteranmeldung 205 f.
- Grenzbereich zw. Kapitalaufbringung und -erhaltung 649 ff.
- Handelsregisteranmeldung 199
- Handelsregistereintragung 253 ff.
- Musterprotokoll/ Mustersatzung 138 f.
- Unterbilanzhaftung 130 f.
- Vorbelastungshaftung 243 ff.
- Vorbelastungsverbot 128 f.
- Vorratsgründung 283 ff. s. a. dort

Handelndenhaftung
- wirtschaftliche Neugründung 288

Handelsregisteranmeldung
- Einlageleistung, Bankbestätigung 200 ff.
- Einlageleistung, Wertveränderungen 216 ff.
- Falschangaben, Haftung 205 f.
- Hin- und Herzahlen 576
- Inhalt, bei Gründung 199
- Kapitalerhöhung aus Gesellschaftsmitteln 414 ff.
- Kapitalerhöhung, effektive 376 ff.
- Kapitalerhöhung, genehmigtes Kapital 402 f.
- Kapitalerhöhung, Prüfung 381 f.
- Kapitalerhöhung, Wertveränderungen 373 f.
- Prüfungsgegenstand, bei Gründung 213 ff.
- Prüfungsverfahren, bei Gründung 208 ff.
- Sacheinlagen, Bewertung 199
- Sachgründungsbericht 199
- Wertveränderungen, Bewertungsstichtag 333 ff.

Handelsregistereintragung
- Auseinanderfallen mit Einlageleistung 123 ff.
- Einlageleistung, Wertveränderungen 124 f.
- Gründung 253 ff.
- Gründung, Verwendung d. Einlagen 198
- verdeckte Sacheinlage 564 f.

Her- und Hinzahlen 101 ff.

Hin- und Herzahlen s. a. Grundsatz der realen Kapitalaufbringung
- Begriff 30, 531, 540
- Behandlung als verdeckte Sacheinlage 571 ff.
- Behandlung, Rechtsentwicklung 90 ff.
- Cash-Pooling 101 ff., 580 ff. s. a. dort
- Doppelleistungspflicht 114, 119
- Erfüllungswirkung 61
- Handelsregisteranmeldung 576

- Kapitalerhöhung 375
- Rechtsfolgen 553 ff., 571 ff.
- Resteinlageleistung 425
- Sanktionen, Kritik 42 ff.
- Sanktionen, Rechtsentwicklung 32
- Tilgungswirkung 577 ff.
- Übergangsregelung 587 ff.
- und verdeckte Sacheinlage 107
- Vorratsgründung 283

Immaterielle Güter
- Aktivierungsverbot 693
- Einlagefähigkeit 175
- Gesellschaftsvermögen, Ermittlung 898

Insolvenz
- Gesellschafterdarlehen, Nachrang 1217 ff.
- Vorbelastungshaftung 243 ff.

Insolvenzanfechtung
- Drittdarlehen, Befriedigung 1250 ff.
- Gesellschafterdarlehen, Besicherung 1241
- Gesellschafterdarlehen, Rückzahlungsanspruch 1225 ff.
- Zuständigkeit 1252 f.

Insolvenzverursachung 703

Insolvenzverwalter
- Auszahlungssperre, Erstattungsanspruch 944, 985
- Existenzvernichtungshaftung 1274, 1276
- Kaduzierung 449
- Resteinlage, Einforderung 466
- Wertveränderungen, Prüfung 246

Internationale Zuständigkeit
- Auszahlungssperre, Erstattungspflicht 984 ff.
- Auszahlungssperre, Schadensersatzhaftung 1042
- Insolvenzanfechtung 1252 f.

Juristische Personen
- Vermögensausstattung 2 ff.
- Vermögensfähigkeit 2 f.

KAAG
- Eigenkapital 18 ff.

Kaduzierung
- Anteilsversteigerung 446
- Ausfallhaftung 443 ff.
- Einlageleistung, Säumnis 438
- Insolvenzfall 449
- Verfahren 440 ff.

Kapital
s. a. Eigenkapital; Stammkapital; Vermögen
- Begriff 12 ff.
- Stammkapital, Begriff 15

Kapitalaufbringung
- Bankzahlung, Mängel 512 ff.
- Bewertungsregeln 248 ff.
- Einlageforderung, Verjährung 451 ff.
- Einlageleistung „zur freien Verfügung" 90 ff., 194 ff.
- freiwillige Leistungen 469 ff.
- Grenzbereich zur Kapitalerhaltung 649 ff., 654 ff.
- Grundsatz der realen ~ 22 ff. s. a. dort
- Grundsatz der realen ~, Verstoß 31 f.
- Gründung 123 ff., 137 ff. s. a. dort
- Handelsregisteranmeldung 199
- Handelsregisteranmeldung, Prüfung 208 ff.
- Hin- und Herzahlen 30
- Kapital, Begriff 13
- Kapitalerhöhung 346 ff. s. a. dort
- Kapitalerhöhung, genehmigtes Kapital 393 ff. s. a. Genehmigtes Kapital
- Mantelverwendung/Vorratsgründung 283 ff.

- MoMiG 22 ff.
- MoMiG, Auswirkungen 59 ff., 111 ff.
- Nachschusspflicht 483 ff.
- Rechtsentwicklung 22 ff.
- Regelungen 22 f.
- Resteinlage 417 ff.
- Sacheinlagen, verdeckte 29
- Schutzzweck 33 ff.
- Stammkapital, Festlegung 141 ff.
- UG 264
- unbenannte Zuwendungen an die GmbH 496 ff.
- Unterbilanzhaftung 130 f.
- Unterkapitalisierung 628 ff.
- Unversehrtheitsgrundsatz 126 ff., 319 ff.
- verdeckte Sacheinlagen 526 ff.
- Verletzung v. Sacheinlageverboten 569
- Versicherung d. Geschäftsführer 570
- Vorbelastungsverbot 128 f.
- vorzeitige Einlageleistung, bei Kapitalerhöhung 491 ff.
- Wertveränderungen, vor Eintragung 216 ff.
- „zur freien Verfügung", bei Kapitalerhöhung 371 ff.
- Zusatzkapital, variables 482

Kapitalerhaltung
- Adressaten 698 ff.
- AG, Unterschiede 700 f.
- Auszahlungssperre 711 ff.
- Auszahlungssperre, Ausnahmen 777 ff.
- Auszahlungssperre, Beispiele 770 ff.
- bilanzielle Betrachtungsweise 689 ff., 757 ff.
- Darlehen der GmbH, an Nahestehende 1151 ff.
- Darlehen der GmbH, Unterbilanz 1175 ff.
- Finanzierungsleistungen d. Gesellschafter 1195 ff.
- Gegenleistungs-/Rückgewähranspruch, vollwertiger s. Gegenleistungs-/Rückgewähranspruch, vollwertiger
- Geschäftsanteile, Einziehung 1140 ff.
- Gesellschafterwechsel 1099 ff.
- Gläubigerschutz 687
- GmbH & Co. KG 1077 ff., 1186
- Grenzbereich zur Kapitalaufbringung 649 ff., 654 ff.
- Grundzüge 680 ff.
- Insolvenzverursachung 703
- Kapital, Begriff 13
- Leistungen, causa societatis 766 ff.
- MoMiG, Übergangsrecht 1187 ff.
- Nachschüsse 1087 ff.
- Rechtsquellen 702 ff.
- Regelungszweck/-system 680 ff.
- Regelungszweck/-system, Kritik 706 ff.
- Stammkapitalziffer, Bedeutung 690 ff.
- UG 702
- und eigene Geschäftsanteile 1100 ff.
- und eigene Geschäftsanteile, Rechtsfolgen bei Verstoß 1131 ff.
- Verfügungen d. Gesellschafter 695 ff.
- wirtschaftliche Betrachtungsweise 757 ff.

Kapitalerhöhung
- Anrechnungsvereinbarungen 108
- aus Gesellschaftsmitteln 410 ff., 499

- aus Gesellschaftsmitteln, Beschluss 412 f.
- aus Gesellschaftsmitteln, Handelsregisteranmeldung 414 ff.
- Ausschüttungs-Rückhol-Verfahren 389 ff.
- Beschluss 349 ff.
- Bezugsrecht 361 ff.
- Bezugsrecht, Ausschluss 365 ff.
- effektive 348 ff.
- Einlageleistung 371 ff.
- genehmigtes Kapital 393 ff.
- Gesellschafter, Zustimmungspflicht 354 ff.
- Handelsregisteranmeldung 376 ff.
- Handelsregisteranmeldung, Prüfung 381 f.
- Hin- und Herzahlen 375
- Kapitalaufbringung 346 ff.
- nominelle 410 ff.
- Sacheinlagen 383 ff.
- Übernahmeverträge 369 f.
- vorzeitige Einlageleistung 491 ff.
- Wertveränderungen, vor Eintragung 373 f.
- Zulassungsbeschluss 357 ff.

Kapitalherabsetzung, vereinfachte
- Erwerb eigener Anteile 1107 ff.

Kapitalrücklage
- unbenannte Zuwendungen an die GmbH 497

Kollusives Handeln
- Haftung, Auszahlungssperre 1068 ff.

Konzern
s. a. Beherrschungsverhältnis; Verbundene Unternehmen
- Auszahlungssperre, Verstoß 727
- Cash-Pooling 803 ff., 833 ff. s. a. dort

Konzern, qualifiziert faktischer
- Durchgriffshaftung 639 ff.

Krisensituation
- Einlageleistung an Dritte 625
- Einlageleistung, Pfändung/Verpfändung 620 ff.
- Existenzvernichtungshaftung 1262 ff. s. a. dort
- Gesellschafterdarlehen 488 ff.
- Unterkapitalisierung 628 ff.
- vorzeitige Einlageleistung 491 ff.

Leistungsverweigerungsrecht
s. a. Zurückbehaltungsrecht
- Geschäftsführer, Auszahlungssperre 1020 ff.
- Geschäftsführer, Darlehensvergabe 1177
- Zahlungsunfähigkeit, Ersatzpflicht 1312 f.

Leveraged Buy-Out
- Gegenleistungs-/Rückgewähranspruch, vollwertiger 798

Limitation Language 855 ff.

Liquidation
- Existenzvernichtungshaftung 1275

Liquidatoren
- Darlehen der GmbH, Unterbilanz 1158

Mantelverwendung 283 ff.
- Unternehmensgegenstand, Änderung 286
- wirtschaftliche Neugründung 287 ff.

Mischeinlage 186
- verdeckte 565

Mitgliedschaftsrechte
- Einlagefähigkeit 175

Mitverschulden
- Schadensersatzhaftung, Geschäftsführer 1036

MoMiG 22 ff.
- Anrechnungslösung 73 ff.

- Auswirkungen, auf Kapitalaufbringungsregeln 59 ff.
- Auswirkungen, Resteinlage 425 ff.
- Cash-Pooling 580 ff.
- Erwartungen 55 ff.
- Gesellschafterdarlehen 1217 ff.
- Gesetzgebungsverfahren 63 ff.
- Hin- und Herzahlen 530 f.
- Kritik, Kapitalaufbringung 111 ff.
- Musterprotokoll/Mustersatzung 138 f.
- Sicherheitenbestellung durch GmbH 837
- Übergangsrecht 1187 ff.
- Übergangsregelung 587 ff.
- UG 258 ff.
- verdeckte Sacheinlagen 529 ff.
- Versicherung über Einlageleistung 570
- Zahlungsunfähigkeit, Haftung 1283 f.

Musterprotokoll
- MoMiG 138
- Verletzung d. Sacheinlageverbots 569

Mustersatzung
- MoMiG 138

Nachschüsse
- Auszahlungssperre 1087 ff.

Nachschusspflicht
- Abgrenzung z. Nebenleistungen 483
- beschränkte/unbeschränkte 485
- Zweck 484

Nahestehende Personen
- Angehörige 741
- Darlehen der GmbH 1151 ff.
- Darlehen der GmbH, Unterbilanz 1175 ff.
- Leistungen an Gesellschafter 726

Nebenleistungen
- Abgrenzung z. Nachschüssen 483
- Arten 475
- gesellschaftsvertragliche Regelung 476
- schuldrechtliche Vereinbarung 479 ff.
- Überpari-Emission 477 f.

Nennbetrag
- Abweichung v. Stammkapital 164 ff.
- Festlegung 150 ff.

Nießbrauch
- Adressaten, Auszahlungssperre 738

Nutzungsrechte, obligatorische
- Einlagefähigkeit 175

Nutzungsüberlassung
- Gegenleistungs-/Rückgewähranspruch, vollwertiger 863

Pfandgläubiger
- Adressaten, Auszahlungssperre 739

Pfändung
- Einlageforderung 616 ff.
- Gesellschafteranspruch gegen GmbH 725

Prokuristen
- Darlehen der GmbH, Unterbilanz 1158
- Haftung, Auszahlungssperre 1059 ff.

Rangrücktritt
- Gesellschafterdarlehen 902, 1197 ff., 1201, 1216 s. a. dort

Rechtsvorgänger
- Ausfallhaftung 445

Reinvermögen
- Unterbilanz 888 ff.

Resteinlage
- Aufrechnung/Verrechnung 430 ff.

Stichwortverzeichnis

- Ausfallhaftung 443 ff.
- Befreiung/Stundung 426 ff.
- Forderungsdurchsetzung 435 ff.
- Hin- und Herzahlen 425
- Leistungszeitpunkt 418 ff.
- MoMiG, Auswirkungen 425 ff.
- verdeckte Sacheinlagen 425, 563
- Vergleich 429
- Verrechnung 432
- Verschulden 423
- Zurückbehaltungsrecht 434

Rückgewähranspruch, vollwertiger s. Gegenleistungs-/Rückgewähranspruch, vollwertiger

Rückstellungen
- Gesellschaftsvermögen, Ermittlung 901

Sacheinlagen
- Anrechnungswert 177 ff.
- Begriff 169 ff.
- Bewertung, maßgeblicher Zeitpunkt 179
- Bewertung, Nachweis 199
- Bewertung, Streitigkeiten 603 ff.
- Bewertungsregeln 248 ff.
- Bewertungszeitpunkt, maßgeblicher 220 ff., 333 ff., 386 ff.
- Differenzhaftung 48, 63 ff., 221 f.
- Einlagefähigkeit 29
- Einlageleistung 181 ff., 188
- Handelsregisteranmeldung, Prüfung 215
- Kapitalerhöhung 383 ff.
- UG 140, 268 ff.
- Umgehung d. Vorschriften 535 ff. s. a. Sacheinlagen, verdeckte
- Verbot, Zuwiderhandlung 569
- Vereinbarung 177 ff.
- Vorrang Bareinlage 71, 168
- Wertveränderungen, vor Eintragung 179, 327 f.
- „zur freien Verfügung" 196

Sacheinlagen, gemischte 186
- verdeckte 567

Sacheinlagen, verdeckte
- Abrede 547 f.
- Anrechnung 559 ff.
- Anrechnungslösung 73 ff.
- Anrechnungslösung, und Bereicherungsanspruch 78 ff.
- Auszahlungssperre 770
- Begriff 29, 530
- Bereicherungsanspruch d. Gesellschafters 562 f.
- Beweislast 109 f.
- Cash-Pool 70
- Doppelleistungspflicht 44 ff., 72 ff., 114, 119, 568
- fehlende freie Verfügbarkeit 197
- Folgen, Kritik 256 ff.
- gemischte Sacheinlage 567
- Grundsatz der realen Kapitalaufbringung 26 f.
- Handelsregistereintragung 564 f.
- Heilung 591 ff.
- Heilung, Berichtigungsbeschluss 597 ff., 610 ff.
- Mischeinlage 565
- MoMiG, Auswirkungen 59 ff., 529 ff.
- Rechtsfolgen 553 ff.
- Resteinlageleistung 425
- sachlich/zeitlicher Zusammenhang mit Einlageleistung 544 ff.
- Sanktionen 38 ff.
- Sanktionen, Kritik 42 ff.
- Sanktionen, Rechtsentwicklung 31 f.
- Tatbestandsmerkmale 119 ff., 539 ff.
- Übergangsregelung 587 ff.
- und Hin- und Herzahlen 107
- Verbot 535 ff.

423

- Verbot, Umgehungsabsicht 549 ff.
Sachgesamtheiten
- Einlagefähigkeit 175
Sachgründung
- Begriff 169 ff.
- Bericht, Handelsregisteranmeldung 199
- verdeckte 184
Sachübernahme
- Voraussetzungen 184
Sanierungsdarlehen 1195 ff.
Sanierungsprivileg 1245 ff.
Satzung s. Gesellschaftsvertrag
Schadensersatz
- Auszahlungssperre, Geschäftsführer 1026 ff.
- Existenzvernichtungshaftung 1274, 1276 ff.
- leitende Angestellte, Auszahlungssperre 1059 ff.
- Treuepflichtverletzung 1012 ff. s. a. Deliktshaftung
Schenkung
- unbenannte Zuwendungen an die GmbH 497
Schütt-aus-Hol-zurück-Verfahren s. Ausschüttungs-Rückhol-Verfahren
Sicherheiten
- Bestellung durch GmbH 723, 772, 837 ff.
- Bestellung zugunsten Dritter 1067 ff.
- Gesellschafterdarlehen, Rückzahlungsanspruch 1241
- Limitation Language 855 ff.
- Verstoß gegen Gesellschaftsinteresse 853
- Verzinsung 862
- Zahlungsunfähigkeit, Herbeiführung 1292
Sittenwidrige Schädigung
- Existenzvernichtungshaftung 1254 ff. s. a. dort

- Kapitalerhaltung 697
- Unterkapitalisierung 646 f.
Solvabilitätsverordnung 21
Stammeinlage
- Begriff 150 ff.
- freiwillige Leistungen 469 ff.
- Stammeinlageziffer 150 ff.
- Übernahmeverträge 369 f.
Stammkapital
s. a. Eigenkapital
- Auszahlungssperre 711 ff. s. a. dort
- Begriff 15
- Festlegung 141 ff.
- Gesamtnennbetrag, Abweichung 164 ff.
- Gläubigerschutz 4
- UG 266 f., 908 ff.
- und genehmigtes Kapital 396
Stammkapitalziffer
- bilanzielle Betrachtungsweise 690 ff.
- Unterbilanz 888 ff., 906 f.
Stille Einlagen
- Gesellschafterfinanzierungen 879
- unbenannte Zuwendungen an die GmbH 496 ff.
Stille Reserven
- Gesellschaftsvermögen, Ermittlung 893
Straftaten
- Falschangaben, Handelsregisteranmeldung 207
Strohmann
- Adressaten, Auszahlungssperre 737
- Leistungen an Gesellschafter 724
Stundung
- Gegenleistungs-/Rückgewähranspruch, vollwertiger 805
- Gesellschafterfinanzierungen 879 f.
- Resteinlageleistung 428

Treuepflicht
- Auszahlungssperre, Verstoß 1012 ff.

Treuhand
- Adressaten, Auszahlungssperre 737
- Leistungen an Gesellschafter 724

Überpari-Emission 477 f.

Überschuldung
- Leistungen an Gesellschafter, Rückgabe 650 ff.
- und Unterbilanz 915 f.

Ungerechtfertigte Bereicherung
- Auszahlungssperre, Erstattungspflicht 938
- und Anrechnungslösung 78 ff
- verdeckte Sacheinlage 562 f.
- Verrechnung mit Einlageverpflichtung 84 ff.

Unterbilanz
- Aktiva 893 ff.
- Auszahlungssperre s. a. dort
- Auszahlungssperre, Beispiele 771 ff.
- Auszahlungssperre, Prüfung 913 ff.
- Auszahlungssperre, Rechtsfolgen 929 ff.
- Beurteilungszeitpunkt 884 ff.
- Darlehen der GmbH 1170 ff.
- Ermittlung 888 ff.
- Existenzvernichtungshaftung 1262 ff. s. a. dort
- Gegenleistungen, Berücksichtigung 886
- geschäftsführender Alleingesellschafter 1055 ff.
- Gesellschaftsvermögen, Ermittlung 889 ff.
- Gesellschaftsvermögen, negatives 914
- Leistungen an Gesellschafter, Rückgabe 650 ff.
- Passiva 900 ff.
- Überschuldung 915 f.

Unterbilanzhaftung 130 f.
- Anwendungsbereich 883 ff.
- Begriff 320 f.
- Beurteilungszeitpunkt 884 ff.
- Darlegungs-/Beweislast 345
- Darlehen der GmbH 1175 ff.
- konkurrierende Ansprüche 1255
- MoMiG, Übergangsrecht 1187 ff.
- Nichtanwendbarkeit 372
- Verjährung 342 ff.
- Vor-GmbH 311
- Wertveränderungen, vor Eintragung 228, 238, 329 ff.
- wirtschaftliche Neugründung 289 ff.

Unterkapitalisierung 628 ff.
- bilanzielle Betrachtungsweise 689 ff.
- Durchgriffshaftung 635 ff.
- formelle 689 ff.
- materielle, Tatbestand 633 ff.
- nominelle 631 f.
- qualifiziert faktischer Konzern 639 ff.
- sittenwidrige Schädigung 646 f.
- UG 279 ff.

Unternehmen
- Einlagefähigkeit 175

Unternehmergesellschaft (haftungsbeschränkt)
- anwendbare Normen 261
- Einlagenleistung 264
- Errichtung 262 f.
- Firma 276 ff.
- Gesellschaftsvermögen, Ermittlung 904
- Kapitalerhaltung, Vorschriften 702
- Kapitalerhöhung, genehmigtes Kapital 409
- Mindestkapital 266 f.

- MoMiG-Regelungen 258 ff.
- Musterprotokoll 138 f.
- Rücklagenbildung 271 ff.
- Sacheinlagen 140
- Sacheinlagenverbot 268 ff.
- Sacheinlagenverbot, Verletztung 569
- Sonderregelungen 265 ff., 281 f.
- Stammkapital 908 ff.
- Unterkapitalisierung 279 ff.
- Vermögensausstattung 6 ff.

Untreue
- Auszahlungssperre, Verstoß 1008 ff.

Unversehrtheitsgrundsatz 126 ff.
- Wirkung 319 ff.

Upstream securities
- Auszahlungssperre 839 ff.

Verbindlichkeiten
- Gesellschaftsvermögen, Ermittlung 900

Verbundene Unternehmen
s. a. Beherrschungsverhältnis; Konzern
- Auszahlungssperre 740
- Auszahlungssperre, Verstoß 727

Vergleich
- Darlehen, Rückzahlungsanspruch 954
- Einlageleistung 108
- Resteinlageleistung 429

Verjährung
- Auszahlungssperre, Erstattungspflicht 974 ff.
- Differenzhaftung 388
- Einlageforderung 451 ff.
- Haftung, Gründungsstadium 342 ff.
- Schadensersatzhaftung, Geschäftsführer 1037
- Zahlungsunfähigkeit, Haftung 1315

Verlustdeckungshaftung
- Wertveränderungen 324 ff.

Vermögen
- Aktiva 893 ff.
- Dispositionsbefugnis 11
- Ermittlung 889 ff.
- Erwerb eigener Anteile 1116 ff.
- Gläubigerschutz 4
- juristische Personen 2 ff.
- Passiva 900 ff.
- Unterbilanz 888 ff.

Verrechnung
- Resteinlageleistung 432

Verschulden
- Einlageleistung, Säumnis 423
- Existenzvernichtungshaftung 1272 f.
- Falschangaben 205
- Schadensersatzhaftung, Geschäftsführer 1033, 1036

Versicherungen
- Eigenkapital 18 ff.

Verzinsung
- Cash-Pooling 835 f.
- Darlehen an d. GmbH 878
- Darlehen der GmbH 819 ff.
- downstream-Darlehen 878
- Einlagen, ausstehende 423
- Finanzplankredite 1201, 1216
- Gegenleistungs-/Rückgewähranspruch, vollwertiger 801 f.
- Sicherheitenbestellung 862

Vorbelastungsbilanz 251 f.
Vorbelastungshaftung 336 ff.
- Begriff 320 f.
- Darlegungs-/Beweislast 345
- Gründung 243 ff.
- Nichtanwendbarkeit 372
- Umfang 341 ff.
- Verjährung 342 ff.
- Zeitpunkt, maßgeblicher 339 f.

Vorbelastungsverbot 128 f.
- Unterbilanzhaftung 130 f.
- Verletzung, Registerkontrolle 229 ff.

Vor-GmbH
- Begriff 295 ff.
- Forderung, Einlagefähigkeit 175
- Gesellschafter, Haftung 312 ff.
- Haftung 310 ff.
- Kapitalverfassung 308 ff.
- Rechtsnatur 299 ff.

Vorgründungsgesellschaft
- Begriff 295

Vorratsgründung 283 ff.
- Unternehmensgegenstand, Änderung 286

Vorsatz
- Existenzvernichtungshaftung 1272 f.

Wertveränderungen
- Differenzhaftung 221 f.
- Einlageleistung 124 f., 216 ff.
- Haftung 324 ff.
- Kapitalerhöhung, vor Eintragung 373 f.
- Prüfung 246
- Sacheinlagen 179, 327 f.

Zahlungsunfähigkeit
- Begriff d. Zahlungen 1291
- Beweislast 1314
- Ersatzpflicht 1282 ff., 1307 ff.
- Ersatzpflicht, Anwendungsbereich 1296 ff.
- Ersatzpflicht, Leistungsverweigerungsrecht 1312 f.
- Ersatzpflicht, Verjährung 1315
- grenzüberschreitende Sachverhalte 1286
- Herbeiführung 1287 ff.
- MoMiG 1283 f.
- Sicherheitenbestellung 1292
- Zahlungsempfänger 1293 f.

Zurückbehaltungsrecht
s. a. Leistungsverweigerungsrecht
- Einlageforderung 108
- Resteinlageleistung 434

Zusatzkapital 482

Zuständigkeit
- Auszahlungssperre, Erstattungspflicht 982 ff.
- Auszahlungssperre, Schadensersatzhaftung 1041 f.
- Insolvenzanfechtung 1252 f.

Zwerganteilsprivileg 1242 ff.

DAS Handbuch zum ESUG.

Kübler (Hrsg.)
HRI – Handbuch Restrukturierung in der Insolvenz
Eigenverwaltung und Insolvenzplan

2012. 1.377 Seiten.
Gebunden € 198,00
ISBN 978-3-8145-8164-4

RWS Verlag Kommunikationsforum GmbH

Aus erster Hand.

Graf-Schlicker (Hrsg.)
InsO
Kommentar zur Insolvenzordnung

3. Auflage 2012. 1.650 Seiten.
Gebunden € 118,00
ISBN 978-3-8145-1005-7

RWS Verlag
Kommunikations-
forum GmbH

Was Ihr wollt.

Von 1980 bis heute: Alle Jahrgänge online verfügbar!

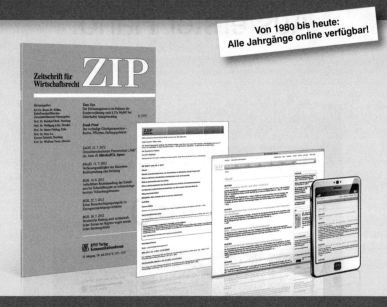

Die ZIP.
Jede Woche neu.

Die ZIP ist eine der führenden wirtschaftsrechtlichen Zeitschriften in Deutschland mit den thematischen Schwerpunkten Insolvenz- und Sanierungsrecht, Gesellschafts- und Kapitalmarktrecht, Bank- und Kreditsicherungsrecht sowie Wirtschaftsvertragsrecht.

Nutzen Sie den Informationsvorsprung, den Ihnen die Aktualität der ZIP verschafft, halten Sie sich mit der ZIP auf dem Laufenden und profitieren Sie von dem Know-how erfahrener Praktiker und Wissenschaftler.

ZIP-Letter.
Ihr Wissensvorsprung.

Vor Erscheinen der gedruckten Ausgabe der ZIP erhalten registrierte Bezieher den ZIP-Letter per E-Mail. Er vermittelt Ihnen vorab einen Überblick über die Themen des neuen Heftes. Per Mausklick sind diese Inhalte zudem bereits auf ZIP-online abrufbar. Registrieren Sie sich noch heute auf www.zip-online.de für den ZIP-Letter. Unverbindlich und kostenfrei.

ZIP-online.
Sämtliche Jahrgänge im Netz.

Unter www.zip-online.de finden Sie im Netz ein Archiv aller Jahrgänge von 1/1980 bis heute mit Volltexten und Inhaltsverzeichnissen.

Durch die komfortable Suchfunktion über Volltext, Stichwort, Autor, Seitenzahl, Aktenzeichen oder Heftnummer ist ein gesuchter Beitrag schnell auffindbar und voll zitierfähig: Bei der Darstellung werden die Seitenangaben der gedruckten Ausgabe 1:1 übernommen. Für Abonnenten der ZIP ist der Online-Zugang kostenfrei; ansonsten können Beiträge durch ClickandBuy auch einzeln erworben werden.

ZIP-online Mobil.
Umfassende Recherche in Sekundenschnelle. Überall.

Überall einsatzbereit: Ob am PC am Arbeitsplatz, auf dem Notebook oder dem Smartphone unterwegs – ZIP-online ist immer dabei.

 ZIP-online auf Twitter

 ZIP-online bei Facebook

Noch kein Abo?

Testen Sie jetzt die ZIP: 5 Ausgaben als kostenfreies Probeabo inkl. 5 Wochen kostenfreie ZIP-online-Nutzung. **Gleich online bestellen: zip-online.de/testabo**

Das Probeabonnement geht in ein Festabonnement zum Jahrespreis von z. Zt. € 698,00 zzgl. Versandkosten über, sofern es nicht nach Erhalt des 4. Heftes schriftlich abbestellt wird. Ein Jahresabonnement ist 6 Wochen zum Kalenderjahresende kündbar.

RWS Verlag Kommunikationsforum GmbH